Kommentar zum Anwaltsgesetz

Kommentar zum Anwaltsgesetz

Bundesgesetz über die Freizügigkeit der Anwältinnen und Anwälte (Anwaltsgesetz, BGFA)

Herausgegeben von
Prof. Dr. iur. **Walter Fellmann,** Rechtsanwalt
Dr. iur. **Gaudenz G. Zindel,** Rechtsanwalt, LL.M.

Autoren

Ass. iur. **Tobias Baumgartner,** LL.M. (Eur.)
Prof. Dr. iur. **Dominique Dreyer,** Rechtsanwalt, LL.M.
Prof. Dr. iur. **Walter Fellmann,** Rechtsanwalt
PD Dr. iur. **Andreas Kellerhals,** Rechtsanwalt, LL.M.
Dr. iur. **Hans Nater,** Rechtsanwalt, LL.M.
Dr. iur. **Christian Oetiker,** Advokat, LL.M.
Dr. iur. **Michael Pfeifer,** Advokat, MBL-HSG
Prof. Dr. iur. **Tomas Poledna,** Rechtsanwalt
Dr. iur. **Ernst Staehelin,** Advokat, LL.M.

Schulthess § 2005

Zitiervorschlag:
Nater, in: Fellmann/Zindel, Kommentar zum
Anwaltsgesetz, Zürich 2005, Art. 3 N 1

Stand Lehre und Rechtsprechung: 15. September 2004

Bibliografische Information ‹Der Deutschen Bibliothek›
Die Deutsche Bibliothek verzeichnet diese Publikation in der Deutschen Nationalbiblio-
grafie; detaillierte bibliografische Daten sind im Internet über ‹http://dnb.ddb.de› abrufbar.

© Schulthess Juristische Medien AG, Zürich · Basel · Genf 2005
  ISBN 3 7255 4857 9

www.schulthess.com

Vorwort

Das Bundesgesetz über die Freizügigkeit der Anwältinnen und Anwälte (Anwaltsgesetz, BGFA) ist auf den 1. Juni 2002 in Kraft getreten. Das Gesetz hat eine lange Geschichte. Schon im Jahre 1901 unterbreitete der Schweizerische Anwaltsverband (SAV) dem Eidgenössischen Justiz- und Polizeidepartement einen ersten Gesetzesentwurf und schlug darin die Einführung eines eidgenössischen Anwaltspatentes vor. Es folgten weitere Vorstösse des SAV. Erst im Jahr 1994 nahm der Bund die Arbeiten am Gesetz auf. Nach einer Umfrage bei den Justizdepartementen der Kantone, den kantonalen Gerichten und den rechtswissenschaftlichen Fakultäten entschloss sich das Justiz- und Polizeidepartement zur Schaffung eines Bundesrahmengesetzes, das insbesondere die Freizügigkeit regeln sollte. Nach Abschluss der bilateralen Abkommen zwischen der Schweiz und der EU vom 23. März 1999 ergänzte der Bundesrat die damals vorliegenden Entwürfe durch einige Bestimmungen zur Umsetzung des massgebenden Gemeinschaftsrechts. Nach teilweise kontroversen Beratungen wurde das Anwaltsgesetz schliesslich am 23. Juni 2000 von National- und Ständerat angenommen.

Das eidgenössische Anwaltsgesetz verwirklicht die interkantonale und europäische Freizügigkeit der Anwältinnen und Anwälte und schafft die rechtlichen Grundlagen für die Ausübung des Anwaltsberufs in der Schweiz. Es vereinheitlicht die Berufsregeln und das Disziplinarrecht. Das Gesetz weist sowohl konzeptionell wie auch inhaltlich Unklarheiten auf. Das Nebeneinander von 26 kantonalen Erlassen und einem eidgenössischen Rahmengesetz, von Standesregeln der kantonalen Anwaltsverbände und den Richtlinien für Berufs- und Standesregeln des Schweizerischen Anwaltsverbandes erschwert den Überblick. Die Herausgeber sind daher froh, dem rechtsuchenden Publikum einen Kommentar anbieten zu können, der auf viele Fragen erste Antworten gibt.

Die Autoren dieses Kommentars sind allesamt Praktiker, die sich in ihrer täglichen Arbeit mit den von ihnen bearbeiteten Problemen befassen. Einige verfügen zudem aus ihrer Tätigkeit in kantonalen Anwaltsverbänden und Aufsichtsbehörden über Erfahrung in der Beantwortung berufsrechtlicher Fragen. Es war eines der Ziele der Herausgeber, den praktisch tätigen Anwältinnen und Anwälten Lösungen anzubieten, welche die Anliegen der Praxis ernst nehmen. Die Aufarbeitung der Dogmatik und die Zusammenstellung der Judikatur im neuen Kontext des BGFA sollen aber auch den mit dem anwaltlichen Berufsrecht befassten Behörden nützlich sein.

Die Herausgeber hoffen, dies sei gelungen und der Kommentar bilde die Grundlage für eine aufgeschlossene Weiterentwicklung des Anwaltsrechts. Für kritische Anregungen oder die Zustellung nicht veröffentlichter Entscheide der kantonalen Aufsichtsbehörden und Gerichte sind die Herausgeber und die Autoren dankbar.

Im Interesse eines konzisen und knappen sprachlichen Ausdrucks verwendet der Kommentar jeweils nur die männliche Form. Angesprochen sind aber selbstverständlich nicht nur Anwälte, Richter und Klienten, sondern auch alle Anwältinnen, Richterinnen und Klientinnen.

Die Herausgeber danken den Autoren für die intensive und wertvolle Arbeit, die sie für das nun vorliegende Werk erbracht haben. Zu danken haben sie weiter den Helferinnen und Helfern, die dazu beigetragen haben, die Manuskripte zur Druckreife zu bringen. Frau Rechtsanwältin Dr. iur. Eliane Ganz, LL.M., Zürich, Frau Christine Hangartner-Fellmann, Luzern, Frau stud. iur. Laurence Uttinger und Herr lic. iur. Pascal Heller, Luzern, haben Unstimmigkeiten aufgespürt und sprachliche Unebenheiten eliminiert. Herr Philipp Egli, BLaw, Luzern, hat mit Genauigkeit und Ausdauer den wissenschaftlichen Apparat vereinheitlicht und die Herausgeber bei den Abschlussarbeiten unterstützt. Frau Eliane Ganz hat zudem das Sachregister erstellt. Ein herzlicher Dank gebührt schliesslich Herrn Werner Stocker und Herrn Bénon Eugster, Schulthess Juristische Medien AG, Zürich, für die kompetente verlegerische Betreuung dieses Buches.

Luzern und Zürich, im Oktober 2004

Walter Fellmann/Gaudenz G. Zindel

Inhaltsübersicht

Verzeichnis der Autoren und Herausgeber XI
Inhaltsverzeichnis XIII
Abkürzungsverzeichnis XXIII
Gesetzesverzeichnis XXXI
Literaturverzeichnis XXXV

1. Abschnitt: Allgemeines

Art. 1   Gegenstand 1
Art. 2   Persönlicher Geltungsbereich 7
Art. 3   Verhältnis zum kantonalen Recht 15

2. Abschnitt: Interkantonale Freizügigkeit und kantonales Anwaltsregister

Art. 4   Grundsatz der interkantonalen Freizügigkeit 20
Art. 5   Kantonales Anwaltsregister 26
Art. 6   Eintragung ins Register 34
Art. 7   Fachliche Voraussetzungen 48
Art. 8   Persönliche Voraussetzungen 57
Art. 9   Löschung des Registereintrags 82
Art. 10 Einsicht in das Register 90
Art. 11 Berufsbezeichnung 94

3. Abschnitt: Berufsregeln und Disziplinaraufsicht

Art. 12 Berufsregeln 100
Art. 13 Berufsgeheimnis 204
Art. 14 Kantonale Aufsichtsbehörde über die Anwältinnen und Anwälte 236
Art. 15 Meldepflicht 239
Art. 16 Disziplinarverfahren in einem anderen Kanton 242
Art. 17 Disziplinarmassnahmen 246
Art. 18 Geltung des Berufsausübungsverbots 260
Art. 19 Verjährung 261
Art. 20 Löschung der Disziplinarmassnahmen 264

Vorbemerkungen zu den Abschnitten 4, 5 und 6 BGFA 265

4. Abschnitt: **Ausübung des Anwaltsberufs im freien**
Dienstleistungsverkehr durch Anwältinnen
und Anwälte aus Mitgliedstaaten der EU
oder der EFTA

Art. 21 Grundsätze 268

Art. 22 Nachweis der Anwaltsqualifikation 281

Art. 23 Verpflichtung zur Handlung im Einvernehmen mit einer
eingetragenen Anwältin oder einem eingetragenen Anwalt 283

Art. 24 Berufsbezeichnung 287

Art. 25 Berufsregeln 290

Art. 26 Information über Disziplinarmassnahmen 293

5. Abschnitt: **Ständige Ausübung des Anwaltsberufs**
durch Anwältinnen und Anwälte aus
Mitgliedstaaten der EU oder der EFTA
unter ihrer ursprünglichen Berufs-
bezeichnung

Art. 27 Grundsätze 295

Art. 28 Eintragung bei der Aufsichtsbehörde 301

Art. 29 Zusammenarbeit mit der zuständigen Stelle des Herkunfts-
staates 304

6. Abschnitt: **Eintragung von Anwältinnen und Anwälten**
aus Mitgliedstaaten der EU oder der EFTA
in ein kantonales Anwaltsregister

Art. 30 Grundsätze 309

Art. 31 Eignungsprüfung 316

Art. 32 Gespräch zur Prüfung der beruflichen Fähigkeiten 323

Art. 33 Berufsbezeichnung 326

7. Abschnitt: **Verfahren**

Art. 34 327

8. Abschnitt: Schlussbestimmungen

Art. 35   Änderung bisherigen Rechts 329

Art. 36   Übergangsrecht 332

Art. 37   Referendum und Inkrafttreten 334

Anhänge

Anhang I: BGFA-Gesetzestext 337

Anhang II: Richtlinien des SAV für die Berufs- und Standes-
                 regeln vom 1. Oktober 2002 349

Anhang III: Berufsregeln der Rechtsanwälte der EU und
                 des EWR vom 28. November 1998 (CCBE) 355

Anhang IV: EG-Richtlinie 77/249 vom 22. März 1977,
                 Dienstleistungsrichtlinie 369

Anhang V: EG-Richtlinie 89/48 vom 21. Dezember 1988,
                 Diplomanerkennungsrichtlinie 373

Anhang VI: EG-Richtlinie 98/5 vom 16. Februar 1998,
                 Niederlassungsrichtlinie 389

Anhang VII: Liste der kantonalen Aufsichtsbehörden 403

Sachregister 405

Verzeichnis der Autoren und Herausgeber

Ass. iur. **Tobias Baumgartner,** LL.M. (Eur.), Wissenschaftlicher Mitarbeiter am Europa Institut an der Universität Zürich
Art. 27–33

Prof. Dr. iur. **Dominique Dreyer,** Rechtsanwalt in Freiburg i.Ue., LL.M., Titularprofessor an der Universität Freiburg i.Ue.
Art. 21–26

Prof. Dr. iur. **Walter Fellmann,** Rechtsanwalt und Notar in Luzern, Professor für Privatrecht an der Universität Luzern, 1995–1999 Präsident des Luzerner Anwaltsverbandes (LAV), Ersatzmitglied der Aufsichtsbehörde über die Anwältinnen und Anwälte des Kantons Luzern
Art. 12

PD Dr. iur. **Andreas Kellerhals,** Fürsprecher und Notar, LL.M., Privatdozent für Privatrecht, Wirtschaftsrecht und Europarecht an der Universität Zürich, Geschäftsleiter des Europa Instituts an der Universität Zürich
Art. 27–33

Dr. iur. **Hans Nater,** Rechtsanwalt in Zürich, LL.M., 1991–1992 Präsident des Zürcher Anwaltsverbandes (ZAV)
Art. 1–3

Dr. iur. **Christian Oetiker,** Advokat in Basel, LL.M.
Art. 4–11, 34–37

Dr. iur. **Michael Pfeifer,** Advokat und Notar in Basel, MBL-HSG, Lehrbeauftragter für Gesellschaftsrecht an den Universitäten Basel und St. Gallen, ehem. Präsident der Notariatskammer Basel-Stadt
Art. 13

Prof. Dr. iur. **Tomas Poledna,** Rechtsanwalt in Zürich, Titularprofessor für Staats- und Verwaltungsrecht an der Universität Zürich, 1995–2003 Gründungsmitglied und Leiter der Fachgruppe Verwaltungsrecht des Zürcher Anwaltsverbandes (ZAV)
Art. 14–20

Dr. iur. **Ernst Staehelin,** Advokat und Notar in Basel, LL.M., 1989–2001 Mitglied des Vorstandes und 1998–2001 Präses der Advokatenkammer Basel, seit

2003 Mitglied des Vorstandes und Vizepräsident des Schweizerischen Anwaltsverbandes (SAV)

Art. 4–11, 34–37

Dr. iur. **Gaudenz G. Zindel,** Rechtsanwalt in Zürich, LL.M., 1997–2002 Mitglied
des Vorstandes und 2001/2002 Präsident des Zürcher Anwaltsverbandes (ZAV),
Mitglied des Vorstandes des Europa Instituts an der Universität Zürich

Inhaltsverzeichnis

Abkürzungsverzeichnis XXIII

Gesetzesverzeichnis XXXI

Literaturverzeichnis XXXV

1. Abschnitt: Allgemeines 1

Art. 1 Gegenstand 1

I.   Vorbemerkungen 1
        A. Zweck 1
        B. Rechtsgrundlagen 2
II.   Entstehungsgeschichte 3
III.   Freizügigkeit 4
IV.   Grundsätze der Berufsausübung 5

Art. 2 Persönlicher Geltungsbereich 7

I.   Grundsatz 8
II.   Personen mit kantonalem Anwaltspatent 11
        A. Berufsausübung in der Schweiz 11
        B. Berufsausübung in EU- und EFTA-Mitgliedstaaten ... 11
III.   Angehörige von EU- und EFTA-Mitgliedstaaten 13
IV.   Schweizer Anwältinnen und Anwälte mit Zulassung in einem
        EU- oder EFTA-Mitgliedstaat 14

Art. 3 Verhältnis zum kantonalen Recht 15

I.   Grundsatz 15
II.   Erwerb des Anwaltspatents 16
III.   Vertretung vor den eigenen Gerichtsbehörden 17
IV.   Monopolbereich 17
V.   Zugang zur Parteivertretung 18
VI.   Ausdehnung der Berufsregeln auf Berateranwälte 18

**2. Abschnitt: Interkantonale Freizügigkeit und
                kantonales Anwaltsregister** 20

Art. 4 Grundsatz der interkantonalen Freizügigkeit 20

I.   Gegenstand der interkantonalen Freizügigkeit 20
        A. Grundsatz 20
        B. Anwendungsbereich 21
        C. Keine bundesrechtliche Regelung des Anwaltsmonopols ... 21
        D. Der Begriff der Parteivertretung 21
        E. Der Begriff der Gerichtsbehörde 22

II. Voraussetzungen 24
III. Wirkungen 24

Art. 5 Kantonales Anwaltsregister 26

I. Vorbemerkung... 27
II. Gegenstand 27
III. Einzutragende Anwälte 28
IV. Inhalt der Registereintragung 29
    A. Persönliche Angaben 29
    B. Anwaltspatent 29
    C. Bescheinigungen der Erfüllung der Voraussetzungen des
       Art. 8 BGFA 30
    D. Geschäftsadresse und Name des Anwaltsbüros...................... 31
    E. Nicht gelöschte Disziplinarmassnahmen 31
V. Führung des Registers 31
VI. Wirkungen der Registereintragung 32

Art. 6 Eintragung ins Register 34

I. Einleitung... 35
II. Gegenstand 35
III. Voraussetzungen für die Eintragung 37
    A. Fachliche Voraussetzung: das Anwaltspatent 37
    B. Geschäftsadresse im Registerkanton (Art. 6 Abs. 1 BGFA) ... 38
    C. Persönliche Voraussetzungen gemäss Art. 8 BGFA 39
    D. Berufshaftpflichtversicherung als Eintragungsvoraus-
       setzung? 40
IV. Das Verfahren auf Eintragung 42
V. Veröffentlichung 44
VI. Beschwerderecht 45
VII. Sitzverlegung 47

Art. 7 Fachliche Voraussetzungen 48

I. Einleitung... 49
II. Gegenstand 49
III. Die fachlichen Voraussetzungen im Einzelnen 50
    A. Lizentiat einer Schweizerischen Universität 50
    B. Ausländischer Universitätsabschluss 50
    C. Kantone mit italienischer Amtssprache 52
    D. Praktikum 53
    E. Anwaltsprüfung... 54

Art. 8 Persönliche Voraussetzungen 57

I. Einleitung... 58
II. Gegenstand 58
III. Die persönlichen Voraussetzungen im Einzelnen 59

A. Handlungsfähigkeit 59
B. Keine strafrechtliche Verurteilung für eine Handlung, die
   mit dem Anwaltsberuf nicht zu vereinbaren ist 60
   1. Allgemeines 60
   2. Der Eintrag im Strafregister 60
   3. Die Verurteilung 61
   4. Handlung, die mit dem Anwaltsberuf nicht zu
      vereinbaren ist 64
C. Keine Verlustscheine 65
D. Unabhängigkeit 68
   1. Im Allgemeinen 68
   2. Einzelkonstellationen 70
      a) Der selbständige Anwalt 70
      b) Der bei einem eingetragenen Anwalt angestellte
         Anwalt 71
      c) Ausübung des Anwaltsberufes in Teilzeit 72
      d) Ausübung des Anwaltsberufes neben einer
         Vollzeitstelle 74
      e) Zusammenschlüsse von Kanzleien 77
      f) Ausgegliederte Rechtsabteilungen 77
      g) Multidisciplinary Partnerships 78
      h) Internationale Anwaltsgesellschaft 79
   3. Gemeinnützige Organisation 79
IV.   Verfahren 80

Art. 9   Löschung des Registereintrags 82
I.   Einleitung 82
II.   Gegenstand 82
III.   Verfahren 86
IV.   Wirkungen der Löschung des Registereintrags 87
V.   Wiedereintragung 88

Art. 10 Einsicht in das Register 90
I.   Gegenstand 91
II.   Voraussetzungen und Umfang der Einsicht 91
       A. Gerichte und Verwaltungsbehörden 91
       B. Kantonale Aufsichtsbehörden 92
       C. Anwälte 93
       D. Allgemeinheit 93
III.   Form der Einsichtnahme 93

Art. 11 Berufsbezeichnung 94
I.   Gegenstand 94
II.   Wahlrecht betreffend Berufsbezeichnung 94
III.   Hinweis auf Registereintragung 95

A. Ausschliessliches Recht 96
B. Pflicht 96
C. Begriff des Geschäftsverkehrs 97
D. Inhalt des Hinweises 98

3. Abschnitt: Berufsregeln und Disziplinaraufsicht 100

Art. 12 Berufsregeln 100

I.   Vorbemerkungen 102
II.   Art. 12 lit. a: Sorgfältige und gewissenhafte Berufsausübung 108
        A. Art. 12 lit. a BGFA als Generalklausel 108
        B. Allgemeine Pflichten 114
           1. Pflicht zur Führung einer Kanzlei 114
           2. Freie Anwaltswahl 117
           3. Keine Beeinflussung von Zeugen 118
           4. Vertraulichkeit von Vergleichsverhandlungen 119
        C. Pflichten gegenüber den Klienten 120
        D. Pflichten gegenüber Staat und Behörden 126
        E. Pflichten gegenüber Kollegen, der Gegenpartei und Dritten .. 133
        F. Ausserberufliches Verhalten 137
III.   Art. 12 lit. b: Unabhängigkeit 139
        A. Grundlagen und Problemstellung 139
        B. Die Lösung des BGFA und ihre Auswirkungen auf die
           Organisationsfreiheit des Anwalts 142
        C. Unabhängigkeit vom Staat 146
        D. Unselbständige Erwerbstätigkeit und Ausübung des
           Anwaltsberufes als Nebenerwerb 147
        E. Unabhängigkeit vom Klienten 152
        F. Wirtschaftliche Unabhängigkeit 155
        G. Gesellschaftliche und ideologische Unabhängigkeit? 156
IV.   Art. 12 lit. c: Verbot von Interessenkollisionen 157
        A. Allgemeines 157
        B. Interessenkollisionen in Kanzlei und Anwaltsgemein-
           schaften 159
        C. Der persönliche Interessenkonflikt 162
        D. Doppelvertretung 164
           1. Allgemeines 164
           2. Doppelvertretung bei der Rechtsberatung 165
           3. Doppelvertretung im Prozess 165
           4. Doppelvertretung bei übereinstimmenden Interessen 167
        E. Parteienwechsel 169
V.   Art. 12 lit. d: Werbung 171
VI.   Art. 12 lit. e: Verbot des Erfolgshonorars und der Beteiligung
        am Prozessgewinn 174

VII.   Art. 12 lit. f: Pflicht zum Abschluss einer Berufshaftpflicht-
        versicherung 180
VIII.   Art. 12 lit. g: Amtliche Pflichtverteidigungen und
        Rechtsvertretung im Rahmen der unentgeltlichen
        Rechtspflege 187
IX.   Art. 12 lit. h: Aufbewahrung anvertrauter Vermögenswerte 190
X.   Art. 12 lit. i: Aufklärung über die Grundsätze der
        Rechnungsstellung und das geschuldete Honorar 192
XI.   Art. 12 lit. j: Mitteilungspflicht 202

Art. 13 Berufsgeheimnis 204
I.   Einleitung 205
II.   Rechtsgrundlagen 205
        A. Völkerrecht und Verfassungsrecht 205
        B. Gesetzesrecht 206
           1. Strafrecht (Art. 321 StGB) 206
           2. Berufsrecht (Art. 13 BGFA) 207
           3. Vertragsrecht («von der Klientschaft anvertraut») 207
III.   Geltungsbereich 208
        A. «Anwältinnen und Anwälte» 208
        B. «Hilfspersonen» 211
IV.   Gegenstand 212
        A. Umfang und Grenzen des Berufsgeheimnisses 212
           1. Funktionaler Ansatz 212
           2. «Infolge ihres Berufs anvertraut» 214
           3. «Gegenüber jedermann» 218
        B. Inhalt des Berufsgeheimnisses («anvertraut/
           Anvertrautes») 221
        C. Entbindung vom Berufsgeheimnis (insbesondere
           «Honorarinkasso») und Zeitdauer («zeitlich unbegrenzt») 224
        D. Versiegelung und Entsiegelung 228
        E. Sanktionen bei Verletzung des Berufsgeheimnisses 228
V.   Einzelfragen 229
        A. EDV und Datenschutz 230
        B. Anwaltskapitalgesellschaft 230
        C. Multidisciplinary Practice (MDP) 230
        D. Berufsgeheimnis des Syndikusanwalts 231
        E. Prozessfinanzierung 234

**Art. 14 Kantonale Aufsichtsbehörde über die Anwältinnen und
Anwälte** 236
I.   Organisation und Verfahren 236
II.   Aufsichtsbereich 237
III.   Aufsichtsmittel 238

Art. 15 Meldepflicht 239

I.   Anwendungsbereich 239
II.   Zuständigkeiten 240

Art. 16 Disziplinarverfahren in einem anderen Kanton 242

I.   Anwendungsbereich und Zuständigkeitsabgrenzungen 243
II.   Informationspflicht 244
III. Stellung der Aufsichtsbehörde des Registerkantons 245
IV. Mitteilung 245

Art. 17 Disziplinarmassnahmen 246

I.   Vorbemerkungen 247
II.   Disziplinarverfahren und Verfahrensgarantien 249
III. Disziplinarmassnahmen 251
     A. Sinn und Zweck 251
     B. Voraussetzungen 252
     C. Abgrenzungen 253
     D. Verhältnismässigkeit 254
     E. Verwarnung (Abs. 1 lit. a) 255
     F. Verweis (Abs. 1 lit. b) 256
     G. Busse bis 20 000 Franken (Abs. 1 lit. c) 256
     H. Befristetes Berufsausübungsverbot für längstens zwei
        Jahre (Abs. 1 lit. d) 257
     I. Dauerndes Berufsausübungsverbot (Abs. 1 lit. e) 257
IV. Ausnahmsweise Kumulation von Sanktionen (Abs. 2) 258
V.   Vorsorgliche Massnahmen (Abs. 3) 258

Art. 18 Geltung des Berufsausübungsverbots 260

Art. 19 Verjährung 261

I.   Qualifikation der Verjährung 261
II.   Fristenlauf 262
III. Unterbrechungshandlung 263
IV. Vorbehalt längerer strafrechtlicher Fristen 263

Art. 20 Löschung der Disziplinarmassnahmen 264

Vorbemerkungen zu den Abschnitten 4, 5 und 6 BGFA 265

4. Abschnitt: Ausübung des Anwaltsberufs im freien Dienstleistungsverkehr durch Anwältinnen und Anwälte aus Mitgliedstaaten der EU oder der EFTA 268

Art. 21 Grundsätze 268

I.   Einleitung 269
II.   Der freie Dienstleistungsverkehr 269
        A. Begriff 269
        B. Die Parteivertretung vor Gericht 271
III.   Der Geltungsbereich (Abs. 1) 273
        A. Der persönliche Geltungsbereich 273
           1. Grundsatz 273
           2. Die Anwendung des Grundsatzes 274
        B. Der räumliche Geltungsbereich 276
           1. Grundsatz 276
           2. Einige Sonderfälle 277
           3. Die EU-Erweiterung 279
IV.   Einzelfragen 280
        A. Der Grundsatz der Nichteintragung im kantonalen
           Register (Abs. 2) 280
        B. Die Bestimmungen der WTO 280

Art. 22 Nachweis der Anwaltsqualifikation 281

Art. 23 Verpflichtung zur Handlung im Einvernehmen mit einer eingetragenen Anwältin oder einem eingetragenen Anwalt 283

I.   Ratio legis 283
II.   Die Voraussetzungen 284
III.   Bedeutung des einvernehmlichen Handelns 285
IV.   Bedeutung für die Zukunft? 286

Art. 24 Berufsbezeichnung 287

I.   Einführung 287
II.   Die erforderlichen Angaben 288

Art. 25 Berufsregeln 290

I.   Einführung 290
II.   Grundsätze und Ausnahmen 290
        A. Der Grundsatz 290
        B. Die Ausnahmen 291
           1. Amtliche Pflichtverteidigung 291
           2. Unentgeltliche Rechtspflege 292
           3. Die Berufsregeln über den Registereintrag 292

Art. 26 Information über Disziplinarmassnahmen 293

5. Abschnitt: Ständige Ausübung des Anwaltsberufs durch Anwältinnen und Anwälte aus Mitgliedstaaten der EU oder der EFTA unter ihrer ursprünglichen Berufsbezeichnung 295

Art. 27 Grundsätze 295

I. Vorbemerkungen 295
II. Ständige Berufsausübung 296
III. Ursprüngliche Berufsbezeichnung 297
IV. Anwaltszwang 298
V. Berufsregeln und Disziplinaraufsicht 299
VI. Rechtsberatung 299

Art. 28 Eintragung bei der Aufsichtsbehörde 301

I. Öffentliche Liste 302
II. Aufsichtsbehörde 302
III. Bescheinigung des Herkunftsstaats 302
IV. Orientierung des Herkunftsstaats 303

Art. 29 Zusammenarbeit mit der zuständigen Stelle des Herkunftsstaats 304

I. Vorbemerkungen 305
II. Orientierung des Herkunftsstaats (Abs. 1) 305
III. Zusammenarbeit mit dem Herkunftsstaat (Abs. 2) 306
    A. Begriff der Zusammenarbeit 306
    B. Wirkung von Stellungnahmen des Herkunftsstaats 307
IV. Wirkung von Disziplinarmassnahmen 308

6. Abschnitt: Eintragung von Anwältinnen und Anwälten aus Mitgliedstaaten der EU oder der EFTA in ein kantonales Anwaltsregister 309

Art. 30 Grundsätze 309

I. Bedeutung der Registereintragung 310
II. Voraussetzungen der Registereintragung 311
    A. Eignungsprüfung (Abs. 1 lit. a) 311
    B. Berufspraxis im schweizerischen Recht (Abs. 1 lit. b) 312
        1. Effektive und regelmässige Tätigkeit im schweizerischen Recht (Ziff. 1) 312
        2. Prüfungsgespräch (Ziff. 2) 314

III.   Wirkung der Registereintragung (Abs. 2)   314

Art. 31 Eignungsprüfung   316

I.   Zulassung zur Eignungsprüfung (Abs. 1)   317
        A. Dreijähriges Hochschulstudium und berufliche
           Ausbildung (Abs. 1 lit. a)   317
        B. Diplom (Abs. 1 lit. b)   318
II.   Organisation der Eignungsprüfung (Abs. 2)   318
III.   Gegenstand der Eignungsprüfung (Abs. 3)   319
IV.   Formalia der Eignungsprüfung   321
V.   Wiederholung der Prüfung und Rechtsmittel (Abs. 4)   321

Art. 32 Gespräch zur Prüfung der beruflichen Fähigkeiten   323

I.   Organisation des Prüfungsgesprächs (Abs. 1)   323
II.   Inhalt des Prüfungsgesprächs (Abs. 2)   324
III.   Berufserfahrung und Fortbildung (Abs. 3)   325

Art. 33 Berufsbezeichnung   326

7. Abschnitt: Verfahren   327

Art. 34   327

I.   Gegenstand   327
II.   Verfahren   327

8. Abschnitt: Schlussbestimmungen   329

Art. 35 Änderung bisherigen Rechts   329

Art. 36 Übergangsrecht   332

Art. 37 Referendum und Inkrafttreten   334

Anhänge   337

Anhang I: Anwaltsgesetz (BGFA)   337

**Anhang II: Richtlinien des SAV für die Berufs- und
                Standesregeln vom 1. Oktober 2002**   349

**Anhang III: Berufsregeln der Rechtsanwälte der EU und
               des EWR vom 28. November 1998 (CCBE)**   355

**Anhang IV: EG-Richtlinie 77/249 vom 22. März 1977,
               Dienstleistungsrichtlinie**   369

**Anhang V: EG-Richtlinie 89/48 vom 21. Dezember 1988,
                Diplomanerkennungsrichtlinie**   373

Anhang VI: EG-Richtlinie 98/5 vom 16. Februar 1998,
Niederlassungsrichtlinie 389

Anhang VII: Liste der kantonalen Aufsichtsbehörden 403

Sachregister 405

Abkürzungsverzeichnis

ABA	American Bar Association
Abl C	Amtsblatt der Europäischen Gemeinschaften, Serie C (Mitteilungen und Bekanntmachungen)
Abl L	Amtsblatt der Europäischen Gemeinschaften, Serie L (Gesetzgebung)
Abs.	Absatz
ABSH	Amtsbericht des Obergerichts (des Kantons Schaffhausen), Schaffhausen
aBV	Bundesverfassung der Schweizerischen Eidgenossenschaft vom 29. Mai 1874
a.E.	am Ende
AG	Aktiengesellschaft
AGVE	Aargauische Gerichts- und Verwaltungsentscheide, Aarau
AJP	Aktuelle Juristische Praxis, Lachen
a.M.	anderer Meinung
AmtlBull NR	Amtliches Bulletin Nationalrat
AmtlBull SR	Amtliches Bulletin Ständerat
AnwGH	Anwaltsgerichtshof
Art.	Artikel
ASA	Archiv für Schweizerisches Abgaberecht, Bern
AT	Allgemeiner Teil
Aufl.	Auflage
AVB	Allgemeine Vertragsbedingungen
Az.	Aktenzeichen
BankG	Bundesgesetz vom 8. November 1934 über die Banken und Sparkassen, Bankengesetz, SR 952.0
BBl	Bundesblatt der schweizerischen Eidgenossenschaft
Bd.	Band
BerufsO	Anwaltliche Berufsordnung (Deutschland)
betr.	betreffend
BG	Bundesgesetz
BGBl	Bundesgesetzblatt (Deutschland); Bundesgesetzblatt für die Republik Österreich
BGBM	Bundesgesetz vom 6. Oktober 1995 über den Binnenmarkt, Binnenmarktgesetz, SR 943.02

BGE	Amtliche Sammlung der Entscheidungen des Schweizerischen Bundesgerichts; Bundesgerichtsentscheid
BGFA	Bundesgesetz vom 23. Juni 2000 über die Freizügigkeit der Anwältinnen und Anwälte, Anwaltsgesetz, SR 935.61
BGH	(deutscher) Bundesgerichtshof
BGS	Bereinigte Gesetzessammlung des Kantons Solothurn; Bereinigte Gesetzessammlung des Kantons Zug
BJM	Basler Juristische Mitteilungen, Basel
BORA	Berufsordnung für Rechtsanwälte (Deutschland)
BR	Bündner Rechtsbuch
BRAK	Bundesrechtsanwaltskammer
BRAO	Bundesrechtsanwaltsordnung vom 1. August 1959
BSG	Bernische Systematische Gesetzessammlung
Bst.	Buchstabe
BStP	Bundesgesetz vom 15. Juni 1934 über die Bundesstrafrechtspflege, SR 312.0
BV	Bundesverfassung der Schweizerischen Eidgenossenschaft vom 18. April 1999, SR 101
BvR	Fallnummer des (deutschen) Bundesverfassungsgerichts
bzw.	beziehungsweise
c.	*franz.:* contre = v. / vs.
ca.	circa
CEDH	*franz.* = EMRK
CHF	Schweizer Franken
CP	*franz.* = StGB
DB-Drucks.	Drucksache Deutscher Bundestag (Deutschland)
d.h.	das heisst
Diss.	Dissertation
Dr.	Doktor
DSG	Bundesgesetz vom 19. Juni 1992 über den Datenschutz, SR 235.1
E	Entwurf
E.	Erwägung
ECLA	European Company Lawyers Association (www.ecla.org)
EDV	Elektronische Datenverarbeitung
EFTA	Europäische Freihandelsassoziation
EFTA-Vertrag	Übereinkommen vom 4. Januar 1960 zur Errichtung der Europäischen Freihandelsassoziation (EFTA), SR 0.632.31

EG	Europäische Gemeinschaft(en)
EGMR	Europäischer Gerichtshof für Menschenrechte
EG-Vertrag	Vertrag zur Gründung der Europäischen Gemeinschaft
ehem.	ehemalig; ehemals
eidg.	eidgenössisch
Einf.	Einführung
EMRK	Konvention vom 4. November 1950 zum Schutze der Menschenrechte und Grundfreiheiten, SR 0.101
etc.	et cetera
EU	Europäische Union
EuGH	Gerichtshof der Europäischen Gemeinschaften
EuRAG	Gesetz vom 9. März 2000 über die Tätigkeit der Rechtsanwälte in Deutschland
EU-Vertrag	Vertrag über die Europäische Union
e.V.	eingetragener Verein
evtl.	eventuell
EWG	Europäische Wirtschaftsgemeinschaft
EWR	Europäischer Wirtschaftsraum
f. / ff.	und folgende Seite/n, Note/n etc.
Fn.	Fussnote
franz.	französisch
FSA	*franz.:* Fédération suisse des avocats = SAV
GAP	Gemeinsame Agrarpolitik (EU)
GATS	General Agreement on Trade in Services, SR 0.632.20
GDB	Obwaldner Gesetzesdatenbank
GmbH	Gesellschaft mit beschränkter Haftung
GS	Chronologische Gesetzessammlung des Kantons Basel-Landschaft
GSG	Gesetzessammlung des Kantons Glarus
GWG	Bundesgesetz vom 10. Oktober 1997 zur Bekämpfung der Geldwäscherei im Finanzsektor, Geldwäschereigesetz, SR 955.0
h.L.	herrschende Lehre
Hrsg.	Herausgeber
hrsg.	herausgegeben
HS	Halbsatz
IBA	International Bar Association

i.c.	in casu
i.d.R.	in der Regel
i.e.S.	im engeren Sinn
insb.	insbesondere
IPBR	Internationaler Pakt vom 16. Dezember 1966 über bürgerliche und politische Rechte, SR 0.103.2
i.S.	in Sachen; im Sinne (des, der)
ital.	italienisch
IV	Invalidenversicherung
i.V.m.	in Verbindung mit
i.w.S.	im weiteren Sinn
JOCE	*franz.:* Journal Officiel des Communautés Européennes = Abl
JurPC	Internet-Zeitschrift für Rechtsinformatik (www.jurpc.de)
KG	Bundesgesetz vom 6. Oktober 1995 über Kartelle und andere Wettbewerbsbeschränkungen, Kartellgesetz, SR 251
let.	*franz.:* lettre = Bst. bzw. lit.
lett.	*ital.:* lettera = Bst. bzw. lit.
LGVE	Luzerner Gerichts- und Verwaltungsentscheide, Luzern
lit.	Buchstabe; litera
LLCA	*franz. sowie ital.* = BGFA
LL.M.	Master of Laws
LS	Zürcher Gesetzessammlung, Zürcher Loseblattsammlung
Max.	Grundsätzliche Entscheidungen des Luzernischen Obergerichtes und seiner Abteilungen (Maximen), Luzern
max.	maximal
MDP	Multidisciplinary Partnership; Mulitdisziplinäre Partnerschaft
m.E.	meines Erachtens
Mio.	Million(en)
MSAV	Der Schweizer Anwalt, Zeitschrift des SAV
m.w.H.	mit weiteren Hinweisen
MWST	Mehrwertsteuer
N	Note, Randnote, Anmerkung
NG	Nidwaldner Gesetzessammlung
NJW	Neue Juristische Wochenschrift, München/Frankfurt a.M.
NJW-RR	NJW-Rechtsprechungs-Report
no.	*franz.:* numéro(s) = Nr.

NR	Nationalrat
Nr.	Nummer
NZZ	Neue Zürcher Zeitung, Zürich
o.ä.	oder ähnlich(e)
OG	Bundesgesetz vom 16. Dezember 1943 über die Organisation der Bundesrechtspflege, Bundesrechtspflegegesetz, SR 173.110
OLG	Oberlandesgericht (Deutschland)
OR	Bundesgesetz vom 30. März 1911 betreffend die Ergänzung des Schweizerischen Zivilgesetzbuches, Fünfter Teil: Obligationenrecht, SR 220
Personenfrei-zügigkeits-abkommen	Abkommen vom 21. Juni 1999 zwischen der Schweizerischen Eidgenossenschaft einerseits und der Europäischen Gemeinschaft und ihren Mitgliedstaaten andererseits über die Freizügigkeit, SR 0.142.112.681
Pra	Die Praxis des Bundesgerichts, Basel
RBOG	Rechenschaftsbericht des Obergerichts des Kantons Thurgau
RB UR	Rechenschaftsbericht über die Rechtspflege des Kantons Uri: an den Landrat des Kantons Uri vom Obergericht erstattet, Altdorf; Rechenschaftsbericht über die Staatsverwaltung des Kantons Uri, Altdorf
RDAF	Revue de droit administratif et de droit fiscal et Revue genévoise de droit public, Lausanne/Genève
Rec.	Recueil
resp.	respektive
RL	Raccolta Leggi del Cantone Ticino
RNPG	(deutsches) Gesetz vom 24. Juli 1992 zur Prüfung von Rechtsanwaltszulassungen, Notarbestellungen und Berufungen ehrenamtlicher Richter, Rechtsanwaltsprüfungsgesetz
RPW	Recht und Politik des Wettbewerbs, Bern
Rs.	Rechtssache
RSG	Recueil systématique genevois
RSJU	Recueil systématique jurassien
RSN	Recueil systématique neuchâteloise
RSV	Recueil systématique de la législation vaudoise
S.	Seite; Satz
SAR	Systematische Sammlung des Aargauischen Rechts
SAV	Schweizerischer Anwaltsverband

SchKG	Bundesgesetz vom 11. April 1889 über Schuldbetreibung und Konkurs, SR 281.1
SG	Systematische Gesetzessammlung des Kantons Basel-Stadt
SGF	Systematische Gesetzessammlung des Kantons Freiburg
SGGVP	St. Gallische Gerichts- und Verwaltungspraxis, St. Gallen
sGS	Systematische Gesetzessammlung des Kantons St. Gallen
SGS	Systematische Gesetzessammlung des Kantons Wallis
SJ	Semaine Judiciaire, Genève
SJK	Schweizerische Juristische Kartothek, Genf
SJZ	Schweizerische Juristen-Zeitung, Zürich
Slg.	Sammlung
sog.	sogenannt(e)
SR	Systematische Sammlung des Bundesrechts
SRL	Systematische Rechtssammlung des Kantons Luzern
StGB	Schweizerisches Strafgesetzbuch vom 21. Dezember 1937, SR 311.0
SUVA	Schweizerische Unfallversicherungsanstalt, Luzern
SVG	Strassenverkehrsgesetz vom 19. Dezember 1958, SR 741.01
SZW	Schweizerische Zeitschrift für Wirtschaftsrecht, Zürich
u.a.	und andere(s); unter anderem (anderen)
u.ä.	und ähnliche(s)
UE	*franz.:* Union Européenne = EU
UNESCO	United Nations Educational, Scientific and Cultural Organization
USA	United States of America; Vereinigte Staaten von Amerika
usw.	und so weiter
u.U.	unter Umständen
UWG	Bundesgesetz vom 19. Dezember 1986 gegen den unlauteren Wettbewerb, SR 241
v. / vs.	versus
v.a.	vor allem
vgl.	vergleiche
Vorb.	Vorbemerkung(en)
VO-StrafReg	Verordnung vom 1. Dezember 1999 über das automatisierte Strafregister, SR 331
VPB	Verwaltungspraxis der Bundesbehörden, Bern

VStrR	Bundesgesetz vom 22. März 1974 über das Verwaltungsstrafrecht, SR 313.0
VVG	Bundesgesetz vom 2. April 1908 über den Versicherungsvertrag, SR 221.229.1
VwVG	Bundesgesetz vom 20. Dezember 1968 über das Verwaltungsverfahren, SR 172.021
WTO	World Trade Organisation
z.B.	zum Beispiel
ZBGR	Schweizerische Zeitschrift für Beurkundungs- und Grundbuchrecht, Wädenswil
ZBJV	Zeitschrift des Bernischen Juristenvereins, Bern
ZBl	Schweizerisches Zentralblatt für Staats- und Verwaltungsrecht, Zürich
ZGB	Schweizerisches Zivilgesetzbuch vom 10. Dezember 1907, SR 210
ZGGVP	Gerichts- und Verwaltungsentscheide des Kantons Zug, Zug
Ziff.	Ziffer
zit.	zitiert
ZR	Blätter für Zürcherische Rechtsprechung, Zürich
ZSR	Zeitschrift für Schweizerisches Recht, Basel
z.T.	zum Teil

Gesetzesverzeichnis

Kanton Aargau

AnwG-AG   Anwaltsgesetz (Gesetz über die Ausübung des Anwaltsberufes, AnwG) vom 18. Dezember 1984, SAR 291.100

Kanton Appenzell-Innerrhoden

AnwG-AI   Anwaltsgesetz (AnwG) vom 28. April 2002, Nr. 271 in der Gesetzessammlung des Kantons Appenzell-Innerrhoden

Kanton Basel-Landschaft

AnwG-BL   Anwaltsgesetz Basel-Landschaft vom 25. Oktober 2001, GS 34.0523

GOG-BL   Gesetz über die Organisation der Gerichte und der Strafverfolgungsbehörden (Gerichtsorganisationsgesetz, GOG) vom 22. Februar 2001, GS 34.0161

StPO-BL   Gesetz betreffend die Strafprozessordnung (StPO) vom 3. Juni 1999, GS 33.0825

Kanton Basel-Stadt

AnwG-BS   Advokaturgesetz vom 15. Mai 2002, SG 291.100

Übertretungs-strafgesetz-BS   Kantonales Übertretungsstrafgesetz vom 15. Juni 1978, SG 253.100

GOG-BS   Gesetz betreffend Wahl und Organisation der Gerichte sowie der Arbeitsverhältnisse des Gerichtspersonals und der Staatsanwaltschaft (Gerichtsorganisationsgesetz, GOG) vom 27. Juni 1895, SG 154.100

Kanton Bern

EVBGFA-BE   Einführungsverordnung zum Bundesgesetz über die Freizügigkeit der Anwältinnen und Anwälte (EV BGFA) vom 29. August 2001, BSG 168.511
Befristet bis 31. Dezember 2006, dann Ablösung durch eine Änderung des Gesetzes über die Fürsprecher, BSG 168.11

AnwG-BE   Gesetz über die Fürsprecher (FG) vom 6. Februar 1984, BSG 168.11

StPO-BE   Gesetz über das Strafverfahren (StrV) vom 15. März 1995, BSG 321.1

Kanton Freiburg

AnwG-FR   Gesetz vom 12. Dezember 2002 über den Anwaltsberuf (AnwG),
             SGF 137.1

AnwV-FR   Verordnung vom 1. Juli 2003 über den Anwaltsberuf (AnwV),
             SGF 137.11

StPO-FR   Strafprozessordnung (StPO) vom 14. November 1996, SGF 32.1

Kanton Genf

AnwG-GE   Loi sur la profession d'avocat (LPAv) du 26 avril 2002, RSG E
             6 10
             Règlement d'application de la loi sur la profession d'avocat, RSG
             E 6 10.01

StPO-GE   Code de procédure pénale, RSG E 4 20

Kanton Glarus

AnwG-GL   Anwaltsgesetz des Kantons Glarus vom 5. Mai 2002, GSG III I/1

Kanton Graubünden

KV-GR   Verfassung des Kantons Graubünden vom Volk angenommen
             am 18. Mai 2003 / 14. September 2003, BR 110.100

Kanton Jura

AnwG-JU   Loi concernant la profession d'avocat du 3 septembre 2003, RSJU
             188.11

Kanton Luzern

aAnwG-LU   Anwaltsgesetz des Kantons Luzern vom 30. November 1981

AnwG-LU   Gesetz über das Anwaltspatent und die Parteivertretung (An-
             waltsgesetz) vom 4. Marz 2002, SRL Nr. 280

StPO-LU   Gesetz über die Strafprozessordnung vom 3. Juni 1957, SRL
             Nr. 305

Kanton Neuenburg

ZPO-NE   Code de procédure civile (CPCN) du 30 septembre 1991, RSN
             251.1

Kanton Nidwalden

Anwaltsver-ordnung-NW	Verordnung über die vertragliche Vertretung der Parteien vor den Gerichten (Anwaltsverordnung) vom 8. April 1972, NG 267.1
Anwalts-reglement-NW	Reglement zur Verordnung über die vertragliche Vertretung der Parteien vor den Gerichten (Anwaltsreglement) vom 12. Februar 1993, NG 267.11
E-AnwG-NW	Entwurf Gesetz über die Ausübung des Anwaltsberufes (kantonales Anwaltsgesetz), Vernehmlassungsfassung abrufbar unter ‹http://www.nw.ch›

Kanton Obwalden

AnwG-OW	Gesetz über die Ausübung des Anwaltsberufes vom 24. Mai 2002, GDB 134.4

Kanton Solothurn

AnwG-SO	Gesetz über die Rechtsanwälte und Rechtsanwältinnen (Anwaltsgesetz, AnwG) vom 10. Mai 2000, BGS 127.1
VO-Anwalts-register-SO	Verordnung über das Anwaltsregister vom 25. September 2000, BGS 127.11

Kanton St. Gallen

AnwG-SG	Anwaltsgesetz vom 11. November 1993, sGS 963.70

Kanton Tessin

AnwG-TI	Legge sull'avvocatura del 16 settembre 2002, RL 3.2.1.1
AnwV-TI	Regolamento sull'avvocatura del 28 ottobre 2002, RL 3.2.1.1.1
KV-TI	Costituzione della Repubblica e Cantone Ticino del 14 dicembre 1997, RL 1.1.1.1

Kanton Waadt

AnwG-VD	Loi du 24 septembre 2002 sur la profession d'avocat, RSV 2 6 A

Kanton Wallis

ZPO-VS	Zivilprozessordnung vom 24. März 1998, SGS 270.1

Kanton Zug

EGBGFA-ZG	Einführungsgesetz zum Bundesgesetz über die Freizügigkeit der Anwältinnen und Anwälte (EG BGFA) vom 25. April 2002, BGS 163.1

Kanton Zürich

AnwG-ZH	Gesetz über den Rechtsanwaltsberuf (Anwaltsgesetz) vom 3. Juli 1938, LS 215.1
VO-Anpassung-ZH	Verordnung betreffend die Anpassung des kantonalen Rechts an das eidgenössische Anwaltsgesetz vom 15. Mai 2002, LS 215.10
E-AnwG-ZH	Entwurf Anwaltsgesetz vom 17. November 2003 *Das Gesetz wird am 1. Januar 2005 in Kraft treten.*
StPO-ZH	Gesetz betreffend den Strafprozess (Strafprozessordnung) vom 4. Mai 1919, LS 321

Literaturverzeichnis

ABEGG ANDREAS — Zurückbehaltungsrechte, Retentionsrechte und Leistungsverweigerungsrechte des Rechtsanwaltes, AJP 2001, 862 ff.

AMBERG VINCENZO — Das Bundesgesetz über die Freizügigkeit der Anwältinnen und Anwälte (Anwaltsgesetz, BGFA), Anwaltsrevue 3/2002, 10 ff.

BAETZGEN EBERHARD — Das Berufsgeheimnis der rechts- und steuerberatenden sowie wirtschaftsprüfenden Berufe gegenüber den Steuerbehörden, Diss. Köln 1971

BÉNÉDICT JÉRÔME — Internet et le respect du secret professionnel de l'avocat, in: L'avocat moderne, hrsg. von Francois Chaudet/Olivier Rodondi, Basel et al. 1998, 267 ff.

BIGLER-EGGENBERGER MARGRITH — Basler Kommentar zum Schweizerischen Privatrecht, Zivilgesetzbuch I, hrsg. von Heinrich Honsell/Nedim Peter Vogt/Thomas Geiser, Art. 11–21 bearbeitet von Margrith Bigler-Eggenberger, Basel 2002

BLASS HEINZ-WALTER — Die Berufsgeheimnishaltungspflicht der Ärzte, Apotheker und Rechtsanwälte, Diss. Zürich 1944 (zit. Berufsgeheimnishaltungspflicht)

BLASS HEINZ-WALTER — Ältere und neuere Probleme der Pflicht zur Wahrung des Berufsgeheimnisses, SJZ 62 (1966) 337 f. (zit. Probleme)

BLASS ROBERT — Standesregeln der Rechtsanwälte, Zürich 1945

BÖCKLI PETER — Anwaltsgeheimnis und Fiskus im Rechtsstaat, SJZ 76 (1980) 105 ff. und 125 ff.

BOIS PHILIPPE — Kommentar zur Bundesverfassung der schweizerischen Eidgenossenschaft vom 29. Mai 1874, hrsg. von Jean-François Aubert/Kurt Eichenberger/Jörg Paul Müller/René A. Rhinow/Dietrich Schindler, Art. 33 bearbeitet von Philippe Bois, Basel/Zürich/Bern 1987

BOLL JÜRG — Die Entbindung vom Arzt- und Anwaltsgeheimnis, Diss. Zürich 1983

BOTSCHAFT — Botschaft zum Bundesgesetz über die Freizügigkeit der Anwältinnen und Anwälte vom 28. April 1999, BBl 1999, 6013 ff.

BRECHTBÜHL BEAT, HAUSER ERNST, HOFER URS — Der Anwalt als Zeuge, Schriftenreihe: Das Anwaltsgeheimnis, Bd. 4, Zürich 1997, 37 ff.

BRÜCKNER CHRISTIAN — Das Personenrecht des ZGB, Zürich 2000

BUSER WALTER — Der Schutz der Geheimsphäre durch das Anwaltsgeheimnis, in: Privatrecht – Öffentliches Recht – Strafrecht, Grenzen und Grenzüberschreitungen, Festgabe zum Schweizer Juristentag, hrsg. von der Juristischen Fakultät der Universität Basel, Basel 1985, 51 ff.

CHAPPUIS BENOÎT — La pratique du barreau au sein d'une personne morale – Réflexions de lege ferenda sous l'angle de l'indépendance de l'avocat, Anwaltsrevue 2003, 261 ff.

CHRISTE PIERRE — Rôle et fonction de l'avocat dans la protection des droits, ZSR 107 (1988) II 463 ff.

CORBOZ BERNHARD — Le secret professionnel de l'avocat selon l'article 321 CP, SJ 1993, 77 ff.

CUSTOS D. — Champ d'application territorial du droit communautaire, Départements d'outre-mer, Juris-Classeur Europe, fasc. 471 (2000)

DAVID LUCAS — Der Anwalt als Behördenmitglied, Schriftenreihe: Das Anwaltsgeheimnis, Bd. 3, Zürich 1997, 37 ff.

DAVIS C.R. — Comment: Approaching Reform: The Future of Multijurisdictional Practice in Today's Legal Profession, Fla. St. U.L. Rev., 29 (2002), 1339

DE CAPITANI WERNER — Anwaltsgeheimnis und Unternehmensjurist, Schriftenreihe: Das Anwaltsgeheimnis, Bd. 5, Zürich 1999

DERENDINGER PETER — Die Nicht- und die nicht richtige Erfüllung des einfachen Auftrages, 2. Aufl., Diss. Freiburg 1990

DITTMANN THOMAS — Bundesrechtsanwaltsordnung, hrsg. von Martin Henssler/ Hanns Prütting, §§ 49b, 92–161a, 192–205a, 228 BRAO und §§ 21–23 BORA bearbeitet von Thomas Dittmann, 2. Aufl., München 2004

DREYER DOMINIQUE — L'avocat dans la société actuelle, ZSR 115 (1996) II 395 ff.

DREYER DOMINIQUE, DUBEY BERNARD — La place des avocats dans les accords sectoriels et leur rôle dans leur application, in: Accords bilatéraux Suisse-UE (Commentaires), hrsg. von Daniel Felder/Christine Kaddous, Basel 2001, 209 ff. (zit. avocats)

DREYER DOMINIQUE, DUBEY BERNARD — Réglementation professionnelle et marché intérieur, Une loi fédérale, Cheval de Troie du droit européen, Basel 2003 (zit. réglementation)

DROLSHAMMER JENS — «Die Situationalität des vernetzten Anwalts» – zu Wandel und Wandeltauglichkeit in der International Practice of Law, in: Die vernetzte Wirtschaft, hrsg. von Marc Amstutz, Zürich 2004, 199 ff.

DUDEN	Das grosse Wörterbuch der deutschen Sprache in zehn Bänden, 3. Aufl., Mannheim et al. 1999
DUPONT-WILLEMIN ALBERT-LOUIS	Le secret professionnel et l'indépendance de l'avocat, l'avocat suisse, SAV/FSA 101/1986, 9 f.
ERNI LORENZ	Anwaltsgeheimnis und Strafverfahren, Schriftenreihe: Das Anwaltsgeheimnis, Bd. 4, Zürich 1997, 5 ff.
EWIG EUGEN	Verwirklichung der Niederlassungsfreiheit für Rechtsanwälte in der EU und im EWR, NJW 1999, 248 ff.
EYLMANN HORST	Bundesrechtsanwaltsordnung, hrsg. von Martin Henssler/ Hanns Prütting, §§ 43–43b, 44, 45 BRAO und §§ 2–4, 6, 7, 8–10 BORA bearbeitet von Horst Eylmann, 2. Aufl., München 2004
FAVRE CHRISTIAN, STOUDMANN PATRIK	Le secret professionnel de l'avocat et ses limites, in: L'avocat moderne, hrsg. von Francois Chaudet/Olivier Rodondi, Basel et al. 1998, 301 ff.
FELBER MARKUS	Neue Zürcher Zeitung vom 10. Februar 2004 (Nr. 33) 14 (zit. NZZ vom 10. Februar 2004)
FELBER MARKUS	Neue Zürcher Zeitung vom 12. Februar 2004 (Nr. 35) 53 (zit. NZZ vom 12. Februar 2004)
FELLMANN WALTER	Berner Kommentar, Kommentar zum schweizerischen Privatrecht, Band VI: Obligationenrecht, 2. Abteilung: Die einzelnen Vertragsverhältnisse, 4. Teilband: Der einfache Auftrag, Art. 394–406 OR, Bern 1992
FELLMANN WALTER	Standesregeln, Der Schweizer Anwalt, SAV/FSA 169/1997, 27 ff. (zit. Standesregeln)
FELLMANN WALTER	Die Haftung des Anwaltes, in: Schweizerisches Anwaltsrecht, hrsg. von Walter Fellmann/Claire Huguenin Jacobs/ Tomas Poledna/Jörg Schwarz, Bern 1998, 185 ff. (zit. Haftung)
FELLMANN WALTER	Recht der Anwaltswerbung im Wandel, AJP 1998, 175 ff. (zit. Anwaltswerbung)
FELLMANN WALTER	Kollision von Berufspflichten mit anderen Gesetzespflichten am Beispiel des Anwaltes als Verwaltungsrat, in: Das Anwaltsrecht nach dem BGFA – Fragen und Entwicklungen im Recht der Rechtsvertretung und Rechtsberatung der Schweiz, hrsg. von Bernhard Ehrenzeller, St. Gallen 2003, 165 ff. (zit. Berufspflichten)
FELLMANN WALTER	Rechtsformen der Zusammenarbeit von Rechtsanwälten, Anwaltsrevue 2003, 339 ff. (zit. Rechtsformen)
FELLMANN WALTER	Haftung des Anwaltes für unterlassene oder fehlerhafte Datenbank-Recherchen, in: Recht und Rechtsdaten – An-

spruch und Wirklichkeit, Tagung 2003 für Informatik und Recht, hrsg. von Thomas Koller/Heinrich Koller, Bern 2004, 45 ff. (zit. Datenbank-Recherchen)

FELLMANN WALTER · Anwaltsgesellschaften: Zum Stillstand der Arbeiten im SAV – eine Replik zum Bericht von Ulrich Hirt in der Anwaltsrevue 6–7/2004, 223 f., Anwaltsrevue 2004, 277 ff. (zit. Stillstand)

FELLMANN WALTER, LUTERBACHER THIERRY · Die Haftung des Anwaltes für falsche Schadenberechnung, in: Personen-Schaden-Forum 2003, hrsg. vom Verein Haftung und Versicherung, Zürich 2003, 35 ff.

FELLMANN WALTER, SIDLER OLIVER · Standesregeln des Luzerner Anwaltsverbandes vom 5. Mai 1995, Hinweise und Erläuterungen, Bern 1996

FEUERICH WILHELM E., WEYLAND DAG · Bundesrechtsanwaltsordnung, Kommentar, 6. Aufl., München 2003

FLECHEUX G. · La profession d'avocat, Juris-Classeur Europe, fasc. 730 (1998) N 103 f.

FLÜHMANN CAROLINE, SUTTER PATRICK · «Duty to browse», Die anwaltliche Sorgfaltspflicht im digitalen Zeitalter, Neue Zürcher Zeitung vom 25. Juni 2003 (Nr. 144) 14

FRIEDLI GEORG · Anwalt und Geldwäscherei, in: Schweizerisches Anwaltsrecht, hrsg. von Walter Fellmann/Claire Huguenin Jacobs/Tomas Poledna/Jörg Schwarz, Bern 1998, 285 ff.

FROMER LEO · Bundessteuerrecht und Anwaltsgeheimnis, SJZ 39 (1942/43) 428 f.

FURRER ANDREAS · Die Reichweite des Anwaltsgeheimnisses im Zivilprozess, AJP 2002, 895 ff.

GATTIKER HEINRICH · Das Erfolgshonorar des Anwalts: Chancengleichheit im rechtlichen Konflikt?, Diss. Zürich 1975

GAVALDA C., PARLEANI G. · Droit des affaires de l'Union européenne, Paris 1999, 130

GIACOMETTI ZACCARIA · Anwaltsgeheimnis und steuerrechtliche Editionspflicht im Kanton Zürich, ZBl 45 (1944) 314 f.

GMÜR PHILIPP · Die Vergütung des Beauftragten, Diss. Freiburg 1994

GROSSEN DIETER W., DE PALÉZIEUX CLAIRE · Abkommen über die Freizügigkeit, in: Bilaterale Verträge Schweiz-EG, hrsg. von Daniel Thürer/Rolf H. Weber/Roger Zäch, Zürich 2002, 87 ff.

GYGI FRITZ · Der Beruf des Anwalts, in: Beiträge zum Verfassungs- und Verwaltungsrecht: Festgabe zum 65. Geburtstag des Verfassers, Bern 1986, 535 ff.

HAESSIG ANDRÉ	Exposé sur la pratique du secret professionnel en droit fiscal, l'avocat suisse, SAV/FSA 64/1979, 14 f.
HÄFELIN ULRICH, HALLER WALTER	Schweizerisches Bundesstaatsrecht, 5. Aufl., Zürich 2001
HÄFELIN ULRICH, MÜLLER GEORG	Grundriss des Allgemeinen Verwaltungsrechts, 4. Aufl., Zürich 2002
HALLER FRIEDRICH	Grundsätze des Standesrechts, Der Schweizer Anwalt, SAV/FSA 6/1962, 3 ff.
HANDBUCH BERUFS-PFLICHTEN	Grundriss des Allgemeinen Verwaltungsrechts, 4. Aufl., Handbuch über die Berufspflichten des Rechtsanwaltes im Kanton Zürich, hrsg. vom Verein Zürcherischer Rechtsanwälte auf der Grundlage der 1969 erschienenen Dissertation von Dr. Paul Wegmann, Zürich 1988
HANDSCHIN LUKAS	Anwaltsgesellschaften als juristische Personen: Zum Stand der Diskussion, Anwaltsrevue 2003, 259 f.
HARTUNG WOLFGANG	Anwaltliche Berufsordnung, hrsg. von Wolfgang Hartung/Thomas Holl, Einf., §§ 1–3, 5, 12, 16, 35 BerufsO und Vor § 34a, §§ 43, 43a Abs. 1–4, Abs. 6, 45–48, 49a, 59b BRAO sowie Sachverzeichnis bearbeitet von Wolfgang Hartung, 2. Aufl., München 2001
HAUSER ROBERT, SCHWERI ERHARD	Schweizerisches Strafprozessrecht, 5. Aufl., Basel 2002
HEBERLEIN ROBERT	Interessenkonflikte, Der Schweizer Anwalt, SAV/FSA 142/1993, 6 ff.
HEER MARIANNE	Basler Kommentar, Strafgesetzbuch I, hrsg. von Marcel Alexander Niggli/Hans Wiprächtiger, Art. 42–45 bearbeitet von Marianne Heer, Basel 2003
HELLWIG HANS-JÜRGEN	Unterschiede der nationalen Berufsrechte, BRAK-Mitteilungen 2 (2002) 52 f. (zit. Berufsrechte)
HELLWIG HANS-JÜRGEN	Die Bedeutung zentraler Berufsregeln aus europäischer Sicht, in: Das Anwaltsrecht nach dem BGFA – Fragen und Entwicklungen im Recht der Rechtsvertretung und Rechtsberatung der Schweiz, hrsg. von Bernhard Ehrenzeller, St. Gallen 2003, 85 ff. (zit. Berufsregeln)
HENGGELER OSKAR	Das Disziplinarrecht der freiberuflichen Rechtsanwälte und Medizinalpersonen, Diss. Zürich 1976
HENSSLER MARTIN	Das anwaltliche Berufsgeheimnis, NJW 1994, 1817 ff.
HESS BEAT	Umsetzung des Bundesgesetzes über die Freizügigkeit der Anwältinnen und Anwälte (BGFA) durch die Kantone, SJZ 98 (2002) 485 ff. (zit. Umsetzung)

HESS BEAT   Das Anwaltsgesetz des Bundes (BGFA) und seine Umset-
                            zung durch die Kantone am Beispiel des Kantons Bern,
                            ZBJV 140 (2004) 89 ff. (zit. Anwaltsgesetz)

HESS BEAT   Unabhängigkeit angestellter Register-Anwälte, Bespre-
                            chung des BGE 2A.110/2003 vom 29. Januar 2004, An-
                            waltsrevue 2004, 94 f. (zit. Unabhängigkeit)

HESS BEAT   Keine Anwaltsregistrierung in mehreren Kantonen, An-
                            waltsrevue 2004, 334 f. (zit. Anwaltsregistrierung)

HINTERBERGER   Disziplinarfehler und Disziplinarmassnahmen im Recht des
WALTER   öffentlichen Dienstes, St. Gallen 1986

HIRT ULRICH   Anwaltsgesellschaften: Zum Stand der Arbeiten im SAV,
                            Anwaltsrevue 2004, 223 f.

HÖCHLI LORENZ   Das Anwaltshonorar, Diss. Zürich 1991

HOFSTETTER KARL   Regulierungen des Anwaltsmarktes: Die Sicht des General
                            Counsel, in: Professional Legal Services: Vom Monopol
                            zum Wettbewerb, hrsg. von Hans Nater, Zürich 2000, 181 ff.

HOLL THOMAS   Anwaltliche Berufsordnung, hrsg. von Wolfgang Hartung/
                            Thomas Holl, Einf., §§ 11, 14, 15, 18–20, 24, 25, 28 Be-
                            rufsO und Einf., §§ 1–26 FAO sowie §§ 43c, 44, 52–59
                            BRAO bearbeitet von Thomas Holl, 2. Aufl., München 2001

HÜTTE KLAUS   Der Anwalt - Risiko oder nicht? in: Die Sorgfalt des An-
                            walts in der Praxis, hrsg. von der «Winterthur» Schweize-
                            rische Versicherungsgesellschaft, Bern 1997, 101 ff.

HUFF MARTIN W.   Die zielgruppenorientierte Werbung von Rechtsanwälten –
                            ein zulässiges Werbeinstrument, NJW 2003, 3525 ff.

HUGLO J.-G.   Droit d'établissement et libre prestation de services, Juris-
                            Classeur Europe, fasc. 710 (2000), N 16 ff.

INEICHEN THOMAS   Die Anwältin und der Anwalt im Clinch zwischen Klient-
                            In, Sozialversicherer und Haftpflichtversicherer, in: Psy-
                            chische Störungen und die Sozialversicherung   Schwer
                            punkt Unfallversicherung, hrsg. von Erwin Murer, Bern
                            2002, 231 ff.

JAEGER RENATE   Künftige Stellung der Rechtsanwälte im System der Rechts-
                            pflege und in der Gesellschaft, NJW 2004, 1492 ff.

KÄFER KARL   Berner Kommentar, Kommentar zum schweizerischen Pri-
                            vatrecht, Band VIII: Obligationenrecht, 2. Abteilung: Die
                            kaufmännische Buchführung, 1. Teilband: Grundlagen und
                            Kommentar zu Artikel 957 OR, Bern 1981

KELLERHALS ANDREAS, Das GATS und die Zulassung ausländischer Rechtsanwäl-
BÜHLMANN LUKAS A.   te in der Schweiz, in: Professional Legal Services: Vom

	Monopol zum Wettbewerb, hrsg. von Hans Nater, Zürich 2000, 27 ff.
KIENER REGINA	Richterliche Unabhängigkeit, Bern 2001
KISSLING CHRISTA, LANZ RAPHAEL	Die Sorgfaltspflicht der Anwältinnen und Anwälte in der Praxis, recht 15 (1997) 203 ff.
KLEINE-COSACK MICHAEL	Bundesrechtsanwaltsordnung, Kommentar, 4. Aufl., München 2003
KLEINER BEAT, SCHWOB RENATE	Kommentar zum Schweizerischen Bankengesetz, hrsg. von Daniel Bodmer/Beat Kleiner/Benno Lutz, Art. 47 bearbeitet von Beat Kleiner/Renate Schwob, Zürich 2001
KRNETA GEORG	Der Anwalt als Organ einer juristischen Person, Schriftenreihe: Das Anwaltsgeheimnis, Bd. 2, Zürich 1994, 7 ff.
KUHN MANFRED	Gefährdetes Berufsgeheimnis, SJZ 54 (1958) 31 f.
KUHN MORITZ W., MÜLLER-STUDER R. Luka, Eckert MARTIN K.	Privatversicherungsrecht: unter Mitberücksichtigung des Haftpflicht- und Aufsichtsrechts, 2. Aufl., Zürich 2002
LIATOWITSCH PETER	Zur Lockerung der Werbeverbote in den Pflichten-Codices des SAV, Der Schweizer Anwalt, SAV/FSA 168/1997, 15
LOHSING ERNST	Der Begriff des Berufsgeheimnisses, SJZ 39 (1942/43) 79 f.
MAURER ALFRED	Schweizerisches Privatversicherungsrecht, 3. Aufl., Bern 1995
MAURER URS, VOGT NEDIM PETER	Kommentar zum schweizerischen Datenschutzgesetz, Basel 1995
MAURO JACQUES	Investigation aux frontières des documents d'un avocat, l'avocat suisse, SAV/FSA 80/1982, 2 f.
MAYER-SCHÖNBERGER VIKTOR	Informationsrecht für die Informationsgesellschaft, SJZ 97 (2001) 383 ff.
MEIER ISAAK	Bundesanwaltsgesetz: Probleme in der Praxis, plädoyer 5/2000, 30 ff. (zit. Bundesanwaltsgesetz)
MEIER ISAAK	Neues Anwaltsrecht für die Schweiz, in: Einheit und Vielfalt des Rechts: Festschrift für Reinhold Geimer zum 65. Geburtstag, hrsg. von Rolf A. Schütze, München 2002, 691 ff. (zit. Anwaltsrecht)
MERZ HANS	Anwaltsgeheimnis und Fiskus, ZBJV 80 (1944) 337 ff.
MERZ HANS-RUDOLF	Ein Rückwärtssalto vor dem Anwaltsgesetz, Der Schweizer Treuhänder, 74 (2000) 196 f.
MINELLI LUDWIG A.	Das «Reklameverbot» für Anwälte im Kanton Zürich, Der Schweizer Anwalt, SAV/FSA 168/1997, 20 ff.

MONEGER JOËL,
DEMEESTER MARIE-
LUCE
Profession: avocat, Paris 2001

MÜLLER JÖRG P.
Funktion des Rechtsanwalts im Rechtsstaat, Der Schweizer Anwalt, SAV/FSA 92/1984, 12 f. (zit. Funktion)

MÜLLER JÖRG P.
Grundrechte in der Schweiz, 3. Aufl., Bern 1999 (zit. Grundrechte)

MÜLLER JÖRG P.
Allgemeine Bemerkungen zu den Grundrechten, in: Verfassungsrecht der Schweiz, hrsg. von Daniel Thürer/Jean-François Aubert/Jörg Paul Müller, Zürich 2001, § 39 (zit. Bemerkungen)

MÜLLER-STEWENS
GÜNTER, DROLS-
HAMMER JENS,
KRIEGMEIER JOCHEN
Professional Service Firms, Frankfurt am Main 1999

NATER HANS
Liberalisierungsbemühungen im Bereiche der internationalen und interkantonalen Anwaltszulassungen, Der Schweizer Anwalt, SAV/FSA 154/1995, 5 ff. (zit. Anwaltszulassungen)

NATER HANS
Bundesgesetz über die Freizügigkeit der Anwältinnen und Anwälte: Eine Übersicht, in: Professional Legal Services: Vom Monopol zum Wettbewerb, hrsg. von Hans Nater, Zürich 2000, 1 ff. (zit. Übersicht)

NATER HANS
Umsetzung des Eidgenössischen Anwaltsgesetzes durch die Kantone: Schaffung zusätzlicher Anwaltskategorien?, SJZ 96 (2000) 557 ff. (zit. Umsetzung)

NATER HANS
Ausdehnung der Aufsicht auf ausschliesslich beratend tätige Anwälte, SJZ 97 (2001) 430 ff. (zit. Ausdehnung)

NATER HANS
Anwaltsrecht, in: Aktuelle Anwaltspraxis 2001, hrsg. von Walter Fellmann/Tomas Poledna, Bern 2002, 439 ff. (zit. Aktuelle Anwaltspraxis 2001)

NATER HANS
Steiniger Weg zur Harmonisierung des Anwaltsrechts in der Schweiz, SJZ 98 (2002) 362 ff. (zit. Harmonisierung)

NATER HANS
Berner Entscheid betreffend unzulässige Doppelvertretung im Haftpflichtrecht, SJZ 98 (2002) 578 f. (zit. Doppelvertretung)

NATER HANS
Neue Richtlinien des Schweizerischen Anwaltsverbandes für die Berufs- und Standesregeln, SJZ 99 (2003) 152 ff. (zit. Richtlinien)

NATER HANS
Genfer Anwaltskammer bestätigt Verbot gemischter Sozietäten, SJZ 99 (2003) 588 f. (zit. Gemischte Sozietäten)

NATER HANS   Unabhängigkeit und Interessenkollision: Entscheide aus
                           Genf und Zürich, SJZ 100 (2004) 67 ff. (zit. Unabhängig-
                           keit)

NATER HANS   Zum Leiturteil des Bundesgerichts betreffend Eintragung
                           angestellter Anwälte in das Anwaltsregister, SJZ 100 (2004)
                           139 ff. (Angestellte Anwälte)

NATER HANS   Anwaltsrecht, in: Aktuelle Anwaltspraxis 2003, hrsg. von
                           Walter Fellmann/Tomas Poledna, Bern 2004, 719 ff. (zit.
                           Aktuelle Anwaltspraxis 2003)

NATER HANS,   Praktische Auswirkungen der neuen bundesgerichtlichen
BAUMBERGER XAVER   Praxis zur Unabhängigkeit angestellter Anwältinnen und
                           Anwälte, SJZ 100 (2004) 390 ff.

NATER HANS, KELLER-   Zur Freizügigkeit der Rechtsanwälte in der Schweiz unter
HALS ANDREAS   besonderer Berücksichtigung des GATS, SJZ 91 (1995)
                           85 ff.

NATER HANS, WIPF   Internationale Freizügigkeit nach dem Bundesgesetz über
THOMAS   die Freizügigkeit der Anwältinnen und Anwälte, in: Bilate-
                           rale Verträge Schweiz-EG, hrsg. von Daniel Thürer/Rolf
                           H. Weber/Roger Zäch, Zürich 2002, 247 ff.

NERLICH JÖRG   Anwaltliche Berufsordnung, hrsg. von Wolfgang Hartung/
                           Thomas Holl, §§ 4, 13, 17, 21–23, 26 BerufsO und §§ 43a
                           Abs. 5, 49b, 50 BRAO bearbeitet von Jörg Nerlich, 2. Aufl.,
                           München 2001

NIGG HANS   Haftpflichtversicherung des Rechtsanwalts am Beispiel der
                           AVB einer Versicherung, in: Schweizerisches Anwaltsrecht,
                           hrsg. von Walter Fellmann/Claire Huguenin Jacobs/Tomas
                           Poledna/Jörg Schwarz, Bern 1998, 493 ff.

NOBEL PETER   Rechtsformen der Zusammenarbeit von Anwälten: Organi-
                           sationsfreiheit für Anwälte!, in: Schweizerisches Anwalts-
                           recht, hrsg. Walter Fellmann/Claire Huguenin Jacobs/To-
                           mas Poledna/Jörg Schwarz, Bern 1998, 339 ff. (zit. Rechts-
                           formen)

NOBEL PETER   Organisationsfreiheit für Rechtsanwälte, in: Professional
                           Legal Services: Vom Monopol zum Wettbewerb, hrsg. von
                           Hans Nater, Zürich 2000, 127 ff. (zit. Organisationsfrei-
                           heit)

PEYER HANS KONRAD   Vom behutsamen Umgang mit dem Berufsgeheimnis und
                           Vertrauen, Der Schweizer Anwalt, SAV/FSA 109/1987, 4 f.

PFEIFER MICHAEL   Der Rechtsanwalt in der heutigen Gesellschaft, ZSR 115
                           (1996) II 253 ff. (Rechtsanwalt)

PFEIFER MICHAEL	Der Anwalt heute: Nichtsnutz oder Nothelfer? Der Anwalt und sein Bild im Spiegel der Öffentlichkeit, AJP 1999, 802 ff. (zit. Nothelfer)
PFEIFER MICHAEL	Die zentrale Bedeutung des Anwaltsgeheimnisses (in der Schweiz), in: Professional Legal Services: Vom Monopol zum Wettbewerb, hrsg. von Hans Nater, Zürich 2000, 73 ff. (zit. Anwaltsgeheimnis)
PFEIFER MICHAEL	Übersicht und Überlegungen zum Erfolgshonorar von Rechtsanwälten, in: Das künftige Berufbild des Anwalts in Europa, hrsg. von DACH, Europäische Anwaltsvereinigung e.V., Köln/Zürich 2000, 69 ff. (zit. Erfolgshonorar)
PFEIFER MICHAEL	Das Berufsgeheimnis, in: Das Anwaltsrecht nach dem BGFA – Fragen und Entwicklungen im Recht der Rechtsvertretung und Rechtsberatung der Schweiz, hrsg. von Bernhard Ehrenzeller, St. Gallen 2003, 103 ff. (zit. Anwaltsrecht)
PFEIFER MICHAEL, DROLSHAMMER JENS	Introduction: On the Way to a Globalized Practice of Law?, in: The Internationalization of the Practice of Law, hrsg. von Jens Drolshammer/Michael Pfeifer, Den Haag/London/Boston 2001, 13 ff.
PICCARD ROBERT	Considération sur le secret professionnel de l'avocat, SJZ 62 (1966) 53 ff.
POLEDNA TOMAS	Disziplinarische und administrative Entlassung von Beamten – vom Sinn und Unsinn einer Unterscheidung, ZBl 96 (1995) 61 ff. (zit. Entlassung)
POLEDNA TOMAS	Verfügung und verfügungsfreies Handeln im öffentlichen Personalrecht – ein Praxisüberblick, AJP 1998, 917 ff. (zit. Personalrecht)
POLEDNA TOMAS	Anwaltsmonopol und Zulassung zum Anwaltsberuf – Streiflichter in vier Thesen, in: Schweizerisches Anwaltsrecht, hrsg. von Walter Fellmann/Claire Huguenin Jacobs/Tomas Poledna/Jorg Schwarz, Bern 1998, 89 ff. (zit. Anwaltsmonopol)
POSITAN W.J.	ABA, Report of the Commission on Multijurisdictional Practice, August 2002
PRÜTTING HANNS	Bundesrechtsanwaltsordnung, hrsg. von Martin Henssler/Hanns Prütting, §§ 18–29, 30–42, 51b, 212, 213, 223, 224, 225–227, 229 BRAO und §§ 5, 11–16, 19, 20 BORA bearbeitet von Hanns Prütting, 2. Aufl., München 2004
QUACK KARLHEINZ	Sinn und Grenzen anwaltlicher Unabhängigkeit heute, NJW 1975, 1337 ff.

REDEKER KONRAD   Der Syndikusanwalt als Rechtsanwalt, NJW 2004, 889 ff.

REYMOND ALEC   Genève: Projet de loi cantonale sur la profession d'avocat,
                           SJZ 98 (2002) 18 f.

RICHARD PHILIPPE   La dignité: limite naturelle et indispensable à la libéralisa-
                           tion de la publicité de l'avocat, l'avocat suisse, SAV/FSA
                           168/1997, 16 f.

RIGAUX A.   Territoire communautaire, in: Répertoire Dalloz, Droit com-
                           munautaire, Paris 1995

RIVIER JEAN-MARC   Le secret professionnel de l'avocat et le fisc, l'avocat suis-
                           se, SAV/FSA 146/1993, 15 ff.

ROBERTO VITO   Anwaltshaftung und Versicherung – Ausgewählte Problem-
                           bereiche, in: Das Anwaltsrecht nach dem BGFA – Fragen
                           und Entwicklungen im Recht der Rechtsvertretung und
                           Rechtsberatung der Schweiz, hrsg. von Bernhard Ehren-
                           zeller, St. Gallen 2003, 187 ff.

ROXIN CLAUS   Das Zeugnisverweigerungsrecht des Syndikusanwalts, NJW
                           1992, 1129 ff.

RÜDY BERNHARD   Telefonüberwachung und Anwaltsgeheimnis im Kanton
                           Zürich, Der Schweizer Anwalt, SAV/FSA 114/1988, 20 f.

SALUZ EVA   Divento volentieri la vostra prima donna come presidente
                           della FSA, Anwaltsrevue 2003, 247

SCHENKER FRANZ   Gedanken zum Anwaltshonorar, in: Schweizerisches An-
                           waltsrecht, hrsg. von Walter Fellmann/Claire Huguenin Ja-
                           cobs/Tomas Poledna/Jörg Schwarz, Bern 1998, 143 ff.

SCHIEFER WOLFGANG,   Marketing für Rechtsanwälte, Leitfaden für die Praxis, 2.
HOCKE ULRICH   Aufl., Essen 1996

SCHILLER KASPAR   Ein Gesetz mit 125-jähriger Verspätung, Zum Entwurf
                           eines Bundesgesetzes über die Freizügigkeit der Anwältin-
                           nen und Anwälte (BGFA), ZSR 117 (1998) I 67 ff. (zit.
                           BGFA)

SCHILLER KASPAR   Funktion des Anwalts im Rechtsstaat, in: Professional Le-
                           gal Services: Vom Monopol zum Wettbewerb, hrsg. von
                           Hans Nater, Zürich 2000, 155 ff. (zit. Rechtsanwalt)

SCHILLER KASPAR   Das Erfolgshonorar nach BGFA, SJZ 100 (2004) 353 ff.
                           (zit. Erfolgshonorar)

SCHLUEP WALTER R.   Über Sinn und Funktionen des Anwaltsgeheimnisses im
                           Rechtsstaat, Schriftenreihe: Das Anwaltsgeheimnis, Bd. 1,
                           Zürich 1994

SCHMID HANS   101 Jahre zürcherisches «Schenkpatent», in: Festschrift 125
                           Jahre Kassationsgericht des Kantons Zürich, hrsg. von An-

dreas Donatsch/Thomas Fingerhuth/Viktor Lieber/Jörg Rehberg/Hans Ulrich Walder-Richli, Zürich 2000, 537 ff.

SCHMID NIKLAUS — Schweizerisches Insiderstrafrecht, Bern 1988

SCHRIEVER EVA — AKZO Nobel u.a. – Anwaltsprivilegien für Syndikusanwälte?, (deutsches) Anwaltsblatt 2004, 105

SCHROFF HERMANN, GERBER DAVID — Die Beendigung des Dienstverhältnisses in Bund und Kantonen, St. Gallen 1985

SCHWARZ JÖRG — Das Anwaltsgeheimnis – Einige Gedanken zur heutigen Rechtslage in der Schweiz, in: Schweizerisches Anwaltsrecht, hrsg. von Walter Fellmann/Claire Huguenin Jacobs/ Tomas Poledna/Jörg Schwarz, Bern 1998, 107 ff.

SCHWEIZER RAINER J. — Persönlichkeits- und Datenschutzprobleme der Rechtsanwälte – Praktische Aspekte des Anwaltsgeheimnisses in Schweizer und grenzüberschreitender Sicht, in: Information, Technologie und Recht, Schriftenreihe SAV, Bd. 14, Bern 1996, 57 ff.

SEITZ CLAUDIA — Unternehmensjuristen und das Anwaltsprivileg im europäischen Wettbewerbsverfahren – Wandel in der europäischen Rechtsprechung?, Europäische Zeitschrift für Wirtschaftsrecht 15 (2004) 231 ff.

SIEBEN ALEXANDER — Das Berufsgeheimnis auf Grund des eidgenössischen Strafgesetzbuches, Diss. Bern 1943 (zit. Berufsgeheimnis)

SIEBEN ALEXANDER — Anwaltsgeheimnis und Meldepflicht deutscher Vermögenswerte, SJZ 91 (1995) 255 ff. (zit. Anwaltsgeheimnis)

SILVER C. — The Case of the Foreign Lawyer: Internationalising The US. Legal Profession, Fordham Int'l L.J., 25 (2002), 1039

SOBOTTA CHRISTOPH, KLEINSCHNITTGER CHRISTOPH — Die Freizügigkeit der Anwälte nach der Richtlinie 98/5/EG, Europäische Zeitschrift für Wirtschaftsrecht 9 (1998) 645 ff.

SPÄH KARL-FRANZ — Aus der neuen Rechtsprechung der Aufsichtskommission über die Rechtsanwälte, SJZ 91 (1985) 397 ff.

SPREMANN KLAUS — Wirtschaft, Investition und Finanzierung, 5. Aufl., München/ Wien 1996

SPÜHLER KARL — Bedeutung, Anwendbarkeit und Anwendungsprobleme des BGFA, in: Das Anwaltsrecht nach dem BGFA – Fragen und Entwicklungen im Recht der Rechtsvertretung und Rechtsberatung der Schweiz, hrsg. von Bernhard Ehrenzeller, St. Gallen 2003, 33 ff.

STAEHELIN ERNST — Umsetzung BGFA, Das neue Advokaturgesetz im Kanton Basel-Stadt, SJZ 97 (2001) 496 f. (zit. Umsetzung BGFA)

STAEHELIN ERNST	Kann ein Vollzeitangestellter noch als Anwalt tätig sein?, Anwaltsrevue 2004, 187 f. (zit. Vollzeitangestellter)
STAUB LEO	Telefonüberwachung und Anwaltsgeheimnis, SJZ 83 (1987) 25 ff.
STEINBECK ANJA	Werbung von Rechtsanwälten im Internet, NJW 2003, 1481 ff.
STEINER HANS RUDOLF	Anwaltsmonopol und Anwaltsgeheimnis, Der Schweizer Anwalt, SAV/FSA 107/1987, 5 f.
STERCHI MARTIN	Kommentar zum bernischen Fürsprecher-Gesetz, Bern 1992
STERCHI MARTIN	Anwaltregister auch für «Hobby-Anwälte» geöffnet. Ein Leitentscheid des Bundesgerichts zur Frage, ob und unter welchen Voraussetzungen angestellte Anwälte sich ins Anwaltsregister eintragen lassen können, Jusletter vom 28. Juni 2004
STRATENWERTH GÜNTHER, SCHUBARTH MARTIN	Rechtsgutachten betreffend Telefonüberwachung und Anwaltsgeheimnis, Der Schweizer Anwalt, SAV/FSA 49/1975, 13 f.
STUDER NIKLAUS	Neue Entwicklungen im Anwaltsrecht, SJZ 100 (2004) 229 ff. (zit. Entwicklungen)
STUDER NIKLAUS	Die Unabhängigkeit gemäss BGFA, Anwaltsrevue 2004, 140 f. (zit. Unabhängigkeit)
STÜRNER ROLF, BORMANN JENS	Der Anwalt – Vom freien Beruf zum dienstleistenden Gewerbe?, NJW 2004, 1481 ff.
STUTZER MAYA	Der Anwalt zwischen Würde und Werbung, Der Schweizer Anwalt, SAV/FSA 168/1997, 17 ff.
TERCIER PIERRE	Les avocats et la concurrence, l'avocat suisse, SAV/FSA 160/1996, 4 ff.
TESTA GIOVANNI A.	Die zivil- und standesrechtlichen Pflichten des Rechtsanwaltes gegenüber den Klienten, Diss. Zürich 2001
THOUVENIN ANDRÉ	Das künftige Berufbild der Anwälte aus Schweizer Sicht, in: Das künftige Berufbild des Anwalts in Europa, hrsg. von DACH, Europäische Anwaltsvereinigung e.V., Köln/Zürich 2000, 111 ff.
TRECHSEL STEFAN	Schweizerisches Strafgesetzbuch, Kurzkommentar, Zürich 1997
USTERI PAUL L.	Aus der Praxis der zürcherischen Aufsichtskommission über die Rechtsanwälte, SJZ 38 (1941/42) 305 ff.
VALLONI LUCIEN W., STEINEGGER MARCEL C.	Bundesgesetz über die Freizügigkeit der Anwältinnen und Anwälte, Zürich 2002

VALTICOS MICHEL La jurisprudence de la commission du barreau 1998–
2002, SJ 2003, 245 ff.

VIELI LELIO Der Anwalt als Partei im Zivilrecht, Schriftenreihe: Das Anwaltsgeheimnis, Bd. 2, Zürich 1994, 33 ff.

VON DER CRONE HANS Interessenkonflikt im Aktienrecht, SZW 66 (1994) 1 ff.
CASPAR

VONZUN RETO Die Anwalts-Kapitalgesellschaft – Zulässigkeit und Erfordernisse, ZSR 120 (2001) I 447 ff.

VOUILLOZ MADELEINE La nouvelle loi fédérale sur la libre circulation des avocats (LLCA), SJZ 98 (2002) 433 ff.

WAHRIG GERHARD Deutsches Wörterbuch, hrsg. von Renate Wahrig-Burfeind, Gütersloh/München 2001

WALTHER FRIDOLIN Das Anwaltsgeheimnis im E-Mail-Zeitalter – eine Problemskizze, SJZ 96 (2000) 357 ff.

WATTER ROLF Schutzbereich des Bankgeheimnisses bei Beizug eines Anwalts durch die Bank, AJP 1995, 940 f.

WEBER MARIANNE Berufsgeheimnis im Steuerrecht und Steuergeheimnis, Diss. Zürich 1982

WEBER ROLF H. Niederlassung oder Dienstleistung – europarechtliche Beurteilung grenzüberschreitender anwaltlicher Tätigkeiten, in: Schweizerisches Anwaltsrecht, hrsg. von Walter Fellmann/Claire Huguenin Jacobs/Tomas Poledna/Jörg Schwarz, Bern 1998, 571 ff.

WEBER ROLF H. Basler Kommentar zum Schweizerischen Privatrecht, Obligationenrecht I, Art. 1–529 OR, hrsg. von Heinrich Honsell/Nedim Peter Vogt/Wolfgang Wiegand, Art. 394–406, 407–411, 419–424 bearbeitet von Rolf H. Weber, 3. Aufl, Basel 2003

WEBER-STECHER Internationale Freizügigkeit von Rechtsanwältinnen und
URS M. Rechtsanwälten im Verhältnis Schweiz-EU, in: Professional Legal Services: Vom Monopol zum Wettbewerb, hrsg. von Hans Nater, Zürich 2000, 51 ff. (zit. Freizügigkeit)

WEBER-STECHER Internationale Freizügigkeit im Rechtsanwaltsberuf – Hin-
URS M. dernisse und mögliche Reformen, in: Schweizerisches Anwaltsrecht, hrsg. von Walter Fellmann/Claire Huguenin Jacobs/Tomas Poledna/Jörg Schwarz, Bern 1998, 549 ff. (zit. Hindernisse)

WEGMANN PAUL Die Berufspflichten des Rechtsanwaltes unter besonderer Berücksichtigung des zürcherischen Rechts, Diss. Zürich 1969

WENGER JEAN-CLAUDE Der Anwalt als Willensvollstrecker, Schriftenreihe: Das Anwaltsgeheimnis, Bd. 3, Zürich 1997, 51 ff.

WICHMANN HERMANN Das Berufsgeheimnis als Grenze des Zeugenbeweises: ein Beitrag zur Lehre von den Beweisverboten, Frankfurt am Main/Berlin usw. 2000

WIPF THOMAS Das Anwaltsmonopol und dessen Umschreibung, SJZ 97 (2001) 89 ff.

WIRTH MARKUS Anwaltliche Berufsregeln im Spannungsfeld der Entwicklung vom Monopol zum Wettbewerb, in: Professional Legal Services: Vom Monopol zum Wettbewerb, hrsg. von Hans Nater, Zürich 2000, 113 ff.

WOLFFERS FELIX Der Rechtsanwalt in der Schweiz, Seine Funktion und öffentlich-rechtliche Stellung, Diss. Bern/Zürich 1986

ZEMP HEINI Das Luzerner Anwaltsrecht, Diss. Freiburg 1967

ZILLER J. Champ d'application du droit communautaire, Application territoriale, Juris-Classeur Europe, fasc. 470 (1998)

ZIMMERMANN ROBERT Les sanctions disciplinaires et administratives au regard de l'art. 6 CEDH, RDAF L (1994) 335 ff.

ZINDEL GAUDENZ G. Anwaltswerbung, SJZ 94 (1998) 440 ff.

1. Abschnitt: Allgemeines

Art. 1   Gegenstand

Dieses Gesetz gewährleistet die Freizügigkeit der Anwältinnen und Anwälte und legt die Grundsätze für die Ausübung des Anwaltsberufs in der Schweiz fest.

Art. 1   Objet

La présente loi garantit la libre circulation des avocats et fixe les principes applicables à l'exercice de la profession d'avocat en Suisse.

Art. 1   Oggetto

La presente legge garantisce la libera circolazione degli avvocati e stabilisce i principi applicabili all'esercizio dell'avvocatura in Svizzera.

Inhaltsübersicht	Note
I. Vorbemerkungen	1
A. Zweck	1
B. Rechtsgrundlagen	2
II. Entstehungsgeschichte	6
III. Freizügigkeit	8
IV. Grundsätze der Berufsausübung	12

I.   Vorbemerkungen

A.   Zweck

Das BGFA verfolgt einen doppelten Zweck: Es ist ein **Freizügigkeitsge-** [1] **setz**, indem es die interkantonale und – im Verhältnis zur EU und der EFTA – internationale Freizügigkeit der Anwälte gewährleistet. Darüber hinaus legt das Anwaltsgesetz **Grundsätze der anwaltlichen Berufsausübung** fest, ohne allerdings die anwaltlichen Tätigkeiten umfassend zu regeln. Die Kantone bleiben zuständig, Vorschriften über den Anwaltsberuf zu erlassen, soweit der Bund seine Kompetenzen nicht ausgeschöpft hat.[1]

---

[1]   BOTSCHAFT, Nr. 63, 6076; NATER, Aktuelle Anwaltspraxis 2001, 439.

B.   Rechtsgrundlagen

2   Das Anwaltsgesetz ist gestützt auf **Art. 95 BV** und in Ausführung des **Personenfreizügigkeitsabkommens** zwischen der Schweizerischen Eidgenossenschaft einerseits und der Europäischen Gemeinschaft sowie ihren Mitgliedstaaten andererseits erlassen worden.

3   Gemäss Art. 95 Abs. 2 BV gewährleistet der Bund, dass Anwälte ihren Beruf auf dem gesamten Gebiet der Schweiz ausüben können.[2]

4   Rechtsgrundlagen auf internationaler Ebene bilden die im Anhang III zum Personenfreizügigkeitsabkommen aufgeführten Rechtsakte, welche die gegenseitige Anerkennung beruflicher Qualifikationen (Diplome, Prüfungszeugnisse, Befähigungsnachweise) normieren, darunter die auf den Anwaltsberuf anwendbaren Richtlinien:[3]

– Richtlinie 77/249/EWG vom 22. März 1977 zur Erleichterung der tatsächlichen Ausübung des freien Dienstleistungsverkehrs der Anwälte.[4] Diese Richtlinie wird nachfolgend «Dienstleistungsrichtlinie» genannt.

– Richtlinie 89/48/EWG vom 21. Dezember 1988 über eine allgemeine Regelung zur Anerkennung der Hochschuldiplome, die eine mindestens dreijährige Berufsausbildung abschliessen.[5] Diese Richtlinie wird nachfolgend «Diplomanerkennungsrichtlinie» genannt.

– Richtlinie 98/5/EG vom 16. Februar 1998 zur Erleichterung der ständigen Ausübung des Rechtsanwaltsberufs in einem anderen Mitgliedstaat als dem, in dem die Qualifikation erworben wurde.[6] Diese Richtlinie wird nachfolgend «Niederlassungsrichtlinie» genannt.

5   Das Personenfreizügigkeitsabkommen ist in das EFTA-Übereinkommen[7] übernommen worden. In der Folge ist der Geltungsbereich des Anwaltsgesetzes auf Anwältinnen und Anwälte, die Angehörige von EFTA-Staaten sind, ausgedehnt worden.[8]

---

[2]   HÄFELIN, N 727, 28.
[3]   Vgl. auch Vorbemerkungen zu den Abschnitten 4, 5 und 6 (vor Art. 21).
[4]   Abl L 78 vom 26. März 1977, 17.
[5]   Abl L 19 vom 24. Januar 1989, 16.
[6]   Abl L 77 vom 14. März 1998, 36.
[7]   Änderung des Übereinkommens zur Errichtung der Europäischen Freihandelsassoziation, SR 0.632.31.
[8]   BBl 2002, 2637.

II. Entstehungsgeschichte

Der Schweizerische Anwaltsverband (SAV) hat mehrere Initiativen zur Ver-   6
einheitlichung des Anwaltsrechts auf eidgenössischer Ebene ergriffen. Im
Jahr 1901 reichte der SAV beim eidgenössischen Justiz- und Polizeidepartement einen Gesetzesentwurf ein, der die Einführung eines **eidgenössischen Anwaltspatents** vorsah.[9] Im Jahr 1942 beauftragte der SAV eine
Kommission mit der Ausarbeitung eines eidgenössischen Anwaltsgesetzes, das Mindestanforderungen für die Erteilung der kantonalen Anwaltspatente hätte festlegen sollen.[10] Im Vorfeld der EWR-Volksabstimmung vom
6. Dezember 1992 legte eine Expertenkommission des SAV einen mit einem
Kurzkommentar versehenen Vorentwurf für ein Bundesrahmengesetz über
die interkantonale und internationale Anerkennung der Anwaltspatente vor[11]
und verfasste ein Mustergesetz über die Zulassung von Rechtsanwälten
aus dem Europäischen Wirtschaftsraum.[12] Nach der Ablehnung des EWR-
Abkommens erarbeitete die gleiche Expertenkommission des SAV eine
«Skizze eines Bundesrahmengesetzes über die berufliche Freizügigkeit der
Anwälte» (Swisslex)[13] sowie einen Entwurf für ein Bundesrahmengesetz
über die interkantonale und internationale Anerkennung der Anwaltspatente (Eurolex).[14] Sowohl Swisslex als auch Eurolex sahen im Sinne eines
berufsrechtlichen «minimal standard» Regeln für die Berufsausübung vor.

Die Vorarbeiten für das BGFA im Bund begannen 1994, als das Bundesamt   7
für Justiz einen Fragebogen an die Justizdepartemente der Kantone, die
kantonalen Gerichte und die juristischen Fakultäten der Universitäten ver-
schickte.[15] In der Vernehmlassung wurde grossmehrheitlich die Schaffung
eines Bundesrahmengesetzes zur Regelung der Freizügigkeit begrüsst und

---

[9]   BOTSCHAFT, Nr. 114, 6019.
[10]   BOIS, Art. 33 N 26.
[11]   Der Vorentwurf für ein Bundesrahmengesetz stützte sich auf Art. 33 Abs. 2 aBV so-
       wie auf die Diplomanerkennungsrichtlinie.
[12]   Das Mustergesetz hätte der Umsetzung der Dienstleistungsrichtlinie dienen sollen.
[13]   Swisslex bezweckte die berufliche Freizügigkeit der Anwälte in der Schweiz und er-
       teilte dem Bundesrat den Auftrag, mit ausländischen Staaten bilaterale Abkommen
       zur Anerkennung der beruflichen Ausweise der Anwälte auf der Grundlage der Ge-
       genseitigkeit abzuschliessen; Der Schweizer Anwalt 147 (1993) 6 ff.
[14]   Eurolex regelte die interkantonale Anerkennung der Anwaltspatente und hielt die
       Grundsätze für die Anerkennung durch die Kantone der durch einen EWR-Staat aus-
       gestellten Berufsdiplome und für die daraus resultierende Niederlassung der Anwälte
       in der Schweiz fest; NATER, Anwaltszulassungen, 5 ff.
[15]   BOTSCHAFT, Nr. 16, 6030.

der Handlungsbedarf im Bereich des Anwaltsberufs erkannt. In der Folge entschied sich das Bundesamt für Justiz gegen ein eidgenössisches Anwaltsregister und für den Ausbau der bestehenden kantonalen Register.[16] Im Jahr 1997 eröffnete der Bundesrat ein Vernehmlassungsverfahren zum Anwaltsgesetz.[17] Nach dem Abschluss des bilateralen Abkommens zwischen der Schweiz und der EG am 23. März 1999 führte der Bund ein zweites Vernehmlassungsverfahren zu einem ergänzten Gesetzesentwurf mit den Bestimmungen zur Umsetzung des relevanten Gemeinschaftsrechts durch.

III. Freizügigkeit

8   Es liegt in der Kompetenz der Kantone, einen **Fähigkeitsausweis** für Berufe zu verlangen, die zum Schutz des Publikums nicht ohne Sachkenntnis ausgeübt werden dürfen.[18] Mit Bezug auf den Anwaltsberuf haben sämtliche Kantone von dieser Kompetenz Gebrauch gemacht.

9   Gemäss Art. 95 Abs. 2 BV sorgt der Bund für einen einheitlichen schweizerischen Wirtschaftsraum. Zu diesem Zweck gewährleistet er, dass Personen mit einer wissenschaftlichen Ausbildung oder einem eidgenössischen, kantonalen oder kantonal anerkannten Ausbildungsabschluss ihren Beruf in der ganzen Schweiz ausüben können. **Anwälte gelten als Personen mit einer wissenschaftlichen Ausbildung.**[19]

10   Das Anwaltsgesetz gewährleistet Anwälten, die in einem kantonalen Anwaltsregister eingetragen sind, **auf dem gesamten Gebiet der Schweiz den Marktzugang zur Vertretung von Parteien vor Gerichtsbehörden.** Die Kantone sind verpflichtet, ausserkantonale Anwälte, die in einem Anwaltsregister eingetragen sind, uneingeschränkt zur forensischen Tätigkeit im Rahmen des Anwaltsmonopols zuzulassen. Die unter dem Regime des Binnenmarktgesetzes[20] zulässigen kantonalen Zulassungsverfahren entfal-

---

[16]   Nationalrat Luzius Stamm reichte am 17. August 1994 eine Motion zur Schaffung eines öffentlichen Bundesregisters ein. Die Motion wurde vom Nationalrat angenommen, vom Ständerat jedoch in ein Postulat umgewandelt (BOTSCHAFT, Nr. 19, 6041).
[17]   BOTSCHAFT, Nr. 171, 6031.
[18]   HÄFELIN/MÜLLER, 206; BOTSCHAFT, Nr. 21, 6042.
[19]   NATER, Übersicht, 6.
[20]   Bundesgesetz über den Binnenmarkt vom 10. Oktober 1995, SR 943.02.

---

len.[21] Keine Freizügigkeit gemäss Anwaltsgesetz können Anwälte beanspruchen, die zwar zur Vertretung vor Gerichtsbehörden eines bestimmten Kantons zugelassen, jedoch nicht in einem Anwaltsregister eingetragen sind.

Die Freizügigkeitsregelung des Anwaltsgesetzes ist sachlich begrenzt auf die Vertretung von Parteien vor Gerichtsbehörden im Bereich des kantonalen Anwaltsmonopols. Mit Bezug auf die übrige Anwaltstätigkeit ist die Freizügigkeit durch den in Art. 27 Abs. 2 BV enthaltenen Grundsatz des freien Zugangs zu privatwirtschaftlicher Erwerbstätigkeit gewährleistet. Was die Rechtsberatung im Besonderen anbelangt, ist darauf hinzuweisen, dass kein Kanton[22] eine Bewilligung zur Ausübung dieser Tätigkeit verlangt und nach GATS[23] auch nicht verlangen dürfte. 11

IV. Grundsätze der Berufsausübung

Der Bundesgesetzgeber hat erkannt, dass **einheitliche Mindestanforderungen an die anwaltliche Berufsausübung** unerlässlich sind, um dem Freizügigkeitsgedanken einen materiellen Sinngehalt zu geben. Das Anwaltsgesetz vereinheitlicht folgende Teilbereiche des anwaltlichen Berufsrechts:[24] 12

– die Voraussetzungen der interkantonalen Freizügigkeit;
– die kantonalen Anwaltsregister;
– die Berufsregeln;
– die Disziplinaraufsicht;
– die Regelung der Berufsbezeichnung;
– den Zugang zum Anwaltsberuf in der Schweiz für Anwälte, die Angehörige von Mitgliedstaaten der EU und der EFTA sind, und für Schweizerinnen und Schweizer, die zur Berufsausübung in einem Mitgliedstaat der EU und der EFTA berechtigt sind.

Die von der Bundesregelung nicht erfassten Tätigkeitsbereiche des anwaltlichen Berufsrechts verbleiben im Zuständigkeitsbereich der Kantone. Das 13

---

[21] BOTSCHAFT, Nr. 12, 6020; BGE 123 I 313; BGE 125 II 56; HESS, Anwaltsgesetz, 93.
[22] Demgegenüber ist in der Mehrheit der Mitgliedstaaten der EU nicht nur die Vertretung vor Gerichtsbehörden, sondern auch die Rechtsberatung monopolisiert. Vgl. WIPF, 90.
[23] BOTSCHAFT, Nr. 51, 6074.
[24] BOTSCHAFT, Nr. 22, 6042.

Nebeneinander von eidgenössischem und kantonalem Berufsrecht führt zu einer **heterogenen Binnenordnung** des Anwaltsberufs, die weder dem Anwaltsmarkt Schweiz gerecht wird noch dem Bedürfnis des Publikums nach Transparenz Rechnung trägt.[25]

---

[25] AMBERG, 10 ff., hofft, dass nach der Vereinheitlichung des Zivil- und Strafprozessrechts die Zeit für die Schaffung eines umfassenden Anwaltsgesetzes gekommen sein wird; vgl. auch NATER, Harmonisierung, 362.

Art. 2 Persönlicher Geltungsbereich

[1] Dieses Gesetz gilt für Personen, die über ein Anwaltspatent verfügen und in der Schweiz im Rahmen des Anwaltsmonopols Parteien vor Gerichtsbehörden vertreten.

[2] Es bestimmt die Modalitäten für die Vertretung von Parteien vor Gerichtsbehörden durch Anwältinnen und Anwälte, die Staatsangehörige von Mitgliedstaaten der Europäischen Union (EU) oder der Europäischen Freihandelsassoziation (EFTA) sind.

[3] Diese Modalitäten gelten auch für Schweizerinnen und Schweizer, die berechtigt sind, den Anwaltsberuf unter einer der im Anhang aufgeführten Berufsbezeichnungen in einem Mitgliedstaat der EU oder der EFTA auszuüben.

Art. 2 Champ d'application personnel

[1] La présente loi s'applique aux titulaires d'un brevet d'avocat qui pratiquent, dans le cadre d'un monopole, la représentation en justice en Suisse.

[2] Elle détermine les modalités selon lesquelles les avocats ressortissants des Etats membres de l'Union européenne (UE) ou de l'Association européenne de libre échange (AELE) peuvent pratiquer la représentation en justice.

[3] Ces modalités s'appliquent également aux ressortissants suisses habilités à exercer la profession d'avocat dans un Etat membre de l'UE ou de l'AELE sous un titre figurant en annexe.

Art. 2 Campo di applicazione personale

[1] La presente legge si applica ai titolari di una patente di avvocato che esercitano la rappresentanza in giudizio in Svizzera nell'ambito di un monopolio.

[2] Determina le modalità secondo cui gli avvocati cittadini degli Stati membri dell'Unione europea (UE) o dell'Associazione europea di libero scambio (AELS) possono esercitare la rappresentanza in giudizio.

[3] Tali modalità si applicano anche ai cittadini svizzeri abilitati a esercitare l'avvocatura in uno Stato membro dell'UE o dell'AELS con uno dei titoli professionali elencati nell'allegato.

Inhaltsübersicht		Note
I.	Grundsatz	1
II.	Personen mit kantonalem Anwaltspatent	10
	A. Berufsausübung in der Schweiz	10
	B. Berufsausübung in EU- und EFTA-Mitgliedstaaten	13
III.	Angehörige von EU- und EFTA-Mitgliedstaaten	16
IV.	Schweizer Anwältinnen und Anwälte mit Zulassung in einem EU- oder EFTA-Mitgliedstaat	20

I.   Grundsatz

1   Das Anwaltsgesetz enthält Regelungen für **drei Kategorien von Personen**, die im Rahmen des Anwaltsmonopols Parteien vor Gerichtsbehörden
vertreten, nämlich für:

- Personen, die über ein kantonales Anwaltspatent verfügen;
- Staatsangehörige aus EU- und EFTA-Staaten, welche die Voraussetzungen zur Berufsausübung in der Schweiz erfüllen;
- Schweizerinnen und Schweizer, die berechtigt sind, den Anwaltsberuf
in einem Mitgliedstaat der EU und der EFTA auszuüben.

2   Abs. 1 von Art. 2 BGFA umschreibt den **persönlichen Geltungsbereich**:
Das BGFA gilt für Personen, die über ein Anwaltspatent verfügen und in
der Schweiz forensisch tätig sind. Die Absätze 2 und 3 halten fest, dass das
BGFA die Modalitäten der Ausübung des Anwaltsberufs durch Personen
regelt, die unter die EU-Richtlinien[1] fallen.[2] Diese beiden Absätze umschreiben somit den **Gegenstand des Gesetzes** und gehören systematisch zu Art. 1
BGFA.[3]

3   Bei der Umschreibung des persönlichen Geltungsbereichs knüpft das BGFA
an die forensische Anwaltstätigkeit an, nicht an die Eintragung in ein Anwaltsregister.[4] Auch wer nach kantonalem Recht zur Parteivertretung vor
Gerichtsbehörden zugelassen ist, ohne in das Anwaltsregister eingetragen
zu sein, untersteht dem BGFA. **Faktisch ist jedoch der Eintrag in ein
kantonales Anwaltsregister für die Unterstellung unter das BGFA entscheidend,**[5] weil nur in seltenen Fällen auch Personen zur Parteivertretung
vor Gerichtsbehörden zugelassen werden, die nicht in einem Anwaltsregister
eingetragen sind. Im Übrigen ist darauf hinzuweisen, dass der Anwalts-

---

[1]   Vgl. vorne Art. 1 N 4.
[2]   In ihrem Beschluss vom 6. November 2003 ist die Aufsichtskommission über die
Rechtsanwälte des Kantons Zürich irrtümlicherweise davon ausgegangen, der persönliche Geltungsbereich erstrecke sich gestützt auf Art. 2 Abs. 3 BGFA auf Schweizer, die berechtigt sind, den Anwaltsberuf in einem Mitgliedstaat der EU auszuüben
(ZR 103 (2004) Nr. 1, E. 1, 30); vgl. die Kritik von NATER, Unabhängigkeit, 68.
[3]   Richtigerweise war im bundesrätlichen Entwurf zum BGFA der Absatz betreffend die
Modalitäten der Berufsausübung durch Anwälte, die Staatsangehörige von EU-Mitgliedstaaten sind, in Art. 1 BGFA (Gegenstand) enthalten; vgl. BOTSCHAFT, 6078.
[4]   NATER, Aktuelle Anwaltspraxis 2001, 440.
[5]   Für MEIER, Bundesanwaltsgesetz, 31, steht ausser Zweifel, dass die kantonalen Anwaltsregister zum zentralen «Bundesanwaltsregister» zusammengeschlossen werden.

markt heutzutage die gesamte Schweiz umfasst und im Wettbewerb keine
Chance hat, wer nur in einem einzigen Kanton Parteien vor Gerichtsbehörden vertreten kann.

Gemäss Art. 8 Abs. 1 lit. d BGFA werden nur Anwälte in das Anwaltsregis-   4
ter eingetragen, die in der Lage sind, den Anwaltsberuf **unabhängig** auszuüben; sie können Angestellte nur von Personen sein, die ihrerseits in
einem kantonalen Register eingetragen sind. Angestellte Anwälte öffentlicher und privater Unternehmen sind gemäss BGFA von der Parteivertretung vor Gerichtsbehörden ausgeschlossen.[6] Für Unternehmensjuristen hat
dies zur Folge, dass sie sich nicht auf das Berufsgeheimnis berufen können.[7] Die **Zweiteilung der Anwaltschaft** in Anwälte, die dem BGFA unterstellt sind und solche, die dem BGFA nicht unterstellt sind, wird mit
dem Schutz des Publikums und dem einwandfreien Funktionieren des Jus-
tizsystems begründet,[8] ist jedoch marktwirtschaftlich nicht zu rechtfertigen.[9]

Gemäss Praxis des Bundesgerichts besteht auch für **teilzeitlich oder voll-**   5
zeitlich in einem Unternehmen angestellte Anwälte mit Bezug auf ihre
selbständige Anwaltstätigkeit ein Anspruch auf Eintragung im Anwaltsregister, sofern die übrigen gesetzlichen Voraussetzungen erfüllt sind und
den durch die Anstellung bewirkten Besonderheiten Rechnung getragen
wird.[10]

---

6   NATER, Übersicht, 11 f. A.M. war die Wettbewerbskommission, die in ihrer Stellung-
    nahme zum Vorentwurf für ein Anwaltsgesetz im Kanton Zürich die Registrierfähig-
    keit grundsätzlich auch für angestellte Anwälte befürwortet, RPW 2002/2, 3379.
7   Vgl. die Kritik von DE CAPITANI, nach dessen Auffassung kein relevanter Unterschied
    zwischen dem freien Anwalt und dem Unternehmensjuristen besteht. Für HOFSTETTER,
    187, ist die Anwendbarkeit des Berufsgeheimnisses auf Unternehmensjuristen nicht
    primär eine Frage des Anwaltsrechts, sondern des Geltungsbereichs von Art. 321 StGB;
    a.M. PFEIFER, Rechtsanwalt, 318 ff.; DERSELBE, Anwaltsgeheimnis, 93 ff.; vgl. auch
    Art. 13 N 89 ff.
8   BOTSCHAFT, Nr. 13, 6021.
9   NATER, Übersicht, 3.
10 BGE 130 II 87 ff. Vgl. die ausgezeichnete Rezension dieses Leiturteils in der NZZ
    Nr. 42 vom 20. Februar 2004, 17, sowie folgende Urteilsbesprechungen: NATER, An-
    gestellte Anwälte, 139 ff.; HESS, Unabhängigkeit, 94 f.; STUDER, Unabhängigkeit, 140
    f. Weitere Bundesgerichtsurteile betreffend angestellte Anwälte: Urteil des Bundes-
    gerichts vom 13. Dezember 2003 (2A.101/2003), Urteile des Bundesgerichts vom
    29. Januar 2004 (2A.109/2003, 2A.111/2003, 2A.127/2003), Urteil des Bundesge-
    richts vom 30. März 2004 (2A.255/2003), Urteile des Bundesgerichts vom 7. April
    2004 (2A.260/2003, 2A.276/2003, 2A.285/2003), Urteil des Bundesgerichts vom 13.
    April 2004 (2A.126/2003), Urteile des Bundesgerichts vom 3. Juni 2004 (2A.295/
    2003, 2A.333/2003, 2A.353/2003, 2A.357/2003, 2A.359/2003).

6   Das Anwaltsgesetz findet **keine Anwendung auf die nur beratend tätigen Anwälte**, die sich nicht in ein Anwaltsregister eintragen lassen.

7   **Sachlich** ist das Anwaltsgesetz auf die **forensische Tätigkeit** ausgerichtet,
im Gegensatz zum Personenfreizügigkeitsabkommen und den EG-Richtlinien, die sämtliche Tätigkeiten von Anwälten erfassen.[11] Das Anwaltsgesetz ist eine **europakompatible Sonderordnung für Prozessanwälte**.[12]

8   Bedauerlicherweise enthält das Anwaltsgesetz keine eigene Bestimmung
über den sachlichen Anwendungsbereich. Aus der Umschreibung des subjektiven Geltungsbereichs in Art. 2 BGFA könnte man schliessen, das Gesetz finde ausschliesslich auf die Parteivertretung vor Gerichtsbehörden
Anwendung. Aus den Materialien ergibt sich jedoch, dass der Bundesgesetzgeber die **Aufsicht über die gesamte Anwaltstätigkeit**[13] und nicht nur
über die Tätigkeit im Rahmen des kantonalen Anwaltsmonopols vereinheitlichen wollte.[14] In der Literatur wird die Auffassung vertreten, das Anwaltsgesetz finde auf die forensische und nicht forensische Anwaltstätigkeit der dem Gesetz unterstellten Personen Anwendung.[15]

9   Zusammenfassend lässt sich feststellen, dass das **BGFA den Anwaltsberuf nicht umfassend regelt**. Es gibt Anwälte, die dem BGFA unterstellt
sind und solche, die dem BGFA nicht unterstellt sind (Zweiteilung der
Anwaltschaft). Einzelne Kantone haben diese Lücke insofern geschlossen,

---

[11]   WEBER-STECHER, Freizügigkeit, 53.
[12]   NATER, Übersicht, 2.
[13]   Gemäss Bundesgericht gehört zur Anwaltstätigkeit typischerweise ausser der Vertretung von Parteien vor Gericht die Rechtsberatung; das Tätigkeitsgebiet des Anwalts
kann sich gemäss Auffassung des Bundesgerichts darüber hinaus auch auf wirtschaftliche Dienstleistungen, die Ausübung von Verwaltungsratsmandaten etc. erstrecken,
Urteil des Bundesgerichts vom 13. Dezember 2003 (2A.101/2003), Urteile des Bundesgerichts vom 29. Januar 2004 (2A.109/2003, 2A.127/2003), BGE 130 II 87 ff. und
Urteil des Bundesgerichts vom 13. April 2004 (2A.126/2003).
[14]   BOTSCHAFT, Nr. 233.3, 6059, Nr. 13, 6021. Der Bundesrat wollte das Anwaltsgesetz
für die unabhängigen Anwälte schaffen, die in einem kantonalen Anwaltsregister eingetragen sind. Mit der Registrierung der unabhängigen Anwälte sollte ein einfaches
und wirksames System geschaffen werden, mit dem Anwälte, die Parteien vor Gerichtsbehörden vertreten (monopolisierte Tätigkeit), von den übrigen Anwälten unterschieden werden können (BOTSCHAFT, Nr. 13, 6022). Entgegen der Erwartung des
Bundesgesetzgebers dürfte sich die Unterscheidung zwischen Registeranwälten und
nicht im Anwaltsregister eingetragenen Berufsangehörigen im Publikum nicht durchsetzen (NATER, Harmonisierung, 362).
[15]   NATER, Übersicht, 22; FELLMANN, Berufspflichten, 168; kritisch MEIER, Bundesanwaltsgesetz, 31.

---

als sie die Beratungstätigkeit von Anwälten in die Definition der Berufsausübung aufgenommen haben.[16] Im Übrigen wird es Aufgabe der Rechtsprechung sein, klare Verhältnisse zu schaffen.

II. Personen mit kantonalem Anwaltspatent

A. Berufsausübung in der Schweiz

Das Anwaltsgesetz knüpft an die **Parteivertretung vor Gerichtsbehör-**   10
den an und nicht an die Eintragung im Anwaltsregister. Dementsprechend
gilt das Anwaltsgesetz auch für Personen, die gemäss kantonalem Recht
zur Parteivertretung vor kantonalen Gerichtsbehörden zugelassen sind.
Diese Personen sind den Bestimmungen über die Berufsregeln und der Disziplinaraufsicht gemäss Art. 12 ff. BGFA unterworfen, können aber keine
Freizügigkeit beanspruchen.[17]

Das **Anwaltsmonopol** bestimmt, welche Tätigkeiten ausschliesslich von   11
Anwälten ausgeübt werden dürfen. Der in Art. 2 Abs. 1 des Gesetzes verwendete Begriff «Anwaltsmonopol» beinhaltet die Berechtigung zur berufsmässigen Vertretung von Parteien. Das Anwaltsmonopol ist kein eigentliches Monopol, sondern ein Polizeiverbot mit Erlaubnisvorbehalt.[18]

Der Bund definiert den Umfang des Anwaltsmonopols für Verfahren vor   12
Bundesgericht; im Übrigen ist es Sache der Kantone, das Anwaltsmonopol
zu umschreiben.[19]

B. Berufsausübung in EU- und EFTA-Mitgliedstaaten

Das Personenfreizügigkeitsabkommen ermöglicht **schweizerischen Staats-**   13
angehörigen, die ihre berufliche Tätigkeit unter den gemäss Dienstleistungsrichtlinie und Niederlassungsrichtlinie zulässigen Berufsbezeichnung

---

[16]   Vgl. u.a. § 10 Anwaltsgesetz Kt. Zürich vom 17.11.2003, LS 215.1 (Datum der In-
       kraftsetzung 1.1.2005).
[17]   Vgl. BOTSCHAFT, Nr. 231.2, 6043 f.; HANS SCHMID, 537 ff., insb. 550 ff.
[18]   POLEDNA, Anwaltsmonopol, 92.
[19]   Vgl. hinten Art. 3 N 6.

auszuüben berechtigt sind,[20] die **Berufsausübung im EU- und EFTA-Raum**. Voraussetzung für die Berufsausübung von Schweizer Anwälten im Ausland ist allerdings die Umsetzung der EG-Richtlinien für schweizerische Staatsangehörige im jeweiligen nationalen Recht.[21]

14   Das Personenfreizügigkeitsabkommen bildet auch die völkerrechtliche Grundlage zur **Parteivertretung schweizerischer Rechtsanwälte vor der Europäischen Kommission und dem EuGH**. Das Protokoll über die Satzung des Gerichtshofs vom 24. Dezember 2002[22] ist allerdings nicht an das Personenfreizügigkeitsabkommen angepasst worden, so dass ungeklärt bleibt, ob Schweizer Anwälte vor der Europäischen Kommission und dem EuGH tatsächlich zugelassen werden.[23]

15   Das BGFA schweigt sich darüber aus, ob Schweizer Anwälte mit kantonalem Anwaltspatent in Bezug auf ihre Tätigkeiten in einem Mitgliedstaat der EU und der EFTA den schweizerischen Berufsregeln unterworfen sind. Hingegen ergibt sich aus Art. 4 der Dienstleistungsrichtlinie,[24] dass der grenzüberschreitend dienstleistende Anwalt bei seiner Tätigkeit vor Gericht und Behörden wie auch bei seiner beratenden Tätigkeit den berufsrechtlichen Bestimmungen und standesrechtlichen Regeln sowohl des Aufnahmestaates als auch des Herkunftsstaates unterworfen ist.[25] Eine ähnliche Regelung

---

[20]   Art. 1 Abs. 2 lit. a der Dienstleistungsrichtlinie bzw. der Niederlassungsrichtlinie ist dahingehend geändert worden, dass schweizerische Staatsangehörige, welche ihre beruflichen Tätigkeiten unter den Berufsbezeichnungen Advokat, Rechtsanwalt, Anwalt, Fürsprecher, Fürsprech/Avocat/Avvocato auszuüben berechtigt sind, in den Genuss der beruflichen Freizügigkeit im EU-Raum kommen.

[21]   In Deutschland beispielsweise hat die Bundesregierung dem deutschen Bundestag einen Gesetzesentwurf zur Änderung des Gesetzes über die Tätigkeit europäischer Rechtsanwälte in Deutschland und weiterer berufsrechtlicher Vorschriften für Rechts- und Patentanwälte, Steuerberater und Wirtschaftsprüfer vorgelegt, um u.a. den persönlichen Anwendungsbereich des EuRag auf Schweizer Rechtsanwälte zu erweitern, vgl. Drucksache 15/1072 vom 28. Mai 2003.

[22]   Abl C 325/167.

[23]   DREYER/DUBEY, avocats, 228 verneinen den direkten Zugang zum EuGH. Demgegenüber geht WEBER-STECHER, Freizügigkeit, 58, davon aus, dass nach dem Wortlaut der Satzung des EuGH auch Schweizer Anwälte ihre Mandanten vor dem EuGH vertreten können.

[24]   Richtlinie 77/249/EWG vom 22. März 1977 zur Erleichterung der tatsächlichen Ausübung des freien Dienstleistungsverkehrs der Rechtsanwälte, ABl L 78 vom 26. März 1977, 17; vgl. auch Vorbem. vor Art. 21 N 2.

[25]   HELLWIG, Berufsregeln, 85.

sieht Art. 7 der Niederlassungsrichtlinie[26] mit Bezug auf niedergelassene Berufsangehörige vor, die unter ihrer ursprünglichen Berufsbezeichnung im Aufnahmestaat tätig sind. Die Anwendbarkeit der Berufsregeln gemäss BGFA zur Beurteilung anwaltlicher Tätigkeiten von hierzulande zugelassenen Schweizer Anwälten in Mitgliedstaaten der EU und der EFTA gründet somit in den EU-Richtlinien, die gemäss Personenfreizügigkeitsabkommen[27] von der Schweiz übernommen worden sind.

III. Angehörige von EU- oder EFTA-Mitgliedstaaten

Art. 2 Abs. 2 BGFA hält fest, dass das BGFA die Modalitäten der Parteiver-   16
tretung vor Gerichtsbehörden für Anwälte bestimmt, die Staatsangehörige von Mitgliedstaaten der EU oder der EFTA (EU- und EFTA-Anwälte) sind.

Vertreten die EU- und EFTA-Anwälte Parteien im **freien Dienstleistungs-**   17
verkehr, treten sie also nur sporadisch vor schweizerischen Gerichtsbehörden auf, ist ein Eintrag in ein kantonales Anwaltsregister nicht erforderlich.[28] Mit Bezug auf die Parteivertretung unterstehen sie den Berufsregeln, mit Ausnahme der Bestimmungen betreffend die amtliche Pflichtverteidigung und die unentgeltliche Rechtsvertretung sowie den Registereintrag.[29]

Vertreten die EU- und EFTA-Anwälte ständig Parteien vor Schweizer   18
Gerichtsbehörden unter ihrer ursprünglichen Berufsbezeichnung, haben sie sich in eine öffentliche Liste einzutragen, die von den kantonalen Aufsichtsbehörden zu führen ist.[30] Auch diese ständig in der Schweiz praktizierenden Anwälte unterstellt das Anwaltsgesetz den Berufsregeln, mit Ausnahme der Bestimmungen betreffend die amtliche Pflichtverteidigung und die unentgeltliche Rechtsvertretung sowie den Registereintrag. Sie sind gleich wie die Berufsangehörigen mit Anwaltspatent hinsichtlich ihrer fo-

---

[26] Richtlinie 98/5/EG vom 16. Februar 1998 zur Erleichterung der ständigen Ausübung des Rechtsanwaltsberufs in einem anderen Mitgliedstaat als dem, in dem die Qualifikation erworben wurde, Abl L 77 vom 14. März 1998, 36; vgl. auch Vorbem. vor Art. 21 N 4.
[27] Bilaterales Abkommen vom 21. Juni 1999 zwischen der Europäischen Gemeinschaft und ihren Mitgliedstaaten einerseits und der Schweizerischen Eidgenossenschaft andererseits über die Freizügigkeit, BBl 1999, 7027 ff.
[28] Art. 21 Abs. 2 BGFA.
[29] Art. 25 BGFA.
[30] Art. 28 BGFA.

rensischen und nichtforensischen Anwaltstätigkeit der Aufsicht zu unterstellen.[31]

19 Die Eintragung in ein kantonales Anwaltsregister von EU- und EFTA- Anwälten und damit die **vollständige Integration** setzt entweder eine Eignungsprüfung oder den Nachweis ihrer beruflichen Befähigung anhand ihrer bisherigen Praxistätigkeit im schweizerischen Recht voraus.[32] Mit dem Eintrag in ein kantonales Anwaltsregister gelten für Berufsangehörige aus der EU und der EFTA dieselben Rechte und Pflichten wie für Anwälte, die über ein kantonales Anwaltspatent verfügen und in einem kantonalen Anwaltsregister eingetragen sind. Sie unterstehen namentlich auch sämtlichen Berufsregeln gemäss Art. 12 und 13 BGFA.[33]

IV. Schweizer Anwältinnen und Anwälte mit Zulassung in einem EU- oder EFTA-Mitgliedstaat

20 Gemäss Art. 2 Abs. 3 BGFA haben Schweizerinnen und Schweizer, die den Anwaltsberuf in einem Mitgliedstaat der EU oder der EFTA auszuüben berechtigt sind, in gleicher Weise **Zugang zur Parteivertretung vor Schweizer Gerichtsbehörden** wie ihre Kolleginnen und Kollegen aus EU- oder EFTA-Mitgliedstaaten.

---

[31] Anders die im freien Dienstleistungsverkehr nur sporadisch tätigen Anwälte.
[32] NATER/WIPF, 261.
[33] Art. 30 Abs. 2 BGFA; BOTSCHAFT, Nr. 234.41, 6067.

Art. 3 Verhältnis zum kantonalen Recht

[1] Das Recht der Kantone, im Rahmen dieses Gesetzes die Anforderungen für den Erwerb des Anwaltspatentes festzulegen, bleibt gewahrt.

[2] Das Gleiche gilt für das Recht der Kantone, Inhaberinnen und Inhaber ihres kantonalen Anwaltspatentes vor den eigenen Gerichtsbehörden Parteien vertreten zu lassen.

Art. 3 Droit cantonal

[1] Est réservé le droit des cantons de fixer, dans le cadre de la présente loi, les exigences pour l'obtention du brevet d'avocat.

[2] Est réservé également le droit des cantons d'autoriser les titulaires des brevets d'avocat qu'ils délivrent à représenter des parties devant leurs propres autorités judiciaires.

Art. 3 Rapporti con il diritto cantonale

[1] Rimane salvo il diritto dei Cantoni di stabilire, nei limiti della presente legge, le esigenze cui è subordinato l'ottenimento della patente di avvocato.

[2] Lo stesso vale per il diritto dei Cantoni di abilitare i titolari delle patenti di avvocato da essi rilasciate a esercitare la rappresentanza dinanzi alle loro autorità giudiziarie.

Inhaltsübersicht	Note
I. Grundsatz	1
II. Erwerb des Anwaltspatents	3
III. Vertretung vor den eigenen Gerichtsbehörden	4
IV. Monopolbereich	6
V. Zugang zur Parteivertretung	7
VI. Ausdehnung der Berufsregeln auf Berateranwälte	8

I. Grundsatz

Der Bund hat keine abschliessende Regelung der Anwaltstätigkeit getroffen. Im Bereich des Anwaltsberufs besteht eine **konkurrierende Zuständigkeit von Bund und Kantonen** mit nachträglich derogierender Wirkung.[1]   1

Mit Art. 3 BGFA, der erst im Zuge der parlamentarischen Beratungen in das Gesetz aufgenommen worden ist,[2] hat der Bund **den Kantonen zwei Kompetenzen ausdrücklich vorbehalten**: Das Recht, die Anforderungen   2

---

[1]   BOTSCHAFT, Nr. 62, 6076.
[2]   AmtlBull SR 1999, 1163 f.

an das Anwaltspatent festzulegen, sowie das Recht zu bestimmen, welche Inhaberinnen und Inhaber ihres kantonalen Anwaltspatents Parteivertretungen vor den eigenen Gerichtsbehörden übernehmen dürfen. Darüber hinaus haben die Kantone eine Reihe **weiterer Kompetenzen** behalten. Die Trennlinie zwischen staatlich reglementierter Anwaltstätigkeit und freier Berufsausübung ist in der Schweiz nicht einheitlich. Während einzelne Kantone die Lösung gemäss BGFA übernehmen und an die Parteivertretung vor Gerichtsbehörden anknüpfen, dehnen andere Kantone die Regelung auf die nicht im Anwaltsregister eingetragenen Berateranwälte aus und wieder andere auf die nicht registrierten Patentträger.[3]

II.   Erwerb des Anwaltspatents

3   Gemäss Art. 3 Abs. 1 BGFA ist es Sache der Kantone, die **Anforderungen für den Erwerb des Anwaltspatents festzulegen**. Die Kantone bestimmen die fachlichen und persönlichen Voraussetzungen zum Patenterwerb. Es steht ihnen frei, die Voraussetzungen gemäss Art. 7 und 8 BGFA für den Eintrag in das Anwaltsregister zu übernehmen[4] oder Regelungen zu treffen, die höhere[5] oder geringere[6] Anforderungen als das Anwaltsgesetz für den Registereintrag vorsehen. Stellen sie höhere Anforderungen, als sie im BGFA für die interkantonale Freizügigkeit vorgesehen sind, können sie diese strengeren Anforderungen gegenüber Berufsangehörigen aus anderen Kantonen allerdings nicht durchsetzen. Stellen sie geringere Anforderungen, riskieren sie, dass die anderen Kantone die Eintragung in ihr kantonales Anwaltsregister verweigern.[7]

---

[3]   HESS, Anwaltsgesetz, 93.
[4]   Vgl. § 6 EGBGFA-ZG.
[5]   Gemäss § 2 E-AnwG-ZH erteilt das Obergericht das Anwaltspatent Bewerbern, welche a) die persönlichen Voraussetzungen von Art. 8 Abs. 1 lit. a–c BGFA erfüllen und zutrauenswürdig sind und b) die Anwaltsprüfung bestanden haben.
[6]   Gemäss Zürcher Anwaltsgesetz kann das Obergericht bei der Zulassung zur Anwaltsprüfung vom Erfordernis eines juristischen Studiums mit Lizentiatsabschluss gemäss Art. 7 Abs. 1 lit. a BGFA absehen, wenn der Bewerber über eine gute Allgemeinbildung und ein ausreichendes juristisches Studium verfügt.
[7]   NATER, Übersicht, 19; DERSELBE, Anwaltspraxis 2001, 443.

III. Vertretung vor den eigenen Gerichtsbehörden

Art. 3 Abs. 2 BGFA ist erst in den parlamentarischen Beratungen in das   4
Gesetz aufgenommen worden. Dieser Absatz soll den Kantonen das Recht
belassen, Inhaber von kantonalen Anwaltspatenten, die die Freizügigkeits-
voraussetzungen gemäss Art. 7 und 8 BGFA nicht erfüllen, vor den eigenen Gerichtsbehörden zur Parteivertretung zuzulassen.[8]

Ein nur im Patentkanton zugelassener Anwalt ist berechtigt, an einer   5
rechtshilfeweise in einem anderen Kanton durchzuführenden Zeugenein-
vernahme als Rechtsvertreter teilzunehmen, wobei hinsichtlich der Rechts-
grundlage zu unterscheiden ist: Für Zivilprozesse ist Art. 4 des Konkordats
über die Gewährung gegenseitiger Rechtshilfe in Zivilsachen[9] massgebend.
Für Strafverfahren lässt sich das Recht auf Teilnahme der nur im ersuchen-
den Kanton zugelassenen Anwälte aus Art. 17 des Konkordats über die
Rechtshilfe und die interkantonale Zusammenarbeit in Strafsachen[10] ableiten. Für verwaltungsrechtliche Verfahren fehlt eine gesetzliche Regelung;
hier dürfte sich das Teilnahmerecht mit der Verweisung auf die für das
Zivilverfahren geltende Regelung begründen lassen.

IV. Monopolbereich

Die Kantone bestimmen die **Gerichts- und Justizbehörden**, vor denen die   6
berufsmässige Parteivertretung Anwälten vorbehalten ist (Monopolbereich).[11] Die beiden Hauptvarianten bestehen darin, den Monopolbereich
auf Zivil- und Strafverfahren zu beschränken[12] oder auf sämtliche Gerichtsverfahren auszudehnen.[13] Der Bund hat für die Verfahren vor Bundesgericht den Monopolbereich auf die Zivil- und Strafrechtspflege beschränkt.[14]

---

[8] AmtlBull SR 1999, 1163 f.
[9] SR 274.
[10] SR 351.71.
[11] BOTSCHAFT, Nr. 231.2, 6044; MEIER, Bundesanwaltsgesetz, 31; VOUILLOZ, 434.
[12] Gemäss § 11 E-AnwG-ZH umfasst das Anwaltsmonopol die berufsmässige Vertretung von Parteien im Zivil- und Strafprozess vor den Zürcherischen Gerichten sowie
vor Untersuchungs- und Anklagebehörden und deren Oberinstanzen.
[13] Appenzell, Basel-Landschaft, Basel-Stadt, Bern, Genf, Glarus, Luzern, Neuenburg,
Nidwalden, Schaffhausen, Schwyz, Thurgau, Uri.
[14] Art. 29 Abs. 2 OG.

Gemäss Art. 37 Abs. 1 des Entwurfs für ein neues Bundesgerichtsgesetz soll der Monopolbereich auf sämtliche Rechtssachen ausgeweitet werden.[15]

V. Zugang zur Parteivertretung

7   Es liegt in der Kompetenz der Kantone zu bestimmen, **welche Anwälte zur Parteivertretung im Monopolbereich zugelassen werden**. Das BGFA legt in Art. 8 Abs. 1 lit. d nur fest, dass Anwälte für den Registereintrag in der Lage sein müssen, den Anwaltsberuf unabhängig auszuüben. Die Kantone können somit auch Berufsangehörige zur Parteivertretung vor ihren Gerichtsbehörden zulassen, die in Unternehmungen oder der öffentlichen Verwaltung angestellt sind.[16]

VI. Ausdehnung der Berufsregeln auf Berateranwälte

8   Der Begriff der Berufsausübung wird im BGFA und in den Kantonen unterschiedlich definiert. Umstritten ist, ob es zulässig ist, die Berufstätigkeit der nicht in einem Anwaltsregister eingetragenen, **nur beratend tätigen Anwälte** kantonal zu reglementieren, sie namentlich Berufsregeln und einer Aufsicht zu unterstellen.[17] Für die Ausdehnung der eidgenössischen

---

[15]   In einem Artikel der NZZ mit dem Titel «Mögliche Renaissance des Zunftwesens – umfassendes Anwaltsmonopol vor dem Bundesgericht?» wird die Ausdehnung des Anwaltsmonopols vor Bundesgericht auf sämtliche Rechtssachen als ordnungspolitischer Sündenfall bezeichnet, vgl. NZZ Nr. 16 vom 21. Januar 2004, 25.

[16]   Entsprechende Forderungen sind u.a. von der Wettbewerbskommission gestellt worden, vgl. RPW 2002 376, 379.

[17]   Der Kanton Luzern hat beispielsweise in § 8 Abs. 2 AnwG-LU die eidgenössischen Berufsregeln sowie die Bestimmungen des BGFA über das Disziplinarwesen sinngemäss für anwendbar erklärt auf die nicht zur Parteivertretung zugelassenen Anwälte. Gemäss Art. 1 AnwG-SG werden die Bestimmungen des BGFA über die Berufsregeln und die Disziplinaraufsicht auf den Rechtsagenten und die Beratungs- und Beurkundungstätigkeit des Rechtsanwalts sachgemäss angewendet. Gegen eine Regulierung der Rechtsberatung durch nicht registrierte Berufsangehörige hat sich die Wettbewerbskommission ausgesprochen (RPW 2002/2 377, 380). § 14 Anwaltsgesetz Kanton Zürich vom 17.11.2003, LS 215.1 (Datum der Inkraftsetzung 1.1.2005), bestimmt, dass die Berufsregeln und das Berufsgeheimnis gemäss BGFA sinngemäss auch für Anwälte gelten, die den Anwaltsberuf ausüben, aber dem BGFA nicht unterstehen. Vgl. dazu auch die Auflistung der Kantone bei Hess, Anwaltsgesetz, 93 Fn. 20.

Berufsregeln und der Aufsicht spricht, dass die eidgenössischen Berufsregeln auf die rechtsberatende Tätigkeit der im Anwaltsregister eingetragenen Berufsangehörigen Anwendung finden, und es nicht einzusehen ist, warum sich nur beratend tätige Berufsangehörige dadurch der Beaufsichtigung entziehen können sollen, dass sie sich nicht in das Anwaltsregister eintragen lassen.[18] Gegen die Anwendung der eidgenössischen Berufsregeln als stellvertretendes kantonales Recht auf die nur beratenden Anwälte werden verfassungsrechtliche Bedenken vorgebracht.[19]

Die unterschiedliche Regelung der Kantone mit Bezug auf die Berufsregeln und Beaufsichtigung der Berateranwälte hat zur Folge, dass die im freien Dienstleistungsverkehr in der Schweiz beratend tätigen Berufsangehörigen aus EU- und EFTA-Mitgliedstaaten in gewissen Kantonen der Aufsicht unterstellt werden, in anderen nicht. Diese Divergenz der kantonalen Ordnungen erscheint unter dem GATS-Recht problematisch (**Inländerdiskriminierung**) und ruft nach einer einheitlichen Bundesregelung.[20]   9

---

[18]   Nater, Harmonisierung, 364.
[19]   Vgl. die Kritik bei Hess, Umsetzung, 485 ff.; derselbe, Anwaltsgesetz, 101.
[20]   Nater, Harmonisierung, 364.

2. Abschnitt: Interkantonale Freizügigkeit und kantonales Anwaltsregister

Art. 4   Grundsatz der interkantonalen Freizügigkeit

Anwältinnen und Anwälte, die in einem kantonalen Anwaltsregister eingetragen sind, können in der Schweiz ohne weitere Bewilligung Parteien vor Gerichtsbehörden vertreten.

Art. 4   Principe de la libre circulation entre les cantons

Tout avocat inscrit à un registre cantonal des avocats peut pratiquer la représentation en justice en Suisse sans autre autorisation.

Art. 4   Principio della libera circolazione intercantonale

L'avvocato iscritto in un registro cantonale degli avvocati può esercitare la rappresentanza in giudizio in Svizzera senza ulteriore autorizzazione.

Inhaltsübersicht	Note
I. Gegenstand der interkantonalen Freizügigkeit	1
A. Grundsatz	1
B. Anwendungsbereich	2
C. Keine bundesrechtliche Regelung des Anwaltsmonopols	3
D. Begriff der Parteivertretung	4
E. Begriff der Gerichtsbehörde	7
II. Voraussetzungen	12
III. Wirkungen	14

I.   Gegenstand der interkantonalen Freizügigkeit

A.   Grundsatz

1   Art. 4 BGFA regelt den **Grundsatz der Freizügigkeit**. Anwälte, die in einem kantonalen Register eingetragen sind, kommen in den Genuss der Freizügigkeit: Sie können in der gesamten Schweiz Parteien vor Gericht vertreten, ohne dass sie neben der Registrierung am Geschäftsort weitere Voraussetzungen erfüllen müssen.

B. Anwendungsbereich

Das Prinzip der Freizügigkeit gilt nicht allgemein, sondern nur für **Anwäl-**   2
te, die ihr Patent in der Schweiz erworben haben und die in einem
kantonalen Register eingetragen sind. Für andere Anwälte gilt die bundesrechtliche Freizügigkeit nicht. In Umsetzung der staatsvertraglichen
Pflichten der Schweiz sieht das Anwaltsgesetz jedoch in den Art. 21–33
für die Freizügigkeit der Anwälte aus EU- und EFTA-Staaten eine spezielle Regelung vor. Berufsangehörige aus anderen Staaten können demgegenüber weder von der bundesrechtlichen noch von der staatsvertraglichen
Freizügigkeit profitieren.

C. Keine bundesrechtliche Regelung des Anwaltsmonopols

Im Rahmen der Freizügigkeit räumt das Gesetz den registrierten Anwälten   3
das Recht zur Parteivertretung vor Gerichtsbehörden in der ganzen Schweiz
ein.[1] Das Gesetz äussert sich jedoch nicht dazu, ob bzw. inwieweit dieses
Recht ausschliesslich gilt. Die Regelung des **Anwaltsmonopols** und seines Umfangs verbleibt in der **Kompetenz der Kantone**[2] bzw. beim Bund,
soweit Gerichtsbehörden des Bundes betroffen sind. Mithin steht es den
Kantonen[3] und dem Bund[4] frei, auch andere als nach dem Anwaltsgesetz
registrierte Anwälte zur Parteivertretung vor ihren Gerichtsbehörden zuzulassen. Diese erfüllen allerdings unter Umständen die Voraussetzungen für
die Eintragung in ein kantonales Anwaltsregister nicht, so dass sie nicht
von der Freizügigkeit profitieren können.[5]

D. Begriff der Parteivertretung

Das Gesetz verpflichtet den Bund und die Kantone, Anwälte, die in einem   4
kantonalen Register eingetragen sind, zur Parteivertretung vor ihren Gerichten zuzulassen.[6] Die Parteivertretung ist die klassische Anwaltstätig-

---

[1]   Vgl. dazu aber vorne Art. 3 N 5.
[2]   BOTSCHAFT, Nr. 231.2, 6044; NATER, Umsetzung, 557.
[3]   Siehe vorne Art. 3 N 4 f.
[4]   Siehe z.B. Art. 29 Abs. 2 OG.
[5]   Vgl. dazu vorne Art. 2 N 10.
[6]   Diese Pflicht umfasst die streitige und die freiwillige Gerichtsbarkeit.

keit.[7] Sie wird als **Vertretung und Wahrung der Interessen eines Dritten vor einer Gerichtsbehörde** verstanden. Sie umfasst die berufliche und
entgeltliche Parteivertretung, welche die Kantone und der Bund den Anwälten **regelmässig im Rahmen des sogenannten Anwaltsmonopols** vorbehalten. Nur im Bereich dieses Monopols ist die Freizügigkeit überhaupt
notwendig.

5   **Nicht unter den Begriff der Parteivertretung** gemäss Gesetz fallen an-
       waltliche Tätigkeiten, die nicht in der Vertretung von Parteien vor Gerichts-
       behörden bestehen. Diese Tätigkeiten umfassen etwa:

       – die kaufmännische, uneigentliche Anwaltstätigkeit;[8]

       – die Vertretung von Klienten gegenüber Dritten ausserhalb von Verfah-
          ren vor Gerichtsbehörden;

       – die rein beratende Tätigkeit ohne Vertretung des Klienten nach aussen.[9]

6   Die **Trennlinie** zwischen der bundesrechtlich reglementierten Anwaltstä-
       tigkeit und der freien Berufsausübung liegt folglich zwischen der Partei-
       vertretung vor Gericht und den Tätigkeiten, die eine Person als Anwalt
       anderweitig ausübt.[10] Mangels einer bundesrechtlichen Regelung sind die
       Kantone daher frei, die aussergerichtliche Rechtsberatung durch Personen,
       die nicht im Anwaltsregister eingetragen sind, zu regeln.[11]

E.   Begriff der Gerichtsbehörde

7   Unter den Begriff der Gerichtsbehörde fallen bei zeitgemässem Verständ-
       nis sämtliche Behörden der **Zivil-, Straf- und Verwaltungsgerichtsbar-
       keit** sowie die **Sozialversicherungsgerichte**.[12]

8   Dieses weite Begriffsverständnis geht über den Anwendungsbereich des
       Anwaltsmonopols hinaus. Soweit das kantonale Recht oder das Bundes-

---

[7]   Pfeifer, Rechtsanwalt, 274.
[8]   Siehe dazu die bundesgerichtliche Rechtsprechung zum Berufsgeheimnis: BGE 117
       Ia 349; Pra 1996 Nr. 197, 748 («reine geschäftliche Tätigkeit»); Pra 1996 Nr. 198,
       753 («reine Vermögensverwaltung»).
[9]   Nater, Ausdehnung, 430 f.; Hess, Umsetzung, 485.
[10]   Hess, Umsetzung, 486.
[11]   Hess, Umsetzung, 486.
[12]   Staehelin, Umsetzung BGFA, 496, mit Hinweisen auf die neue Regelung im Kanton
       Basel-Stadt; Wipf, 91; Pfeifer, Rechtsanwalt, 274.

Ernst Staehelin/Christian Oetiker

recht nämlich Anwaltsmonopole vorsieht, erfassen diese regelmässig nur
die Zivil- und Strafrechtspflege und nicht auch die Verwaltungsgerichts-
barkeit.[13] Das Anwaltsgesetz geht hier richtigerweise weiter. Nach der
Konzeption des BGFA sind Verwaltungsgerichte – im Gegensatz zu Verwaltungsbehörden und verwaltungsinternen Beschwerdeinstanzen – wie
Zivil- oder Strafgerichte als Gerichtsbehörden im Sinne des Gesetzes zu
qualifizieren.[14]

Erfasst sind auch sämtliche Verfahren im Rahmen des **Vollstreckungs-**   9
rechts, in denen eine richterliche Behörde zuständig ist.[15]

Im Bereich der Strafrechtspflege werden richtigerweise auch die **Untersu-**   10
chungsrichter als gerichtliche Behörde qualifiziert.[16]

Bei **Schlichtungsstellen** erscheint es demgegenüber nicht von vornherein   11
klar, ob sie als Gerichtsbehörden im Sinne des Gesetzes zu qualifizieren
sind. Dies ist insbesondere in den Bereichen fraglich, in denen sie keine
Entscheidungskompetenz haben. Würden Schlichtungsstellen generell als
Verwaltungs- und nicht als Gerichtsbehörden qualifiziert, könnten die Kantone die Parteivertretung in solchen Schlichtungsverfahren (z.B. vor der
Schlichtungsbehörde in Mietsachen) den jeweiligen kantonalen Anwälten
vorbehalten. Dieses Ergebnis würde der Absicht des Gesetzgebers widersprechen. Bei der Qualifikation von Schlichtungsstellen ist daher **nach ihren
Funktionen zu fragen**. So sind etwa die Verfahren vor dem Friedensrich-
ter und der Schlichtungsstelle in Mietsachen Bestandteile des zivilen Gerichtsverfahrens. Diese Behörden gelten somit als Gerichtsbehörden im
Sinne des Anwaltsgesetzes. Demgegenüber erscheint beispielsweise ein
Ombudsmann, selbst wenn seine Anrufung im massgebenden Verfahrensrecht vorgesehen ist, nicht als Gerichtsbehörde.

---

[13]   WIPF, 89 f.; siehe etwa Art. 29 Abs. 2 OG.
[14]   Siehe zu dieser Thematik BGE 105 Ia 77.
[15]   Gemäss bundesgerichtlicher Praxis ist es zulässig, die Parteivertretung im Rechtsöff-
       nungsverfahren den Anwälten vorzubehalten: BJM 1990, 160, BGE 114 Ia 38, 103 Ia
       47.
[16]   SGGVP 1995 70: Das strafrechtliche Untersuchungsverfahren wurde mit der Begrün-
       dung unter den Begriff «Gericht» subsumiert, der Untersuchungsrichter übe auch rich-
       terliche Funktionen aus, namentlich durch das Ausfertigen von Bussenverfügungen
       und Strafbescheiden. In anderen Kantonen ist die Parteivertretung vor Untersuchungs-
       und Anklagebehörden ausdrücklich vom Anwaltsmonopol erfasst (siehe z.B. § 1 AnwG-
       ZH).

II.   Voraussetzungen

12   Um in den Genuss der Freizügigkeit zu kommen, muss der Anwalt bloss **in einem kantonalen Anwaltsregister eingetragen** sein.[17] Die Kantone (und der Bund) dürfen für die Zulassung keine weiteren Voraussetzungen festsetzen.[18] Dies bedeutet für die Anwaltschaft im Vergleich zum alten Recht, nach dem in jedem Kanton eine (vor Erlass des Binnenmarktgesetzes sogar gebührenpflichtige) Zulassungsbewilligung einzuholen war, eine erhebliche Erleichterung.

13   Grundsätzlich sind die Anwälte **nicht verpflichtet**, beim Auftreten vor Gerichtsbehörden ihre Zulassung bzw. den **Registereintrag nachzuweisen**. Nach Art. 11 Abs. 2 BGFA müssen sie bloss im Geschäftsverkehr ihren Eintrag in einem kantonalen Register angeben. Zweifelt eine Gerichtsbehörde am Eintrag, hat sie von ihrem Einsichtsrecht nach Art. 10 BGFA Gebrauch zu machen. Sie kann vom betroffenen Anwalt nur in Ausnahmefällen einen entsprechenden Nachweis verlangen. Eine solche Situation liegt beispielsweise vor, wenn in einem dringenden Fall eine rechtzeitige Einsichtnahme nicht mehr möglich ist. Für solche und andere Fälle ist die Aufsichtsbehörde verpflichtet, dem Anwalt eine Eintragungsbescheinigung auszustellen, die er zum Nachweis seiner Zulassung vorlegen kann.[19]

III.   Wirkungen

14   Alle Anwälte, die in einem kantonalen Anwaltsregister eingetragen sind, haben gestützt auf die in Art. 4 BGFA gewährleistete Freizügigkeit das **Recht, in der ganzen Schweiz Parteien vor Gerichtsbehörden zu vertreten**. Die Kantone und der Bund sind verpflichtet, sie zur Parteivertretung vor ihren Gerichtsbehörden zuzulassen. Sie dürfen keine weiter gehenden Anforderungen stellen.

15   **Weiter gehende Rechte räumt Art. 4 BGFA nicht ein.** Insbesondere verschafft das Anwaltsgesetz den Anwälten nicht das Recht zur ausschliesslichen Parteivertretung in bestimmten Bereichen. Die Regelung des An-

---

[17]   Für hängige Verfahren siehe hinten Art. 6 N 6.
[18]   VOUILLEZ, 434.
[19]   Siehe dazu hinten Art. 6 N 28.

waltsmonopols vor kantonalen Gerichtsbehörden verbleibt vielmehr in der Kompetenz der Kantone. Soweit es um Verfahren vor Bundesbehörden geht, hat der Bund ein allfälliges Anwaltsmonopol in der entsprechenden Verfahrensordnung zu regeln.[20]

---

[20] Vgl. vorne N 3.

Art. 5 Kantonales Anwaltsregister

[1] Jeder Kanton führt ein Register der Anwältinnen und Anwälte, die über eine Geschäftsadresse auf dem Kantonsgebiet verfügen und die Voraussetzungen nach den Artikeln 7 und 8 erfüllen.

[2] Das Register enthält folgende persönliche Daten:
   a. den Namen, den Vornamen, das Geburtsdatum und den Heimatort oder die Staatsangehörigkeit;
   b. eine Kopie des Anwaltspatents;
   c. die Bescheinigungen, welche belegen, dass die Voraussetzungen nach Artikel 8 erfüllt sind;
   d. die Geschäftsadressen sowie gegebenenfalls den Namen des Anwaltsbüros;
   e. die nicht gelöschten Disziplinarmassnahmen.

[3] Es wird von der kantonalen Aufsichtsbehörde über die Anwältinnen und Anwälte geführt.

Art. 5 Registre cantonal des avocats

[1] Chaque canton institue un registre des avocats qui disposent d'une adresse professionnelle sur le territoire cantonal et qui remplissent les conditions prévues aux art. 7 et 8.

[2] Le registre contient les données personnelles suivantes:
   a. le nom, le prénom, la date de naissance et le lieu d'origine ou la nationalité;
   b. une copie du brevet d'avocat;
   c. les attestations établissant que les conditions prévues à l'art. 8 sont remplies;
   d. la ou les adresses professionnelles ainsi que, le cas échéant, le nom de l'étude;
   e. les mesures disciplinaires non radiées.

[3] Il est tenu par l'autorité chargée de la surveillance des avocats.

Art. 5 Registro cantonale degli avvocati

[1] Ogni Cantone istituisce un registro degli avvocati che dispongono di un indirizzo professionale nel territorio cantonale e adempiono le condizioni di cui agli articoli 7 e 8.

[2] Il registro contiene i dati personali seguenti:
   a. il cognome, il nome, la data di nascita e il luogo di origine o la cittadinanza;
   b. una copia della patente di avvocato;
   c. i documenti attestanti l'adempimento delle condizioni di cui all'articolo 8;
   d. il o gli indirizzi professionali e, se del caso, il nome dello studio legale;
   e. le misure disciplinari non cancellate.

[3] È tenuto dall'autorità cantonale incaricata della sorveglianza degli avvocati.

Inhaltsübersicht   Note

I.   Vorbemerkung   1
II.   Gegenstand   2

III.   Einzutragende Anwälte   4
IV.   Inhalt der Registereintragung   9
       A. Persönliche Angaben   9
       B. Anwaltspatent   10
       C. Bescheinigungen der Erfüllung der Voraussetzungen des Art. 8 BGFA   11
       D. Geschäftsadresse und Name des Anwaltsbüros   14
       E. Nicht gelöschte Disziplinarmassnahmen   16
V.   Führung des Registers   17
VI.   Wirkungen der Registereintragung   18

I.   Vorbemerkung

Im Rahmen der Vorarbeiten zum Gesetz wurde erwogen, **auf Bundesebene**   1
ein einziges Anwaltsregister zu schaffen. Diese Idee wurde jedoch aus
verschiedenen Gründen **verworfen.**[1] Man hielt die Schaffung eines solchen
Registers nur für gerechtfertigt, wenn zugleich der Anwaltsberuf auf Bundesebene umfassend geregelt worden wäre. Weiter wurde argumentiert, die
kantonalen Register müssten unabhängig von einem zentralen Register wei-
tergeführt werden, weil die Kantone für die Erteilung der Anwaltspatente
zuständig seien und auch die Disziplinaraufsicht über die Anwälte ausüb-
ten. Die Freizügigkeit der Anwälte könne auch ohne die Schaffung eines
Bundesregisters garantiert werden, da sich der Informationsaustausch unter
den Kantonen durch Harmonisierung und Ausbau der kantonalen Register
ebenso wirksam gewährleisten lasse. Und schliesslich koste der Rückgriff
auf bestehende Register weniger und habe auch weniger administrativen
Aufwand zur Folge als die Schaffung eines zusätzlichen Registers auf Bundesebene.

II.   Gegenstand

Art. 5 BGFA verpflichtet die Kantone, ein Anwaltsregister zu führen. Da   2
auf die Schaffung eines eidgenössischen Anwaltsregisters verzichtet wurde, musste der notwendige **Inhalt der kantonalen Register** einheitlich
geregelt werden. Entsprechend schreibt Art. 5 Abs. 2 BGFA vor, welche
persönlichen Daten im Register einzutragen sind.

---

[1]   Siehe zum Ganzen BOTSCHAFT, Nr. 16, 6030.

3   Weiter bestimmt das Gesetz, dass das Anwaltsregister von der jeweiligen
    Aufsichtsbehörde zu führen ist. Auch diese Vorschrift dient dazu, die Re-
    gister gesamtschweizerisch kompatibel zu gestalten.[2]

III. Einzutragende Anwälte

4   In das kantonale Anwaltsregister sind sämtliche Anwälte aufzunehmen, die
    im Registerkanton ihre Geschäftsadresse führen, die fachlichen und per-
    sönlichen Voraussetzungen gemäss Art. 7 und 8 BGFA erfüllen und einen
    entsprechenden Antrag stellen.

5   Entscheidend für die Eintragung in ein bestimmtes kantonales Register ist
    demnach allein die geografische Lage der Kanzlei. Ein Anwalt, der in einer
    Kanzlei tätig ist, die über verschiedene Büros verfügt, trägt sich in demje-
    nigen Kanton ein, in dem er persönlich seinen beruflichen Schwerpunkt
    und somit sein **Hauptbüro** hat.[3] Die noch im Vernehmlassungsentwurf vor-
    gesehene Lösung, wonach sich Anwälte in jedem Kanton hätten eintragen
    lassen müssen, in dem sie eine Geschäftsadresse haben, konnte verworfen
    werden, nachdem die Berufsregeln im Gesetz einheitlich geregelt wurden
    (Art. 12 und 13 BGFA) und ein Berufsausübungsverbot nun stets gesamt-
    schweizerische Geltung hat (Art. 18 Abs. 1 BGFA).[4]

6   Nach welchen Kriterien sich bestimmt, welches das Hauptbüro eines An-
    walts ist, lässt sich weder dem Gesetz noch der Botschaft entnehmen.
    Sinnvollerweise wird ganz einfach auf den **Schwerpunkt der Tätigkeit**
    abgestellt. Im Zweifelsfall steht es dem Anwalt frei, sich im einen oder
    anderen Kanton eintragen zu lassen. Aufgrund der Vereinheitlichung der
    Bestimmungen über die Berufsregeln und die Disziplinaraufsicht kommt
    dem Ort der Eintragung bloss untergeordnete Bedeutung zu. Die Aufsichts-
    behörden sollten deshalb nur in klaren Missbrauchsfällen einschreiten und
    die Eintragung in einem anderen Kanton verlangen. Die Kompetenz zu
    einem solchen Schritt ist ihnen in jedem Fall zuzubilligen.

7   **Eine Pflicht zur Eintragung besteht nicht.** Nicht eingetragene Anwälte
    profitieren allerdings nicht von der Freizügigkeit und können folglich im
    vom Anwaltsmonopol geschützten Tätigkeitsbereich ausschliesslich im je-

---

[2]   Zum Verfahren siehe hinten Art. 34.
[3]   VOUILLEZ, 434.
[4]   Siehe dazu eingehend BOTSCHAFT, Nr. 232.2, 6046.

weiligen Stammkanton auftreten. Macht der Kanton von der Ausnahmebestimmung in Art. 3 Abs. 2 BGFA keinen Gebrauch und verlangt er folglich auch für die «eigenen» Anwälte den Eintrag in das Register, so sind die nicht eingetragenen Anwälte gänzlich von der Tätigkeit im Bereich des Anwaltsmonopols ausgeschlossen.

Eintragungsfähig sind ausschliesslich **natürliche Personen**. Der Eintrag   8
von Personengesellschaften oder juristischen Personen ist damit ausgeschlossen. Dies wird sich im Zuge künftiger Entwicklungen im Bereich der Organisationsformen für die Zusammenarbeit von Anwälten vielleicht ändern.[5]

IV.   Inhalt der Registereintragung

A.   Persönliche Angaben

Das Anwaltsregister enthält die **üblichen Personendaten** jedes Anwalts,   9
nämlich den Namen, den Vornamen, das Geburtsdatum und den Heimatort oder die Staatsangehörigkeit.

B.   Anwaltspatent

Die Anwälte müssen der Aufsichtsbehörde eine Kopie ihres Anwaltspaten   10
tes einreichen, die zu den Registerakten zu nehmen ist. Damit weisen sie allerdings bloss nach, dass sie **über ein Anwaltspatent verfügen**. Die Aufsichtsbehörde hat daher in jedem Fall zu prüfen, ob das erworbene Patent materiell den vereinheitlichten Anforderungen gemäss Art. 7 BGFA genügt. Für Anwälte, die ihr Patent vor Inkrafttreten des Gesetzes erworben haben, ist allerdings das Übergangsrecht nach Art. 36 BGFA massgebend.

---

[5]   Siehe zu diesem Thema etwa PFEIFER, Rechtsanwalt, 323 ff.

C. Bescheinigungen der Erfüllung der Voraussetzungen des Art. 8 BGFA

11 Als Belege dafür, dass keine strafrechtlichen Verurteilungen mit Eintrag im Strafregister wegen Handlungen vorliegen, die mit dem Anwaltsberuf nicht zu vereinbaren sind (Art. 8 Abs. 1 lit. b BGFA) und keine Verlustscheine bestehen (Art. 8 Abs. 1 lit. c BGFA), haben die Anwälte der Aufsichtsbehörde **Auszüge aus dem Straf- und dem Betreibungsregister** einzureichen (Art. 8 Abs. 1 lit. b BGFA).

12 Schwieriger ist die Beschaffung von Belegen für den Nachweis der Handlungsfähigkeit (Art. 8 Abs. 1 lit. a BGFA) und der Unabhängigkeit (Art. 8 Abs. 1 lit. d BGFA). Bei der **Handlungsfähigkeit** sind allenfalls Belege über die Mündigkeit vorstellbar, etwa ein Zeugnis der zuständigen Vormundschaftsbehörde, dass keine Entmündigung vorliegt. Nicht zu belegen ist hingegen die Urteilsfähigkeit. Sie ist deshalb wie allgemein auch hier zu vermuten.[6] Die Botschaft geht sogar noch einen Schritt weiter und führt aus, die Handlungsfähigkeit sei ganz allgemein zu vermuten.[7] Diese Auffassung erscheint richtig. In begründeten Fällen kann die Aufsichtsbehörde jedoch Belege für das Mündigkeitsalter und/oder das Fehlen einer Entmündigung verlangen und nötigenfalls auch ein Gutachten zur Frage der Urteilsfähigkeit des Gesuchstellers anordnen.

13 Ebenfalls schwierig zu belegen ist die **Unabhängigkeit** gemäss Art. 8 Abs. 1 lit. d BGFA. Hier kann die Aufsichtsbehörde vom Gesuchsteller bloss entweder eine Erklärung zur eigenen Selbständigkeit[8] und Unabhängigkeit oder eine Bestätigung des seinerseits in einem kantonalen Register eingetragenen Arbeitgebers über das Anstellungsverhältnis verlangen. In der Regel muss der Arbeitsvertrag nicht vorgelegt werden. In begründeten Fällen kann die Aufsichtsbehörde allerdings dessen Vorlage verlangen. Spezielle Abklärungen sind in Verhältnissen erforderlich, die bezüglich der erforderlichen Unabhängigkeit erfahrungsgemäss kritisch sind.[9]

---

[6] BGE 124 III 8; BIGLER-EGGENBERGER, Art. 16 N 47; BRÜCKNER, N 164, mit weiteren Hinweisen.

[7] BOTSCHAFT, Nr. 232.51, 6050.

[8] Bestätigt der Anwalt die eigene Selbständigkeit nicht, muss er als angestellter Anwalt gelten und dementsprechend eine Bestätigung des Arbeitsgebers beibringen, der ebenfalls in einem kantonalen Anwaltsregister eingetragen sein muss.

[9] Siehe dazu hinten Art. 8, insb. N 39 ff., 45, 62 (insb. Teil- und Vollzeitangestellte).

D.   Geschäftsadresse und Name des Anwaltsbüros

Ins Register einzutragen ist die **Geschäftsadresse**. Darunter ist die Adres-   14
se der Kanzlei zu verstehen. «Care of»-Adressen sowie die blosse Angabe
eines Postfachs genügen nicht. Hat ein Anwalt mehrere Geschäftsadressen, sind sie alle im Register einzutragen. Dies folgt aus dem Umstand,
dass sich ein Anwalt nur in einem Register eintragen kann und zwar am
Ort des Hauptbüros.[10]

Eintragungsfähig ist weiter der **Name des Anwaltsbüros**, in dem der regist-   15
rierte Anwalt tätig ist. Dabei entspricht es gängiger und zulässiger Praxis,
dass Anwaltskanzleien bloss die Namen einiger (weniger) Anwälte tragen
oder neuerdings sogar neutrale Namen verwenden (z.B. Advokatur am
Bahnhof).

E.   Nicht gelöschte Disziplinarmassnahmen

Schliesslich sind die nicht gelöschten[11] **Disziplinarmassnahmen** der ein-   16
getragenen Anwälte ins Register aufzunehmen. Dabei kann es sich grundsätzlich nur um Disziplinarmassnahmen handeln, die von der zuständigen
Aufsichtsbehörde nach Massgabe dieses Gesetzes verhängt worden sind.[12]
Disziplinarmassnahmen nach altem Recht, die im Zeitpunkt des Inkrafttretens des Anwaltsgesetzes bereits bestanden haben, können, unter entsprechender Kennzeichnung, ins neue Register übertragen werden. Die Löschung solcher Disziplinarmassnahmen hat nach dem Grundsatz der *lex
mitior* zu erfolgen, sobald sie entweder nach dem alten kantonalen Recht
oder Art. 20 BGFA möglich ist. Dabei ist der frühere Zeitpunkt massgebend.

V.   Führung des Registers

Die Führung des Anwaltsregisters obliegt der **kantonalen Aufsichtsbe-**   17
hörde (Art. 5 Abs. 3 BGFA). In welcher Form das Register zu führen ist,

---

[10]   Siehe vorne N 5 f. sowie die Ausführungen zu Art. 6 N 11 ff.
[11]   Vgl. hinten Art. 20.
[12]   Für ausländische Disziplinarmassnahmen siehe hinten Art. 26 N 4 ff.

bestimmt das Gesetz nicht. Die Führung des Registers mit Mitteln der EDV ist daher ohne weiteres zulässig.[13]

VI. Wirkungen der Registereintragung

18   Die Eintragung in einem kantonalen Anwaltsregister zeitigt folgende Wirkungen:

–   Berechtigung zur **Parteivertretung vor Gerichtsbehörden in der ganzen Schweiz** (Art. 4 BGFA);

–   Berechtigung, die **Berufsbezeichnung** des Registerkantons zu führen (Art. 11 Abs. 1 BGFA);

–   Recht und Pflicht, im Geschäftsverkehr auf die **Eintragung** im kantonalen Anwaltsregister **hinzuweisen** (Art. 11 Abs. 2 BGFA);

–   Unterstellung unter die bundesrechtlichen **Berufsregeln** (Art. 12 und 13 BGFA);

–   Unterstellung unter die bundesrechtlich geregelte **Disziplinaraufsicht** (Art. 14–20 BGFA).

19   Einzelheiten zu diesen Wirkungen der Eintragung sind bei den Kommentierungen der entsprechenden Artikel des BGFA ausgeführt.

20   Die in N 18 aufgeführten Wirkungen treten zum **Zeitpunkt der Eintragung** ein. Heisst die Aufsichtsbehörde das Eintragungsgesuch gut, treten sie nach dem Entscheid und dem Vollzug der Eintragung ein. Weist die Aufsichtsbehörde das Eintragungsgesuch ab, so steht dem Gesuchsteller der Rechtsmittelweg offen. Wird das Rechtsmittel gutgeheissen, treten die Wirkungen erst mit Gutheissung des Gesuchs durch die Rechtsmittelinstanz ein. In begründeten Fällen kann die Aufsichtsbehörde oder die Rechtsmittelinstanz die **vorläufige Eintragung** im Register unter entsprechender Kennzeichnung bewilligen.[14]

21   Eine vorläufige Eintragung erscheint angezeigt, wenn die Aufsichtsbehörde dem Eintragungsgesuch entspricht, der **Anwaltsverband** des betroffenen Kantons jedoch gestützt auf Art. 6 Abs. 4 BGFA dagegen **Beschwerde** erhebt. Grundsätzlich treten die Wirkungen auch in diesem Fall erst mit

---

[13]   Vgl. etwa § 11 AnwG-BS.
[14]   Vgl. dazu hinten Art. 6 N 6.

der rechtskräftigen Bewilligung des Eintragungsgesuchs und mit dem anschliessenden Vollzug der Eintragung ein. In begründeten Ausnahmefällen sollte jedoch eine vorläufige Eintragung vorgenommen werden, wobei die kantonalen Regeln über die aufschiebende Wirkung der anwendbaren Rechtsmittel als Leitlinie für diesen Entscheid dienen sollten. Auch in diesem Fall ist der Eintrag in geeigneter Weise zu kennzeichnen.

Art. 6   Eintragung ins Register

[1] Anwältinnen und Anwälte, die über ein kantonales Anwaltspatent verfügen und Parteien vor Gerichtsbehörden vertreten wollen, lassen sich ins Register des Kantons eintragen, in dem sie ihre Geschäftsadresse haben.

[2] Die Aufsichtsbehörde trägt sie ein, wenn sie festgestellt hat, dass die Voraussetzungen nach den Artikeln 7 und 8 erfüllt sind.

[3] Sie veröffentlicht die Eintragung in einem amtlichen kantonalen Publikationsorgan.

[4] Gegen Eintragungen ins kantonale Register steht das Beschwerderecht auch dem Anwaltsverband des betroffenen Kantons zu.

Art. 6   Inscription au registre

[1] L'avocat titulaire d'un brevet d'avocat cantonal qui entend pratiquer la représentation en justice doit demander son inscription au registre du canton dans lequel il a son adresse professionnelle.

[2] L'autorité de surveillance l'inscrit s'il remplit les conditions prévues aux art. 7 et 8.

[3] Elle publie l'inscription dans un organe cantonal officiel.

[4] L'association des avocats du canton concerné dispose d'un droit de recours contre les inscriptions au registre cantonal des avocats.

Art. 6   Iscrizione nel registro

[1] Il titolare di una patente cantonale di avvocato che intende esercitare la rappresentanza in giudizio deve chiedere di essere iscritto nel registro del Cantone in cui ha l'indirizzo professionale.

[2] L'autorità di sorveglianza lo iscrive se constata che sono adempiute le condizioni di cui agli articoli 7 e 8.

[3] Pubblica l'iscrizione in un organo ufficiale cantonale.

[4] Le iscrizioni nel registro cantonale possono essere impugnate mediante ricorso anche dall'associazione degli avvocati del Cantone interessato.

Inhaltsübersicht	Note
I. Einleitung	1
II. Gegenstand	3
III. Voraussetzungen für die Eintragung	7
A. Fachliche Voraussetzung: das Anwaltspatent	7
B. Geschäftsadresse im Registerkanton (Art. 6 Abs. 1 BGFA)	11
C. Persönliche Voraussetzungen gemäss Art. 8 BGFA	16
D. Berufshaftpflichtversicherung als Eintragungsvoraussetzung?	17
IV. Das Verfahren auf Eintragung	22
V. Veröffentlichung	29
VI. Beschwerderecht	33
VII. Sitzverlegung	40

I.   Einleitung

Art. 6 BGFA regelt in grundsätzlicher Weise die Eintragungsmöglichkeit   1
und die dafür notwendigen Voraussetzungen für den Fall, dass ein Anwalt
Parteien vor Gerichtsbehörden vertreten will. Die Voraussetzungen für den
Eintrag sind bundesrechtlich abschliessend geregelt,[1] d.h. die Kantone können nicht noch zusätzliche Eintragungsvoraussetzungen vorschreiben.[2]

Wer nicht Parteien vor Gerichtsbehörden vertreten, im Übrigen aber als   2
unabhängiger Anwalt tätig sein will, braucht sich nicht in das Anwaltsregister eintragen zu lassen. Es steht den Kantonen aber frei, für diese Kategorie
von Anwälten ein separates (und damit kantonales) Register zu schaffen.[3]

II.   Gegenstand

Alle Anwälte, die **ausserhalb ihres Stammkantons**, also des Kantons, in   3
dem sie ihr Anwaltspatent erworben haben, Parteien vor Gerichtsbehörden
vertreten wollen, müssen **im Anwaltsregister eingetragen sein**. Sie können die Freizügigkeit nur aufgrund dieses Eintrags beanspruchen. Sieht
ein Kanton nichts anderes vor, müssen sich auch Inhaber seines eigenen
Anwaltspatents in das Anwaltsregister eintragen lassen, um Parteien vor
den Gerichten dieses Kantons vertreten zu können. Räumt ein Kanton den
Inhabern seines Anwaltspatents gestützt auf die Ausnahmeregelung des
Art. 3 Abs. 2 BGFA das Recht ein, Parteien vor seinen eigenen Gerichtsbehörden zu vertreten, gilt diese Regelung für alle Inhaber des Patents dieses
Kantons, unabhängig vom Ort ihrer Geschäftsniederlassung (in diesem oder
einem anderen Kanton).

Erfolgt **keine Eintragung**, hat der Anwalt keinen bundesrechtlichen An-   4
spruch darauf, zur Parteivertretung vor Gerichtsbehörden zugelassen zu
werden.[4] Die **einzige Ausnahme schafft Art. 3 Abs. 2 BGFA**: Danach
können die Kantone Inhabern ihres kantonalen Anwaltspatents erlauben,

---

[1]   Für die Berufshaftpflichtversicherung siehe hinten N 17 ff.
[2]   Die vom Kanton Tessin verlangte «dichiarazione di fedeltà» (Art. 3 Abs. 1 lit. b AnwG-
      TI) dürfte bundesrechtswidrig sein.
[3]   Vgl. dazu z.B. das «Registre cantonal des avocats-conseils» gemäss Art. 37 ff. AnwG-
      VD.
[4]   Vgl. vorne Art. 4 N 2.

ohne Registereintrag vor ihren Gerichtsbehörden aufzutreten. Diese Ermächtigung muss ausdrücklich erfolgen. Von dieser Möglichkeit haben bis jetzt aber nur ganz wenige Kantone Gebrauch gemacht.[5]

5   Wenn die im Folgenden näher zu beschreibenden **Voraussetzungen** bei einem Anwalt **erfüllt** sind, so besteht ein **Anspruch auf Eintragung** in das kantonale Anwaltsregister. Der Aufsichtsbehörde kommt dann kein Ermessen mehr zu.

6   Die Vertretung vor den Gerichtsbehörden ist erst möglich, wenn die **Eintragungsverfügung der Aufsichtsbehörde rechtskräftig** geworden und die **Eintragung im Anwaltsregister erfolgt** ist.[6] Soll eine Vertretung schon während eines pendenten Eintragungsverfahrens möglich sein, so ist eine vorläufige Eintragung vorzunehmen. Wird die Eintragung nach durchgeführtem Verfahren abgelehnt, so sind die während des vorläufigen Eintrags vorgenommenen Handlungen des Anwalts nach wie vor gültig, ohne dass es z.B. einer Genehmigung durch die vertretene Partei bedürfte.[7]

---

[5]   So z.B. der Kanton Zürich, vgl. § 2 VO-Anpassung-ZH und § 11 Abs. 2 lit. b E-AnwG-ZH, wobei diese Bestimmung (Auftretensrecht, wenn die Eintragung im Anwaltsregister nur wegen Fehlens der fachlichen Voraussetzung von Art. 7 lit. a BGFA nicht erfolgen kann) nur für diejenigen Personen eine Rolle spielt, die das Anwaltspatent gestützt auf § 2 Abs. 2 AnwG-ZH erhalten haben («Schenkpatent»). Für alle Übrigen wäre sie wohl nicht nötig gewesen: Aufgrund des (bisherigen und) neuen kantonalen Anwaltsrechts müssen die Kandidaten die Voraussetzungen von Art. 7 lit. a BGFA als Prüfungszulassungsvoraussetzung erfüllen; diejenigen Patentinhaber, die über ein Patent (aufgrund einer Prüfung) verfügen, das vor dem 1. Juni 2002 erteilt wurde, und die Voraussetzung von Art. 7 Abs. 1 BGFA nicht erfüllen, können sich auf die Übergangsbestimmung von Art. 36 BGFA berufen. Das neue Zürcher Anwaltsgesetz verzichtet auf solche «Schenkpatente». Vgl. dazu NATER, Harmonisierung, 364; BGE 130 II 87 ff.; Urteile des Bundesgerichts vom 7. April 2004 (2A.285/2003) und vom 9. Januar 2003 (2P.224/2003).

[6]   Vgl. dazu den Wortlaut von Art. 4 Abs. 1 BGFA: «Anwältinnen und Anwälte, die in einem kantonalen Anwaltsregister **eingetragen sind**, können [...]» (Hervorhebung durch den Verfasser).

[7]   Vgl. dazu Art. 30 Abs. 2 OG für den Fall eines nicht zugelassenen Anwalts.

III. Voraussetzungen für die Eintragung

A. Fachliche Voraussetzung: das Anwaltspatent

Die Eintragung ins kantonale Anwaltsregister setzt einerseits voraus, dass   7
die **fachlichen Voraussetzungen gegeben sind, wie sie Art. 7 BGFA definiert**. Soweit ein Kanton seine Anwaltspatente unter Einhaltung der Voraussetzungen gemäss Art. 7 BGFA erteilt, kommt dem Hinweis auf diese Bestimmung in Art. 6 Abs. 2 BGFA keine zusätzliche Bedeutung im Verhältnis zu
Art. 6 Abs. 1 BGFA zu (Abs. 1 setzt das Bestehen eines Anwaltspatents
voraus). Wenn ein Anwaltspatent in Erfüllung der Voraussetzungen von Art. 7
BGFA erteilt ist, können keine weiteren fachlichen Voraussetzungen für die
Eintragung verlangt werden. Für die Einzelheiten der fachlichen Voraussetzungen sei auf die Kommentierung von Art. 7 BGFA verwiesen.

Erfüllt **ein nach dem Inkrafttreten des BGFA erteiltes Anwaltspatent**   8
die Voraussetzungen von Art. 7 BGFA nicht, so hat der entsprechende Patentinhaber keinen Anspruch auf Eintragung in ein kantonales Anwaltsregister; es liegt kein anerkennbares Patent vor. Damit ist die Eintragung in
das Anwaltsregister ausgeschlossen; die Aufsichtsbehörde hat ein entsprechendes Gesuch abzulehnen. Hat das Examen vor dem Inkrafttreten des
BGFA begonnen, wurde es aber nach dem 31. Mai 2002 abgeschlossen
und wurde gestützt auf dieses Examen das Patent erteilt, so sollte Art. 36
BGFA (Übergangsbestimmungen) Anwendung finden. Das Gesetz sieht
keine Rückwirkung auf ein hängiges Verfahren vor. Um ein solches handelt es sich aber vom Zeitpunkt der Zulassung eines Kandidaten bis zum
Examen (die nach kantonalem Recht zuständige Behörde erlässt eine Zulassungsverfügung). Somit kann sich der zugelassene Kandidat auf altes
Recht berufen.[8]

Für die Bedeutung von **Anwaltspatenten**, die **in Abweichung der Vor-   9
aussetzungen von Art. 7 BGFA erteilt** worden sind, wird auf die vorste-
hende Note sowie auf die Kommentierung von Art. 3 Abs. 2 BGFA[9] verwiesen.

Für **Anwaltspatente, die vor dem Inkrafttreten des BGFA** erteilt wur-   10
den, kommen die Bestimmungen von Art. 36 BGFA (Übergangsbestimmungen) zur Anwendung; es sei auf jene Ausführungen verwiesen. Hat ein

---

[8]   Vgl. dazu HÄFELIN/MÜLLER, N 263 ff.
[9]   Vgl. vorne Art. 3 N 4.

Kanton nach dem Inkrafttreten des BGFA seine Bestimmungen über die Erteilung des Anwaltspatents nicht den Minimal-Erfordernissen von Art. 7 BGFA angepasst und erteilt er ein Anwaltspatent gestützt auf ein Examen, für das die Zulassungsverfügung nach dem 31. Mai 2002 erlassen wurde, kann ein solches Anwaltspatent nicht mehr als Grundlage für die Eintragung in das Anwaltsregister anerkannt werden.

B. Geschäftsadresse im Registerkanton (Art. 6 Abs. 1 BGFA)

11 Die Anwälte haben sich **in demjenigen Kanton** ins Anwaltsregister eintragen zu lassen, **in dessen Gebiet sie über ihre Geschäftsadresse verfügen**. Entscheidend ist somit nicht der Kanton, in dem das Anwaltspatent erworben wurde, sondern derjenige, von dessen Gebiet aus die Anwaltstätigkeit ausgeübt wird; ebenso wenig hat der Wohnsitz eine Bedeutung. Es spielt dabei keine Rolle, ob der Anwalt selbständigerwerbend oder angestellt ist.[10]

12 Verfügt ein Anwalt über **mehrere Geschäftsadressen in verschiedenen Kantonen**, hat die Eintragung im Register desjenigen Kantons zu erfolgen, in dem sein Hauptbüro liegt.[11] Ein Anwalt verfügt somit gesamtschweizerisch immer nur über einen einzigen Eintrag[12] in einem Anwaltsregister.[13] Dasselbe gilt, wenn ein Anwalt bei zwei Anwaltskanzleien (je in Teilzeit) angestellt ist.

13 Betreibt ein Anwalt auch eine Zweigniederlassung (**«Nebenbüro»**) (im gleichen oder in einem andern Kanton), so ist die Adresse dieses Nebenbüros in das Anwaltsregister im Kanton des Hauptbüros aufzunehmen. Diese Pflicht ergibt sich aus der Formulierung von Art. 5 Abs. 2 lit. d BGFA, wonach die Geschäftsadressen, und somit alle Geschäftsadressen,[14] in das Register aufzunehmen sind. Solche Nebenbüros lösen im Lageckanton (soweit er verschieden ist vom Kanton des Hauptbüros) keine Eintragungs-

---

[10] Vgl. Art. 11 AnwG-GE.
[11] Verschiedene Elemente können für die Bestimmung des Hauptbüros herangezogen werden: Ort des Erstbüros, Ort des Sekretariats, Ort, an dem sich der Anwalt am häufigsten aufhält, Ort, an dem sich die meisten Mitarbeiter befinden, etc.
[12] Vgl. dazu auch HESS, Anwaltsregistrierung, 334 f.
[13] Entscheidend ist dabei die Haupt-Geschäftsadresse des einzelnen Anwalts, nicht der Anwaltskanzlei. Anknüpfungspunkt des BGFA ist die natürliche Person, nicht die Anwaltskanzlei. Vgl. dazu vorne Art. 5 N 5. A.M. MEIER, Anwaltsrecht, 696.
[14] Vgl. dazu auch BOTSCHAFT, Nr. 232.2, 6046.

---

pflicht aus (der Vernehmlassungsentwurf sah ursprünglich weitere Eintragungen im Kanton der Zweigniederlassung vor; die definitive Gesetzesvorlage hat diese Möglichkeit aber verworfen).[15]

Der **von einer gemeinnützigen Organisation angestellte Anwalt**, der sich   14
in ein Anwaltsregister eintragen lassen will (Art. 8 Abs. 2 BGFA), hat sich
am Sitz der gemeinnützigen Organisation einzutragen; seine Geschäftsadresse befindet sich bei der Organisation. Ist der Ort der Hauptgeschäfts-
tätigkeit der Organisation nicht identisch mit ihrem statutarischen Sitz, so
hat sich der Anwalt an dem Ort einzutragen, von dem aus die Hauptge-
schäftstätigkeit der Organisation erfolgt.

Ist ein Anwalt **sowohl als unabhängiger Anwalt im Sinne von Art. 8**   15
Abs. 1 lit. d BGFA wie auch als angestellter Anwalt für eine gemein-
nützige Organisation im Sinne von Art. 8 Abs. 2 BGFA tätig und befinden sich die beiden Geschäftsadressen nicht im gleichen Kanton, so kann
sich auch dieser Anwalt nur in einem einzigen kantonalen Anwaltsregister
eintragen lassen. Ausschlaggebend ist derjenige Ort, an dem sich das
Schwergewicht seiner anwaltlichen Tätigkeit befindet. Eine Doppeleintra-
gung widerspräche dem Grundgedanken des Gesetzes und würde wohl zu
praktischen Schwierigkeiten führen (die betroffenen Aufsichtsbehörden
müssten z.B. ihre jeweiligen Eintragungen insb. im Disziplinarrecht koor-
dinieren). Das ändert nichts daran, dass der Anwalt je nach Tätigkeit andere Briefpapiere verwenden muss.[16]

C.   Persönliche Voraussetzungen gemäss Art. 8 BGFA

Neben den fachlichen Voraussetzungen und dem Vorhandensein einer Ge-   16
schäftsadresse muss der Anwalt auch die **persönlichen Voraussetzungen**
im Sinne von Art. 8 BGFA erfüllen, damit die Eintragung in das Anwaltsregister bewilligt werden kann. Fehlt es an einer solchen persönlichen
Voraussetzung, so kann die Eintragung nicht erfolgen, auch wenn die übrigen Voraussetzungen gegeben sind. Für die Einzelheiten zu den persönlichen Voraussetzungen siehe die Ausführungen zu Art. 8 BGFA.

---

[15]   Vgl. dazu aber Art. 33 Abs. 2 AnwG-VD: Der Anwalt, der in einem andern Kanton im
        Anwaltsregister eingetragen ist und im Kanton Waadt über ein Nebenbüro verfügt,
        kann verlangen, dass diese waadtländische Geschäftsadresse in einen Annex zum kan-
        tonalen waadtländischen Anwaltsregister aufgenommen wird; irgendwelche Wirkun-
        gen sind damit nicht verbunden.
[16]   Vgl. hinten Art. 8 N 60.

D. Berufshaftpflichtversicherung als Eintragungsvoraussetzung?

17 Verschiedene Kantone[17] verlangen **für die Eintragung in ihr Anwaltsregister den Nachweis des Bestehens einer Berufshaftpflichtversicherung**[18]; gleichzeitig wird in diesen Fällen eine einheitliche Versicherungssumme vorgeschrieben.[19] Diese Eintragungsvoraussetzung ist im BGFA
formal nicht enthalten; vielmehr stellt das Bestehen einer Berufshaftpflichtversicherung eine Berufspflicht dar (Art. 12 lit. f BGFA),[20] deren Nichtein-
haltung zu Sanktionen führt.

18 Das Bundesrecht regelt die Voraussetzungen für die Eintragung von Anwälten in ein kantonales Anwaltsregister abschliessend. Die Kantone können somit keine zusätzlichen Vorschriften für die Aufnahme einer Person
ins Anwaltsregister erlassen. Insofern sind kantonale Bestimmungen, die
als **Voraussetzung für die Eintragung** im Anwaltsregister eine Bestätigung über den Abschluss einer **Berufshaftpflichtversicherung** verlangen,
an sich bundesrechtswidrig. Dieses Ergebnis befriedigt indessen in der Sache
nicht.[21] Es ist deshalb zu prüfen, ob es zulässig ist, als (zusätzliche) Eintragungsvoraussetzung das Bestehen einer Berufshaftpflichtversicherung zu
verlangen.

19 Bei der Beurteilung der Frage, ob die zuständige Behörde als Voraussetzung für den Eintrag ins Anwaltsregister das Bestehen einer Berufshaftpflichtversicherung verlangen kann, ist Folgendes zu berücksichtigen:

---

[17] So u.a. § 7 AnwG-AG, Art. 5 AnwG-BE, Art. 6 AnwG-FR, Art. 3 AnwG-TI, § 13
AnwG-BS und § 13 AnwG-BL, Art. 7 AnwV-FR.

[18] Vgl. dazu auch NIGG, 493 ff.

[19] Der Kanton Tessin verlangt eine Berufshaftpflichtversicherung einer «schweizerischen» Versicherungsgesellschaft (Art. 43 AnwV-TI). Diese Einschränkung der möglichen Versicherungseinrichtungen dürfte vor Bundesrecht nicht standhalten, resp. muss
so ausgelegt werden, dass darunter ein «zum Geschäftsbetrieb in der Schweiz er-
mächtigter Versicherer» verstanden wird. Es müssen somit Versicherungsverträge
aller Versicherungseinrichtungen akzeptiert werden, die berechtigt sind, für Personen
mit Wohnsitz in der Schweiz einen Versicherungsvertrag abzuschliessen (vgl. dazu
u.a. das BG betreffend die Aufsicht über die privaten Versicherungseinrichtungen,
Versicherungsaufsichtsgesetz, SR 961.01, und das BG über die Direktversicherung
mit Ausnahme der Lebensversicherung, Schadenversicherungsgesetz, SR 961.71;
KUHN/MÜLLER-STUDER/ECKERT, 48 ff.).

[20] Vgl. dazu hinten Art. 12 N 129 ff.

[21] Vgl. dazu hinten Art. 12 N 140 f.

- Es ist sachlich nachvollziehbar, wenn die Aufsichtsbehörden für die Eintragung in das Anwaltsregister den Nachweis einer Berufshaftpflichtversicherung verlangen. Ist nämlich ein Schadenfall eingetreten und wird erst dann festgestellt, dass keine Versicherung besteht, kann dieser Fehler zwar als **Verletzung einer Berufspflicht** sanktioniert werden; **der geschädigten Partei** ist damit jedoch **nicht geholfen**. Im Interesse und zum Schutz der Klientschaft ist deshalb wünschenswert, schon für die Eintragung in das Anwaltsregister den Nachweis einer Berufshaftpflichtversicherung zu verlangen.

- Die zuständige Aufsichtsbehörde kann von den eingetragenen Anwälten jederzeit den Nachweis der Erfüllung von Berufspflichten verlangen. Müsste daher eine Person zunächst ohne Nachweis einer Berufshaftpflichtversicherung eingetragen werden, könnte die Aufsichtsbehörde unmittelbar nach dem Eintrag diesen Nachweis verlangen und bei Fehlen des erforderlichen Versicherungsschutzes ein **Disziplinarverfahren**, allenfalls verbunden **mit einem vorläufigen Berufsausübungsverbot**, einleiten. Ein solches Vorgehen würde keinen Sinn machen. Es ist deshalb richtig, das Bestehen einer Berufshaftpflichtversicherung zur Eintragungsvoraussetzung zu machen.

Soweit ein Kanton das Bestehen einer Berufshaftpflichtversicherung zur Eintragungsvoraussetzung macht, wird meistens eine **Versicherungssumme** von CHF 1 Mio.[22] verlangt.[23] Demgegenüber verlangt Art. 12 lit. f BGFA eine Versicherungssumme nach Massgabe der Art und des Umfangs der Risiken, die mit der Tätigkeit des Anwalts verbunden sind. Die Berufspflicht kann somit weiter gehen als das (kantonale) Eintragungserfordernis. Mit dessen Erfüllung ist nicht ohne weiteres auch die Berufspflicht erfüllt. Es ist vielmehr die Aufgabe eines jeden Anwalts, die für seine Verhältnisse passende Versicherungssumme zu bestimmen.   20

Auch wenn ein Versicherer zuhanden der Aufsichtsbehörde eine Bestätigung abgegeben hat, wonach ein Anwalt über eine Berufshaftpflichtversi-   21

---

[22] Das Bundesgericht hat im Urteil vom 22. Februar 2001 (2P.180/2000) in E. 3d eine Versicherungssumme von CHF 1 Mio. «als nicht unverhältnismässig» bezeichnet. Der Kanton Tessin verlangt eine Versicherungssumme von CHF 2 Mio., Art. 43 ff. AnwV-TI. Vgl. auch Art. 12 N 135.
[23] Anwälte, die in einem Kanton registriert sind, der den Nachweis einer Berufshaftpflichtversicherung nicht verlangt, können nicht verpflichtet werden, bei Auftreten in einem andern Kanton, der diese Voraussetzung kennt, den Nachweis einer Versicherung zu erbringen, ansonsten die Freizügigkeit nicht mehr gewährleistet wäre.

cherung verfüge, besteht **keine Pflicht des Versicherers**, der Aufsichtsbehörde die **Auflösung des Versicherungsvertrags zu melden**.[24] Hingegen hat der betroffene Anwalt gemäss Art. 12 lit. a und j BGFA die Pflicht, die Beendigung des Versicherungsschutzes der Aufsichtsbehörde zu melden.

IV. Das Verfahren auf Eintragung

22   Die Aufsichtsbehörde wird **nur auf Antrag eines Anwalts** tätig. Ein Eintragungsverfahren ex officio gibt es nicht. Die Unterlassung eines Antrags auf Eintragung hat zur Folge, dass der Anwalt nicht von der Freizügigkeit profitiert und je nach kantonalem Recht auch im Stammkanton im Rahmen des Anwaltsmonopols nicht auftreten darf.[25] Insofern liegt es im eigenen Interesse jedes einzelnen Anwalts, die Eintragung zu beantragen.

23   Der Anwalt hat **den Aufsichtsbehörden im Rahmen des Eintragungsverfahrens alle sachdienlichen Angaben und Unterlagen zu liefern**.[26] Nach gestelltem Antrag kann die Aufsichtsbehörde bei Unklarheiten zusätzliche Auskünfte, Belege etc. einfordern. Kommt der antragstellende Anwalt diesen Begehren nicht nach, so wird die Eintragung in das Anwaltsregister nicht bewilligt. Insofern liegt es wiederum im Interesse des Anwalts, die Anforderungen der Aufsichtsbehörde zu erfüllen.[27] Es gehört auch zur Pflicht des Gesuchstellers, die Aufsichtsbehörde im Eintragungsgesuch darauf hinzuweisen, dass z.B. ein Anstellungsverhältnis besteht, auch wenn dieses auf den ersten Blick nichts mit der Ausübung des Anwaltsberufs zu tun hat.[28]

---

[24]   Wie dies etwa in Art. 68 Abs. 2 SVG für den Strassenverkehr vorgesehen ist. Der Kanton Solothurn auferlegt dem Versicherer die Pflicht, das Aussetzen oder Aufhören des Versicherungsschutzes der Aufsichtsbehörde zu melden: § 10 lit. e VO-Anwaltsregister-SO. Die Praxis des Kantons Basel-Landschaft entspricht dieser Bestimmung.

[25]   Siehe dazu auch vorne Art. 4 N 3.

[26]   Die Dokumente, die vorzulegen sind, dürfen in der Regel nicht älter als drei Monate sein (vgl. dazu z.B. Art. 3 Abs. 4 EVBGFA-BE).

[27]   Inwieweit die ursprüngliche Anordnung der Aufsichtsbehörde als solche angefochten werden kann («prozessleitende Verfügung»), hängt vom kantonalen Recht ab. Das Nichtbefolgen der Anordnungen der Aufsichtsbehörde führt wohl grundsätzlich zur Abweisung der Eintragung, womit die antragstellende Person auf den Rechtsmittelweg verwiesen wird. Im Rahmen der Überprüfung des Rechtsmittels kann auch die Frage aufgeworfen werden, ob eine bestimmte Anordnung der Aufsichtsbehörde verhältnismässig war oder nicht.

[28]   Vgl. dazu BGE 130 II 107 f.

Die Aufsichtsbehörde hat von **Amtes wegen**[29] **zu prüfen**, ob die fachlichen   24
und persönlichen Voraussetzungen für den Registereintrag erfüllt sind. Eine
reine Entgegennahme der Angaben eines Gesuchstellers genügt nicht, insbesondere wenn Anhaltspunkte dafür bestehen, dass eine Voraussetzung
möglicherweise nicht erfüllt ist. Diesfalls ist die Aufsichtsbehörde verpflichtet, die notwendigen Abklärungen vorzunehmen.

Der Aufsichtsbehörde obliegen **keine eigenen Abklärungspflichten über**   25
die Anforderung von Auskünften, Belegen und Mitwirkungen (z.B. bei
medizinischen Abklärungen etc.) **hinaus**. So sieht z.B. § 25 Abs. 3 AnwG-
BS für den Fall eines vorläufig ausgesprochenen Berufsausübungsverbots
wegen Zweifeln an der Erfüllung von persönlichen Voraussetzungen ausdrücklich vor, dass dieses in ein dauerndes Berufsausübungsverbot umgewandelt werden kann, wenn der betreffende Anwalt innert angemessener
Frist die Mitwirkung an der Abklärung der Frage, ob die persönlichen Voraussetzungen noch vorliegen, verweigert. Gleiches gilt auch für den Fall
der Ersteintragung.[30]

Ausländische Anwälte, die sich gestützt auf den 6. Abschnitt BGFA in ein   26
kantonales Anwaltsregister eintragen lassen wollen, haben insb. zum Nachweis, dass keine strafrechtlichen Verurteilungen im Sinne von Art. 8 Abs. 1
lit. b resp. keine Verlustscheine nach Art. 8 Abs. 1 lit. c BGFA bestehen,
entsprechende **Bescheinigungen ihres Herkunftslands** vorzulegen. Bestehen keine solchen oder ähnlichen Register, so muss die Aufsichtsbehörde im Einzelfall entscheiden, mit welchen Angaben, persönlichen Bestätigungen etc. sie sich zufrieden geben will.

Die Aufsichtsbehörde hat eine **Verfügung über die Genehmigung oder**   27
Verweigerung des Eintrags zu erlassen und diese dem Gesuchsteller zu
eröffnen.[31] Wird ein Anwalt gestützt auf Art. 8 Abs. 2 BGFA (als Angestellter einer gemeinnützigen Organisation) ins Anwaltsregister aufgenommen,
ist in der Verfügung speziell darauf hinzuweisen.[32] Der Anwalt ist zu verpflichten, strikt nur solche Mandate zu betreuen, die sich im Rahmen des
von der betreffenden Organisation verfolgten Zwecks bewegen.

---

[29] Vgl. dazu z.B. Art. 6 Abs. 3 AnwV-FR.
[30] Allerdings stellt sich bei dieser Bestimmung die Frage, ob ein dauerndes Berufsaus-
      übungsverbot die angemessene Sanktion ist, weil mit einem vorsorglich ausgespro-
      chenen Berufsausübungsverbot das gleiche Ziel mit verhältnismässigeren Mitteln er-
      reicht wird.
[31] BOTSCHAFT, Nr. 232.3, 6047; für allfällige Rechtsmittel vgl. hinten N 33 ff.
[32] Vgl. dazu hinten Art. 8 N 59.

28   Obwohl das Gesetz dies nicht ausdrücklich vorsieht, ist die Aufsichtsbe-
      hörde verpflichtet, den Anwälten auf Verlangen eine **Bescheinigung** über
      die erfolgte Eintragung auszustellen, und zwar sowohl unmittelbar nach
      der Eintragung[33] als auch während der ganzen Dauer der Eintragung.

V.   Veröffentlichung

29   Bewilligt die Aufsichtsbehörde die Eintragung eines Anwalts in das An-
      waltsregister, so hat die Behörde diese **Eintragung in einem amtlichen
      kantonalen Publikationsorgan zu publizieren** und so die Öffentlichkeit
      darüber in Kenntnis zu setzen, dass die betreffende Person berechtigt ist,
      Parteien vor Gerichtsbehörden zu vertreten.

30   Der Inhalt der Publikation hat nicht sämtliche Daten aufzuweisen, die im
      Register enthalten sind. Es genügt vielmehr, wenn **in dieser Publikation
      Name, Vorname und Adresse des Anwalts, allenfalls noch das Geburts-
      datum,**[34] bekannt gegeben werden. Eine solche Publikationspraxis ent-
      spricht dem Einsichtsrecht des Publikums, wie es in Art. 10 Abs. 2 BGFA
      definiert ist. Es besteht kein Anlass, zum Zeitpunkt der Ersteintragung mehr
      zu publizieren, als jede Person zu einem späteren Zeitpunkt erfahren kann.

31   Einer **zusätzlichen oder periodischen**[35] **Publikation** der Namen und der
      übrigen Angaben der in einem kantonalen Anwaltsregister eingetragenen
      Personen steht nichts entgegen (z.B. im kantonalen Staatskalender,[36] im
      Internet etc.). Damit wird es dem Publikum erleichtert, abzuklären, ob eine
      bestimmte Person im Anwaltsregister eingetragen ist oder nicht. Erfolgt
      die Publikation im Internet, obliegt es der Aufsichtsbehörde, dafür Sorge
      zu tragen, dass die Eintragungen zeitgerecht nachgeführt werden.

32   Lehnt die Aufsichtsbehörde die Eintragung eines Anwalts ab, so erfolgt
      keine Publikation dieses **ablehnenden Entscheids.** Das Publikum hat
      daran kein schutzwürdiges Interesse; es genügt, dass der betreffende An-
      walt nicht im Register aufgeführt wird.

---

[33]   Diesbezüglich genügt in der Regel die Publikation in einem offiziellen Organ, das
       dem Anwalt zugänglich ist, siehe etwa § 12 Abs. 2 AnwG-BS.
[34]   Vgl. dazu Art. 19 Abs. 2 DSG sowie Art. 37 i.V.m. Art. 2 DSG. Der Kanton Fribourg
       veröffentlicht auch noch das Datum des Patenterwerbs, Art. 5 Abs. 2 AnwV-FR.
[35]   Vgl. dazu z.B. § 9 Abs. 4 AnwG-SO.
[36]   Vgl. dazu Art. 5 Abs. 2 AnwG-AI.

VI. Beschwerderecht

Anfechtungsobjekt eines allfälligen Beschwerdeverfahrens ist der Ent-   33
scheid der Aufsichtsbehörde über die Zulassung oder Verweigerung der
Eintragung ins kantonale Anwaltsregister.

Bewilligt die Aufsichtsbehörde die Eintragung eines Anwalts in das An-   34
waltsregister, fehlt ihm die Beschwer. Er ist alsdann nicht legitimiert, gegen diesen Entscheid ein Rechtsmittel einzulegen. Eine Beschwer ist allenfalls vorstellbar, wenn mit dem Eintragungsentscheid Auflagen verbunden
werden. Hingegen steht **dem Anwaltsverband des betreffenden Kantons**
gemäss ausdrücklicher Gesetzesvorschrift **ein Beschwerderecht gegen den
Eintragungsentscheid** zu.[37] Dieser ist somit legitimiert, Entscheide auf
Eintragung eines Anwalts ins Anwaltsregister anzufechten und durch die
Rechtsmittelinstanzen überprüfen zu lassen. Die Frage, ob weitere Verbän-
de, die (auch) Interessen von Anwälten vertreten, zur Beschwerde legitimiert sind, richtet sich nach den allgemeinen Regeln des Verbandsbeschwerderechts.

Wird die Eintragung einer bestimmten Person in das Anwaltsregister von   35
der Aufsichtsbehörde abgelehnt, so steht das **Beschwerderecht gegen diesen ablehnenden Entscheid ausschliesslich der betroffenen Person** zu.
Der betreffende kantonale Anwaltsverband ist in diesem Fall nicht beschwer-
delegitimiert, da gemäss ausdrücklichem Gesetzeswortlaut der kantonale
Verband nur gegen Eintragungen ein Beschwerderecht hat.

Der **Instanzenzug** richtet sich in beiden Konstellationen zunächst nach   36
kantonalem Recht. Gegen den letztinstanzlichen kantonalen Entscheid ist
eine Verwaltungsgerichtsbeschwerde[38] an das Schweizerische Bundesgericht möglich, da die Verfügung über Eintragung resp. Ablehnung einer
Eintragung gestützt auf Bundesrecht ergangen ist.[39]

Die **Frist zur Einreichung eines kantonalen Rechtsmittels** richtet sich   37
nach kantonalem Recht. Soweit der kantonale Anwaltsverband einen Eintragungsentscheid nicht direkt von der Aufsichtsbehörde zugestellt erhält,
sondern davon erst durch die Publikation erfährt, beginnt die Frist für den
Anwaltsverband mit dem Datum der Publikation im amtlichen kantonalen
Publikationsorgan. Um für den Gesuchsteller negative Konsequenzen in-

---

[37]   Art. 6 Abs. 4 BGFA.
[38]   Art. 98 ff. OG.
[39]   Art. 98 OG i.V.m. Art. 5 VwVG; BGE 130 II 89 f.

folge einer zeitlich verzögerten Publikation zu verhindern (z.B. weil der Anwaltsverband erst durch die spätere Publikation von der Eintragung erfährt und erst dann von seinem Beschwerderecht Gebrauch machen kann), sollte die Aufsichtsbehörde den kantonalen Anwaltsverband jeweils direkt orientieren.[40]

38 Die **Kognition** der kantonalen Rechtsmittelinstanzen richtet sich nach den Bestimmungen des kantonalen Rechts. Für die Kognition des Bundesgerichts gilt Art. 104 OG. Das Bundesgericht kann den kantonalen Entscheid somit auf Verletzung von Bundesrecht einschliesslich Überschreitung oder Missbrauch des Ermessens und auf die unrichtige oder unvollständige Feststellung des rechtserheblichen Sachverhalts hin überprüfen.[41] Die Rüge der Unangemessenheit steht nicht zur Verfügung, da weder eine Verfügung über die Festsetzung von Abgaben und öffentlich-rechtlichen Entschädigungen vorliegt noch das Bundesrecht die Rüge der Unangemessenheit für die hier in Frage stehenden Belange vorsieht (Art. 104 lit. c OG).

39 Nach dem Wortlaut des Gesetzes kann sich der Anwaltsverband nicht gegen die **Eintragung eines Anwalts aus der EU oder aus EFTA-Staaten** wehren, wenn der Eintrag in die Liste **gestützt auf Art. 28 BGFA** (ständige Ausübung des Berufs unter der ausländischen Berufsbezeichnung) erfolgt. Hingegen ist der Anwaltsverband nach der hier vertretenen Auffassung zur Beschwerde legitimiert, wenn sich ein Anwalt aus der EU oder aus EFTA-Staaten gestützt auf Art. 30 BGFA in das kantonale Anwaltsregister eintragen lassen will. Richtigerweise müsste ein Verbandsbeschwer-

---

[40] Wird ein Eintragungsgesuch zunächst abgelehnt, von der Rechtsmittelinstanz auf Beschwerde des Gesuchstellers hin aber gutgeheissen, so muss nach Eintritt der Rechtskraft des Rechtsmittelentscheids eine Eintragungsverfügung durch die Registerbehörde ergehen. Gegen diesen Eintragungsentscheid steht dem kantonalen Anwaltsverband wiederum das Beschwerderecht zu. Aus rechtsstaatlichen Überlegungen ist diese Lösung der Einräumung eines Rechtsmittels zugunsten des kantonalen Anwaltsverbands gegen den Rechtsmittelentscheid an die nächsthöhere Instanz vorzuziehen (Wahrung des vollen Instanzenzugs zur Überprüfung). In Frage käme allenfalls die Beiladung des kantonalen Anwaltsverbands für die im Beschwerdeverfahren zu entscheidende Frage, soweit das kantonale Recht dies zulässt.
[41] Vgl. Art. 104 lit. a und lit. b OG; im Rahmen der Verwaltungsgerichtsbeschwerde kann auch die Verletzung verfassungsmässiger Rechte gerügt werden; die Verwaltungsgerichtsbeschwerde übernimmt die Funktion der staatsrechtlichen Beschwerde; vgl. BGE 112 Ib 237.

derecht allerdings auch im Falle der Eintragung in die Liste gemäss Art. 28 BGFA bestehen.[42]

VII. Sitzverlegung

Verlegt ein Anwalt sein Büro unter Aufgabe seiner bisherigen Geschäfts-   40
adresse von einem Kanton in einen anderen, so hat er sich im Kanton der **neuen Geschäftsadresse in das dortige Anwaltsregister** eintragen zu lassen. Im Kanton der ehemaligen Geschäftsadresse ist die **Eintragung zu löschen**. Für die Eintragung im neuen Kanton kann sich der Anwalt auf die Registrierung im alten Kanton stützen. Er muss nicht sämtliche Angaben neu machen. Es genügt, wenn er der Aufsichtsbehörde des neuen Kantons einen aktuellen Auszug aus dem Anwaltsregister des alten Kantons vorlegt, ergänzt mit den neuen Angaben, insb. mit der neuen Geschäftsadresse (und gegebenenfalls mit dem Nachweis einer Berufshaftpflichtversicherung). Die neu zuständige Aufsichtsbehörde hat die bisherige Behörde über die erfolgte Neueintragung zu informieren. Diese hat den noch bestehenden Eintrag von Amtes wegen zu löschen.[43]

Eine **verspätete oder unterlassene Sitzverlegung** hat keinen Einfluss auf   41
die Gültigkeit von Prozesshandlungen des Anwalts. Allenfalls hat der betreffende Anwalt Disziplinarsanktionen wegen Verletzung der Berufsregel gemäss Art. 12 lit. j BGFA zu gewärtigen.

---

[42] Es dürfte eine unechte Gesetzeslücke vorliegen, die im Sinne der Einräumung des Verbandsbeschwerderechts ausgefüllt werden muss. Daneben ist nicht ausgeschlossen, dass ein eigentliches Verbandsbeschwerderecht gegeben ist: Anwälte sind von einer unberechtigten Eintragung betroffen und deshalb wohl (je nach kantonalem Recht) auch persönlich zur Beschwerdeführung legitimiert. Daneben dürfte der kantonale Verband die übrigen Voraussetzungen zur Beschwerdelegitimation erfüllen, so dass auch auf diesem Weg eine Legitimation begründet werden könnte. Vgl. dazu HÄFELIN/HALLER, N 2022 ff.

[43] Vgl. dazu Art. 12 Abs. 4 AnwG-JU. Das Verfahren muss analog zu demjenigen der Sitzverlegung von Gesellschaften geregelt werden.

Art. 7 Fachliche Voraussetzungen

[1] Für den Registereintrag müssen die Anwältinnen und Anwälte über ein Anwaltspatent verfügen, das auf Grund folgender Voraussetzungen erteilt wurde:

a. ein juristisches Studium, das mit einem Lizentiat einer schweizerischen Hochschule oder einem gleichwertigen Hochschuldiplom eines Staates abgeschlossen wurde, der mit der Schweiz die gegenseitige Anerkennung vereinbart hat;

b. ein mindestens einjähriges Praktikum in der Schweiz, das mit einem Examen über die theoretischen und praktischen juristischen Kenntnisse abgeschlossen wurde.

[2] Kantone, in denen Italienisch Amtssprache ist, können ein dem Lizentiat gleichwertiges ausländisches Diplom anerkennen, das in italienischer Sprache erlangt worden ist.

Art. 7 Conditions de formation

[1] Pour être inscrit au registre, l'avocat doit être titulaire d'un brevet délivré après:

a. des études de droit sanctionnées soit par une licence délivrée par une université suisse, soit par un diplôme équivalent délivré par une université de l'un des Etats qui ont conclu avec la Suisse un accord de reconnaissance mutuelle des diplômes;

b. un stage d'une durée d'un an au moins effectué en Suisse et sanctionné par un examen portant sur les connaissances juridiques théoriques et pratiques.

[2] Les cantons dans lesquels l'italien est langue officielle peuvent reconnaître un diplôme étranger obtenu en langue italienne.

Art. 7 Condizioni di formazione

[1] Per poter essere iscritto nel registro, l'avvocato dev'essere titolare di una patente rilasciata dopo:

a. studi in giurisprudenza conclusi con l'ottenimento di una licenza conferita da un'università svizzera o di un diploma equivalente conferito da un'università di uno Stato cui la Svizzera è vincolata da un accordo sul riconoscimento reciproco dei diplomi;

b. un praticantato di almeno un anno svolto in Svizzera e concluso con il superamento di un esame vertente su conoscenze giuridiche teoriche e pratiche.

[2] I Cantoni in cui l'italiano è lingua ufficiale possono riconoscere un diploma estero equivalente alla licenza ottenuto dopo studi in giurisprudenza in lingua italiana.

Inhaltsübersicht	Note
I. Einleitung	1
II. Gegenstand	2
III. Die fachlichen Voraussetzungen im Einzelnen	
A. Lizentiat einer Schweizerischen Universität	4
B. Ausländischer Universitätsabschluss	7

C. Kantone mit italienischer Amtssprache   10
D. Praktikum   15
E. Anwaltsprüfung   17

I. Einleitung

Als Basis für die Freizügigkeit stellt das Anwaltsgesetz an die **fachlichen**   1 (und persönlichen, siehe dazu hinten Art. 8 BGFA) **Voraussetzungen** bestimmte **bundesrechtliche Minimalanforderungen**. Nur wenn diese Anforderungen erfüllt sind, darf der Eintrag ins Anwaltsregister erfolgen. Es ist den Kantonen verwehrt, für die Eintragung ins Anwaltsregister zusätzliche fachliche Voraussetzungen zu verlangen (z.B. Doktortitel). Sie sind jedoch frei, an die Anwaltsprüfung strengere Anforderungen zu stellen, da die Anwaltsausbildung und die Anwaltsprüfung weiterhin in die ausschliessliche Zuständigkeit der Kantone fallen (Art. 3 Abs. 1 BGFA).[1] Formal werden damit die fachlichen Voraussetzungen für die Eintragung ins Anwaltsregister festgelegt. Faktisch handelt es sich dabei aber um die Voraussetzungen für die Anwaltsprüfung.

II. Gegenstand

Art. 7 BGFA legt diejenigen Voraussetzungen fest, die in fachlicher Hinsicht   2 erfüllt sein müssen, damit die Eintragung in ein Anwaltsregister erfolgen und die Freizügigkeit gewährt werden kann: Es müssen ein **Hochschulstudium mit einem Diplom** abgeschlossen, ein **Praktikum von mindestens einem Jahr** absolviert und das **Anwaltsexamen** bestanden werden.

Für **Anwaltspatente, die vor dem 1. Juni 2002 erteilt** worden sind, resp.   3 deren Prüfungsverfahren vor diesem Zeitpunkt begonnen haben, gelten die Übergangsbestimmungen von Art. 36 BGFA; vgl. dazu auch die Ausführungen zu Art. 6 N 8 ff.

---

[1]   Vgl. dazu vorne Art. 3 N 3.

III. Die fachlichen Voraussetzungen im Einzelnen

A. Lizentiat einer schweizerischen Universität

4   Zunächst wird ein juristisches Studium verlangt, das mit dem **Lizentiat einer schweizerischen Universität** erfolgreich abgeschlossen worden ist. Das Prädikat des Abschlusses spielt keine Rolle. Die Universität kann überdies frei bestimmen, welche Vorausetzungen sie an den Erwerb ihres Lizentiates stellen will. Insoweit enthält das BGFA keine bundesrechtlichen Vorschriften.

5   Erteilt eine schweizerische Universität einem Absolventen das juristische Lizentiat, so hat die Aufsichtsbehörde das bestandene Examen als gegeben hinzunehmen, auch wenn möglicherweise Unterschiede in der Ausbildung zwischen den Universitäten bestehen. Insofern kommt der Aufsichtsbehörde **keine inhaltliche Überprüfungsbefugnis** zu.

6   Im Hinblick auf die sogenannte **Bologna-Reform** des Universitätsstudiums in der Schweiz wird zu entscheiden (und das Anwaltsgesetz entsprechend zu ergänzen) sein, ob für die Eintragung in das Anwaltsregister neben dem Lizentiat (das für altrechtliche Studienabschlüsse seine Geltung behält) der Grad des **«Bachelor»** oder des **«Master»** genügen soll. Damit wird der Gesetzgeber indirekt auch festlegen, welcher Abschluss für das Anwaltsexamen benötigt wird.

B. Ausländischer Universitätsabschluss

7   Wie das juristische Lizentiat einer schweizerischen Hochschule berechtigt auch der **Abschluss an einer ausländischen juristischen Fakultät** zur Zulassung zum Anwaltsexamen, soweit das verliehene ausländische Diplom **gleichwertig** ist und die Schweiz mit dem entsprechenden Staat die **gegenseitige Anerkennung der Diplome** vereinbart hat. Diese Voraussetzungen sind **kumulativ** zu erfüllen. Gleichwertigkeit des Diploms ohne Anerkennungsvereinbarung genügt nicht. Einzige Ausnahme bildet Art. 7 Abs. 2 BGFA für Examenskandidaten aus den Kantonen Tessin und Graubünden, wenn sie ein Diplom in italienischer Sprache vorlegen (vgl. hinten N 10 ff.). Für die Beurteilung der Gleichwertigkeit der ausländischen Hochschuldiplome können die Kriterien der «Richtlinie 89 L 0048 des Rates vom 21.12.1988 über eine allgemeine Regelung zur Anerkennung der Hochschuldiplome, die eine mindestens dreijährige Ausbildung abschliessen (89/

48/EWG)»,[2] herangezogen werden.[3] Diese Richtlinie stellt den Grundsatz auf, dass jeder Inhaber eines Diploms, das nach drei Jahren Studium erteilt wird, den Beruf in den anderen Mitgliedstaaten der EU ausüben darf, wenn diese Ausbildung im Herkunftsstaat für die Zulassung zum betreffenden Beruf ausreicht. Sind diese Voraussetzungen erfüllt, kann ein juristischer Studienabschluss in einem **EU-Staat**[4] als gleichwertig im Sinne des Anwaltsgesetzes qualifiziert und dem schweizerischen Lizentiat gleichgestellt werden.[5] Eine inhaltliche Gleichwertigkeit in dem Sinne, dass die gleichen Rechtsgebiete etc. gelehrt werden müssten, wird nicht verlangt. Es ist Aufgabe des Kandidaten, sich die für das Bestehen des Anwaltsexamens erforderlichen Kenntnisse des schweizerischen Rechts anzueignen.

Die **Gleichwertigkeit eines Abschlusses aus einem Nicht-EU-Land** kann anhand ähnlicher Kriterien beurteilt werden. Liegt ein mindestens dreijähriges Studium vor und genügt das gestützt darauf erteilte Hochschuldiplom für die Ausübung des Anwaltsberufs in jenem Staat, darf wohl von der Gleichwertigkeit des Abschlusses ausgegangen werden. Allerdings ist es nicht ausgeschlossen, bei einem Nicht-EU-Land an die Gleichwertigkeit strengere Voraussetzungen zu stellen.   8

Vereinbarungen mit anderen Staaten über die gegenseitige Anerkennung von Diplomen hat die Schweiz nur mit der EU abgeschlossen. Vereinbarungen mit weiteren Staaten bestehen nicht. Hochschuldiplome eines Staates, der nicht Mitglied der EU ist, können daher im Moment nicht anerkannt werden, selbst wenn sie gleichwertig sind.[6]   9

---

[2]   Abl L 19 vom 24. Januar 1989, 16.
[3]   Vgl. dazu den Entscheid des EuGH vom 13. November 2003, Morgenbesser, Rs. C-313/01.
[4]   Art. 9 und Anhang III des Personenfreizügigkeitsabkommens.
[5]   So genügt z.B. ein (nach einem Jahr erzielter) LL.M.-Abschluss an einer europäischen Universität nicht, wenn das dem Lizentiat entsprechende Hochschuldiplom nicht an einer Universität in der EU erworben worden ist; es liegt kein Diplom im Sinne von Art. 1 Abs. 1 lit. a der Richtlinie 89/48/EWG vor.
[6]   Das «Übereinkommen über die Anerkennung von Hochschulstudien, Universitätsdiplomen und akademischen Graden in den Staaten der Region Europa» vom 21. Dezember 1979, für die Schweiz in Kraft seit 16. Juni 1991 (SR 0.414.6, «UNESCO-Konvention»), erwähnt zwar den Eintritt ins Berufsleben. Diese Bestimmung entfaltet aber keine rechtliche Wirkung; es fehlt schon an der Feststellung der inhaltlichen Gleichwertigkeit mit der von der Schweiz verliehenen Diplomen. Vgl. dazu BBl 1990 III 1059 ff., insb. 1067.

C.   Kantone mit italienischer Amtssprache

10   Eine Ausnahme zu Art. 7 Abs. 1 lit. a BGFA (schweizerisches Lizentiat oder gleichwertiges Hochschuldiplom eines Staates, der mit der Schweiz die gegenseitige Anerkennung vereinbart hat) ist in Art. 7 Abs. 2 BGFA für diejenigen Kantone vorgesehen, in denen die italienische Sprache Amtssprache ist, d.h. für die Kantone **Tessin**[7] und **Graubünden**.[8] Diese beiden Kantone können für die Zulassung zum Anwaltsexamen ein ausländisches Diplom anerkennen, das in italienischer Sprache erlangt wurde, soweit es dem schweizerischen Lizentiat gleichwertig ist. Es entfällt damit die Voraussetzung, dass neben der Gleichwertigkeit des ausländischen Diploms auch eine Anerkennungsvereinbarung mit dem entsprechenden Staat vorliegen muss. Politischer Hintergrund dieser Bestimmung ist der Wunsch, dass Personen italienischer Muttersprache ihre juristische Ausbildung in dieser Sprache absolvieren können.

11   Aufgrund des sektoriellen Abkommens über den freien Personenverkehr zwischen der Schweiz und der EU spielt Art. 7 Abs. 2 BGFA für **Universitäten in Italien keine Rolle mehr**, da die Diplome dieser Universitäten von Art. 7 Abs. 1 lit. a BGFA erfasst werden.[9] Art. 7 Abs. 2 BGFA findet deshalb nur auf Diplome Anwendung, die ausserhalb der EU in italienischer Sprache erworben worden sind.[10] Die Bestimmung wurde wegen der Unvorhersehbarkeit des Referendumsausgangs über die sektoriellen Verträge in das Gesetz aufgenommen, nachdem der Entwurf des Bundesrats (im Gegensatz zum Vorentwurf) auf eine solche Bestimmung noch verzichtet hatte. Im Zeitpunkt der Schlussabstimmung über das Anwaltsgesetz vom 23. Juni 2000 war der Zeitpunkt des Inkrafttretens des Anwaltsgesetzes und der sektoriellen Abkommen mit der EU noch nicht bekannt. Um den Kantonen Tessin und Graubünden die Anerkennung italienischsprachiger Hochschuldiplome ohne Anerkennungsvereinbarung auch dann zu ermöglichen, wenn die sektoriellen Verträge abgelehnt oder deren Eintritt verzögert werden sollten, wurde die Bestimmung von den Räten wieder aufgenommen.

---

[7]   Art. 1 KV-TI.

[8]   Art. 46 KV-GR.

[9]   Vgl. dazu vorne N 7 und 9.

[10]   Soweit es solche Universitäten überhaupt gibt; faktisch ist die Ausnahmebestimmung von Art. 7 Abs. 2 BGFA nach dem Inkrafttreten der sektoriellen Verträge mit der EU wohl bedeutungslos.

Das **in italienischer Sprache erlangte Diplom muss gleichwertig sein.** 12
Für die Beurteilung der Gleichwertigkeit können die Kriterien herangezogen werden, die bereits für die Gleichwertigkeit der EU-Diplome gelten
(vgl. vorne N 8), d.h. ein mindestens dreijähriges Studium, das mit einem
Diplom abgeschlossen worden ist, und die Berechtigung zur Zulassung
zum Anwaltsexamen im Herkunftsland.

Auch wenn im Kanton Graubünden lediglich in einigen Tälern italienisch 13
gesprochen wird, dürfte sich die Ausnahmebestimmung von Art. 7 Abs. 2
BGFA nicht nur auf Prüfungskandidaten aus jenen Gebieten, sondern auf
sämtliche Kandidaten beziehen, die im Kanton Graubünden die Prüfung absolvieren wollen und die ein ausländisches juristisches Hochschuldiplom in italienischer Sprache erlangt haben.

Art. 7 Abs. 2 BGFA gibt den Kantonen Tessin und Graubünden lediglich 14
das Recht, ein ausländisches gleichwertiges Diplom ohne eine Gegensei-
tigkeitsvereinbarung anzuerkennen; **eine Pflicht dazu besteht nicht.** Der
Kanton Tessin hat von dieser Möglichkeit Gebrauch gemacht.[11]

D. Praktikum

Als weitere Voraussetzung für die Zulassung zum Anwaltsexamen (und 15
damit letztlich zur Eintragung in das kantonale Anwaltsregister nach be-
standener Prüfung) muss der Bewerber **ein mindestens einjähriges Praktikum in der Schweiz** absolvieren. Das Gesetz lässt es dabei offen, wo
und auf welche Art (nur im Examenskanton, Minimaldauer z.B. in einem
Anwaltsbüro etc.) das Praktikum stattfinden soll. Es steht den Kantonen
daher frei, für ihre Praktika detailliertere Bestimmungen aufzustellen. Es
versteht sich von selbst, dass es sich dabei um juristische Praktika handeln
muss. Darunter kann die Tätigkeit bei Gerichten und in Anwaltsbüros verstanden werden. In Frage kommt aber auch die Arbeit in einer Rechtsabteilung der öffentlichen Verwaltung, die nicht als Praktikum bezeichnet wird.[12]

---

[11] Art. 8 lit. a AnwG-TI; der Kanton Graubünden hat derzeit noch kein Anwaltsgesetz
gestützt auf das BGFA erlassen.
[12] Unter einem Praktikum versteht man in der Regel eine zeitlich befristete Anstellung
zum Zwecke der praxisbezogenen Ausbildung als Ergänzung des vorausgegangenen
Studiums im Hinblick auf das Anwaltsexamen. Als Praktikum im Sinne von Art. 7
BGFA gelten auch juristische Tätigkeiten bei Gerichts- und Verwaltungsbehörden,
die nicht als Praktikum bezeichnet werden, sofern damit auch eine Ausbildung verbunden ist, (z.B. Gerichtsschreiber).

Auch wenn es das Gesetz nicht ausdrücklich sagt, können aber nur Praktika angerechnet werden, die **nach bestandenem Hochschulexamen** absolviert worden sind. Einzelheiten, auch bezüglich der Stellung des Praktikanten, bestimmt das kantonale Recht.

16   Die Praktikumsdauer muss insgesamt mindestens zwölf Monate betragen.[13] Der Bewerber kann **sein Praktikum an einer oder an mehreren Stellen** absolvieren. Der jeweilige Arbeitgeber hat über das Durchlaufen des Praktikums und dessen Dauer eine Bestätigung abzugeben, damit der Kandidat die Erfüllung dieser Voraussetzung für die Examenszulassung belegen kann. Ein eigentliches Arbeitszeugnis ist dafür nicht notwendig, aber durchaus möglich.

E.   Anwaltsprüfung

17   Wie das Praktikum muss auch die **Anwaltsprüfung** im Sinne von Art. 7 BGFA **in der Schweiz** absolviert werden. Ein ausländisches Patent berechtigt nicht direkt zur Eintragung in ein kantonales Anwaltsregister.[14]

18   Gestaltung und Inhalt der **Anwaltsprüfung liegen in der Kompetenz der Kantone** (Art. 3 Abs. 1 BGFA).[15] Das Bundesrecht stellt für die Zulassung zum Examen lediglich indirekt, im Hinblick auf die Eintragung in das Anwaltsregister und die damit gewährte Freizügigkeit, Minimalanforderungen[16] auf.[17]

---

[13]   Übliche Abwesenheiten wie Ferien, obligatorischer Militärdienst etc. können kein Grund sein, diese Dauer zu verlängern, d.h., es kann nicht ein «Nettojahr» Praktikum verlangt werden.

[14]   Für Angehörige der EU- und EFTA-Staaten kommen die Bestimmungen des 4., 5. und 6. Abschnitts des BGFA zur Anwendung, für schweizerische Staatsangehörige mit einem Anwaltspatent eines EU- oder EFTA-Staates gelten dieselben Bestimmungen analog (Art. 2 Abs. 3 BGFA). Allerdings muss im EU- oder EFTA-Staat auch das Recht bestehen, den Beruf auszuüben (das Bestehen der Prüfung allein genügt nicht). Vgl. dazu vorne Art. 2 N 19.

[15]   Es ist den Kantonen somit freigestellt, für die Erteilung ihrer Anwaltspatente höhere Anforderungen zu stellen, als dies für die Eintragung ins Anwaltsregister notwendig ist (vgl. in diesem Zusammenhang z.B. Art. 7 Abs. 1 lit. b BGFA, welcher von einem «mindestens einjährigen Praktikum» spricht). Die Kantone könnten somit auch weitere Voraussetzungen aufstellen.

[16]   Die Kantone können nicht mehr auf dem Schweizer Bürgerrecht für das Anwaltspatent bestehen; vielmehr muss ein ausländischer Bewerber zum Nachweis zugelassen werden, dass er die politischen und gesellschaftlichen Verhältnisse des Landes genü-

---

In der Anwaltsprüfung sind die **theoretischen und praktischen juristischen Kenntnisse** des Kandidaten zu prüfen. Insbesondere die praktischen Kenntnisse sollen sich dabei auf die Ausübung des Anwaltsberufs (Verfahrensrecht, Erstellen einer Rechtsschrift, Plädoyer etc.) beziehen. Das Verhältnis des theoretischen zum praktischen Teil der Prüfung haben wiederum die Kantone festzulegen.   19

Die **Rekursmöglichkeiten** gegen das Ergebnis einer Anwaltsprüfung richten sich nach **kantonalem Recht**. Nach Erschöpfung des kantonalen Instanzenzugs ist daher nur noch eine **staatsrechtliche Beschwerde**[18] an das Schweizerische Bundesgericht möglich.[19]   20

Jeder Kanton bestimmt selbst, **wie oft die Anwaltsprüfung wiederholt werden kann**. Teilweise im Gegensatz zur Rechtslage vor Inkrafttreten des BGFA hat eine solche Regelung aber keinen Einfluss mehr auf das Recht, Parteien vor Gerichtsbehörden zu vertreten. Besteht nämlich ein Kandidat nach definitivem Scheitern im ersten Kanton die Prüfung später in einem anderen Kanton, kann die Eintragung auch im Anwaltsregister des Kantons, in dem der Betroffene die Prüfung nicht bestanden hat, nicht verweigert werden. Dies gilt erst recht, wenn ein Anwalt gestützt auf das Anwaltspatent im zweiten Kanton in das dortige Anwaltsregister (oder in das Anwaltsregister eines Dritt-Kantons) eingetragen wurde. Diese Lücke   21

---

gend kennt; BGE 119 Ia 40. Eine Niederlassungsbewilligung muss genügen; BGE 123 I 19; vgl. in diesem Zusammenhang Art. 9 Abs. 1 Ziff. 3 E-AnwG-NW, wonach ein zweijähriger Wohnsitz im Kanton genügt, um zur Prüfung zugelassen zu werden.

[17] Den Angehörigen der EU hat die Schweiz das Recht der Gleichbehandlung mit den Inländern bei der Erwerbstätigkeit zugesichert (Art. 7 lit. a des Personenfreizügigkeitsabkommens). Zumindest von diesen Staatsangehörigen kann der Nachweis der Kenntnis der politischen und gesellschaftlichen Verhältnisse des Landes wohl nicht mehr verlangt werden.

[18] Vgl. dazu das Urteil des Bundesgerichts vom 3. Juli 2003 (2P.55/2003) und dasjenige vom 29. Juli 2003 (2P.19/2003), je mit Hinweisen.

[19] Art. 3 BGFA behält zwar das Recht der Kantone vor, die Anforderungen an den Erwerb des Anwaltspatents festzulegen; im Sinne der Regelung des Freizügigkeitsgrundsatzes muss es dem Bundesgesetzgeber aber erlaubt sein, Minimalvorschriften für die Eintragung in ein kantonales Anwaltsregister aufzustellen (Bestehen einer Prüfung, Examen über die theoretischen und praktischen Kenntnisse). Weil das BGFA nur Eintragungsvoraussetzungen in das Anwaltsregister definiert, aber keine Vorschriften für den Erwerb des Anwaltspatents enthält, kann eine Verletzung von Bundesrecht (z.B. weil nur theoretische, nicht aber praktische Kenntnisse geprüft wurden, oder umgekehrt) bei der Anfechtung eines Prüfungsresultats nicht geltend gemacht werden.

sollte durch eine Ergänzung des Anwaltsgesetzes geschlossen werden. Die Kantone können dieses Problem allerdings auch autonom regeln, indem sie als weitere Prüfungsvoraussetzung verlangen, dass der Kanditat in einem anderen Kanton nicht definitiv gescheitert ist. Um Schlupflöcher zu vermeiden, müssten allerdings alle Kantone analoge Lösungen treffen.[20]

---

[20] Vgl. dazu § 7 Abs. 3 AnwG-BS, wonach Prüfungsversuche in andern Kantonen an die Maximalzahl der möglichen Versuche in Basel-Stadt angerechnet werden. Eine analoge Regelung findet sich in Art. 12 Abs. 3 E-AnwG-NW.

ERNST STAEHELIN/CHRISTIAN OETIKER

Art. 8 Persönliche Voraussetzungen

[1] Für den Registereintrag müssen die Anwältinnen und Anwälte folgende persönliche Voraussetzungen erfüllen:
  a. sie müssen handlungsfähig sein;
  b. es darf keine strafrechtliche Verurteilung vorliegen wegen Handlungen, die mit dem Anwaltsberuf nicht zu vereinbaren sind und deren Eintrag im Strafregister nicht gelöscht ist;
  c. es dürfen gegen sie keine Verlustscheine bestehen;
  d. sie müssen in der Lage sein, den Anwaltsberuf unabhängig auszuüben; sie können Angestellte nur von Personen sein, die ihrerseits in einem kantonalen Register eingetragen sind.

[2] Anwältinnen und Anwälte, die bei anerkannten gemeinnützigen Organisationen angestellt sind, können sich ins Register eintragen lassen, sofern die Voraussetzungen nach Absatz 1 Buchstaben a–c erfüllt sind und sich die Tätigkeit der Parteivertretung strikte auf Mandate im Rahmen des von der betroffenen Organisation verfolgten Zwecks beschränkt.

Art. 8 Conditions personnelles

[1] Pour être inscrit au registre, l'avocat doit remplir les conditions personnelles suivantes:
  a. avoir l'exercice des droits civils;
  b. ne pas avoir fait l'objet d'une condamnation pénale pour des faits incompatibles avec l'exercice de la profession, dont l'inscription n'est pas radiée du casier judiciaire;
  c. ne pas faire l'objet d'un acte de défaut de biens;
  d. être en mesure de pratiquer en toute indépendance; il ne peut être employé que par des personnes elles-mêmes inscrites dans un registre cantonal.

[2] L'avocat qui est employé par une organisation reconnue d'utilité publique peut demander à être inscrit au registre à condition de remplir les conditions prévues à l'al. 1, let. a à c, et de limiter son activité de défenseur à des mandats concernant strictement le but visé par cette organisation.

Art. 8 Condizioni personali

[1] Per poter essere iscritto nel registro, l'avvocato deve adempiere le condizioni personali seguenti:
  a. avere l'esercizio dei diritti civili;
  b. non aver subito condanne penali pronunciate per fatti incompatibili con l'esercizio della professione e la cui iscrizione non è stata cancellata dal casellario giudiziale;
  c. non essere gravato da attestati di carenza di beni;
  d. essere in grado di esercitare in piena indipendenza; può essere impiegato soltanto di persone iscritte a loro volta in un registro cantonale.

[2] L'avvocato impiegato di un'organizzazione di pubblica utilità riconosciuta può chiedere di essere iscritto nel registro se adempie le condizioni di cui al capoverso 1 lette-

re a–c e se la rappresentanza in giudizio si limita esclusivamente a mandati affidatigli nell'ambito dello scopo perseguito da tale organizzazione.

Inhaltsübersicht   **Note**

I.   Einleitung   1
II. Gegenstand   2
III. Die persönlichen Voraussetzungen im Einzelnen   4
     A. Handlungsfähigkeit   4
     B. Keine strafrechtliche Verurteilung für eine Handlung, die mit
        dem Anwaltsberuf nicht zu vereinbaren ist   6
        1. Allgemeines   6
        2. Der Eintrag im Strafregister   7
        3. Die Verurteilung   10
        4. Handlung, die mit dem Anwaltsberuf nicht zu vereinbaren ist   17
     C. Keine Verlustscheine   23
     D. Unabhängigkeit   31
        1. Im Allgemeinen   31
        2. Mögliche Konstellationen   34
           a) Der selbständige Anwalt   34
           b) Der bei einem eingetragenen Anwalt angestellte Anwalt   37
           c) Ausübung des Anwaltsberufs in Teilzeit   39
           d) Ausübung des Anwaltsberufs neben einer Vollzeitstelle   45
           e) Zusammenschlüsse von Kanzleien   49
           f) Ausgegliederte Rechtsabteilungen   51
           g) Multidisciplinary Partnerships   52
           h) Internationale Anwaltsgesellschaft   55
        3. Gemeinnützige Organisation   56
IV. Verfahren   61

I.   Einleitung

1   Neben der Erfüllung fachlicher Anforderungen, über die sich Art. 7 BGFA ausspricht, stellt der Gesetzgeber für die Eintragung in das Anwaltsregister auch **persönliche Voraussetzungen** auf. Diese persönlichen Aspekte werden in Art. 8 BGFA geregelt.

II. Gegenstand

2   Art. 8 BGFA behandelt die **Voraussetzungen**, die der Anwalt **in persönlicher Hinsicht** erfüllen muss, um in das Anwaltsregister eingetragen zu

werden. Diese Voraussetzungen müssen **kumulativ** erfüllt sein. Fehlt auch
nur ein Element, kann die Eintragung in das Anwaltsregister verweigert
werden. Um das Ziel der bundesweiten Freizügigkeit nicht zu durchkreuzen, ist es den Kantonen verwehrt, für die Eintragung in das Anwaltsregister zusätzliche persönliche Voraussetzungen zu schaffen.

Art. 8 BGFA setzt **stillschweigend** voraus, dass **gegen den Gesuchsteller**   3
keine Umstände vorliegen, welche die Aufsichtsbehörde verpflichten würden, gestützt auf Art. 17 Abs. 1 BGFA **ein (befristetes oder dauerndes)**
Berufsausübungsverbot zu verhängen.[1] Liegen daher Gründe vor, welche die Aufsichtsbehörde bei einem eingetragenen Anwalt zum Einschreiten zwingen würden, darf sie die Eintragung so lange verweigern, als der
Grund für ein Berufsausübungsverbot besteht.[2]

III. Die persönlichen Voraussetzungen im Einzelnen

A. Handlungsfähigkeit

Um in das Anwaltsregister eingetragen zu werden, muss der Anwalt **hand-**   4
lungsfähig sein. Es ist in der Tat nicht vorstellbar, dass ein Anwalt andere
Personen vertreten können soll, ohne selbst handlungsfähig zu sein.

Handlungsfähig ist, wer **mündig und urteilsfähig** ist. Die Mündigkeit (Art.   5
14 ZGB) lässt sich aufgrund des Geburtsdatums des Antragstellers feststellen (Art. 5 Abs. 2 lit. a BGFA). Eine bestehende oder nicht bestehende
Entmündigung kann durch eine entsprechende Bestätigung der zuständigen Vormundschaftsbehörde[3] nachgewiesen werden.[4] Die Urteilsfähigkeit

---

[1]   Vgl. dazu die Voraussetzungen in einigen kantonalen Gesetzen, wonach der Anwalt
      ehrenhaft und zutrauenswürdig sein muss: § 1 AnwG-ZH, Art. 3 AnwG-BE.

[2]   Ist einem Anwalt nach altem kantonalen Recht die Berufsausübungsbewilligung in
      seinem Stammkanton entzogen worden, hat die Aufsichtsbehörde im Falle eines Ein-
      tragungsgesuchs in das Anwaltsregister nach BGFA zu entscheiden, ob der Grund für
      den Entzug der Bewilligung ein (befristetes oder dauerndes) Berufsausübungsverbot
      nach BGFA rechtfertigt, und gegebenenfalls dessen Dauer zu bestimmen. Bejaht sie
      diese Frage, ist die Eintragung zu verweigern.

[3]   Vgl. dazu vorne Art. 5 N 12.

[4]   Der Entwurf für neue Bestimmungen zum Erwachsenenschutz (als Ersatz des Vor-
      mundschaftsrechts) sieht den Ersatz des Begriffs der Mündigkeit durch den Begriff
      der Volljährigkeit vor; damit entfällt auch das Institut der Entmündigung. Es wird
      deshalb gegebenenfalls nachzuweisen sein, dass keine die Handlungsfähigkeit ein-

bezieht sich nach allgemeinen Grundsätzen auf die konkreten Umstände, im Zusammenhang mit dem Gesuch um Eintragung in das Anwaltsregister also auf die Ausübung des Anwaltsberufs (Relativität der Urteilsfähigkeit).[5] Zum Schutz des Publikums muss im Zweifelsfall an die Urteilsfähigkeit eines Anwalts ein strenger Massstab angelegt werden.[6]

B. Keine strafrechtliche Verurteilung für eine Handlung, die mit dem Anwaltsberuf nicht zu vereinbaren ist

1. Allgemeines

6   Im Gegensatz zu vielen bisherigen kantonalen Gesetzen verlangt das Anwaltsgesetz nicht, dass der Anwalt einen **«Guten Leumund»** haben muss. Der Vernehmlassungsentwurf sah dies noch vor. Die Streichung dieser Voraussetzung war indessen richtig. Es gibt nämlich keinen bundesrechtlichen Begriff des «Guten Leumunds». Soll ein Gesuchsteller zu einem bewilligungspflichtigen Beruf zugelassen werden, muss die zuständige Behörde vielmehr nach dem Verhältnismässigkeitsprinzip prüfen, ob seine Lebensführung mit einem Makel behaftet ist, der ihn zur Ausübung des fraglichen Berufs ungeeignet erscheinen lässt.[7] Das Anwaltsgesetz stellt in diesem Zusammenhang nun die Eintragungsvoraussetzung auf, dass keine strafrechtliche Verurteilung für eine Handlung vorliegen darf, die mit dem Anwaltsberuf nicht zu vereinbaren ist (siehe dazu hinten N 17 ff.).

2. Der Eintrag im Strafregister

7   Nach Art. 8 Abs. 1 lit. b BGFA darf ein Anwalt nicht in das Anwaltsregister eingetragen werden, wenn eine strafrechtliche Verurteilung wegen Handlungen, die mit dem Anwaltsberuf nicht zu vereinbaren sind, vorliegt und deren Eintrag im Strafregister noch nicht gelöscht ist. Daraus folgt, dass **nur Straftaten zu beachten** sind, die **zu einem Eintrag ins Strafregister**

---

schränkende Beistandschaft nach neuem Recht vorliegt. Vgl. Expertenkommission für die Gesamtrevision des Vormundschaftsrechts, Erwachsenenschutz, Bericht zum Vorentwurf für eine Revision des Zivilgesetzbuches (Erwachsenenschutz, Personen- und Kindesrecht), Juni 2003, www.bj.admin.ch.

[5]   Vgl. dazu BIGLER-EGGENBERGER, Art. 16 N 34.

[6]   Die Urteilsfähigkeit wird von Gesetzes wegen vermutet (praesumptio facti), vgl. dazu BIGLER-EGGENBERGER, Art. 16 N 47.

[7]   BGE 105 Ia 189.

führen. Andere Verurteilungen sind bei der Prüfung der Eintragungsvoraussetzungen nicht relevant, auch wenn sie mit dem Beruf des Anwalts nicht zu vereinbaren wären. Die persönliche Voraussetzung des Art. 8 Abs. 1 lit. b BGFA ist daher stets erfüllt, wenn der Gesuchsteller im Strafregister nicht verzeichnet ist. Weitere Nachforschungen muss die Aufsichtsbehörde nicht anstellen. Daraus folgt jedoch nicht, dass ein Anwalt, der im Strafregister eingetragen ist, allein wegen dieses Eintrags nicht in das Anwaltsregister aufgenommen werden dürfte. Besteht ein Eintrag, muss die zuständige Behörde vielmehr weiter abklären, ob die Straftat, die Grund für den Eintrag im Strafregister war, mit der Ausübung des Anwaltsberufs zu vereinbaren ist oder nicht.

Unter dem Begriff «Strafregister» im Sinne von Art. 8 Abs. 1 lit. b BGFA ist das Register gemäss der Verordnung über das automatisierte Strafregister[8] zu verstehen (**«Zentralstrafregister»**). Kantonale Register dürfen keine Berücksichtigung finden. Daraus könnten nämlich unterschiedliche Eintragungsvoraussetzungen entstehen, weil alsdann je nach Kanton andere Straftaten berücksichtigt würden. Eine solche Entwicklung würde dem Zweck des Anwaltsgesetzes, die Freizügigkeit national einheitlich zu regeln, widersprechen.   8

Ist ein Anwalt wegen einer Straftat, die mit dem Anwaltsberuf nicht zu vereinbaren ist, im Strafregister verzeichnet, darf die Eintragung in das Anwaltsregister erst erfolgen, wenn der bestehende **Eintrag im Strafregister gelöscht** ist. Für den Begriff der Löschung des Strafregistereintrags gelten die Bestimmungen des StGB und der VO-StrafReg.[9]   9

3.   Die Verurteilung

Eine «strafrechtliche Verurteilung» ist gegeben, wenn ein **rechtskräftiges Urteil** einer **zuständigen Instanz** vorliegt, in deren Kompetenz die strafrechtliche Beurteilung[10] von Lebensvorgängen fällt. Dazu gehören etwa   10

---

[8]   Nachfolgend: VO-StrafReg.

[9]   Vgl. dazu SJ 2003, II, 265, Nr. 15/2; Art. 80 StGB.

[10] Auch ein Urteil im Sinne der Bestimmung ist der «Strafbescheid» und die «Strafverfügung» gemäss Art. 62 ff. VStrR, auch wenn es sich dabei um einen Entscheid der Verwaltung, und nicht einer Strafjustizbehörde handelt; Verwaltungsbehörden des Bundes sind gemäss Art. 3 Abs. 2 lit. c VO-StrafReg berechtigt, Eintragungen ins Strafregister zu veranlassen. Strafbescheide und Strafverfügungen der kantonalen Strafverfolgungsbehörden werden nach kantonalem Recht erlassen und haben bei Rechtskraft die Wirkung von Urteilen.

die kantonalen Strafjustizbehörden, die Militärjustizbehörden und das Bundesstrafgericht.[11] Das Urteil muss eine Freiheitsstrafe oder eine Busse in eintragungsfähiger Höhe[12] verfügen.[13] Ob der bedingte Strafvollzug gewährt oder eine vorzeitig löschbare Busse ausgesprochen wurde, spielt dabei keine Rolle.[14]

11   Eine «strafrechtliche Verurteilung» im Sinne von Art. 8 Abs. 1 lit. b BGFA liegt auch vor, wenn **sichernde Massnahmen** nach Art. 42–44 StGB oder eine **Massnahme nach Art. 100bis StGB** angeordnet wurden. Es gibt keinen Grund, einen Anwalt, über den eine solche Massnahme verhängt wurde, anders zu behandeln als eine Person, die zu einer Freiheitsstrafe verurteilt wurde.

12   Die Tathandlung muss **tatbestandsmässig, rechtswidrig**, und **schuldhaft** begangen sein. Fehlt es beispielsweise an der Schuldfähigkeit des Täters, so führt das zu einem Freispruch, womit der Eintrag im Register unterbleibt.

13   Tatbestandsmässigkeit und Rechtswidrigkeit müssen auch bei Anordnung einer Massnahme gegeben sein. In solchen Fällen wird in der Regel eine Strafe ausgesprochen, deren Vollzug jedoch zugunsten der Massnahme aufgeschoben wird.[15] Eine Massnahme nach Art. 43 oder 44 StGB kann aber auch dann angeordnet werden, wenn die **Schuldfähigkeit aufgrund von Art. 10 StGB** nicht besteht.[16] In diesen Fällen erfolgt auch ein Eintrag ins Strafregister; damit liegt eine Verurteilung im Sinne von Art. 8 Abs. 1 lit. b BGFA vor, die allenfalls für die Verweigerung der Eintragung (resp. für die Löschung) von Relevanz sein kann.[17]

---

[11]   Als Urteil im Sinne dieser Bestimmung muss auch das Resultat eines «abgekürzten Verfahrens» gelten, welches vom Richter genehmigt wird (vgl. dazu §§ 137 ff. StPO-BL; Art. 316a ff StPO-TI).

[12]   Vgl. dazu Art. 9 der VO-StrafReg.

[13]   Reine Einziehungsverfügungen im Sinne von Art. 66 VStrR und selbständige Konfiskationsentscheide gemäss Art. 58 f. StGB stellen in diesem Sinne keine zu berücksichtigenden Verurteilungen dar, da es am persönlichen Tatvorwurf fehlt.

[14]   Die Tatsache des bedingten Strafvollzugs, resp. der vorzeitig löschbaren Busse kann bei der Beurteilung der Verhältnismässigkeit der Sanktion einbezogen werden, vgl. hinten N 18.

[15]   Sog. dualistisch-vikariierendes System; vgl. dazu HEER, vor Art. 42 N 8 f.

[16]   HEER, Art. 43 N 31.

[17]   Liegt beispielsweise Schuldunfähigkeit gestützt auf Art. 10 StGB vor, so stellt sich wohl oft die Frage, ob die Urteilsfähigkeit (und damit auch die Handlungsfähigkeit) im Sinne von Art. 8 Abs. 1 lit. a BGFA noch besteht.

Die strafrechtliche Verurteilung kann sich auf irgendwelche strafrechtliche   14
Bestimmungen des Bundesrechts[18] abstützen, sofern das Urteil[19] in das
Strafregister eingetragen wird.[20]

Keine Urteile im Sinne von Art. 8 Abs. 1 lit. b BGFA stellen Disziplinar-   15
massnahmen der Aufsichtsbehörden über die Anwälte dar. Diese Sanktionen haben keinen pönalen, sondern lediglich administrativen Charakter.[21]

Art. 15 BGFA verpflichtet die Gerichts- und Verwaltungsbehörden, «Vor-   16
fälle, welche die Berufsregeln verletzen könnten», den zuständigen Aufsichtsbehörden zu melden. Daraus folgt, dass eine Strafjustizbehörde die
Verurteilung eines Anwalts melden muss, wenn die Tathandlung eine Berufsregel verletzen könnte (z.b. Veruntreuung von Klientengeldern; Art. 12
lit. h BGFA). In Bezug auf Tathandlungen, die keine Berufsregel verletzen
könnten, enthält das BGFA keine **Meldepflicht**, obwohl eine solche Pflicht
im Interesse des Publikumsschutzes und der zweifelsfreien Abklärung der
persönlichen Voraussetzungen für die Eintragung ins Anwaltsregister richtig wäre. Es ist deshalb von einer planwidrigen Unvollständigkeit des Ge-

---

[18] Verurteilungen aufgrund kantonalen Rechts führen nicht zu einem Eintrag im Strafre-
      gister des Bundes, da Art. 9 VO-StrafReg lediglich unter gewissen Umständen die
      Eintragung von Übertretungen des StGB und anderer Bundesgesetze vorsieht, nicht
      aber solcher des kantonalen Rechts.
[19] Verurteilungen gegen Personen mit Wohnsitz in der Schweiz, die aus dem Ausland
      gemeldet werden, werden nach den gleichen Kriterien eingetragen, d.h., es muss eine
      Verurteilung vorliegen, die nach dem StGB und der Verordnung eintragungsfähig ist
      (vgl. Art. 9 lit. d VO-StrafReg).
[20] Ausländische Strafurteile gegen ausländische Anwälte führen nicht zu einem Eintrag
      im schweizerischen Strafregister (vgl. dazu Art. 1 VO-StrafReg). Die persönliche Vo-
      raussetzung des Art. 8 Abs. 1 lit. b BGFA ist daher trotz Verurteilung formal gegeben.
      Will sich ein solchermassen bestrafter Anwalt gestützt auf den 6. Abschnitt des BGFA
      ins kantonale Anwaltsregister eintragen lassen, hat er seine Verurteilung jedoch offen
      zu legen, resp. einen Strafregisterauszug seines Herkunftsstaates beizubringen (so-
      weit ein solches Dokument im Herkunftsstaat überhaupt besteht). Um die ausländi-
      schen Anwälte bei der Eintragung ins kantonale Anwaltsregister gleich wie die schwei-
      zerischen zu behandeln, hat die zuständige Aufsichtsbehörde nach den schweizeri-
      schen Massstäben zu entscheiden, ob das ausländische Urteil, wäre es von einem
      schweizerischen Gericht erlassen oder gegen einen schweizerischen Staatsangehöri-
      gen gefällt worden, im Strafregister eingetragen worden wäre und wann eine allfälli-
      ge Eintragungen wieder gelöscht würde (vgl. dazu Art. 9 lit. d und Art. 14 VO-Straf-
      Reg). Ist in diesem Sinne von einem Strafregistereintrag auszugehen und besteht
      Unvereinbarkeit mit dem Anwaltsberuf, fehlt es an der persönlichen Voraussetzung
      des Art. 8 Abs. 1 lit. b BGFA, was zur Ablehnung des Eintrags führen muss.
[21] Vgl. dazu HESS, Anwaltsgesetz, 129, mit weiteren Hinweisen; BGE 128 I 348.

setzes, also von einer echten Lücke auszugehen, die behoben werden darf.[22]
Die Lückenfüllung hat so zu erfolgen, dass die Gerichts- und Verwaltungsbehörden verpflichtet werden, auch Verurteilungen wegen Straftaten zu
melden, die zwar keine Berufsregel verletzen, aber aus anderen Gründen
mit der Ausübung des Anwaltsberufs nicht zu vereinbaren sind. Von der
Meldung zu unterscheiden ist die Beurteilung der Tat in Bezug auf die
Frage, ob eine Verletzung von Berufsregeln vorliegt bzw. ob die im Straf-
urteil geahndete Tat mit der Ausübung des Anwaltsberufs zu vereinbaren
ist. Dafür ist stets die Aufsichtsbehörde zuständig.[23]

4.   Handlung, die mit dem Anwaltsberuf nicht zu vereinbaren ist

17   Für die Beurteilung der Frage, ob eine bestimmte Handlung mit dem Anwaltsberuf zu vereinbaren ist, kann es nicht darauf ankommen, ob der
Täter diese **Handlung in seinem beruflichen oder im privaten Umfeld**[24]
begangen hat. Auch bei Art. 8 Abs. 1 lit. c BGFA (keine Verlustscheine)
wird nicht zwischen privaten und beruflichen Schulden unterschieden.
Ebenso wenig kann es darauf ankommen, ob der Anwalt als **Täter, Gehilfe
oder Anstifter** gehandelt hat.

18   Ob eine bestimmte Handlung mit dem Anwaltsberuf **zu vereinbaren ist**
oder nicht, entscheidet sich **aufgrund der konkreten Tatumstände**. Die
rechtliche Qualifikation der Handlung im Urteil ist nicht massgebend. In
Betracht fallen vor allem **Handlungen**, die **vorsätzlich** (direkter Vorsatz
und Eventualvorsatz) **begangen** wurden. Liegt demgegenüber blosse Fahrlässigkeit vor, lässt sich die Tat allenfalls noch mit dem Anwaltsberuf vereinbaren. Hier darf kein allzu strenger Massstab angelegt werden. Dies gilt
vor allem für **leichtere Verfehlungen**, selbst wenn sie einen Eintrag im
Strafregister zur Folge haben. Für die Verweigerung des Eintrags im Anwaltsregister bzw. für die Löschung dieses Eintrags muss also stets eine
gewisse Tatschwere vorliegen. **Tatschwere und Sanktion** müssen in
einem **vernünftigen Verhältnis** zueinander stehen.

19   Bei der Beurteilung der Frage, ob die begangene Handlung mit dem Anwaltsberuf zu vereinbaren ist oder nicht, muss ein **objektiver Massstab**

---

[22]   Vgl. dazu HÄFELIN/HALLER, N 141 f.
[23]   Vgl. dazu Art. 7 EVBGFA-BE, Art. 17 E-AnwG-NW, Art. 6 AnwG-OW, § 39 E-
AnwG-ZH.
[24]   BGE 108 Ib 201.

angelegt werden. Damit sollen Seriosität und Ehrenhaftigkeit des Anwalts-standes sichergestellt werden.[25]

Als Straftaten, die mit dem Anwaltsberuf nicht zu vereinbaren sind, fallen   20
vor allem die folgenden **Delikte** in Betracht:

– Verbrechen gegen Leib und Leben, wie Mord, vorsätzliche Tötung, schwere Körperverletzung sowie gewisse Handlungen gegen die sexuelle Integrität;

– Delikte gegen das Vermögen, wie Betrug, Veruntreuung, Diebstahl, Raub, Erpressung, ungetreue Geschäftsbesorgung, Steuerdelikte;[26]

– Delikte gegen die Willensfreiheit, wie Drohung, Nötigung;[27]

– Urkundenfälschungen;

– Geldwäscherei[28] (insbesondere Art. 305bis StGB);[29]

Bei Verbrechen und Vergehen gegen die Rechtspflege muss Zurückhal-   21
tung geübt werden. Ein zu strenger Massstab könnte dazu führen, dass den Anwälten der Handlungsspielraum zur Ausübung ihres Berufs allzu stark eingeengt würde. Es darf jedenfalls nicht sein, dass auf diese Weise unbe-queme Anwälte von der Berufstätigkeit ausgeschlossen werden.

Mit dem Anwaltsberuf oft noch **zu vereinbaren** sind **Delikte**, denen eine   22
heftige Gemütsbewegung zugrunde liegt, die eine spezielle Seelenlage voraussetzen oder bei denen ganz allgemein die kriminelle Energie gering ist (z.B. Geschwindigkeitsüberschreitung nach SVG).

C.   Keine Verlustscheine

Als weitere persönliche Voraussetzung für den Registereintrag setzt Art. 8   23
Abs. 1 lit. c BGFA voraus, dass gegen den Anwalt **keine Verlustscheine** bestehen. Liegen im Zeitpunkt des Eintragungsgesuchs Verlustscheine vor,[30]

---

[25]   BOTSCHAFT, Nr. 232.52, 6050.
[26]   Vgl. dazu BGE 108 Ib 201, SJ 2003, II, 261.
[27]   Vgl. dazu STUDER, Entwicklungen, 233.
[28]   Vgl. dazu SJ 2003, II, 261; FRIEDLI, 296 ff.
[29]   Die Sanktionierung eines als Finanzintermediär tätigen Anwalts durch eine Selbstre-gulierungsorganisation wegen Verletzung der Pflichten als Finanzintermediär reicht hingegen nicht aus, da ein solcher Entscheid nicht zu einem Eintrag ins Strafregister führt.

so muss die Eintragung verweigert werden.[31] Diese Regelung will die **Zahlungsfähigkeit des Anwalts sicherstellen**. Die Klienten sollen ihm bedenkenlos finanzielle Mittel anvertrauen können und nicht befürchten müssen, dass er sie wegen Zahlungsschwierigkeiten nicht zurückgeben kann. Diesem Zweck dient auch die Berufsregel des Art. 12 lit. h BGFA,[32] die den Anwalt verpflichtet, anvertraute Vermögenswerte getrennt von seinem eigenen Vermögen aufzubewahren.

24 Als Verlustschein, der nach Art. 8 Abs. 1 lit. c. BGFA zur Verweigerung der Eintragung führt, gilt sowohl der **Pfändungsverlustschein** (Art. 149 SchKG) wie auch der **Konkursverlustschein** (Art. 265 SchKG). Unerheblich ist, ob es sich bei der ungedeckt gebliebenen Forderung um eine **private oder berufliche Schuld** des Anwalts handelte. Ebenso wenig ist von Bedeutung, ob der Anwalt die Forderung im Konkurs anerkannt hat oder nicht.

25 Die Eintragung muss unabhängig davon verweigert werden, ob es sich um einen **provisorischen Verlustschein** (Art. 115 SchKG) oder um einen **definitiven Verlustschein** handelt. Die Wirkungen im Zwangsvollstreckungsrecht sind die gleichen.[33] Ohne Einfluss ist weiter, ob der Verlustschein in einem **ordentlichen oder summarischen Verfahren** ausgestellt wurde. Unterliegt der Anwalt der Konkursbetreibung,[34] führt die Einstellung des Verfahrens mangels Aktiven[35] dazu, dass keine Verlustscheine ausgestellt werden. Trotzdem kann der Anwalt nicht, in der Absicht, das Verfahren später mangels Aktiven wieder einstellen zu lassen, mit einer Konkurseröffnung auf eigenes Begehren die Ausstellung von Verlustscheinen ver-

---

[30] Vgl. in diesem Zusammenhang Art. 26 SchKG, wonach die Kantone an die fruchtlose Pfändung und die Konkurseröffnung öffentlich-rechtliche Folgen, wie z.D. die Unfähigkeit zur Ausübung bewilligungspflichtiger Berufe und Tätigkeiten knüpfen können; die Eintragungsverweigerung erfolgt im vorliegenden Fall aber gestützt auf Bundesrecht.

[31] Beantragt ein ausländischer Anwalt die Eintragung in ein kantonales Anwaltsregister gestützt auf den 6. Abschnitt BGFA, hat die Aufsichtsbehörde zu prüfen, ob ein allfälliges ausländisches Verfahren wegen Zahlungsunfähigkeit (oder ähnlicher Sachverhalte) zur Ausstellung eines Verlustscheins geführt hätte, wenn sich die Sache in der Schweiz zugetragen hätte. Ist dies der Fall, muss die Behörde die Eintragung gestützt auf Art. 8 Abs. 1 lit. c BGFA verweigern, wenn die Schuld bis dahin nicht getilgt ist.

[32] Vgl. dazu hinten Art. 12 N 150 ff.

[33] Vgl. dazu auch BOTSCHAFT, Nr. 232.53, 6050 f.

[34] Art. 39 SchKG.

[35] Art. 230 SchKG.

meiden. Stellt nämlich ein Schuldner, der nicht der Konkursbetreibung unterliegt, gestützt auf Art. 191 SchKG den Antrag auf Konkurseröffnung, muss er nach der geltenden Praxis die voraussichtlichen Verfahrenskosten vorschiessen. Es wird alsdann immer mindestens das summarische Verfahren durchgeführt, in dem auch Verlustscheine ausgestellt werden.

Nicht als Verlustschein gilt der Pfandausfallschein im Sinne von Art. 26
158 SchKG. Damit wird lediglich bescheinigt, dass das Pfand zur Deckung der Forderung nicht ausgereicht hat, und nicht, dass der Schuldner zahlungsunfähig ist. Erst wenn nach Abschluss des Pfändungs- oder Konkursverfahrens für den Pfandausfall ein Verlustschein ausgestellt wird, findet Art. 8 Abs. 1 lit. c BGFA Anwendung und darf die Eintragung ins Anwaltsregister verweigert werden.

Ein Verlustschein führt nur dann zur Verweigerung der Eintragung ins Anwaltsregister, wenn er **noch ungetilgt** ist.[36] Ist die Verlustscheinsforderung infolge Zahlung an das Betreibungsamt,[37] Verrechnung, Verzicht, Verjährung oder dergleichen untergegangen, wird der Eintrag im Betreibungsregister gelöscht.[38] Es liegt alsdann kein Verlustschein mehr vor, der eine Eintragung in das Anwaltsregister verhindern würde. **Getilgte Verlustscheine** haben im Verfahren auf Eintragung in das Anwaltsregister also **keine Bedeutung**.[39]

Der Entwurf des Bundesrats zum BGFA sah die Verweigerung der Eintragung für den Fall vor, dass über einen Anwalt innerhalb von zehn Jahren vor Einreichung seines Gesuchs der Konkurs eröffnet wurde. Die eidgenössischen Räte haben diese Bestimmung zu Recht gestrichen: Sind nämlich aus einem Konkursverfahren noch Verlustscheine offen, genügt Art. 8 Abs. 1 lit. c BGFA zum Schutz der Klienten. Ist die Verlustscheinsforderung demgegenüber getilgt worden, besteht kein Grund für die Verweigerung der Eintragung ins Anwaltsregister. Es liegt keine Zahlungsunfähigkeit mehr vor. Die Konkurseröffnung als solche vermag weder die Verweigerung der Eintragung ins Anwaltsregister noch deren Löschung nach Art. 9 BGFA zu rechtfertigen. Werden durch die **Eröffnung des Konkurses** die Interessen der Klienten gefährdet, kann die Aufsichtsbehörde dem Anwalt allerdings jederzeit gestützt auf Art. 17 Abs. 3 BGFA die **Ausübung des Berufs vorsorglich verbieten**.

---

[36] Art. 149a SchKG.
[37] Art. 149a Abs. 2 SchKG.
[38] Art. 149a Abs. 3 SchKG.
[39] SJ 2003, II, 265.

29   Von Art. 8 Abs. 1 lit. c BGFA nicht erfasst werden Zwangsvollstreckungs-
      verfahren, die nicht zu einem Verlustschein führen, insbesondere die Durch-
      führung eines **Nachlassverfahrens** (Art. 293 ff. SchKG) oder **das man-
      gels Aktiven eingestellte Konkursverfahren**.

30   Der Betreibungsbeamte vermag in der Regel nicht zu beurteilen, ob ein An-
      walt, gegen den eine Forderung in Betreibung gesetzt wurde, deswegen Be-
      rufsregeln verletzt hat.[40] Die Meldepflicht des Art. 15 BGFA findet deshalb
      auf diesen Fall keine Anwendung. Werden demgegenüber gegen einen An-
      walt Verlustscheine ausgestellt, liegt eine planwidrige Unvollständigkeit des
      Gesetzes und damit eine echte Lücke vor, die geschlossen werden darf.[41] In
      diesem Fall ist daher von einer **Meldepflicht der Betreibungsämter** im
      Sinne von Art. 15 BGFA auszugehen. Sie haben die Aufsichtsbehörde mit-
      hin zu informieren, wenn gegen einen registrierten Anwalt **Verlustscheine**
      ausgestellt werden.[42]

D.   Unabhängigkeit

1.   Im Allgemeinen

31   Im Zeitpunkt der Eintragung in ein Anwaltsregister wird die Unabhängig-
      keit des Anwalts ein erstes Mal überprüft. Es geht dabei um die sogenannte
      institutionelle Unabhängigkeit und nicht um die Unabhängigkeit im Ein-
      zelfall, die von der Berufsregel des Art. 12 lit. b BGFA erfasst wird. Der
      Gesetzgeber verlangt vom Anwalt nicht nur im Einzelfall Unabhängigkeit;
      er setzt auch eine institutionelle Unabhängigkeit voraus. Ratio legis ist der
      Schutz des Klienten, der auf eine uneingeschränkte Interessenvertretung
      durch den Anwalt vertrauen darf.[43] Die Verweigerung der Eintragung in
      das Anwaltsregister wegen Verneinung der Unabhängigkeit kann zu einer
      Einschränkung der in Art. 27 BV garantierten Wirtschaftsfreiheit führen.

---

[40]   Die Offenlegung des Mandatsverhältnisses gegenüber dem Betreibungsbeamten dürfte
        eine Verletzung von Art. 321 StGB und Art. 13 BGFA darstellen.
[41]   Zur analogen Situation bei Strafurteilen vgl. N 16 vorne m.w.H.
[42]   Vgl. dazu Art. 7 EVBGFA-BE, Art. 17 E-AnwG-NW, Art. 6 AnwG-OW, § 39 E-
        AnwG-ZH.
[43]   Zur Entwicklung der gesetzlichen Bestimmung über die Unabhängigkeit vgl. NATER,
        Übersicht, 13 ff.; zur Frage der Unabhängigkeit im Zusammenhang mit der Organisa-
        tion der Anwaltskanzlei als Kapitalgesellschaft vgl. FELLMANN, Rechtsformen, 339 ff.

Der Begriff der Unabhängigkeit ist daher mit Blick auf die Verfassung auszulegen.[44]

Die Unabhängigkeit ist die **zentrale Voraussetzung**[45] dafür, dass der An-   32
walt das Mandat im **ausschliesslichen Interesse des Klienten** führen kann.[46]
Der Grundsatz der Unabhängigkeit ist weltweit anerkannt.[47] Die Vertretung in Justizverfahren und die damit verbundene Kontrolle staatlicher
Tätigkeit durch die Anwaltschaft sind Aufgaben, die zur Gewährleistung
der Funktionsfähigkeit des Rechtsstaates unabdingbar sind.[48] Nur ein unabhängiger Interessenvertreter kann gewährleisten, dass diese rechtsstaatlichen
Funktionen richtig wahrgenommen werden.[49] Die Unabhängigkeit des Anwalts soll sowohl gegenüber dem Klienten als auch gegenüber dem Richter **grösstmögliche Freiheit und Sachlichkeit gewährleisten**.[50] Eine direkte oder indirekte Abhängigkeit des Anwalts von einem Dritten, der selbst
nicht in einem Anwaltsregister eingetragen ist, darf nicht einmal im Ansatz
toleriert werden. Solche Abhängigkeiten würden den Schutz des Rechtsuchenden und das Vertrauen in den Anwalt gefährden und damit letztlich
dem Rechtsstaat und der Justiz schaden.

Unabhängig ist ein Anwalt dann, wenn er bei der Berufsausübung **nicht**   33
dem Einfluss eines Dritten ausgesetzt ist,[51] **der nicht in einem Anwalts-**
register eingetragen ist (und damit seinerseits das Kriterium der Unabhängigkeit erfüllen muss). Es darf keine Bindung an fremde Interessen
bestehen. Der Anwalt muss die Freiheit haben, das Mandat ohne Rücksicht
auf die Belange Dritter mit grösstmöglicher Freiheit und Sachlichkeit im
objektiven Interesse seines Klienten zu führen. Es geht dabei sowohl um
die «**independence in mind**» wie auch um die «**independence in appea-**
rance».

---

[44]   Urteil des Bundesgerichts vom 13. Dezember 2003 (2A.101/2003) E. 3.
[45]   Urteile des Bundesgerichts vom 8. Januar 2001 (2P.187/2001), publiziert in Pra 2001
        Nr. 141, 842 («METZLER») und vom 29. Januar 2004 (2A.110/2003 und 2A.127/2003).
[46]   Die Kommissionssprecherin im Ständerat, Françoise Saudan, hat die Unabhängigkeit
        als «liberté d'esprit» und «l'autonomie économique» charakterisiert, vgl. AmtlBull
        SR 1999, 1159.
[47]   BGE 123 I 195.
[48]   Vgl. dazu auch BGE 130 II 93 ff.
[49]   Vgl. dazu SCHILLER, Rechtsanwalt, 167 f.
[50]   Vgl. dazu Pra 2001 Nr. 141, 842; BGE 123 I 193 ff.
[51]   Vgl. dazu POLEDNA, Anwaltsmonopol, 93 ff.

2.   Mögliche Konstellationen

a)   Der selbständige Anwalt

34   Der **selbständig tätige** Anwalt, der im Sinne der vorstehenden Ausführungen unabhängig ist, kann in das Anwaltsregister eingetragen werden, sofern die übrigen fachlichen und persönlichen Voraussetzungen ebenfalls
erfüllt sind. Dabei ist **unerheblich**, ob er seine anwaltliche Tätigkeit in
einem **Einzelbüro** oder als **Gesellschafter einer Gesellschaft** (einfache
Gesellschaft, Kollektivgesellschaft, Aktiengesellschaft oder Gesellschaft
mit beschränkter Haftung) ausübt, die durch Anwälte kontrolliert wird, die
ihrerseits im Anwaltsregister eingetragen sind.[52]

35   Bei **Nebenbeschäftigungen** eines Anwalts ist nach der Art dieser Neben-
beschäftigung zu unterscheiden: Die Mitarbeit in einer Legislative, in
einer Exekutive, in staatlichen Kommissionen, die Tätigkeit als nebenamt-
licher Grundbuch- oder Betreibungsbeamter oder der Unterricht an Universitäten dürften die Unabhängigkeit des Anwalts kaum in Frage stellen.
Die Tätigkeit als (Ersatz-)Richter (in Gerichten oder in Rekurskommissi-
onen) oder als Gerichtsschreiber wirft demgegenüber zusätzliche Fragen auf,
wenn der Anwalt vor diesen Gerichtsbehörden auch selbst auftritt: Wie
steht es mit der Unabhängigkeit gegenüber diesem Gericht? Gewisse Kantone verbieten es einem Richter oder Gerichtsschreiber daher, vor dem jeweiligen Gericht selbst als Anwalt aufzutreten.[53]

36   Der Einsitz in Verwaltungsräte oder die Führung von Verbandssekretaria-
ten etc. heben die Unabhängigkeit des Anwalts grundsätzlich nicht auf; darauf ist bei der Besprechung der Berufspflicht der Unabhängigkeit (im Ein-

---

[52]   Das BGFA lässt die Eintragung juristischer Personen (z.B. einer Anwalts AG) in das
Anwaltsregister (noch) nicht zu. Anders das deutsche Recht (vgl. §§ 59c ff. BRAO):
In Deutschland können Gesellschaften mit beschränkter Haftung, deren Zweck die
Beratung und Vertretung in Rechtsangelegenheiten ist, als Rechtsanwaltsgesellschaf-
ten zugelassen werden. Es bestehen strikte Rahmenbedingungen, um die Unabhän-
gigkeit der Gesellschaft sicherzustellen: Gesellschafter können grundsätzlich nur
Rechtsanwälte sein, die in der Rechtsanwaltsgesellschaft beruflich tätig sind. Die
Mehrheit der Geschäftsanteile und der Stimmrechte muss Rechtsanwälten zustehen;
Vollmachten zur Vertretung eines Rechtsanwalts an einen Nicht-Rechtsanwalt zur Ausübung von Gesellschafterrechten sind nicht zulässig. Treuhandverhältnisse sind nicht
zugelassen. Die Geschäftsführung der Gesellschaft muss Rechtsanwälten zustehen.
Die Unabhängigkeit des einzelnen Rechtsanwalts bei der Berufsausübung ist zu ge-
währleisten. Vgl. dazu auch STUDER, Entwicklungen, 229 ff.

[53]   Vgl. z.B. § 42 Abs. 6 GOG-BS; § 36 lit. e GOG-BL.

---

zelfall) bzw. der möglichen Interessenkollisionen näher einzugehen.[54] Ebenso
wenig beeinträchtigt die auf eine gewisse Dauer eingegangene **vertragliche
Verpflichtung**, einem bestimmten Personenkreis (z.B. Verbandsmitgliedern)
Rechtsberatung zu erteilen, die institutionelle Unabhängigkeit des Anwalts.
Es muss allerdings sichergestellt sein, dass der Auftraggeber (z.B. der Ver-
band) die Berufsregeln des Anwalts respektiert.[55]

b)   Der bei einem eingetragenen Anwalt angestellte Anwalt

Unabhängig ist auch der Anwalt, der in einem **Anstellungsverhältnis zu   37
einem anderen Anwalt** steht, der **seinerseits im Anwaltsregister eingetragen** ist. Dies könnte bei wörtlicher Auslegung des Gesetzes zu Schwierigkeiten führen, wenn die Anwaltskanzlei als Gesellschaft und nicht als
Einzelbüro organisiert und der Anwalt direkt bei der Gesellschaft und nicht
bei einem einzelnen Anwalt angestellt ist. Der Angestellte wäre dann nicht
bei einem Anwalt angestellt, der seinerseits in einem Register eingetragen
ist, und könnte daher nicht ins Anwaltsregister eingetragen werden. Eine
solche Interpretation würde jedoch die Organisationsfreiheit der Anwaltschaft in einem Mass einschränken, die mit dem Sinn und Zweck des Gesetzes nicht zu vereinbaren wäre. In der Tat hat der Bundesrat in der Botschaft[56] erklärt, das Anwaltsgesetz wolle die möglichen Entwicklungen bei
den Rechtsformen der Zusammenarbeit von Anwälten nicht blockieren.
Das Gesetz enthalte deshalb keine Regeln über die Organisation von Anwaltskanzleien. Die **Anstellung bei einer Anwaltsgesellschaft** stellt
daher mindestens solange keinen Grund zur Verweigerung der Eintragung
dar, als diese von Anwälten kontrolliert wird, die selbst in einem Anwaltsregister eingetragen sind. Dem scheint auch die derzeitige Praxis zu folgen.[57]

Das gleiche muss gelten, wenn ein (schweizerischer) Anwalt von einer **aus-   38
ländischen Anwaltsgesellschaft** angestellt wird und sich in ein Anwaltsregister eintragen lassen will: Ist der angestellte Anwalt einem (oder mehreren) Gesellschafter(n) unterstellt, die ihrerseits in einem kantonalen
Anwaltsregister eingetragen sind, besteht kein Grund für die Verneinung

---

[54]   Siehe dazu hinten Art. 12 N 54 ff.
[55]   BGE 113 Ia 279 ff.
[56]   Vgl. BOTSCHAFT, Nr. 172.17, 6038; NOBEL, Organisationsfreiheit, 127 ff.; a.M. MEIER,
       Anwaltsrecht, 702.
[57]   Für Gesellschaften, die neben eingetragenen Anwälten auch nicht eingetragene An-
       wälte als Gesellschafter haben vgl. N 52 f. hinten.

der Unabhängigkeit. Voraussetzung ist allerdings, dass die mit der Aufsicht des angestellten Anwalts betrauten «Anwälte-Gesellschafter» nicht selbst dem Weisungsrecht anderer, nicht in einem Anwaltsregister eingetragener Personen unterstehen.

c)   Ausübung des Anwaltsberufs in Teilzeit

39   Nach der Konzeption des Gesetzes (Art. 8 Abs. 1 lit. d BGFA) beeinträchtigen Anstellungsverhältnisse die Unabhängigkeit des Anwalts nur dann nicht, wenn der Betroffene bei einem Anwalt angestellt ist, der seinerseits im Anwaltsregister eingetragen ist. In allen anderen Fällen ist von der (unter bestimmten Voraussetzungen allerdings widerlegbaren) Vermutung auszugehen, dass es an der erforderlichen Unabhängigkeit fehlt. [58]

40   Das Anwaltsgesetz verbietet jedoch nicht, dass der Anwalt neben seiner Tätigkeit als Anwalt noch einen **zweiten Beruf** ausübt, dem er beispielsweise in einem Arbeitsverhältnis nachgeht.[59] Unter dem Gesichtspunkt der Unabhängigkeit ist die Ausübung des Anwaltsberufs in Teilzeit immer dann zulässig,[60] wenn **zwischen den beiden Tätigkeiten keine Beziehung** besteht,[61] der Anwalt sich also im Rahmen seiner Anwaltstätigkeit nicht mit den gleichen Angelegenheiten befasst wie als Arbeitnehmer.[62] Solange die Mandate des Anwalts von den Interessen des Arbeitgebers getrennt sind,[63] handelt er bei der Ausübung des Anwaltsberufs somit unabhängig.[64]

41   Teilzeittätigkeiten bei einer **öffentlich-rechtlichen Körperschaft** dürften die Unabhängigkeit des Anwalts in der Regel nicht tangieren. Aufgrund der Unterschiede zwischen solchen Aufgaben und der Tätigkeit eines Anwalts steht einer Eintragung ins Anwaltsregister meistens nichts entgegen. Angesichts der Verschiedenartigkeit der möglichen Tätigkeiten und ihrer Unterschiede zu privaten Berufen lassen sich allerdings keine allgemein

---

[58]   Vgl. BGE 130 II 100.
[59]   Vgl. dazu BGE 130 II 96; NATER, Angestellte Anwälte, 139 ff.
[60]   Vgl. dazu BOTSCHAFT, Nr. 172.16, 6036 ff.
[61]   Vgl. dazu BGE 130 II 97; HESS, Unabhängigkeit, 94 f.
[62]   BGE 123 I 200; vgl. dazu HESS, Anwaltsgesetz, 106 f.
[63]   Auch wenn die institutionelle Unabhängigkeit gegeben ist, ist bei Teilzeitanwälten fallweise immer noch zu prüfen, ob sie sich an die Berufsregel des Art. 12 lit. b BGFA (Unabhängigkeit als Berufsregel) halten; siehe hinten Art. 12 N 70 ff.
[64]   Für die Praxis vor Inkrafttreten des BGFA vgl. Urteil des Bundesgerichts vom 13. Dezember 2003 (2A.101/2003) E. 4.3.3. und BGE 130 II 97 ff.

gültigen Kriterien aufstellen. Die zuständige Behörde muss daher im Einzelfall aufgrund der konkreten Umstände entscheiden, ob die institutionelle Unabhängigkeit für die nebenberufliche Tätigkeit als Anwalt gewährleistet ist.

Fraglich ist die Unabhängigkeit bei Teilzeitbeschäftigungen, wenn der Anwalt **über seinen Arbeitgeber Anwaltsmandate akquiriert.** In solchen Fällen besteht die Gefahr von Interessenkollisionen. Je nach Art der Geschäftstätigkeit des Arbeitgebers sind beispielsweise Konstellationen denkbar, die zu einer Vertrauenshaftung[65] des Arbeitgebers für Schäden infolge schlechter Erfüllung des Anwaltsmandats führen. In solchen Fällen ist die Unabhängigkeit des Anwalts nicht gewährleistet.[66]   42

Der Anwalt, der den Anwaltsberuf in Teilzeit ausübt, hat dafür zu sorgen, dass in seinem Erscheinungsbild als Anwalt **keine Verbindungen zum Arbeitgeber** erkennbar sind («independence in appearance»). Er muss daher in jedem Fall eigenes Briefpapier, eigene Rechnungsformulare[67] etc. verwenden und über eine vom Arbeitgeber verschiedene Geschäfts- und Postadresse sowie über eigene Büroräumlichkeiten verfügen.[68] Ebenso muss er telefonisch separat erreichbar sein und auch eine eigene Telefaxnummer und/oder E-Mail-Adresse haben. Er hat als Anwalt auf eigene Rechnung zu handeln und sein unternehmerisches Risiko allein zu tragen. Sind diese Voraussetzungen nicht erfüllt, fehlt auch die erforderliche Unabhängigkeit.[69]   43

Die Unabhängigkeit muss **objektiv gewährleistet** sein;[70] bloss **formelle Garantien reichen nicht.**[71] Trotz vertraglichen Zusicherungen fehlt daher   44

---

[65] BGE 120 II 331 ff.
[66] Vgl. ZR 79 (1980) Nr. 126, 265 ff. Es müssen in solchen Fällen die gleichen Kriterien gelten, die das Bundesgericht für vollzeitlich angestellte Anwälte aufgestellt hat; es ist also untersagt, den Arbeitgeber, dessen Angestellte, Lieferanten, Kunden etc. zu vertreten, vgl. dazu Urteil des Bundesgerichts vom 13. April 2004 (2A.285/2003).
[67] Auch bei Verwendung eigener Rechnungsformulare muss die Pflicht zur Ablieferung eines Anteils des Honorars an den Arbeitgeber zu Abhängigkeit führen (eine solche Abrechnungspflicht kann auch eine Verletzung des Berufsgeheimnisses darstellen).
[68] Vgl. dazu BGE 130 II 107: «[…] eine auch in der räumlichen Organisation zum Ausdruck kommende Trennung von unselbständiger und selbständiger Tätigkeit [ist] unerlässlich». Ob die Erreichbarkeit lediglich über eine (nicht eingetragene) Handy-Nummer genügt, erscheint fraglich.
[69] Vgl. dazu STUDER, Entwicklungen im Anwaltsrecht, 232.
[70] VOUILLOZ, 433 ff.; HESS, Umsetzung, 485 ff.
[71] Die Praxis verlangte bis anhin Erklärungen zum Vorrang des Berufs- und Standesrechts gegenüber den arbeitsvertraglichen Pflichten, Freiheit bezüglich Annahme,

die Unabhängigkeit, wenn der Arbeitgeber faktisch auf den Anwalt einwirken kann oder aus anderen Gründen die Gefahr einer Beeinträchtigung der Mandatsführung besteht. Diesem Risiko ist vor allem dann besonderes Augenmerk zu widmen, wenn die Geschäftätigkeit des Arbeitgebers der anwaltlichen Tätigkeit seines Angestellten nahe steht und schon dadurch Interessenkollisionen entstehen können oder der zeitliche Anteil der selbständigen Anwaltstätigkeit gering ist.[72]

d) Ausübung des Anwaltsberufs neben einer Vollzeitstelle

45 Ausgeschlossen ist die Eintragung in ein Anwaltsregister, wenn der Anwalt, der den Antrag stellt, **im Rahmen seiner Tätigkeit für den Arbeitgeber für Dritte oder für den Arbeitgeber selbst**[73] **forensisch tätig** sein will. In solchen Fällen übt er die Anwaltstätigkeit unter dem Einfluss des Arbeitgebers aus. Es fehlt also klarerweise an der erforderlichen Unabhängigkeit. Die Unabhängigkeit kann aber auch aus anderen Gründen fehlen. Zu denken ist etwa an gesellschaftsrechtliche Verhältnisse (z.B. Tätigkeit als «Partner»), bei denen die Eigeninteressen der Gesellschaft im Vordergrund stehen.[74]

46 Andere Fragen stellen sich, wenn ein Anwalt eine Vollzeitstelle innehat und **in seiner Freizeit als Anwalt tätig** sein will.[75] Im Gegensatz zur frü-

---

[72] Ablehnung und Niederlegung von Mandaten, Verzicht auf ein Weisungsrecht des Arbeitsgebers, Verzicht auf jegliche Rechenschaftspflicht gegenüber dem Arbeitgeber, Verzicht auf Akteneinsichtsrecht durch den Arbeitgeber, vgl. dazu BGE 130 II 105 ff. Daneben sind weitere Punkte zu beachten, etwa die Trennung der Vermögenswerte des Klienten nicht nur vom eigenen Vermögen des Anwalts, sondern auch von demjenigen des Arbeitgebers. Weiter muss auch sichergestellt sein, dass das Berufsgeheimnis (Art. 321 StGB) gewahrt bleibt, und schliesslich muss die getrennte Aufbewahrung der Akten auch nach Abschluss des Mandats (Archiv) sichergestellt sein.

[73] Es ist dem Anwalt allerdings nicht untersagt, ausserhalb seiner Funktion als Anwalt, als Organ oder Arbeitnehmer des Arbeitgebers (und auf dessen Briefpapier) für diesen vor Gericht aufzutreten. Auf solche Konstellationen findet das BGFA jedoch keine Anwendung, vgl. BGE 130 II 97; vgl. dazu auch BJM 1993, 334 ff. (Obergericht des Kantons Basel-Landschaft), wonach in solchen Fällen kein Anspruch auf Parteientschädigung gemäss der Tarifordnung für die Advokaten besteht.

[74] Pra 2001 Nr. 141, 839.

[75] Für die Definition einer Vollzeitstelle ist von einer üblichen Beschäftigungszeit von ca. 40–42 Stunden pro Woche während der üblichen Bürozeiten auszugehen. Während dieser Zeit müsste der Anwalt auch den Klienten, den Gerichten, den Behörden etc. zur Verfügung stehen. Höhere Stundenzahlen anderer Branchen (z.B. Assistenzärzte in Spitälern) können nicht zum Vergleich herangezogen werden.

---

heren liberaleren Praxis einiger Kantone (namentlich Thurgau, St. Gallen und Zürich) hat das Parlament nur Anwälte als unabhängig anerkannt, die bei Personen angestellt sind, die selbst in einem Anwaltsregister eingetragen sind (zur Ausnahme in Bezug auf die Tätigkeit für eine anerkannte gemeinnützige Organisation siehe N 54 ff. hinten). Anwälte, die vollzeitlich bei Banken, Versicherungen, Treuhandfirmen etc. angestellt sind und **in ihrer Eigenschaft als Arbeitnehmer** im Rahmen des Anwaltsmonopols forensisch tätig sein wollen, dürfen daher **nicht in das Register eingetragen** werden.[76] Dabei spielt es keine Rolle, ob der Anwalt in eigenem Namen und unabhängig von Weisungen seines Arbeitgebers auftreten könnte. Ebenso wenig kommt es auf allenfalls bestehende Interessenkollisionen oder deren Fehlen an. Die Ausübung einer Anwaltstätigkeit als Arbeitnehmer einer nicht im Anwaltsregister eingetragenen Person ist per se (also auch in der Freizeit) ausgeschlossen.[77]

Die Eintragung eines Anwalts in das Anwaltsregister, der (beispielsweise   47
als Unternehmensjurist) eine Vollzeitstelle bekleidet und in seiner Freizeit als Anwalt tätig sein will, erscheint aus verschiedenen Gründen bedenklich: Mit dem Registereintrag soll auch die **Qualität der anwaltlichen Dienstleistungen** gewährleistet werden. Dies geschieht durch Unterstellung der eingetragenen Anwälte unter die Berufsregeln der Art. 12 und 13 BGFA. Es erscheint höchst zweifelhaft, ob ein Anwalt, der vollzeitlich einer anderen Tätigkeit nachgeht, die Berufsregeln einhalten kann. Hat er beispielsweise neben seiner anderen Berufstätigkeit wirklich genügend Zeit für die Betreuung seiner Klienten? Ist er zeitlich in der Lage, eine amtliche Pflichtverteidigung[78] oder eine unentgeltliche Vertretung zu übernehmen (Art. 12 lit. g BGFA)?[79] Nach der hier vertretenen Auffassung ist es daher abzulehnen, Anwälte, die hauptberuflich (beispielsweise als Unternehmens-

---

[76] Vgl. dazu STUDER, Entwicklungen, 233.
[77] So hat das Bundesgericht es im Urteil vom 7. April 2004 (2A.285/2003) ausdrücklich abgelehnt, einen vollzeitlich bei einem Unternehmen angestellten Anwalt einzutragen, weil dieser eine Anwaltstätigkeit für Mandate der Arbeitgeberin und für dieser nahe stehende Personen (Mitarbeiter etc.) ausüben wollte; es fehlte damit an der Unabhängigkeit gegenüber der Arbeitgeberin. Im Ergebnis gleichlautend die Urteile des Bundesgerichts vom 7. April 2004 (2A.260/2003, 2A.276/2003).
[78] Vgl. hinten Art. 12 N 142 ff. und Pra 2002 Nr. 50, 267.
[79] Auflagen in der Eintragungsverfügung, dass z.B. gewisse Personen, resp. Gruppen von Personen etc. als Klienten ausgeschlossen sind, sind im Anwaltsregister nicht eintragungsfähig; ausserdem fehlt es an einer wirksamen Kontrollmöglichkeit.

juristen) einer anderen Tätigkeit nachgehen, als «Freizeitanwälte» in das Anwaltsregister einzutragen.[80]

48   Das **Bundesgericht** nimmt **eine andere Haltung** ein:[81] Es erachtet es als möglich, dass ein **vollzeitlich bei einem Unternehmen angestellter Jurist** neben dieser Tätigkeit noch als unabhängiger Anwalt arbeiten kann. Es schränkt die Rahmenbedingungen freilich erheblich ein: Der Freizeitanwalt darf weder den Arbeitgeber noch dessen Arbeitnehmer, weder nahestehende Unternehmungen noch die Kunden oder sonstige Geschäftspartner seines Arbeitgebers vertreten.[82] Dieses Vertretungsverbot soll sich allerdings nur auf das konkrete Geschäftsumfeld des Arbeitgebers beschränken. Dem Betroffenen ist es daher nicht untersagt, in seiner Freizeit als Anwalt in der gleichen Branche wie sein Arbeitgeber tätig zu sein.[83] Er hat aber die gleichen organisatorischen Massnahmen etc. zu treffen, die auch der teilzeitangestellte Anwalt erfüllen muss.[84] Wer vollzeitlich in einem Anstellungsverhältnis tätig ist, muss seine ganze Arbeitskraft für den Arbeitgeber einsetzen. In der Regel hat er daher während den üblichen Geschäftszeiten keine Zeit, Klienten zu empfangen, an Gerichtsverhandlungen teilzunehmen etc. Die Einschätzung der Situation durch das Bundesgericht dürfte daher etwas theoretisch sein. In der Tat geht es weniger um die Frage der Arbeitsüberlastung (die, wie das Bundesgericht zutreffend ausführt, auch bei vollzeitlich tätigen Anwälten vorliegen kann), sondern um die Frage der Verfügbarkeit für Klienten und Behörden. Hier vermag auch der telefonische Kontakt mit dem Anwalt am Arbeitsplatz keine Abhilfe zu schaffen, da die Einhaltung des Berufsgeheimnisses in solchen Situationen nicht gewährleistet ist.[85]

---

[80] De lege lata ist die Aussage des Bundesgerichts in BGE 130 II 108 nicht nachvollziehbar, ein vollzeitlich angestellter Anwalt, der vereinzelt Bekannte vor Gericht vertreten wolle, könne gestützt auf den bestehenden Fähigkeitsausweis und ein entsprechendes Gesuch bei der zuständigen Aufsichtsbehörde dies auch ohne Registereintrag tun. Das Bundesgericht übersieht, dass das BGFA diese Konstellation gar nicht zulässt: Entweder ist ein Anwalt im Anwaltsregister eingetragen und kann damit umfassend Parteien vor den Gerichten vertreten, oder er kann dies ohne Eintragung in seinem Stammkanton tun, sofern dieser Kanton von der Möglichkeit gemäss Art. 3 Abs. 2 BGFA Gebrauch gemacht hat. Eine weitere Möglichkeit des Auftretens als (schweizerischer) Anwalt gibt es nicht.
[81] BGE 130 II 104 f., vgl. dazu STAEHELIN, Vollzeitangestellter, 187 f.
[82] BGE 123 I 200.
[83] Vgl. Urteil des Bundesgerichts vom 7. April 2004 (2A.285/2003).
[84] Vgl. vorne N 39 ff.
[85] Vgl. dazu im Einzelnen: STAEHELIN, Vollzeitangestellter, 187 f.

e)   Zusammenschlüsse von Kanzleien

Die Frage nach der Unabhängigkeit stellt sich auch im Zusammenhang mit   49
Zusammenschlüssen von Anwaltskanzleien (national und international).
Erfolgt der Zusammenschluss auf nationaler Ebene und werden davon nur
Anwaltskanzleien erfasst, deren Anwälte in einem kantonalen Anwaltsregister eingetragen sind, ergeben sich keine Schwierigkeiten. Erfolgt der
Zusammenschluss auf internationaler Ebene, dürften sich ebenfalls keine
grundsätzlichen Probleme stellen, solange die Partner der Kooperation
einer ähnlichen Regelung unterstehen, wie sie für die schweizerische Anwaltschaft kraft Anwaltsgesetz gilt. Ist dies nicht der Fall, muss die Frage
der Unabhängigkeit anhand der konkreten Umstände näher geprüft werden.

Werden **Anwaltskanzleien über eine (internationale) Dachorganisation**   50
zusammengefasst, muss die zuständige Behörde aufgrund der **Gegebenheiten des Einzelfalls** abklären, ob die Unabhängigkeit der einzelnen Anwälte gewährleistet ist. Es muss sichergestellt sein, dass die einzelnen Anwälte (und die betroffenen Kanzleien) bei der Führung ihrer Mandate
vollständige Freiheit geniessen und nicht dem Weisungsrecht von Personen unterstehen, die nicht in einem Anwaltsregister eingetragen sind. Besteht diese Freiheit nicht, fehlt die erforderliche Unabhängigkeit, was zur
Verweigerung der Eintragung ins Anwaltsregister führen muss.

f)   Ausgegliederte Rechtsabteilungen

Ob die erforderliche Unabhängigkeit bei **ausgegliederten Rechtsabtei-**   51
lungen von Unternehmen (insbesondere von Treuhandgesellschaften) gegeben ist, lässt sich nur anhand der Umstände des Einzelfalls beurteilen.
Massgebend sind dabei nicht nur die vertraglichen Absprachen, sondern
auch die faktischen Zusammenhänge und Bindungen. Diese können nämlich dazu führen, dass der einzelne Anwalt die bei der Führung seiner Mandate erforderlichen Entscheide nicht mehr unabhängig treffen kann. Je
enger die Beziehung des einzelnen Anwalts und seiner Kanzlei zur ehemaligen Arbeitgeberin ist (gleiche Adresse, gleiche Erreichbarkeit via Telefon, Telefax, E-Mail etc., interne Abgleichung von neuen Mandaten, Ex-
klusivität etc.), desto eher fehlt es an der erforderlichen Unabhängigkeit.[86]

---

[86]   Vgl. dazu NATER, Unabhängigkeit, 67 ff.; STUDER, Unabhängigkeit, 140 f.; DERSELBE,
Entwicklungen, 233.

g) *Multidisciplinary Partnerships*

52 Arbeiten in einer Anwaltskanzlei nicht nur Anwälte, sondern auch Personen zusammen, die sich nicht in das Anwaltsregister eintragen lassen können (Steuerberater, Vermögensverwalter, Immobilientreuhänder usw.), liegt eine sogenannte **«Multidisciplinary Partnership»** («MDP») vor.[87] In solchen Fällen stellt sich die Frage nach der Unabhängigkeit[88] der als Anwälte tätigen Gesellschafter.[89] Diese ist nur gewährleistet, wenn die Betroffenen sicherstellen,[90] dass sie sowohl bei der Führung ihrer Mandate (in einem umfassenden Sinn verstanden) als auch in finanziellen Belangen nicht der Weisungsbefugnis von Gesellschaftern unterstehen, die nicht in einem Anwaltsregister eingetragen sind.[91]

53 Stellt die MDP einen Anwalt an, beeinträchtigt dies dessen Unabhängigkeit solange nicht, als er dem alleinigen **Weisungsrecht eines MDP-Partners** untersteht, der seinerseits in einem Anwaltsregister eingetragen ist. Dies muss gegenüber der zuständigen Behörde gegebenenfalls mit einer entsprechenden Vereinbarung schriftlich nachgewiesen werden.[92] Zur Vermeidung von Schwierigkeiten empfiehlt es sich in solchen Fällen allerdings, den Arbeitsvertrag von vornherein nicht mit der Gesellschaft, sondern direkt mit dem eingetragenen Anwalt abzuschliessen.

54 Die gleichen Regeln müssen gelten, wenn die Anwaltskanzlei zwar **nur aus Anwälten besteht, aber nicht alle** in einem kantonalen Anwaltsregister **eingetragen** sind.

---

[87] Zur Frage der Zulässigkeit von MDP vgl. auch Art. 12 N 64 hinten.

[88] Vgl. dazu NATER, Aktuelle Anwaltspraxis 2003, 721 ff.

[89] In den Niederlanden ist eine MDP unter anwaltsrechtlichen Gesichtspunkten als unzulässig erklärt worden, vgl. Urteil des Gerichtshofes der Europäischen Gemeinschaften (EuGH) vom 19. Februar 2002 in der Rechtssache C-309/99; der EuGH anerkennt jedoch, dass in andern Ländern MDP zulässig sein können (möglicherweise zeichnet sich hier allerdings ein Umdenken ab, vgl. dazu die neue Entwicklung gemäss Abl C 207 vom 3. September 2003, 22, wonach das Verbot einer MDP in der flämischen Anwaltskammer allenfalls unter die Verordnung Nr. 17 [ab 1. Mai 2004 ersetzt VO 1/2003 die VO Nr. 17] fallen könnte). Vgl. dazu auch das Verbot im Kanton Genf: Art. 10 Abs. 1 AnwG-GE; SJZ 98 (2002) 18 f.

[90] Vgl. dazu § 14 der Statuten der Basler Advokatenkammer und § 2 Abs. 3 der Statuten des Zürcher Anwaltsverbandes.

[91] Die Regelung der Zusammenarbeit muss hinreichende Garantien zum Schutz insbesondere des Berufsgeheimnisses und zur Gewährleistung der Unabhängigkeit (institutionell und im Einzelfall) enthalten, welche auch effektiv eingehalten werden.

[92] Es können hier die gleichen Kriterien angewandt werden, die das Bundesgericht für die Vertretungsmöglichkeiten des vollzeitlich bei einem Unternehmen angestellten Anwalts aufgestellt hat, vgl. vorne N 48.

---

h)   Internationale Anwaltsgesellschaft

In der Schweiz tätige Anwalts-Gesellschafter einer internationalen Anwalts-   55
gesellschaft können dann als unabhängig qualifiziert werden, wenn die ausländischen Anwalts-Gesellschafter ihnen gegenüber keine Weisungsbefugnis haben. Es gelten hier die gleichen Kriterien wie bei der internationalen
Dachorganisation.[93]

3.   Gemeinnützige Organisation

Für Anwälte, die **bei anerkannten gemeinnützigen Organisationen an-**   56
gestellt sind, sieht das Anwaltsgesetz in Bezug auf das Erfordernis der
Unabhängigkeit eine Ausnahmeregelung vor. Unter der Voraussetzung, dass
die **übrigen fachlichen und persönlichen Voraussetzungen erfüllt** sind,
können sie in das Anwaltsregister eingetragen werden, auch wenn sie im
Sinne der vorstehenden Ausführungen nicht unabhängig sind.

Das Anwaltsgesetz enthält keine Definition des Begriffs der **anerkannten**   57
gemeinnützigen Organisation. Die Materialien zeigen, dass die **steuer-**
rechtliche Begriffsdefinition massgebend sein soll. Für die Umschreibung
des Begriffs kann daher auf Art. 56 lit. g des Bundesgesetzes über die direkte Bundessteuer[94] resp. auf Art. 23 Abs. 1 lit. f des Bundesgesetzes über
die Harmonisierung der direkten Steuern der Kantone und Gemeinden[95]
abgestellt werden. Danach können Anwälte, die bei Behindertenorganisa-
tionen etc. als Arbeitnehmer tätig sind, in das Anwaltsregister eingetragen
werden. Demgegenüber bleiben Anwälte, die von Gewerkschaften, Mie-
terverbänden, Hauseigentümerverbänden etc. angestellt sind, von der Eintragung ausgeschlossen.

Anwälte, die bei einer anerkannten gemeinnützigen Organisation angestellt   58
sind, können **alle Rechte des Anwaltsgesetzes** beanspruchen, haben aber
auch **alle Pflichten dieses Gesetzes zu erfüllen**. Eine Ausnahme gilt nur
für die Pflicht zur institutionellen Unabhängigkeit. Die Unabhängigkeit im
Einzelfall gemäss Art. 12 lit. b BGFA muss aber auch bei diesen Anwälten
gewahrt sein. Auch sie haben daher Interessenkonflikte zu vermeiden, soweit sich diese nicht auf die gemeinnützige Organisation beziehen. Die
Tätigkeit solcher Anwälte hat sich **auf Mandate zu beschränken, die in-**

---

[93]   Vgl. vorne N 50.
[94]   SR 642.11.
[95]   SR 642.14.

---

nerhalb des Zweckes der betreffenden Organisation liegen. Zulässig ist somit beispielsweise die Vertretung des Mitglieds einer Behindertenorganisation für Fragen im Zusammenhang mit seiner Behinderung (z.B. gegenüber den Organen der IV), nicht aber für Fragen im Zusammenhang mit einer Ehescheidung, einem Erbteilungsprozess oder bei der Geltendmachung einer mit der Behinderung nicht zusammenhängenden Forderung.[96]

59 Die **Beschränkung** auf Mandate im Rahmen des Zwecks der gemeinnützigen Organisation ist aus dem Eintrag im Anwaltsregister **nicht ersichtlich**; das Gesetz lässt die Eintragung einer solchen Beschränkung nicht zu. Es wäre wünschenswert gewesen, wenn dies vom Gesetzgeber vorgesehen worden wäre. Die Verfügung der Aufsichtsbehörde auf Eintragung eines solchen Anwalts in das Anwaltsregister hat aber ausdrücklich unter **Hinweis auf Art. 8 Abs. 2 BGFA** zu erfolgen.

60 Der gestützt auf Art. 8 Abs. 2 BGFA im Anwaltsregister eingetragene Anwalt hat das **Briefpapier** etc. der gemeinnützigen Organisation zu benutzen, verbunden mit dem Hinweis auf die Eintragung im kantonalen Anwaltsregister. Damit ist auch für Aussenstehende indirekt ersichtlich, dass der betreffende Anwalt nicht sämtliche Mandate übernehmen darf. Die Gerichts- und Verwaltungsbehörden, vor denen dieser Anwalt auftritt, haben deshalb ein spezielles Augenmerk darauf zu richten, ob sich ein Mandat im Rahmen des Zwecks der gemeinnützigen Organisation bewegt.

IV. Verfahren

61 Die **Aufsichtsbehörde** hat das Bestehen der persönlichen Voraussetzungen, insbesondere der Unabhängigkeit, **von Amtes wegen zu prüfen**. Sie darf sich nicht einfach auf die Bestätigung des Gesuchstellers abstützen. Dies gilt vor allem, wenn Anhaltspunkte bestehen, die Zweifel an der behaupteten Unabhängigkeit aufkommen lassen.[97] In einem solchen Fall hat

---

[96] Für die Frage der Zusprechung von Honorar im Rahmen einer unentgeltlichen Prozessführung vgl. BJM 2002, 44 ff.

[97] Neben einem offengelegten Arbeitsvertrag mit einer Person, die nicht im Anwaltsregister eingetragen ist, kann auch die Führung des Büros von der Wohnadresse aus ein Indiz für das Fehlen der geforderten Unabhängigkeit sein.

die Aufsichtsbehörde weitere Abklärungen zu veranlassen. Die **Beweislast** obliegt dabei dem Gesuchsteller.

Das Bestehen eines Arbeitsvertrags[98] (sei es in Teilzeit oder als Vollstelle)   62 muss der Gesuchsteller bereits mit dem ursprünglichen Gesuch offen legen. Gleiches gilt für allfällige Kooperationen, insbesondere Zusammenschlüsse in der Form von MDP,[99] auch wenn die vertraglichen Verhältnisse auf den ersten Blick nichts mit der Tätigkeit des selbständigen Anwalts zu tun haben.[100] Es gilt das Gebot der **Schaffung klarer Verhältnisse gegenüber der Aufsichtsbehörde.**[101]

Das Bestehen eines Arbeitsverhältnisses mit einer Person, die nicht in   63 einem Anwaltsregister eingetragen ist, schafft zunächst die **Vermutung,** dass der Gesuchsteller abhängig ist und damit die persönliche Voraussetzung gemäss Art. 8 Abs. 1 lit. d BGFA nicht erfüllt. Diese Vermutung ist allerdings **widerlegbar.**[102]

---

[98]   Hess, Anwaltsgesetz, 116.
[99]   Vgl. dazu vorne Art. 6 N 23.
[100] Vgl. dazu BGE 130 II 107 f.
[101] Vgl. dazu Urteil des Bundesgerichts vom 13. Dezember 2003 (2A.101/2003) E. 6.1.
[102] Vgl. BGE 130 II 100.

Art. 9   Löschung des Registereintrags

Anwältinnen und Anwälte, die eine der Voraussetzungen für den Register-eintrag nicht mehr erfüllen, werden im Register gelöscht.

Art. 9   Radiation du registre

L'avocat qui ne remplit plus l'une des conditions d'inscription est radié du registre.

Art. 9   Radiazione dal registro

L'avvocato che non adempie più una delle condizioni di iscrizione è radiato dal registro.

Inhaltsübersicht   **Note**
I.   Einleitung   1
II.   Gegenstand   2
III.   Verfahren   11
IV.   Wirkungen der Löschung des Registereintrags   15
V.   Wiedereintragung   17

I.   Einleitung

1   Der Eintrag im Anwaltsregister und die daraus folgende Freizügigkeit bei der Ausübung des Anwaltsberufs kann nur so lange bestehen, als die fachlichen und persönlichen Voraussetzungen in der Person des Anwaltes erfüllt sind. **Fällt eine dieser Voraussetzungen weg**, muss die Möglichkeit bestehen, den **Eintrag im Anwaltsregister zu streichen**. Art. 9 BGFA bietet hierfür die Grundlage.

II.   Gegenstand

2   Das **Gesetz verlangt nicht**, dass die eingetragenen Anwälte **periodisch Bestätigungen** abzugeben haben, dass die Eintragungsvoraussetzungen noch erfüllt sind. Ebenso wenig auferlegt es den Aufsichtsbehörden die Pflicht, das Bestehen der Eintragungsvoraussetzungen periodisch von Amtes wegen zu überprüfen, ohne dass Anhaltspunkte für ein allfälliges Fehlen bestehen. Eine «abstrakte Kontrolle» muss und kann deshalb nicht stattfinden.

Der eingetragene Anwalt hat jedoch die **Berufspflicht**, der Aufsichtsbe-   3
hörde **jede Änderung der ihn betreffenden Daten im Anwaltsregister
mitzuteilen** (Art. 12 lit. j BGFA).[1] Unter «Änderung der Daten» ist neben
eigentlichen Änderungen **auch der Wegfall einer Voraussetzung** für die
Eintragung zu verstehen, ansonsten die Ziele des Gesetzes nicht erreicht
werden können. Ein eingetragener Anwalt muss somit der zuständigen Aufsichtsbehörde nicht nur dann Meldung erstatten, wenn eine Änderung des
bestehenden Eintrags im technischen Sinn vorliegt, sondern auch, wenn
eine Voraussetzung im Sinne von Art. 7 oder Art. 8 BGFA weggefallen ist.[2]
Die Meldepflicht umfasst auch Änderungen der Angaben, die zur Eintragung geführt haben, selbst wenn daraus keine Änderung des Eintrags folgt
(z.B. Reduktion der Anwaltstätigkeit auf ein Teilzeitpensum infolge Ein-
gehens eines Arbeitsvertrags etc.).[3] Die Meldepflicht, die nachteilige Folgen für die meldende Person haben kann, steht nicht im Widerspruch zum
Grundsatz, dass sich eine Partei in einem Zivil- oder Strafverfahren selbst
nicht zu belasten braucht.[4]

Die **Aufsichtsbehörde** ihrerseits muss **von Amtes wegen** aktiv werden   4
und das Bestehen resp. Nicht-Bestehen von Eintragungsvoraussetzungen
im Einzelfall überprüfen, wenn ihr Umstände bekannt werden, die darauf
hindeuten, dass bei einem Anwalt eine der Eintragungsvoraussetzungen
nicht mehr erfüllt ist. Die Aufsichtsbehörde kann auf solche Umstände aus
eigener Wahrnehmung aufmerksam werden, sie kann darauf aber auch durch
Dritte (Gerichte des eigenen Kantons, Aufsichtsbehörden anderer Kantone
resp. der EU- und EFTA-Staaten, Klienten, Gegenparteien etc.) hingewiesen werden. Für die eidgenössischen und kantonalen Gerichts- und Verwaltungsbehörden besteht eine **Meldepflicht** gemäss Art. 15 BGFA für mögliche Verletzungen von Berufsregeln. Dabei ist aber zu beachten, dass die
Meldestelle nicht für alle Behörden dieselbe ist: Die kantonalen Behörden
erstatten die Meldung an die Aufsichtsbehörde ihres eigenen Kantons (unabhängig vom Registerkanton des betroffenen Anwalts), während die eidgenössischen Behörden an die Aufsichtsbehörde des Registerkantons ge-

---

[1]   Vgl. hinten Art. 12 N 174 ff.
[2]   So auch z.B. die Kündigung der Haftpflichtversicherung, ohne dass eine neue Versi-
      cherung abgeschlossen wird. Vgl. dazu aber die Pflicht des Versicherers, das Ausset-
      zen oder Aufhören der Versicherung der Aufsichtsbehörde zu melden, § 10 lit. e VO-
      Anwaltsregister-SO.
[3]   Vgl. dazu BGE 130 II 107 f.
[4]   Für Einzelheiten siehe hinten Art. 12 N 174 ff.

langen müssen. Sind Eintragungsvoraussetzungen und Berufsregeln identisch,[5] so ergeben sich aus dieser Bestimmung keine Probleme.

5 Unter dem Begriff der «Änderung der Daten» im Sinne von Art. 12 lit. j BGFA sind auch **Änderungen bei den persönlichen Voraussetzungen** wie der Wegfall der Handlungsfähigkeit, das Ergehen einer strafrechtlichen Verurteilung für eine Handlung, die mit dem Anwaltsberuf nicht zu vereinbaren ist, oder die Ausstellung von Verlustscheinen zu verstehen. Auch in diesen Fälle ist also eine Meldepflicht des betroffenen Anwalts zu bejahen. Für die Meldepflichten der Gerichts- und Verwaltungsbehörden in Fällen, in denen eine Verletzung einer Berufsregel vorliegen könnte, vgl. Art. 15 BGFA. Für die Mitteilungspflichten der Strafjustizbehörden und der Betreibungsämter in den übrigen Fällen, vgl. Art. 8 N 16 resp. Art. 8 N 30 vorne.

6 Für die **Löschung** eines Registereintrags ist das Bestehen resp. Nichtbestehen **derselben persönlichen und fachlichen Voraussetzungen** zu überprüfen, die auch beim Eintrag ins Anwaltsregister vorhanden sein müssen.[6] Es kann dafür auf die Ausführungen zu Art. 6, 7 und 8 BGFA verwiesen werden. Die bestandene Anwaltsprüfung als solche kann grundsätzlich nicht in Frage gestellt werden. Eine Löschung des Registereintrags wegen Wegfalls der fachlichen Voraussetzungen ist damit praktisch ausgeschlossen. Denkbar wäre in diesem Zusammenhang nur der Widerruf des Universitätsabschlusses oder des Anwaltsexamens.

7 Vom Begriff der Voraussetzungen in einem weiteren Sinn wird auch die Geschäftsadresse erfasst.[7] **Fällt die Geschäftsadresse eines eingetragenen Anwalts weg**, ohne dass eine neue gemeldet wird, kann gestützt auf Art. 9 BGFA die Löschung des Eintrags erfolgen. Trifft dies zu und ist der Anwalt nicht mehr auffindbar, so sind auch vorsorgliche Massnahmen im Sinne von Art. 17 Abs. 3 BGFA vorstellbar; die Nicht-Erreichbarkeit des Anwalts (wegen Wegfalls der Geschäftsadresse) kann als Verletzung der Berufsregel von Art. 12 lit. a BGFA qualifiziert werden, was ein vorüber-

---

[5] Z.B. teilweise die Unabhängigkeit, das Bestehen resp. Nichtbestehen einer Berufshaftpflichtversicherung (vgl. dazu Art. 6 N 17 ff. vorne).

[6] Für den Fall eines ausländischen Strafurteils gegen einen im kantonalen Anwaltsregister gemäss Abschnitt 6 BGFA eingetragenen Anwalt siehe vorne Art. 8 N 14 Fn. 20. Für den Fall eines ausländischen Insolvenzverfahrens gegen einen ausländischen Anwalt, der in einem kantonalen Anwaltsregister gestützt auf Abschnitt 6 BGFA eingetragen ist siehe vorne Art. 8 N 23 Fn. 31.

[7] Vgl. Art. 5 Abs. 1 und Art. 6 Abs. 1 BGFA.

gehendes Berufsausübungsverbot zur Folge haben kann. Unterlässt ein eingetragener Anwalt die Meldung der neuen Geschäftsadresse, kommt dies einer Verletzung einer Berufspflicht gleich (Art. 12 lit. j BGFA), was zu disziplinarischen Sanktionen, in letzter Konsequenz zu einem Berufsverbot führen kann.[8]

Ein **befristetes oder dauerndes Berufsausübungsverbot** im Sinne von   8
Art. 17 Abs. 1 lit. d und e BGFA führt nur dann zur Löschung des Eintrags der betroffenen Person im Anwaltsregister, wenn die Gesetzesverletzung, die Grund des Berufsausübungsverbots war, zur Folge hat, dass auch eine der Voraussetzungen der Art. 7 oder 8 BGFA nicht mehr gegeben ist. In allen anderen Fällen bleibt der Eintrag bestehen; er wird allerdings durch den Hinweis auf das Berufsausübungsverbot ergänzt.[9] Damit wird dem Schutz des Informationsinteresses der Öffentlichkeit gemäss Art. 10 Abs. 2 BGFA, wonach jede Person Anspruch darauf hat zu erfahren, ob ein bestimmter Anwalt im Anwaltsregister eingetragen ist und ob gegen ihn ein Berufsausübungsverbot besteht, genügend Rechnung getragen. Soweit ein Kanton die Liste der im Anwaltsregister eingetragenen Anwälte zusätzlich publiziert (z.B. im Internet), ist sicherzustellen, dass auf ein allfälliges Berufsausübungsverbot einer bestimmten Person in genügender Weise hingewiesen wird.

Selbstverständlich kann ein eingetragener **Anwalt** die Löschung seines **Ein-**   9
trags im Anwaltsregister verlangen, auch wenn die fachlichen und persönlichen Voraussetzungen, die das Gesetz für den Registereintrag vorschreibt, weiterhin gegeben sind.[10] Mit einem solchen Schritt lässt sich die Publikation eines Berufsausübungsverbots vermeiden. Der Antrag eines Anwalts auf Streichung aus dem Anwaltsregister verhindert jedoch die Eröffnung bzw. Weiterführung eines Disziplinarverfahrens im Zusammenhang mit einem Vorfall, der sich vor der Streichung ereignet hat, nicht.[11]

Die Streichung im Anwaltsregister erfolgt auch nach dem **Tod** des An-   10
walts.

---

[8]   Für die Frage der Verhältnismässigkeit dieser Sanktion siehe hinten Art. 17 N 23 ff.
[9]   Die vom Gesetz diesbezüglich vorgesehene Lösung ist unbefriedigend. Es wäre vorzuziehen gewesen, dass bei dieser Konstellation eine Löschung des Eintrags erfolgt, um eine fortgesetzte «Bestrafung» der betroffenen Person mittels Publizität zu vermeiden.
[10] Vgl. dazu Art. 11 AnwV-FR.
[11] So ausdrücklich Art. 6 Abs. 2 AnwG-TI.

III. Verfahren

11   Werden der **Aufsichtsbehörde Anhaltspunkte dafür bekannt** (auf An-
      zeige hin oder aus eigener Wahrnehmung), dass ein eingetragener Anwalt
      möglicherweise eine der Voraussetzungen für die Registereintragung nicht
      mehr erfüllt, hat sie ein **Verfahren zu eröffnen** und der betroffenen Person
      die Verfahrensrechte, insbesondere das rechtliche Gehör, zu gewähren.[12]
      Nach Abschluss des Verfahrens hat die Aufsichtsbehörde eine Verfügung
      zu erlassen, die sich über Aufrechterhaltung oder Löschung des Eintrags
      ausspricht.[13]

12   Verfügt die Aufsichtsbehörde die Löschung des Eintrags, stehen dem betrof-
      fenen Anwalt zunächst die kantonalen **Rechtsmittel** zur Verfügung. Ge-
      gen den letztinstanzlichen kantonalen Entscheid ist die Verwaltungsgerichts-
      beschwerde an das Bundesgericht möglich, da die Löschung in Anwen-
      dung von Bundesrecht erfolgt ist.[14] Bleibt der Eintrag bestehen, ist der
      Anwalt nicht beschwert. Gegen einen solchen Entscheid stehen ihm daher
      auch keine Rechtsmittel zur Verfügung. Hingegen kann (wie bei der Ein-
      tragung) der **kantonale Anwaltsverband** gegen die Aufrechterhaltung des
      Eintrags die zulässigen Rechtsmittel ergreifen. Die Verfügung, die das
      Bestehen einer Eintragungsvoraussetzung bestätigt, muss nämlich der «Ein-
      tragung» im Sinne von Art. 6 Abs. 4 BGFA gleichgestellt werden. Daraus
      ergibt sich das Recht des kantonalen Anwaltsverbands, Rechtsmittel zu
      ergreifen. Über eine solche Bestätigung des Eintrags ist der kantonale An-
      waltsverband direkt zu informieren, da der Bestätigungsentscheid nicht
      veröffentlicht wird, so dass der Anwaltsverband ohne direkte Mitteilung
      vom Entscheid keine Kenntnis erlangt.

13   Eine **Publikation der Löschung** eines Eintrags im Anwaltsregister ist –
      im Gegensatz zur Eintragung (Art. 6 Abs. 3 BGFA) – bundesrechtlich nicht
      vorgesehen. Das Informationsbedürfnis des Publikums ist über Art. 10

---

[12]   Es darf allerdings nicht übersehen werden, dass dies zu unbefriedigenden Resultaten
        führen kann. Wird z.B. der Eintrag eines Urteils im Strafregister schon nach einem
        Jahr gelöscht, wird die Zeit kaum ausreichen, das Verfahren betr. Streichung aus dem
        Anwaltsregister durchzuführen, den Entscheid zu eröffnen und die Rechtsmittel ab-
        zuwarten, um vor der Löschung des Urteils im Strafregister die Streichung aus dem
        Anwaltsregister durchführen zu können.
[13]   In der Regel kommen die verwaltungsverfahrensrechtlichen Bestimmungen zur An-
        wendung.
[14]   Vgl. Art. 97 OG i.V.m. Art. 5 VwVG.

Abs. 2 BGFA genügend abgedeckt. Die Kantone können jedoch vorsehen, dass auch die Löschung eines Eintrags publiziert wird.[15]

Die **Streichung im Anwaltsregister** wird auf den Zeitpunkt des Eintritts   14
der **Rechtskraft des Entscheids** der zuständigen Behörde vorgenommen. Besteht in diesem Zeitpunkt die fragliche Voraussetzung wieder (der Eintrag des Urteils im Strafregister ist beispielsweise bereits wieder gelöscht, der Verlustschein getilgt etc.), wird das **Streichungsverfahren gegenstandslos**. Es wäre jedenfalls wenig sinnvoll, die Streichung vorzunehmen, um im nächsten Moment wieder die Eintragung zu verfügen.

IV. Wirkungen der Löschung des Registereintrags

Mit der rechtskräftig verfügten Löschung eines Eintrags aus dem Anwalts-   15
register **verliert der betroffene Anwalt** die mit dem Eintrag verbundenen **Rechte und Pflichten**. Im Einzelnen gilt Folgendes:

– Der Anwalt hat **keinen Anspruch mehr auf Gewährung der Freizügigkeit** für die Parteivertretung vor den Gerichtsbehörden. Dies bedeutet, dass er in den vom Anwaltsmonopol erfassten Bereichen keine Parteien mehr vor Gerichtsbehörden vertreten kann. Dies gilt zumindest in allen Kantonen ausser dem Stammkanton. Für diesen gilt das Vertretungsverbot grundsätzlich nicht, wenn der Kanton von der Ermächtigung des Art. 3 Abs. 2 BGFA Gebrauch gemacht hat. Es ist allerdings davon auszugehen, dass bei dieser Konstellation auch die gestützt auf Art. 3 Abs. 2 BGFA allenfalls bestehende kantonalrechtliche Auftretensbefugnis aufgehoben wird, wenn das kantonale Recht diese Sanktion vorsieht.

– Der Anwalt darf nur noch die **Berufsbezeichnung des Stammkantons** verwenden, die ihm mit dem Patent verliehen wurde. Die Möglichkeit, die Berufsbezeichnung desjenigen Kantons zu verwenden, in dessen Register er eingetragen war, fällt weg.

– Der nicht mehr eingetragene Anwalt hat den **Hinweis auf den Eintrag** im kantonalen Anwaltsregister auf Briefpapier etc. zu **entfernen**. Er ist nicht mehr berechtigt, auf einen solchen Eintrag hinzuweisen (Art. 11 Abs. 2 BGFA).

---

[15] In diesem Sinne § 14 Abs. 2 AnwG-BS; Art. 11 AnwV-FR; Art. 9 EVBGFA-BE; § 14 AnwG-BL; Art. 47 AnwG-GE; Art. 10 Abs. 2 AnwG-GL; Art. 36 Abs. 2 AnwV-TI.

– Mit der Löschung **entfällt die Pflicht zur Einhaltung der bundesrechtlichen Berufsregeln** nach Art. 12 BGFA. Es gilt allerdings zu
beachten, dass bei Weiterführung des Anwaltsberufes ausserhalb des
Monopolbereichs die kantonalrechtlichen Berufspflichten zur Anwendung kommen, die sich möglicherweise mit den bundesrechtlichen Vor-
schirften decken.[16] Mit der Löschung im Anwaltsregister entfällt auch
die Geheimhaltungspflicht nach Art. 13 BGFA. Art. 321 StGB[17] gilt
jedoch weiterhin, so dass im Endergebnis die Geheimhaltungspflicht
des Anwaltes unverändert weiterbesteht.[18]

– Mit der Löschung **entfällt die bundesrechtliche Disziplinaraufsicht**
gemäss Art. 14–20 BGFA. Auch hier sind aber allfällige kantonale aufsichtsrechtliche Bestimmungen zu beachten, die auf den Anwalt, der
ohne Eintrag den Beruf weiter ausübt, anwendbar sind.

16   Insbesondere der allein praktizierende Anwalt hat für den Fall der Streichung seines Eintrags aus dem Anwaltsregister dafür besorgt zu sein, dass
die **zeitgerechte Weiterführung der Mandate sichergestellt** ist. Vorkehrungen sind insbesondere im Hinblick auf den Wegfall der Handlungsfähigkeit oder den Tod des Anwalts[19] notwendig. Es muss zudem beachtet
werden, dass das Berufsgeheimnis bei der Übergabe an einen Nachfolger
gewahrt bleibt.[20]

V.   Wiedereintragung

17   Ist der Eintrag eines Anwalts im Anwaltsregister gelöscht worden, kann
eine **Wiedereintragung** erfolgen, wenn sämtliche Voraussetzungen dafür
wieder erfüllt sind. Die Wiedereintragung erfolgt nicht von Amtes wegen

---

[16]   Vgl. dazu NATER, Ausdehnung, 430 ff.; § 18 AnwG-BS; § 8 Abs. 2 AnwG-LU, vgl.
        dazu SJZ 99 (2003) 29.
[17]   Vgl. dazu auch PFEIFER, Anwaltsrecht, 106 ff.
[18]   Für Einzelheiten siehe hinten Art. 13 N 1 ff.
[19]   Erben des Anwalts können nur dann handeln, wenn sie selbst resp. zumindest einer
        von ihnen auch Anwalt ist. In den anderen Fällen müssen die Aufsichtsbehörde und
        der Anwaltsverband am Ort der Geschäftsadresse dafür besorgt sein, dass ein anderer
        Anwalt die Überführung der Mandate betreut. Vgl. in diesem Zusammenhang z.B.
        § 18 Abs. 2 der Standesregeln der Basler Advokatenkammer.
[20]   Vgl. dazu Art. 34 Abs. 3 und 64 AnwG-VD und Art. 9 AnwG-GE («avocat suppléant»);
        in diesem Zusammenhang auch § 18 der Standesregeln der Basler Advokatenkam-
        mer.

durch die Aufsichtsbehörde, sondern nur **auf Antrag des Anwalts**. Es gelten die gleichen Regeln wie bei der erstmaligen Eintragung.

Das **Verfahren auf Wiedereintragung** entspricht demjenigen des erstma-   18
ligen Eintrags. Es kann deshalb auf jene Ausführungen verwiesen werden.[21]
Der Anwalt, der die Wiedereintragung beantragt, hat alle Unterlagen, Angaben etc. zu liefern, die schon für die erstmalige Eintragung erforderlich waren. Die Aufsichtsbehörde kann allerdings je nach den Umständen auf die nochmalige Ablieferung sämtlicher Angaben und Bestätigungen verzichten, wenn diese von der früheren Eintragung her noch vorliegen (z.B. Nachweis des erteilten Patents). Je nach der Ursache der Löschung müssen jedoch für bestimmte Punkte neue Bescheinigungen eingereicht werden (z.B. Nachweis des Fehlens von Verlustscheinen, der Löschung einer strafrechtlichen Verurteilung etc.).

Wie bei der erstmaligen Eintragung erfolgt die Gutheissung oder Ableh-   19
nung der Wiedereintragung durch Verfügung der Aufsichtsbehörde. In Bezug auf das Recht zur **Anfechtung einer solchen Verfügung** kann auf die Ausführungen zu Art. 6 BGFA verwiesen werden.[22]

Die rechtskräftig verfügte Wiedereintragung ins Anwaltsregister wird eben-   20
so **publiziert** wie die ursprüngliche Eintragung.[23]

---

[21] Vgl. vorne Art. 6 N 22.
[22] Insb. vorne Art. 6 N 33 ff.
[23] Vgl. dazu vorne Art. 6 N 29 ff.

Art. 10 Einsicht in das Register

[1] Einsicht in das Register erhalten:
   a. die eidgenössischen und kantonalen Gerichts- und Verwaltungsbehörden, vor denen die Anwältinnen und Anwälte auftreten;
   b. die Gerichts- und Verwaltungsbehörden der Mitgliedstaaten der EU oder der EFTA, vor denen die im Register eingetragenen Anwältinnen und Anwälte auftreten;
   c. die kantonalen Aufsichtsbehörden über die Anwältinnen und Anwälte;
   d. die Anwältinnen und Anwälte in Bezug auf ihren Eintrag.

[2] Jede Person hat ein Recht auf Auskunft, ob eine Anwältin oder ein Anwalt im Register eingetragen ist und ob gegen sie oder ihn ein Berufsausübungsverbot verhängt ist.

Art. 10 Consultation du registre

[1] Sont admis à consulter le registre:
   a. les autorités judiciaires et administratives fédérales et cantonales devant lesquelles l'avocat exerce son activité;
   b. les autorités judiciaires et administratives des Etats membres de l'UE ou de l'AELE devant lesquelles un avocat inscrit au registre exerce ses activités;
   c. les autorités cantonales de surveillance des avocats;
   d. l'avocat, pour les indications qui le concernent.

[2] Toute personne a le droit de demander si un avocat est inscrit au registre et s'il fait l'objet d'une interdiction de pratiquer.

Art. 10 Consultazione del registro

[1] Il registro può essere consultato:
   a. dalle autorità giudiziarie e amministrative federali e cantonali dinanzi alle quali l'avvocato esercita la sua attività;
   b. dalle autorità giudiziarie e amministrative degli Stati membri dell'UE o dell'AELS dinanzi alle quali un avvocato iscritto nel registro esercita le sue attività;
   c. dalle autorità cantonali di sorveglianza degli avvocati;
   d. dall'avvocato, per le indicazioni che lo concernono.

[2] Chiunque ha il diritto di sapere se un avvocato è iscritto nel registro e se è sospeso o definitivamente escluso dall'esercizio dell'avvocatura.

Inhaltsübersicht		Note
I.	Gegenstand	1
II.	Voraussetzungen und Umfang der Einsicht	3
	A. Gerichte und Verwaltungsbehörden	4
	B. Kantonale Aufsichtsbehörden	7
	C. Anwälte	10
	D. Allgemeinheit	11
III.	Form der Einsichtnahme	13

ERNST STAEHELIN/CHRISTIAN OETIKER

I.   Gegenstand

Art. 10 BGFA regelt das **Einsichtsrecht ins Anwaltsregister**. Über das   1
volle Einsichtsrecht der kantonalen Aufsichtsbehörden wird sichergestellt,
dass Disziplinarmassnahmen im interkantonalen Verhältnis auf Anfrage
offen gelegt werden können und müssen. Art. 16 Abs. 3 BGFA sieht im
Fall der Verhängung von Disziplinarmassnahmen durch eine auswärtige
Aufsichtsbehörde die Mitteilung an die Aufsichtsbehörde des Registerkantons vor. Dies soll gewährleisten, dass sämtliche Disziplinarmassnahmen
ins Register eingetragen werden und daraus ersichtlich sind.[1]

Zu beachten ist, dass das eidgenössische Datenschutzgesetz auf die kanto-   2
nalen Anwaltsregister keine Anwendung findet, da diese nicht von Bundesbehörden geführt werden (Art. 2 Abs. 1 lit. b DSG). Mithin wäre also
kantonales Datenschutzrecht anwendbar.[2] Soweit das BGFA allerdings
weiter gehende Einsichtsrechte gewährt, gehen diese vor.

II.   Voraussetzungen und Umfang der Einsicht

Das Gesetz differenziert die Voraussetzungen und den Umfang der Ein-   3
sicht danach, welche Behörde oder Person Auskunft verlangt.

A.   Gerichte und Verwaltungsbehörden

Das gerichtliche und behördliche Einsichtsrecht gemäss Art. 10 Abs. 1 lit. a   4
und b BGFA[3] steht nicht nur den **kantonalen und eidgenössischen Gerichten und Behörden** zu, sondern auch denjenigen in den **EU- und EFTA-
Staaten**. Die **Gemeindebehörden** sind vom bundesrechtlichen Begriff
«kantonale Behörden» mitumfasst, so dass auch sie zur Einsicht berechtigt
sind.[4]

---

[1]   Für ausländische Disziplinarmassnahmen siehe hinten Art. 26 N 4 f.
[2]   BOTSCHAFT, Nr. 232.7, 6051. Bei Fehlen kantonaler Datenschutzvorschriften findet
       das eidgenössische Datenschutzgesetz gestützt auf Art. 37 DSG trotzdem Anwen-
       dung.
[3]   Der unterschiedliche Wortlaut von Art. 10 Abs. 1 lit. a und b BGFA hat materiell
       keine Bedeutung.
[4]   BOTSCHAFT, Nr. 232.7, 6051.

ERNST STAEHELIN/CHRISTIAN OETIKER

5 Gerichte und Verwaltungsbehörden haben ein **umfassendes Einsichtsrecht**
   in den Registereintrag eines Anwalts. Dieses Einsichtsrecht gilt allerdings
   nicht voraussetzungslos. Es besteht nur für jene Gerichte und Behörden,
   vor denen der Anwalt auftritt. Diese Voraussetzung ist erfüllt, sobald sich
   der Betroffene formell als Parteivertreter eines Dritten konstituiert, etwa
   mittels schriftlicher Mitteilung (auch bei Nachreichung der Vollmacht) oder
   im Rahmen einer mündlichen Verhandlung. Inhaltlich ist das Einsichtsrecht der Gerichte und Behörden (auch der ausländischen) nicht beschränkt.
   Es umfasst deshalb auch die zum Register gehörenden Belege.

6 Um das Einsichtsrecht ausüben zu können, genügt in der Regel ein **einfa-
   cher Hinweis**, dass ein registrierter Anwalt vor der um Einsicht ersuchen-
   den Behörde auftrete. Nur ausnahmsweise wird die Behörde diesbezüglich
   einen Nachweis erbringen müssen.

B.   Kantonale Aufsichtsbehörden

7 Ebenfalls ein **umfassendes Einsichtsrecht** haben die kantonalen Aufsichtsbehörden. Dies gilt vor allem für die Aufsichtsbehörde des Registerkantons, schliesst aber auch die Aufsichtsbehörden der übrigen Kantone ein.
   Im Unterschied zu den Gerichten und Behörden ist das Einsichtsrecht der
   Aufsichtsbehörden nicht von weiteren Voraussetzungen abhängig. Praktisch bedeutet dies, dass die kantonalen Aufsichtsbehörden jederzeit ohne
   konkreten Anlass über jeden registrierten Anwalt umfassende Auskunft
   verlangen können.

8 Da die Anwaltsregister ausschliesslich auf kantonaler Ebene geführt werden, gibt es **keine Bundesaufsichtsbehörde**, die vom freien Einsichtsrecht
   gemäss Art. 10 Abs. 1 lit. c BGFA Gebrauch machen könnte. Das Gesetz
   enthält denn auch ausdrücklich eine entsprechende Einschränkung («die
   kantonalen Aufsichtsbehörden [...]»).

9 **Ausländische Aufsichtsbehörden** haben kein freies und voraussetzungsloses Einsichtsrecht. Es wäre allerdings möglich, ein weiter gehendes Einsichtsrecht ausländischer Aufsichtsbehörden staatsvertraglich zu vereinbaren. Anlass, hier einseitig Vorleistungen zu erbringen, gibt es freilich
   nicht. Sofern es sich bei den ausländischen Aufsichtsbehörden nicht um
   Gerichte oder Behörden im Sinne von Art. 10 Abs. 1 lit. b BGFA handelt,
   haben sie folglich überhaupt keine Möglichkeit, Einsicht ins Register zu
   nehmen.

C. Anwälte

Die eingetragenen Anwälte haben in Bezug auf ihren eigenen Eintrag ein   10
freies und umfassendes Einsichtsrecht. Dieses Recht kann jederzeit und
voraussetzungslos geltend gemacht werden.

D. Allgemeinheit

Ein **freies**, aber **nicht umfassendes Einsichtsrecht** hat das Publikum. Jede   11
Person ist jederzeit und ohne weitere Voraussetzungen berechtigt, bei der
kantonalen Registerbehörde nachzufragen, ob ein bestimmter Anwalt im
Register eingetragen sei und ob gegen ihn ein Berufsausübungsverbot verhängt sei.[5] Das Einsichtsrecht beschränkt sich auf diese beiden Punkte.

Mit dem freien Einsichtsrecht der Allgemeinheit erlaubt das Gesetz indirekt   12
auch die **Publikation** gewisser Registerdaten. Den Kantonen steht es daher
frei, zur Befriedigung des Informationsbedürfnisses des Publikums eine Liste
der eingetragenen Anwälte in geeigneter Form zu veröffentlichen. Dies wird
in der Praxis denn auch bereits so gemacht. Diese Liste sollte sich auf die
zur Berufsausübung berechtigten Anwälte beschränken, die mit einem Berufsausübungsverbot belegten Anwälte also gar nicht enthalten.[6] Die Publikation hat sich auf folgende Angaben zu beschränken: Name, Vorname, Geburtsdatum, Geschäftsadresse, evtl. Name des Anwaltsbüros.

III. Form der Einsichtnahme

Soweit ein freies und voraussetzungsloses Einsichtsrecht besteht, kann die   13
Einsichtnahme **formlos**, d.h. auch telefonisch erfolgen. Hingegen hat das
Gesuch um Einsichtnahme durch Gerichtsbehörden grundsätzlich **schriftlich** und unter Angabe des Verfahrens, in dem der betreffende Anwalt auftritt, zu erfolgen. Im Zweifel ist die registerführende Aufsichtsbehörde sogar berechtigt, vom Gericht oder von der Behörde, die Einsicht verlangt,
einen entsprechenden Nachweis zu verlangen.

---

[5]   BOTSCHAFT, Nr. 232.7, 6052.
[6]   Nach dem Gesetzeswortlaut wird der Anwalt, der mit einem (befristeten oder dauern-
      den) Berufsausübungsverbot belegt ist, weiterhin im Anwaltsregister aufgeführt, ver-
      sehen mit dem Hinweis auf das Berufsausübungsverbot. Diese Lösung ist unbefriedi-
      gend, vgl. dazu vorne Art. 9 N 8.

Art. 11   Berufsbezeichnung

[1] Anwältinnen und Anwälte verwenden diejenige Berufsbezeichnung, die ihnen mit ihrem Anwaltspatent erteilt worden ist, oder eine gleichwertige Berufsbezeichnung des Kantons, in dessen Register sie eingetragen sind.

[2] Im Geschäftsverkehr geben sie ihren Eintrag in einem kantonalen Register an.

Art. 11   Titre professionnel

[1] L'avocat fait usage de son titre professionnel d'origine ou du titre équivalent délivré dans le canton au registre duquel il est inscrit.

[2] Dans ses relations d'affaires, il mentionne son inscription à un registre ou un barreau cantonal.

Art. 11   Denominazione professionale

[1] L'avvocato fa uso del suo titolo professionale di origine o del titolo equivalente del Cantone nel cui registro è iscritto.

[2] Nelle relazioni d'affari menziona la sua iscrizione in un registro cantonale.

Inhaltsübersicht	Note
I. Gegenstand	1
II. Wahlrecht betreffend Berufsbezeichnung	2
III. Hinweis auf Registereintragung	5
A. Ausschliessliches Recht	6
B. Pflicht	7
C. Begriff des Geschäftsverkehrs	8
D. Inhalt des Hinweises	12

I.   Gegenstand

1   Art. 11 BGFA regelt in Abs. 1 die Frage, welche **Berufsbezeichnung** die Anwälte führen dürfen und müssen. Art. 11 Abs. 2 BGFA verpflichtet sie, im Geschäftsverkehr auf ihren **Registereintrag hinzuweisen**. Diese Bestimmung dient der Information des Publikums.

II.   Wahlrecht betreffend Berufsbezeichnung

2   Die Anwälte können entweder die **Berufsbezeichnung des Stammkantons** oder die **Berufsbezeichnung des Registerkantons** verwenden. Bis-

her war es üblich, dass die Anwälte die Berufsbezeichnung des Stammkantons verwendeten. Diese diente damit auch als Herkunftshinweis. Neu schafft das Gesetz ein Wahlrecht. Ein Anwalt mit Berner Fürsprecher-Patent, der im Kanton Basel-Stadt seine Geschäftsadresse hat, kann folglich die Berufsbezeichnung Fürsprecher oder Advokat führen. Damit können die Anwälte selbst entscheiden, ob sie ihre Herkunft oder ihre Verbindung mit dem Registerkanton betonen wollen. In anderen Kantonen übliche Berufsbezeichnungen dürfen hingegen (weiterhin) nicht verwendet werden.[1] Diese Regelung stellt sicher, dass Anwälte, deren Register- und Stammkantone andere Berufsbezeichnungen kennen als der Kanton, in dem der Anwalt auftritt, sofort als auswärtige Anwälte erkennbar sind. Solange die Zivilprozessordnungen kantonal geregelt sind, mag dies einen gewissen Sinn machen. Sollte die eidgenössische Zivilprozessordnung realisiert werden, wäre die faktische Kennzeichnung des auswärtigen Anwalts jedoch nicht mehr sachgerecht.

Im Gegensatz zu den Anwälten aus Mitgliedstaaten der EU und der EFTA[2]   3
dürfen Schweizer Anwälte die Berufsbezeichnungen des Stamm- und Registerkantons **nicht gleichzeitig** verwenden. Sie müssen eine Wahl treffen.[3]

Die Frage, welche Berufsbezeichnung **ausländische Anwälte** führen müs-   4
sen, ist in Art. 24, Art. 27 Abs. 2 und Art. 33 BGFA speziell geregelt.

III. Hinweis auf Registereintragung

Der Hinweis auf die Registereintragung im Geschäftsverkehr soll das Pub-   5
likum in Stand setzen, die **forensisch tätigen Anwälte**, die den Berufsregeln des Anwaltsgesetzes unterstehen, von den übrigen Anwälten, die ebenfalls den Anwaltstitel führen dürfen, zu **unterscheiden**.[4] Gleichzeitig informiert der Eintrag das Publikum, wohin es sich im Falle von Rückfragen oder Erkundigungen wenden muss.

---

[1]   BOTSCHAFT, Nr. 323.8, 6052.
[2]   Vgl. dazu Art. 33 BGFA.
[3]   Die nicht registrierten Anwälte dürfen nur diejenige Berufsbezeichnung verwenden, die in ihrem Stammkanton gemäss kantonalem Recht als zulässig erklärt wird.
[4]   BOTSCHAFT, Nr. 323.8, 6052.

A.   Ausschliessliches Recht

6   Es versteht sich von selbst, dass **nur die Anwälte, die tatsächlich in einem kantonalen Anwaltsregister eingetragen sind**, auf ihren Registereintrag hinweisen dürfen. Der wahrheitswidrige Hinweis eines Anwalts, der nicht im Register eingetragen ist, stellt einen Verstoss gegen die Vorschriften des Anwaltsgesetzes dar. Da die nicht im Anwaltsregister eingetragenen Personen den Disziplinarvorschriften des Gesetzes nicht unterstellt sind, finden auf solche Verstösse die kantonalen Übertretungsstrafgesetze Anwendung, welche die **Titelanmassung** in der Regel unter Strafe stellen.[5] Denkbar ist weiter eine Verletzung von Art. 3 lit. c UWG, wobei allerdings fraglich ist, ob es sich beim Hinweis auf die Eintragung im Anwaltsregister um einen Titel oder eine Berufsbezeichnung im Sinne des UWG handelt. Mit dem Hinweis auf den Registereintrag soll sichergestellt werden, dass die registrierten Anwälte, die den Berufsregeln des Gesetzes unterstehen, und die nicht registrierten Anwälte, für welche die bundesrechtlichen Berufsregeln nicht gelten, im Geschäftsverkehr differenziert wahrgenommen werden.[6] Damit sollen nach Möglichkeiten Wettbewerbsnachteile der Anwälte, die den Berufregeln des Anwaltsgesetzes unterstehen, verhindert werden.[7]

B.   Pflicht

7   Der Hinweis auf den Registereintrag dient dem **Schutz des Publikums**. Die eingetragenen Anwälte sollen im Geschäftsverkehr kundtun, dass sie den Berufsregeln des Anwaltsgesetzes, insbesondere den strengen Vorschriften über die Unabhängigkeit, unterstehen.[8] Diese Regelung soll verhindern, dass sich Rechtsuchende in Unkenntnis der tatsächlichen Gegebenheiten Anwälten anvertrauen, die zwar über das Anwaltspatent verfügen (und folglich den Anwaltstitel führen dürfen), jedoch nicht den Berufsregeln des Gesetzes unterstehen. Daraus folgt, dass der Hinweis auf den Registereintrag nicht nur Recht, sondern auch **Pflicht** des Anwalts ist.[9] Die

---

[5]   Vgl. z.B. § 65 Abs. 2 Übertretungsstrafgesetz-BS, das dafür eine spezielle Bestimmung kennt.
[6]   BOTSCHAFT, Nr. 13, 6021.
[7]   Die BOTSCHAFT, Nr. 13, 6021, spricht etwas salopp von «unlauterem Wettbewerb».
[8]   BOTSCHAFT, Nr. 13, 6021 f.
[9]   BOTSCHAFT, Nr. 232.7, 6052.

Verletzung dieser Pflicht kann disziplinarische Massnahmen nach sich ziehen (Art. 17 BGFA).

C.   Begriff des Geschäftsverkehrs

Das Anwaltsgesetz verlangt in Art. 11 Abs. 2 die Angabe des Registereintrags «im Geschäftsverkehr». Es stellt sich folglich die Frage, was unter **Geschäftsverkehr** zu verstehen ist, welchen **Umfang** diese Hinweispflicht hat. Diese Frage ist von erheblicher praktischer Bedeutung. Auszugehen ist dabei vom Zweck der Bestimmung, das Publikum zu schützen.[10] Da bei einer Verletzung der Hinweispflicht disziplinarische Sanktionen drohen, muss geklärt werden, welches die Minimalanforderungen dieser Vorschrift sind.

8

Dem Begriff «Geschäftsverkehr» lässt sich erstens entnehmen, dass die Hinweispflicht **nur im geschäftlichen Bereich** besteht. Nicht erfasst ist damit sicher der private Bereich. Zum geschäftlichen Bereich gehören sämtliche Tätigkeiten, die unter das Anwaltsmonopol fallen, also insbesondere die berufliche Vertretung von Dritten vor Gerichtsbehörden. Ebenfalls als geschäftlich im Sinne von Art. 11 Abs. 2 BGFA haben Tätigkeiten zu gelten, die registrierte Anwälte in ihrer Funktion als Anwälte, aber ausserhalb des Anwaltsmonopols ausüben. Zwar profitieren sie in diesem Bereich nicht vom Anwaltsmonopol (und von der Freizügigkeit). Nach der klaren Absicht des Gesetzgebers unterstehen sie jedoch auch hier den Berufsregeln des Anwaltsgesetzes.[11] Nicht geschäftlich sind hingegen Tätigkeiten, die funktional nicht zu den Aufgaben eines forensisch und/oder beratend tätigen Anwalts gehören, zum Beispiel Verwaltungsratsmandate, die der Anwalt nicht als Berater oder Parteivertreter, sondern als Organ der Gesellschaft ausübt. Als Faustregel zur Abgrenzung der möglichen Tätigkeitsbereiche mag der «Briefpapiertest» dienen: Danach spricht der Umstand, dass der Anwalt für ein Schreiben in der fraglichen Angelegenheit eher das Kanzlei-Briefpapier verwendet, für das Vorliegen einer geschäftliche Aktivität im Sinne von Art. 11 Abs. 2 BGFA. Greift er demgegenüber eher zu anderem Briefpapier, beispielsweise als Organ einer Gesellschaft, spricht

9

---

[10]   Vgl. N 7 vorne.
[11]   Vgl. dazu vorne Art. 2 N 8.

dies für eine Tätigkeit ausserhalb des Anwendungsbereichs des Art. 11 Abs. 2 BGFA.[12]

10 Zweitens müssen die Anwälte **nur im Geschäfts*verkehr*** ihren Registereintrag angeben. Damit wird der Anwendungsbereich des Art. 11 Abs. 2 BGFA enger gezogen. Nicht unter den Begriff «Verkehr» fallen einseitige Auskündungen wie Internet-Auftritte oder Visitenkarten. Hingegen werden davon sämtliche Formen der geschäftlichen Korrespondenz erfasst. Der Registereintrag muss daher auf dem Briefpapier, auf Faxzustellungen, auf Zustellkarten etc. angegeben werden. Dabei genügt es jedoch, wenn die Angabe pro Zusendung mindestens einmal in richtiger Form erfolgt. Sendet ein Anwalt z. B. ein Schreiben vorab per Fax, so braucht das separate Faxdeckblatt den Hinweis auf den Registereintrag nicht zu tragen, wenn sich dieser auf dem Briefpapier findet. Insgesamt sollten die Minimalanforderungen nicht allzu hoch angesetzt werden. Solange der Adressat im Geschäftsverkehr in der einen oder anderen geeigneten Form vom Registereintrag Kenntnis erhält, ist Art. 11 Abs. 2 BGFA erfüllt.

11 Aus dem Gesagten folgt, dass der Registereintrag auf dem **Briefpapier** und in der Regel auch auf **Faxbriefen** und in **Mandatsverträgen** anzugeben ist. Sinnvoll erscheint die Angabe des Registereintrags zudem in der E-Mail-Signatur, auf Faxdeckblättern, auf Zustellkarten, bei Internet-Auftritten und in der Vollmacht.

D.   Inhalt des Hinweises

12 Der Anwalt muss den Registerkanton in seinem Hinweis anführen, weil sonst die **Überprüfbarkeit seiner Angaben** und die **Möglichkeit der Einsichtnahme** in das Register für die Behörden und das Publikum erheblich erschwert ist. Obwohl der Wortlaut des Art. 11 Abs. 2 BGFA von den Anwälten bloss verlangt, «ihren Eintrag in einem kantonalen Register» anzugeben, hat diese Angabe neben dem **Hinweis auf den Registereintrag** auch einen klaren Hinweis auf den **Registerkanton** zu enthalten. Diese Anforderung ist erfüllt, wenn eine einzige Büroadresse angegeben ist und daher klar ist, dass der Anwalt in diesem Kanton praktiziert. Werden mehrere

---

[12]   Zu beachten ist, dass der Begriff des Geschäftsverkehrs lediglich die Hinweispflicht eingrenzt. Über die Anwendbarkeit der Berufsregeln und der Disziplinaraufsicht auf die fragliche Tätigkeit ist damit nichts gesagt.

Büroadressen angegeben, genügt der Hinweis «Eingetragen im Anwaltsregister» nicht. Ebenso wenig reicht in diesen Konstellationen ein indirekter Hinweis über die Ortsangabe beim Datum («Basel, den ...»); er wäre nicht genügend bestimmt. Der Hinweis muss vielmehr wie folgt lauten: «Eingetragen im Anwaltsregister des Kantons Basel-Stadt». Dabei sind allerdings auch Abkürzungen zulässig, solange sie eindeutig sind. Als Beispiele sind zu nennen: «Dr. Felix Muster, Anwaltsregister Basel-Stadt», «Dr. Felix Muster, Advokat, registriert in Basel-Stadt», «Dr. Felix Muster, Advokat, eingetragen in Basel-Stadt».

3. Abschnitt: Berufsregeln und Disziplinaraufsicht

Art. 12   Berufsregeln

Für Anwältinnen und Anwälte gelten folgende Berufsregeln:
  a. Sie üben ihren Beruf sorgfältig und gewissenhaft aus.
  b. Sie üben ihren Beruf unabhängig, in eigenem Namen und auf eigene Verantwortung aus.
  c. Sie meiden jeden Konflikt zwischen den Interessen ihrer Klientschaft und den Personen, mit denen sie geschäftlich oder privat in Beziehung stehen.
  d. Sie können Werbung machen, solange diese objektiv bleibt und solange sie dem Informationsbedürfnis der Öffentlichkeit entspricht.
  e. Sie dürfen vor Beendigung eines Rechtsstreits mit der Klientin oder dem Klienten keine Vereinbarung über die Beteiligung am Prozessgewinn als Ersatz für das Honorar abschliessen; sie dürfen sich auch nicht dazu verpflichten, im Falle eines ungünstigen Abschlusses des Verfahrens auf das Honorar zu verzichten.
  f. Sie haben eine Berufshaftpflichtversicherung nach Massgabe der Art und des Umfangs der Risiken, die mit ihrer Tätigkeit verbunden sind, abzuschliessen.
  g. Sie sind verpflichtet, in dem Kanton, in dessen Register sie eingetragen sind, amtliche Pflichtverteidigungen und im Rahmen der unentgeltlichen Rechtspflege Rechtsvertretungen zu übernehmen.
  h. Sie bewahren die ihnen anvertrauten Vermögenswerte getrennt von ihrem eigenen Vermögen auf.
  i. Sie klären ihre Klientschaft bei Übernahme des Mandates über die Grundsätze ihrer Rechnungsstellung auf und informieren sie periodisch oder auf Verlangen über die Höhe des geschuldeten Honorars.
  j. Sie teilen der Aufsichtsbehörde jede Änderung der sie betreffenden Daten im Register mit.

Art. 12   Règles professionnelles

L'avocat est soumis aux règles professionnelles suivantes:
  a. il exerce sa profession avec soin et diligence;
  b. il exerce son activité professionnelle en toute indépendance, en son nom personnel et sous sa propre responsabilité;
  c. il évite tout conflit entre les intérêts de son client et ceux des personnes avec lesquelles il est en relation sur le plan professionnel ou privé;
  d. il peut faire de la publicité, pour autant que celle-ci se limite à des faits objectifs et qu'elle satisfasse à l'intérêt général;
  e. il ne peut pas, avant la conclusion d'une affaire, passer une convention avec son client par laquelle ce dernier accepterait de faire dépendre les honoraires du résultat de l'affaire; il ne peut pas non plus s'engager à renoncer à ses honoraires en cas d'issue défavorable du procès;

f. il doit être au bénéfice d'une assurance responsabilité civile professionnelle of-
    frant une couverture adaptée à la nature et à l'étendue des risques liés à son
    activité;
g. il est tenu d'accepter les défenses d'office et les mandats d'assistance judiciaire
    dans le canton au registre duquel il est inscrit;
h. il conserve séparément les avoirs qui lui sont confiés et son patrimoine;
i. lorsqu'il accepte un mandat, il informe son client des modalités de facturation et
    le renseigne périodiquement ou à sa demande sur le montant des honoraires dus;
j. il communique à l'autorité de surveillance toute modification relative aux indi-
    cations du registre le concernant.

Art. 12   Regole professionali

L'avvocato è soggetto alle regole professionali seguenti:
a. esercita la professione con cura e diligenza;
b. esercita la sua attività professionale in piena indipendenza, a proprio nome e
    sotto la propria responsabilità;
c. evita qualsiasi conflitto tra gli interessi del suo cliente e quelli delle persone con
    cui ha rapporti professionali o privati;
d. può pubblicizzare i servizi offerti, sempreché la pubblicità si limiti a fatti ogget-
    tivi e risponda ai bisogni d'informazione del pubblico;
e. prima della conclusione di una causa, non può stipulare un accordo nel quale il
    suo cliente s'impegni a versargli parte dei proventi della causa anziché onorari;
    non può inoltre impegnarsi a rinunciare all'onorario in caso di soccombenza;
f. dev'essere assicurato entro limiti ragionevoli contro le conseguenze della sua re-
    sponsabilità professionale, tenuto conto del genere e dell'entità dei rischi connes-
    si con la sua attività;
g. è tenuto ad assumere le difese d'ufficio e ad accettare i mandati di gratuito pa-
    trocinio nel Cantone nel cui registro è iscritto;
h. custodisce separatamente dal proprio patrimonio gli averi che gli sono affidati;
i. all'atto dell'accettazione del mandato spiega al cliente i principi della fatturazio-
    ne; lo informa inoltre regolarmente, o su sua domanda, circa l'importo degli
    onorari dovuti;
j. comunica all'autorità di sorveglianza qualsiasi modifica relativa alle indicazioni
    del registro che lo concernono.

Inhaltsübersicht	Note
I. Vorbemerkungen	1
II. Art. 12 lit. a: Sorgfältige und gewissenhafte Berufsausübung	8
A. Art. 12 lit. a BGFA als Generalklausel	8
B. Allgemeine Pflichten	17
1. Pflicht zur Führung einer Kanzlei	17
2. Freie Anwaltswahl	20
3. Keine Beeinflussung von Zeugen	22
4. Vertraulichkeit von Vergleichsverhandlungen	24
C. Pflichten gegenüber den Klienten	25
D. Pflichten gegenüber Staat und Behörden	36
E. Pflichten gegenüber Kollegen, der Gegenpartei und Dritten	48

      F. Ausserberufliches Verhalten   52

III. Art. 12 lit. b: Unabhängigkeit   54

      A. Grundlagen und Problemstellung   54

      B. Die Lösung des BGFA und ihre Auswirkungen auf
die Organisationsfreiheit des Anwalts   60

      C. Unabhängigkeit vom Staat   66

      D. Unselbständige Erwerbstätigkeit und Ausübung
des Anwaltsberufs als Nebenerwerb   68

      E. Unabhängigkeit vom Klienten   75

      F. Wirtschaftliche Unabhängigkeit   79

      G. Gesellschaftliche und ideologische Unabhängigkeit? 82

IV. Art. 12 lit. c: Verbot von Interessenkollisionen   83

      A. Allgemeines   83

      B. Interessenkollisionen in Kanzlei- und Anwaltsgemeinschaften 88

      C. Der persönliche Interessenkonflikt   92

      D. Doppelvertretung   96

         1. Allgemeines   96

         2. Doppelvertretung bei der Rechtsberatung   99

         3. Doppelvertretung im Prozess   101

         4. Doppelvertretung bei übereinstimmenden Interessen 105

      E. Parteienwechsel   108

V. Art. 12 lit. d: Werbung   113

VI. Art. 12 lit. e: Verbot des Erfolgshonorars und der Beteiligung
am Prozessgewinn   118

VII. Art. 12 lit. f: Pflicht zum Abschluss einer Berufshaftpflichtversicherung 129

VIII. Art. 12 lit. g: Amtliche Pflichtverteidigungen und Rechtsvertretung
im Rahmen der unentgeltlichen Rechtspflege   142

IX. Art. 12 lit. h: Aufbewahrung anvertrauter Vermögenswerte   150

X. Art. 12 lit. i: Aufklärung über die Grundsätze der Rechnungsstellung
und das geschuldete Honorar   157

XI. Art. 12 lit. j: Mitteilungspflicht   174

I.   Vorbemerkungen

1   Ursprüngliches Ziel eines schweizerischen Anwaltsgesetzes war die Verwirklichung der **interkantonalen Freizügigkeit**. Später kam die Schaffung **internationaler Freizügigkeit** im Verhältnis zur EU und zur EFTA hinzu.[1] Bei der Vorbereitung der entsprechenden Vorlage merkten die Gesetzesredaktoren jedoch schnell, dass sich dieser Zweck bei einem Nebeneinander von 26 verschiedenen Berufsregelungen nicht sinnvoll realisieren liess. Die gleichzeitige **Harmonisierung der in der Schweiz gelten-**

---

[1]   Zur Entstehungsgeschichte des BGFA vgl. vorne Art. 1 N 6; SCHILLER, BGFA, 76 ff.; STUDER, Entwicklungen, 229.

den Berufsregeln erwies sich daher als unabdingbar.² Gemäss Art. 1 BGFA
gewährleistet das Gesetz daher nicht nur die Freizügigkeit der Anwältinnen und Anwälte, sondern legt gleichzeitig auch die Grundsätze für die
Ausübung des Anwaltsberufs in der Schweiz fest.³ Ziel der gesetzlichen
Regelung ist es, «die zwischen den Kantonen bestehenden Unterschiede
bei der Aufsicht und den Berufsregeln» zu beseitigen.⁴ Art. 12 BGFA enthält nun die für die ganze Schweiz geltenden Berufsregeln.

Als **Berufsregeln** bezeichnet man die **Verhaltenspflichten**, welche die An-   2
wälte bei der Ausübung ihres Berufs zu befolgen haben. Sie sind Teil des
Berufsrechts, das die Ausübung des Anwaltsberufs regelt. Dieses Berufsrecht ist öffentliches Recht. Der Gesetzgeber hatte es **im öffentlichen
Interesse** erlassen.⁵ Dieses Interesse gilt vor allem dem Beitrag, den die
Anwaltschaft für eine funktionsfähige Rechtspflege leistet.⁶ Die Berufsregeln enthalten daher nicht nur Verhaltenspflichten, welche die Beziehung
zwischen Anwalt und Klient regeln. Sie enthalten auch Bestimmungen, die
das Verhältnis der Anwälte zum Gemeinwesen normieren.⁷ Sie verpflichten den Anwalt beispielsweise zur Mitarbeit in der Rechtspflege.⁸ Im Verhältnis zum Klienten gehen die Berufsregeln teilweise weiter als die Sorg-
falts- und Treuepflichten des Auftragsrechts. Sie überlagern diese bzw.
überschneiden sich mit ihnen.⁹ Die Einhaltung der Berufsregeln wird von
den staatlichen Aufsichtsbehörden von Amtes wegen überwacht. Ihre Verletzung «unterliegt neben allfälligen straf- und zivilrechtlichen Folgen
einer besonderen Disziplinargerichtsbarkeit.»¹⁰

Art. 12 BGFA soll als «schweizerisches Anwaltsrecht» den **«gemeinsa-**   3
men Nenner» der bisherigen kantonalen Gesetze bilden.¹¹ Die kantona-

---

² Vgl. BOTSCHAFT, Nr. 172.2, 6039 und Urteil des Bundesgerichts vom 18. Juni 2004
  (2A.459/2003) E. 3.1, wo das Bundesgericht feststellte, das BGFA nehme in wesentlichen Bereichen eine Harmonisierung des materiellen Anwaltsrechts vor, indem es
  sowohl einen Registereintrag einführe, welcher die Berufstätigkeit auf dem Gebiet
  der ganzen Schweiz ermögliche (Art. 4 BGFA), als auch die Berufsregeln für die
  Rechtsanwälte auf Bundesebene vereinheitliche (Art. 12 BGFA); vgl. auch VOUILLOZ,
  436.
³ Vgl. vorne Art. 1 N 1 und 12 f.
⁴ BOTSCHAFT, Nr. 113, 6018.
⁵ Vgl. BOTSCHAFT, Nr. 233.1, 6053; WOLFFERS, 111.
⁶ Vgl. EYLMANN, Vorb. § 43 BRAO N 1.
⁷ Vgl. Art. 12 lit. b, d und j BGFA.
⁸ Vgl. Art. 12 lit. g BGFA; WOLFFERS, 111.
⁹ Vgl. FELLMANN, Art. 398 N 177 ff.; WOLFFERS, 111.
¹⁰ WOLFFERS, 111; vgl. Art. 14 ff. BGFA.
¹¹ BOTSCHAFT, Nr. 113, 6018, unter Hinweis auf WOLFFERS, 17.

len Besonderheiten, die sich als nicht mehr gerechtfertigt erwiesen, wurden daher beseitigt. Der Gesetzgeber schuf einen **abschliessenden Katalog von Berufsregeln**. Damit soll sichergestellt werden, dass «Anwältinnen und Anwälte aus der Schweiz und der EU, die in einem anderen Kanton Parteien vor Gerichtsbehörden vertreten, [...] sich im Bereich der Berufsregeln nicht mehr um kantonale Besonderheiten kümmern müssen.»[12] Gleichzeitig soll die Vereinheitlichung der Berufsregeln «eine **transparente Praxis der Aufsichtsbehörden** in Beschwerdefällen ermöglichen.»[13]

4   Mit der Harmonisierung der Berufsregeln im BGFA soll nach Auffassung des Bundesrats auch die **Bedeutung der Standesregeln begrenzt** werden, die zwar von den Berufsverbänden erlassen, nach der Praxis des Bundesgerichts[14] aber von den Aufsichtsbehörden auch zur Auslegung, namentlich zur Konkretisierung, der (kantonalen) Berufsregeln herangezogen wurden.[15] Diese Standesregeln seien nämlich zunehmender Kritik ausgesetzt, da es manchmal fraglich sei, ob sie tatsächlich im öffentlichen Interesse lägen.[16] Weiter führe die einfache Verweisung auf die Standesregeln in einem kantonalen Gesetz zu gewissen Problemen hinsichtlich der gesetzlichen Grundlage.[17] Inzwischen habe auch das Kartellgesetz die Fragwürdigkeit von Standesregeln nochmals vermehrt zutage gebracht.[18] Mit der bundesrechtlichen Vereinheitlichung der Berufsregeln wollte der Gesetzgeber daher eine **klare Unterscheidung** zwischen den (**staatlichen**) **Berufsregeln** und den **Stan-**

---

[12]   Botschaft, Nr. 172.2, 6039.
[13]   Botschaft, Nr. 172.2, 6039. In einem Urteil vom 11. August 2004 (2A.600/2003, E. 2.3) vertritt das Bundesgericht in Bezug auf die Generalklausel des Art. 12 lit. a BGFA (siehe dazu eingehend hinten N 12 ff.) allerdings die Auffassung, ihrem Zweck nach entspreche diese Bestimmung den Generalklauseln zahlreicher kantonaler Anwaltsgesetze, die das Verhalten des Anwalts umfassend regelten. Da keine Anhaltspunkte dafür bestehen würden, dass der Bundesgesetzgeber den Anwendungsbereich der Klausel, der Anwalt habe seine Tätigkeit sorgfältig und gewissenhaft auszuführen, habe einschränken wollen, sei davon auszugehen, dass deren Tragweite mit den entsprechenden Klauseln der alten kantonalen Gesetze übereinstimme. Diese Aussage ist in dieser Allgemeinheit nicht haltbar, da damit die Gefahr geschaffen wird, dass die kantonalen Aufsichtsbehörden ihre bisherige Praxis unreflektiert fortsetzen und damit den Willen des Gesetzgebers missachten, der sich bei der Vereinheitlichung der Berufsregeln auf das Wesentliche beschränken wollte (siehe dazu eingehend hinten N 12 f.).
[14]   Vgl. etwa BGE 98 Ia 360.
[15]   Vgl. Botschaft, Nr. 233.1, 6053.
[16]   Botschaft, Nr. 172.2, 6039 f.
[17]   Botschaft, Nr. 233.1, 6053 f., mit Hinweis auf Dreyer, 504.
[18]   Botschaft, Nr. 172.2, 6040.

desregeln der Anwaltsverbände und Anwaltskammern schaffen.[19] Gleich-
zeitig soll das BGFA Konkurrenzprobleme zwischen den Standesregeln der
Berufsverbände und den öffentlich-rechtlichen Berufsregeln verhindern.[20]
Die beispielsweise von der Aufsichtsbehörde über die Anwältinnen und Anwälte des Kantons Luzern vertretene Auffassung, die Standesregeln (des
Luzerner Anwaltsverbands) seien auch unter der Herrschaft des BGFA «zur
Auslegung bzw. Konkretisierung einer bundesrechtlich statuierten Berufspflicht heranzuziehen»,[21] ist daher in dieser Allgemeinheit nicht haltbar. Sie
würde zu einer neuen Zersplitterung des Berufsrechts führen. Damit würden
zwei wichtige Ziele des BGFA durchkreuzt. Zum einen sollen sich die Anwälte im Bereich der Berufsregeln künftig nicht mehr um kantonale Besonderheiten kümmern müssen. Zum anderen soll das Gesetz eine transparente
Praxis der Aufsichtsbehörden in Beschwerdefällen ermöglichen.[22] Eine andere Lösung wäre nur denkbar, wenn der Gesetzgeber im BGFA zugunsten
der schweizerischen Rechtsanwälte eine Kompetenznorm zum Erlass einer
das Gesetz ergänzenden bzw. näher regelnden Berufsordnung aufgenommen
hätte, wie dies der deutsche Gesetzgeber in § 59 b BRAO[23] getan hat.[24] In
der Tat geht nun auch das Bundesgericht davon aus, die Umschreibung der
Berufsregeln in Art. 12 BGFA sei abschliessender Natur. Zur Auslegung könne
nur noch beschränkt auf die jeweiligen Standesregeln der kantonalen Anwaltsverbände abgestellt werden, welche bisher regelmässig herangezogen
worden seien, um die im betreffenden Kanton geltenden Berufsregeln zu
konkretisieren. Die kantonalen Aufsichtsbehörden könnten deshalb auch nur
noch beschränkt auf ihre bisherige, von den lokalen Standesregeln geprägte
Rechtsprechung zurückgreifen, ansonsten die Gefahr bestehe, dass sie die

---

[19]   Vgl. auch Urteil des Bundesgerichts vom 18. Juni 2004 (2A.459/2003) E. 3.1.2, wo-
       nach es die erklärte Absicht des Gesetzgebers gewesen sei, mittels der Vereinheit-
       lichung der Berufsregeln eine klare Unterscheidung zwischen den allgemein verbind-
       lichen staatlichen Berufsregeln und privaten Standesregeln zu erreichen.
[20]   Botschaft, Nr. 172.2, 6040.
[21]   LGVE 2002 I Nr. 46, 98 = ZBJV 139 (2003) 928 ff.; vgl. auch LGVE 2002 I Nr. 45,
       96 f.
[22]   Vgl. dazu vorne N 1 ff.
[23]   § 59b Abs. 1 BRAO: «Das Nähere zu den beruflichen Rechten und Pflichten wird
       durch Satzung in einer Berufsordnung bestimmt.»
[24]   Gestützt auf § 59b BRAO erliess eine von allen deutschen Anwälten gewählte Sat-
       zungsversammlung am 29. November 1996 eine Berufsordnung, die am 1. Juli 1997
       in Kraft trat und die die Vorschriften der BRAO näher regelt. Zur Entstehungsgeschichte
       dieser Berufsordnung vgl. etwa Hartung, Einf. BerufsO N 1 ff.

bundesrechtliche Vereinheitlichung der Berufsregeln aus den Augen verlieren würden.[25]

5 Nach der hier vertretenen Auffassung dürfen mit dem Inkrafttreten des BGFA die **Standesregeln der Anwaltsverbände** zur Begründung eines Disziplinarentscheids nur noch herangezogen werden, soweit im Einzelfall **eine allgemein gehaltene Berufsregel des BGFA präzisiert werden muss.**[26] Im Vordergrund steht dabei die Generalklausel des Art. 12 lit. a BGFA, wonach der Anwalt seinen Beruf «sorgfältig und gewissenhaft» auszuüben hat.[27] Erforderlich ist aber weiter, dass die fragliche Standesregel nicht auf die spezifischen Interessen des Berufsstandes ausgerichtet, sondern vielmehr geeignet ist, im Interesse des rechtsuchenden Publikums und des geordneten Gangs der Rechtspflege das Vertrauen in die Person des Anwalts und der Anwaltschaft insgesamt zu gewährleisten und damit quasi als **Ausdruck des Gewohnheitsrechts** gelten kann.[28] Mit den Worten der Aufsichtskommission über die Rechtsanwälte des Kantons Zug sollen die Standesregeln nach Inkrafttreten des BGFA für die staatliche Aufsicht nur noch insoweit massgebend sein, als sie «das im öffentlichen Interesse Geforderte normieren und Ausdruck der herrschenden Sitte und der communis opinio der Rechtsanwälte bilden».[29] Diese Voraussetzung

---

[25]   Urteil des Bundesgerichts vom 18. Juni 2004 (2A.459/2003) E. 3.1.1.

[26]   So grundsätzlich schon Urteil des Bundesgerichts vom 4. Mai 2004 (2A.545/2003) E. 3, ausdrücklich nun im Urteil des Bundesgerichts vom 18. Juni 2004 (2A.459/ 2003) E. 3.1.3, wo das Bundesgericht klar feststellte, die Berufsregeln des neuen eidgenössischen Anwaltsgesetzes seien primär selbständig und ohne Beizug von privatrechtlichen Verbandsrichtlinien auszulegen.

[27]   Vgl. Urteil des Bundesgerichts vom 18. Juni 2004 (2A.459/2003) E. 3.2; vgl. dazu auch das Urteil des Bundesgerichts vom 9. April 2003 (2P.304/2002), publiziert in Pra 2004 Nr. 3, 21 f., wo das Bundesgericht allerdings noch zu allgemein festhielt, die im Kanton Tessin geltenden Standesregeln würden trotz Inkrafttreten des BGFA ihre volle Gültigkeit und Zweckmässigkeit bewahren, insofern als sie dazu dienten, die vom Bundesrecht festgelegten Berufsregeln zu präzisieren. Bereits im Urteil des Bundesgerichts vom 4. Mai 2004 (2A.545/2003) E. 3 stellt das Gericht viel zurückhaltender fest, Art. 12 lit. a BGFA, wonach Anwälte ihren Beruf sorgfältig und gewissenhaft ausüben würden, sei im Lichte der Standesregeln auszulegen.

[28]   Vgl. FELLMANN/SIDLER, Einl. 1 N 2 in Bezug auf das Verhältnis zwischen § 12 aAnwG-LU und den Standesregeln des Luzerner Anwaltsverbands vom 5. Mai 1995.

[29]   Urteil der Aufsichtskommission über die Rechtsanwälte des Kantons Zug vom 30. Juni 2003 (AK 2003/6); so nun auch Urteil des Bundesgerichts vom 18. Juni 2004 (2A.459/ 2003) E. 3.1.1, wonach eine Standesregel nur dann zur Auslegung des BGFA herangezogen werden dürfe, wenn sie eine landesweit in nahezu allen Kantonen geltende Auffassung zum Ausdruck bringe; zu weit gehend demgegenüber HESS, Anwaltsge-

wird im Grundsatz nur für Standesregeln bejaht werden können, die sich
mit den **Richtlinien des Schweizerischen Anwaltsverbands** für die Be-
rufs- und Standesregeln vom 1. Oktober 2002 decken und damit dem zeit-
gemässen schweizerischen Standard entsprechen.[30] Demgegenüber dürfen
regionale Besonderheiten, wie sie bisweilen in Standesregeln kantonaler
Anwaltsverbände zum Ausdruck kommen, bei der Auslegung des BGFA
nicht mehr berücksichtigt werden.[31]

Zwar gelten die Berufsregeln des Art. 12 BGFA nur für Anwälte, die im   6
Rahmen des Anwaltsmonopols Parteien vor Gerichtsbehörden vertreten.[32]
Für solche Anwälte sind die **Vorschriften** jedoch **umfassend anwendbar**.
Dass die Berufsregeln des BGFA sowohl für die forensische als auch für
die beratende Tätigkeit gelten, wird im Gesetz freilich nicht ausdrücklich
gesagt. Die Materialien zeigen indessen, dass der Gesetzgeber mit der Schaffung des BGFA die kantonalen Regeln vereinheitlichen und in Beschwerdefällen eine transparentere Praxis der Aufsichtsbehörde ermöglichen wollte. Die Berufsregeln wurden daher auf die **gesamte anwaltliche Tätigkeit**
ausgerichtet.[33] So wird beispielsweise in der Botschaft zu Art. 12 lit. a BGFA
(Sorgfalt und Gewissenhaftigkeit) ausdrücklich festgestellt, diese Bestimmung verlange von den Anwältinnen und Anwälten bei ihrer gesamten Anwaltstätigkeit ein korrektes Verhalten.[34] Als «Berufstätigkeit» im Sinne von
Art. 12 BGFA gilt demnach nicht bloss die Monopoltätigkeit, sondern auch
das «sonstige Geschäftsgebaren»[35] der dem Gesetz unterstellten Anwälte.

---

setz, 102, wonach die Generalklausel des Art. 12 lit. a BGFA im Lichte des kantonalen, nationalen und internationalen Standesrechts auszulegen sei.

[30]   So ausdrücklich das Urteil des Bundesgerichts vom 18. Juni 2004 (2A.459/2003)
       E. 3.1.3, wo das Bundesgericht festhält, man könne sich allenfalls fragen, ob in Zu-
       kunft bis zu einem gewissen Masse die vom Schweizerischen Anwaltsverband am
       1. Oktober 2002 beschlossenen Richtlinien – sollten sie sich in der ganzen Schweiz
       allgemein durchsetzen – für die bundesrechtlichen Berufsregeln als Auslegungshilfe
       heranzuziehen wären; vgl. dazu auch NATER, Richtlinien, 152 ff.
[31]   Vgl. Urteil des Bundesgerichts vom 18. Juni 2004 (2A.459/2003) E. 3.1.1; vgl. auch
       HESS, Anwaltsgesetz, 103, wonach Art. 12 lit. a BGFA nicht dazu missbraucht werden
       dürfe, blosse Regeln der Kollegialität im vereinsinternen Standesrecht unter dem
       Deckmantel des öffentlichen Interesses zu allgemein gültigen Berufsregeln zu ma-
       chen.
[32]   Zum persönlichen und sachlichen Geltungsbereich des BGFA siehe vorne Art. 2 N 2 f.
       und 6 ff.
[33]   NATER, Übersicht, 22; vgl. auch FELLMANN, Berufspflichten, 168; HESS, Umsetzung,
       485 f.; VOUILLOZ, 434.
[34]   BOTSCHAFT, Nr. 233.21, 6054; vgl. auch NOBEL, Organisationsfreiheit, 129 f.
[35]   NOBEL, Organisationsfreiheit, 129 f.

Die Anwälte unterstehen daher nicht nur im Rahmen ihrer Monopoltätigkeit, der berufsmässigen Vertretung von Parteien vor Gericht, dem Berufsrecht. Sie haben die Berufspflichten des Art. 12 BGFA auch bei der Erfüllung anderer Aufgaben, so etwa der Führung von Treuhandgeschäften, der Ausübung eines Willensvollstreckermandats,[36] bei der Verwaltung von Vermögen, bei Inkassomandaten oder bei der Tätigkeit als Verwaltungsrat zu beachten.[37] Zur Bedeutung der Berufsregeln für das ausserberufliche Verhalten der Anwälte siehe eingehend hinten N 52 f.

7   Art. 12 BGFA gliedert die in der Schweiz geltenden Berufsregeln in zehn Regeln (lit. a–j) auf. Dieser Katalog wird durch Art. 13 BGFA ergänzt, der sich mit dem Berufsgeheimnis befasst.

II.   Art. 12 lit. a: Sorgfältige und gewissenhafte Berufsausübung

A.   Art. 12 lit. a BGFA als Generalklausel

8   Nach Art. 12 lit. a BGFA haben Anwältinnen und Anwälte ihren Beruf **«sorgfältig und gewissenhaft»** auszuüben. Nach DUDEN heisst sorgfältig «voller Sorgfalt, von Sorgfalt zeugend».[38] Sorgfalt wird mit «Genauigkeit, Gewissenhaftigkeit, grosser Behutsamkeit» beim Arbeiten oder Hantieren umschrieben.[39] Gewissenhaft soll sein, wer mit grosser Genauigkeit und Sorgfalt vorgeht.[40] Auch WAHRIG umschreibt sorgfältig als «mit Sorgfalt, genau, gewissenhaft» und gewissenhaft als «sorgfältig, genau, zuverlässig».[41] Bei den Begriffen «sorgfältig» und «gewissenhaft» handelt es sich also um Synonyme. Wir haben eine **vom Gesetzgeber geschaffene Wendung** vor uns, wie sie sich beispielsweise auch in den Begriffen «Treu und

---

[36]   Vgl. etwa Entscheid der Aufsichtsbehörde über die Anwältinnen und Anwälte des Kantons Luzern vom 8. Juli 2003 (AR 02 39).

[37]   Vgl. HANDBUCH BERUFSPFLICHTEN, 14 ff., insb. 17 und 18; vgl. dazu etwa ZR 66 (1967) Nr. 89, 171 f. und ZR 47 (1948) Nr. 12, 29 (Treuhandgeschäfte) sowie ZR 78 (1979) Nr. 114, 253, ZR 66 (1967) Nr. 79, 146 und ZR 60 (1961) Nr. 136, 362 (Tätigkeit als Verwaltungsrat).

[38]   DUDEN, 3610.

[39]   DUDEN, 3610.

[40]   DUDEN, 1512.

[41]   WAHRIG, 1170 und 554.

Glauben» oder «Recht und Billigkeit» findet und wie sie bei Generalklauseln vielfach üblich ist.

Für die Auslegung der Wendung «sorgfältig und gewissenhaft» können   9
Lehre und Rechtsprechung zum Sorgfaltsbegriff des Auftragsrechts in Art.
398 Abs. 2 OR herangezogen werden. Danach haftet der Beauftragte dem
Auftraggeber «für getreue und sorgfältige Ausführung des ihm übertragenen Geschäftes». Art. 12 lit. a BGFA will im Ergebnis nichts anderes, als
im Interesse des rechtsuchenden Publikums und des Rechtsstaates die **getreue und sorgfältige Ausführung von Anwaltsmandaten sicherzustellen**. Er erhebt daher die sorgfältige und gewissenhafte Ausübung des Anwaltsberufs über die vertragliche (und damit privatrechtliche) Pflicht hinaus zur (öffentlich-rechtlichen) **Berufspflicht**, die so nicht nur unter dem
Aspekt der Nicht- bzw. der nicht gehörigen Erfüllung, sondern auch **disziplinarrechtlich geschützt** ist.

Im Auftragsrecht stellt die Sorgfaltspflicht eine Konkretisierung der Treue-   10
pflicht bei der Ausführung des Auftrags dar. Sie verlangt, dass sich der
Beauftragte bei der Erbringung der geschuldeten Leistung **sachgemäss**
verhält. Die Sorgfaltspflicht bestimmt daher, wie der Beauftragte die aus
dem Auftrag fliessenden Haupt- und Nebenleistungspflichten erfüllen muss.
Bezugspunkt der Sorgfalt ist die **Qualität der Leistung** im Hinblick auf
das Leistungsziel.[42] «Damit ist gleichzeitig gesagt, dass es weder eine Sorgfaltspflicht an sich, noch allgemeine, von den übrigen Leistungspflichten
getrennte Sorgfaltspflichten gibt.»[43]

Hier liegt die Problematik des Art. 12 lit. a BGFA. Während im Auftrags-   11
recht weit gehend klar ist, welches die primären (und sekundären) Leistungspflichten des Beauftragten sind, die es sorgfältig zu erfüllen gilt, bleibt
der **Bezugspunkt der Sorgfalt und Gewissenhaftigkeit in Art. 12 lit. a
BGFA weit gehend im Dunkeln**. Zwar trifft es zu, dass sich die Pflichten,
die der Beruf des Anwalts dem Klienten und der Allgemeinheit gegenüber
mit sich bringt, nicht erschöpfend festlegen lassen.[44] Berücksichtigt man
aber, dass ein Verstoss gegen Art. 12 lit. a BGFA nach Art. 17 Abs. 1 BGFA
zu Disziplinarmassnahmen führen kann, die bis zu einem dauernden Be-

---

[42]   Vgl. FELLMANN, Art. 394 N 254 ff. und Art. 398 N 16 ff.; ROLF WEBER, Art. 398 N
       24 ff.
[43]   FELLMANN, Art. 394 N 255, m.w.H.
[44]   Vgl. FELLMANN, Berufspflichten, 173 f.; MEIER, Bundesanwaltsgesetz, 34; WOLFFERS,
       114; BGE 106 Ia 107.

rufsausübungsverbot[45] gehen, erweisen sich die über Art. 12 lit. a BGFA zu ahndenden **Pflichtverstösse** als **wenig konkret**. Das Gesetz schafft nicht genügend Klarheit und damit auch keine Rechtssicherheit, welche beruflichen Pflichten der Anwalt in diesem Zusammenhang beachten muss.[46]

12 Nach der Auffassung des Bundesrats soll es sich bei Art. 12 lit. a BGFA um eine **Generalklausel** handeln, die von den Anwälten sowohl im Verhältnis zu ihren Klienten als auch in ihrem Verhalten gegenüber den Gerichtsbehörden ein «**korrektes Verhalten**» verlange.[47] Das Bundesgericht hat diese Aussage bereits insofern präzisiert, als es festhielt, die in Art. 12 lit. a BGFA statuierte Pflicht zur sorgfältigen und gewissenhaften Berufsausübung beziehe sich **nicht nur** auf das Verhältnis zwischen Anwalt und **Klient**, sondern auch auf das Verhalten des Anwalts gegenüber **Behörden**, der **Gegenpartei** und der **Öffentlichkeit**,[48] ja sogar auf die **gesamte Berufstätigkeit** des Anwalts.[49] Was unter «korrektem Verhalten» zu verstehen ist, sagt das Gesetz jedoch nicht. Wie erste Entscheide kantonaler Aufsichtsbehörden zeigen, besteht daher die Gefahr, dass die unter Geltung des kantonalen Rechts entwickelte Praxis unreflektiert fortgesetzt wird.[50]

---

[45]   Art. 17 Abs. 1 lit. e BGFA.

[46]   Vgl. FEUERICH/WEYLAND, § 43 BRAO N 4 f., mit eingehender Darstellung der eingeschränkten Geltung der Generalklausel des § 43 der deutschen Bundesrechtsanwaltsordnung aufgrund der durch die Rechtsprechung des Bundesverfassungsgerichts erzwungenen Gesetzesrevision.

[47]   BOTSCHAFT, Nr. 233.21, 6054.

[48]   Urteil des Bundesgerichts vom 4. Mai 2004 (2A.545/2003) E. 3; Urteil des Bundesgerichts vom 11. August 2004 (2A.600/2003) E. 2.3.

[49]   Urteil des Bundesgerichts vom 18. Juni 2004 (2A.459/2003) E. 3.2, wo das Gericht allerdings einräumt, bei der Auslegung des Art. 12 lit. a BGFA müsse im Einzelfall den berechtigten Bedenken des Bundesamts für Justiz Rechnung getragen werden. Die offene Formulierung dieser Bestimmung dürfe nicht dazu führen, rein interne Sitten und Gebräuche des Anwaltsstandes zu allgemein verbindlichen Berufspflichten zu erheben.

[50]   Vgl. etwa LGVE 2002 I Nr. 45, 96 f., wo kurzerhand festgestellt wird: «Die Standesregeln sind somit nach wie vor nützlich, um die eidgenössischen Berufsregeln [...] zu präzisieren. Das ist namentlich bei der Generalklausel des Art. 12 lit. a BGFA absolut erforderlich. Auf Grund dessen muss gerade in einem Fall wie dem vorliegenden auch die von der Luzerner Aufsichtsbehörde entwickelte Praxis weiterhin Geltung beanspruchen.» Dem hält das Bundesgericht in seinem Urteil vom 18. Juni 2004 (2A.459/2003) E. 3.1.1 zu Recht entgegen, die kantonalen Aufsichtsbehörden dürften nur noch beschränkt auf ihre bisherige, von den lokalen Standesregeln geprägte Rechtsprechung zurückgreifen, ansonsten die Gefahr bestehe, dass sie die bundesrechtliche Vereinheitlichung der Berufspflichten aus den Augen verlieren würden.

Es muss daher mit Nachdruck in Erinnerung gerufen werden, dass sich der Gesetzgeber bei der Vereinheitlichung der **Berufsregeln auf das Wesentliche beschränken** wollte.[51] Dem ist bei der Auslegung des Art. 12 lit. a BGFA Rechnung zu tragen. Bei den ungeschriebenen Berufsregeln, welche der Anwalt nach Art. 12 lit. a BGFA beachten muss, kann es daher von vornherein nur um die Pflichten gehen, welche die neuere Lehre und Rechtsprechung entwickelt haben, um «im Interesse des rechtsuchenden Publikums und des geordneten Ganges der Rechtspflege» das Vertrauen in die Person der Anwältin oder des Anwalts und der Anwaltschaft insgesamt zu gewährleisten.[52] Um der vom Gesetzgeber angestrebten Reduktion auf das Wesentliche zu genügen, muss es um Berufspflichten gehen, welche die Voraussetzungen dafür bilden, dass der Anwalt seine gesetzliche Funktion als mit besonderen Rechten ausgestatteter Interessenvertreter der Rechtsuchenden vor Gericht und Behörden wirksam wahrnehmen kann.[53] Leitlinie dieses **Wertungsprozesses** muss die Frage bilden, ob die zur Diskussion stehende Verfehlung über ihre Auswirkung im Einzelfall hinaus geeignet ist, «das Vertrauen in Kompetenz und Integrität der Anwaltschaft zu beeinträchtigen und damit die **Funktion der Anwaltschaft im System der Rechtspflege** zu stören.»[54]

Diese Kritik richtet sich allerdings nicht gegen die Zulässigkeit von **Generalklauseln im Berufsrecht der freien Berufe** an sich. Es versteht sich von selbst, dass sich die Pflichten, die der Beruf des Anwalts dem Auftraggeber, der Anwaltschaft und der Allgemeinheit gegenüber mit sich bringt, nicht erschöpfend festlegen lassen.[55] Art. 12 lit. a BGFA dient daher vor

13

---

[51] VALLONI/STEINEGGER, 43; zu weit gehend demgegenüber FELLMANN, Berufspflichten, 173. Insoweit ist auch die Aussage des Bundesgerichts im Urteil vom 11. August 2004 (2A.600/2003) in ihrer Allgemeinheit nicht haltbar. Das Gericht vertritt dort in E. 2.3 in Bezug auf die Generalklausel des Art. 12 lit. a BGFA die Auffassung, ihrem Zweck nach entspreche diese Bestimmung den Generalklauseln zahlreicher kantonaler Anwaltsgesetze, die das Verhalten des Anwalts umfassend regelten. Da keine Anhaltspunkte dafür bestehen würden, dass der Bundesgesetzgeber den Anwendungsbereich von Art. 12 lit. a BGFA habe einschränken wollen, sei davon auszugehen, dass deren Tragweite mit den entsprechenden Klauseln der alten kantonalen Gesetze übereinstimme.

[52] BGE 106 Ia 104 ff.; vgl. auch BGE 108 Ia 319 f., 105 Ia 73 f.

[53] STERCHI, 24; vgl. auch WOLFFERS, 111 ff.

[54] EYLMANN, § 43 BRAO N 9.

[55] FEUERICH/WEYLAND, § 43 BRAO N 2, mit Hinweis auf die amtliche Begründung vor § 43 BRAO (DB-Drucks. III/120 47 ff.).

allem als **Auffangtatbestand**.[56] Zu beachten bleibt dabei aber stets, dass
Einschränkungen der Berufsausübungsfreiheit verfassungsrechtlich nur
zulässig sind, wenn sie im **öffentlichen Interesse** liegen und im Einzelfall
der **Grundsatz der Verhältnismässigkeit** beachtet wird.[57] Die dem Anwalt bei der Ausübung seines Berufs auferlegten Einschränkungen dürfen
daher nicht weiter gehen, als es der Schutz des Vertrauens des Publikums
in den Anwaltsberuf und des geordneten Gangs der Rechtspflege erfor-
dern.[58] Weiter ist dem **Gebot der Vorhersehbarkeit** Rechnung zu tragen,
das freilich im Kernbereich des anwaltlichen Berufsrechts durch eine um-
fangreiche publizierte Judikatur bereits weit gehend gewährleistet ist.[59]
Damit der Anwalt sein Verhalten auf die Berufsregeln ausrichten kann,
darf die Generalklausel des Art. 12 lit. a BGFA jedenfalls **nicht extensiv
ausgelegt** werden.[60] Insbesondere können daraus künftig nicht einfach unter Hinweis auf die Standesregeln der Anwaltsverbände beliebig neue, auf
den konkreten Einzelfall passende Berufspflichten abgeleitet werden.[61]

14   Auf der anderen Seite ist jedoch allgemein anerkannt, dass der **Katalog
der Berufsregeln** in Art. 12 lit. b–j BGFA in verschiedener Hinsicht **unvollständig** ist.[62] Im Interesse des rechtsuchenden Publikums und des geordneten Gangs der Rechtspflege sowie zum Schutz des Vertrauens in die Person des Anwalts und der Anwaltschaft müssen die Aufsichtsbehörden daher aus der Generalklausel des Art. 12 lit. a BGFA **weitere Regeln** ableiten
dürfen. Sie sind das **Korrelat zu den Befugnissen**, welche die Rechtsordnung dem Anwalt einräumt, damit er seine Aufgaben wahrnehmen kann,
«ohne deren Erfüllung der Bürger seine Rechtsansprüche häufig nicht durchsetzen könnte und ohne deren Wahrnehmung die Verwirklichung der Rechtsordnung ganz allgemein in Frage gestellt wäre.»[63] So hat die Aufsichtbe-
hörde über die Rechtsanwälte des Kantons Zürich beispielsweise zu Recht

---

[56]   So auch KLEINE-COSACK, § 43 BRAO N 9, für die entsprechende Regelung in § 43 der
       deutschen Bundesrechtsanwaltsordnung; vgl. auch EYLMANN, § 43 BRAO N 5.
[57]   So EYLMANN, Vorb. § 43 BRAO N 1, für die entsprechende Regelung in § 43 der
       deutschen Bundesrechtsanwaltsordnung.
[58]   Vgl. etwa LGVE 1988 I Nr. 36, 60 f.
[59]   So KLEINE-COSACK, § 43 BRAO N 2, für die entsprechende Regelung in § 43 der
       deutschen Bundesrechtsanwaltsordnung.
[60]   Vgl. auch WOLFFERS, 114 f.
[61]   Vgl. dazu auch vorne N 4 ff.; a.M. offenbar Pra 2004 Nr. 3, 16 ff. und LGVE 2002 I
       Nr. 45, 96 f. sowie LGVE 2002 I Nr. 46, 98 = ZBJV 139 (2003) 928 ff.
[62]   Vgl. MEIER, Bundesanwaltsgesetz, 34, mit Beispielen für zusätzliche Berufsregeln.
[63]   LGVE 1984 I Nr. 23, 51, unter Hinweis auf BGE 106 Ia 104.

---

die Anmassung eines Doktortitels als Vertoss gegen die Pflicht zur sorgfältigen und gewissenhaften Berufsausübung qualifiziert.[64] Bei der Herlei-
tung solcher Berufsregeln können sich die Behörden auf die allgemeinen
Grundsätze stützen, die Lehre und Rechtsprechung aus dem bisherigen
kantonalen Recht und den Standesregeln der Anwaltsverbände abgeleitet
haben. Im Einzelfall werden sie aber stets prüfen müssen, ob diese Grundsätze auch unter der Herrschaft des BGFA beizubehalten sind. Dies ist nur
der Fall, wenn sie die Voraussetzungen dafür bilden, dass der Anwalt seine
gesetzliche Funktion als mit besonderen Rechten ausgestatteter Interessenvertreter der Rechtsuchenden vor Gericht und Behörden wirksam wahrnehmen kann.

Im Verhältnis zwischen Anwalt und Klient geht es bei Art. 12 lit. a BGFA   15
insbesondere nicht darum, die Qualität der Mandatsführung an sich zu
regeln.[65] Die **Verletzung zivilrechtlicher Pflichten** darf nicht über die
Generalklausel des Art. 12 lit. a BGFA zu berufsrechtlichen Sanktionen
führen.[66] Art. 12 lit. a BGFA greift erst ein, wenn das Verhalten gegen Regeln
verstösst, die dem Schutz des rechtsuchenden Publikums und der Gewährleistung des geordneten Gangs der Rechtspflege dienen. Es muss sich also
um ein **grobes Fehlverhalten** handeln.[67] Ob die Anwältin oder der Anwalt
«den Rahmen des erteilten Auftrages gesprengt oder umgekehrt den Auftrag
nicht oder bloss unvollständig erfüllt hat», stellt demgegenüber eine
zivilrechtliche Frage dar, für deren Beurteilung allein der Zivilrichter zuständig ist.[68] Die **Aufsichtsbehörde** über die Rechtsanwälte des Kantons Zürich
lehnt es daher in konsequenter und konstanter Rechtsprechung ab, Fragen
der «Richtigkeit» und «Zweckmässigkeit» der anwaltlichen Mandatsführung zu überprüfen. Sie erachtet sich zu Recht **nicht** als «allgemeine **Kontrollinstanz zur Beurteilung der Qualität**» der Führung von Mandaten.[69]

Im Verhältnis der Anwälte zu den Behörden ist bei der Auslegung des Art. 12   16
lit. a BGFA vorab zu beachten, dass die **Unabhängigkeit des Anwalts**

---

[64]   Beschluss der Aufsichtskommission über die Rechtsanwälte des Kantons Zürich vom
       4. März 2004 (KG030037/U).
[65]   Vgl. STERCHI, Art. 11 N 3.
[66]   Vgl. EYLMANN, § 43 BRAO N 15; FEUERICH/WEYLAND, § 43 BRAO N 15; KLEINE-
       COSACK, § 43 BRAO N 16.
[67]   Vgl. EYLMANN, § 43 BRAO N 16; FEUERICH/WEYLAND, § 43 BRAO N 16.
[68]   STERCHI, Art. 11 N 3.
[69]   Beschluss der Aufsichtskommission über die Rechtsanwälte des Kantons Zürich vom
       3. Juli 2003 (KG0300010/U).

vom Staat eine grundlegende Voraussetzung für das Funktionieren einer rechtsstaatlichen Rechtspflege darstellt.[70] Das Bundesgericht hat denn auch die früher übliche Bezeichnung des Anwalts als «Diener des Rechts»[71] und als «Mitarbeiter der Rechtspflege» in BGE 106 Ia 104 f. zu Recht relativiert und anerkannt, der Anwalt habe die Aufgabe, die Rechtsuchenden bei der Verfolgung ihrer subjektiven Rechtsschutzinteressen zu beraten und zu schützen. Er nehme damit eine Aufgabe wahr, ohne deren Erfüllung der Bürger seine Rechtsansprüche häufig nicht durchsetzen könnte und ohne deren Wahrnehmung die Verwirklichung der Rechtsordnung ganz allgemein in Frage gestellt wäre. Der Anwalt sei daher nicht staatliches Organ und auch nicht Gehilfe des Richters, sondern **Verfechter von Parteiinteressen** und als solcher einseitig für seinen jeweiligen Mandanten tätig.[72] Bei ihrer Tätigkeit sind Anwälte zwar auch den Zielen des Rechtsstaates verpflichtet; in erster Linie haben sie aber die Interessen ihrer Auftraggeber zu wahren.[73] «Der Anwalt erfüllt [...] eine **eigenständige Funktion innerhalb der Rechtspflege** und ist in keiner Weise Hilfsperson des Richters oder diesem untergeordnet.»[74]

B.   Allgemeine Pflichten

1.   Pflicht zur Führung einer Kanzlei

17   Die Aufsichtsbehörde über die Anwältinnen und Anwälte des Kantons Luzern hat in einem Entscheid vom 13. Juni 2003 festgestellt, zur sorgfältigen und gewissenhaften **Ausübung des Anwaltsberufs** im Sinne von Art. 12 lit. a BGFA gehöre auch, dass der Anwalt **für seine Klientschaft und für die Behörden erreichbar** sei. Bei Abwesenheit habe er für eine Stellvertretung zu sorgen oder den Behörden seine vorübergehende Praxisschliessung mitzuteilen.[75] Das Bundesgericht hielt bei der Beurteilung der Zulässigkeit einer selbständigen Anwaltstätigkeit neben einer unselbständigen Tätigkeit als Angestellter einer Bank fest, es sei nicht zulässig,

---

[70]   STERCHI, Art. 9 N 4; vgl. auch FELLMANN/SIDLER, Art. 1 N 5.
[71]   Kritisch dazu PFEIFER, Nothelfer, 802 ff.
[72]   Vgl. auch FELLMANN/SIDLER, Art. 46 N 2; WOLFFERS, 37 f.
[73]   FELLMANN/SIDLER, Art. 46 N 2; vgl. auch WOLFFERS, 33.
[74]   WOLFFERS, 38, m.w.H.
[75]   Entscheid der Aufsichtsbehörde über die Anwältinnen und Anwälte des Kantons Luzern vom 13. Juni 2003 (AR 03 12).

dass das Personal des Arbeitgebers des im Nebenerwerb anwaltlich tätigen Arbeitnehmers für diesen Anwaltskanzleiarbeiten ausführe.[76] Zum Schutz des Berufsgeheimnisses müsse dieser die Akten von Anwaltsmandanten gesondert und für Organe, Vertreter oder Angestellte des Arbeitgebers unzugänglich aufbewahren. Es sei daher nur schwer vorstellbar, dass ein solcher Anwalt in einer den Anforderungen des Unabhängigkeitsgebots genügenden Weise und unter vollständiger Wahrung des Berufsgeheimnisses tätig werden könne, wenn er seine Anwaltstätigkeit in den gleichen Räumlichkeiten ausübe, die ihm von seinem Arbeitgeber für seine unselbständige Erwerbstätigkeit zugewiesen würden, und dass er dort beispielsweise Klienten empfange. Jedenfalls sei eine auch in der räumlichen Organisation zum Ausdruck kommende Trennung von unselbständiger und selbständiger Tätigkeit unerlässlich. Dies setze grundsätzlich voraus, dass die Geschäftsadresse des Anwalts sich in einem **Lokal** befinde, das **von den Räumlichkeiten seines Arbeitgebers verschieden** sei.[77] Fasst man die Erwägungen der Luzerner Aufsichtsbehörde und des Bundesgerichts zusammen, führt dies unweigerlich in die Nähe einer Berufspflicht, wie sie § 5 der Berufsordnung der deutschen Anwaltschaft vorsieht. Demnach ist der Anwalt verpflichtet, «die **für seine Berufsausübung erforderlichen sachlichen, personellen und organisatorischen Voraussetzungen vorzuhalten.**»[78] Der Zweck dieser Regelung besteht darin, dem Rechtsuchenden, den Gerichten und Behörden eine «räumlich eindeutig definierbare Stelle» zur Verfügung zu stellen, an die alle für den Anwalt bestimmten Zustellungen, Mitteilungen und Nachrichten gerichtet werden können.[79] Dieses Ziel dürfte sich mit den Vorgaben der Luzerner Aufsichtsbehörde und des Bundesgerichts decken.

Zu den **Mindestanforderungen**, die nach Auffassung der deutschen Lehre und Rechtsprechung zur sorgfältigen und gewissenhaften Ausübung des Anwaltsberufs an die Kanzlei eines Anwalts zu stellen sind, «gehören [...] mindestens **ein Raum**, eine Kenntlichmachung nach aussen durch ein auf die Kanzlei hinweisendes **Praxisschild** und ein **Telefonanschluss** mit einer **Eintragung im Telefonbuch.**»[80] Über das Erfordernis eines Praxis-   18

---

[76]   BGE 130 II 106.
[77]   BGE 130 II 107.
[78]   § 5 BORA.
[79]   HARTUNG, § 5 BerufsO N 7.
[80]   HARTUNG, § 5 BerufsO N 12; vgl. auch FEUERICH/WEYLAND, § 27 BRAO N 5 und § 5 BORA N 2; PRÜTTING, § 5 BORA N 9.

schilds kann man diskutieren.[81] Den Mindestanforderungen genügt es aber sicher nicht, «wenn der Kontakt zu den Mandanten nur auf schriftlichem oder telefonischem Weg unterhalten werden kann und persönliche Gespräche in öffentlichen Gaststätten oder öffentlich zugänglichen Räumen geführt werden müssen.»[82] Die Unterredungen eines Anwalts mit Klienten sollen wenn immer möglich auch nicht in den Räumen einer privaten Drittperson stattfinden, da dadurch der Eindruck entstehen kann, der Anwalt stehe mit dieser in einem mit seiner Berufsausübung zusammenhängenden Verhältnis.[83] Selbstverständlich ist aber ein Gespräch in den Räumen des Klienten jederzeit zulässig.[84] Im Übrigen bestimmen sich Art und Umfang der sachlichen, personellen und organisatorischen Voraussetzungen, die an die ordnungsgemässe Führung einer Kanzlei zu stellen sind, nach den **besonderen Umständen der einzelnen Kanzlei**.[85] Der Anwalt bestimmt daher grundsätzlich selbst, welche Mittel für seine individuelle Art der Berufsausübung erforderlich sind. Er muss aber gewährleisten, dass er mit seiner Kanzlei die von ihm gewählte Art und Weise und das Mass seiner Berufsausübung beanstandungsfrei sicherstellen kann:[86] «Begnügt er sich mit einer geringfügigen anwaltlichen Tätigkeit, vielleicht eingeschränkt auf die Beratung weniger Mandanten, benötigt er keinen grossen personellen Unterbau, kommt vielleicht sogar ohne Büropersonal aus und kann die anfallenden Schreibarbeiten selbst erledigen. Handelt es sich um eine berufliche Tätigkeit für viele, wechselnde Mandanten, wird ein entsprechendes Büropersonal erforderlich sein.»[87] Da auch der im Nebenerwerb tätige Anwalt mit der **Übernahme von Offizialmandaten** rechnen muss,[88] wird er aber den erwähnten Mindestanforderungen auch bei einer bloss geringfügigen Anwaltstätigkeit genügen müssen. Nicht haltbar erscheint der Hinweis des Bundesgerichts, mit der Angabe der **Wohnadresse als Geschäftsadresse** sei bereits Gewähr für eine (in casu vom Arbeitgeber) unabhängige Anwaltstätigkeit gegeben.[89] Im Einzelfall wird man bei der Führung einer Anwaltskanzlei in der privaten Wohnung vielmehr stets prüfen müs-

---

[81] Vgl. Hartung, § 5 BerufsO N 13 f., mit Hinweisen auf die diesbezügliche Kontroverse in Deutschland.

[82] Hartung, § 5 BerufsO N 12.

[83] Fellmann/Sidler, Art. 2 N 3 b.

[84] Fellmann/Sidler, Art. 2 N 3 a.

[85] Feuerich/Weyland, § 5 BORA N 3.

[86] Feuerich/Weyland, § 5 BORA N 3.

[87] Feuerich/Weyland, § 5 BORA N 2.

[88] Vgl. Art. 12 lit. g BGFA und dazu BGE 130 II 105.

[89] Urteil des Bundesgerichts vom 29. Januar 2004 (2A.109/2003) E. 7.

sen, ob die **Einhaltung des Berufsgeheimnisses sichergestellt** ist. Da grundsätzlich weder die Ehefrau noch die Kinder Einblick in Klientendossiers haben, ja nicht einmal wissen dürfen, dass eine bestimmte Person Klient des Ehemanns bzw. Vaters ist, stellt sich die Frage, wer beispielsweise in Abwesenheit des Anwalts die Post entgegennimmt oder das Telefon bedient.

Mit der Pflicht zur Führung einer eigenen Kanzlei ist ein **Anstellungsverhältnis** bei einem anderen Anwalt ohne weiteres zu vereinbaren,[90] da der Arbeitgeber seinerseits den Berufspflichten, insbesondere aber dem Berufsgeheimnis des Art. 13 BGFA untersteht.[91] Dass der Zusammenschluss in **Kanzleigemeinschaften** oder **Anwaltsgemeinschaften** zulässig ist, versteht sich von selbst.[92] Mit dem Erfordernis der Führung einer eigenen Kanzlei ist aber auch der Zusammenschluss in einer **Multidisziplinären Partnerschaft** (MDP) zu vereinbaren, wenn der Schutz des Berufsgeheimnisses sichergestellt ist.[93]

19

2. Freie Anwaltswahl

Der Grundsatz der freien Anwaltswahl ist Grundlage jedes Vertrauensverhältnisses. Zur sorgfältigen und gewissenhaften Ausübung des Anwaltsberufs zählt daher auch die Pflicht, mit niemandem eine Vereinbarung zu treffen, die den **Grundsatz der freien Anwaltswahl** verletzt.[94] Dies entspricht auch der Auffassung des Schweizerischen Anwaltsverbands, der in Art. 5 der Richtlinien für die Berufs- und Standesregeln ebenfalls ein entsprechendes Verbot vorsieht.[95] Daraus folgt, dass der Anwalt Dritten für die Vermittlung von Mandaten **keine Vergütung** zahlt und von Dritten **keine Provisionen** entgegennimmt, wenn er ihnen selbst Mandate vermittelt.[96] Was unter den Begriff der Vergütung oder Provision fällt, bestimmt sich dabei nicht nach formellen, sondern nach materiellen Kriterien. Massge-

20

---

[90] Vgl. auch Art. 8 Abs. 1 lit. d BGFA.
[91] Vgl. FELLMANN/SIDLER, Art. 2 N 2; LGVE 1985 I Nr. 33, 59.
[92] Vgl. dazu hinten N 62 f.
[93] FELLMANN/SIDLER, Art. 2 N 1 b; vgl. LGVE 1988 I Nr. 36, 59 ff.; vgl. dazu auch hinten N 64.
[94] Vgl. FELLMANN/SIDLER, Art. 8 N 1.
[95] Art. 5 Freie Anwaltswahl: «Rechtsanwältinnen und Rechtsanwälte treffen keine Vereinbarung, die den Grundsatz der freien Anwaltswahl verletzt.»
[96] Vgl. FELLMANN/SIDLER, Art. 9 N 2; HANDBUCH BERUFSPFLICHTEN, 209 f.

bend ist, ob dem Vermittler aus der Vermittlung von Mandaten irgendein materieller Vorteil entsteht.[97]

21 Die (regelmässige) **Zusammenarbeit** eines Anwalts **mit einer Rechtsschutzorganisation**, mit Treuhandgesellschaften, Selbsthilfeorganisationen oder ähnlichen Vereinigungen ist zulässig, solange keine Vereinbarung getroffen wird, die den **Grundsatz der freien Anwaltswahl** beeinträchtigt. Es ist auch nicht zu beanstanden, dass Vereinigungen, die ihren Mitgliedern Hilfe in Rechtsfragen anbieten, diese zu einem bestimmten Anwalt schicken bzw. ihnen einen bestimmten Anwalt empfehlen.[98] Mit den Berufspflichten nicht zu vereinbaren wäre es hingegen, wenn der Anwalt solchen Organisationen für die Vermittlung von Mandaten Provisionen zahlen würde. Darüber hinaus muss die freie Anwaltswahl für die Mitglieder oder Kunden solcher Organisationen jederzeit gewährleistet bleiben.[99]

3. Keine Beeinflussung von Zeugen

22 Zur sorgfältigen und gewissenhaften Ausübung des Anwaltsberufs gehört auch, dass der Anwalt alles vermeidet, was **Personen beeinflussen** könnte, die als **Zeugen** oder **Sachverständige** im Prozess in Betracht kommen. Er nimmt mit ihnen nur ausnahmsweise, wenn dies zu Instruktionszwecken unerlässlich ist, Kontakt auf.[100] Vorbehalten bleiben besondere Regeln betreffend Schiedsverfahren sowie Verfahren vor supranationalen Gerichten. Dieser Grundsatz deckt sich mit der Auffassung des Schweizerischen Anwaltsverbands, der in Art. 7 der Richtlinien für die Berufs- und Standesregeln ebenfalls ein entsprechendes Verbot vorsieht.[101] Hintergrund dieser Berufsregel bildet der Umstand, dass in unserem Rechtssystem die Wahrheitsfindung – anders als beispielsweise im angelsächsischen Recht – sowohl im Straf- wie auch im Zivilprozess in der Hand des Gerichts liegt. Die Befragung von Zeugen und die Beauftragung von (unabhängigen) Sachverständigen ist daher Aufgabe des Gerichts und nicht Obliegenheit der Parteien oder ihrer Anwälte.[102]

---

[97] HANDBUCH BERUFSPFLICHTEN, 209 f.; vgl. auch ZR 46 (1947) Nr. 95, 159; ZR 45 (1946) Nr. 7, 11 f.
[98] Wobei dem Rechtsuchenden in der Regel eine Auswahl angeboten werden sollte.
[99] ZR 80 (1981) Nr. 8, 22 ff.; vgl. auch WEGMANN, 261 ff., m.w.H.
[100] Vgl. FELLMANN/SIDLER, Art. 10 N 2 ff., m.w.H.; HANDBUCH BERUFSPFLICHTEN, 62 ff.
[101] Art. 7 Kontakt mit Zeugen: «Rechtsanwältinnen und Rechtsanwälte unterlassen jede Beeinflussung von Zeugen und Sachverständigen. Vorbehalten bleiben besondere Regeln betreffend Schiedsverfahren sowie Verfahren vor supranationalen Gerichten.»
[102] Urteil des Obergerichts des Kantons Thurgau vom 6. Juli 1995 (RBOG 1995 Nr. 50).

Wann die Befragung eines (potentiellen) Zeugen **ausnahmsweise zulässig**   23
ist, kann nur unter Berücksichtigung der Umstände des Einzelfalls entschieden werden.[103] Als **sachliche Gründe** kommen etwa in Betracht: Erfordernis einer Instruktion über den Prozessstoff, um das Prozessrisiko
abschätzen zu können; Suche nach Informationen über Tatsachen, von denen das künftige rechtliche Vorgehen abhängt; Abklärungen im Zusammenhang mit der Einleitung eines Prozesses und dem Aufstellen einer Be-
hauptung; Abklärungen im Zusammenhang mit der Einlegung oder dem
Rückzug eines Rechtsmittels, eines Beweisantrags oder der Vornahme einer bedeutenden Prozesshandlung.[104] Auch in diesen Fällen muss der Anwalt aber jede Beeinflussung des Zeugen unterlassen.[105]

4.   Vertraulichkeit von Vergleichsverhandlungen

Zur sorgfältigen und gewissenhaften Ausübung des Anwaltsberufs im Sin-   24
ne von Art. 12 lit. a BGFA gehört auch, dass der Anwalt den **Inhalt von
Vergleichsverhandlungen**, die ausdrücklich als vertraulich bezeichnet wurden, dem Gericht oder anderen Behörden **nicht bekannt gibt**. Vorbehalten
bleibt selbstverständlich die nachträgliche Zustimmung der Gegenpartei.[106]
Die Aufsichtsbehörde über die Anwältinnen und Anwälte des Kantons Luzern sieht in dieser Pflicht einen Beitrag zur Förderung der gütlichen Beilegung von Streitigkeiten. Ein Verstoss gegen dieses Gebot stelle daher
unter der Herrschaft des BGFA eine Verletzung des Art. 12 lit. a BGFA
dar.[107] Dieser Lösung entspricht Art. 26 der Richtlinien für die Berufs- und
Standesregeln des Schweizerischen Anwaltsverbands, der ebenfalls ein entsprechendes Verbot vorsieht.[108]

---

[103]   Vgl. ZR 95 (1996) Nr. 43, 131 ff.; ZR 81 (1982) Nr. 40, 102 ff.; vgl. auch FELLMANN/
         SIDLER, Art. 10 N 3; HANDBUCH BERUFSPFLICHTEN, 62 ff.
[104]   ZR 95 (1996) Nr. 43, 132, m.w.H. auf entsprechende Judikatur.
[105]   Vgl. ZR 95 (1996) Nr. 43, 131 ff.; ZR 81 (1982) Nr. 40, 102 ff.
[106]   Vgl. FELLMANN/SIDLER, Art. 11 N 1 f.
[107]   LGVE 2002 I Nr. 46, 98 f. = ZBJV 139 (2003) 928 ff.
[108]   Art. 26 Vertrauliche Kommunikation unter Kollegen: «Rechtsanwältinnen und Rechts-
         anwälte, die Kolleginnen oder Kollegen eine Mitteilung senden, die vertraulich sein
         soll, müssen diesen Willen in der Mitteilung klar zum Ausdruck bringen. Als vertrau-
         lich bezeichnete Dokumente und Gesprächsinhalte dürfen keinen Eingang in gericht-
         liche Verfahren finden.»

C. Pflichten gegenüber Klienten

25   Art. 398 Abs. 2 OR schreibt dem Beauftragten vor, das ihm übertragene Geschäft getreu (und sorgfältig) auszuführen. Die Treuepflicht gebietet ihm, die Interessen des Auftraggebers nach besten Kräften zu wahren und alles zu unterlassen, was diese Interessen schädigen könnte.[109] Diese Pflicht ist für die Beziehung zwischen Anwalt und Klient von grundsätzlicher Bedeutung.[110] Sie ist logische Konsequenz ihres Vertrauensverhältnisses. Schon das bisherige kantonale Berufsrecht auferlegte dem Anwalt daher besondere Treuepflichten, die strenger waren und oft weiter gingen, als die allgemeine auftragsrechtliche Treuepflicht.[111] Diese **berufsrechtlichen Treuepflichten** sollten das **Vertrauen in die Person des Anwalts und in die Anwaltschaft** an sich stärken.[112]

26   Diese Grundsätze gelten auch nach dem Inkrafttreten des BGFA.[113] Die Verpflichtung zur sorgfältigen und gewissenhaften Ausübung des Anwaltsberufs im Sinne von Art. 12 lit. a BGFA beinhaltet zweifellos auch die Pflicht, die grundlegenden (zivilrechtlichen) Treuepflichten zu beachten. Disziplinarrechtlich relevant sind aber nur **grobe Verstösse gegen die mandatsrechtliche Treuepflicht.**[114] Unter dem Blickwinkel des öffentlich-rechtlichen Berufsrechts stellt daher «eine unrichtige Beratung, prozessual falsches Vorgehen oder gar ein bloss taktisch oder psychologisch unkluges Vorgehen [...] regelmässig noch keine Verletzung der Treuepflicht dar.»[115] Solche Fehler vermögen allenfalls eine zivilrechtliche Haftung des Anwalts zu begründen, wenn dem Klienten daraus Schaden entsteht. Disziplinarisch relevant sind sie nur, wenn der Anwalt den Auftraggeber nicht nach bestem Wissen berät oder gar vorsätzlich den Interessen des Klienten zuwider handelt.[116] Das Berufsrecht soll nämlich lediglich sicherstellen, dass der Anwalt seine Aufgaben nicht wissentlich unrichtig oder grobfahrlässig

---

[109]   FELLMANN, Art. 394 N 251.
[110]   Vgl. FELLMANN, Haftung, 191; STERCHI, Art. 10 N 1.
[111]   Vgl. FELLMANN, Haftung, 192; TESTA, 76, m.w.H.; ZR 97 (1998) Nr. 50, 157 f.
[112]   FELLMANN, Art. 398 N 177.
[113]   Vgl. HESS, Anwaltsgesetz, 104; vgl. auch Urteil des Bundesgerichts vom 4. Mai 2004 (2A.545/2003) E. 3.
[114]   Vgl. TESTA, 80.
[115]   STERCHI, Art. 10 N 7 b.
[116]   Vgl. STERCHI, Art. 10 N 7 b, mit Hinweis auf die entsprechende Rechtsprechung der bernischen Aufsichtsbehörde.

fehlerhaft erfüllt.[117] Verpasst ein Anwalt daher beispielsweise versehent-
lich eine Frist, ist dies disziplinarrechtlich nicht von Bedeutung. Die
Aufsichtsbehörde hat nur einzuschreiten, wenn «erschwerende Umstände
vorliegen, die auf eine **unverantwortliche Berufsausübung** schliessen lassen.»[118] Es muss um Verfehlungen gehen, die die Interessen des rechtsuchenden Publikums oder generell den geordneten Gang der Rechtspflege
tangieren. Disziplinarmassnahmen sind daher nur am Platz, wenn das zur
Diskussion stehende Fehlverhalten das Vertrauen in die Person des Anwalts oder in die Anwaltschaft gefährden würde.[119]

Die disziplinarrechtlich relevante Treuepflicht gilt bereits bei der Über-   27
nahme eines Mandats. Zwar dürfen die Anwälte ihr Verhältnis zu ihren
Klienten vertraglich regeln und dabei vom dispositiven Auftragsrecht abweichen. Eine **Wegbedingung der Berufspflichten** des Art. 12 BGFA ist
jedoch **ausgeschlossen**. Entsprechende Absprachen sind unwirksam, da es
sich bei den Berufspflichten um **zwingendes Recht** handelt. Der Versuch,
mit dem Klienten trotzdem eine solche Regelung zu treffen, wurde schon
nach bisherigem kantonalen Recht als Berufspflichtverletzung qualifiziert.[120]
Er gilt zweifellos auch nach neuem Recht als Verstoss gegen die Pflicht,
den Anwaltsberuf sorgfältig und gewissenhaft auszuüben. Der Anwalt darf
seine Klienten nicht dazu veranlassen, «auf Rechte zu verzichten oder Rechte nicht geltend zu machen, die ihnen von Gesetzes wegen unabdingbar
zustehen.»[121] Unzulässig ist auch der **Abschluss einer Honorarvereinbarung**, die dem Anwalt in pauschaler Art und Weise das Wahlrecht überlässt, erst bei der Rechnungsstellung zu entscheiden, ob er das Honorar
nach Aufwand oder nach Interessenwert berechnen will. Ein solcher Freipass widerspricht sowohl den auftragsrechtlichen Aufklärungs- und Treuepflichten als auch der berufsrechtlichen Pflicht zur Schaffung klarer Rechtsverhältnisse.[122]

Schon bei der Übernahme des Auftrags hat der Anwalt nach Auffassung   28
des Bundesgerichts «den **Zeitbedarf**, die vorhandenen Kapazitäten und

---

[117]   Vgl. HANDBUCH BERUFSPFLICHTEN, 91; TESTA, 80; WEGMANN, 154; ZR 61 (1962) Nr. 10,
        29; ZR 45 (1946) Nr. 6, 11; ZR 42 (1943) Nr. 142, 362.
[118]   TESTA, 87, mit Hinweis auf die unveröffentlichten Entscheide der Aufsichtskommis-
        sion über die Rechtsanwälte des Kantons Zürich vom 4. November 1987 (Nr. 141)
        und 1. Februar 1996 (KR 950487).
[119]   Vgl. BGE 108 Ia 319 f.; vgl. auch STERCHI, Art. 11 N 3; WOLFFERS, 112 f.
[120]   Vgl. HANDBUCH BERUFSPFLICHTEN, 87; TESTA, 78; ZR 97 (1998) Nr. 50, 156 ff.; ZR 70
        (1971) Nr. 88, 260 f.; ZR 45 (1946) Nr. 113, 195 f.
[121]   HANDBUCH BERUFSPFLICHTEN, 87.
[122]   LGVE 2002 I Nr. 49, 107 ff.

auch die Wahrscheinlichkeit allfälliger Dringlichkeitssituationen abzuschätzen.»[123] Ist dabei voraussehbar, dass er sich einem Mandat wegen **Arbeitsüberlastung** nicht genügend oder nur mit Säumnis annehmen kann, muss er den **Auftrag ablehnen**, wenn sich der Klient mit den absehbaren Verzögerungen nicht einverstanden erklärt.[124] Nach der Übernahme eines Mandats gebietet die Treuepflicht dem Anwalt, den erhaltenen **Auftrag möglichst beförderlich auszuführen**. Da der Arbeitsanfall in einer Anwaltspraxis jedoch stark variiert, muss der Klient gewisse Verzögerungen tolerieren, solange sie keine Rechtsnachteile zur Folge haben.[125] Disziplinarrechtlich relevant ist nur die **krasse Verletzung der Pflicht** zur beförderlichen Mandatsführung, wie sie beispielsweise vorliegt, wenn ein Anwalt nach erfolgter Sühneverhandlung mit der Einreichung der Klageschrift mehr als zwei Jahre zuwartet.[126] Pflichtwidrig wäre weiter, wenn ein Anwalt Mahnungen des Auftraggebers missachten oder seine Untätigkeit ein zeitlich nicht mehr zu verantwortendes Ausmass annehmen würde.[127] Ein Verstoss gegen die Pflicht, den Anwaltsberuf sorgfältig und gewissenhaft auszuüben, liegt auch vor, wenn der Anwalt völlig passiv bleibt, indem er beispielsweise mehrfach Schreiben, Anfragen oder Mahnungen des Klienten nicht beantwortet.[128]

29 Im Zusammenhang mit der berufsrechtlich relevanten Treuepflicht haben vor allem die **Aufklärungs- und Benachrichtigungspflichten** des Anwalts grosse Bedeutung. Die Information des Klienten gehört «zur gewissenhaften Berufsausübung und sorgfältigen Interessenwahrung des Auftraggebers»,[129] die **auch disziplinarrechtlich geschützt** ist. Die Treuepflicht gebietet dem Anwalt, seinen Auftraggeber umfassend zu beraten. Er hat ihn daher insbesondere «möglichst objektiv über die Chancen und Risiken des Prozesses aufzuklären und ihn, wenn ein Urteil ergangen ist, auf die zulässigen Rechtsmittel und ihre Fristen aufmerksam zu machen und ihm bekanntzugeben, wie man die Aussichten eines solchen Rechtsmittelver-

---

[123] BGE 130 II 105.
[124] Vgl. FELLMANN/SIDLER, Art. 21 N 3; GYGI, 540; ZR 70 (1971) Nr. 76, 228.
[125] Vgl. HANDBUCH BERUFSPFLICHTEN, 84; TESTA, 82; ZR 66 (1967) Nr. 81, 150 und Nr. 83, 152; ZR 49 (1950) Nr. 42, 85 f.
[126] Vgl. TESTA, 82; ZR 66 (1967) Nr. 83, 151 ff.
[127] Entscheid der Anwaltskammer des Kantons Bern vom 1. September 2003 (Nr. 3968).
[128] STERCHI, Art. 8 N 6, m.w.H.
[129] TESTA, 84, mit Hinweis auf den unveröffentlichten Entscheid der Aufsichtskommission über die Rechtsanwälte des Kantons Zürich vom 4. Februar 1993 (KR 92274); vgl. auch ZR 50 (1951) Nr. 200, 310.

fahrens beurteilt.»[130] Dabei hat der Anwalt den Klienten nicht nur auf Verlangen zu informieren. Er muss ihn vielmehr **unaufgefordert und sofort über alle Umstände orientieren**, «welche die Erreichung des Auftragserfolges und damit den Entschluss des Auftraggebers, den Auftrag zu widerrufen oder wenigstens zu modifizieren, beeinflussen können.»[131] Es verstösst daher gegen Art. 12 lit. a BGFA, den Klienten über den Ausgang eines Rechtsstreits in einer Instanz nicht oder unvollständig zu orientieren und ohne vorgängige Kontaktnahme mit dem Klienten ein Rechtsmittel einzulegen.[132] Zu den Orientierungspflichten gehört schliesslich auch die Aufklärung des Klienten über die Möglichkeit einer unentgeltlichen Prozessführung und des unentgeltlichen Rechtsbeistands.[133]

Dass der Anwalt dem Klienten **auf Verlangen** jederzeit über die Führung   30
des Mandats und die von ihm oder von seinen Hilfspersonen getroffenen
Massnahmen **Rechenschaft ablegen** muss, versteht sich von selbst und
ergibt sich auch aus Art. 400 OR. Diese Pflicht erstreckt sich sowohl auf
geforderte **Einzelauskünfte** wie auch auf eine eigentliche (schriftliche)
Rechenschaftsablegung im Sinne eines **vollständigen Geschäftsberichtes**. Voraussetzung ist nur, dass die gewünschten Informationen mit dem
konkreten Mandat zusammenhängen.[134] Ist mit der Führung des Mandats
die Einnahme oder Ausgabe von Geld verbunden, gehört zur Rechenschaftsablegung auch eine eigentliche **Rechnungslegung**.[135] Bei diesen auftragsrechtlichen Pflichten zur Beantwortung von Anfragen des Klienten handelt es sich um derart wichtige Pflichten, dass sie gleichzeitig auch als
sanktionsbewehrte Berufspflichten gelten müssen.[136] Danach muss der
Anwalt sämtliche Anfragen seines Klienten und nicht etwa nur die schriftlichen so schnell wie möglich beantworten. Er soll auch telefonische Bitten um Rückruf erfüllen.[137] Die Erfahrung zeigt denn auch, dass sich der
grösste Teil der Beschwerden der Klienten gegen fehlende oder unzureichende Auskunftserteilung durch ihren Anwalt richtet.[138] Um diesem Miss-

---

[130]   HANDBUCH BERUFSPFLICHTEN, 86 f.; vgl. auch ZR 53 (1954) Nr. 169, 357.
[131]   DERENDINGER, N 131; vgl. auch FELLMANN/SIDLER, Art. 26 N 2; TESTA, 84, m.w.H.
[132]   FELLMANN/SIDLER, Art. 26 N 2, m.w.H.; vgl. auch TESTA, 85, m.w.H.
[133]   TESTA, 85; vgl. auch ZR 45 (1946) Nr. 10, 16.
[134]   Vgl. FELLMANN, Art. 400 N 23 ff.; TESTA, 35.
[135]   Vgl. FELLMANN, Art. 400 N 35 ff.; TESTA, 36.
[136]   Vgl. FEUERICH/WEYLAND, § 11 BORA N 3; HOLL, § 11 BerufsO N 14; KLEINE-COSACK,
        § 11 BORA; PRÜTTING, § 11 BORA N 10.
[137]   Vgl. HOLL, § 11 BerufsO N 14; PRÜTTING, § 11 BORA N 12.
[138]   HOLL, § 11 BerufsO N 14.

stand abzuhelfen, muss der Anwalt seine **Kanzlei** so **organisieren**, dass ihn der Klient einerseits in zumutbarer Zeit erreichen kann und er andererseits schnellen Zugriff auf alle Informationen hat, die den Klienten betreffen. Nötigenfalls müssen seine Mitarbeiter diese Informationen an ihn weiterleiten.[139]

31 Der Anwalt muss das ihm übertragene Mandat sorgfältig, fachgemäss und genau führen und die Interessen seiner Klientschaft in jeder Hinsicht wahren. Schwere Verstösse gegen diese Pflicht sind auch disziplinarrechtlich relevant. Die **Pflicht zur unbedingten Interessenwahrung** gilt jedoch **nicht schrankenlos.** Der Anwalt ist zwar Verfechter von Parteiinteressen und als solcher einseitig für seinen jeweiligen Mandanten tätig.[140] Er soll aber seine Tätigkeit nur insoweit auf das vom Auftraggeber gewünschte oder angestrebte Ziel ausrichten, als dies aufgrund der eigenen Beurteilung überhaupt möglich und mit der eigenen Rechtsauffassung vereinbar ist.[141] Der Anwalt ist nicht das willenlose Werkzeug des Klienten. Er kann sich seinen Berufspflichten daher auch nicht durch den Hinweis entziehen, er sei bloss den Instruktionen des Klienten gefolgt.[142] «Der Anwalt schuldet seinem Klienten Treue und Beistand, nicht aber Gefolgschaft.»[143] Er soll dem Klienten als **«objektiv urteilender Helfer»** dienlich sein.[144] Das setzt nach Auffassung des Bundesgerichts voraus, «dass er eigenständig abschätzt, wie im Prozess vorzugehen ist, und versucht, den Klienten von seiner Betrachtungsweise zu überzeugen bzw. von einer unzweckmässigen Handlungsweise abzuhalten.»[145] Der Anwalt darf daher die Anordnungen seines Klienten «nicht gedankenlos befolgen, sondern ist berechtigt, ja sogar verpflichtet, die Wünsche seiner Klienten zu überprüfen beziehungsweise zu übergehen. […] Der Auftraggeber kann dem Anwalt das Ziel setzen und die grossen Linien der Ausführung bestimmen, während die Wahl der Mittel grundsätzlich in den Ermessensbereich des Rechtsanwalts gehört.»[146] Über wichtige Schritte muss er den Klienten allerdings vor deren Einleitung unterrichten, damit der Mandant gegebenenfalls anders lautende Weisungen erteilen kann.[147]

---

[139] PRÜTTING, § 11 BORA N 12.
[140] Vgl. BGE 106 Ia 105.
[141] STERCHI, Art. 11 N 5 a.
[142] Urteil des Bundesgerichts vom 11. August 2004 (2A.600/2003) E. 3.2.3.
[143] GYGI, 539.
[144] BGE 130 II 95.
[145] BGE 130 II 95.
[146] ZGGVP 1981–82, 109.
[147] Vgl. PRÜTTING, § 11 BORA N 5.

Die **Beendigung des Auftragsverhältnisses** richtet sich nach Art. 404 OR.   32
Nach der Rechtsprechung des Bundesgerichts könnte der Anwalt das Mandat daher jederzeit niederlegen.[148] Die Pflicht zur sorgfältigen und gewissenhaften Ausübung des Anwaltsberufs gebietet jedoch, bei der Kündigung
des Auftragsverhältnisses **auf die Interessen des Klienten Rücksicht zu
nehmen.** Insbesondere die Niederlegung eines Prozessmandats zur Unzeit
ohne triftige Gründe und die missbräuchliche und trölerhafte Niederlegung
des Anwaltsmandats erweisen sich daher als Verstoss gegen Art. 12 lit. a
BGFA.[149]

Der **Anspruch auf Herausgabe von Akten** ist zwar grundsätzlich zivil-   33
rechtlicher Natur. Schon nach dem bisherigen kantonalen Berufsrecht war
indessen fast überall anerkannt, dass die Herausgabepflicht und deren Erfüllung auch zu den Berufspflichten des Anwalts zählen.[150] Gleiches gilt
für die Pflicht zur sorgfältigen Aufbewahrung der Akten, die der Klient
nicht herausverlangt oder der Anwalt nicht herausgeben muss.[151] Herauszugeben sind alle Akten, die der Anwalt vom Klienten erhalten hat (Origi-
nalakten) sowie «alle Schriftstücke, welche der Anwalt von Dritten als Vertreter des Klienten erhalten hat und welche an den Klienten gelangt wären,
hätte dieser den Fall selber geführt.»[152] Der Anwalt muss daher «jederzeit
klar und präzis darüber Auskunft geben» können, wem welche Akten gehören.[153] Die Herausgabe hat **innert einer angemessenen Frist** zu erfolgen, wobei eine Frist von zehn Tagen in der Regel genügen dürfte.[154]

Der Anwalt darf die **Herausgabe der Akten** nicht von der Bezahlung sei-   34
ner Rechnung abhängig machen, da ihm an den Klientenakten **kein Retentionsrecht** und auch kein anderes Zurückbehaltungsrecht zusteht.[155] Dies
gilt selbst dann, wenn der Anwalt mit seinem Klienten ausdrücklich ein
Zurückbehaltungsrecht an den Akten vereinbart hat. Eine solche Absprache ist zivilrechtlich zwar zulässig. Unter dem Blickwinkel des Berufsrechts ist die **Vereinbarung eines Rückbehaltungsrechts** an Klientenak-

---

[148] Vgl. BGE 115 II 466, 109 II 467; zur Diskussion über die Rechtsnatur und Tragweite
       des Art. 404 OR vgl. FELLMANN, Art. 404 N 104 ff.
[149] Vgl. FELLMANN/SIDLER, Art. 34 N 2; TESTA, 253 ff.; ZR 45 (1946) Nr. 8, 13.
[150] Vgl. FELLMANN/SIDLER, Art. 36 N 3; TESTA, 173 ff., insb. 176 und 185.
[151] Vgl. FELLMANN/SIDLER, Art. 36 N 8; TESTA, 176 f.; LGVE 2000 I Nr. 46, 69.
[152] TESTA, 179; vgl. auch FELLMANN/SIDLER, Art. 36 N 5.
[153] LGVE 2000 I Nr. 46, 69.
[154] FELLMANN/SIDLER, Art. 36 N 4; SPÄH, 404; TESTA, 180.
[155] LGVE 2000 I Nr. 46, 70; vgl. auch ABEGG, 867 ff.; LGVE 1974 I Nr. 225, 257 ff.

ten jedoch **verpönt**, da sie letztlich dazu dient, dem Klienten Beweismittel zur Druckausübung vorzuenthalten.[156]

35 **Nicht herauszugeben** haben Anwälte die **Handakten.** Dabei handelt es sich vorab um die vom Klienten an den Anwalt gerichteten Briefe sowie um die Kopien der vom Anwalt verfassten Eingaben und Rechtsschriften und um persönliche Notizen.[157] Der Anwalt muss jedoch dem Klienten oder einem von diesem beauftragten anderen Anwalt **Einblick in die Handakten** gewähren, wenn dies zur Wahrung der Interessen des Klienten erforderlich ist.[158] Auf Wunsch des Klienten hat der Anwalt davon **Kopien anzufertigen**, die er allerdings in Rechnung stellen kann.[159]

D.   Pflichten gegenüber Staat und Behörden

36 Nach herkömmlicher Auffassung soll der Anwalt die **Interessen seiner Klienten nach Recht und Billigkeit wahren** und dabei bestrebt sein, klare Rechtsverhältnisse zu schaffen.[160] Dieser Grundsatz gebietet ihm, «die ihm anvertrauten Interessen nach bestem Wissen und Gewissen zu wahren.»[161] Gleichzeitig verlangt er von ihm, «diese Interessenwahrung **ausschliesslich mit rechtlich zulässigen Mitteln** zu betreiben.»[162] Diese Pflicht bildet die Basis für das Vertrauen der Öffentlichkeit in den Beruf des Anwalts. Dieses Vertrauen ist unabdingbar, hat doch der Anwalt in einer auf die Achtung des Rechts gegründeten Gesellschaft eine wichtige Funktion. Seine Tätigkeit ist «Teil der rechtsstaatlichen Rechtspflege und deswegen dem Rechtsstaat verpflichtet.»[163] Sie ist daher an die Ziele des Rechtsstaates gebunden, «derentwillen dem Anwalt eigene Befugnisse im Verfahren eingeräumt sind.»[164] Das rechtsuchende Publikum und die Behörden müssen sich darauf verlassen können, dass sich der Anwalt bei der Ausführung seiner Aufträge im

---

[156] Vgl. FELLMANN/SIDLER, Art. 36 N 3 b; Urteil des Obergerichts des Kantons Uri vom 1. September 1997 (OG AK 96 5).
[157] Vgl. FELLMANN/SIDLER, Art. 36 N 5.
[158] TESTA, 179.
[159] TESTA, 179 f.
[160] Vgl. etwa § 8 AnwG-ZH; Art. 3 der Standesregeln des Luzerner Anwaltsverbands vom 5. Mai 1995 und dazu FELLMANN/SIDLER, Art. 3 N 2; Art. 11 AnwG-BE und dazu STERCHI, Art. 11 N 1.
[161] STERCHI, Art. 11 N 1.
[162] STERCHI, Art. 11 N 1.
[163] WOLFFERS, 32.
[164] WOLFFERS, 32.

Rahmen des Gesetzes bewegt. Daran hat auch das BGFA nichts geändert.[165] Das Bundesgericht stellte in einem Urteil vom 4. Mai 2004 ausdrücklich fest, Art. 12 lit. a BGFA, wonach der Anwalt seinen Beruf sorgfältig und gewissenhaft ausüben müsse, beziehe sich nicht nur auf die Beziehung zwischen Anwalt und Klient, sondern auch auf das Verhalten des Anwalts gegenüber Behörden, der Gegenpartei und der Öffentlichkeit.[166]

Auch unter der Herrschaft des BGFA gilt daher, was im Handbuch über die   37 Berufspflichten des Rechtsanwalts im Kanton Zürich schon 1988 prägnant festgeschrieben wurde: «Der Anwalt darf nicht versuchen, die bestehende Rechtsordnung zu umgehen oder zu durchkreuzen, sondern er hat diese peinlich zu respektieren, **sich an Recht und Gesetz zu halten**. Er soll die Interessen seines Klienten nicht mit Lug und Trug, sondern nach Recht und Billigkeit verfechten. (...) Der Rechtsanwalt darf nicht bewusst das Unrecht fördern oder das Recht irgendwelchen ausserrechtlichen Einflüssen opfern. Er soll keine verwerflichen, ungehörigen, verbotenen, sittenwidrigen oder unrechtmässigen Ansinnen vertreten. Er hat sich im Rahmen des Zulässigen zu halten und nur zu verfechten, was er vor der Rechtsordnung verantworten kann.»[167] Die berufsrechtlich gebotene Gewissenhaftigkeit schränkt den Anwalt auch in der Wahl der Mittel ein, indem sie ihm gebietet, die Wahrung der Interessen des Klienten **ausschliesslich mit rechtlich zulässigen Mitteln** zu betreiben, namentlich keine vom Gesetz verpönten Zwecke zu verfolgen und Verteidigungsmittel zu gebrauchen.[168] Dem Anwalt ist es daher verboten, bewusst unwahre Behauptungen aufzustellen, Richter und Behörden etwa durch Auflage unrichtiger Beweismittel über einen für die Beurteilung wesentlichen Sachverhalt irrezuführen, Zeugen zu beeinflussen oder mit rechtswidrigen Drohungen auf die Gegenpartei oder den Gang eines Verfahrens einzuwirken.[169] Gegen diese Pflicht verstösst beispielsweise ein Anwalt, der im Prozess Schadenersatz für Verschreibungskosten geltend macht, obwohl er zu diesem Zeitpunkt weiss, dass der Scha-

---

[165]   Vgl. auch Hess, Anwaltsgesetz, 103, wonach sich die Pflicht zu Sorgfalt und Gewissenhaftigkeit nicht auf die Beziehung zwischen Anwalt und Klient beschränke, sondern auch gegenüber den Gerichtsbehörden gelte.
[166]   Urteil des Bundesgerichts vom 4. Mai 2004 (2A.545/2003) E. 3.
[167]   Handbuch Berufspflichten, 40; vgl. auch ZR 63 (1964) Nr. 101, 239; ZR 61 (1962) Nr. 10, 30; ZR 52 (1953) Nr. 66, 119 f.; ZR 44 (1945) Nr. 61, 142; ZR 41 (1942) Nr. 41, 116.
[168]   Entscheid der Anwaltskammer des Kantons Bern vom 3. September 2003 (Nr. 3929).
[169]   Vgl. Fellmann/Sidler, Art. 47 N 2; Handbuch Berufspflichten, 41; Sterchi, Art. 11 N 5; Wolffers, 34 ff.

den bereits beglichen wurde.[170] Der Anwalt darf auch Dritten keine unwahren Auskünfte geben, um beispielsweise eine Pfändung zu verzögern.[171] Ebenso wenig zulässig ist es, dass ein Anwalt Drittschuldner durch irreführende «Rechtsbelehrungen» zur Missachtung eines Arrestbefehls verleitet.[172]

38   Obwohl der Anwalt bei seiner Tätigkeit zugunsten seiner Klienten den Zielen des Rechtsstaates verpflichtet ist, hat er **in erster Linie die Interessen seiner Auftraggeber zu wahren**.[173] Wie das Bundesgericht schon 1980 feststellte, ist er daher nicht wie der Richter der objektiven Wahrheits- und Rechtsfindung verpflichtet. «Wohl trägt seine Tätigkeit zur Verwirklichung des objektiven Rechts bei, indem namentlich davon ausgegangen wird, dass der Richter umso sicherer zum richtigen Urteil finde, je besser die widerstreitenden subjektiven Rechtspositionen vertreten werden. Der Anwalt ist aber **nicht staatliches Organ** und auch **nicht ‹Gehilfe des Richters›**, sondern **Verfechter von Parteiinteressen** und als solcher einseitig für seinen jeweiligen Mandanten tätig.»[174] Im Strafverfahren hat der Anwalt daher beispielsweise «seine Tätigkeit nicht am staatlichen Strafverfolgungsinteresse auszurichten, sondern am Interesse des Beschuldigten an einem freisprechenden oder möglichst milden Urteil, und es muss ihm hinsichtlich der Wahl der Verteidigungsmittel ein **hohes Mass an Entscheidungsfreiheit** zukommen. Gesetzliche oder standesrechtliche Vorschriften, die das nicht berücksichtigen, halten vor der Verfassung nicht stand.»[175] Die Pflicht zur sorgfältigen und gewissenhaften Ausübung des Anwaltsberufs nach Art. 12 lit. a BGFA ist daher nicht tangiert, wenn der Anwalt unter verschiedenen möglichen Rechtsauffassungen diejenige auswählt, die seinem Klienten am Besten dient oder sich darauf beschränkt, in der Prozessführung nur diejenigen Punkte vorzubringen, die für seinen Mandanten sprechen.[176]

39   **Kritik an der Justiz** ist «nicht bloss ein Recht des Anwalts, sondern mitunter gar seine Pflicht.»[177] Das Recht dazu ergibt sich nicht nur aus der Meinungsäusserungsfreiheit, sondern auch aus den prozessualen Rechten

---

[170]   ZR 83 (1984) Nr. 9, 26 ff.
[171]   LGVE 1984 I Nr. 23, 51.
[172]   ZR 83 (1984) Nr. 8, 24 ff.
[173]   Vgl. FELLMANN/SIDLER, Art. 46 N 2; WOLFFERS, 33.
[174]   BGE 106 Ia 105.
[175]   BGE 106 Ia 105.
[176]   WOLFFERS, 33.
[177]   WOLFFERS, 40.

der vom Anwalt vertretenen Partei.[178] Eine solche Kritik darf auch scharf sein, solange sie sachlich ist und im Ton die Regeln des Anstands wahrt. Sie findet dort ihre **Schranke**, wo die Kritik den **Boden der Sachlichkeit** verlässt und ohne zwingenden Grund die **Integrität des Gerichts** oder der beteiligten Richter bestreitet oder in Frage stellt.[179] Diese Schranke gilt auch unter der Herrschaft des BGFA.[180] Ein Anwalt, der gegen eine Richterin ein Ausstandsbegehren u.a. bewusst mit dem unwahren Hinweis begründete, diese habe der Fremdenpolizei falsche Auskünfte erteilt, um einem Dritten bei der rechtsmissbräuchlichen Verlängerung der Aufenthaltsbewilligung zu helfen, verletzt daher Art. 12 lit. a BGFA.[181]

In seiner **Kritik an der Rechtspflege** wurde dem Anwalt schon nach bisherigem kantonalen Recht eine **weit gehende Freiheit** zugestanden, sofern er diese in den verfahrensmässigen Formen – sei es in Rechtsschriften, sei es anlässlich mündlicher Verhandlungen – vorbrachte. Diese Freiheit ergibt sich auch unter der Herrschaft des BGFA vorab aus dem Verteidigungsrecht der vom Anwalt vertretenen Partei. Sie ist darüber hinaus im Interesse der Sicherung einer integren, den rechtsstaatlichen Anforderungen entsprechenden Rechtspflege unentbehrlich. In einem unter Herrschaft des BGFA ergangenen Urteil hat das Bundesgericht festgestellt, im Hinblick auf das öffentliche Interesse an der Sicherung einer integren Rechtspflege sei es geradezu Pflicht und Recht des Anwalts, Missstände aufzuzeigen und Mängel des Verfahrens zu rügen. Der Preis, der für diese unentbehrliche Freiheit der Kritik an der Rechtspflege zu entrichten sei, bestehe darin, dass auch gewisse Übertreibungen in Kauf zu nehmen seien. Wenn dem Anwalt unbegründete Kritik verboten sei, so könne er auch eine allenfalls begründete nicht mehr gefahrlos vorbringen. Damit wäre die Wirksamkeit der Kontrolle der Rechtspflege in Frage gestellt. Würden sich daher die erhobenen Rügen bei näherer Abklärung als unbegründet erweisen, so könne das für sich allein kein Grund für die Verhängung von Disziplinarstrafen sein.[182] Ein Verstoss gegen die Pflicht, den Anwaltsberuf sorgfältig und gewissenhaft

40

---

[178] WOLFFERS, 39; vgl. auch BGE 106 Ia 108.
[179] FELLMANN/SIDLER, Art. 46 N 3; vgl. auch Max. XI Nr. 605, 615.
[180] Entscheid der Aufsichtsbehörde über die Anwältinnen und Anwälte des Kantons Luzern vom 8. Mai 2003 (AR 02 11); Beschlüsse der Aufsichtskommission über die Rechtsanwälte im Kanton Zürich vom 5. Dezember 2002 (KG020014/U und KG020017/U).
[181] Entscheid der Aufsichtsbehörde über die Anwältinnen und Anwälte des Kantons Luzern vom 8. Mai 2003 (AR 02 11).
[182] Urteil des Bundesgerichts vom 4. Mai 2004 (2A.545/2003) E. 3.

auszuüben, liegt daher bei verfahrensinterner Kritik nur vor, wenn der Anwalt eine Rüge **wider besseres Wissen** oder in **ehrverletzender Form** erhebt.[183]

41 **Strengere Anforderungen** dürfen an Äusserungen des Anwalts gestellt werden, die im Verlauf eines **hängigen Verfahrens an die Öffentlichkeit gerichtet** werden, beispielsweise im Rahmen einer Presseerklärung. In diesen Fällen ist eine Einschränkung der Meinungsäusserungsfreiheit nach Auffassung des Bundesgerichts in weiterem Ausmass gerechtfertigt, da hier die Gefahr der Beeinflussung der Gerichtsbehörden und der Herabsetzung des Vertrauens in die Anwaltschaft und Rechtspflege das (Haupt-) Kriterium darstelle.[184] So bezeichnete es das Bundesgericht schon unter der Geltung des alten kantonalen Rechts als nicht verfassungswidrig, dem Anwalt eine Medienerklärung nur dann zu gestatten, wenn sie **durch besondere Umstände gerechtfertigt** ist. Besondere Umstände sind etwa gegeben, wenn eine öffentliche Erklärung zur **Wahrung der Interessen des Klienten** geboten ist oder wenn sie zur Abwehr von Angriffen erfolgt, die sich direkt gegen den Anwalt richten. Die Abgabe von Presseerklärungen kann sich zudem in Verfahren rechtfertigen, denen die Öffentlichkeit besondere Aufmerksamkeit widmet und über deren Gang die Massenmedien oder die Behörden selber laufend orientieren. Tritt der Anwalt an die Öffentlichkeit, darf verlangt werden, dass seine Erklärungen in der Darstellung **objektiv** und im Ton **sachlich** sind.[185] Diese Grundsätze gelten nach der Rechtsprechung des Bundesgerichts auch für Artikel, die ein **Journalist in Absprache mit dem Anwalt** verfasst. Da Journalisten nur schwer in Richtung einer objektiven und sachlichen Ausdrucksweise zu beeinflussen seien, rechtfertigt es sich nach Auffassung des Bundesgerichts sogar, an die Weitergabe von Unterlagen für die Ausarbeitung einer Publikation durch Dritte strengere Anforderungen zu stellen als an eine Publikation durch den Anwalt selbst. Wenn diese Unterlagen für die Ausarbeitung des Artikels erforderlich und nur beim Anwalt erhältlich seien, habe dieser Würdigung und Kommentare des Journalisten zu vertreten und müsse daher dafür sorgen, dass der Artikel in der Darstellung objektiv bleibe.[186] In allen

---

[183] Urteil des Bundesgerichts vom 4. Mai 2004 (2A.545/2003) E. 3; vgl. auch Urteil des Bundesgerichts vom 17. November 2000 (2P.133/2000); BGE 106 Ia 107 f.; ZR 100 (2001) Nr. 20, 65; WOLFFERS, 100, m.w.H.

[184] Urteil des Bundesgerichts vom 11. August 2004 (2A.600/2003) E. 2.4; vgl. auch BGE 106 Ia 107 f. und Urteil des Bundesgerichts vom 23. Januar 2001 (2P.291/2001) E. 3b.

[185] Urteil des Bundesgerichts vom 11. August 2004 (2A.600/2003) E. 4.2.

[186] Urteil des Bundesgerichts vom 11. August 2004 (2A.600/2003) E. 3.2.3.

Fällen sind jedoch allzu strenge und übertriebene Anforderungen nicht zulässig.[187] So hat beispielsweise die Aufsichtskommission über die Rechtsanwälte im Kanton Zürich entschieden, es sei einem Anwalt auch in einem laufenden Verfahren nicht verboten, die Öffentlichkeit über seinen Standpunkt bzw. denjenigen seiner Klientschaft zu informieren. Die Information dürfe jedoch nicht darauf abzielen, die Gegenpartei oder die entscheidende Instanz unter Druck zu setzen, sie müsse **inhaltlich richtig, sachlich gehalten** und **in der Form anständig** sein.[188]

Weisen **öffentliche Erklärungen keinen Bezug zu einem Gerichtsverfahren** auf, steht dem Anwalt grundsätzlich die **volle Meinungsäusserungsfreiheit** zu. Allgemeine Hinweise auf die Pflicht zur Wahrung der Berufswürde oder auf das Gebot des Respekts vor den Rechtspflegeorganen stellen in diesem Fall keine hinreichenden öffentlichen Interessen für die Beschränkung der anwaltlichen Meinungsäusserungsfreiheit dar. Eine **Schranke** kann sich nur aus der Stellung des Anwalts als «Mitarbeiter der Rechtspflege» ergeben. Demnach qualifiziert es das Bundesgericht als disziplinarisch zu ahndende Berufspflichtverletzung, wenn der Anwalt in einer öffentlichen Erklärung den **Boden des Rechtsstaats verlässt**, insbesondere wenn er sich «gegen die verfassungsmässige Ordnung stellt und für deren gewaltsame Änderung eintritt.»[189]   42

Viel diskutiert wurde unter der Geltung des alten kantonalen Rechts der Grundsatz, der Anwalt habe seinen Auftraggeber «von der Einleitung und **Durchführung mutwilliger oder offenbar aussichtsloser Prozesse**» abzuhalten.[190] Daraus leiteten einzelne Autoren eine eigentliche Pflicht zur Entlastung der Justiz ab.[191] Eine solche Pflicht war indessen bereits nach dem alten, kantonalen Berufsrecht zweifelhaft.[192] Das BGFA sieht daher zu Recht **keine solche Verpflichtung** vor. Sie kann auch nicht aus der allgemeinen Pflicht abgeleitet werden, den Beruf sorgfältig und gewissenhaft auszuüben. Zu beachten bleibt allerdings, dass es zur sorgfältigen Beratung gehört, dem Klienten die Risiken der geplanten Massnahmen deutlich vor Augen zu führen. Dies gilt vor allem dann, wenn die Erfolgschancen   43

---

[187]   Vgl. Urteil des Bundesgerichts vom 11. August 2004 (2A.600/2003) E. 4.2; BGE 106
        Ia 108 f., 98 Ia 59; WOLFFERS, 100 ff.
[188]   ZR 100 (2001) Nr. 20, 66; vgl. auch ZR 86 (1987) Nr. 11, 24 f.
[189]   BGE 106 Ia 105; vgl. auch MÜLLER, Grundrechte, 241 f.; WOLFFERS, 106, m.w.H.
[190]   Vgl. etwa § 8 Abs. 2 AnwG-ZH.
[191]   Vgl. etwa WOLFFERS, 41.
[192]   Vgl. FELLMANN/SIDLER, Art. 5 N 2; HANDBUCH BERUFSPFLICHTEN, 74; PFEIFER, Nothelfer, 802 ff.

gering sind.[193] Verletzt der Anwalt diese Pflicht, kann ihn der Klient zivilrechtlich belangen. Ist der Klient demgegenüber entsprechend belehrt worden und hat er zum gewählten Vorgehen sein Einverständnis gegeben, kann
in der Prozessführung auch bei geringen Erfolgsaussichten keine zivilrechtlich relevante Pflichtverletzung gesehen werden.[194] Dies gilt erst recht unter dem Blickwinkel des öffentlich-rechtlichen Berufsrechts. Hier kann
selbst die Durchführung eines aussichtslosen Prozesses nur in einem **kras-
sen Fall** als Verstoss gegen die Pflicht gewertet werden, den Anwaltsberuf
sorgfältig und gewissenhaft auszuüben.[195] Voraussetzung für eine Disziplinierung dürfte hier vor allem eine **fehlende Aufklärung des Klienten** sein.

44   Dass der Anwalt gegenüber Gerichten und Behörden den **gebotenen Anstand** zu wahren hat, dürfte wohl auch nach neuem Recht unbestritten sein.
Allfällige Kritik hat sachlich zu sein und darf die Integrität des Gerichts
oder der Behörde ohne zwingende Gründe nicht in Frage stellen.[196] **Was
im Einzelfall noch angemessen** ist, hängt freilich stark von den jeweiligen Verhältnissen ab. Der Anwalt soll stets beachten, dass er zwar unabhängiger Verfechter von Parteiinteressen, letztlich aber doch Mitarbeiter
der Rechtspflege ist und ihm der Staat somit zahlreiche Rechte verbürgt.[197]
Er soll sich daher Gerichten und Behörden gegenüber auch unter der Herrschaft des BGFA so verhalten, dass das **Vertrauen des Publikums in den
Rechtsstaat** nicht gefährdet wird.

45   Der Rechtsstaat räumt dem Anwalt im Verfahren **eigene Rechte und zahlreiche Privilegien** ein.[198] So erhält er beispielsweise Einsicht in Gerichts-
akten und kann diese in seine Kanzlei mitnehmen.[199] Dieses besondere Vertrauen darf der Anwalt **nicht missbrauchen.** Benutzt ein Anwalt daher
beispielsweise seinen Zugang zu den Akten, um an Dokumenten Änderungen vorzunehmen, verletzt er die Pflicht, den Anwaltsberuf sorgfältig und
gewissenhaft auszuüben.[200] Gleiches gilt, wenn ein Anwalt beim Besuch

---

[193]   Vgl. FELLMANN, Haftung, 202 f.; STERCHI, Art. 11 N 6.
[194]   Vgl. FELLMANN, Haftung, 203.
[195]   Vgl. STERCHI, Art. 12 N 6; zur Haftung des Anwalts für Gerichtskosten in offensicht-
        lich aussichtslosen Fällen vgl. STUDER, Entwicklungen, 236 f., m.w.H. auf die ent-
        sprechende Judikatur.
[196]   Vgl. FELLMANN/SIDLER, Art. 46 N 3; HANDBUCH BERUFSPFLICHTEN, 75; vgl. auch Ent-
        scheid der Aufsichtsbehörde über die Anwältinnen und Anwälte des Kantons Luzern
        vom 8. Mai 2003 (AR 02 11).
[197]   Vgl. WOLLFERS, 37.
[198]   Vgl. WOLFFERS, 37.
[199]   Vgl. HANDBUCH BERUFSPFLICHTEN, 77.
[200]   Vgl. HANDBUCH BERUFSPFLICHTEN, 77.

---

eines Gefangenen die Anstaltsordnung verletzt, indem er Briefe, Zeitungen oder Esswaren hineinschmuggelt.[201]

Akten, die der Anwalt **von einer Behörde zur Einsichtnahme erhalten** 46 hat, darf er ohne deren Einwilligung nicht an Drittpersonen weitergeben, da ihm diese nur aufgrund seiner besonderen Vertrauensstellung ausgehändigt wurden.[202] Die Akten dürfen auch **nicht an Klienten herausgegeben** werden. Selbstverständlich ist der Anwalt jedoch befugt, seinem Klienten Einsicht in diese Akten zu geben und ihm von den wesentlichen Unterlagen Kopien auszuhändigen.[203]

Zur sorgfältigen und gewissenhaften Ausübung des Anwaltsberufs im Sin- 47 ne von Art. 12 lit. a BGFA gehört auch der **sorgsame Umgang des Anwalts mit anvertrauten Akten.** Er muss daher jederzeit in der Lage sein, diese den Behörden wieder herauszugeben. Ein Anwalt, der diese Pflicht verletzt, missbraucht die Vertrauensstellung, die er innerhalb der Rechtspflege geniesst und die ihm verschiedene Privilegien, so unter anderem das Recht verschafft, Behördenakten in seine Kanzlei mitzunehmen.[204] Ein Anwalt, der die Rückgabe ihm überlassener Akten auf erstes Verlangen unterlässt und sie schliesslich erst zwei Monate später zurücksendet, nachdem er die ihm angesetzten Fristen wiederholt ungenutzt hat verstreichen lassen und wiederholt abgegebene Zusagen betreffend die sofortige Aktenrücksendung nicht eingehalten hat, verletzt zweifellos Art. 12 lit. a BGFA.[205]

E.   Pflichten gegenüber Kollegen, der Gegenpartei und Dritten

Das BGFA begründet in Bezug auf das Verhältnis zwischen den Anwälten 48 **keine speziellen Berufspflichten.** Die Regelung des Verhaltens zwischen Kollegen bleibt daher den Standesregeln der Berufsverbände überlassen.

---

[201]   Vgl. HANDBUCH BERUFSPFLICHTEN, 77.
[202]   Vgl. Entscheid der Anwaltskammer des Kantons Bern vom 3. September 2003 (Nr. 3929), wonach die Herausgabe von Akten an den Bruder eines Klienten nicht nur eine strafbare Handlung (in casu: vollendete versuchte Begünstigung) darstellen könne, sondern auch die Berufspflichten im Sinne von Art. 12 lit. a BGFA verletze.
[203]   Vgl. FELLMANN/SIDLER, Art. 48 N 2; HANDBUCH BERUFSPFLICHTEN, 78 f.
[204]   Entscheid der Aufsichtsbehörde über die Anwältinnen und Anwälte des Kantons Luzern vom 13. Juni 2003 (AR 03 12).
[205]   Beschluss der Aufsichtskommission über die Rechtsanwälte des Kantons Zürich vom 4. September 2003 (KG030008/U).

Allfällige Verstösse gegen diese Regeln sind disziplinarrechtlich grundsätzlich nicht relevant, da an der Einhaltung solcher Standesregeln meistens kein öffentliches Interesse besteht. Im Ergebnis bleibt es daher bei der Feststellung von WEGMANN: «Die Kollegialität unter den Rechtsanwälten ist weniger eine Rechtspflicht als eine **Frage des Takts**.»[206] Das Verhalten zwischen den Anwälten ist durch das BGFA nur insofern geregelt, als der Anwalt auch gegenüber Kollegen nicht zu Mitteln greifen darf, die **von der Rechtsordnung missbilligt** werden. Weiter sind ihm alle Massnahmen **untersagt**, die den geordneten Gang der Rechtspflege und das Vertrauen in die Anwaltschaft insgesamt gefährden könnten. So wird man wohl auch unter der Geltung des BGFA die **Verunglimpfung** oder **Lächerlichmachung** des Gegenanwalts und die Erhebung unbegründeter Vorwürfe als Verstösse gegen die Pflicht, den Beruf sorgfältig und gewissenhaft auszuüben, werten dürfen.[207]

49 Auch die **Gegenpartei** geniesst nach dem BGFA **keinen speziellen Schutz**. Das Bundesgericht hat allerdings in einem Urteil vom 4. Mai 2004 festgestellt, Art. 12 lit. a BGFA, wonach der Anwalt seinen Beruf sorgfältig und gewissenhaft ausüben müsse, beziehe sich nicht nur auf das Verhältnis zwischen Anwalt und Klient, sondern auch auf das Verhalten des Anwalts gegenüber Behörden, der Gegenpartei und der Öffentlichkeit.[208] Die Gegenpartei ist daher mindestens insoweit geschützt, als der Anwalt auch ihr gegenüber zu keinen von der Rechtsordnung missbilligten Mitteln greifen darf.[209] Der Anwalt soll auch im direkten Kontakt mit der Gegenpartei sachlich bleiben und auf persönliche Beleidigungen, Verunglimpfungen oder beschimpfende Äusserungen verzichten.[210] Die blosse Verletzung des gebotenen Anstands bleibt allerdings disziplinarrechtlich irrelevant. Im Kontakt mit Gegenparteien hat sich der Anwalt aber stets so zu verhalten, dass das Vertrauen in seine Person und die Anwaltschaft insgesamt gewährleistet bleibt.[211] Die Grenze zwischen erlaubten und unzulässigen Äusserungen lässt sich freilich nicht immer leicht ziehen. Provokationen rechtfertigen sicher eine scharfe Antwort.[212] **Widerrechtliche Drohungen, Nötigungen**

---

[206] WEGMANN, 239.
[207] Vgl. FELLMANN/SIDLER, Art. 37 N 5; HANDBUCH BERUFSPFLICHTEN, 167 f.; ZR 52 (1953) Nr. 71, 124.
[208] Urteil des Bundesgerichts vom 4. Mai 2004 (2A.545/2003) E. 3, so nun auch Urteil des Bundesgerichts vom 18. Juni 2003 (2A.459/2003) E. 3.2.2.
[209] STERCHI, Art. 8 N 4.
[210] Vgl. LGVE 1990 I Nr. 30, 47.
[211] BGE 106 Ia 104 f.
[212] Vgl. HANDBUCH BERUFSPFLICHTEN, 168, m.w.H.

oder Erpressungen bleiben aber in jedem Fall untersagt.[213] Drohungen
sind nur erlaubt, wenn das angedrohte Mittel und die damit verfolgten Ziele zulässig sind und zwischen Mittel und Zweck ein sachlicher Zusammenhang besteht.[214]

Grundsätzlich wird man vom Anwalt auch unter der Geltung des BGFA   50
verlangen dürfen, er habe dazu beizutragen, dass **Rechtsstreitigkeiten sachgerecht und professionell ausgetragen** werden. Der Anwalt soll daher
soweit als möglich auf emotionalisierende Erklärungen verzichten.[215] Sachlichkeit ist «das Kennzeichen professioneller Arbeit.»[216] Justiziable Defi-
nitionen der Sachlichkeit gibt es freilich nicht und eine klare Grenzzie-
hung zwischen sachlichem und unsachlichem Verhalten ist nicht möglich.
Das Gebot der Sachlichkeit ist daher berufsrechtlich kaum je relevant.[217]
Unter dem Blickwinkel des Art. 12 lit. a BGFA wird man aber vom Anwalt
trotzdem fordern dürfen, «Gegnern und Dritten sachlich, objektiv und mit
einem gewissen Verständnis zu begegnen. Er darf zwar energisch auftreten
und sich scharf ausdrücken, nicht aber den Gegner oder Dritte unnötig verletzen, d.h. keine Aussagen machen, die für den Prozess sachlich bedeutungslos sind und nur die Gegenpartei demütigen sollen. Beleidigungen
mittels Anzüglichkeiten, die nicht zur Sache gehören, und unnötig
ehrverletzende Äusserungen gegenüber Gegnern und Dritten sind zu unterlassen.»[218] Nach Auffassung der Aufsichtskommission über die Rechtsanwälte des Kantons Zug verletzt ein Anwalt diese Grundsätze, der einen
Kreisarzt der Suva mehrmals als «berühmt-berüchtigt», als «Rassisten»,
«chronischen Falschbegutachter», «vermutlichen Straftäter», «Gesund-
heitspolizisten» sowie als «Schweinehund» bezeichnete.[219] Das Bundesge-

---

[213] Vgl. HANDBUCH BERUFSPFLICHTEN, 173; vgl. auch ZR 52 (1953) Nr. 66, 119; ZR 42
(1943) Nr. 143, 365.
[214] HANDBUCH BERUFSPFLICHTEN, 170; vgl. auch BGE 125 III 353 ff.
[215] Vgl. KLEINE-COSACK, § 43a BRAO N 54.
[216] EYLMANN, § 43a BRAO N 93.
[217] Vgl. EYLMANN, § 43a BRAO N 94.
[218] Urteil der Aufsichtskommission über die Rechtsanwälte des Kantons Zug vom 23. September 2002 (AK 2001/2); vgl. auch Beschluss der Aufsichtskommission über die
Rechtsanwälte des Kantons Zürich vom 5. Dezember 2002 (KG020014/U), wonach
die Kommission empfiehlt, der Anwalt solle dem alten und bewährten Grundsatz der
anwaltlichen Tätigkeit «fortiter in re, suaviter in modo» folgen; ebenso Beschluss der
Aufsichtskommission über die Rechtsanwälte des Kantons Zürich vom 5. Dezember
2002 (KG020017/U).
[219] Urteil der Aufsichtskommission über die Rechtsanwälte des Kantons Zug vom 23. September 2002 (AK 2001/2).

richt bestätigte diesen Entscheid und stellte fest, solche **Äusserungen** seien **eines Anwalts unwürdig**; die Vorinstanz habe zu Recht darauf hingewiesen, dass der betroffene Anwalt andere Möglichkeiten gehabt hätte, um seine Kritik anzubringen.[220] In einem weiteren Urteil hielt das Gericht sehr allgemein fest, ein **unnötig forsches und unangebrachtes Vorgehen** des Anwalts entspreche regelmässig nicht dem Gebot der sorgfältigen und gewissenhaften Berufsausübung. Einerseits liege es nicht im Interesse des eigenen Klienten, die Gegenpartei ohne Not zu verärgern und dadurch die Fronten (zusätzlich) zu verhärten. Andererseits trage der Anwalt auch unter der Geltung des BGFA unverändert eine Mitverantwortung für das korrekte Funktionieren des Rechtsstaates. Aufgrund seiner besonderen Stellung sei er daher zu einer gewissen Zurückhaltung verpflichtet und gehalten, einer Eskalation des Streits entgegenzuwirken und sie nicht zu fördern. Insofern könne von einem **Gebot der fairen Behandlung der Gegenpartei** ausgegangen werden. Das heisse allerdings nicht, dass der Anwalt verpflichtet sei, stets das mildest mögliche Vorgehen zu wählen. So sei es beispielsweise zulässig, die drohende Verjährung durch Betreibung zu unterbrechen, auch wenn der Eintrag in das Betreibungsregister für den Betroffenen unangenehm sei.[221] Dieses Urteil ist in seinen Grundzügen nicht zu beanstanden. Es ist jedoch **gefährlich allgemein formuliert**. Dies gilt besonders für das angebliche Gebot der Fairness, dessen rechtlicher **Gehalt** ohnehin **wenig konkret** ist. Nach der hier vertretenen Auffassung darf nämlich vom Anwalt keine besondere Zurückhaltung verlangt werden, wenn der Klient – was in der Praxis oft vorkommt – ein energisches Vorgehen verlangt. Man wird ihm aber untersagen dürfen, aus blosser Streitlust entbehrliche, vor allem unnötig verletzende Massnahmen zu ergreifen. Das **Kriterium** für das Vorliegen einer Berufspflichtverletzung ist also weniger eine wie auch immer geartete Fairness als vielmehr die Sinnlosigkeit bestimmter Handlungen, die **blosse Schikane**. Verpönt können daher grundsätzlich nur Massnahmen sein, die dem Klienten keinen Nutzen bringen, der Gegenpartei aber **unnötigerweise schaden** oder sie **ohne jeden vernünftigen Sinn verletzen**. Solange die vom Anwalt getroffenen Massnahmen demgegenüber der Erreichung des Ziels dienen, das der Klient anstrebt, und sowohl das Ziel selbst als auch die **Handlung des Anwalts legal** sind, ist das **Vorgehen disziplinarrechtlich irrelevant**, auch wenn sich die Gegenpartei unfair behandelt fühlt.

---

[220]   Urteil des Bundesgerichts vom 4. Mai 2004 (2A.545/2003) E. 4.
[221]   Urteil des Bundesgerichts vom 18. Juni 2003 (2A.459/2003) E. 3.2.2.

Nach dem bisherigen kantonalen Berufs- und Standesrecht war es dem An-   51
walt untersagt, mit Gegenparteien zu verkehren, die durch einen Anwalt
vertreten waren, ohne dass dessen Einwilligung vorlag. Nur wenn Gefahr
in Verzug war und der Gegenanwalt innert nützlicher Frist nicht erreicht
werden konnte, war der direkte Kontakt mit der Gegenpartei ausnahmsweise erlaubt. Auch in solchen Ausnahmesituationen war der Anwalt jedoch gehalten, den Gegenanwalt umgehend über den Kontakt zu dessen
Klienten zu orientieren.[222] Ziel dieser Regelung war es, das Vertrauensverhältnis zwischen Anwalt und Klient zu schützen. Der Gegenanwalt sollte
dieses Vertrauensverhältnis nicht dadurch schädigen oder gefährden dürfen, dass er hinter dem Rücken seines Kollegen mit der anderen Partei in
Verbindung trat.[223] Gleichzeitig sollte der Gefahr einer Beeinflussung der
Gegenpartei begegnet werden. Ein solches Verbot dient auch unter der
Herrschaft des BGFA dem Interesse des rechtsuchenden Publikums und
dem geordneten Gang der Rechtspflege sowie dem Vertrauen in die Anwaltschaft insgesamt. Eine **direkte Kontaktnahme mit der Gegenpartei**,
die durch einen Anwalt vertreten ist, stellt daher einen **Verstoss gegen die
Pflicht zur sorgfältigen und gewissenhaften Ausübung des Anwaltsberufs** im Sinne von Art. 12 lit. a BGFA dar. Es muss jedoch weiterhin **Ausnahmen** geben. So ist ein Gespräch mit der Gegenpartei zulässig, wenn
diese den direkten Kontakt sucht oder andere triftige Gründe vorliegen.
Solche können beispielsweise darin bestehen, dass ein direktes Gespräch
für die Erledigung des Mandats unumgänglich und überdies zeitlich drin-
gend ist.[224]

F.   Ausserberufliches Verhalten

Schon nach bisherigem Recht war weit gehend anerkannt, dass sich die   52
Berufspflichten des Anwalts **nicht auf sein Privatleben** beziehen.[225] Lehre
und Rechtsprechung schränkten den privaten Freiraum allerdings ein, indem stets betont wurde, die Frage, ob «Ehrenhaftigkeit und Zutrauenswür-
digkeit» noch bestehe, beurteile sich auch nach der privaten Lebenshal-

---

[222] Vgl. HANDBUCH BERUFSPFLICHTEN, 176 ff.; LGVE 1976 I Nr. 339, 397.
[223] Vgl. FELLMANN/SIDLER, Art. 41 N 2; HANDBUCH BERUFSPFLICHTEN, 177; ZR 66 (1967)
       Nr. 84a, 155 f.
[224] Vgl. LGVE 1976 I Nr. 339, 397; FELLMANN/SIDLER, Art. 41 N 4.
[225] Vgl. HANDBUCH BERUFSPFLICHTEN, 14.

tung und Lebensführung.[226] Man war sich indes einig, dass ausserberufliches Verhalten nur in **Extremfällen** für die staatliche Aufsichtsbehörde relevant werden könne, nämlich nur bei Vorkommnissen, die den guten Leumund und damit eine Voraussetzung des Patentbesitzes zerstören.[227]

53 Diesen Ansatz hat das BGFA nochmals verdeutlicht, indem es die **Berufsregeln** des Art. 12 BGFA, insbesondere die Generalklausel des Art. 12 lit. a BGFA (die im Ergebnis allein Ansatz für eine Ausweitung der Berufsregeln auf das Privatleben bilden könnte), **ausdrücklich auf die Ausübung des Berufs beschränkt**. Die Relevanz des Privatlebens wird in Art. 8 BGFA, der sich mit den persönlichen Voraussetzungen für den Registereintrag befasst, abschliessend geregelt. Vorkommnisse im Privatleben eines Anwalts schliessen den Eintrag in das kantonale Anwaltsregister nur aus bzw. führen nur dann zur Löschung des Registereintrags,[228] wenn eine **strafrechtliche Verurteilung** wegen Handlungen vorliegt, die mit dem Anwaltsberuf nicht zu vereinbaren sind und der Eintrag im Strafregister nicht gelöscht ist.[229] Weiter ist ein Eintrag in das Register nicht möglich, wenn gegen einen Anwalt **Verlustscheine** bestehen.[230] Das sind die Extremfälle, die nach Auffassung des BGFA-Gesetzgebers die Vertrauenswürdigkeit eines Anwalts derart belasten, dass ihm eine Berufstätigkeit als Anwalt verboten werden muss. Im Übrigen bleibt er in der Gestaltung seiner ausserberuflichen Tätigkeit, insbesondere seines Privatlebens einschliesslich politischer Aktivitäten, frei. So stellt beispielsweise das Verhalten eines Anwalts in einem Wirtschaftsverband, dem er nicht von Berufs wegen angehört, kein berufsrechtlich relevantes Verhalten dar.[231] Auch ist das BGFA nicht anwendbar auf «das private Tätigwerden in der Kirche, in politischen Parteien, in Initiativ- und Abstimmungskomitees, in politischen und administrativen Behörden, in ideellen, sportlichen und geselligen Vereinigungen etc. Auch die Mitwirkung in Körperschaften mit wirtschaftlichen Zielen ist aufsichtsfrei, wenn der Anwalt dort eigene ausserberufliche Wirtschaftsinteressen verfolgt, so etwa die Vertretung eigener Aktien in einer Generalversammlung, die Aktivität in einem Automobilverband als Automobilist, die Tätigkeit als Mieter in einem Mieterverband, die Beteiligung an Meliorations-,

---

[226] HANDBUCH BERUFSPFLICHTEN, 14; vgl. auch STERCHI, Art. 8 N 1; ZR 63 (1964) Nr. 111, 256; ZR 55 (1956) Nr. 172, 365 f.; ZR 47 (1948) Nr. 84, 176.

[227] STERCHI, Art. 8 N 1; vgl. auch HANDBUCH BERUFSPFLICHTEN, 14.

[228] Art. 9 BGFA.

[229] Art. 8 Abs. 1 lit. b BGFA.

[230] Art. 8 Abs. 1 lit. c BGFA.

[231] ZR 83 (1984) Nr. 5, 11 f.

Wald- und Flurgenossenschaften als Grundbesitzer etc.»[232] Die Aufsichtsbehörden haben sich grundsätzlich weder mit der politischen oder ander-
weitigen Gesinnung eines Anwalts noch mit seinen ausserberuflichen
Aktivitäten zu befassen, solange diese nicht gegen strafrechtliche Normen
verstossen und damit unter dem Gesichtspunkt des Art. 8 BGFA relevant
werden.[233]

III.   Art. 12 lit. b: Unabhängigkeit

A.   Grundlagen und Problemstellung

Die **anwaltliche Unabhängigkeit** geniesst in der Schweiz seit jeher einen   54
hohen Stellenwert.[234] Sie ist mit den Worten des Bundesgerichts «von her-
ausragender Bedeutung» und «als Berufspflicht [...] weltweit anerkannt».[235]
Die anwaltliche Unabhängigkeit soll «grösstmögliche Freiheit und Sachlichkeit bei der Interessenwahrung gegenüber dem Klienten wie gegenüber dem Richter gewährleisten. Sie bildet die **Voraussetzung für das
Vertrauen in den Anwalt und die Justiz**. Wer sich an einen Anwalt wendet, soll gewiss sein dürfen, dass dieser in keiner Weise an einen Dritten
gebunden ist, dessen Interessen den eigenen in irgendeiner Weise entgegenstehen können.»[236] Diese Haltung nimmt auch der Europäische Gerichtshof ein. Er billigt den Mitgliedstaaten der EU daher das Recht zum Erlass
von Regelungen zu, die vom Anwalt Unabhängigkeit gegenüber dem Einfluss des Staates, anderer Wirtschaftsteilnehmer und Dritter verlangen und
von ihm Gewähr fordern, dass sein Handeln ausschliesslich von den Interessen seiner Klienten bestimmt ist.[237]

---

[232]   ZR 83 (1984) Nr. 5, 11.
[233]   Vgl. ZR 94 (1995) Nr. 10, 33 f.
[234]   Vgl. etwa CHRISTE, 463; DREYER, 414; PFEIFER, Rechtsanwalt, 307; BGE 123 I 196;
       Urteil des Bundesgerichts vom 8. Januar 2001 (2P.187/2000) E. 4a, publiziert in Pra
       2001 Nr. 141, 838 f.
[235]   BGE 130 II 93.
[236]   Urteil des Bundesgerichts vom 8. Januar 2001 (2P.187/2000) E. 4a, publiziert in Pra
       2001 Nr. 141, 842; vgl. auch BGE 130 II 93 ff.; PFEIFER, Rechtsanwalt, 307; STERCHI,
       Art. 9 N 2.
[237]   Urteil des EuGH vom 19. Februar 2002, Wouters, Rs. C-309/99, Slg. 2002-2, I-1689,
       Nr. 102.

55 Nach herrschender Auffassung gehört die **Unabhängigkeit** «zum **Kern-bereich des Anwaltsberufes**; sie konstituiert seine besondere Funktion im Rechtspflegesystem».[238] Historisch gesehen ist die anwaltliche Unabhängigkeit primär Unabhängigkeit vom Staat und Freiheit vor staatlichen Weisungen. Die Anerkennung des Anwaltsberufs als freier Beruf stellt auch heute noch ein wichtiges Element der **Begrenzung staatlicher Macht** dar. Sie gewährleistet die «Chancen- und Waffengleichheit», indem sie «dem Bürger Rechtskundige zur Verfügung» stellt, zu denen er Vertrauen hat und die seine Interessen möglichst frei und unabhängig von staatlicher Einflussnahme wahrnehmen können.[239]

56 Aus der staatlichen Garantie der Unabhängigkeit folgt die **Berufspflicht** des Anwalts, seine berufliche und persönliche **Unabhängigkeit zu wahren**.[240] Sie soll gewährleisten, dass er sich ausschliesslich von sachgemässen Überlegungen leiten lässt, nur dem eigenen Denken und Urteilen sowie seinen Berufspflichten folgt und frei bleibt von Einflüssen, die sachgemäss mit dem Mandat nicht zusammenhängen.[241] Das Gebot der Unabhängigkeit verbietet ihm daher rechtliche oder tatsächliche Bindungen einzugehen, die seine berufliche Unabhängigkeit gefährden.[242] Ob und wie sich dieses Ziel erreichen lässt, ist jedoch höchst ungewiss. In der Tat herrscht vor allem in jüngster Zeit **grosse Unsicherheit** darüber, «wo die Grenze zwischen tolerablen Bindungen und solchen verläuft, die im Interesse der Unabhängigkeit des Anwalts nicht hingenommen werden können.»[243] Augenfällig ist vor allem, dass die Freiheit des Anwalts heute in stärkerem Masse durch Abhängigkeiten gefährdet ist, die er aus wirtschaftlichen Gründen eingeht, als durch staatliche Einflussnahme.[244] Die Pflicht zur Wahrung der Unabhängigkeit in § 43a BRAO wird daher nicht ganz zu Unrecht als Element eines «Pathoskatalogs» bezeichnet, der primär bei Festreden bedeutsam sei, wenn es gelte, ein romantisch-verklärtes, idealistisch überhöhtes und teils wirklichkeitsfremdes Berufsbild zu beschreiben. Solche Pflichten seien «weder justiziabel noch sanktionsfähig».[245]

[238] EYLMANN, § 43a BRAO N 5.
[239] FEUERICH/WEYLAND, § 1 BRAO N 15.
[240] FEUERICH/WEYLAND, § 43a BRAO N 2.
[241] PFEIFER, Rechtsanwalt, 307; vgl. auch WEGMANN, 245 f.
[242] FEUERICH/WEYLAND, § 43a BRAO N 5.
[243] EYLMANN, § 43a BRAO N 6.
[244] EYLMANN, § 43a BRAO N 6; zur Entwicklung des Markts für anwaltliche Tätigkeit vgl. etwa DREYER, 410, m.w.H.; PFEIFER, Rechtsanwalt, 291, m.w.H.
[245] KLEINE-COSACK, § 43a BRAO N 1; für die Schweiz vgl. etwa die kritischen Bemerkungen von PFEIFER, Rechtsanwalt, 270 ff. und 307 ff.

Für die Schweiz ist ebenfalls auf den Widerspruch zwischen der Bedeu-   57
tung, die der Gesetzgeber dem Unabhängigkeitsgebot durch seine Aufnahme als eigenständige Pflicht in den Katalog der Berufspflichten des Art. 12
BGFA geben wollte, und der **völlig unzureichenden Konkretisierung im
Gesetz** hinzuweisen.[246] Es besteht daher auch hierzulande die Gefahr, dass
das Verbot, Bindungen einzugehen, welche die eigene Unabhängigkeit gefährden, seine Justiziabilität verliert und sich in einen letztlich unverbindli-
chen Appell verflüchtigt.[247] Es ist somit begrüssenswert, dass der Schweizerische Anwaltsverband der Unabhängigkeit grosses Gewicht beimisst und
dafür in den Richtlinien für die Berufs- und Standesregeln eine eigene Regelung vorsieht.[248] Auch das Bundesgericht betont in seiner jüngsten Rechtsprechung zum BGFA, die **Unabhängigkeit des Anwalts** sei vom Gesetzgeber, unter Berufung auf die Lehre und insbesondere die Rechtsprechung,
zu Recht zu einem **zentralen Kriterium für die Zulassung von Anwälten
zur forensischen Tätigkeit** gemacht worden. Sie sei verknüpft mit der in
Art. 12 lit. c BGFA festgeschriebenen Berufspflicht des Anwalts, jeden
Konflikt zwischen den Interessen seiner Klientschaft und denjenigen anderer Personen, Unternehmungen oder Organisationen, mit denen er geschäftlich oder privat in Beziehung stehe, zu vermeiden.[249] Nach der Rechtsprechung des Bundesgerichts gebietet die Verpflichtung zur Unabhängigkeit
dem Anwalt insbesondere, keine Bindungen einzugehen, durch welche Dritte, die nicht in einem kantonalen Register eingetragen sind, rechtlich oder
tatsächlich, direkt oder indirekt Einfluss auf die Berufsausübung nehmen
können.[250]

Dies ist auch die Haltung, die im vorliegenden Kommentar vertreten wird: 58
Die Tragweite, die das Gebot der Unabhängigkeit hat, ist zweifellos ab-
hängig von den jeweiligen gesellschaftlichen Gegebenheiten und von den
Anforderungen, die der Markt an den Beruf des Anwalts stellt. Die Bedeu-

---

[246] So EYLMANN, § 43a BRAO N 7, für die entsprechende Regelung in § 43a BRAO.
[247] So für die Situation in Deutschland EYLMANN, § 43a BRAO N 6.
[248] Art. 10 Unabhängigkeit: «Rechtsanwältinnen und Rechtsanwälte üben ihren Beruf
         unabhängig, in eigenem Namen und auf eigene Verantwortung aus. Die Unabhängig-
         keit bedingt insbesondere, dass keine Bindungen bestehen, welche Rechtsanwältin-
         nen und Rechtsanwälte bei der Berufsausübung irgendwelchem Einfluss von Dritten,
         die nicht in einem kantonalen Anwaltsregister eingetragen sind, aussetzen. Rechtsan-
         wältinnen und Rechtsanwälte üben keine Tätigkeiten aus, die mit ihrer Unabhängig-
         keit nicht vereinbar sind.»
[249] BGE 130 II 95.
[250] Vgl. Urteil des Bundesgerichts vom 8. Januar 2001 (2P.187/2000) E. 4.1, publiziert in
         Pra 2001 Nr. 141, 838 f.

tung, die dieser Berufspflicht beigemessen wird, ist daher einem steten
Wandel ausgesetzt. Was aber immer bleiben wird, ist die Erkenntnis, dass
nur der unabhängige Anwalt den **Interessen seines Auftraggebers** gegenüber allen anderen Belangen **stets den Vorrang einräumen** kann. Nur wer
sich frei hält von beruflichen, persönlichen und wirtschaftlichen Abhängigkeiten, ist in der Lage, sich rückhaltlos für die Interessen eines Dritten
einzusetzen. Wer hingegen so eng mit anderen Personen verbunden ist,
dass er ängstlich nach den Konsequenzen schielen muss, die sein Tun für
diese und deren Reaktion für ihn hat, wird nie seine ganze Kraft für die
Durchsetzung der Interessen seiner Klienten einsetzen können. Gleiches
gilt, wenn er Personen, an die er beruflich, persönlich oder wirtschaftlich
gebunden ist, direkten Einfluss auf seine anwaltliche Tätigkeit einräumt.
Auch im Wandel der Zeit bleibt daher das **Gebot der Unabhängigkeit**
eine **Herausforderung**, der sich sowohl die Anwaltschaft wie auch die
Aufsichtsbehörden **im wohlverstandenen Interesse der Klienten** zu stellen haben.

59   In der Praxis dürfte das Gebot der Unabhängigkeit freilich nur sehr selten
als abstrakte Berufsregel zur Diskussion stehen. Im Alltag stellt sich die
Frage nach der Unabhängigkeit des Anwalts nämlich meistens im **Zusammenhang mit konkreten Interessenkollisionen**. Es gilt somit vor allem
zu prüfen, ob Art. 12 lit. c BGFA verletzt ist, wonach der Anwalt jeden
Konflikt zwischen den Interessen seiner Klienten und Personen, mit denen
er geschäftlich oder privat in Beziehung steht, zu vermeiden hat. Die Botschaft weist bei der Erläuterung des Gebots der Unabhängigkeit speziell
auf das Verbot von Interessenkonflikten hin.[251]

B.   Die Lösung des BGFA und ihre Auswirkungen auf
die Organisationsfreiheit des Anwalts

60   Das BGFA befasst sich in zwei Bestimmungen mit der Unabhängigkeit des
Anwalts: In Art. 8 Abs. 1 lit. d BGFA macht es die Unabhängigkeit zur
persönlichen Voraussetzung für den Registereintrag. Danach müssen
die Anwältinnen und Anwälte «in der Lage sein, den Anwaltsberuf unabhängig auszuüben; sie können Angestellte nur von Personen sein, die ihrerseits in einem kantonalen Register eingetragen sind». In Art. 12 lit. b BGFA
wird die Verpflichtung zur unabhängigen Ausübung des Anwaltsberufs zur

---

[251]   BOTSCHAFT, Nr. 233.22, 6055.

Berufsregel erhoben. Danach üben die Anwältinnen und Anwälte
«ihren Beruf unabhängig, in eigenem Namen und auf eigene Verantwortung
aus». Bei Art. 8 Abs. 1 lit. d BGFA geht es um die «institutionelle Unabhängigkeit»;[252] Art. 12 lit. b BGFA hat «die Unabhängigkeit im Zuge der
Berufsausübung»[253] zum Thema.[254] Eine Definition dieser Unabhängigkeit
sieht das Gesetz nicht vor. National- und Ständerat haben es dem Bundesgericht überlassen, die Kriterien der anwaltlichen Unabhängigkeit festzulegen.[255]

Art. 8 Abs. 1 lit. d BGFA, der die institutionelle Unabhängigkeit zum   61
Inhalt hat, und **Art. 12 lit. b BGFA**, der sich mit der Unabhängigkeit bei
der Ausübung des Anwaltsberufs befasst, stehen in einer **wechselseitigen
Beziehung** zueinander. Nach der Auffassung des Bundesgerichts verlangt
Art. 12 lit. b BGFA vom Anwalt, im Einzelfall abzuschätzen, ob ein Interessenkonflikt vorliege. Dies wirke sich auf den Beurteilungsmassstab bei der
Anwendung des Art. 8 Abs. 1 lit. d BGFA aus. Die Anforderungen an die
institutionelle Unabhängigkeit dürften demnach bei einem Anwalt, der bei
einer Unternehmung angestellt sei und die Aufnahme einer Anwaltstätigkeit
als Teilzeit-Selbständigerwerbender beabsichtige, nicht zu hoch angesetzt
werden. Dieser habe daher im Eintragungsverfahren nicht nachzuweisen,
dass jegliche künftige Beeinträchtigung der Unabhängigkeit ausgeschlossen sei. Die zuständige Behörde habe sich lediglich zu vergewissern, dass
die Ausgestaltung des Arbeitsverhältnisses des Gesuchstellers und die im
Hinblick auf die selbständige Tätigkeit getroffenen organisatorischen Vorkehrungen eine Beeinflussung durch die Interessen des Arbeitgebers ver-
unmöglichten und auch sonst der korrekten Ausübung von Anwaltsmandaten nichts entgegenstehe.[256] Im Übrigen sei der Anwalt gestützt auf Art. 12
lit. b BGFA verpflichtet, der Aufsichtsbehörde **Änderungen der Verhältnisse** bekannt zu geben, die für die Frage der Unabhängigkeit von Bedeutung sein könnten.[257]

Unklar ist, was das Gesetz mit dem Hinweis meint, die Anwältinnen und   62
Anwälte hätten ihren Beruf «**in eigenem Namen**» auszuüben. Die Botschaft enthält dazu keine Erläuterungen. Im Verlauf der parlamentarischen

---

[252] NATER, Aktuelle Anwaltspraxis 2001, 443.
[253] NATER, Aktuelle Anwaltspraxis 2001, 443.
[254] Vgl. FELLMANN, Rechtsformen, 348.
[255] Zum Gesetzgebungsverfahren vgl. NATER, Übersicht, 12 ff.
[256] BGE 130 II 104.
[257] BGE 130 II 108.

Beratungen wies Hans-Rudolf Merz darauf hin, es sei unklar, was das Auftreten «in eigenem Namen» bedeuten solle. Es gebe nämlich Kanzleien, die Anwälte anstellten, die dann im Namen der Kanzlei auftreten würden. Es sei deshalb richtiger zu sagen, der Anwalt habe seinen Beruf «persönlich» auszuüben. Dies könne dann auch in der Organisationsform einer Anwaltsfirma geschehen.[258] Das Parlament nahm den Vorschlag von Merz jedoch nicht auf, weil es im Verlauf der weiteren Beratungen zur Auffassung gelangte, das BGFA dürfe zur Frage der rechtlichen Organisation von Anwaltskanzleien keine abschliessende Regelung enthalten.[259] Klar ist daher nur, dass die Wendung «in eigenem Namen» nach Auffassung des Gesetzgebers die **Organisation einer Anwaltskanzlei in der Rechtsform einer juristischen Person nicht ausschliesst.**[260] Die Organisation einer Anwaltsgemeinschaft als Kollektivgesellschaft oder als juristische Person ändert jedoch nichts daran, dass der einzelne Anwalt der Aufsichtsbehörde gegenüber disziplinarrechtlich verantwortlich bleibt.[261] Auch vor Gericht tritt nicht die Gesellschaft, sondern der im Anwaltsregister eingetragene Anwalt auf. Da es sich bei der Prozessvollmacht um eine einseitige Ermächtigung des Vollmachtgebers handelt, die von einer allfälligen Vertragsbeziehung unabhängig ist, ist dies auch dann möglich, wenn der Mandatsvertrag zwischen dem Klienten und der Anwaltsgesellschaft besteht.[262]

63   Fraglich ist weiter, ob das Gesetz mit der Verpflichtung, die Anwältinnen und Anwälte hätten den Anwaltsberuf «**auf eigene Verantwortung**» auszuüben, die unbeschränkte persönliche Haftung der Anwältinnen und Anwälte zur Bedingung machen will. Dies scheint indessen nicht der Fall zu sein. Abgesehen davon, dass sich der Gesetzgeber zur Zulässigkeit der verschiedenen rechtlichen Organisationsformen nicht aussprechen wollte, verpflichtet Art. 12 lit. f BGFA Anwälte nämlich, «eine Berufshaftpflichtversicherung nach Massgabe der Art und des Umfangs der Risiken, die mit ihrer Tätigkeit verbunden sind, abzuschliessen.» Dies zeigt, dass der Gesetzgeber nicht davon ausging, zum Schutz des Rechtsuchenden sei eine

---

[258]   Votum von Hans-Rudolf Merz vom 20. Dezember 1999, AmtlBull SR 1999, 160. Zur Diskussion über die nach dem Gesetz zulässigen Rechtsformen der Zusammenarbeit vgl. etwa CHAPPUIS, 261 ff.; FELLMANN, Rechtsformen, 339 ff.; HANDSCHIN, 259 f.; HESS, Anwaltsgesetz, 107 ff.; STUDER, Entwicklungen, 234 f.

[259]   Vgl. dazu das Votum von Bundesrätin Metzler im Nationalrat vom 7. März 2000, AmtlBull NR 2000, 44; vgl. dazu auch NOBEL, Organisationsfreiheit, 140 ff.

[260]   Vgl. dazu auch FELLMANN, Rechtsformen, 348 f.

[261]   Vgl. FELLMANN, Rechtsformen, 352.

[262]   Vgl. FELLMANN, Rechtsformen, 351 f.; VONZUN, 468 f.; a.M. offenbar HANDSCHIN, 259 f.

---

unbeschränkte persönliche Haftung der Anwälte erforderlich. Er nahm im
Gegenteil an, das Substrat der persönlichen Haftung genüge in der Regel
gerade nicht, um Schadenersatzansprüche von Klienten zu decken. Auch
die Pflicht, den Anwaltsberuf in eigener Verantwortung auszuüben, kann
daher nicht dazu führen, die **GmbH oder die Aktiengesellschaft als Organisationsform** für den Zusammenschluss von Anwälten auszuschliessen.[263]

Unter dem Blickwinkel der Unabhängigkeit ist vor allem die Zulässigkeit   64
sogenannter «**Multidisciplinary Partnerships**» (MDP), also der Zusammenschluss eines Anwalts mit Angehörigen anderer Berufe, etwa Steuer-
beratern, Vermögensverwaltern, Immobilientreuhändern etc., umstritten.[264]
Das Problem liegt darin, dass sich diese Personen nicht in ein Anwaltsregister eintragen lassen können, so dass sich bei den gegenseitigen (vertraglichen) Verpflichtungen der Partner einer MDP durchaus die Frage nach
der Unabhängigkeit der beteiligten Anwälte stellen kann.[265] In einem Urteil zu Art. 12 lit. b BGFA hat das Bundesgericht jedoch festgestellt (freilich ohne sich ausdrücklich zur Zulässigkeit neuer Organisationsformen zu
äussern), das Bild des unabhängigen Anwalts, der selbständig ein Anwaltsbüro betreibe, sei in vielen Fällen überholt. Anwälte seien heute oft in komplexen (Unternehmens-)Strukturen tätig. Nicht nur würden sich immer
öfter mehrere Anwälte zu immer grösseren Anwaltskanzleien zusammen-
schliessen. Sie organisieren sich auch zunehmend mit Wirtschaftsfachleu-
ten, Treuhändern, Steuerexperten etc.[266] Man darf daher davon ausgehen,
dass das Bundesgericht solche Organisationsformen grundsätzlich als zulässig qualifizieren würde.[267] Tatsächlich ist ein Verbot solcher Partnerschaf-

---

[263]   Vgl. FELLMANN, Rechtsformen, 349; VONZUN, 457 f.; a.M. HESS, Anwaltsgesetz, 108
        und HIRT, 223 f., u.a. mit dem Hinweis, dass die Weitergabe von durch das Berufsge-
        heimnis geschützten Informationen an eine Revisionsstelle widerrechtlich sei. Dieses
        Argument ist indessen haltlos, wenn man bedenkt, dass sich im Zusammenhang mit
        der Einführung der Mehrwertsteuer Anonymisierungsverfahren etabliert haben, wel-
        che die völlige Transparenz der Buchhaltung bei gleichzeitiger Wahrung des Berufs-
        geheimnisses gewährleisten; vgl. dazu auch die Replik von FELLMANN, Stillstand, 277
        ff.
[264]   Vgl. etwa das Verbot im Kanton Genf (Art. 10 AnwG-GE) und dazu REYMOND, 19.
[265]   Vgl. dazu auch NATER, Aktuelle Anwaltspraxis 2003, 721 ff.
[266]   BGE 130 II 93 f.
[267]   A.M. die Anwaltskammer des Kantons Genf und das Verwaltungsgericht des Kantons
        Genf, Cause no 2499: Suter & Associés, Décision de la commission du Barreau du
        11 novembre 2002, wonach die Kanzlei Suter & Partner ein verstecktes Glied des als
        Genossenschaft schweizerischen Rechts konzipierten Anwaltsnetzes LANDWELL sei,

ten nicht mehr zeitgemäss, weil die Dienstleistungsbedürfnisse des modernen Klienten durchaus einer Neustrukturierung traditioneller Anwaltskanzleien bedürfen.[268] Dass dabei der Schutz des Berufsgeheimnisses sichergestellt werden muss[269] und sich die beteiligten Anwälte nicht der Weisungsbefugnis von Nichtanwälten unterstellen dürfen, versteht sich von selbst.[270]

65 Die Hinweise zur Zulässigkeit möglicher Organisationsformen zeigen, dass der Wendung, die Anwältinnen und Anwälte hätten ihren Beruf «**in eigenem Namen und auf eigene Verantwortung**» auszuüben, **keine eigenständige Bedeutung** zukommt. Es handelt sich dabei lediglich um ein Korrelat zum Gebot der Unabhängigkeit.

C.   Unabhängigkeit vom Staat

66 Die Unabhängigkeit vom Staat ist ein wichtiger Aspekt des Gebots der Unabhängigkeit.[271] Tatsächlich ist die Unabhängigkeit des Anwalts vom Staat eine grundlegende Voraussetzung für das Funktionieren einer rechtsstaatlichen Rechtspflege.[272] Hat das Bundesgericht noch in BGE 103 Ia 431 f. und 98 Ia 58 f. den Anwalt als «Diener des Rechts» und als «Mitarbeiter der Rechtspflege» dargestellt, so wurde diese Umschreibung in BGE 106 Ia 104 f. zu Recht relativiert. Danach anerkennt das Bundesgericht nun, dem Anwalt komme die Aufgabe zu, die Rechtsuchenden bei der **Ver-**

---

das in enger Verbindung mit PricewaterhouseCoopers eine globale und multidisziplinäre Dienstleistungsstrategie nach dem «one-stop-shop» verfolge. Ein solcher Verbund gefährde die anwaltliche Unabhängigkeit, führe zum Risiko von Interessenkonflikten und stelle eine Gefahr für die Einhaltung des Berufsgeheimnisses dar. Vgl. dazu NATER, Gemischte Sozietäten, 588 f.; vgl. auch DERSELBE, Unabhängigkeit, 67 ff., mit Hinweis auf den gegenteiligen Beschluss der Aufsichtskommission über die Rechtsanwälte des Kantons Zürich vom 17. September 2003 betreffend einen Partner der Kanzlei Suter & Partner Rechtsanwälte.

[268] Vgl. FELLMANN/SIDLER, Art. 2 N 1; LGVE 1988 I Nr. 36, 61 f.; kritisch neuerdings HESS, Anwaltsgesetz, 109, unter Berufung auf das Urteil des Gerichtshofs der Europäischen Gemeinschaften (EuGH) vom 19. Februar 2002 in der Rechtssache C-309/99, in dem der EuGH das Verbot gemischter Sozietäten zwischen Anwälten und Wirtschaftsprüfern in den Niederlanden unter den Gesichtspunkten der Unabhängigkeit und des Berufsgeheimnisses als EU-konform erklärte.

[269] Vgl. FELLMANN/SIDLER, Art. 2 N 1 b.

[270] Vgl. dazu auch NATER, Angestellte Anwälte, 139 ff.

[271] Vgl. N 54 ff. vorne; vgl. auch FELLMANN/SIDLER, Art. 1 N 5; WOLFFERS, 54 ff.

[272] STERCHI, Art. 9 N 4.

---

folgung ihrer subjektiven Rechtsschutzinteressen zu beraten und zu unterstützen. «Er nimmt damit eine Aufgabe wahr, ohne deren Erfüllung der Bürger seine Rechtsansprüche häufig nicht durchsetzen könnte und ohne deren Wahrnehmung die Verwirklichung der Rechtsordnung ganz allgemein in Frage gestellt wäre [...]. Der Anwalt ist aber nicht staatliches Organ und auch nicht ‹Gehilfe des Richters›, sondern Verfechter von Parteiinteressen und als solcher einseitig für seinen jeweiligen Mandanten tätig.»[273] In diesen Punkten ist das **Gebot der Unabhängigkeit** indessen **nicht Berufsregel**, sondern **staatliche Garantie**. Tatsächlich kann nur «der vor staatlicher Einflussnahme geschützte Anwalt seine Funktion richtig wahrnehmen.»[274] Die Unabhängigkeit des Anwalts vom Staat ist daher eine der tragenden Säulen der rechtsstaatlichen Rechtspflege.[275]

Zu betonen ist in diesem Zusammenhang, dass der Anwalt auch **gegenüber der Aufsichtsbehörde unabhängig** ist. Sie ist weder Kontrollinstanz noch Vormund des Anwalts. Sie kann bloss Verstösse gegen das Anwaltsgesetz ahnden und dem Anwalt bei Verletzung von Berufspflichten Weisungen erteilen, nicht aber die richtige Ausübung des Mandats erzwingen.[276] · 67

D. Unselbständige Erwerbstätigkeit und Ausübung des Anwaltsberufs als Nebenerwerb

Im **Gesetzgebungsverfahren** war lange Zeit umstritten, ob angestellte Anwälte die Klientschaft ihres Arbeitgebers vor Gericht vertreten können.[277] · 68 Diese Frage wurde im Verlauf der Beratungen im Parlament über die persönlichen Voraussetzungen für den Registereintrag abschliessend geklärt. Nach Art. 8 Abs. 1 lit. d BGFA können Anwältinnen und Anwälte «Angestellte nur von Personen sein, die ihrerseits in einem kantonalen Register eingetragen sind.» Damit setzte sich «eine **restriktive Auslegung der Unabhängigkeit** durch».[278] «Der Wortlaut von Art. 8 Abs. 1 lit. d BGFA drückt unmissverständlich den Willen der Parlamentsmehrheit aus, dass ein Anwalt im Angestelltenverhältnis den für die Tätigkeit im Monopolbe-

---

[273] BGE 106 Ia 104 f.
[274] WOLFFERS, 54 f.
[275] WOLFFERS, 55.
[276] Vgl. FELLMANN/SIDLER, Art. 1 N 5c; SPÄH, 398; vgl. auch ZR 73 (1974) Nr. 100, 280 f.; ZR 70 (1971) Nr. 102, 279.
[277] Vgl. dazu BOTSCHAFT, Nr. 172.11 ff., 6033 ff.
[278] BGE 130 II 99 f.

reich erforderlichen Registereintrag nicht beanspruchen kann, es sei denn, der Arbeitgeber sei seinerseits ein im Register eingetragener Anwalt. Es besteht insofern bei (nicht von Anwälten) angestellten Anwälten eine (unter bestimmten Voraussetzungen allerdings widerlegbare [...]) Vermutung des Fehlens der Unabhängigkeit.»[279]

69   Nach Auffassung des Bundesgerichts erweist sich dieser **generelle Ausschluss der von Treuhandgesellschaften oder anderen Unternehmen angestellten Anwälten** als geeignet und verhältnismässig, um die Unabhängigkeit des Anwaltsstandes zu garantieren. Namentlich bei Treuhandfirmen sei nämlich augenscheinlich, dass diese als gewinnorientierte Dienstleistungsunternehmen mit ihren verschiedenen Geschäftsfeldern klare Eigeninteressen verfolgten. Daraus ergebe sich eine nicht unerhebliche – konkrete und nicht bloss abstrakte – Gefahr der Beeinflussung des von ihnen angestellten Anwalts bei der Betreuung von Mandanten, die Bezug zum allgemeinen Geschäftsinteresse des Arbeitgebers aufweisen würden.[280]

70   Weder Art. 8 Abs. 1 lit. b noch Art. 12 lit. b BGFA verpflichten den Anwalt, die **Anwaltstätigkeit hauptberuflich** und ausschliesslich auszuüben.[281] Auch nach der Auffassung des Bundesgerichts[282] bedeutet die Wendung «sie können Angestellte nur von Personen sein, die ihrerseits in einem kantonalen Register eingetragen sind» nicht, «dass jeder in einem Anstellungsverhältnis stehende Anwalt, dessen Arbeitgeber nicht selber als Anwalt eingetragen ist, ungeachtet dessen, ob es sich um eine Voll- oder um eine Teilzeitanstellung handelt, und ohne Rücksicht darauf, ob und wieweit die Auswahl der Klienten und die Art der Mandate mit dem Anstellungsverhältnis zusammenhängt, vom Registereintrag ausgeschlossen wäre.»[283] Anwälte sind daher befugt, **neben ihrer Anwaltstätigkeit einer unselbständigen Erwerbstätigkeit als Angestellte** nachzugehen oder **neben ihrer unselbständigen Erwerbstätigkeit als Angestellte in Teilzeit eine Tätigkeit als selbständiger Anwalt** aufzunehmen. Die Tätigkeit als Unselbständigerwerbende darf jedoch die Unabhängigkeit bei der Ausübung des Anwaltsberufs nicht tangieren. Übt ein Anwalt also neben seiner Anwaltstätigkeit im Angestelltenverhältnis eine zusätzliche Erwerbstätigkeit aus, müssen Interessenkonflikte zulasten sei-

---

[279]   BGE 130 II 100.
[280]   Urteil des Bundesgerichts vom 8. Januar 2001 (2P.187/2000) E. 4c.
[281]   Vgl. Hess, Anwaltsgesetz, 106.
[282]   BGE 130 II 87 ff.; vgl. dazu Hess, Unabhängigkeit, 94 f.; Nater, Angestellte Anwälte, 139 ff.; Sterchi, «Hobby-Anwälte», 1 ff.; Studer, Unabhängigkeit, 140 f.
[283]   BGE 130 II 102.

ner Klienten ausgeschlossen sein. Es muss sichergestellt sein, dass die **Interessen der Klienten absoluten Vorrang** vor irgendwelchen anderen Bindungen haben.[284]

Nach Auffassung des Bundesgerichts kann ein Anwalt, der bei einem Arbeitgeber angestellt ist, der nicht in einem kantonalen Register eingetragen ist, «die verlangte Unabhängigkeit ebenfalls aufweisen, wenn er seine Anwaltstätigkeit ausserhalb dieses Angestelltenverhältnisses ausübt und sich auf **Mandate** beschränkt, die auch klar **ausserhalb des Tätigkeitsbereichs seines Arbeitgebers** liegen [...]. Für eine derartige teilzeitliche selbständige Anwaltstätigkeit besteht daher grundsätzlich Anspruch auf Eintragung ins Anwaltsregister, sofern die übrigen gesetzlichen Voraussetzungen erfüllt sind und den durch die Anstellung bewirkten Besonderheiten Rechnung getragen wird.»[285] Im Hinblick auf Art. 8 Abs. 1 lit. d BGFA muss der angestellte Anwalt jedoch «vollständige Angaben über sein Arbeitsverhältnis beibringen, soweit sie für die Unabhängigkeitsfrage von Belang sein können.»[286] Der angestellte Anwalt muss darlegen können, dass angesichts der Ausgestaltung seines Anstellungsverhältnisses «**keine Beeinträchtigung seiner Unabhängigkeit** bzw. der gewissenhaften und allein im Interesse seiner Klienten liegenden Berufausübung droht.»[287] Der Registereintrag darf sodann «auch davon abhängig gemacht werden, dass der Anwalt die von ihm getroffenen Vorkehrungen aufzeigt, die ihm die Wahrung des Berufsgeheimnisses trotz seiner Anstellung erlauben.»[288]

71

Nach Auffassung des Bundesgerichts besteht bei einem **Angestelltenverhältnis** «eine **Vermutung für das Fehlen der Unabhängigkeit**».[289] Diese

72

---

[284] Vgl. HESS, Anwaltsgesetz, 106 f.; WIRTH, 117; vgl. auch das Votum von Bundesrätin Metzler im Nationalrat vom 7. März 2000, AmtlBull NR 2000, 44.

[285] BGE 130 II 103; zu den praktischen Auswirkungen der bundesgerichtlichen Rechtsprechung siehe eingehend NATER/BAUMBERGER, 390 ff.

[286] BGE 130 II 104.

[287] BGE 130 II 105. So war nach Auffassung des Bundesgerichts beispielsweise ein Registereintrag bei einem Anwalt, der als Leiter der Rechtsabteilung einer Gesellschaft tätig war und an der gleichen Adresse eine Anwaltskanzlei eröffnen wollte, ohne nähere Abklärungen nicht zulässig. Schon angesichts der engen räumlichen Verhältnisse wären nach Meinung des Bundesgerichts ergänzende Angaben über die Büroorganisation (Besetzung des Sekretariats etc.) erforderlich gewesen, Urteil des Bundesgerichts vom 13. April 2004 (2A.126/2003) E. 5.2.

[288] BGE 130 II 104.

[289] Urteile des Bundesgerichts vom 3. Juni 2004 (2A.357/2003, 2A.295/2003, 2A.233/2003 und 2A.253/2003) E. 3 und Urteil des Bundesgerichts vom 3. Juni 2004 (2A.359/2003) E. 2.1.

Vermutung könne zwar widerlegt werden. Um in das Anwaltsregister eingetragen zu werden, müsse der angestellte Anwalt allerdings klare Verhältnisse schaffen und aufzeigen, dass angesichts der Ausgestaltung seines Angestelltenverhältnisses keine Beeinträchtigung seiner Unabhängigkeit drohe und jegliche Einflussnahme des Arbeitgebers auf die Anwaltstätigkeit ausgeschlossen sei. Dies sei nur dann der Fall, wenn er die Tätigkeit, für die er den Registereintrag beanspruche, ausserhalb des Angestelltenverhältnisses ausübe, was auch in büroorganisatorischer Hinsicht zum Ausdruck kommen müsse, und er sich auf Mandate beschränke, die klar ausserhalb des Tätigkeitsbereichs des Arbeitgebers liegen würden. Gemeint sei damit allerdings bloss das konkrete Geschäftsumfeld, nicht die Branche als solche bzw. generell das Fachgebiet des Arbeitgebers.[290] Mit dem Unabhängigkeitsgebot grundsätzlich nicht vereinbar sei allerdings die anwaltliche Vertretung des Arbeitgebers selber sowie von diesem nahe stehenden Unternehmungen oder von dessen Kunden oder sonstigen Geschäftspartnern, sofern die Art der Beziehung zum Arbeitgeber für die Unabhängigkeit der Mandatsführung nicht von vornherein irrelevant sei. Was die Vertretung von Kunden des Arbeitgebers betreffe, so liege es auf der Hand, dass Interessen und über den Einzelfall hinausgehende Strategien des Arbeitgebers sich auf die Art der Mandatsführung auswirken könnten. Die Gefahr einer Einflussnahme des Arbeitgebers könne in solchen Fällen mit einem wie auch immer ausgestalteten Arbeitsvertrag nicht wegbedungen werden. Für solche Mandate lasse sich daher die **Vermutung für das Fehlen der Unabhängigkeit nicht widerlegen**.[291] Gestützt auf diese Überlegungen hat das Bundesgericht daher bei *Rechtsschutzversicherungen* angestellten Anwälten, die den Registereintrag für die Vertretung von Kunden ihrer Arbeitgeber erwirken wollten, den Eintrag in das Anwaltsregister verweigert.[292] Gleich entschied es in Bezug auf einen Anwalt, der bei einer *Treuhandgesellschaft* angestellt war und unter anderem auch für Kunden seines Arbeitgebers tätig werden wollte.[293]

73   Will ein Anwalt, der bei einem Arbeitgeber angestellt ist, der nicht im Register eingetragen ist, in Teilzeit eine Tätigkeit als selbständiger Anwalt

---

[290]   Zu einschränkend nach Auffassung des Bundesgerichts (Urteil vom 3. Juni 2004, 2A.357/2003, E. 3) Hess, Unabhängigkeit, 94 f.

[291]   Urteile des Bundesgerichts vom 3. Juni 2004 (2A.357/2003, 2A.295/2003, 2A.233/2003 und 2A.253/2003) E. 3 und Urteil des Bundesgerichts vom 3. Juni 2004 (2A.359/2003) E. 2.1.

[292]   Urteile des Bundesgerichts vom 3. Juni 2004 (2A.357/2003, 2A.295/2003, 2A.333/2003 und 2A.253/2003) E. 3.

[293]   Urteil des Bundesgerichts vom 3. Juni 2004 (2A.359/2003) E. 2.2.

aufnehmen, so hat er neben diesen allgemeinen Nachweisen auch zu belegen, dass «dem Arbeitgeber jegliches **Weisungsrecht** bezüglich der von seinem Angestellten in dessen Eigenschaft als selbständiger Anwalt betreuten Klienten abgeht und ihm auch **kein Einsichtsrecht** zusteht.»[294] Weiter darf keine irgendwie geartete **Auskunftspflicht** gegenüber dem Arbeitgeber bestehen. Auch sonst dürfen keine Verpflichtungen vorliegen, «die den Anwalt davon abhalten könnten, den anwaltlichen Berufspflichten vollumfänglich nachzukommen und namentlich das Anwaltsgeheimnis zu wahren.»[295] Diesen Nachweis muss der angestellte Anwalt in der Regel durch «Vorlage eines **entsprechend formulierten Arbeitsvertrages** bzw. allfälliger ergänzender Klauseln» erbringen.[296] In diesem Vertrag soll weiter festgehalten werden, dass weder der Arbeitgeber selbst noch ihm nahe stehende Unternehmen, Kunden oder sonstige Geschäftspartner die **anwaltlichen Dienstleistungen des Angestellten** in Anspruch nehmen können, soweit die Art der Beziehung dieser Personen zum Arbeitgeber für die Unabhängigkeit der Mandatsführung nicht von vornherein irrelevant ist.[297] Auch die Führung von Mandaten gegen den Arbeitgeber oder dessen Kunden muss ausgeschlossen sein.[298] Zwar hat das Bundesgericht diese Bedingungen im Zusammenhang mit Art. 8 Abs. 1 lit. d BGFA aufgestellt. Sie gelten aber auch bei der Anwendung von Art. 12 lit. b BGFA. Es ist nämlich möglich, dass ein Anwalt im Eintragungsverfahren den erforderlichen Nachweis erbringt, bei seiner späteren Tätigkeit aber im Einzelfall die vom Bundesgericht aufgestellten Schranken verletzt. In einer solchen Situation dürfte zwar der Registereintrag nicht in Frage gestellt sein. Es liegt jedoch eine Verletzung des Berufsrechts vor, die die Aufsichtsbehörde unter Umständen disziplinarrechtlich zu ahnden hat.

---

[294] BGE 130 II 105.
[295] BGE 130 II 106.
[296] BGE 130 II 106.
[297] So hat beispielsweise die Aufsichtskommission über die Rechtsanwälte des Kantons Zürich nach Auffassung des Bundesgerichts den Eintrag in das Register bei einem Anwalt zu Recht verweigert, der den Eintrag für eine Anwaltstätigkeit erwirken wollte, die darin bestehen sollte, unter der Geschäftsadresse der Arbeitgeberin und gegen Entlöhnung durch dieselbe Mandate für Medienschaffende und andere Mitarbeiter, die bei seiner Arbeitgeberin oder dieser nahe stehenden Gesellschaften angestellt sind, sowie offenbar teilweise auch Mandate für seine Arbeitgeberin oder dieser nahe stehende Gesellschaften zu führen; Urteil des Bundesgerichts vom 7. April 2004 (2A.285/2003) E. 2; vgl. auch Urteile des Bundesgerichts vom 7. April 2004 (2A.276/2003 und 2A.260/2003) E. 2.
[298] BGE 130 II 106.

74 Neben den Bedingungen, die der angestellte Anwalt (auch) als Voraussetzung für die Eintragung im Register erfüllen muss, sind mit Blick auf Art. 12
lit. b BGFA vor allem die **Rahmenbedingungen** interessant, unter denen
ein angestellter Anwalt nach Auffassung des Bundesgerichts seine Teil-
zeittätigkeit als selbständiger Anwalt ausüben muss. Die Verhältnisse können sich während der Berufsausübung ändern, so dass dann nicht mehr
primär Art. 8 Abs. 1 lit. d BGFA, sondern die Berufsregel des Art. 12 lit. b
BGFA tangiert ist. Nach Meinung des Bundesgerichts soll es in Bezug auf
diese Rahmenbedingungen vorerst einmal auf der Hand liegen, dass der
Betroffene Vorkehren für eine **strikte Trennung der Vermögenswerte
seiner Klienten** nicht nur vom eigenen Vermögen, sondern erst recht vom
Vermögen seines Arbeitgebers zu treffen habe.[299] Vor allem unter dem Gesichtspunkt des Berufsgeheimnisses müsse der Anwalt sodann die Möglichkeit haben, «die **Akten von Anwaltsmandaten** gesondert und für Organe,
Vertreter oder Angestellte des Arbeitgebers unzugänglich aufzubewahren.»[300] Weiter sei es nur schwer vorstellbar, dass der Anwalt für eigene
Klienten in einer den Anforderungen des Unabhängigkeitsgebots genügenden Weise und unter vollständiger Wahrung des Berufsgeheimnisses tätig
werden könne, wenn er seine Anwaltstätigkeit in den gleichen Räumlichkeiten ausübe, die ihm von seinem Arbeitgeber für die unselbständige Erwerbstätigkeit zugewiesen seien, und er dort beispielsweise Klienten empfange.[301] Nach Auffassung des Bundesgerichts ist es vielmehr erforderlich,
dass sich die Geschäftsadresse des Anwalts in einem **separaten Lokal** befindet, das von den Räumlichkeiten des Arbeitgebers abgetrennt ist.[302]
Schliesslich soll auch ausgeschlossen sein, dass **vom Arbeitgeber des Anwalts angestelltes und entlöhntes Personal** für den Anwalt **Kanzleiar-
beiten** ausführt.[303]

E. Unabhängigkeit vom Klienten

75 Der programmatische Inhalt des Art. 12 lit. b BGFA kommt besonders gut
im **Gebot der Unabhängigkeit vom Mandanten** zum Ausdruck, auf das

---

[299] BGE 130 II 106.
[300] BGE 130 II 106.
[301] BGE 130 II 107.
[302] BGE 130 II 107; vgl. dazu auch N 17 ff. vorne.
[303] BGE 130 II 106.

das Bundesgericht auch unter der Herrschaft des BGFA hinweist.[304] Nach Auffassung des Bundesgerichts soll der Anwalt danach auch gegenüber seinem Klienten unabhängig bleiben, um «als objektiv urteilender Helfer dienlich» zu sein.[305] Auch in der Lehre wird darauf hingewiesen, dass der Anwalt nicht «willensloses Instrument seines Auftraggebers» sein dürfe.[306] Er habe seinen Auftrag vielmehr unabhängig von der Partei zu erfüllen und sich den Wünschen seines Mandanten zu widersetzen, wenn ihm Verstösse gegen Berufspflichten zugemutet würden.[307] Er sei «wohl der Beauftragte seiner Partei, niemals aber ihr Diener.»[308] Er könne sich seinen Berufspflichten daher auch nicht durch den Hinweis entziehen, er sei bloss den Instruktionen des Klienten gefolgt.[309] Zwar trifft es zu, dass die Unabhängigkeit des Anwalts von seinem Klienten die Basis für eine wirksame Interessenwahrung ist.[310] Ist der Anwalt nämlich «in der konkreten Interessenlage verfangen», verliert er leicht den Überblick und damit auch die Fähigkeit, die für seinen Klienten sachgerechten Massnahmen zu treffen.[311] Auf der anderen Seite ist jedoch bekannt, dass sich jeder Anwalt über kurz oder lang mehr oder weniger stark mit dem Standpunkt seines Klienten identifiziert. Eine Berufspflicht vermag hier **keine justiziablen Schranken** zu schaffen.

Klarer ist das schon nach bisherigem Recht nahezu überall geltende Verbot, mit dem Klienten Darlehensverträge einzugehen oder andere Finanzgeschäfte zu machen.[312] Demnach qualifizierten die Aufsichtsbehörden beispielsweise die Aufnahme eines Darlehens bei einem Klienten als Verstoss gegen das Gebot der Unabhängigkeit des Anwalts. Dieser solle seine eigenen Interessen nicht derart mit denjenigen seines Klienten verknüpfen, dass er sie nicht mehr losgelöst von jenen vertreten könne und Gefahr laufe, bei Zielkonflikten die eigenen Interessen vor diejenigen seines Mandanten zu stellen.[313] Auch in diesem Punkt bestehen jedoch keine klaren Grenzen. Wie das Bundesgericht vielmehr zu Recht feststellte, ist das **Gebot der**

76

---

[304]   Vgl. BGE 130 II 94 f.
[305]   BGE 130 II 95.
[306]   WOLFFERS, 53.
[307]   WOLFFERS, 53.
[308]   HALLER, 11.
[309]   Urteil des Bundesgerichts vom 11. August 2004 (2A.600/2003) E. 3.2.3.
[310]   So WOLFFERS, 53.
[311]   WOLFFERS, 53.
[312]   WOLFFERS, 53 f.; vgl. LGVE 1994 I Nr. 28, 36 (Aufnahme eines Darlehens bei einem Klienten); LGVE 1997 I Nr. 50, 83 f. (Erwerb einer streitigen Forderung).
[313]   LGVE 1994 I Nr. 28, 36.

finanziellen Unabhängigkeit des Anwalts von seinem Klienten vorab eine Frage des Masses, die sich nur im Einzelfall beurteilen lässt. Nach bisheriger Rechtsprechung des Bundesgerichts ist es jedenfalls «nicht schlechthin standeswidrig [...], wenn ein Anwalt für einen Klienten, dessen Gläubiger er ist, Prozesse führt.»[314]

77 Dass der Anwalt seinem Klienten «**denkenden Gehorsam**» schuldet, verlangt bereits das Auftragsrecht. Nach Art. 397 OR ist der Beauftragte zwar an die Weisungen des Auftraggebers gebunden und hat diese grundsätzlich zu befolgen. Er muss jedoch bei der Ausführung der übernommenen Geschäfte oder Dienste stets darauf achten, ob die Vorstellungen und Weisungen seines Auftraggebers einen Sinn haben. Gewinnt er den Eindruck, eine Weisung sei unklar oder unzweckmässig oder vertrage sich mit bereits erhaltenen Anweisungen nicht, ist er gehalten, den Auftraggeber auf diesen Umstand aufmerksam zu machen, damit der Sachverhalt geklärt werden kann. Der Beauftragte hat den Auftraggeber auf die zu erwartenden Schwierigkeiten aufmerksam zu machen und ihn wenn möglich von unzweckmässigen Anordnungen abzubringen. Diese auftragsrechtliche Pflicht knüpft an die Annahme, der Beauftragte sei der sachkundige Teil der Auftragsparteien.[315]

78 Ein weiterer Aspekt des Gebots der Unabhängigkeit vom Klienten zeigt sich in der Feststellung, die dem Anwalt eingeräumten «besonderen Befugnisse»[316] seien nur gerechtfertigt, wenn sich der Anwalt nicht für **verpönte Zielsetzungen** seines Klienten einspannen lasse.[317] Dies ist insofern richtig, als die Vertrauenswürdigkeit des Anwalts im Verhältnis zu den Behörden tatsächlich voraussetzt, dass er gegenüber seinen Klienten die Unabhängigkeit wahrt. Trotz seiner Funktion als Verfechter von Parteiinteressen ist er nicht das willenlose Werkzeug des Klienten.[318] Verliert der Anwalt seine Unabhängigkeit gegenüber dem Klienten, «so entfällt die Vertrauensgrundlage dafür, dass der Anwalt seine Tätigkeit korrekt ausüben und seine Stellung nicht zu verfahrensfremden Zwecken missbrauchen werde.»[319] Im Einzelfall können sich jedoch **heikle Abgrenzungsfragen**

---

[314] BGE 98 Ia 361.
[315] FELLMANN, Art. 397 N 101 ff., m.w.H.
[316] BGE 106 Ia 104.
[317] Vgl. WOLFFERS, 53.
[318] Urteil des Bundesgerichts vom 11. August 2004 (2A.600/2003) E. 3.2.3.
[319] BGE 106 Ia 105.

zum Grundsatz der Unabhängigkeit vom Staat ergeben. Es muss daher auch in diesem Zusammenhang betont werden, dass der Anwalt von staatlichen Institutionen keine Weisungen entgegennehmen muss,[320] sondern «frei, mutig und unerschrocken seine Pflicht erfüllen» soll.[321]

F.   Wirtschaftliche Unabhängigkeit

Auch der ökonomische Aspekt der Unabhängigkeit darf nicht vergessen   79
werden.[322] In der Tat erschöpft sich die Unabhängigkeit nicht in der «kritischen Distanz zur Sache, sie bedarf auch der **Sicherung der materiellen Bedürfnisse**».[323] Diese Seite der Unabhängigkeit ist freilich kaum justiziabel. Sie zeigt aber, dass sowohl der Staat wie auch die Klientschaft daran interessiert sein müssen, dass sich der Anwalt beruflich so organisiert, dass sein wirtschaftliches Fortkommen gesichert ist und er auch finanziell seine berufliche Unabhängigkeit behält.

Es lässt sich nicht bestreiten, dass es zwischen Anwalt und Klient Konstel-   80
lationen gibt, welche die anwaltliche Unabhängigkeit gefährden. So hat jeder Anwalt ein wirtschaftliches Interesse, seine Klienten nicht zu verlieren. Dieses Interesse ist in der Regel umso grösser, je mehr ein Mandat zum Umsatz der Kanzlei beiträgt. Bei grossen Mandaten kann sich dies zu einer **erheblichen wirtschaftlichen Abhängigkeit** des betroffenen Anwalts steigern,[324] was mit erheblichen Gefahren verbunden ist. «Die Versuchung, unter dem Druck eines solchen Grossauftraggebers berufsrechtliche Grundsätze zurücktreten zu lassen, ist gross.»[325] Trotzdem lässt sich aus Art. 12 lit. b BGFA wohl keine Verpflichtung des Anwalts ableiten, «durch eine Auffächerung seiner Klientel die Gefahr einer zu grossen wirtschaftlichen Abhängigkeit von Grossmandanten zu vermeiden. Solange sich der Verlust der Unabhängigkeit in dem Zusammenhang nicht in rechtlich wirksamen Bindungen manifestiert, ist er berufsrechtlich irrelevant.»[326] Dieser Aspekt der beruflichen Unabhängigkeit zeigt aber, dass die Annahme un-

---

[320]   WOLFFERS, 54.
[321]   HALLER, 10.
[322]   PFEIFER, Rechtsanwalt, 309.
[323]   QUACK, 1341.
[324]   EYLMANN, § 43a BRAO N 24.
[325]   EYLMANN, § 43a BRAO N 24.
[326]   So für das deutsche Recht FEUERICH/WEYLAND, § 43a BRAO N 11; vgl. auch EYLMANN, § 43a BRAO N 24.

zutreffend ist, die Unabhängigkeit sei bei den selbständig erwerbenden Anwälten, die keiner weiteren Erwerbstätigkeit nachgehen, nie in Gefahr.

81   Ein Aspekt der wirtschaftlichen Unabhängigkeit ist das Verbot, die wirtschaftlichen Interessen des Klienten mit den finanziellen Interessen des Anwalts zu verbinden und **Erfolgshonorare** oder eine **quota litis** zu vereinbaren.[327] Untersagt ist unter diesem Gesichtspunkt auch die **Bezahlung von Vermittlungsprovisionen** für die Zuweisung von Mandaten oder die Beteiligung Dritter am wirtschaftlichen Erfolg der anwaltlichen Tätigkeit.[328]

G.   Gesellschaftliche und ideologische Unabhängigkeit?

82   Grundsätzlich kann die anwaltliche Unabhängigkeit nicht nur durch staatliche Einflussnahme, Druck von Dritten oder von Klienten, sondern auch durch **gesellschaftliche Bindungen**, etwa durch die Mitgliedschaft eines Anwalts in Parteien, Verbänden und Vereinen sowie in anderen gesellschaftlichen Gruppierungen tangiert werden.[329] Solche Bindungen sind jedoch **berufsrechtlich irrelevant**, selbst wenn sie, was oft der Fall ist, in der Hoffnung eingegangen werden, den Kreis potenzieller Klienten zu vergrössern. Gesellschaftliche Bindungen zählen zum Privatleben des Anwalts. Die Relevanz des Privatlebens wird in Art. 8 BGFA, der sich mit den persönlichen Voraussetzungen für den Registereintrag befasst, abschliessend geregelt.[330] Vorkommnisse im Privatleben eines Anwalts schliessen demnach den Eintrag in das kantonale Anwaltsregister nur aus bzw. führen nur dann zur Löschung des Registereintrags,[331] wenn eine **strafrechtliche Verurteilung** wegen einer Handlung vorliegt, die mit dem Anwaltsberuf nicht zu vereinbaren und der Eintrag im Strafregister (noch) nicht gelöscht ist.[332] Weiter ist die Eintragung in das Register nicht möglich, wenn gegen einen Anwalt **Verlustscheine** bestehen.[333] Das sind die Extremfälle, die nach Auffassung des BGFA-Gesetzgebers die Vertrauenswürdigkeit eines Anwalts derart tangieren, dass ihm die Berufstätigkeit verboten werden muss. Im

---

[327]   FEUERICH/WEYLAND, § 43a BRAO N 8; siehe dazu eingehend N 118 ff. hinten.
[328]   FEUERICH/WEYLAND, § 43a BRAO N 8; vgl. dazu auch N 20 vorne.
[329]   EYLMANN, § 43a BRAO N 25.
[330]   Vgl. N 52 f. vorne.
[331]   Art. 9 BGFA.
[332]   Art. 8 Abs. 1 lit. b BGFA.
[333]   Art. 8 Abs. 1 lit. c BGFA.

Übrigen bleiben Anwälte in der Gestaltung ihrer ausserberuflichen Tätigkeit, insbesondere ihres Privatlebens, einschliesslich politischer Aktivitäten etc., frei.

IV.   Art. 12 lit. c: Verbot von Interessenkollisionen

A.   Allgemeines

Mit der Annahme des Auftrags übernimmt der Beauftragte die Wahrung   83
der Interessen seines Auftraggebers. Neben der in Art. 394 Abs. 1 und
Art. 397 Abs. 1 OR statuierten Pflicht, die übertragenen Geschäfte oder
Dienste vertragsgemäss nach den Weisungen des Auftraggebers zu besorgen, gebietet Art. 398 Abs. 2 OR die **getreue Ausführung des übertragenen Geschäfts.** Der Beauftragte muss daher den Interessen des Auftraggebers schon **nach Auftragsrecht** gegenüber allen anderen Belangen stets
den Vorrang einräumen. Insbesondere hat er die eigenen Interessen den
Interessen des Auftraggebers unterzuordnen.[334]

Art. 12 lit. c BGFA auferlegt dem Anwalt **kraft öffentlichen Rechts** eine   84
besondere Treuepflicht, die vor allem in ihren Konsequenzen teilweise
weiter geht als die vertragliche Treuepflicht nach Art. 398 Abs. 2 OR.[335]
Danach hat er jeden Konflikt zwischen den Interessen seiner Klientschaft
und den Personen, mit denen er geschäftlich oder privat in Beziehung steht,
zu meiden. Ein **verbotener Interessenkonflikt** liegt vor, wenn der Anwalt
die Wahrung der Interessen eines Klienten übernommen hat «und dabei
Entscheidungen zu treffen hat, mit denen er sich potentiell in Konflikt zu
eigenen oder anderen ihm zur Wahrung übertragenen Interessen begibt.»[336]
Untersagt ist dabei nicht nur die Vertretung der Interessen eines Klienten,
die denjenigen eines anderen Mandanten direkt entgegenstehen, wie dies
bei Kläger und Beklagtem der Fall ist. Der Anwalt darf auch keinen Dritten vertreten, dessen Interessen diejenigen eines Klienten in irgendeiner
Weise beeinträchtigen könnten.[337]

---

[334] Vgl. FELLMANN, Art. 398 N 23 ff., m.w.H.; HESS, Anwaltsgesetz, 109; TESTA, 93; ROLF
     WEBER, Art. 398 N 8.
[335] TESTA, 93; vgl. auch STERCHI, Art. 13 N 2.
[336] So für das Aktienrecht VON DER CRONE, 2; vgl. auch TESTA, 93.
[337] Vgl. STERCHI, Art. 13 N 2.

85   Wird während der Führung eines Mandats ein verbotener Interessenkonflikt festgestellt, muss der Anwalt das **Mandat unverzüglich niederlegen**.[338] In bestimmten Fällen **verbietet** Art. 12 lit. c BGFA bereits die **Mandatsübernahme**. Das Verbot, widerstreitende Interessen zu vertreten, greift in diesen Fällen bereits im Vorfeld des Vertragsschlusses ein und geht damit in jedem Fall weiter als die auftragsrechtliche Treuepflicht.[339] Es gilt auch zugunsten ehemaliger Klienten und sogar von Personen, deren Mandat der Anwalt abgelehnt hat.[340] Art. 12 lit. c BGFA schützt nämlich das Vertrauen, das das Publikum dem Anwalt entgegenbringt. Wer sich einem Anwalt anvertraut – und sei es nur im Rahmen einer Mandatsanfrage, in der er ihm Einblick in den Fall gibt –, muss sich darauf verlassen dürfen, dass dieser über alles Anvertraute schweigt und die erhaltenen Kenntnisse niemals in irgendeiner Form gegen ihn verwendet.[341]

86   Art. 12 lit. c BGFA statuiert ein allgemeines Verbot der Vertretung widerstreitender Interessen. Dabei kann ein Interessenkonflikt vor allem bei **drei Fallkonstellationen** entstehen: Bei Vorliegen eigener Interessen eines Anwalts, bei einer Doppelvertretung und beim Parteienwechsel. Ein **persönlicher Interessenkonflikt** liegt vor, wenn der Anwalt die Wahrung fremder Interessen übernimmt, die seinen eigenen Interessen zuwiderlaufen. Eine **Doppelvertretung** ist gegeben, wenn der Anwalt gleichzeitig verschiedenen Parteien dient, deren Interessen sich widersprechen. Und ein **unzulässiger Parteiwechsel** liegt schliesslich vor, wenn ein Anwalt in derselben Streitsache erst für die eine Partei, dann aber für den Prozessgegner tätig wird.[342]

87   Nicht haltbar ist die unter der Geltung des bisherigen kantonalen Rechts teilweise erhobene Forderung, der Anwalt müsse schon jeden **Anschein einer Interessenkollision** vermeiden.[343] Niemand hat unter Kontrolle, welchen Anschein sein Verhalten bei Dritten erweckt. Art. 12 lit. c BGFA ist in diesem Punkt nun klar: Die Anwältinnen und Anwälte haben den **tatsäch-**

---

[338]   Vgl. Testa, 95.
[339]   Vgl. Sterchi, Art. 13 N 1 f.; Testa, 99; Wolffers, 141.
[340]   Vgl. Testa, 99; Sterchi, Art. 13 N 2.
[341]   Vgl. Testa, 93 f.
[342]   Vgl. Testa, 95 ff.; vgl. auch Hess, Anwaltsgesetz, 109 ff.; Studer, Entwicklungen, 235 f.; Wolffers, 141 ff.
[343]   So aber Sterchi, Art. 13 N 3, m.w.H. auf die entsprechende Rechtsprechung der Berner Anwaltskammer; undifferenziert auch Hess, Anwaltsgesetz, 110.

lichen Interessenkonflikt und nicht irgendeinen Anschein zu vermeiden.[344]
Richtig ist aber, dass der Anwalt «ein feines Gefühl für Interessenkollisionen» haben muss und zwar sowohl für gegenwärtige wie auch für mögliche künftige, andernfalls «sich eine Partei nachträglich als übervorteilt vorkommen könnte und dann Argwohn schöpft.»[345] Der Anwalt hat daher bei
der Übernahme eines Mandats unter Berücksichtigung der speziellen Verhältnisse des Einzelfalls **gewissenhaft und sorgfältig zu prüfen**, ob eine
Gefahr einer Interessenkollision besteht.[346] Niemals darf daher «sein eigenes ökonomisches Interesse» den Anwalt «dazu verleiten, über Interessenkollisionen, die seine Unabhängigkeit und Uneigennützigkeit in Frage stellen würden, hinwegzusehen.»[347] Ein Anwaltswechsel kann viele unnötige
Kosten verursachen. Setzt sich ein Anwalt daher leichtfertig einer absehbaren Interessenkollision aus, macht er sich dem Klienten gegenüber unter
Umständen schadenersatzpflichtig und verliert überdies seinen Honoraranspruch, wenn er später das Mandat wegen der tatsächlich entstandenen
Interessenkollision niederlegen muss. Um seinen Treuepflichten zu genügen, muss der Anwalt daher «auch bei gering erscheinendem Kollisionsri-
siko» das neue Mandat ablehnen.[348]

B.   Interessenkollisionen in Kanzlei- und Anwaltsgemeinschaften

Das Verbot von Interessenkollisionen gilt auch zwischen verschiedenen   88
Anwälten, wenn diese in einer **Kanzlei- oder Anwaltsgemeinschaft** zu-
sammenarbeiten.[349] In diesem Fall dürfen sie in der gleichen Sache keine
Klienten mit gegensätzlichen Interessen vertreten.[350] Sie haben auch sonst
alles zu vermeiden, was die Gefahr eines Interessenkonflikts zwischen ver-

---

[344] A.M. gemäss Entscheid vom 14. August 2003 (Nr. 3893) offenbar auch unter der
Geltung des BGFA die Anwaltskammer des Kantons Bern, wonach es ausreiche, dass
der Anschein einer Interessenkollision vorliege.

[345] GYGI, 539 f.

[346] HANDBUCH BERUFSPFLICHTEN, 135; vgl. auch ZR 61 (1962) Nr. 8, 24 f.

[347] GYGI, 540 f.

[348] HANDBUCH BERUFSPFLICHTEN, 135; vgl. auch ZR 73 (1974) Nr. 100, 280 ff.

[349] Vgl. HESS, Anwaltsgesetz, 110; AGVE 1996, 75 ff.; LGVE 1994 I Nr. 31, 38; LGVE
1994 I Nr. 33, 39 f.; ZR 86 (1987) Nr. 17, 44 ff.; in Deutschland ist dieses Verbot in
§ 3 Abs. 2 BORA ausdrücklich vorgesehen; vgl. dazu etwa EYLMANN, § 3 BORA N 7
ff.; HARTUNG, § 3 BerufsO N 44 ff.

[350] Beschluss der Aufsichtskommission über die Rechtsanwälte des Kantons Zürich vom
6. Februar 2003 (KG020006/U).

schiedenen Mandanten begründen könnte.[351] So hat die Aufsichtskommission über die Rechtsanwälte des Kantons Zürich beispielsweise dem Grundsatz nach die Vertretung von Gläubigern einer Gesellschaft in Nachlassliquidation durch den Partner einer Anwaltskanzlei, in der ein anderer Partner die Interessen eines ehemaligen Verwaltungsrats dieser Gesellschaft im Hinblick auf eine zu erwartende Verantwortlichkeitsklage vertrat, als Verstoss gegen Art. 12 lit. c BGFA qualifiziert. Anwälte einer Anwaltskanzlei dürften nicht verschiedene Aufträge annehmen, die miteinander unverträglich seien oder bei denen widerstreitende Interessen zur Beurteilung stünden. In solchen Fällen bestehe nämlich offenkundig die Gefahr, dass einer der Anwälte bewusst oder unbewusst Kenntnisse verwende, die er dank der Tätigkeit seines Büropartners erlangt habe oder erlangen könnte.[352] Was im Folgenden zum persönlichen Interessenkonflikt, zur Doppelvertretung und zum Parteienwechsel zu sagen ist, gilt daher jeweils auch für Kanzlei- oder Bürogemeinschaft in ihrer Gesamtheit, «weil alle **in einem Büro zusammengefassten Anwälte wie ein Anwalt zu behandeln** sind.»[353] Diese Grundsätze gelten sogar für Anwälte, die dem gleichen **(internationalen) Verbund** angeschlossen sind, auch wenn es sich bei diesem Verbund bloss um eine Interessenvereinigung nach der EG-Verordnung Nr. 2137/1985 (**Europäische Wirtschaftliche Interessenvereinigung** [EWIV]) handelt. Nach Auffassung der Zürcher Aufsichtskommission über die Rechtsanwälte sind nämlich auch bei einem solchen Zusammenschluss die gemeinsamen Interessen offenkundig.[354] Demgegenüber können die in der Praxis oft anzutreffenden **internationalen Netzwerke** unabhängiger Kanzleien (lex mundi, Lexwork etc.) nicht als Verbund und damit nicht wie eine einzige Kanzlei behandelt werden.[355]

89   «**Chinese Walls**» vermögen Interessenkonflikte zwischen den verschiedenen Klienten einer Kanzlei entgegen anders lautender Ansicht nicht wirksam zu verhindern.[356] Wer als Anwalt in einer Kanzlei- oder Bürogemein-

[351]   Vgl. FELLMANN/SIDLER, Art. 23 N 3; HANDBUCH BERUFSPFLICHTEN, 131; HESS, Anwaltsgesetz, 110; TESTA, 97; AGVE 1996, 75 ff.; LGVE 1994 I Nr. 31, 38; LGVE 1994 I Nr. 33, 39 f.; ZR 86 (1987) Nr. 17, 44 ff.; vgl. dazu auch EYLMANN, § 3 BORA N 7 ff.; HARTUNG, § 3 BerufsO N 44 ff.

[352]   Beschluss der Aufsichtskommission über die Rechtsanwälte des Kantons Zürich vom 6. Februar 2003 (KG020006/U).

[353]   HEBERLEIN, 6; vgl. auch TESTA, 97.

[354]   ZR 103 (2004) Nr. 9, 29; vgl. dazu NATER, Unabhängigkeit, 67 ff.

[355]   NATER, Unabhängigkeit, 69.

[356]   So auch STÜRNER/BORMANN, 1486.

schaft arbeitet, hat sich daher bei der Übernahme eines Mandats zu vergewissern, dass es zu **keinen Interessenkonflikten mit Klienten** kommt,
die von anderen Anwälten der Kanzlei betreut werden. Dies gilt auch
bei international zusammengeschlossenen Anwaltskanzleien. Die Abklärung möglicher Interessenkonflikte bei Eingang eines neuen Mandats erweist sich daher in grösseren Kanzleien als «ziemlich schwierige und zeit-
raubende Angelegenheit».[357]

Besondere Sorgfalt ist auch geboten, wenn ein (angestellter) Anwalt das   90
Anwaltsbüro wechselt. Hier ist genau zu prüfen, ob nicht die Gefahr besteht, dass er in der neuen Kanzlei zugunsten deren Klientschaft Kenntnisse verwertet, die er am alten Ort als Berufsgeheimnis in Erfahrung gebracht hat. Wechselt ein Anwalt mit seinem Mandanten in eine Kanzlei, in
der der Anwalt der Gegenseite arbeitet, haben beide Anwälte ihre Mandate
niederzulegen.[358]

Fraglich ist, wie es sich verhält, wenn ein **Mitarbeiter**, der **mit dem be-**   91
troffenen Mandat nicht befasst war, in eine **Kanzlei wechselt**, die die
Gegenpartei vertritt. Das deutsche Bundesverfassungsgericht hat in einem
Urteil vom 3. Juli 2003 eine generelle Pflicht zur Mandatsniederlegung bei
Sozietätswechsel mangels ausdrücklicher gesetzlicher Grundlage als verfassungswidrig erklärt. Zu beurteilen war ein Fall, bei dem der angestellte
Anwalt, der die Stelle wechselte, bei seinem ehemaligen Arbeitgeber keines der betroffenen Mandate selbst bearbeitet hatte. In der aufnehmenden
Kanzlei wurde durch eine interne Weisung sichergestellt, dass er mit diesen Mandaten nicht betraut wurde. Das Bundesverfassungsgericht vertrat
die Auffassung, zwar könne sich bei einer generalisierenden Betrachtungsweise eine Gefahr für die Verschwiegenheit und die gradlinige Interessen-
vertretung ergeben. Ob konkret eine Rechtsbeeinträchtigung drohe, müssten aber primär die **Klienten beider Kanzleien** beurteilen, die deshalb
wahrheitsgemäss und umfassend zu orientieren seien. Daneben liege es
in der vom Gesetz geleiteten selbstverantwortlichen Einschätzung der
betroffenen Anwälte, ob die Konfliktsituation oder doch das Ziel der Vermeidung zukünftiger Störungen des Vertrauensverhältnisses eine Mandatsniederlegung gebiete. Ein verantwortlicher Umgang mit einer solchen Situation könne von einem Anwalt erwartet werden. Es sei nämlich
zu beachten, dass die **Möglichkeit eines Sozietätswechsels** für die Anwaltschaft **von zunehmender Bedeutung** sei. Der Beruf des Anwalts wer-

---

[357] WIRTH, 120.
[358] Vgl. TESTA, 97.

de nicht mehr fast ausschliesslich in eigener Kanzlei oder gemeinsam mit nur wenigen selbständigen Partnern ausgeübt. In Deutschland wären vielmehr etwa 7 000 Rechtsanwälte in Sozietäten mit 30 bis 500 Anwälten zusammengeschlossen; fast 20 000 Anwälte praktizierten in Kanzleien mit 4 bis 30 Rechtsanwälten. Viele von ihnen stünden in einem Anstellungsverhältnis. Ein Kanzleiwechsel sei also keine Seltenheit mehr. Eine Pflicht zur Niederlegung von Mandaten beschränke daher die **berufliche Handlungsfreiheit** solcher Anwälte, indem sie den Berufswechsel erschwere. Sie käme damit einem Konkurrenzverbot gleich, da der aufnehmenden Kanzlei mit der Mandatsniederlegung ein Verzicht auf Einnahmen zugemutet würde. Noch gravierender seien die Konsequenzen, wenn der Sozietätswechsel unfreiwillig und nicht langfristig geplant erfolge, weil es unvorhergesehen zu einer Trennung der Sozien, zu einer Auflösung oder Abspaltung der Kanzlei oder zu wirtschaftlichen Engpässen bei der abgebenden Kanzlei kommen könne. Eine **generelle Pflicht zur Niederlegung des Mandats** erweise sich daher als **unverhältnismässig**.[359] Diese Erwägungen dürften auch für die Schweiz gelten.[360]

C. Der persönliche Interessenkonflikt

92 Art. 12 lit. c BGFA spricht den **persönlichen Interessenkonflikt** eines Anwalts nicht direkt an. Trotzdem ist klar, dass der Anwalt ein Mandat nicht annehmen darf bzw. niederlegen muss, wenn die Interessen des potenziellen Klienten mit seinen eigenen Interessen kollidieren.[361]

93 So ist es einem Anwalt beispielsweise untersagt, in einem Ehrverletzungsprozess die Verteidigung eines Klienten zu übernehmen, wenn er **selbst Mitangeklagter** ist und im Verfahren **andere Ziele** hat als sein Klient.[362]

---

[359] Urteil des Bundesverfassungsgerichts vom 3. Juli 2003 (1 BvR 238/01), NJW 35 (2003) 2520 ff.; zustimmend JAEGER, 1495, wonach der verfassungsgerichtliche Rückgriff auf ethische Standards die Anwaltschaft stärke; kritisch demgegenüber STÜRNER/BORMANN, 1485 f., wonach mit diesem Entscheid präzise berufsrechtliche Regelungen durch die hausinternen Richtlinien der sozietätseigenen Clearing-Stelle ersetzt würden.

[360] So offenbar auch STUDER, Entwicklungen, 236.

[361] Vgl. NATER, Aktuelle Anwaltspraxis 2003, 723 f.; vgl. auch TESTA, 96 und 129 mit Hinweis auf einen unveröffentlichten Entscheid der Aufsichtskommission über die Rechtsanwälte des Kantons Zürich vom 15. Dezember 1945 (AK Nr. 111/1944).

[362] ZR 63 (1964) Nr. 112, 257 ff.; vgl. auch HANDBUCH BERUFSPFLICHTEN, 134; TESTA, 131.

Weiter muss er ein Mandat ablehnen, wenn er bei der Prüfung der Angelegenheit feststellt, dass er für seinen Klienten **gegen eine Person klagen** müsste, die **ihm persönlich nahe steht**.[363] Er darf sich von seinem Klienten auch keine Forderungen abtreten lassen, wenn er in der fraglichen Angelegenheit einen **Wissensvorsprung** hat, den er beim Auskauf der Forderungen ausnützen könnte.[364] Die Zürcher Aufsichtsbehörde hat bei einem Verteidiger einen Interessenkonflikt festgestellt, weil er in einem Strafverfahren eine Klientin verteidigte, die sich auf Rechtsirrtum berief. Sie machte geltend, der fragliche Anwalt habe ihr versichert, der Verkauf des Betriebsinventars ihres Restaurants sei zulässig, obwohl es im Eigentumsvorbehaltsregister eingetragen war. Die Aufsichtsbehörde warf dem Anwalt vor, es sei ihm nicht möglich, den Standpunkt seiner Klientin mit Nachdruck zu vertreten, weil er selbst mit **ernsthaften persönlichen Konsequenzen**, allenfalls sogar strafrechtlicher Natur, rechnen müsse, wenn sich die Darstellung seiner Klientin als richtig erweise.[365]

Konflikte zwischen den Interessen des Klienten und persönlichen Interessen des Anwalts können vor allem dann entstehen, wenn der Anwalt **finanzielle Bindungen** zu seinem Klienten unterhält. Diese können beispielsweise darin bestehen, dass der Anwalt seinem Klienten ein **Darlehen** gewährt, sich dieses durch ein Grundpfandrecht absichern lässt und später für den Klienten über die Zwangsverwertung der betroffenen Liegenschaft prozessiert. In diesem Fall ist er zur Sicherung seines Pfandrechts am Erhalt der Liegenschaft derart interessiert, dass er die Interessen des Klienten nicht mehr unabhängig vertreten kann.[366] Ein persönlicher Interessenkonflikt kann aber auch vorliegen, wenn der Anwalt selbst gegenüber seinem Klienten finanzielle Verpflichtungen hat. Dies ist etwa der Fall, wenn der Klient dem Anwalt ein Darlehen gewährt, das dieser mit späteren Honorarforderungen verrechnen möchte. In diesem Fall besteht die Gefahr, dass er seine Bemühungen zugunsten des Klienten nicht auf das Nötige beschränkt.   94

Die **Aufnahme eines Darlehens** bei einem Klienten beeinträchtigt im Übrigen auch die (wirtschaftliche) Unabhängigkeit des Anwalts. Sie verstösst   95

---

363 Vgl. TESTA, 96.
364 Vgl. TESTA, 96.
365 TESTA, 131, mit Hinweis auf einen unveröffentlichten Entscheid der Aufsichtskommission über die Rechtsanwälte des Kantons Zürich vom 3. Juni 1999 (KR 990105).
366 BGE 98 Ia 360 ff.; vgl. auch WOLFFERS, 53 f.

daher unter Umständen auch gegen Art. 12 lit. b BGFA.[367] Dies gilt vor allem dann, wenn sich der Anwalt in einem finanziellen Engpass befindet.[368]

D. Doppelvertretung

1. Allgemeines

96   Eine Doppelvertretung liegt vor, wenn ein Anwalt gleichzeitig verschiedene Parteien berät oder vor Gericht vertritt, deren Interessen sich widersprechen.[369] Dabei muss es sich nicht zwingend um die gleiche Streitsache handeln. Eine unzulässige Doppelvertretung liegt auch vor, «wenn der Anwalt mit der Annahme eines Mandates Gefahr läuft, Interessen eines Dritten, den er bereits in einer anderen Angelegenheit vertritt, zu verletzen.»[370] Das Verbot der Doppelvertretung ist daher «als allgemeines **Verbot der Vertretung widerstreitender Interessen** aufzufassen.»[371]

97   Ein Unterfall der Doppelvertretung ist die sogenannte **Prävarikation**. Sie liegt vor, «wenn der Anwalt in derselben Streitsache gleichzeitig beide einander gegenüberstehenden Parteien vertritt.»[372] Dabei beurteilt sich die Frage der Identität der Streitsache «**nach materiellen und nicht nach formellen Gesichtspunkten**».[373] Eine unzulässige Doppelvertretung liegt daher auch vor, wenn ein Anwalt im Strafprozess den Schädiger und im (späteren) Zivilprozess den Geschädigten vertritt.[374] Ein Verstoss gegen das Verbot der Doppelvertretung liegt ferner vor, wenn ein Anwalt der Gegenpartei Dienste erweist, «indem er ihr z.B. Ratschläge erteilt, Beweismittel oder Hinweise gibt oder wissentlich erfolgversprechende Angriffs- oder Verteidigungsmittel des Klienten nicht benützt.»[375]

---

[367]   Vgl. dazu vorne N 76.
[368]   Vgl. TESTA, 130, mit Hinweis auf einen unveröffentlichten Entscheid der Aufsichtskommission über die Rechtsanwälte des Kantons Zürich vom 31. Mai 2000 (KR 990203).
[369]   Vgl. FELLMANN/SIDLER, Art. 23 N 4; HANDBUCH BERUFSPFLICHTEN, 131; STERCHI, Art. 13 N 1 f.; TESTA, 96 f.; WOLFFERS, 143.
[370]   TESTA, 97 f.; vgl. auch WOLFFERS, 142.
[371]   WOLFFERS, 142.
[372]   TESTA, 97.
[373]   HANDBUCH BERUFSPFLICHTEN, 131.
[374]   HANDBUCH BERUFSPFLICHTEN, 131.
[375]   TESTA, 103; vgl. auch WEGMANN, 189.

Bei der Doppelvertretung ist zwischen der **Prozessführung** und der **bera-**   98
tenden Tätigkeit des Anwalts **zu unterscheiden.**[376]

2.   Doppelvertretung bei der Rechtsberatung

Während im Prozess das Verbot der Doppelvertretung uneingeschränkt gilt,   99
ist im Rahmen der **Rechtsberatung** eine Tätigkeit für Klienten mit gegensätzlichen Interessen **nicht verboten,** wenn beide **Parteien damit einverstanden** sind. So können beispielsweise der Bauherr und der Unternehmer
gemeinsam einen Anwalt beauftragen, für sie einen einwandfrei redigier-
ten Werkvertrag zu verfassen.[377]

Ebenfalls **zulässig** ist die Übernahme des Auftrags, zwischen Parteien mit   100
gegensätzlichen Interessen **zu vermitteln.** Voraussetzung ist, dass der Anwalt den Auftrag von beiden Parteien erhält und nicht vorher schon eine
der Parteien in der betroffenen Streitsache vertreten oder beraten hat. Scheitert diese Vermittlung, darf der Anwalt keine der Parteien weiter vertreten.[378]

3.   Doppelvertretung im Prozess

In jedem Fall unzulässig ist die **Doppelvertretung im Prozess.** Ein An-   101
walt, der in einem Prozess für beide Parteien tätig wird, befindet sich «in
einem **unüberwindlichen Interessenkonflikt**», weil er die ihm obliegenden Treuepflichten gegenüber keiner Partei vollumfänglich erfüllen kann.[379]
Die Doppelvertretung im Prozess ist deshalb **ausnahmslos verboten.** Ein
Verstoss gegen dieses Verbot wird als «Missachtung einer Grundregel der
Anwaltstätigkeit» qualifiziert.[380] Tatsächlich besteht in einem solchen Fall

---

[376]   FELLMANN/SIDLER, Art. 23 N 5; TESTA, 104.

[377]   WOLFFERS, 141; vgl. auch FELLMANN/SIDLER, Art. 23 N 5; TESTA, 104.

[378]   Vgl. TESTA, 104, mit Hinweis auf die unveröffentlichten Entscheide der Aufsichtskommission über die Rechtsanwälte des Kantons Zürich vom 7. April 1994 (KR
930270) vom 2. Oktober 1997 (KR 970348) sowie vom 5. März 1998 (KR 940285);
WEGMANN, 191.

[379]   TESTA, 106, mit Hinweis auf die unveröffentlichten Entscheide der Aufsichtskommission über die Rechtsanwälte des Kantons Zürich vom 5. September 1996 (KR 940217)
und vom 4. Juni 1998 (AK KR 980043); vgl. auch FELLMANN/SIDLER, Art. 23 N 5;
HANDBUCH BERUFSPFLICHTEN, 131 f.; SPÄH, 401; WOLFFERS, 141.

[380]   TESTA, 107, mit Hinweis auf einen unveröffentlichten Entscheid der Aufsichtskommission über die Rechtsanwälte des Kantons Zürich vom 7. Februar 1991 (AK 90245).

immer die Gefahr, dass eine Partei später das Gefühl hat, ihre Interessen seien ungenügend vertreten worden. Der Anwalt darf daher solche Mandate selbst dann nicht führen, wenn beide Seiten davon wissen und die Vertretung durch den gleichen Anwalt billigen.[381]

102 Die Frage nach der Zulässigkeit einer Doppelvertretung stellt sich in der Praxis oft bei **Scheidungsprozessen.** Hier steht der Anwalt vor dem Problem, ob er im Auftrag beider Ehegatten eine Scheidungskonvention ausarbeiten darf. Die Lehrmeinungen dazu sind kontrovers.[382] Nach der hier vertretenen Auffassung muss bei der Suche nach der Antwort differenziert werden: Zweifellos zulässig ist es, für scheidungswillige Ehegatten tätig zu werden, wenn diese dem Anwalt ein **Vermittlungsmandat** erteilen und er im Rahmen dieser Vermittlung mit den Ehegatten gemeinsam ein Konvenium erarbeitet.[383] Unter dem Aspekt der Doppelvertretung ebenfalls unproblematisch ist es, wenn sich beide Parteien materiell bereits geeinigt haben und den Anwalt nur aufsuchen, «um die abgeschlossene **Konvention in eine juristisch korrekte Form** zu bringen.»[384] **Unzulässig** ist es hingegen, im Vorfeld des Prozesses im Auftrag beider Parteien eine Scheidungskonvention auszuarbeiten und **im nachfolgenden Prozess eine der beiden Parteien zu vertreten.** Hier besteht eine erhebliche Gefahr, dass die andere Partei später das Gefühl hat, ihre Interessen seien ungenügend vertreten worden.[385]

103 Nach Auffassung der Anwaltskammer des Kantons Bern verstiess ein Anwalt, der in **zwei voneinander unabhängigen Haftpflichtprozessen** in einem Fall den Kläger und im andern Fall das beklagte Spital vertrat, gegen das Verbot der Vertretung gegenläufiger Interessen. Der Geschädigte erwarte, dass sich sein Anwalt mit ihm solidarisiere und für seine Sache «bis zum Äussersten» kämpfe. Dem Klienten könne die Sicherheit nicht vermittelt werden, dass sein Anwalt dem Druck der Versicherung gewachsen sei, wenn dieser gleichzeitig noch Mandate für die Gegenpartei bzw.

---

[381] TESTA, 107, mit Hinweis auf die unveröffentlichten Entscheide der Aufsichtskommission über die Rechtsanwälte des Kantons Zürich vom 7. April 1994 (KR 930270) und vom 2. Oktober 1997 (KR 970348); vgl. auch Beschluss der Aufsichtskommission über die Rechtsanwälte des Kantons Zürich vom 6. Februar 2003 (KG020006/U).

[382] Vgl. dazu TESTA, 104 f., mit Hinweisen auf die verschiedenen Lehrmeinungen und die Rechtsprechung.

[383] Vgl. HANDBUCH BERUFSPFLICHTEN, 131 f.; vgl. auch vorne N 99.

[384] Vgl. TESTA, 105.

[385] Vgl. TESTA, 104 f.; vgl. auch FELLMANN/SIDLER, Art. 23 N 5; HANDBUCH BERUFSPFLICHTEN, 132.

---

deren Haftpflichtversicherer führe.[386] Nach der hier vertretenen Auffassung ist der Entscheid der Berner Aufsichtsbehörde richtig. Die **gleichzeitige gerichtliche Vertretung von Parteien**, deren Interessen sich widersprechen, ist **nicht zulässig**. Dieses Verbot gilt **auch dann**, wenn es **nicht um die gleiche Rechtssache** geht.[387] In gerichtlichen Auseinandersetzungen darf der Anwalt die Gegenpartei so lange nicht vertreten, als das Mandat gegen diese nicht abgeschlossen ist.[388]

Unproblematisch ist demgegenüber der Fall, in dem ein Anwalt in Zusam-   104
menarbeit mit dem Haftpflichtversicherer einen Klienten vertritt, der bei der Versicherung haftpflichtversichert ist, die auch einen Beklagten versichert, gegen den der Anwalt für einen anderen Klienten prozessiert. In diesen Fällen ist der **Versicherer** nämlich selbst **nicht Partei**. Auch dieses Vorgehen dürfte aber nur zulässig sein, wenn der Anwalt seinem Klienten die Situation offen legt. Andernfalls besteht die Gefahr, dass der Klient später den Eindruck erhält, sein Anwalt habe aus Rücksicht auf die Versicherung (und in der Hoffnung auf weitere Mandate) für ihn nicht die bestmögliche Lösung erzielt.

4.   Doppelvertretung bei übereinstimmenden Interessen

Grundsätzlich unproblematisch ist die Beratung verschiedener Mandanten   105
oder die Vertretung mehrerer Klienten im Prozess, wenn deren Interessen übereinstimmen. In solchen Fällen kann die **gemeinsame Vertretung** sogar **Vorteile** bieten.[389] Zu denken ist beispielsweise an das Mandat eines Baukonsortiums oder die Vertretung mehrer Erben im Erbteilungsprozess. Die Übernahme einer Mehrfachvertretung setzt aber voraus, «dass der Anwalt die Interessen der von ihm parallel vertretenen Klienten in umfassender Weise geprüft hat und dabei jegliche Interessenkollision ausschliessen kann.»[390] Entstehen bei der Abwicklung eines solchen Auftrags zwischen den verschiedenen Klienten Meinungsverschiedenheiten, die zu

---

[386]   Entscheid Nr. 3899 der Anwaltskammer des Kantons Bern vom 8./11. Juli 2002; vgl. dazu INEICHEN, 239 f.; NATER, Doppelvertretung, 578 f.; DERSELBE, Aktuelle Anwaltspraxis 2003, 724 f.
[387]   NATER, Aktuelle Anwaltspraxis 2003, 725.
[388]   NATER, Aktuelle Anwaltspraxis 2003, 725.
[389]   Vgl. FELLMANN/SIDLER, Art. 23 N 5; TESTA, 109; WIRTH, 118.
[390]   WIRTH, 118.

einem ernsthaften Interessenkonflikt führen könnten, muss der Anwalt alle Mandate niederlegen.[391]

106 Auch die Zürcher Aufsichtskommission vertritt die Meinung, bei komplexen Streitlagen würden sich oft **Gruppen mit gleichen prozessualen Zielen** bilden. Solange die übereinstimmende Zielsetzung anhalte, sei gegen die **gruppenweise Vertretung** nichts einzuwenden. Trotz Übereinstimmung in den hauptsächlichen Streitpunkten könnten aber innerhalb solcher Gruppen später unterschiedliche Interessen auftreten. Gehe es dabei nur um unbedeutende Nebenpunkte, erscheine die gemeinsame Vertretung trotz geringfügiger Nachteile nicht von vornherein als unzulässig, solange die Vorteile des gemeinsamen Vorgehens aus Verfahrens- und Kostengründen überwiegen würden. Selbstverständliche Voraussetzung sei aber in allen Fällen, dass die verbundenen Klienten die gemeinsame Vertretung in **Kenntnis aller Umstände** billigten.[392]

107 Denkbar ist auch die **Verteidigung verschiedener Angeklagter** im Strafverfahren. Voraussetzung für ihre Zulässigkeit ist jedoch, dass sich die Angeschuldigten in der Darstellung des Sachverhalts, in dessen rechtlicher Würdigung und in ihrer Tatbeteiligung einig sind.[393] Der Anwalt muss aber beachten, dass bei der Verteidigung mehrerer Personen im Strafprozess in vielen Fällen **Interessenkollisionen anfänglich nicht erkennbar** sind, weil sie sich erst im Verlauf der Untersuchung herausbilden.[394] So kann ein Mittäter plötzlich den Mitangeklagten beschuldigen oder es können Abhängigkeiten zutage treten, die eine gemeinsame Vertretung ausschliessen. Ist absehbar, dass solche Differenzen auftauchen, ist eine Verteidigung mehrerer Angeschuldigter nicht zulässig.[395]

---

[391] Vgl. FELLMANN/SIDLER, Art. 23 N 5; HANDBUCH BERUFSPFLICHTEN, 132 f.; SPÄH, 400 f.; TESTA, 109, mit Hinweis auf einen unveröffentlichten Entscheid der Aufsichtskommission über die Rechtsanwälte des Kantons Zürich vom 4. Juni 1998 (AK KR 980043); WEGMANN, 191; WIRTH, 118; ZR 98 (1999) Nr. 46, 209 ff.; ZR 86 (1987) Nr. 104, 260 f.

[392] TESTA, 110 f., mit Hinweis auf einen unveröffentlichten Entscheid der Aufsichtskommission über die Rechtsanwälte des Kantons Zürich vom 5. September 1996 (KR 940217).

[393] Vgl. TESTA, 109, m.w.H.

[394] Vgl. dazu auch den Entscheid der Anwaltskammer des Kantons Bern vom 14. August 2003 (Nr. 3893), wonach es wegen möglicher Interessenkollisionen meistens nicht zulässig sei, dass ein Anwalt mehrere Mitangeschuldigte im gleichen Verfahren verteidige.

[395] Vgl. TESTA, 111.

E.   Parteienwechsel

Unter dem Titel Parteienwechsel wird die Frage diskutiert, ob ein Anwalt   108
gegen einen ehemaligen Klienten ein Mandat übernehmen darf. Lehre
und Rechtsprechung sind sich in der Beurteilung des Problems weit gehend einig. Danach darf ein Anwalt aufgrund der das Mandatsverhältnis
überdauernden Treue- und Schweigepflicht einen Auftrag, der sich direkt
oder indirekt gegen einen früheren Klienten richtet, nur annehmen, wenn
nicht Kenntnisse zu verwerten oder zu erörtern sind, die er in einem früheren Verfahren als **Berufsgeheimnis** erfahren hat.[396] Die erforderlichen Abklärungen muss er gewissenhaft und sorgfältig treffen.[397] Das Vorgehen
gegen einen früheren Klienten ist schon dann untersagt, «wenn auch nur
die Möglichkeit besteht, dass Kenntnisse aus dem ehemaligen Mandatsverhältnis bewusst oder unbewusst verwendet werden können.»[398]

Je enger der Zusammenhang des neuen Mandats mit dem abgeschlossenen   109
Auftrag ist, desto eher muss der Anwalt mit der **Möglichkeit der Verwer-
tung von Kenntnissen** aus dem abgeschlossenen Mandat rechnen.[399] Diese Gefahr ist umso grösser, je weiter die Tätigkeit des Anwalts für den
früheren Klienten ging und je enger das Vertrauensverhältnis zu diesem
war.[400]

Es versteht sich von selbst, dass die Gefahr von Interessenkollisionen mit   110
zunehmendem **zeitlichen Abstand** kleiner wird. Trotzdem ist auch in
einem solchen Fall Vorsicht geboten. Bei der Bearbeitung des neuen Auf-

---

[396] Vgl. FELLMANN/SIDLER, Art. 25 N 2; STUDER, Entwicklungen, 235 (mit ausdrücklichem
Hinweis auf Art. 12 lit. c BGFA); TESTA, 116.
[397] TESTA, 116, mit Hinweis auf einen unveröffentlichten Entscheid der Aufsichtskommission über die Rechtsanwälte des Kantons Zürich vom 4. September 1997 (KR
970423).
[398] TESTA, 116 f., mit Hinweis auf die unveröffentlichten Entscheide der Aufsichtskommission über die Rechtsanwälte des Kantons Zürich vom 4. Februar 1987 (Nr. 132/
86), vom 1. Juni 1995 (KR 950044), vom 7. November 1996 (KR 960593), vom 4. September 1997 (KR 970423) und vom 3. Dezember 1998 (KR 980652) sowie auf die
unveröffentlichten Entscheide des Standesgerichts vom 7. September 1994 (Nr. 212),
vom 1. November 1994 (Nr. 221) und vom 7. April 1995 (Nr. 233); vgl. auch WEG-
MANN, 194; LGVE 1977 I Nr. 401, 457.
[399] TESTA, 117, mit Hinweis auf die unveröffentlichten Entscheide der Aufsichtskommission über die Rechtsanwälte des Kantons Zürich vom 1. Juni 1995 (KR 950044) und
vom 3. Dezember 1998 (KR 980652); vgl. auch WEGMANN, 194.
[400] WEGMANN, 194; vgl. auch HANDBUCH BERUFSPFLICHTEN, 136; TESTA, 117; ZR 61 (1962)
Nr. 8, 22 ff.

trags können nämlich auch nach Jahren plötzlich wieder zahlreiche Kenntnisse auftauchen, die der Anwalt längst vergessen glaubte.[401] Die Praxis der Aufsichtsbehörden ist daher zu Recht sehr streng. So wurde beispielsweise schon die Inkaufnahme einer möglichen Interessenkollision als Verletzung der das Auftragsverhältnis überdauernden Treuepflicht qualifiziert.[402] Nach der hier vertretenen Auffassung ist die strenge Praxis auch unter der Herrschaft des BGFA gerechtfertigt, da es letztlich um den **Schutz des Berufsgeheimnisses nach Art. 13 BGFA** geht. Danach unterstehen Anwältinnen und Anwälte zeitlich unbegrenzt und gegenüber jedermann dem Berufsgeheimnis über alles, was ihnen infolge ihres Berufs von ihrer Klientschaft anvertraut worden ist. Da eine Entbindung vom Berufsgeheimnis möglich ist,[403] heisst dies gleichzeitig, dass sich der frühere Klient mit der Übernahme des neuen Mandats einverstanden erklären kann. Erforderlich ist aber, dass ihm der Anwalt (mit Zustimmung des neuen Klienten) die Situation offen legt und sich der frühere Mandant der Tragweite der Entbindung vom Berufsgeheimnis bewusst ist.[404]

111 In der Praxis wurde es beispielsweise als **krasser Verstoss** gegen die Berufspflichten erachtet, dass ein Anwalt zwei Monate nach der Rechnungsstellung an seinen ehemaligen Klienten gegen diesen im Auftrag eines neuen Mandanten Strafanzeige einreichte und dabei Kenntnisse verwertete, die er im früheren Mandat erlangt hatte.[405] Ein Verstoss gegen das Verbot des Parteienwechsels liegt auch vor, wenn ein Anwalt für eine Firma beim Gericht ein Gesuch um Nachlassstundung einreicht, sie später gegenüber dem Konkursamt und in der Gläubigerversammlung vertritt, dann aber das Mandat wegen Meinungsverschiedenheiten mit dem Alleinaktionär nie-

---

[401] WEGMANN, 194; vgl. auch TESTA, 117, mit Hinweis auf die unveröffentlichten Entscheide der Aufsichtskommission über die Rechtsanwälte des Kantons Zürich vom 7. Oktober 1993 (KR 930131), vom 7. November 1996 (KR 960593), vom 4. September 1997 (KR 970423) und vom 3. Dezember 1998 (KR 980652) sowie auf einen unveröffentlichten Entscheid des Standesgerichts vom 7. April 1995 (Nr. 233); ZR 61 (1962) Nr. 8, 22 ff.

[402] Vgl. TESTA, 118, mit Hinweis auf die unveröffentlichten Entscheide der Aufsichtskommission über die Rechtsanwälte des Kantons Zürich vom 4. April 1990 (AK 89185), vom 7. April 1994 (KR 930313 und KR 930270), vom 1. Juni 1995 (KR 950044), vom 4. September 1997 (KR 970423), vom 2. Oktober 1997 (KR 970348), vom 5. März 1998 (KR 940285) und vom 3. Dezember 1998 (KR 980652); vgl. auch ZR 61 (1962) Nr. 8, 24.

[403] Vgl. dazu auch hinten Art. 13 N 1 ff.

[404] Vgl. FELLMANN/SIDLER, Art. 25 N 4.

[405] Vgl. dazu USTERI, 307.

---

derlegt und unverzüglich als Rechtsvertreter eines Gläubigers den Nach-
lassvertrag wegen formeller Mängel anficht.[406] Demgegenüber wurde das
Vorgehen eines Anwalts gegen einen ehemaligen Klienten als unbedenklich qualifiziert, weil sich der Gegenstand der Vertretungen in rechtlicher
und sachlicher Hinsicht unterschied und deshalb keine Identität der Streit-
materie vorlag.[407]

Keine Probleme ergeben sich in der Regel, wenn der Anwalt nach Ab-   112
schluss eines Mandats **von der ehemaligen Gegenpartei ein Mandat** übernimmt. Dies ist so lange unbedenklich, als das neue Mandat mit dem sei-
nerzeitigen Auftrag in keinem Zusammenhang steht und die Vertraulichkeit aller Informationen des ehemaligen Klienten gewährleistet ist.[408]

V. Art. 12 lit. d: Werbung

Nach Art. 12 lit. d BGFA können Anwälte «Werbung machen, solange die-   113
se objektiv bleibt und solange sie dem Informationsbedürfnis der Öffentlichkeit entspricht.» Als **Werbung** ist dabei jedes Verhalten zu verstehen,
das planvoll darauf angelegt ist, andere dafür zu gewinnen, die Leistungen
des Werbenden in Anspruch zu nehmen.[409] Ob diese Merkmale erfüllt sind,
bestimmt sich nach der Verkehrsauffassung; massgebend sind objektive
Kriterien.[410]

Der Regelung in Art. 12 lit. d BGFA liegt die Auffassung zugrunde, ein   114
generelles Werbeverbot für Anwälte lasse sich heute nicht mehr rechtfertigen.[411] Es bestehe auch **kein öffentliches Interesse an einem Werbeverbot**. In Anbetracht der Freizügigkeit sei es unerlässlich, dass der Klient bei
der Auswahl seines Anwalts über gewisse Informationen verfüge. Weiter
seien Werbeverbote mit dem Kartellgesetz nicht zu vereinbaren. Und
schliesslich dürften Anwälte im Bereich der Rechtsberatung, für die kein
Anwaltsmonopol bestehe, gegenüber Treuhandbüros und Banken nicht be-
nachteiligt werden. Zu bedenken sei auch, dass der Wettbewerb unter den

---

[406] ZR 61 (1962) Nr. 7, 18 ff.
[407] ZR 86 (1987) Nr. 105, 262 f.
[408] FELLMANN/SIDLER, Art. 24 N 1 ff.; TESTA, 120 f.
[409] BGH NJW 2003, 346.
[410] FEURICH/WEYLAND, § 43 b BRAO N 3, m.w.H.
[411] Vgl. HESS, Anwaltsgesetz, 111.

Anwälten verfälscht würde, wenn die Werbung in einzelnen Kantonen verboten, in anderen aber liberalisiert sei.[412] Diese Auffassung dürfte sich schon vor dem Inkrafttreten des BGFA weit gehend durchgesetzt haben.[413] Art. 12 lit. d BGFA stellt nun definitiv klar, dass der Anwalt das **Recht** hat, **für die Inanspruchnahme seiner Dienste zu werben.** Der Deutsche Bundesgerichtshof hat zutreffend festgestellt, einer Rechtfertigung bedürfe nur die Einschränkung der anwaltlichen Werbung, nicht aber das Recht des Anwalts, für seine Dienste zu werben.[414] In einem Urteil vom 26. Februar 2004 kam das Oberlandesgericht Hamburg ebenfalls zum Ergebnis, die sich aus § 43b BRAO[415] (und §§ 6 ff. BORA) ergebenden Einschränkungen dienten ausschliesslich dem Zweck, die Unabhängigkeit des Anwalts als Organ der Rechtspflege zu sichern und eine **Täuschung der Rechtsuchenden zu vermeiden.**[416]

115   Nach Art. 12 lit. d BGFA muss die Anwaltswerbung **objektiv** bleiben und dem **Informationsbedürfnis der Öffentlichkeit** entsprechen.[417] Damit wollte der Gesetzgeber die Werbemöglichkeiten nicht schlechthin einschränken.[418] Der Vorbehalt der Objektivität[419] bedeutet bloss, dass der Anwalt **an die Grundsätze des UWG gebunden** ist.[420] Anwaltswerbung darf daher nicht unlauter sein. Sie darf den Klienten nicht täuschen[421] und hat den

---

[412]   BOTSCHAFT, Nr. 233.24, 6056.

[413]   Vgl. dazu eingehend FELLMANN, Anwaltswerbung, 178 ff., m.w.H.; LIATOWITSCH, 15; MINELLI, 20 ff.; RICHARD, 16 f.; STUTZER, 17 ff.; THOUVENIN, 313 ff.; ZINDEL, 440 ff.

[414]   BGH NJW 2003, 346.

[415]   Nach § 43b BRAO, der restriktiver ist als Art. 12 lit. d BGFA, ist Werbung dem Rechtsanwalt erlaubt, soweit sie über die berufliche Tätigkeit in Form und Inhalt sachlich unterrichtet und nicht auf die Erteilung eines Auftrags im Einzelfall gerichtet ist.

[416]   NJW 2004, 1668.

[417]   Vgl. HESS, Anwaltsgesetz, 111, der unter Hinweis auf Art. 16 der Richtlinien des SAV fordert, die Werbung des Anwalts müsse der Wahrheit entsprechen, das Berufsgeheimnis wahren und einen sachlichen Bezug zur beruflichen Tätigkeit aufweisen.

[418]   Vgl. BOTSCHAFT, Nr. 233.24, 6057; vgl. auch VALLONI/STEINEGGER, 47.

[419]   Werbung ist in ihrer Ausrichtung bekanntlich immer subjektiv. Objektivität und Werbung stehen daher von vornherein in einem Spannungsverhältnis.

[420]   Vgl. FELLMANN, Anwaltswerbung, 180 f.; TERCIER, 13 f.; vgl. auch HUFF, 3527.

[421]   Als täuschend qualifizierte beispielsweise der AnwGH Nordrhein-Westfalen den Zusatz «Associates» im Briefkopf einer deutschen Sozietät, weil dies eine Internationalität suggeriere, die gerade nicht vorliege, da in der Kanzlei lediglich ein auch im Ausland zugelassener Anwalt tätig sei und der Schwerpunkt der Kanzlei in Deutschland liege, AnwGH Nordrhein-Westfalen, Beschluss vom 5. Dezember 2003, NJW 2004, 1537. Demgegenüber erachtete das OLG Nürnberg die Werbung einer Anwaltskanzlei mit wahren Umsatzzahlen als zulässig, weil damit keine Irreführung verbunden sei, Urteil OLG Stuttgart vom 19. Mai 2004, NJW 2004, 2169 ff.

Grundsatz von Treu und Glauben zu respektieren.[422] Deshalb hat der Anwalt in seiner Werbung alles zu vermeiden, was die Entscheidungsfreiheit
des potentiellen Klienten beeinträchtigen könnte.[423] Dem Anwalt bleiben
damit aber letztlich bloss Reklame-Konzepte versagt, «die auf der theoretischen Basis der Massenpsychologie und Massenbeeinflussung» beruhen
und «für eine an den Prinzipien der Propaganda orientierten Strategie» stehen, die mit «stupiden Wiederholungen und massiven, meist aufdringlichen
Beeinflussungsversuchen» das Publikum für sich zu gewinnen suchen.[424]
Dagegen ist es dem Anwalt zweifellos erlaubt, beispielsweise durch Einladungen zu einer **Seminarveranstaltung mit Mittagessen** auch an Nichtmandanten heranzutreten, solange diesen die Möglichkeit bleibt, frei zu
entscheiden, ob sie die Einladung annehmen wollen.[425] Zulässig ist auch
die sogenannte **«zielgruppenorientierte Werbung»**.[426] Dazu zählen Rund-
schreiben, Einladungen und Informationen an Nichtmandanten und zwar
sowohl in der Form von «normalen» Schreiben wie auch als Auftritt im
Internet oder über eine Zeitungsanzeige.[427] Auch **Sponsoring zu Werbe-
zwecken** ist erlaubt. Das deutsche Bundesverfassungsgericht hat schon im
Jahre 2000 entschieden, bei Sponsoring handle es sich um Imagewerbung,
die das Vertrauen der Rechtsuchenden in die Anwaltschaft nicht beeinträch-
tige. Nach seiner Auffassung ist Sponsoring geeignet, das Bild des Förde-
rers in der Öffentlichkeit zu heben, weil darauf aufmerksam gemacht werde, dass sich der Werbende gemeinnützig engagiere. Sponsoring unterstüt-
ze die traditionellen Kommunikationsinstrumente der Werbung. Die
Hebung des Bekanntheitsgrads oder des positiven Images seien wichtige
Ziele, die damit verfolgt würden. Die Imagebeeinflussung werde zum
einen durch die Förderung als solche und zum anderen durch einen Image-
transfer vom Sponsoringfeld auf den Sponsor zurück erzielt. Der Sponsor
werbe für Sympathie, Vertrauen und Akzeptanz. Selbstdarstellungen dieser Art würden Informationen enthalten, die für sich genommen weder irre-
führend noch sensationell seien.[428]

Nach der Auffassung des Oberlandesgerichts Hamburg ist es einer Anwalts-   116
kanzlei, die sich auf die Vertretung geschädigter Kapitalanleger spezia-

---

[422]   Art. 2 UWG.
[423]   FELLMANN, Anwaltswerbung, 181, m.w.H.; vgl. auch HUFF, 3527.
[424]   SCHIEFER/HOCKE, 99; vgl. auch FELLMANN/SIDLER, Art. 14 N 6; OLG Hamburg, NJW
        2004, 1669.
[425]   HUFF, 3525.
[426]   Vgl. HUFF, 3525 ff.
[427]   HUFF, 3526 f.
[428]   Beschluss des BverfG vom 17. April 2000, NJW 2000, 3195 ff.

lisiert hat, nicht verboten, im Internet auf die Erfolgsaussichten einer Klage hinzuweisen, die Möglichkeit der Vollmachterteilung bereitzuhalten und auch sonst Informationen zu den konkreten Verfahren anzubieten. Nach Auffassung des Gerichts haben die potenziellen Mandanten nämlich auch bei dieser Art Werbung die Möglichkeit, sich frei zu entscheiden, ob sie mit der werbenden Kanzlei in Kontakt treten wollen.[429] Dieser Entscheid verdient Zustimmung. Das **Medium Internet** ermöglicht heute den Anbietern von Waren und Dienstleistungen eine umfassende Darstellung ihrer Angebote. Diese Werbemöglichkeiten stehen auch dem Anwalt offen. Er darf daher dieses neue Medium ebenfalls wählen, um sich dem Publikum zu präsentieren und über seine Dienstleistungen zu informieren. Dabei kann er sich selbstverständlich auch der **internettypischen Gestaltungs- und Werbemöglichkeiten** bedienen.[430]

117 Bei seiner Werbung ist der Anwalt allerdings an die **Berufsregeln des BGFA** gebunden. Danach verbietet beispielsweise Art. 13 BGFA (Berufsgeheimnis) in der Werbung, etwa in Bürobroschüren oder auf der Homepage, auf erfolgreich abgeschlossene Fälle oder auf einen Klientenstamm, der aus renommierten Firmen besteht, zu verweisen.[431] Zulässig sind demgegenüber die sogenannten Tombstones, d.h. die Nennung beratender Anwaltsbüros neben (Investment-)Banken und Treuhandgesellschaften in Kapitalmarktprospekten, Zeitungsanzeigen u.ä., welche die Klienten selbst veröffentlichen.[432] Ebenfalls nicht zu beanstanden ist es, wenn ein Anwalt in einem Offertverfahren («beauty contest») mit Einwilligung der betroffenen Klienten auf frühere Mandate hinweist, um seine Erfahrung im fraglichen Geschäftsbereich oder in bestimmten Transaktionsarten darzulegen.

VI. Art. 12 lit. e: Verbot des Erfolgshonorars und der Beteiligung am Prozessgewinn

118 Nach Art. 12 lit. e BGFA darf der Anwalt vor Beendigung eines Rechtstreites mit seinem Klienten keine Vereinbarung über die Beteiligung am Prozessgewinn als Ersatz für das Honorar abschliessen. Er darf sich auch nicht

---

[429] OLG Hamburg, NJW 2004, 1668 ff.
[430] STEINBECK, 1481 ff., insb. 1487.
[431] Vgl. BOTSCHAFT, Nr. 233.24, 6057; VALLONI/STEINEGGER, 47; vgl. auch HESS, Anwaltsgesetz, 111; ZINDEL, 441.
[432] Vgl. ZINDEL, 441.

verpflichten, im Falle eines ungünstigen Abschlusses des Verfahrens auf das Honorar zu verzichten.[433] Eine **Abrede über eine Beteiligung am Prozessgewinn** (pactum de quota litis) liegt vor, «wenn sich der Anwalt einen Teil am Gewinn versprechen lässt, der durch seine eigentliche Anwaltstätigkeit in einem rechtlich geordneten Verfahren vor einer Behörde, sei es vor einem Zivil- oder Strafgericht, einer Strafuntersuchungs-, Vollstreckungs- oder Verwaltungsbehörde, erzielt wird.»[434] Bei der Vereinbarung, im Falle eines ungünstigen Abschlusses des Verfahrens auf das Honorar zu verzichten, handelt es sich, positiv gesprochen, um die **Vereinbarung eines Erfolgshonorars**. Ein Erfolgshonorar liegt vor, wenn die Vergütung des Anwalts vom «Erfolg des Geschäftes, welches der Rechtsanwalt zu besorgen hat, abhängt.»[435]

Die **Vereinbarung eines Erfolgshonorars** kann im Einzelfall sehr unterschiedlich ausgestaltet sein. Die Gemeinsamkeit der denkbaren Varianten liegt darin, «dass die Bezahlung des Rechtsanwalts vom Ausgang des von ihm bearbeiteten Mandats abhängt und das endgültige Honorar zum Zeitpunkt der Mandatserteilung [...] noch nicht feststeht.»[436] Die **Vereinbarung einer Beteiligung am Prozessgewinn** stellt einen **Unterfall des Erfolgshonorars** dar.[437] Art. 12 lit. e BGFA ist also insofern unsystematisch aufgebaut, als das Verbot der Vereinbarung eines Erfolgshonorars dem Verbot der Verabredung einer Beteiligung am Prozessgewinn hätte vorangestellt werden müssen.   119

Die Botschaft hält fest, das Verbot des pactum de quota litis sei in den meisten kantonalen Gesetzen enthalten.[438] Diese Aussage gilt auch für das Verbot des Erfolgshonorars.[439] Als **Argument für diese Verbote** führten Lehre und Rechtsprechung bis anhin ins Feld, der Anwalt müsse gegenüber seinem Klienten unabhängig bleiben und dürfe den Prozess nicht zur eigenen Sache machen.[440] Diese Verbote sollten also die **Unabhängigkeit**   120

---

[433]   Vgl. HESS, Anwaltsgesetz, 111 f.
[434]   HÖCHLI, 80, mit Hinweis auf ein Urteil des Bundesgerichts vom 13. April 1983, teilweise wiedergegeben in: MSAV 83 Nr. 86, 2 ff.; vgl. auch NERLICH, 1209; TESTA, 217.
[435]   HÖCHLI, 79; vgl. auch TESTA, 218.
[436]   NERLICH, 1134.
[437]   NERLICH, 1209 und SCHILLER, Erfolgshonorar, 355, wonach das Erfolgshonorar als Oberbegriff für jede Art eines Honorars verwendet werde, das ganz oder teilweise vom Erfolg abhängig sei; vgl. auch HANDBUCH BERUFSPFLICHTEN, 152 ff.; SCHENKER, 145.
[438]   BOTSCHAFT, Nr. 233.25, 6057.
[439]   Vgl. HÖCHLI, 81; PFEIFER, Erfolgshonorar, 72 ff.
[440]   WOLFFERS, 165; vgl. auch TESTA, 221; WEGMANN, 210; BGE 113 Ia 284.

des Anwalts gegenüber seinen Klienten gewährleisten.[441] Weiter machten die Befürworter geltend, der Anwalt könne die Prozessaussichten wesentlich besser beurteilen als sein Klient. Bei der Verabredung eines Erfolgshonorars bestehe daher die **Gefahr**, dass der **Anwalt seinen Klienten übervorteile**.[442] Daneben wurden in der Lehre weitere Gründe vorgebracht, die gegen die Verabredung eines Erfolgshonorars sprechen sollen.[443] Es gab allerdings auch **kritische Stimmen**, die sich dafür aussprachen, das Verbot der Verabredung von Erfolgshonoraren zu lockern.[444]

121 Mit der Aufnahme des Verbots von Erfolgshonoraren[445] und der Beteiligung am Prozessgewinn in den Katalog der Berufspflichten hat sich der Gesetzgeber der Auffassung angeschlossen, solche Absprachen beeinträchtigten die **Unabhängigkeit und Unbefangenheit des Anwalts**. Das Verbot knüpft daher im Ergebnis an die Berufsregel des Art. 12 lit. b BGFA an, wonach der Anwalt seinen Beruf unabhängig auszuüben hat. Zwar schränkt es die freie Berufsausübung des Anwalts ein. Wie das Unabhängigkeitsgebot des Art. 12 lit. b BGFA dient es jedoch dem **Schutz des öffentlichen Interesses an der Unabhängigkeit des Anwalts**. Es stärkt das Vertrauen des Publikums in die Unabhängigkeit und Integrität der Anwaltschaft. Das Verbot ist daher auch verfassungsrechtlich nicht zu beanstanden.[446]

122 Art. 12 lit. e BGFA **verbietet nur die Verabredung eines reinen Erfolgshonorars**.[447] Das Bundesgericht schloss denn auch schon vor Inkrafttreten des BGFA nicht aus, bei der Rechnungstellung auch den Prozessausgang zu berücksichtigen, sofern der Prozesserfolg nicht das einzige Honorarbemessungskriterium blieb.[448] Auch in der Lehre überwog die Meinung, es sei nicht zu beanstanden, wenn der Ausgang eines streitigen Verfahrens bei

---

[441] Vgl. HENGGELER, 100; TESTA, 221, mit Hinweis auf den unveröffentlichten Entscheid der Aufsichtskommission über die Rechtsanwälte des Kantons Zürich vom 7. Oktober 1999 (KR 990416); ZR 91/92 (1992/93) Nr. 15, 54; ZR 83 (1984) Nr. 7, 18.

[442] Vgl. GATTIKER, 38; HÖCHLI, 83 und 91 f.; WOLFFERS, 165 f.

[443] Vgl. den Überblick bei TESTA, 222.

[444] Vgl. HÖCHLI, 84 ff.; PFEIFER, Erfolgshonorar, 95 ff.; SCHENKER, 152 ff.; TESTA, 229 ff.; ZR 86 (1987) Nr. 12, 31; ZR 83 (1984) Nr. 7, 21; vgl. nun zum BGFA auch SCHILLER, Erfolgshonorar, 354.

[445] A.M. SCHILLER, Erfolgshonorar, 356 und 358, der die Auffassung vertritt, das BGFA enthalte nur noch das Verbot der Beteiligung am Prozessgewinn; sonstige Verbote erfolgsabhängiger Honorarvereinbarungen sehe das Gesetz nicht mehr vor.

[446] Vgl. WOLFFERS, 167; für die deutsche Regelung vgl. auch DITTMANN, § 49b BRAO N 16; FEUERICH/WEYLAND, § 49b BRAO N 32.

[447] Vgl. SCHILLER, Erfolgshonorar, 357.

[448] Vgl. BGE 93 I 121; zurückhaltender BGE 113 Ia 284; vgl. auch WOLFFERS, 165 ff.

der Honorarbemessung neben anderen Kriterien berücksichtigt werde.[449] Nach der hier vertretenen Auffassung verbietet auch Art. 12 lit. e BGFA nur, den Honoraranspruch des Anwalts derart mit dem Erfolg seiner Tätigkeit zu verknüpfen, dass er ohne dessen Eintritt gar nicht entsteht.[450] Der Ausgang des Verfahrens darf auch nicht Hauptbemessungsfaktor für die Höhe des Honorars sein. Dem Anwalt und seinem Klienten ist es aber nicht untersagt, neben anderen Kriterien auch den Erfolg oder Misserfolg eines streitigen Verfahrens zu berücksichtigen und beispielsweise eine **Erfolgsprämie** (pactum de palmario) zu vereinbaren.[451] Hätte der Gesetzgeber dies verbieten wollen, so hätte er den Wortlaut des Art. 12 lit. e BGFA anders fassen und dem Anwalt auch verbieten müssen, im Falle eines Misserfolges teilweise auf sein Honorar zu verzichten.

Die **«Bandbreite» für die Berücksichtigung des Erfolgs** bei der Honorarbemessung ist allerdings schmal.[452] Zu empfehlen ist vorab, «das Ereignis genau zu definieren, das den Honorarzuschlag auslöst».[453] Solche Absprachen dürfen den Anwalt nicht daran hindern, den Klienten unabhängig und uneigennützig über Führung, Fortführung oder Beendigung eines Prozesses zu beraten.[454] Der Prozesserfolg bleibt stets nur **eines von mehreren Bemessungskriterien**. Der Anwalt soll in der Regel unabhängig vom Ausgang des Verfahrens Anspruch auf ein kostendeckendes Honorar mit angemessenem Gewinnanteil haben.[455] Zulässig ist es beispielsweise, das Honorar im Falle des Obsiegens statt nach Stundenaufwand nach einer höheren Prozessentschädigung festzusetzen.[456]   123

Kein Erfolgshonorar liegt vor, wenn der Klient seinem Anwalt nach Abschluss des Verfahrens eine besondere **Belohnung** in Form eines zusätzlichen Honorars ausrichtet.[457] Voraussetzung ist freilich, dass dies vor Ein-   124

---

[449] Vgl. FELLMANN/SIDLER, Art. 33 N 4; HANDBUCH BERUFSPFLICHTEN, 152 ff.; HÖCHLI, 86 ff.; SCHILLER, Erfolgshonorar, 359; WOLFFERS, 166.

[450] Gleicher Meinung sind HESS, Anwaltsgesetz, 111 f. und SCHILLER, Erfolgshonorar, 357.

[451] Vgl. HÖCHLI, 86 ff.; vgl. auch FELLMANN/SIDLER, Art. 33 N 4; WOLFFERS, 166.

[452] Vgl. FELLMANN/SIDLER, Art. 33 N 5.

[453] SCHILLER, Erfolgshonorar, 359.

[454] GYGI, 539.

[455] Vgl. FELLMANN/SIDLER, Art. 33 N 5.

[456] SCHILLER, Erfolgshonorar, 359.

[457] Zur Zulässigkeit der Vereinbarung einer Erfolgsprämie (pactum de palmario) siehe N 122 oben.

leitung des Verfahrens nicht so vereinbart wurde.[458] Ebenfalls zulässig ist es, dass der Anwalt nach Abschluss des Verfahrens ganz oder teilweise **auf sein Honorar verzichtet**, wenn dies nicht vorgängig so abgesprochen wurde.[459] Selbstverständlich ist es auch nicht verboten, «dass der Klient im Fall des Obsiegens die Rechnung des Anwalts aus dem Prozessgewinn begleicht, solange die Honorarberechnung nicht vom Prozesserfolg abhängt.»[460] Schliesslich stellt auch die Vereinbarung eines **Pauschalhonorars**[461] keine unzulässige Beteiligung am Prozesserfolg dar. Daran ändert nichts, dass der Anwalt bei der Verabredung eines Pauschalhonorars versuchen wird, seinen Aufwand möglichst klein zu halten.[462]

125 Nach dem Wortlaut des Art. 12 lit. e BGFA gilt das **Verbot**, mit dem Klienten ein Erfolgshonorar zu vereinbaren, nur für streitige Rechtsfälle. Es ist **auf den förmlichen Prozess begrenzt.**[463] Als Prozess gilt dabei jedes rechtlich geordnete «Verfahren vor einer Behörde, sei es vor einem Zivil- oder Strafgericht, einer Strafuntersuchungs-, Vollstreckungs- oder Verwaltungsbehörde».[464] Das Verbot des Erfolgshonorars gilt also nur für die forensische Tätigkeit und für die Bemühungen des Anwalts in Verwaltungsverfahren. Ausserhalb des Verfahrens vor Behörden ist die Vereinbarung eines Erfolgshonorars auch in strittigen Angelegenheiten zulässig.[465]

126 Unklar ist, wie es sich verhält, wenn in einer strittigen Angelegenheit, in der der Klient einen Prozess aber ausdrücklich ausschliesst, ein Erfolgshonorar vereinbart wird, es in der Folge aber trotzdem zum Prozess kommt. Nach der hier vertretenen Auffassung muss die Honorarvereinbarung in einem solchen Fall abgeändert werden. Im Prozess darf der Ausgang des Verfahrens nicht das allein massgebliche Honorarbemessungskriterium sein.[466]

127 Da das Verbot des Erfolgshonorars mit dem Inkrafttreten des BGFA gesetzlich statuiert worden ist, fallen solche Vereinbarungen unter Art. 20 OR. Danach ist ein Vertrag, «der einen unmöglichen oder widerrechtlichen

---

[458]   Vgl. Höchli, 80; Testa, 218.
[459]   Vgl. Höchli, 80; Testa, 218.
[460]   Testa, 227.
[461]   Vgl. dazu hinten N 165.
[462]   Schiller, Erfolgshonorar, 359; vgl. auch Schenker, 150.
[463]   Vgl. Hess, Anwaltsgesetz, 112; Schiller, Erfolgshonorar, 357.
[464]   Testa, 227; vgl. auch Schiller, Erfolgshonorar, 357.
[465]   Vgl. Handbuch Berufspflichten, 154; Schiller, Erfolgshonorar, 357; Testa, 227.
[466]   Vgl. dazu auch Testa, 227 f.

Inhalt hat oder gegen die guten Sitten verstösst», nichtig. Die **Verabredung eines Erfolgshonorars**, namentlich einer Beteiligung am Prozessgewinn, ist also nicht nur berufsrechtlich untersagt; sie ist auch **zivilrechtlich ungültig**.[467]

Vor Inkrafttreten des BGFA untersagten verschiedene kantonale Anwalts-   128
gesetze auch den **Erwerb streitiger Forderungen** (pactum de redimenda
lite).[468] Unter dieses Verbot fiel allerdings nicht nur die Abtretung streitiger
Forderungen, sondern generell der Erwerb möglicher Prozessobjekte.[469]
Nicht erfasst wurde die Abtretung künftiger Prozessentschädigungen.[470]
Schon unter dem bisherigen Recht wurde in der Lehre teilweise die Auffassung vertreten, der Erwerb streitiger Forderungen sei nicht schlechtweg
verpönt. So erscheine die Abtretung einer streitigen Forderung dann als
zulässig, wenn sie zum Zwecke der Deckung von Honoraransprüchen des
Anwalts erfolge. Ebenso könne die Notlage eines Klienten die Übernahme
einer streitigen, insbesondere einer bereits rechtshängigen Forderung gegen Entgelt rechtfertigen. Voraussetzung sei jedoch, dass der Anwalt die
Abtretung nicht vornehme, um damit «ein Geschäft zu machen». Der ganze einbringliche Betrag müsse daher dem Zedenten angerechnet werden.
Weiter dürfe die Art der Forderung eine Abtretung nicht als anstössig erscheinen lassen. So verstosse es beispielsweise gegen das Standesrecht,
wenn sich ein Anwalt Forderungen, die nach ihrem Wesen und dem Gesetz
zur Bestreitung des Lebensunterhalts einer Person bestimmt und hiezu notwendig sind, abtreten lasse, um für seine Forderungen gegenüber der Betroffenen gedeckt zu sein.[471] Mit dem Verzicht auf ein ausdrückliches Verbot
des Erwerbs des Streitobjekts scheint sich der Gesetzgeber dieser Auffassung angeschlossen zu haben.[472] Dies ist vor allem deshalb sachgerecht,
weil sich schon nach bisherigem Recht schwer sagen liess, «inwiefern die
Interessen des Klienten verletzt werden, wenn die Abtretung des Streitobjekts nicht zu ausbeuterischen Bedingungen erfolgt».[473] Es ist allerdings
einzuräumen, dass eine solche Abrede im Einzelfall die Unabhängigkeit

---

[467] Vgl. TESTA, 220 f.; vgl. dazu auch ZR 91/92 (1992/93) Nr. 15, 55; a.M. SCHILLER,
       Erfolgshonorar, 359.
[468] Vgl. HANDBUCH BERUFSPFLICHTEN, 155 f.; HÖCHLI, 92 f.; TESTA, 219.
[469] HÖCHLI, 92.
[470] Vgl. HÖCHLI, 92; TESTA, 219.
[471] FELLMANN/SIDLER, Art. 7 N 2.
[472] Vgl. SCHILLER, Erfolgshonorar, 356; a.M. HESS, Anwaltsgesetz, 112.
[473] HANDBUCH BERUFSPFLICHTEN, 155.

des Anwalts gefährden oder zu einem Interessenkonflikt mit dem Klienten führen kann. In solchen Fällen verstösst der Erwerb des Streitobjekts gegen Art. 12 lit. b und/oder lit. c BGFA.[474]

VII. Art. 12 lit. f: Pflicht zum Abschluss einer Berufshaftpflichtversicherung

129   Nach Art. 12 lit. f BGFA haben Anwältinnen und Anwälte «eine Berufshaftpflichtversicherung nach Massgabe der Art und des Umfangs der Risiken, die mit ihrer Tätigkeit verbunden sind, abzuschliessen». Mit dieser Regelung hat der Gesetzgeber eine Verpflichtung ins Gesetz übernommen, die bereits in verschiedenen Standesregeln kantonaler Berufsverbände[475] und auch in Ziff. 3.9 der Standesregeln der Rechtsanwälte der Europäischen Gemeinschaft enthalten war, denen sich die Mitglieder des Schweizerischen Anwaltsverbands schon vor dem Inkrafttreten des BGFA unterzogen. Auch nach der Richtlinie 98/5/EG des Europäischen Parlaments und des Rats vom 16. Februar 1998 «zur Erleichterung der ständigen Ausübung des Rechtsanwaltsberufs in einem anderen Mitgliedstaat als dem, in dem die Berufsqualifikation erworben wurde» (Art. 6 Abs. 3 erster Satz), konnte schon bis anhin der Aufnahmestaat vom Anwalt verlangen, nach den Regeln, die er für die in seinem Gebiet ausgeübte Berufstätigkeit festlegt, entweder eine Berufshaftpflichtversicherung abzuschliessen oder einer Berufsgarantiekasse beizutreten.[476] Art. 12 lit. f BGFA liegt die Annahme zugrunde, dass das persönliche Haftungssubstrat des Anwalts in der Regel nicht genügt, um Schadenersatzansprüche von Klienten zu decken.[477] Die Verpflichtung, eine Berufshaftpflichtversicherung abzuschliessen, dient denn auch vorrangig dem **Schutz des rechtsuchenden Publikums**. Sie soll sicherstellen, dass jeder Anwalt im Haftungsfall erfolgreich in Anspruch genommen werden kann. Allerdings ist darauf hinzuweisen, dass die üblichen Berufshaftpflicht-

---

[474]   Vgl. dazu auch vorne N 75 ff. und 92 ff.
[475]   Vgl. etwa Art. 6 der Standesregeln des Luzerner Anwaltsverbands, vgl. dazu auch HESS, Anwaltsgesetz, 112 f.
[476]   Vgl. Urteil des Bundesgerichts vom 22. Februar 2001 (2P.180/2000) E. 3c.
[477]   FELLMANN, Rechtsformen, 349.

versicherungen nur die typischen Tätigkeiten eines Anwalts[478] versichern. Unternehmerische oder treuhänderische Tätigkeiten sind nicht versichert.[479]

Der Abschluss einer Haftpflichtversicherung liegt jedoch nicht nur im Interesse des rechtsuchenden Publikums. Er dient auch der **Existenzsicherung des Anwalts**. Dieser soll nicht seine Ersparnisse angreifen müssen, um Haftpflichtschäden zu decken.[480] Von Vorteil ist weiter, dass der Anwalt, der von einem Klienten belangt wird, die Abwehr unberechtigter Ansprüche oder die Schadensregulierung **erfahrenen Fachleuten** anvertrauen kann.[481] In den allgemeinen Versicherungsbedingungen wird nämlich regelmässig vorgesehen, dass im Schadensfall der Haftpflichtversicherer als Vertreter des Versicherten auftritt und die Verhandlung mit dem Geschädigten (auf seine Kosten) führt.[482]

130

Mit dem Abschluss einer Berufshaftpflichtversicherung versichert sich der Anwalt gegen die **Gefahr, bei der Ausübung seines Berufs haftpflichtig zu werden**, d.h. einen Schaden seines Klienten (oder Dritter) gestützt auf eine gesetzliche Haftungsnorm ersetzen zu müssen.[483] Diese Versicherung bietet ihm gewöhnlich Schutz für seine berufliche Tätigkeit im typischen Bereich des Anwaltsberufs.[484] Im Einzelfall können sich allerdings Abgrenzungsfragen stellen. Dies gilt etwa dann, wenn ein Anwalt noch einen anderen Beruf ausübt, bei einer privaten Tätigkeit Schaden verursacht oder Aufgaben wahrnimmt, die über den Kreis der üblicherweise von Anwälten betreuten Geschäfte hinausgehen.[485]

131

Der Anspruch des versicherten Anwalts aus dem Versicherungsvertrag besteht darin, dass der Versicherer ihn von den (berechtigten) Schadener-

132

---

[478] In den AVB eines der grossen Haftpflichtversicherer der Schweiz heisst es beispielsweise: Rechtsanwalt: «Gegenstand der Versicherung ist die typische berufliche Tätigkeit als Rechtsanwalt. Ausserdem versichert ist die Tätigkeit als a) Liquidator nach SchKG, b) gesetzlich vorgesehener Sachwalter, c) ausseramtlicher Konkursverwalter, d) Mitglied eines Gläubigerausschusses, e) Willensvollstrecker, f) Vormund oder Beistand, g) Schiedsrichter, h) Steuerberater, i) Mediator.
Tätigkeiten, welche über die in Abs. 1 hiervor beschriebenen hinausgehen, namentlich unternehmerische und treuhänderische, gelten nicht als typische Tätigkeiten des Anwaltes.»

[479] Vgl. dazu hinten N 136 f.

[480] NIGG, 493 f.

[481] Vgl. NIGG, 494.

[482] Vgl. FELLMANN/LUTERBACHER, 55; NIGG, 514.

[483] MAURER, 535 f.

[484] Vgl. NIGG, 499.

[485] NIGG, 499; vgl. dazu auch hinten N 136 f.

satzforderungen des Klienten befreit, indem er diese begleicht. Es handelt sich mithin um einen sogenannten **Befreiungsanspruch**.[486] Zusätzlich verpflichtet sich der Versicherer nach den gebräuchlichen Versicherungsbedingungen, unbegründete Ansprüche gegen die Versicherten abzuwehren. Die Haftpflichtversicherung hat in dieser Hinsicht also auch eine **Rechtsschutzfunktion**.[487] Hat der versicherte Anwalt das befürchtete Ereignis **absichtlich** herbeigeführt, muss der Versicherer keine Zahlung erbringen.[488] Liegt **Grobfahrlässigkeit** vor, ist er berechtigt, seine Leistung in einem dem Grade des Verschuldens entsprechenden Verhältnis zu kürzen.[489]

133 Bei Vermögenshaftpflichtversicherungen gilt in der Regel das **Anspruchserhebungsprinzip** (Claims-made-Prinzip). Dieses bedeutet, dass «nur diejenigen Schadenersatzansprüche Versicherungsschutz geniessen, welche innerhalb der Vertragsdauer geltend gemacht werden.»[490] Oft wird das Claims-made-Prinzip durch das zusätzliche Erfordernis modifiziert, dass der Schaden auch während der Vertragsdauer verursacht wurde. Es genügt alsdann nicht, dass der Anspruch während der Vertragsdauer geltend gemacht wird.[491] Das Anspruchserhebungsprinzip führt zu Problemen, wenn ein Schaden zwar während der Versicherungsdauer verursacht wurde, aber erst nach Erlöschen der Versicherung geltend gemacht wird. Sollen auch solche Schäden später noch gedeckt werden, ist grundsätzlich eine Nachversicherung abzuschliessen. Wird der Versicherungsvertrag infolge Aufgabe der Praxis oder Tod des versicherten Anwalts aufgehoben, erstreckt sich der Versicherungsschutz bei den heute gebräuchlichen Policen meistens auch ohne Zusatzprämien auf Ansprüche aus Schäden, die während der Versicherungsdauer verursacht wurden, aber erst nach Erlöschen der Versicherung geltend gemacht werden.[492] Nicht erfasst bleiben aber immer noch die Fälle, bei denen ein Anwalt während der Dauer seiner Anwaltstätigkeit den Versicherer wechselt. Hier kann der Versicherungsschutz nur durch den Abschluss einer Nachversicherung erlangt werden.[493] Art. 12 lit. f BGFA umfasst auch den **Abschluss einer solchen Nachversicherung**.

---

[486] MAURER, 540.
[487] MAURER, 541.
[488] Art. 14 Abs. 1 VVG.
[489] Art. 14 Abs. 2 VVG.
[490] NIGG, 508.
[491] Dieses Risiko lässt sich in der Regel durch eine Vorrisiko-Deckung versichern.
[492] Vgl. NIGG, 509.
[493] Vgl. NIGG, 509; ROBERTO, 190 f.

Der **geschädigte Klient** kann nur den haftpflichtigen Anwalt selbst, nicht   134
aber dessen Haftpflichtversicherung belangen. Der Versicherung gegenüber besitzt er **kein direktes Forderungsrecht**.[494] Daran ändert Art. 12
lit. f BGFA nichts. Art. 60 Abs. 1 VVG ermächtigt den Versicherer aber,
die Entschädigung nicht dem Versicherungsnehmer, sondern direkt dem
Geschädigten auszuzahlen. Damit soll dem Risiko begegnet werden, dass
der Versicherungsnehmer das Geld zweckwidrig verwendet.[495]

Art. 12 lit. f BGFA sieht **keine Mindestdeckung** vor. Dies ist nicht sach-   135
gerecht. Die Abstufung des Deckungsumfangs nach «Massgabe der Art
und des Umfangs der Risiken», die mit der Berufstätigkeit des jeweiligen
Anwalts verbunden sind, erschwert eine Überprüfung der Angemessenheit
des Versicherungsschutzes.[496] Sie entspricht auch nicht «dem Schutz-
bedürfnis des rechtsuchenden Publikums, das ein berechtigtes Interesse
daran hat, durch eine entsprechende Haftpflichtversicherung bei jedem
Rechtsanwalt in demselben Umfang vor Schäden aus vertraglicher Pflichtverletzung geschützt zu sein.»[497] In der Regel dürfte sich dieser Mangel
allerdings nicht zulasten der Klienten auswirken, haben doch alle Anwälte
ein Interesse daran, sich mit einer genügend hohen Deckung zu versichern.
Üblich sind heute Deckungssummen in der Grössenordnung von
CHF 1 bis 3 Mio., wobei in Einzelfällen aber auch deutlich höhere Sum-
men versichert werden. Einige Kantone sehen in ihren Anwaltsgesetzen
Mindestdeckungen vor, in der Regel in der Höhe von CHF 1 Mio.[498] Solche Regelungen sind zweifellos zulässig,[499] entbinden den Anwalt aber von
der Prüfung, ob die Höhe der Deckung der Art und dem Umfang der Risiken entspricht, die mit seiner Tätigkeit verbunden sind. Bei ausserkantonalen Anwälten darf das Bestehen einer Berufshaftpflichtversicherung in der

---

[494]   MAURER, 542.
[495]   Vgl. FELLMANN/LUTERBACHER, 59.
[496]   Zur abweichenden Lösung im deutschen Recht vgl. FEUERICH/WEYLAND, § 51 BRAO
        N 6.
[497]   FEUERICH/WEYLAND, § 51 BRAO N 6, mit Hinweis auf NJW-RR 1997, 696.
[498]   So sieht beispielsweise § 13 Abs. 1 lit. b AnwG-BL vor, dass die Höhe der Deckung
        auf Antrag der Anwaltsaufsichtskommission vom Kantonsgericht festgesetzt wird
        (CHF 1 Mio.). § 13 Abs. 1 lit. b AnwG-BS verlangt eine Mindestdeckung von CHF 1
        Mio.
[499]   Vgl. HESS, Anwaltsgesetz, 113; vgl. auch Urteil des Bundesgerichts vom 22. Februar
        2001 (2P.180/2000) E. 3d, wo das Bundesgericht den Prämienaufwand (CHF 1 454
        pro Jahr), der einem Anwalt aus der im damaligen aargauischen Anwaltsrecht vorge-
        sehenen Mindestdeckung von CHF 1 Mio. erwuchs, als zumutbar und verhältnismäs-
        sig bezeichnete.

nach dem jeweiligen kantonalen Recht vorgesehenen Höhe allerdings nicht zur Zulassungsbedingung gemacht werden, da damit das Prinzip der Freizügigkeit durchkreuzt würde, nach dem einmal im Register eines Kantons eingetragene Anwälte ihren Beruf ohne weitere Formalitäten in der ganzen Schweiz ausüben dürfen.[500]

136 Fraglich ist der **Versicherungsumfang** nicht nur in Bezug auf die Höhe der Deckung, sondern oft auch in Bezug auf die **Art der versicherten Berufstätigkeit**. Die übliche Berufshaftpflichtversicherung deckt ausschliesslich Schäden, die bei der Ausübung der anwaltlichen Tätigkeit verursacht werden.[501] Bekanntlich sind nun aber Anwälte oft in zahlreichen Funktionen tätig. Sie befassen sich nicht nur mit der Rechtsberatung und der Vertretung ihrer Klienten vor Gericht, sondern amten beispielsweise auch als Vorstandsmitglieder von Vereinen, als Stiftungsräte oder als Verwaltungsräte grösserer und kleinerer Aktiengesellschaften. Es fragt sich daher, ob sie gestützt auf Art. 12 lit. f BGFA auch die mit solchen Tätigkeiten verbundenen Risiken versichern müssen.

137 Nach der hier vertretenen Auffassung gelten als **anwaltliche Tätigkeiten im Sinne von Art. 12 lit. f BGFA** nur die Tätigkeiten, die der Anwalt in seiner **Eigenschaft als Anwalt** erbringt. Dazu gehören nicht nur Aufgaben im Monopolbereich, sondern auch andere **Haupt- und anwaltsübliche Nebentätigkeiten**.[502] Nicht erfasst werden demgegenüber Aufgaben, die der Anwalt nicht als «freiberuflicher unabhängiger Berater und Vertreter aufgrund eines Mandatsvertrages» wahrnimmt.[503] Bei solchen Tätigkeiten liegen versicherungsrechtlich stets Sonderrisiken[504] vor, die in der üblichen Anwaltshaftungspolice nur aufgrund besonderer Vereinbarung versichert sind.[505] Zu denken ist etwa an die Tätigkeit als Verwaltungs- oder Stiftungsrat, als Personenversicherungsexperte, als Revisor oder Revisionsstelle von Unternehmungen und Stiftungen oder als Liquidator.[506] Soweit der Anwalt in solchen Funktionen Schaden verursacht, handelt es sich bei den Geschä-

[500] HESS, Anwaltsgesetz, 113.
[501] Vgl. FEUERICH/WEYLAND, § 51 BRAO N 8; vgl. dazu auch Fn. 430. Dazu kommen im Einzelfall Deckungsausschlüsse (z.B. bei Verbrechen und Vergehen).
[502] FEUERICH/WEYLAND, § 51 BRAO N 8.
[503] FEUERICH/WEYLAND, § 51 BRAO N 8.
[504] Zu diesen Sonderrisiken zählen etwa die Tätigkeit als Treuhänder, Wirtschaftsprüfer, Anlageberater und Vermögensverwalter, Unternehmensberater, Immobilientreuhänder, Immobilienverwalter, Immobilienschätzer etc.
[505] Vgl. NIGG, 500 f.
[506] Zur versicherungsrechtlichen Behandlung dieser Sonderrisiken vgl. NIGG, 501.

digten nämlich nicht um Klienten, deren Schutz Art. 12 lit. f BGFA im Auge hat, sondern meistens um Gläubiger des Unternehmens, für das der Anwalt in bestimmter Funktion tätig ist, oder um das Unternehmen selbst, das den Anwalt mit diesen Aufgaben betraut hat. Üben Anwälte solche Tätigkeiten aus, ohne die damit verbundenen Sonderrisiken zu versichern, liegt daher kein Verstoss gegen Art. 12 lit. f BGFA vor.

Keine Berufspflichtverletzung liegt auch immer dann vor, wenn ein An‑   138
walt eine Aufgabe übernimmt, die sich **nicht versichern lässt**. Eine Pflicht‑
verletzung kann nämlich nur zur Diskussion stehen, wenn sich die fragli‑
che Pflicht auch erfüllen lässt. Anders liegt der Fall, wenn ein Anwalt für
seine (typische) Tätigkeit als **Anwalt keinen Versicherer (mehr) findet**,
der bereit ist, mit ihm eine Berufshaftpflichtversicherung abzuschliessen,
nachdem der bisherige Versicherer beispielsweise von seinem Recht nach
Art. 42 VVG Gebrauch gemacht hat, den Vertrag im Schadensfall zu kün‑
digen. Dies führt zwingend zur Streichung im Register und kommt daher
einem (mindestens vorübergehenden) **Berufsausübungsverbot** gleich.[507]

In der Verpflichtung zum Abschluss einer Berufshaftpflichtversicherung   139
dürfte die **Pflicht** mitenthalten sein, sich im Schadensfall **so zu verhalten**,
dass der **Versicherungsschutz bestehen bleibt**. Nach den allgemeinen Ver‑
sicherungsbedingungen aller Haftpflichtversicherer müssen die Anwälte
beispielsweise Ereignisse, deren Folgen ihre Haftpflichtversicherung be‑
treffen könnten, dem Versicherer unverzüglich anzeigen.[508] Auch im Zusam‑
menhang mit der Behandlung des Schadenfalls haben sie verschiedene
Obliegenheiten zu beachten, die sich aus der Versicherungstreue ergeben.
Verstossen sie gegen diese Obliegenheiten, gefährden sie den Versicherungs‑
schutz.[509] Die **Aufsichtsbehörde** und die **Klienten** müssen daher **Verständ‑
nis dafür aufbringen**, dass der Anwalt mit seiner Klientschaft beispiels‑
weise keine direkten Verhandlungen über die Ersatzansprüche führen darf.
Seine vertraglichen Treuepflichten gegenüber der Versicherungsgesellschaft
verbieten ihm insbesondere, Forderungen anzuerkennen, Vergleiche abzu‑
schliessen oder direkt Leistungen zu erbringen, sofern der Haftpflichtversi‑
cherer dazu nicht seine Zustimmung gibt.[510]

---

[507]   Zur Pflicht, das Erlöschen des Versicherungsschutzes der Aufsichtsbehörde zu mel‑
       den, vgl. hinten N 174.
[508]   FELLMANN/LUTERBACHER, 53; vgl. NIGG, 513 f.
[509]   Vgl. etwa FELLMANN/LUTERBACHER, 55 ff.; NIGG, 513 f.
[510]   Vgl. FELLMANN/LUTERBACHER, 56; NIGG, 513 f.

140 Abgesehen davon, dass die Versicherungspflicht nicht als Berufsregel, sondern als persönliche Voraussetzung für den Registereintrag im Sinne von Art. 8 BGFA hätte konzipiert werden müssen, ist der schweizerische **Gesetzgeber** bei der Schaffung einer entsprechenden Berufsregel auch **auf halbem Wege stehen** geblieben. Das BGFA sieht nämlich keine Bestimmung vor, welche die Pflicht zum Abschluss einer Berufshaftpflichtversicherung sicherstellen würde. Demgegenüber verpflichtet beispielsweise § 51 Abs. 1 BRAO den deutschen Anwalt zwar ebenfalls, «eine Berufshaftpflichtversicherung zur Deckung der sich aus seiner Berufstätigkeit ergebenden Haftpflichtgefahren für Vermögensschäden abzuschliessen und die Versicherung während der Dauer seiner Zulassung aufrechtzuerhalten.» Im Gegensatz zum schweizerischen Gesetzgeber sicherte der deutsche Gesetzgeber diese Pflicht in § 51 Abs. 6 BRAO aber zusätzlich ab. Danach ist der Versicherer im Versicherungsvertrag «zu verpflichten, der zuständigen Landesjustizverwaltung und der zuständigen Rechtsanwaltskammer den Beginn und die Beendigung oder Kündigung des Versicherungsvertrages sowie jede Änderung des Versicherungsvertrages, die den vorgeschriebenen Versicherungsschutz beeinträchtigt, unverzüglich mitzuteilen.» Nach der hier vertretenen Auffassung wäre eine solche Regelung zum Schutz des Publikums auch in der Schweiz unabdingbar. Den kantonalen Aufsichtsbehörden ist daher zu empfehlen, im Rahmen ihrer allgemeinen Aufsicht nach Art. 14 BGFA entsprechende Richtlinien aufzustellen und diese durchzusetzen.

141 Da der Gesetzgeber die Pflicht für Anwälte, eine Berufshaftpflichtversicherung abzuschliessen, als Berufsregel und nicht als persönliche Voraussetzung ausgestaltet hat, führt eine **Verletzung dieser Pflicht** nicht ohne weiteres zur Löschung des Registereintrags.[511] Die Aufsichtsbehörde hat vielmehr gestützt auf Art. 17 BGFA eine Disziplinarmassnahme zu ergreifen. Da die Versicherungspflicht trotz ihrer Fehlkonzeption im BGFA eine Voraussetzung für die Eintragung in das Anwaltsregister darstellt, sollten die Aufsichtsbehörden Verstösse gegen diese Pflicht nicht etwa bloss mit einer Verwarnung, einem Verweis oder einer Busse ahnden. Konsequenz muss stets ein **Berufsausübungsverbot** sein, das so lange zu dauern hat, bis der Anwalt der Aufsichtsbehörde den Abschluss einer Berufshaftpflichtversicherung nachweist. Dieses (befristete) Berufsausübungsverbot kann allerdings mit einer Busse verbunden werden, wenn sich der Verstoss gegen Art. 12 lit. f BGFA im Einzelfall als Disziplinarfehler qualifiziert.[512]

---

[511] Vgl. Art. 9 BGFA.
[512] Art. 17 Abs. 2 BGFA; vgl. auch FEUERICH/WEYLAND, § 51 BRAO N 5.

VIII. Art. 12 lit. g: Amtliche Pflichtverteidigungen und Rechtsvertretung im Rahmen der unentgeltlichen Rechtspflege

Nach Art. 12 lit. g BGFA sind die Anwältinnen und Anwälte gehalten, «in   142
dem Kanton, in dessen Register sie eingetragen sind, **amtliche Pflichtverteidigungen** und im Rahmen der **unentgeltlichen Rechtspflege Rechtsvertretungen** zu übernehmen.» Diese Vorschrift verpflichtet sie zur Übernahme von sogenannten «amtlichen Mandaten» und zwar sowohl in zivil- wie
auch in straf- und verwaltungsrechtlichen Prozessen.[513]

Diese Pflicht ist das Korrelat zur Befugnis des im Register eingetragenen   143
Anwalts, den Anwaltsberuf (in der ganzen Schweiz) auszuüben. Die **Voraussetzungen** für die Ernennung eines amtlichen Verteidigers oder die Bestellung eines unentgeltlichen Rechtsbeistands regelt allerdings weiterhin
das **kantonale Recht**. Das kantonale Recht bestimmt auch die Entschädigung der in diesen Funktionen tätigen Anwälte. Zwar bemisst sich das Honorar grundsätzlich nach den gleichen Regeln wie die Entschädigung des
ausschliesslich privatrechtlich mandatierten Anwalts. Massgebend sind
daher neben dem Arbeitsaufwand die Art und die Bedeutung der Streitsache sowie die rechtlichen Schwierigkeiten des Falls. Die zuletzt zugespro-
chenen Honorare liegen jedoch regelmässig unter den Ansätzen, die bei
einer privaten Mandatierung üblich sind,[514] auch wenn die Ansätze in verschiedenen Kantonen in den letzten Jahren angehoben wurden. Die Zulässigkeit dieser ungleichen Honorierung ist nach wie vor umstritten.[515] Man
kann und muss sich tatsächlich ernsthaft fragen, ob die **verfassungsmäs-
sig garantierte Waffengleichheit** gewährleistet ist, wenn die staatlichen
Anwaltsentschädigungen kaum kostendeckend sind.[516] Das BGFA nimmt
zu dieser Kontroverse jedoch keine Stellung. Es beschränkt sich auf die
Begründung der Pflicht, solche Mandate anzunehmen. Aus dieser Regelung kann daher auch **keine gesetzliche Grundlage** für eine Verpflichtung
des Anwalts abgeleitet werden, sich mit einer **Vergütung zu begnügen**,
die **wesentlich unter den üblichen Ansätzen** liegt.[517]

---

[513] STERCHI, Art. 12 N 1; vgl. auch HESS, Anwaltsgesetz, 113.
[514] WOLFFERS, 164 f.
[515] Vgl. etwa WOLFFERS, 164 f., m.w.H.
[516] WOLFFERS, 164 f.
[517] Vgl. HESS, Anwaltsgesetz, 114 f., der die Auffassung vertritt, die im Kanton Bern
       geltende Regelung, wonach sich der Anwalt grundsätzlich mit zwei Dritteln der tarif-
       gemässen Gebühren (einschliesslich allfälliger Zuschläge) zu begnügen habe, vereit-
       le Bundesrecht bzw. erschwere mindestens dessen Durchsetzung erheblich.

144   Im Strafverfahren hat der Angeschuldigte grundsätzlich die Wahl, sich selbst
      zu verteidigen oder seine **Verteidigung** einem Anwalt anzuvertrauen.[518] In
      gewissen Situationen besteht jedoch aus Gründen, die in der Schwere der
      zu beurteilenden Tat, in der Person des Beschuldigten oder in einer verfah-
      rensrechtlich schwierigen Situation bestehen können, ein Zwang zum Bei-
      zug eines Verteidigers.[519] Beauftragt der Angeschuldigte in solchen Fällen
      nicht selbst einen Anwalt, bestellt der Staat einen amtlichen Verteidiger.
      Da der **amtliche Strafverteidiger** eine **öffentliche Aufgabe** wahrnimmt,
      steht er in einem öffentlich-rechtlichen Pflichtverhältnis. Diese Beziehung
      zwischen dem Anwalt und dem Angeschuldigten wird daher vom (kanto-
      nalen) öffentlichen Recht beherrscht.[520]

145   Bei der **Rechtsvertretung im Rahmen der unentgeltlichen Rechtspfle-
      ge** geht es demgegenüber um die Vertretung einer **bedürftigen Partei** im
      Zivil- oder Verwaltungsprozess, wenn sich der Klient einen Rechtsbeistand
      nicht leisten kann. Das **Institut der unentgeltlichen Rechtsvertretung**
      wird in Art. 29 Abs. 3 BV gewährleistet. Danach hat jede Person, die nicht
      über die erforderlichen Mittel verfügt, Anspruch auf unentgeltliche Rechts-
      pflege, wenn ihr Rechtsbegehren nicht aussichtslos erscheint. Soweit es
      zur Wahrung ihrer Rechte notwendig ist, hat sie ausserdem Anspruch auf
      einen unentgeltlichen Rechtsbeistand. Die Kosten für die Mandatierung
      eines Anwalts können einer Partei nämlich den Weg zum Recht verbauen,
      wenn ihr die dafür erforderlichen Mittel fehlen.[521] In solchen Fällen wird
      der Anwalt daher aus der Staatskasse honoriert. Trotzdem untersteht das
      Rechtsverhältnis zwischen dem Anwalt und dem Klienten nicht dem öffent-
      lichen Recht, sondern dem **Privatrecht**. Öffentliches Recht greift nur inso-
      fern ein, als der als unentgeltlicher Rechtsbeistand bestellte Anwalt vom
      Staat honoriert wird und dem Klienten nicht (zusätzlich) Rechnung stellen
      darf.[522]

146   Wann die Bestellung eines amtlichen Pflichtverteidigers erforderlich ist,
      bestimmt primär das **kantonale Recht**. Gleiches gilt für die Frage, wann
      ein Anspruch auf unentgeltliche Verbeiständung besteht.[523] Die Anwälte
      können die Führung solcher Mandate grundsätzlich nur aus zwingenden

---

[518]   WOLFFERS, 44 f.
[519]   WOLFFERS, 45.
[520]   FELLMANN, Art. 394 N 147, m.w.H.
[521]   Vgl. WOLFFERS, 43.
[522]   FELLMANN, Art. 394 N 146, m.w.H.
[523]   Vgl. WOLFFERS, 42 f.

Gründen (z.B. Befangenheit, fehlende Rechtskenntnisse in der fraglichen
Materie, temporäre Arbeitsüberlastung etc.) ablehnen.[524]

In der Berufspflicht des Art. 12 lit. g BGFA, amtliche Verteidigungen und   147
im Rahmen der unentgeltlichen Rechtspflege Rechtsvertretungen zu übernehmen, ist die Pflicht mitenthalten, solche Mandate **nach bestem Wissen
und Gewissen** zu führen.[525] Der Anwalt hat diese Aufträge daher trotz allenfalls geringerer Honorierung mit der gleichen Sorgfalt zu behandeln wie
andere Aufträge.[526] Er darf die Interessen dieser Klienten nicht wissentlich
geringer wahren als die Interessen der voll zahlenden Kunden.[527]

Zu den **Aufklärungspflichten** des Anwalts gehört auch die Pflicht, bedürf-   148
tige Klienten auf die **Möglichkeit der unentgeltlichen Rechtspflege** aufmerksam zu machen[528] und nötigenfalls die erforderlichen Massnahmen zu
treffen. Er muss rechtzeitig bei der zuständigen Behörde ein Gesuch um
Gewährung der unentgeltlichen Rechtspflege stellen und darf nicht «zu-
erst Vorschüsse verlangen, die den Klienten zwingen, Schulden zu machen.»[529]

Bei der unentgeltlichen Rechtsvertretung hat sich der Anwalt **mit der staat-**   149
lichen Entschädigung zu begnügen, sofern die Gegenpartei nicht kostenpflichtig wird oder sein eigener Klient nicht zu Vermögen gelangt. Auch
dem amtlichen Verteidiger ist es nicht gestattet, zusätzlich zur Entschädigung aus der Staatskasse vom Klienten ein Honorar zu fordern, selbst wenn
der Klient ihm von sich aus ein solches anbietet.[530] Eine zusätzliche Entschädigung kommt also selbst dann nicht in Frage, wenn der Klient damit
einverstanden ist.[531]

---

[524]   Vgl. HANDBUCH BERUFSPFLICHTEN, 47 ff.
[525]   Vgl. HANDBUCH BERUFSPFLICHTEN, 51; vgl. auch FELLMANN/SIDLER, Art. 31 N 8; ZR 55
        (1956) Nr. 176, 373 f.
[526]   Vgl. HESS, Anwaltsgesetz, 114.
[527]   HANDBUCH BERUFSPFLICHTEN, 51; vgl. auch ZR 61 (1962) Nr. 10, 29.
[528]   Vgl. HANDBUCH BERUFSPFLICHTEN, 56; vgl. auch ZR 52 (1953) Nr. 69, 122; ZR 45
        (1946) Nr. 10, 15 ff.
[529]   HANDBUCH BERUFSPFLICHTEN, 56; vgl. auch ZR 52 (1953) Nr. 69, 122.
[530]   Vgl. FELLMANN/SIDLER, Art. 31 N 7; Entscheid der Aufsichtsbehörde über die Anwäl-
        tinnen und Anwälte des Kantons Luzern vom 30. Mai 2003 (AR 02 34).
[531]   Beschluss der Aufsichtskommission über die Rechtsanwälte des Kantons Zürich vom
        3. Juli 2003 (KG030002/U), die ein solches Vorgehen allerdings nicht als Verstoss
        gegen Art. 12 lit. g BGFA, sondern gegen Art. 12 lit. a BGFA (sorgfältige und gewis-
        senhafte Berufsausübung) qualifiziert.

IX. Art. 12 lit. h: Aufbewahrung anvertrauter Vermögenswerte

150 Nach Art. 12 lit. h BGFA haben die Anwältinnen und Anwälte «die ihnen anvertrauten Vermögenswerte getrennt von ihrem eigenen Vermögen» aufzubewahren. Damit soll sichergestellt werden, dass die Gläubiger eines Anwalts keine Möglichkeit haben, auf die anvertrauten Gelder zuzugreifen.[532] Art. 12 lit. h BGFA bezieht sich nicht nur auf **Geld**. Der Anwalt hat auch **andere Wertsachen** getrennt von seinem eigenen Vermögen aufzubewahren.[533]

151 Art. 12 lit. h BGFA begründet **keinen eigenständigen Aussonderungsanspruch** für anvertraute Klientengelder.[534] Es bleibt bei der – unzureichenden – Regelung des Art. 401 OR und den einschlägigen Bestimmungen des SchKG.[535] Verletzt ein Anwalt die Berufsregel des Art. 12 lit. h BGFA, kann dies daher bloss zu einer Disziplinarmassnahme im Sinne von Art. 14 BGFA führen, mit der dem geschädigten Klienten indessen wenig geholfen ist.

152 Art. 12 lit. h BGFA beinhaltet auch die **Pflicht**, die anvertrauten Vermögenswerte **sorgfältig aufzubewahren**, insbesondere die zumutbaren Vorkehrungen zu treffen, um die Beschädigung, Zerstörung oder den Verlust von Wertsachen zu verhindern.[536] Ist mit der Führung eines Mandats die Einnahme oder Ausgabe von Geld verbunden, gehört zur ordnungsgemässen Rechenschaftsablage auch eine periodische **Rechnungslegung**.[537]

153 Als **anvertraut** im Sinne von Art. 12 lit. h BGFA gelten nicht nur die Vermögenswerte, die der Klient dem Anwalt anvertraut, sondern alle Wertsachen, die ohne die Einschaltung eines Anwalts unmittelbar an den Klienten gelangt wären.[538] Der Anwalt hat daher nicht nur Vermögenswerte, die er von seinem Klienten erhält, sondern **auch Wertsachen, die er in Ausfüh-**

---

[532] BOTSCHAFT, Nr. 233.25, 6057; vgl. auch TESTA, 187.
[533] Vgl. HANDBUCH BERUFSPFLICHTEN, 139; TESTA, 185 f.
[534] Vgl. HESS, Anwaltsgesetz, 115.
[535] Vgl. HESS, Anwaltsgesetz, 115, der deshalb dazu rät, Klientengelder auf Bankkonten anzulegen, die ausschliesslich auf den Namen der jeweiligen Klienten lauten. Die Einzahlung auf einem allgemeinen Sonderkonto, wo es mit Geldern anderer Auftraggeber verwahrt wird, erachtet er als problematisch.
[536] HANDBUCH BERUFSPFLICHTEN, 139; vgl. auch TESTA, 185.
[537] Vgl. FELLMANN, Art. 400 N 35 ff.; TESTA, 35 f.
[538] TESTA, 186; vgl. auch ZR 94 (1995) Nr. 30, 99.

rung seines Auftrags von Dritten erlangt, sorgsam und vom eigenen Vermögen getrennt zu verwahren.[539]

Der Anwalt hat seinen Klienten über alle Vermögenswerte, die er von ihnen oder von Dritten erhält, auf erstes Verlangen **Rechenschaft abzulegen** und das verwahrte Gut auf ein entsprechendes Begehren hin **sofort herauszugeben**.[540] Übernimmt ein Anwalt im Rahmen eines Mandats eine Vermögensverwaltung, so hat er dem Klienten periodisch eine Abrechnung zu unterbreiten und ihm auch die entsprechenden Belege vorzulegen.[541] Bei einem länger dauernden Willensvollstreckermandat ist der Anwalt zur periodischen, in der Regel jährlichen Vorlage einer detaillierten Abrechnung verpflichtet. Diese Pflicht ist in schwer wiegender Weise verletzt, wenn ein Anwalt 32 Monate nach dem Tod des Erblassers den Erben eine einzige Honorarrechnung und keinerlei Belege sowohl über die Bewegungen auf den Bankkonten als auch über seine Kostenvorschüsse zustellt.[542]

Der Anwalt muss in der Lage sein, die ihm anvertrauten Vermögenswerte «jederzeit, d.h. **innert kürzester Frist** und nicht erst auf wiederholte Mahnung hin, herauszugeben.»[543] Ein Anwalt, der Gelder eines Klienten in eigenem Interesse und ohne genügende Absicherung geschäftlich einsetzt und nicht imstande ist, sie dem Klienten kurzfristig zur Verfügung zu stellen, verletzt Art. 12 lit. h BGFA. Dies gilt selbst dann, wenn der Klient ursprünglich mit dem Vorgehen des Anwalts einverstanden war. Handelt es sich um ein risikobehaftetes Geschäft, wiegt der Verstoss des Anwalts umso schwerer.[544]

Die Pflicht, die anvertrauten Vermögenswerte auf ein entsprechendes Begehren des Klienten hin sofort herauszugeben, steht unter dem **Vorbehalt des Leistungsverweigerungsrechts** nach Art. 82 OR,[545] des **Retentionsrechts** nach Art. 895 ZGB[546] sowie des **Verrechnungsrechts**.[547] In Lehre

154

155

156

[539] Vgl. FELLMANN, Art. 400 N 113 ff., m.w.H.
[540] Vgl. TESTA, 177 ff.
[541] Entscheid der Anwaltskammer des Kantons St. Gallen vom 26. November 2003 (AW.2003.5-AWK).
[542] Entscheid der Aufsichtsbehörde über die Anwältinnen und Anwälte des Kantons Luzern vom 8. Juli 2003 (AR 02 39).
[543] HANDBUCH BERUFSPFLICHTEN, 139.
[544] LGVE 1994 I Nr. 29, 36; vgl. auch FELLMANN/SIDLER, Art. 27 N 3.
[545] Vgl. dazu FELLMANN, Art. 400 N 177 ff.
[546] Vgl. dazu FELLMANN, Art. 400 N 181 ff.
[547] Vgl. HANDBUCH BERUFSPFLICHTEN, 139.

und Rechtsprechung ist allerdings anerkannt, dass sich eine Verrechnung mit eigenen Forderungen «unter dem Gesichtspunkt der an den Berufsstand des Anwalts gestellten strengen Anforderungen» als Verstoss gegen die Berufsregeln erweisen kann, wenn der Anwalt «auf Grund seiner Kenntnis der Vermögenslage des Klienten bei sorgfältiger Prüfung annehmen muss, dass diesem durch eine Verrechnung **Mittel** entzogen werden, die er **für den laufenden Unterhalt** benötigt.»[548]

X. Art. 12 lit. i: Aufklärung über die Grundsätze der Rechnungsstellung und das geschuldete Honorar

157 Nach Art. 12 lit. i BGFA haben Anwälte «ihre Klientschaft bei Übernahme des Mandates über die Grundsätze ihrer Rechnungsstellung» aufzuklären. Weiter sind sie verpflichtet, ihre Klienten «periodisch oder auf Verlangen über die Höhe des geschuldeten Honorars» zu informieren. Zur **Aufklärung** über die Grundsätze der Rechnungsstellung gehören Hinweise auf allfällig gewünschte **Vorschüsse**, den **Zeitpunkt der Rechnungsstellung**, die **Art des Honorars** (Pauschale oder Honorar nach Stundenaufwand) sowie allfällige **Zahlungsfristen**. Zur erforderlichen Information gehören auch Angaben zu einem allfälligen **Stundenansatz**.[549]

158 Art. 12. lit. i BGFA äussert sich weder zur **Entstehung** des Honoraranspruches noch zur **Höhe** des Anwaltshonorars. Massgebend sind daher die **Grundsätze des Auftragsrechts**. Danach ist der Mandatsvertrag vorab entgeltlich, wenn die Parteien ein Honorar vereinbart haben. Diese **Honorarvereinbarung** kann bereits bei der Erteilung des Auftrags getroffen werden; sie kann aber auch erst später abgeschlossen werden.[550] Der Abschluss der Vergütungsvereinbarung kann ausdrücklich oder stillschweigend erfolgen.[551] Fehlt es an einer Vereinbarung über die Höhe des

---

[548] ZR 94 (1995) Nr. 28, 97.
[549] Vgl. VALLONI/STEINEGGER, 48; vgl. auch HESS, Anwaltsgesetz, 118, der die Auffassung vertritt, zu den erforderlichen Informationen gehöre auch der Hinweis, in welchen Fällen der Klient überhaupt eine Rechnung seines Anwalts erwarten müsse. Der Anwalt habe daher beispielsweise in aussergerichtlichen Fällen den Klienten darauf hinzuweisen, dass die Beratungskosten hier meistens zulasten des Auftraggebers gehen würden. Im Prozess habe er dem Klienten klar zu machen, dass er bei Zahlungsunfähigkeit der Gegenpartei selbst bei einem Obsiegen kostenpflichtig werde.
[550] Vgl. FELLMANN, Art. 394 N 368, m.w.H.
[551] Vgl. FELLMANN, Art. 394 N 369, m.w.H.

Honorars, richtet sich diese nach der **im Verkehr herrschenden Übung**.[552]

Beinhaltet der Auftrag die Führung eines Prozesses, dürfte die jeweilige   159
kantonale Gebührenordnung über die Parteientschädigung Ausdruck der
im Verkehr herrschenden Übung sein.[553] Abweichende Honorarvereinbarungen sind jedoch zulässig.[554] Standesrechtliche Verpflichtungen, wonach
sich Anwälte an die Verbandstarife zu halten haben, soweit keine staatliche
Gebührenordnung besteht, sind nach Art. 5 Abs. 1 KG als unzulässig zu
qualifizieren, da sie in das freie Spiel von Angebot und Nachfrage eingrei-
fen.[555] Soweit sich der Richter daher zur Festsetzung der Höhe des Honorars auf Empfehlungen von Berufsverbänden stützt, hat er zu prüfen, ob
die dort vorgesehene Vergütung im Einzelfall den geleisteten Diensten entspricht, also auch objektiv angemessen ist.[556]

Haben die Parteien eine Vergütung nicht ausdrücklich oder konkludent ver-   160
einbart, so ist im Auftragsrecht trotzdem ein Honorar geschuldet, wenn es
für die in Frage stehende Leistung des Beauftragten üblich ist.[557] Eine Vergütung ist überall dort üblich, wo die Geschäfts- oder Dienstleistung be-
rufsmässig erfolgt und Aufträge der in Frage stehenden Art gemeinhin nur
gegen Vergütung übernommen werden.[558] Diese Voraussetzung ist beim
Anwaltsvertrag stets erfüllt. Auch wenn der Anwalt mit seinen Klienten
keine Honorarvereinbarung trifft, ist **grundsätzlich ein Honorar geschuldet**.[559] Die **Höhe** der Vergütung richtet sich in diesem Fall mangels
Abrede ebenfalls nach der **im Verkehr herrschenden Übung**.

Gemäss Art. 12 lit. i BGFA haben die Anwältinnen und Anwälte ihre Klien-   161
ten bei der Übernahme des Mandats über die Grundsätze ihrer Rechnungsstellung aufzuklären. Diese Information erfolgt am besten im Rahmen
einer **Honorarvereinbarung**, die sich nicht nur über die grundsätzliche Entgeltlichkeit des Auftrags, sondern auch über die Höhe bzw. die Berechnung
(insbesondere nach Stundenaufwand) des Honorars ausspricht.[560] Die nach-

---

[552] Vgl. FELLMANN, Art. 394 N 395 ff., m.w.H.
[553] Vgl. TESTA, 193 f.
[554] Vgl. HESS, Anwaltsgesetz, 119 f.
[555] FELLMANN, Standesregeln, 30 ff.
[556] FELLMANN, Art. 394 N 420 ff., m.w.H.
[557] FELLMANN, Art. 394 N 373, m.w.H.; vgl. auch ROLF WEBER, Art. 394 N 35 f.
[558] FELLMANN, Art. 394 N 373 ff., m.w.H.
[559] Vgl. HÖCHLI, 20 f.
[560] Vgl. auch HESS, Anwaltsgesetz, 119, wonach eine Honorarvereinbarung sowohl im
       forensischen wie im nicht forensischen Bereich zulässig ist.

trägliche Ermittlung des Angemessenen und Üblichen ist stets unerspriesslich und belastet das Vertrauensverhältnis zwischen Anwalt und Klient. Es ist daher zu empfehlen, schon zu Beginn jedes Mandats eine Vereinbarung über das Honorar und die Grundsätze seiner Bemessung zu treffen.[561] Unzulässig ist der Abschluss einer Honorarvereinbarung, die dem Anwalt in pauschaler Art und Weise das Wahlrecht überlässt, erst bei der Rechnungsstellung zu entscheiden, ob er das Honorar nach Aufwand oder nach Interessenwert berechnen will. Ein solcher Freipass widerspricht sowohl den auftragsrechtlichen Aufklärungs- und Treuepflichten wie auch der berufsrechtlichen Pflicht zur Schaffung klarer Rechtsverhältnisse.[562]

162 Die **Vertragsfreiheit** gilt auch im Verhältnis zwischen dem Auftraggeber und dem Beauftragten. Bei der **Festlegung von Art und Höhe der Vergütung** sind Anwalt und Klient deshalb grundsätzlich frei.[563] Sie können die Höhe der Vergütung im Voraus abschliessend festlegen (Pauschalhonorar). Es ist aber auch möglich, dass sie nur die massgebenden Berechnungselemente, nach denen die Vergütung (später definitiv) bestimmt wird, festsetzen. Als Berechnungselemente kommen dabei der Zeitaufwand (Stundenansätze) und der Interessenwert (fester Prozentsatz des Werts des besorgten Geschäfts) in Frage.[564] Verboten ist nach Art. 12 lit. e BGFA die Vereinbarung einer Beteiligung am Prozessgewinn als Ersatz für das Honorar und die Vereinbarung, der Anwalt verzichte im Falle eines ungünstigen Abschlusses des Verfahrens auf das Honorar.[565] Begründet die Honorarvereinbarung ein offenbares Missverhältnis zwischen der Leistung des Anwalts und der Gegenleistung des Klienten und hat der Anwalt dieses Ergebnis durch Ausbeutung der Notlage, der Unerfahrenheit oder des Leichtsinns seines Klienten erreicht, so ist die Vereinbarung für den Klienten nach Art. 21 OR unver-

---

[561] SCHILLER, Erfolgshonorar, 354.
[562] LGVE 2002 I Nr. 49, 107 ff.; vgl. auch HESS, Anwaltsgesetz, 120.
[563] Vgl. FELLMANN, Art. 394 N 428, m.w.H.; vgl. auch HESS, Anwaltsgesetz, 119, der die Auffassung vertritt, je mehr die konkrete Honorarvereinbarung von der üblicherweise geschuldeten Vergütung nach oben abweiche, umso genauer habe der Anwalt den Klienten über die Auswirkungen der Vereinbarung und die dadurch bewirkte Differenz zu orientieren. Grosse Überschreitungen seien nur in Ausnahmefällen gestattet und würden eine minutiöse Aufklärung des Klienten und eine unmissverständliche Zustimmung bedingen.
[564] FELLMANN, Art. 394 N 430, m.w.H.; vgl. auch HÖCHLI, 35 f.; TESTA, 215 f.; ROLF WEBER, Art. 394 N 37.
[565] Vgl. dazu vorne N 118 ff.

bindlich. Eine solche **Übervorteilung** hat auch disziplinarrechtliche Konsequenzen.[566]

Vereinbaren die Parteien im Mandatsvertrag einen **Stundenansatz**, so kann   163
der Klient «der Honorarforderung des Anwalts lediglich den Einwand entgegenhalten, dieser habe **zu viel Aufwand betrieben**.»[567] Haben die Parteien eine Abrechnung nach Aufwand vereinbart, den Stundenansatz jedoch betragsmässig nicht bestimmt, liegt eine Lücke vor. Können sie sich darüber nicht einigen, hat der Richter den massgebenden Betrag festzusetzen. Er wird sich an den üblichen Ansätzen orientieren. Die **Höhe des Stundenansatzes** bestimmt sich dabei nach der Schwierigkeit der Aufgabe, der Dringlichkeit der Ausführung, der Ausbildung und dem Können des beauftragten Anwalts, dem Mass der übertragenen Verantwortung sowie den vom Beauftragten zu tragenden Risiken.[568]

Vereinbaren die Parteien ein Honorar nach (Stunden-)Aufwand, kann der   164
Anwalt mit dem Klienten je nach Art der Arbeitsleistung **unterschiedliche Ansätze** vereinbaren. So werden üblicherweise für den Einsatz von juristischen Mitarbeitern, Praktikanten oder Nichtjuristen reduzierte Ansätze festgelegt. Umgekehrt darf für besonders dringliche Verrichtungen oder für den Beizug von Spezialisten ein höherer Ansatz vorgesehen werden.[569] **Reisezeiten** dürfen in der Regel zu den gleichen Ansätzen in Rechnung gestellt werden,[570] soweit der Anwalt diese Zeit nicht anderweitig, etwa für das Studium von Akten in der Eisenbahn etc., nutzen kann. Das Gleiche gilt für den Aufwand, der durch **Datenbank-Recherchen** entsteht, soweit solche zur sorgfältigen Erfüllung des Auftrags erforderlich sind.[571] Im gebräuchlichen Stundenansatz des Anwalts sind die üblichen **Sekretariatsarbeiten inbegriffen**.[572] Will der Anwalt daher die Sekretariatsarbeit gesondert in Rechnung stellen, hat er dies mit dem Klienten speziell zu vereinbaren. Diese Regelung gilt nicht für eigentlichen Sachbearbeitungsaufwand; diesen kann der Anwalt in jedem Fall separat in Rechnung stellen. Nach Art. 402 Abs. 1 OR hat der Beauftragte Anspruch auf Ersatz der Auslagen und Verwendungen, die bei richtiger Ausführung des Mandats entstanden sind,

---

[566] HESS, Anwaltsgesetz, 120.
[567] TESTA, 215; vgl. auch FELLMANN, Art. 394 N 451; HESS, Anwaltsgesetz, 120 f.
[568] FELLMANN, Art. 394 N 452; vgl. auch TESTA, 215.
[569] Vgl. HESS, 212 f.
[570] Vgl. HESS, 121.
[571] Vgl. FELLMANN, Datenbank-Recherchen, 51 ff., insb. 61.
[572] Vgl. HESS, Anwaltsgesetz, 121.

samt Zinsen. Neben dem nach Stundenaufwand berechneten Honorar darf der Anwalt seinem Klienten daher **Reisespesen, Fotokopien, Telefonspesen, Porti** und andere Auslagen in Rechnung stellen. Auch die **Kosten für Internetrecherchen** (z.B. im Swisslex) stellen Auslagen dar, die separat verrechnet werden dürfen. Die entgegenstehende Auffassung, es handle sich um Generalunkosten, die zum allgemeinen Kanzleiaufwand des Anwalts zählten,[573] ist bei näherer Betrachtung nicht haltbar.[574]

165   Haben Anwalt und Klient ein **Pauschalhonorar**[575] vereinbart, darf der Anwalt auch dann keine Erhöhung fordern, wenn er mehr Arbeit leisten musste, als er ursprünglich prognostizierte. Umgekehrt hat der Klient auch dann die volle Vergütung zu entrichten, wenn die Besorgung der übernommenen Geschäfte oder die Leistung der aufgetragenen Dienste weniger Arbeit verursachte, als Anwalt und Klient bei Abschluss der Vereinbarung erwartet hatten.[576] Vorbehalten bleibt der Fall, dass der Mehr- oder Minderaufwand auf einer Änderung des Vertragsgegenstands beruht, indem der Anwalt zusätzliche oder weniger Leistungen zu erbringen hatte, als ursprünglich vereinbart wurde. Eine solche Abrede zieht eine entsprechende Erhöhung bzw. Reduktion des Honorars nach sich. Um Unklarheiten zu vermeiden empfiehlt es sich in jedem Fall, die voraussichtlich zu erbringende Leistung «präzise zu umschreiben und klar zu regeln, wie diese zu erfassen, zu spezifizieren und nachzuweisen ist.»[577] Ob im Pauschalhonorar auch die Auslagen und Verwendungen inbegriffen sind oder ob diese zusätzlich (nach effektiven Kosten) zu vergüten sind, ist im Einzelfall durch Auslegung der Honorarvereinbarung zu ermitteln. Im Zweifelsfall spricht Art. 402 Abs. 1 OR dafür, dass der Auftraggeber diese Kosten separat zu ersetzen hat.[578]

---

[573]   So das Oberlandesgericht Stuttgart in einem Beschluss vom 12. März 1998, JurPC WebDok. 95/1999, Abs. 3 und FLÜHMANN/SUTER, 14.

[574]   FELLMANN, Datenbank-Recherchen, 61 f.

[575]   Das Pauschalhonorar qualifiziert sich nicht als Beteiligung am Prozesserfolg, auch wenn sich der Anwalt bemüht, seinen Aufwand möglichst klein zu halten, vgl. dazu vorne N 124 und die dortigen Hinweise.

[576]   Nach HESS, Anwaltsgesetz, 120 hat das Pauschalhonorar allerdings der voraussichtlichen Leistung des Anwaltes zu entsprechen. Nach dieser Auffassung könnte der Klient wohl die Zahlung des vereinbarten Honorars verweigern bzw. sie teilweise zurückfordern, wenn sich nachweisen liesse, dass von Anfang an absehbar war, dass der Auftrag dem Anwalt weniger Aufwand verursacht. Nach der hier vertretenen Meinung kann dies allerdings nur gelten, wenn es um bedeutende Abweichungen nach oben geht.

[577]   SCHILLER, Erfolgshonorar, 359.

[578]   FELLMANN, Art. 394 N 442 ff., m.w.H.; vgl. auch GMÜR, 63; TESTA, 216.

Zulässig ist es auch, für die Kleinauslagen eine sogenannte **Kleinspesen-pauschale** zu vereinbaren, sei es als festen Geldbetrag oder als bestimmten Prozentsatz (z.B. 1 bis 3%) der Honorarsumme.

Haben Anwalt und Klient das Honorar nach **Prozenten des Interessen-werts** festgelegt, liegt ein wertbezogenes Honorar vor.[579] Das Prozent-honorar ist jedoch insofern **problematisch**, als es nach Auffassung von Lehre und Rechtsprechung «in der Regel keine angemessene, der Billig-keit entsprechende Vergütung für Arbeit und Verantwortung» ist[580] und deshalb als Ausnahme gilt, die durch eine Vereinbarung oder besondere Umstände gerechtfertigt sein muss.[581] Erhält der Anwalt den Auftrag, einen Prozess zu führen, hat die Bindung des Honorars an den Streitwert immerhin den Vorteil, dass sich das Anwaltshonorar im Voraus festlegen lässt.[582] Bestimmt sich das Honorar aufgrund der getroffenen Absprachen nach Prozenten des Interessenwerts, kann der Klient aber stets den Ein-wand erheben, die Vergütung entspreche nicht den geleisteten Diensten, sei also objektiv unangemessen.[583]

166

Die Standesregeln der Anwaltsverbände sahen bis anhin vielfach vor, der Anwalt habe angemessene **Kostenvorschüsse** zu verlangen. In der Lehre wurde sogar die Auffassung vertreten, an dieser Vorschusspflicht bestehe ein öffentliches Interesse, da das Publikum dadurch vor unüberlegten und voreiligen Prozessen geschützt werde.[584] Eine solche Berufspflicht sieht das BGFA zu Recht nicht vor. Nach heutigem Recht besteht daher **keine Kostenvorschusspflicht**. Es ist dem Anwalt aber selbstverständlich nicht untersagt, angemessene Kostenvorschüsse zu verlangen, wenn er dies mit dem Klienten vereinbart.[585] Für Auslagen und Verwendungen hat er von Gesetzes wegen einen Anspruch auf Bevorschussung.[586] Vorschüsse dür-fen jedoch die voraussichtliche Höhe des Honorars und der Auslagen nicht überschreiten.[587] Es verstösst daher gegen Art. 12 lit. a BGFA, wenn der Anwalt Kostenvorschüsse verlangt, die in einem offenbaren Missverhält-

167

---

[579] TESTA, 215.
[580] BGE 78 II 127.
[581] FELLMANN, Art. 394 N 448, m.w.H.; vgl. auch LGVE 2002 I Nr. 49, 109 f.
[582] Vgl. TESTA, 215 f.; vgl. auch WOLFFERS, 162 f.
[583] FELLMANN, Art. 394 N 450 m.w.H.
[584] Vgl. FELLMANN/SIDLER, Art. 29 N 4, m.w.H.; TESTA, 237.
[585] Vgl. dazu FELLMANN, Art. 394 N 475 ff., m.w.H.
[586] Vgl. dazu FELLMANN, Art. 402 N 75 f., m.w.H.
[587] Vgl. FELLMANN/SIDLER, Art. 29 N 5.

nis zu den voraussichtlichen Bemühungen und Auslagen stehen.[588] Weiter darf er keine Kostenvorschüsse verlangen, «wenn der Klient mittellos ist und deshalb einen Anspruch auf unentgeltliche Prozessführung und Rechtsvertretung hat.»[589] Solange der vom Klienten geleistete Kostenvorschuss durch die Aufwendungen des Anwalts nicht verbraucht und durch ordnungsgemässe Abrechnung nicht beansprucht worden ist, muss der Anwalt jederzeit in der Lage sein, diesen Vorschuss zurückzuzahlen.[590]

168 Art. 12 lit. i BGFA äussert sich nicht zur **Angemessenheit einer vereinbarten Vergütung**. Auch in diesem Punkt müssen daher die allgemeinen Grundsätze des Auftragsrechts beigezogen werden. Bei der Überprüfung der Angemessenheit des geforderten Honorars sind grundsätzlich die für die Durchführung des Auftrags erforderliche **Ausbildung**, das besondere **Können** des Beauftragten, die **Schwierigkeiten** der Aufgabe und deren **Dringlichkeit** massgebend.[591] Neben dem zeitlichen Aufwand des beauftragten Anwalts sind auch das mit dem Auftrag übernommene Mass der **Verantwortung** und andere von ihm zu tragende **Risiken** zu berücksichtigen. Zu beachten ist ebenso die Relation zwischen den **Generalunkosten** (pro Zeiteinheit) und dem geforderten Honorar.[592]

169 **Zuständig für die Überprüfung** der Angemessenheit der geforderten Vergütung ist grundsätzlich der **Richter**.[593] Die **Aufsichtsbehörde** hat nur einzuschreiten, wenn die Rechnung des Anwalts **krass übersetzt** ist.[594] Dies ist nach der Praxis etwa dann der Fall, wenn der Anwalt das Dreifache des angemessenen Betrags fordert. Bei der Frage, ob die Aufsichtsbehörde einzuschreiten habe, kommt es allerdings «nicht nur auf die Höhe der Überforderung an, sondern ebensosehr auf die gesamten Nebenumstände.»[595]

---

[588] Vgl. FELLMANN/SIDLER, Art. 29 N 6.
[589] TESTA, 237; vgl. auch WOLFFERS, 167.
[590] FELLMANN/SIDLER, Art. 29 N 7.
[591] FELLMANN, Art. 394 N 413, m.w.H.
[592] FELLMANN, Art. 394 N 413, m.w.H.
[593] Verschiedene kantonale Anwaltsverbände verfügen heute über Honorarkommissionen, an die sich der Klient wenden kann, wenn er mit dem Honorar nicht einverstanden ist.
[594] Vgl. Beschluss der Aufsichtskommission über die Rechtsanwälte des Kantons Zürich vom 3. Juli 2003 (KG030002/U), die eine krass übersetzte Rechnung als Verstoss gegen Art. 12 lit. a BGFA (sorgfältige und gewissenhafte Berufsausübung) qualifiziert; vgl. auch HANDBUCH BERUFSPFLICHTEN, 150 f., m.w.H.
[595] HANDBUCH BERUFSPFLICHTEN, 150 f.; vgl. dazu ZR 42 (1943) Nr. 144, 365 ff.; vgl. auch den Entscheid der Aufsichtskommission über die Advokaten des Kantons Basel-Stadt vom 28. Februar 2003, wonach eine «massive Abweichung nach oben» erforderlich sei.

Disziplinarrechtlich relevant ist eine **Honorarüberforderung** namentlich dann, wenn sie unter Anwendung von Mitteln erfolgt, die eines Anwalts unwürdig sind, z.b. durch **irreführende Angaben** oder die Ausübung **unzulässigen Drucks.**[596] Einzuschreiten hat die Aufsichtsbehörde weiter, «wenn es der Rechtsanwalt darauf ankommen lässt, ob sein zu hohes Honorar akzeptiert wird und, wenn dies nicht der Fall ist, die Rechnung ganz beträchtlich reduziert.»[597]

Art. 12 lit. i BGFA sagt nichts zum **Erfordernis einer Prognose** über die   170
Höhe des voraussichtlichen Honorars. Das Gesetz verlangt bloss eine Aufklärung über die Grundsätze der Rechnungsstellung sowie periodische Informationen über die bereits angefallenen Kosten. In der Lehre ist jedoch allgemein anerkannt, dass sich der Anwalt im Rahmen seiner Aufklärungspflicht in der Regel auch zur **mutmasslichen Honorarhöhe** aussprechen muss.[598] Soweit man daher eine Pflicht zur Aufklärung über die zu erwartende Höhe des Honorars nicht direkt aus Art. 12 lit. i BGFA ableiten will, folgt eine solche Berufsregel aus Art. 12 lit. a BGFA, wonach der Anwalt seinen Beruf sorgfältig und gewissenhaft auszuüben hat.[599] Mehr als die **Angabe einer vernünftigen Grössenordnung** wird man vom Anwalt in der Regel allerdings nicht verlangen dürfen. In den meisten Fällen können die Anwälte nämlich bloss den Rahmen abstecken, in welchem sich ihre Honorare mutmasslich bewegen werden.[600] Vor allem bei einer Abrechnung nach Stundenaufwand ist zu berücksichtigen, dass es erfahrungsgemäss «nur bei einfachen, nicht von Komplikationen bedrohten Rechtsvorkehrungen möglich» ist, «zum voraus eine Schätzung des Honorars mit einer gewissen Präzision abzugeben. [...] Welcher Anwalt weiss denn schon zum voraus, mit welchen Manövern der Gegenseite in Vertragsverhandlungen oder gar im Prozess zu rechnen ist, welche Sachverhaltselemente unvermutet eine Rolle spielen werden usw.?»[601] Man wird vom Anwalt aber fordern dürfen, den Klienten in komplizierten Fällen gerade über die **Unvorhersehbarkeit des Aufwands zu informieren** und

---

[596]   HANDBUCH BERUFSPFLICHTEN, 151; vgl. auch FELLMANN/SIDLER, Art. 28 N 9, m.w.H.; vgl. auch den Entscheid der Aufsichtskommission über die Advokaten des Kantons Basel-Stadt vom 28. Februar 2003.

[597]   HANDBUCH BERUFSPFLICHTEN, 151, m.w.H.

[598]   Vgl. FELLMANN, Art. 398 N 151; GMÜR, 28 f.; HESS, Anwaltsgesetz, 118; SCHENKER, 156 f.; TESTA, 232 ff.

[599]   Zur Aufklärungspflicht vgl. insbesondere vorne N 29.

[600]   TESTA, 235.

[601]   SCHENKER, 156.

auf die absehbaren Risiken hinzuweisen, die sich auf die Höhe des Honorars auswirken können.[602] Treten während der Führung eines Mandats unvorhergesehene Ereignisse ein, die zu einem wesentlichen Anstieg der Anwaltskosten führen, hat der Anwalt seinen Klienten davon in Kenntnis zu setzen.[603]

171   Nach Art. 12 lit. i BGFA ist der Anwalt verpflichtet, den Klienten **auf Verlangen** hin jederzeit über die Höhe des in diesem Zeitpunkt geschuldeten Honorars zu informieren. Stellt der Klient ein entsprechendes Begehren, hat die **Auskunft innert nützlicher Frist** zu erfolgen. Unabhängig von solchen Auskunftsbegehren haben die Anwälte ihre Klienten **unaufgefordert periodisch** über die Höhe des geschuldeten Honorars zu **unterrichten**. Dies kann selbstverständlich auch durch periodische Zwischenrechnungen erfolgen. In welcher Kadenz solche Informationen zu erfolgen haben, lässt sich nicht allgemein sagen. Massgebend sind die Verhältnisse des Einzelfalls. Bei länger dauernden Mandaten dürfte eine vierteljährliche Abrechnung sicher angemessen sein.[604] Eindeutig pflichtwidrig handelte nach Auffassung der Anwaltskammer des Kantons St. Gallen ein Anwalt, der über Jahre hinweg keine Abrechnung erstellte. Sie hielt ihm entgegen, wo unklare Verhältnisse herrschten und Abrechnungen über Jahre hinweg im Nachhinein erstellt werden müssten, blieben stets Zweifel an der korrekten Mandatsführung und damit an der Vertrauenswürdigkeit des Anwalts. Um das Aufkommen solcher Zweifel von Anfang an zu vermeiden, müsse der Anwalt von sich aus in regelmässigen Abständen Abrechnungen erstellen, auch wenn dies der Mandant nicht verlange.[605]

172   Bis anhin war es den Anwälten erlaubt, ihre Rechnung nicht im Einzelnen zu spezifizieren, sondern sich beispielsweise mit der Angabe der aufgewendeten Gesamtzeit und des Gesamthonorars zu begnügen.[606] Es fragt sich, ob Art. 12 lit. i BGFA daran etwas ändert. Da Art. 12 lit. i BGFA nur von der Höhe des geschuldeten Honorars spricht, darf daraus wohl **keine Pflicht** abgeleitet werden, in jedem Fall **von sich aus detailliert Rechnung zu stellen**. Art. 12 lit. i BGFA ändert aber nichts daran, dass der

---

[602]   TESTA, 235.
[603]   TESTA, 235.
[604]   A.M. HESS, Anwaltsgesetz, 123, der unter periodischer Rechnungsstellung bloss eine mindestens jährliche Abrechnung versteht.
[605]   Entscheid der Anwaltskammer des Kantons St. Gallen vom 26. November 2003 (AW.2003.5-AWK).
[606]   Vgl. TESTA, 200 und 212.

Klient jederzeit eine **detaillierte Rechnung verlangen** kann. Dass es einen besseren Eindruck erweckt, wenn der Anwalt dem Klienten unaufgefordert eine detaillierte Rechnung stellt, versteht sich von selbst.[607] Die Pflicht des Anwalts, auf Verlangen detailliert Rechnung zu stellen, ergibt sich bereits aus der **Rechenschaftspflicht** des Beauftragten nach Art. 400 Abs. 1 OR.[608] Der Anwalt hat daher auf Verlangen seiner Klienten detailliert abzurechnen. Die Klienten können auch **zu jeder beliebigen Zeit** eine detaillierte Zwischenabrechnung verlangen. Ob die Abrechnung nach Meinung des Anwalts tunlich, notwendig oder angebracht ist, bleibt ohne Bedeutung.[609] Da die aufgewendete Zeit nicht nur bei der Vereinbarung eines Stundenansatzes, sondern auch beim Pauschal- oder Streitwerthonorar für die Beurteilung der Angemessenheit der Rechnung massgebend ist, hat die detaillierte Abrechnung «die einzelnen Bemühungen und die für jede einzelne derselben aufgewendete Zeit zu nennen.»[610] Es genügt nicht, lediglich die Gesamtzeit anzugeben. Eine Überprüfung der Anwaltsrechnung ist nämlich nur möglich, wenn der Klient weiss, wie viel Zeit der Anwalt für jede einzelne Leistung eingesetzt hat.[611]

Der Anwalt hat auf erstes Verlangen seines Klienten **sobald als möglich und zweckmässig abzurechnen** und Rechnung zu stellen. Eine Abrechnung, die erst eineinhalb oder gar zwei Monate nach der Aufforderung erfolgt, ist verspätet. Verzögerungen können nur ausnahmsweise als gerechtfertigt erachtet werden.[612] In zeitlicher Hinsicht sind vor allem dann strenge Anforderungen zu stellen, wenn ein Anwalt vorerst eine nicht genau spezifizierte Abrechnung vorgelegt hat und der Klient anschliessend Detaillierung verlangt.[613] Zur gehörigen Rechnungsstellung zählt auch die Abrechnung über die Auslagen, die der Anwalt bei der Ausführung seines Mandats getätigt hat. Zu denken ist dabei an die Bezahlung von Gerichtskostenvorschüssen

173

---

[607] FELLMANN/SIDLER, Art. 30 N 2.
[608] TESTA, 201.
[609] SPÄH, 403; vgl. auch FELLMANN/SIDLER, Art. 30 N 2; TESTA, 201 ff.; ZR 55 (1956) Nr. 174, 370 f.
[610] TESTA, 201, mit Hinweis auf den unveröffentlichten Entscheid der Aufsichtskommission über die Rechtsanwälte des Kantons Zürich vom 2. März 2000 (KR 000056); vgl. auch FELLMANN, Art. 400 N 48 ff.; ZR 78 (1979) Nr. 111, 251.
[611] TESTA, 201; vgl. auch Beschluss der Aufsichtskommission über die Rechtsanwälte des Kantons Zürich vom 3. Juli 2003 (KG030002/U).
[612] Beschluss der Aufsichtskommission über die Rechtsanwälte des Kantons Zürich vom 3. Juli 2003 (KG030002/U).
[613] FELLMANN/SIDLER, Art. 30 N 3; vgl. auch TESTA, 204 ff., m.w.H.; ZR 89 (1990) Nr. 52, 99 f.

oder Rechnungen von Experten, die Kosten für die Benützung juristischer Datenbanken, an Reisespesen, Fotokopien, Telefonauslagen sowie Porti etc. Diese Auslagen müssen getrennt vom Honorar ausgewiesen werden. In all diesen Fällen ist auch eine detaillierte Spesenabrechnung erforderlich.[614]

XI. Art. 12 lit. j: Mitteilungspflicht

174   Nach Art. 12 lit. j BGFA sind die Anwältinnen und Anwälte verpflichtet, «der Aufsichtsbehörde jede Änderung der sie betreffenden Daten im Register» mitzuteilen.[615] Diese Regelung dient dazu, das **Anwaltsregister** stets **auf dem neusten Stand zu halten**.[616] Es besteht daher namentlich dann eine Mitteilungspflicht, wenn sich die Geschäftsadresse sowie gegebenenfalls der Name des Anwaltsbüros ändern.[617] Änderungen der massgebenden Daten entstehen daher beispielsweise auch durch Kanzleizusammenschlüsse oder Kanzleiabspaltungen. Auch sie bedürfen einer Änderung des Registereintrags.[618]

175   Unter die Mitteilungspflicht gemäss Art. 12 lit. j BGFA fällt insbesondere auch die Meldung der **Verlegung der Anwaltstätigkeit** in einen anderen Kanton, da dies die Löschung des Eintrags im Anwaltsregister des bisherigen Tätigkeitsorts zur Folge hat.[619] Keine Verletzung der Mitteilungspflicht liegt vor, wenn ein Anwalt einen **vorübergehenden Auslandaufenthalt** zu Studienzwecken nicht meldet, wenn die an seine Geschäftsadresse gesandte Post weiterhin beantwortet wird.[620]

176   Nach Auffassung des Bundesgerichts ist der Anwalt gestützt auf Art. 12 lit. a BGFA verpflichtet, der Aufsichtsbehörde **Änderungen der Verhältnisse** bekannt zu geben, die für die Frage der **Unabhängigkeit** von Bedeutung sein könnten.[621] In Betracht kommt insbesondere die Aufnahme einer

---

[614]   Vgl. Testa, 203; vgl. auch Wegmann, 205, m.w.H.; ZR 42 (1943) Nr. 144, 367.
[615]   Vgl. Hess, Anwaltsgesetz, 116.
[616]   Vgl. Botschaft, Nr. 233.25, 6058.
[617]   Vgl. Art. 5 Abs. 2 lit. d BGFA.
[618]   Valloni/Steinegger, 49.
[619]   Urteil der Aufsichtsbehörde über die Rechtsanwälte des Kantons Zug vom 30. Juni 2003 (AK 2003/9).
[620]   Urteil der Aufsichtsbehörde über die Rechtsanwälte des Kantons Zug vom 5. Mai 2003 (AK 2003/7).
[621]   Vgl. BGE 130 II 108.

unselbständigen Tätigkeit nach der Eintragung in das Anwaltsregister.[622]
In einem solchen Fall hat die Aufsichtsbehörde die notwendigen Auskünfte einzuholen und zu prüfen, ob die vom Anwalt getroffenen Massnahmen
im Sinne der bundesgerichtlichen Rechtsprechung genügen, um für die Sicherung der Unabhängigkeit Gewähr zu bieten.[623] Gegebenenfalls hat sie
die Löschung im Register zu veranlassen.[624]

Nach der hier vertretenen Auffassung hat der Anwalt die Aufsichtsbehörde   177
auch vom **Erlöschen des Versicherungsschutzes** gemäss Art. 12 lit. f
BGFA in Kenntnis zu setzten. Schliesst der Betroffene keine neue Versicherung ab bzw. findet er keinen neuen Versicherer, hat die Aufsichtsbehörde den Anwalt im Anwaltsregister zu löschen.[625]

---

[622]   Vgl. HESS, Anwaltsgesetz, 116.
[623]   Vgl. dazu vorne N 68 ff.
[624]   Art. 9 BGFA; vgl. BGE 130 II 108.
[625]   Vgl. Art. 9 BGFA.

Art. 13   Berufsgeheimnis

[1] Anwältinnen und Anwälte unterstehen zeitlich unbegrenzt und gegenüber jedermann dem Berufsgeheimnis über alles, was ihnen infolge ihres Berufes von ihrer Klientschaft anvertraut worden ist. Die Entbindung verpflichtet sie nicht zur Preisgabe von Anvertrautem.

[2] Sie sorgen für die Wahrung des Berufsgeheimnisses durch ihre Hilfspersonen.

Art. 13   Secret professionnel

[1] L'avocat est soumis au secret professionnel pour toutes les affaires qui lui sont confiées par ses clients dans l'exercice de sa profession; cette obligation n'est pas limitée dans le temps et est applicable à l'égard des tiers. Le fait d'être délié du secret professionnel n'oblige pas l'avocat à divulguer des faits qui lui ont été confiés.

[2] Il veille à ce que ses auxiliaires respectent le secret professionnel.

Art. 13   Segreto professionale

[1] L'avvocato è tenuto, senza limiti di tempo e nei confronti di tutti, al segreto professionale su quanto gli è stato confidato dai clienti a causa della sua professione. Il fatto di essere dispensato dal segreto professionale non obbliga l'avvocato a divulgare quanto gli è stato confidato.

[2] Vigila affinché i suoi ausiliari rispettino il segreto professionale.

Inhaltsübersicht	Note
I. Einleitung	1
II. Rechtsgrundlagen	3
A. Völkerrecht und Verfassungsrecht	3
B. Gesetzesrecht	7
1. Strafrecht (Art. 321 StGB)	7
2. Berufsrecht (Art. 13 BGFA)	8
3. Vertragsrecht («von der Klientschaft anvertraut»)	10
III. Geltungsbereich	12
A. «Anwältinnen und Anwälte»	12
B. «Hilfspersonen»	20
IV. Gegenstand	24
A. Umfang und Grenzen des Berufsgeheimnisses	24
1. Funktionaler Ansatz	24
2. «Infolge ihres Berufs anvertraut»	31
3. «Gegenüber jedermann»	43
B. Inhalt des Berufsgeheimnisses («anvertraut/Anvertrautes»)	52
C. Entbindung vom Berufsgeheimnis (insbesondere «Honorarinkasso») und Zeitdauer («zeitlich unbegrenzt»)	65
D. Versiegelung und Entsiegelung	78
E. Sanktionen bei Verletzung des Berufsgeheimnisses	80

V.   Einzelfragen   85
     A. EDV und Datenschutz   86
     B. Anwaltskapitalgesellschaft   87
     C. Multidisciplinary Practice (MDP)   88
     D. Berufsgeheimnis des Syndikusanwalts   89
     E. Prozessfinanzierung   95

I.   Einleitung

Im Verfahrensrechtsmodell des Zwei-Parteienstreits, das als Bedingung   1
Waffengleichheit voraussetzt, ist das **Berufsgeheimnis «Baustein des formellen und materiellen Rechtsstaates».**[1]

An sich ist die **Schweigepflicht** des Anwalts auf das **konkrete Mandat**   2
ausgerichtet. Es besteht indessen eine Tendenz zu einem weiteren Verständnis, vom auf die Person ausgerichteten Berufsrecht weg zur beruflichen
Tätigkeit hin. Der Gegenstand des Berufsgeheimnisses wird dabei aus den
verschiedenen Tätigkeiten des Anwalts und dem ihm dabei Anvertrauten
erschlossen.[2]

II.   Rechtsgrundlagen

A.   Völkerrecht und Verfassungsrecht

Im **Völkerrecht** stützt sich der **Schutz der Geheimsphäre** auf Art. 8 EMRK   3
und Art. 17 IPBR. Art. 6 Ziff. 3 lit. c EMRK und Art. 14 Abs. 3 lit. d IPBR
garantieren dem Angeklagten den Beizug eines Verteidigers. Das Berufsgeheimnis schafft hier die Grundlage dafür, dass sich der Angeklagte seinem
Verteidiger rückhaltlos anvertrauen kann. Als Konkretisierung und Voraussetzung des Schutzes der Geheimsphäre des Angeklagten ist das Berufsgeheimnis damit sogar völkerrechtlich anerkannt.[3]

---

[1]   SCHLUEP, 63; vgl. auch HELLWIG, Berufsregeln, 207.
[2]   Vgl. hinten N 24 ff. Im Zusammenhang mit dem Anwalt und seinen Tätigkeiten ist
      gerade hinsichtlich des Berufsgeheimnisses auf eine relativ neue Tendenz hinzuwei-
      sen, die in enger Beziehung zur heutigen Informationsgesellschaft steht. Die Rede ist
      von der «Vernetztheit der Berufsrolle Rechtsanwalt» und von seiner «Netzwerkkom-
      petenz» (DROLSHAMMER, 203 und 221).
[3]   SCHWARZ, Gedanken, 109.

4   Als **notwendiges Institut des Rechtsstaates** geniesst das Berufsgeheimnis auch in der Schweiz seit jeher einen hohen Stellenwert; es wird – mindestens indirekt – auch durch die Verfassung garantiert.[4] Sein Schutz leitet sich aus dem **Grundrecht der persönlichen Freiheit** nach Art. 10 Abs. 2 BV ab. Das Berufsgeheimnis ist weiter Bestandteil der rechtsstaatlichen Rechtspflege, die Art. 30 BV gewährleistet.[5]

5   Aus der Sicht des Europäischen Gerichtshofs ist die **strikte Einhaltung des Berufsgeheimnisses** eine Voraussetzung für die ordnungsgemässe Ausübung des Anwaltsberufs.[6] Sie wird auch in der schweizerischen Berufspraxis als die **«wichtigste Säule des Anwaltsberufs»**[7] bezeichnet.

6   Da **Information**[8] ein wichtiges **Wirtschaftsgut** der Informationsgesellschaft[9] ist und das Berufsgeheimnis eine Restriktion des Informationsaustauschs bewirkt, lässt es sich zwar einerseits als Privileg bezeichnen.[10] Andererseits kann kann es aber auch ein Handicap oder Hemmnis darstellen, weil der Anwalt über das Wirtschaftsgut der Information nicht frei verfügen darf.

B.   Gesetzesrecht

1.   Strafrecht (Art. 321 StGB)

7   Das Berufsgeheimnis dient der **Herstellung und Erhaltung des Vertrauens,** das der Klient in seinen Anwalt setzt. Das Gesetz schützt dieses Vertrauen, indem es in **Art. 321 StGB** eine **Verletzung des Berufsgeheimnisses unter Strafe stellt**. Anders als beim Schutz des Bankgeheimnisses nach

---

[4]   Böckli, 109.

[5]   Pfeifer, Berufsgeheimnis, 81.

[6]   EUGH Rs. C-309/99, Wouters and others / Algemene Raad van de Nederlandse, Slg. 2002, I-01577 N 100, 101, 102.

[7]   Saluz, 247.

[8]   Art. 16 BV Meinungs- und Informationsfreiheit. Vgl. zur Wertigkeit der Aufnahme der Informationsfreiheit und der Medienfreiheit (Art. 17 BV) in die Bundesverfassung, während das Berufsgeheimnis auf Gesetzesebene gewährleistet wird, Pfeifer, Berufsgeheimnis, 82 f.

[9]   Mayer-Schönberger, 383: «Information ist ein einmaliges Gut [...]», und «Verfügungsrechten über Information kommt grösste Bedeutung in der Informationsgesellschaft zu».

[10]   So die Eidg. Steuerverwaltung, kritisiert von Böckli, 105–112 und 125–137.

Art. 47 BankG handelt es sich bei Art. 321 StGB allerdings bloss um ein **Antragsdelikt**. Begründet wird dies mit dem im Gegensatz zum Bankgeheimnis kleinen Kreis von Geheimnisträgern.[11]

2. Berufsrecht (Art. 13 BGFA)

Bei der Ausarbeitung der Bestimmungen des BGFA zum Berufsgeheimnis war die bisherige **Rechtsprechung des Bundesgerichts**[12] massgebend.[13] Bei der **Auslegung des BGFA** ist daher zu beachten, dass sich der Gesetzgeber beim Erlass des Anwaltsgesetzes von der (bisherigen) bundesgerichtlichen Rechtsprechung leiten liess.[14]   8

Das Berufsgeheimnis wird im dritten Abschnitt des BGFA, unter dem Titel «Berufsrecht und Disziplinaraufsicht», geregelt. Da es sich bei der Verpflichtung zum Schutz des Berufsgeheimnisses nach Auffassung des Gesetzgebers um eine ganz **zentrale Berufsregel** handelt, wurde sie nicht einfach in den Katalog der Berufspflichten des Art. 12 BGFA aufgenommen, sondern **in einem speziellen Artikel geregelt**.[15]   9

3. Vertragsrecht («von der Klientschaft anvertraut»)

Der Anwendungsbereich des Art. 321 StGB ist weiter als derjenige des Art. 13 BGFA. Während **Art. 321 StGB alle Geheimnisse** erfasst, die dem Anwalt infolge seines Berufs anvertraut werden und damit auch Wahrnehmungen schützt, die er in Erfüllung seines Auftrags bei Dritten macht,[16] bezieht sich die Berufsregel des **Art. 13 BGFA** nach ihrem Wortlaut nur auf **das von der Klientschaft Anvertraute**. Schnittstelle zwischen Art. 321 StGB und Art. 13 BGFA bilden daher Informationen, die der Anwalt von seinem Klienten erhält.   10

Grund für den engeren Fokus der Berufsregel des Art. 13 BGFA bildet seine **Ausrichtung auf die vertragliche Grundlage** des Berufsgeheim-   11

---

[11]   Kleiner/Schwob, Art. 47 N 1.
[12]   Da es sich bei den berufsrechtlichen Normen um kantonales Recht handelte, konnte das Bundesgericht allerdings jeweils nicht mit freier Kognition urteilen.
[13]   BGE 130 II 102 ff.
[14]   BGE 130 II 102 ff.
[15]   Die Isolierung des Berufsgeheimnisses in einem separaten Artikel hat auch Nachteile. So wird er z.B. in der Aufzählung der Berufspflichten im Leading Case des Bundesgerichts zur Unabhängigkeit (BGE 130 II 87 ff.) schlicht vergessen.
[16]   Trechsel, Art. 321 N 20.

nisses im Verhältnis zwischen Anwalt und Klient. Dass Art. 13 BGFA aber auch die **institutionelle Dimension** des Berufsgeheimnisses im Auge hat, zeigt der zweite Satz des ersten Absatzes, wonach selbst die Entbindung durch den Klienten den Anwalt nicht zur Preisgabe der Informationen verpflichtet, die ihm zuvor anvertraut wurden.

III. Geltungsbereich

A. «Anwältinnen und Anwälte»

12 Der Geltungsbereich des Art. 13 BGFA ergibt sich aus dem in der Marginalie und im Gesetzestext verwendeten Begriff «Berufsgeheimnis». Art. 13 BGFA formuliert es positiv und macht dem Anwalt hinsichtlich der Geheimhaltung zur **Berufsregel und Pflicht**, was ihm das Strafgesetzbuch unter dem Titel «Verletzung des Berufsgeheimnisses» negativ verbietet.

13 Nach der Rechtsprechung des Bundesgerichts war die disziplinarische Bestrafung eines Anwalts wegen einer Verletzung des Berufsgeheimnisses aufgrund der kantonalen Anwaltsgesetze von der strafrechtlichen Verfolgung eines Verstosses gegen Art. 321 StGB unabhängig.[17] Diese **Unabhängigkeit von Strafrecht und Disziplinarrecht** muss auch unter der Herrschaft des BGFA gelten. Daran ändert selbstverständlich nichts, dass für die Durchführung des Disziplinarverfahrens weiterhin die kantonalen Aufsichtsbehörden zuständig sind. Das Disziplinarrecht steht ausserhalb des Strafrechts. Der **Disziplinarentscheid,** der gestützt auf Art. 17 BGFA eine Disziplinarmassnahme anordnet, stellt daher auch **keine Straferkenntnis** im Sinne von Art. 268 Ziff. 3 BStP dar.

14 Ein Anwalt, der nicht vor Gericht auftritt und sich daher **nicht in ein kantonales Anwaltsregister eintragen** lässt, untersteht den Berufsregeln des BGFA grundsätzlich nicht.[18] Er ist daher auch nicht an die Berufsregel des Art. 13 BGFA gebunden. Da der strafrechtliche Schutz des Berufsgeheimnisses vom berufsrechtlichen Gebot der Geheimhaltung nach Art. 13 BGFA

---

[17] BGE 97 I 831.
[18] Zur Ausdehnung der Berufsregel des Art. 13 BGFA auf Anwälte, die nicht in einem kantonalen Anwaltsregister eingetragen sind, siehe sogleich N 16. Zur Ausdehnung der Berufsregeln des BGFA auf Beraternwälte im Allgemeinen vgl. vorne Art. 3 N 8 f.

unabhängig ist, kann er sich jedoch trotzdem **auf das Berufsgeheimnis nach Art. 321 StGB berufen.**

Dies ist die Konsequenz der nicht deckungsgleichen Adressatenkreise der   15
Art. 13 BGFA und Art. 321 StGB. Allerdings muss auch der **Anwalt, der den Berufsregeln des BGFA nicht untersteht**, anwaltlich tätig sein, damit er sich auf das **Berufsgeheimnis des Art. 321 StGB** berufen kann. Dabei muss es sich um eine **anwaltliche Tätigkeit** im engeren Sinne der bundesgerichtlichen Rechtsprechung handeln.

Verschiedene Kantone[19] reglementieren die Berufstätigkeit der nur bera-   16
tend tätigen und daher **nicht in einem Anwaltsregister eingetragenen Anwälte**, indem sie Berateranwälte (durch kantonales Recht) den Berufsregeln des BGFA (und der gleichen Aufsichtsbehörde wie die eingetragenen Anwälte) unterstellen.[20] In diesen Fällen können sich die nicht eingetragenen Anwälte **kraft kantonalen Rechts auf Art. 13 BGFA berufen**. Hinsichtlich der Einhaltung dieser Berufsregel unterliegen sie alsdann aber auch der Kontrolle durch die kantonalen Aufsichtsbehörden.

Die Tätigkeit von Anwälten als **Unternehmensjuristen** oder **Syndikus-   17
anwälte** steht nicht unter dem Schutz des Berufsgeheimnisses[21] nach Art. 321 StGB. Mangels Eintrag im Anwaltsregister unterstehen sie auch **nicht den Berufsregeln des BGFA**; Art. 13 BGFA findet daher ebenfalls keine Anwendung.[22]

Das Berufsgeheimnis wird von Klienten und potentiellen Klienten auf dem   18
Markt der Rechtsdienstleistungen zweifellos als wertvolles Attribut des Anwalts empfunden. Dem Berufsgeheimnis des Art. 13 BGFA unterstehen jedoch nur Anwälte, die **in einem kantonalen Anwaltsregister eingetragen** sind. Nur sie können sich zum Schutz vor staatlichen Eingriffen auf diese Bestimmung berufen. Ob sie in das Anwaltsregister eingetragen werden, hängt davon ab, ob sie die persönlichen Voraussetzungen für einen Eintrag erfüllen. Voraussetzung ist insbesondere, dass sie den Anwaltsberuf im Sinne von Art. 8 Abs. 1 lit. d BGFA unabhängig ausüben.

---

[19]   Z.B. Basel-Stadt, Basel-Landschaft und Zürich.
[20]   Vgl. vorne Art. 3 N 7.
[21]   Zum Berufsgeheimnis des Unternehmensjuristen und Syndikusanwalts im Einzelnen vgl. hinten N 89 ff.
[22]   Die Wettbewerbskommission kritisierte in der Vernehmlassung zum BGFA, der generelle Ausschluss von in Unternehmen angestellten Anwälten vom Monopolbereich führe zu einer ungerechtfertigten **Beeinträchtigung des Wettbewerbs**. Dem ist indessen entgegenzuhalten, dass das Berufsgeheimnis die Anwälte weniger privilegiert als vielmehr verpflichtet (vgl. dazu ausführlich Böckli, 105–112 und 125–137).

19   Im Leading Case zur Unabhängigkeit vom 29. Januar 2004[23] hat sich das
Bundesgericht auch mit dem **Berufsgeheimnis** von **in Unternehmen angestellten Anwälten**[24] befasst. Sie können nur dann «unter vollständiger
Wahrung des Berufsgeheimnisses» (anwaltlich) tätig und im Anwaltsregister
eingetragen werden,[25] wenn sie mittels geeigneter Vorkehrungen (Arbeitsvertrag, organisatorische und räumliche Trennung) nachweisen, dass sie in
Bezug auf ihre anwaltliche Tätigkeit **unabhängig**[26] sind. Gerade das Berufsgeheimnis zeigt, dass diese Voraussetzung nur bei Teilzeitangestellten,
nicht aber bei Vollzeitangestellten erfüllt sein kann: Der Anwalt muss die
Klientenakten nämlich so aufbewahren, dass sie für Organe, Vertreter oder
Angestellte seines Arbeitgebers nicht zugänglich sind. Sie dürfen daher
nicht in den Räumlichkeiten des Arbeitgebers untergebracht sein, sondern
müssen andernorts aufbewahrt werden. Anders lässt sich die Einhaltung
des Berufsgeheimnisses nicht gewährleisten.[27] Ein in Vollzeit angestellter
Anwalt könnte daher während den üblichen Bürozeiten nicht auf seine
Klientendossiers zugreifen. In dieser Zeit würde er weder seinen Klienten,
noch dem Gegenanwalt oder den (Gerichts-)Behörden mit den nötigen Informationen zur Verfügung stehen können. Damit würde er die Berufsregel

---

[23]   BGE 130 II 87 ff. In der grundsätzlichen rechtlichen Argumentation deckungsgleich,
wenn auch in der Subsumption und damit im Ergebnis unterschiedlich: Urteil des
Bundesgerichts vom 13. Dezember 2003 (2A.101/2003). Im älteren Entscheid wies
das Bundesgericht eine Beschwerde des Zürcher Anwaltsverbands gegen den Eintrag
im kantonalen Anwaltsregister einer im Konzernrechtsdienst einer Versicherungsgesellschaft tätigen Juristin ab. Diese hatte geltend gemacht, ausserhalb der vertraglich
vereinbarten Arbeitszeit einer Anwaltstätigkeit nachgehen zu wollen. Interessenkonflikte mit der Arbeitgeberin waren ausgeschlossen. Im jüngeren Entscheid hiess das
Bundesgericht eine Beschwerde des Zürcher Anwaltsverbands gut gegen den Eintrag
im kantonalen Anwaltsregister eines bei einer nicht im Rechtsberatungsmarkt tätigen
Arbeitgeberin (anscheinend vollzeitlich) angestellten Anwalts, der im privaten Rahmen, beispielsweise für Familienangehörige, anwaltlich tätig werden wollte.
[24]   Gemeint sind Anwälte, die in Unternehmen angestellt sind, nicht Anwälte, die bei
Anwälten angestellt sind. Der Bundesgerichtsentscheid behandelt die Frage des Berufsgeheimnisses von Syndikusanwälten nicht (vgl. zu den In-house Counsels N 89
ff. hinten). Vgl. auch vorne Art. 8 N 39–48 und Art. 12 N 68–74.
[25]   BGE 130 II 106 f.
[26]   Konkret versteht das Bundesgericht unter dieser Unabhängigkeit, dass durch geeignete Massnahmen das Berufsgeheimnis gewahrt wird und dem Arbeitgeber gegenüber keine irgendwie geartete Auskunftspflicht besteht. Unter dem Gesichtspunkt des
Berufsgeheimnisses muss der (angestellte) Anwalt aufzeigen, dass er die Möglichkeit
hat, die Akten von Anwaltsmandaten gesondert und für Organe, Vertreter oder Angestellte des Arbeitgebers unzugänglich aufzubewahren.
[27]   STAEHELIN, Vollzeitangestellter, 187.

des Art. 12 lit. a BGFA, die ihn zur gewissenhaften und sorgfältigen Ausübung des Anwaltsberufs verpflichtet,[28] schon «institutionell» verletzen.

B.   «Hilfspersonen»

Art. 321 StGB, der die Verletzung des Berufsgeheimnisses unter Strafe   20
stellt und der in Art. 13 BGFA zu einem Gebot zur Verschwiegenheit wird, verpflichtet nicht nur den Anwalt selbst, sondern auch dessen Hilfspersonen zur Geheimhaltung.

Hilfsperson im Sinne von Art. 321 StGB ist, wer bei der Berufstätigkeit   21
des Hauptgeheimnisträgers in einer Art mitwirkt, in der er von den Tatsachen, die der Geheimnisträger selbst wahrnimmt, typischerweise ebenfalls Kenntnis erhält.[29] Die Hilfsperson braucht keine eigentliche Mitverantwortung zu tragen; gefordert ist aber eine gewisse Mitwirkung. Ihre Tätigkeit muss daher mit der Berufstätigkeit des Anwalts in einem **wenigstens losen inneren Zusammenhang** stehen, wie dies etwa bei der Telefonistin oder Rezeptionistin der Fall ist. Fehlt es an diesem inneren Zusammenhang zwischen den beiden Dienstleistungen, wird der Dritte nicht zur Hilfsperson im Sinne von Art. 321 StGB. Der **Kreis der möglichen Hilfspersonen** wird bei Art. 321 StGB also **eher eng** gezogen. Die Raumpflegerin, die beim Anwalt Reinigungsarbeiten ausführt, ist daher beispielsweise nicht Hilfsperson im Sinne von Art. 321 StGB.

Bei den **Hilfspersonen im Sinne von Art. 13 Abs. 2 BGFA** handelt es sich   22
laut Botschaft zum BGFA[30] um Hilfspersonen nach Art. 101 OR. Hier ist der **Kreis der möglichen Hilfspersonen** daher sehr **weit** gezogen. Als Hilfsperson im Sinne von Art. 101 OR gilt nämlich jedermann, der mit Wissen und Willen des Geschäftsherrn bei einer Vertragsleistung mitwirkt.[31] Anders als Art. 321 StGB, der die Hilfsperson selbst in die Pflicht nimmt,[32] spricht Art. 13 Abs. 2 BGFA aber nur den Anwalt an. Er hat für die Wahrung des Berufsgeheimnisses durch die Hilfsperson zu sorgen. Er hat seine Kanzlei daher so zu organisieren, dass dem Klienten aus dem Betrieb auch

---

[28]   Zur Pflicht zur Führung einer eigenen Kanzlei vgl. vorne Art. 12 N 17 ff.
[29]   TRECHSEL, Art. 321 N 13.
[30]   BOTSCHAFT, Nr. 233.23, 6056: «Der Begriff der Hilfsperson ist mit demjenigen in Artikel 101 OR identisch».
[31]   BGE 99 II 48.
[32]   Was zu einem engen Begriff der Hilfsperson führt (vgl. vorne N 21).

unter dem Blickwinkel des Berufgeheimnisses keine Nachteile entstehen.[33] Je nach Grösse und Struktur der Anwaltskanzlei reicht diese Pflicht von der einfachen schriftlichen Vereinbarung (mit Instruktion und Kontrolle) bis zum eigentlichen Sicherheitsdispositiv. Die Berufsregel des Art. 13 BGFA gebietet dem Anwalt also auch, das Putzpersonal zur Verschwiegenheit hinsichtlich des bei den Putzarbeiten Wahrgenommenen zu verpflichten oder dafür zu sorgen, dass diese Personen keinen Einblick in geheime Tatsachen erhalten.

23 Einzelne Stimmen in der Literatur versuchen, **Syndikusanwälten** (In-house Counsels) das Berufsgeheimnis über ihre Stellung als angebliche Hilfspersonen des Outside Counsels zugänglich zu machen.[34] Nach der hier vertretenen Auffasssung muss dieser Versuch jedoch an der mangelnden Unterordnung des Syndikusanwalts unter den externen Anwalt scheitern. In der Realität ist bekanntlich nicht der Syndikusanwalt dem externen Anwalt, sondern dieser ihm untergeordnet.

IV. Gegenstand

A. Umfang und Grenzen des Berufsgeheimnisses

1. Funktionaler Ansatz

24 Das **Berufsgeheimnis** nach schweizerischem Recht ist nicht schwach, es ist aber **eng auf die Anwaltstätigkeit ausgerichtet**.[35] Damit steht es im Gegensatz zu den Berufsgeheimnissen von Rechtsordnungen, die alles schützen, was der Anwalt tut, weil sie ihn als Organ der Rechtsordnung betrachten. Nach der hier vertretenen Auffassung wird der engere Ansatz, der den Fokus auf das Unverzichtbare legt, der Funktion des Berufsgeheimnisses als Baustein des Rechtsstaates besser gerecht.

25 Traditionell wird das Berufsgeheimnis als Pendant zur Unabhängigkeit des Anwalts gesehen.[36] Wird die Unabhängigkeit daher weniger absolut und

---

[33] Das führt zu einem weiten Begriff der Hilfsperson.

[34] FURRER, N 41 ff.

[35] SPÜHLER, 33 ff.; vgl. auch vorne Art. 4 N 5.

[36] Auch in den USA werden die Unabhängigkeit des Anwalts und die Confidentiality als Pendants gesehen. Vgl. dazu: ABA Rules of Professional Conduct, Rule 5.4: Professional Independence of a Lawyer, Ethics 2000 Commission, August 2001, Report to

programmatisch, sondern relativ zu einem bestimmten Mandat aufgefasst,[37] hat dies auch Auswirkungen auf das Berufsgeheimnis. Es verliert seinen absoluten Status und ist als **«Geheimhaltung wozu und worin»** differenziert zu bestimmen. Diese Haltung zeigt sich auch in der Rechtsprechung des Bundesgerichts,[38] das dem Berufsgeheimnis nicht einen absoluten, sondern nur den im Hinblick auf die spezifische Tätigkeit des Anwalts notwendigen Schutz gewährt, absolut also nicht in Bezug auf alles, was der Anwalt tut, aber **absolut in Bezug auf das Anwaltliche**, das der Anwalt tut.

Solche **Entwicklungen** zeichnen sich auch **im Ausland** ab. Dies zeigt etwa   26
das Beispiel Englands, wo das Berufsgeheimnis seine absolute Geltung zugunsten eines aufgrund der konkreten Situation bestimmten funktionalen Schutzes verloren hat. Geschützt wird nur noch die Kommunikation zwischen dem Anwalt und der Person, die als «Klient» zu gelten hat. In England untersteht dem Berufsgeheimnis daher beispielsweise nur die Kommunikation das Anwalts mit den In-house Counsels und nicht die Kommunikation mit «anderen» Angestellten des Unternehmens.

Dem **Schutz des Vertrauens** des Klienten dienen vor allem **drei Berufs-**   27
regeln: die Pflicht zum Schutz des Berufsgeheimnisses, das Verbot von Interessenkonflikten[39] und das Gebot zur Unabhängigkeit. Diese drei **Be-**
rufspflichten sind interdependent. Nur wenn der Anwalt daher bei einer

---

House of Delegates, ‹http://www.abanet.org/cpr/ethics2k.html› (besucht am 25. August 2004).

[37]   So ganz deutlich der neue Leading Case des Bundesgerichts zur Unabhängigkeit (BGE 130 II 102 ff.) und identisch: Urteil des Bundesgerichts vom 13. Dezember 2003 (2A.101/2003) E. 5.2. Das Bundesgericht spricht in seinen neuesten Entscheiden von einer «institutionell verstandene[n] Unabhängigkeit», deren Fehlen bei Mandaten zu vermuten sei, die in einem Zusammenhang mit der Anstellung (des Anwalts) stehen. Wenn das Bundesgericht die Unabhängigkeit mandatsbezogen untersucht, und Unabhängigkeit in einer inneren Beziehung zum Berufsgeheimnis steht, dann spricht das dafür, auch das Berufsgeheimnis mandatsbezogen aufzufassen.

[38]   Anderweitig insofern gerügt, als es zur Qualifikation als eigentliche Anwaltstätigkeit nicht auf die Gewinnstrebigkeit der Tätigkeit ankommt. Vgl. Pfeifer, Rechtsanwalt, 278 f.

[39]   Hofstetter, 181 ff., nennt das Freisein von Interessenkonflikten als eines von drei wichtigen Kriterien bei der Auswahl externer Anwälte durch In-house Counsels. In letzter Zeit wurde nicht zuletzt bedingt durch die Auseinandersetzungen um die Multidisciplinary Practice (MDP) mehr zu Interessenkonflikten geschrieben als zum Berufsgeheimnis; vgl. für einen Überblick über die unter dem Stichwort MDP behandelten Themen Pfeifer, Introduction, 17 f.

bestimmten Tätigkeit auch gehalten ist, tatsächliche und mögliche Interessenkonflikte zu vermeiden, handelt es sich um ein Anwaltsmandat, das auch den Schutz des Berufsgeheimnisses verdient. Das ist von Fall zu Fall und von Klient zu Klient neu zu beurteilen.[40]

28   Im Bereich der **eigentlichen Anwaltstätigkeit** ist der **Schutz des Berufsgeheimnisses umfassend**. In allen anderen Bereichen bedarf es demgegenüber klarer Schranken und Ermessensregeln, da sonst der Schutz im absoluten Bereich ausgehebelt werden würde.[41]

29   Bei der Bestimmung des **Umfangs des Berufsgeheimnisses**, die sich in der neueren Bundesgerichtspraxis nach der Unterscheidung zwischen der «normalen» und der «nicht berufsspezifischen» Anwaltstätigkeit richtet, ist auf die Realität des heutigen Praktikers abzustellen.[42] Dabei geht das Bundesgericht vom **konkreten Einzelfall** aus, der nicht schematisch, sondern unter **Berücksichtigung aller Umstände** beurteilt wird.[43]

30   Das Bundesgericht will verhindern, dass durch blosses Einschalten eines Rechtsanwalts einer **rechtsmissbräuchlichen Anrufung des Berufsgeheimnisses** Tür und Tor geöffnet wird.[44]

2.   «Infolge ihres Berufs anvertraut»

31   Mit den Worten «infolge ihres Berufs anvertraut» wird die Notwendigkeit eines **Zusammenhangs zwischen Berufstätigkeit und Geheimnis** zum

---

[40]   Das hat die ABA erkannt und reagiert. Ihre Kommission «Ethics 2000» hat 2001 Vorschläge für Änderungen der ABA-Model Rules vorgelegt. Der Vorschlag hält daran fest, dass «Chinese Walls» eine an sich unzulässige Tätigkeit nicht zulässig machen können.

[41]   Arrêt de la Cour Européenne du 25 mars 1998, affaire Kopp c. Suisse (VPB 62.114).

[42]   BGE 130 II 93 f.; Urteil des Bundesgerichts vom 13. Dezember 2003 (2A. 101/2003), vgl. auch Fn. 23.

[43]   Die Eidg. Steuerverwaltung verwendet im Kreisschreiben Nr. 19 vom 7. März 1995 (ASA 64 [1995/1996] 205 ff., insb. 207 f.) bundesgerichtliche Terminologie und stellt fest, die «gerichtliche und rechtsberatende Tätigkeit gehören zur Anwaltstätigkeit i.e.S., die unter dem Schutz des Berufsgeheimnisses steht». Der Schutz durch das Berufsgeheimnis entfällt aber bei Tätigkeiten ausserhalb der Advokatur wie bei der Zugehörigkeit zum Verwaltungsrat einer AG oder der Betätigung als Vermögensverwalter. Die «Berücksichtigung aller Umstände» (BGE 117 Ia 341) oder die «Verbundenheit mit einem normalen Mandat» (BGE 112 Ib 608) wird (irrtümlich oder absichtlich?) nicht erwähnt.

[44]   BGE 114 III 109; ebenso BGE 115 Ia 200.

Ausdruck gebracht. Was bei einem Anwalt als «infolge seines Berufs anvertraut» gilt, wird eng ausgelegt.[45] Nach der Rechtsprechung des Bundesgerichts steht nur die «normale Anwaltstätigkeit» unter dem Schutz des Berufsgeheimnisses; bei der «nicht spezifischen» Anwaltstätigkeit versagt es demgegenüber den Schutz des Berufsgeheimnisses.

In einer Reihe von Entscheiden zum Berufsgeheimnis[46] verwendete das 32 Bundesgericht zur Unterscheidung zwischen der «anwaltsspezifischen» Tätigkeit und «anderen»[47] Tätigkeiten des Anwalts die Kriterien des «Überwiegens des kaufmännischen Elements»[48] und des «Handelns des Anwalts als Geschäftsmann». Die **bundesgerichtliche Terminologie** ist jedoch **nicht einheitlich.** Die «geschäftliche Tätigkeit»[49] des Anwalts wird gleichgesetzt mit der «nicht berufsspezifischen Tätigkeit»,[50] und dieses synonym verwendete Begriffspaar steht der «normalen» Anwaltstätigkeit oder «eigentlichen» Anwaltstätigkeit[51] gegenüber.

Nicht «infolge ihres Berufs anvertraut» sind nach der Rechtsprechung des 33 Bundesgerichts beispielsweise Kenntnisse, die Anwälte **als Mitglieder des Verwaltungsrats** einer Aktiengesellschaft,[52] im Rahmen einer **Vermögensverwaltung**[53] oder bei der Erfüllung eines **Inkassomandats**[54] erlangen.

---

[45] Die vorliegende Kommentierung hält sich in diesem Punkt an die Auffassung von TRECHSEL, Art. 321 N 19.

[46] Veröffentlichte Entscheide beginnend mit BGE 112 Ib 606 (darin erwähnt der nicht veröffentlichte Entscheid des Bundesgerichts vom 2. Juni 1986 i.S. M.), weitere Bundesgerichtsentscheide vgl. 114 III 105, 115 Ia 197, 117 Ia 341, 120 Ib 112.

[47] Vgl. vorne Art. 4 N 5.

[48] Die Tätigkeit des Anwaltsverwaltungsrats soll laut Entscheiden zu den nicht berufsspezifischen Anwaltstätigkeiten zählen. Noch im Lex F.-Entscheid hatte es das Bundesgericht für möglich gehalten, dass «die Ausübung von Verwaltungsratsmandaten [...] in gewissem Sinne zur Anwaltstätigkeit gehören» mag. Es ist nicht ersichtlich, was diese 1975 (BGE 101 Ib 245) in Betracht gezogene Möglichkeit 1986 (BGE 112 Ib 606) illusorisch hätte werden lassen; vgl. dazu auch KRNETA, 12.

[49] KRNETA, 25; BGE 115 Ia 199.

[50] KRNETA, 26; BGE 112 Ib 608.

[51] BGE 115 Ia 201.

[52] BGE 101 Ib 245, 114 III 105, 115 Ia 197.

[53] BGE 112 Ib 606.

[54] BGE 120 Ib 112.

34 Der mögliche **Wissensaustausch** bei Personalunion von Anwalt und Anwaltsverwaltungsrat[55] ist einer der Gründe für den unterschiedlichen Schutz der verschiedenen Anwaltstätigkeiten[56] durch das Berufsgeheimnis.

35 Berufsspezifische Anwaltstätigkeit lässt sich von **Geschäftstätigkeit**[57] des Anwalts nicht einfach durch das Vorliegen bzw. Nichtvorliegen von Entgeltlichkeit unterscheiden. Auch die «normale» Anwaltstätigkeit ist üblicherweise entgeltlich. Ebenso wenig lässt sich die berufsspezifische Anwaltstätigkeit von der Geschäftstätigkeit des Anwalts nach den steuerlichen Kriterien des selbständigen bzw. unselbständigen Erwerbs unterscheiden.

36 Die berufsspezifische Anwaltstätigkeit lässt sich von der Geschäftstätigkeit des Anwalts auch nicht nach den Kriterien **buchführungspflichtige** oder **nicht buchführungspflichtige Tätigkeiten** unterscheiden. Die Buchführungspflicht des Unternehmers und das Berufsgeheimnis finden ihre Rechtfertigung in unterschiedlichen Werten. Das Berufsgeheimnis verwirklicht rechtsschutzbezogene Grundrechte des Einzelnen und Institutsgarantien. Bei der Buchführungspflicht handelt es sich demgegenüber um eine organisatorische Schutzbestimmung des Privatrechts mit indirekter fiskalischer Zielsetzung.[58]

37 Der Grund dafür, dass geschäftliche Tätigkeiten des Anwalts, bei denen das kaufmännische Element überwiegt, durch das Berufsgeheimnis nicht geschützt sind, liegt nicht am «Kaufmännischen» oder «Unternehmerischen» dieser Tätigkeiten. Es fehlt an einer Rechtfertigung für den Schutz durch das Berufsgeheimnis. Einzige **Rechtfertigung des Berufsgeheimnisses** ist nämlich die **Beziehung des Anwalts zu seinen Klienten** sowie die Funktion des Anwalts im Rechtsstaat und in der Öffentlichkeit. Vertrauensverhältnis, Fachwissen und Unabhängigkeit des Anwalts spielen die entscheidende Rolle. So fehlt beispielsweise dem Anwaltsverwaltungsrat teilweise die Unabhängigkeit.[59] Es fehlt auch an der Beziehung zu einem Klienten, die ein besonderes (Klienten-)Vertrauen schaffen würde.[60]

---

[55] KRNETA, 24.
[56] BGE 101 Ib 248. Die Eidg. Steuerverwaltung hält im Kreisschreiben Nr. 19 vom 7. März 1995 unter Verweisung auch auf den Anwalt knapp fest: «In eigener Sache gibt es kein Berufsgeheimnis» (ASA 64 (1995/1996) 207).
[57] Nicht zu verwechseln mit dem Ausdruck «Geschäftsverkehr» in Art. 11 Abs. 2 BGFA. Vgl. dazu vorne Art. 11 N 8 ff.
[58] KÄFER, Grundlagen N 6.7–6.15.
[59] KRNETA, 13 ff.: «Der Anwalt als ‹abhängiger› Verwaltungsrat».
[60] KRNETA, 26.

Die Ausübung des Anwaltsberufs und die Führung einer Anwaltskanzlei er-   38
folgen nach kaufmännischen Grundsätzen.[61] Die (moderne) Anwaltstätigkeit ist eine **kommerzielle Tätigkeit**. Die Stimmen, welche die Tragweite
des Berufsgeheimnisses in eine Beziehung zur kommerziellen Ausübung des
Anwaltsberufs stellen bzw. den Anwendungsbereich des Berufsgeheimnisses
wegen angeblichen Überwiegens eines kommerziellen Elements einschränken wollen, argumentieren ausserhalb der Realität.

Ein differenziert verstandenes Berufsgeheimnis steht in Beziehung zu   39
anderen tragenden Säulen eines modernen Berufsverständnisses. Im Vordergrund stehen **drei Berührungspunkte**, die es im Einzelfall herauszuarbei-
ten gilt: Das Berufsgeheimnis steht in einer Wechselbeziehung zur **Unabhängigkeit** des Anwalts **vom Klienten**[62] und von Dritten. Es steht aber auch
in einer Wechselbeziehung zur Unabhängigkeit des Anwalts **vom Staat**[63]
und zur **Bedeutung des Anwalts im Rechtsstaat**.[64] Alle drei Bereiche müssen im Einzelfall angesprochen sein, damit ein Anspruch auf Schutz durch
das Berufsgeheimnis bejaht werden kann.

Ein Anwalt kann sich daher auf den Schutz des Berufsgeheimnisses beru-   40
fen, wenn sich die Preisgabe des Geheimnisses im Verhältnis zum Klienten als **Verstoss gegen die auftragsrechtliche Treuepflicht** und damit als
Vertragsverletzung qualifizieren würde, wenn sie ihn dem Vorwurf wohl-
feiler **Kooperation mit dem Staat** aussetzen oder wenn sie seine Funktion
als **Garant eines rechtsstaatlichen Verfahrens** gefährden würde. Dabei
kann die Preisgabe des Geheimnisses entweder in der Aufgabe des Ge-
wahrsams an Gegenständen, die der Anwalt für einen Klienten verwahrt,
oder in der Weitergabe von Informationen durch den Anwalt bestehen.

Hingegen kann der Anwalt beispielsweise nicht unter Anrufung des Be-   41
rufsgeheimnisses Auskünfte über Tatsachen verweigern, die er bei der Erfüllung eines **Inkassomandats** erfahren hat. Auch als **Vermögensverwal-**

---

[61]   Das anerkennt auch das Bundesgericht, wenn es im Leading Case zur Unabhängig-
       keit sagt: «Rechtsanwälte [sind] heute vielmals im Rahmen komplexer Unternehmens-
       strukturen tätig» (BGE 130 II 93).
[62]   CORBOZ, 79; vgl. vorne Art. 12 N 75–78.
[63]   Vgl. dazu SIEBEN, Berufsgeheimnis, 256, der mit aller wünschenswerter Deutlichkeit
       feststellt: «Das einzig Zweckentsprechende und Angemessene für einen liberalen
       Rechtsstaat ist daher, wenn er im Interesse einer unparteiischen Rechtsordnung in
       allen Fällen, auch bei Interessenkollisionen mit dem Staat, das Berufsgeheimnis be-
       stehen und vorgehen lässt». Vgl. auch vorne Art. 12 N 16, 66 f.
[64]   SCHLUEP, 63.

ter steht er nicht unter dem Schutz des Berufsgeheimnisses.[65] Informationen, die er im Rahmen seiner Anlagetätigkeit als Vermögensverwalter[66] erlangt hat, kann er daher nicht geheim halten. In beiden Fällen steht er in Konkurrenz mit anderen Berufen. Die Erfüllung solcher Aufgaben berührt weder Fragen der Unabhängigkeit vom Klienten oder von Dritten noch vom Staat. Es geht auch nicht um einen Auftritt des Anwalts in seiner Funktion als Garant eines rechtsstaatlichen Verfahrens.

42 Der Anwalt untersteht allerdings auch bei solchen Tätigkeiten einer **Diskretions- und Geheimhaltungspflicht**. Diese ergibt sich jedoch nicht aus Art. 13 BGFA. Sie folgt allein aus der auftragsrechtlichen Sorgfalts- und Treuepflicht nach Art. 398 Abs. 2 OR und ist auch strafrechtlich nicht geschützt.[67]

3. «Gegenüber jedermann»

43 Das Berufsgeheimnis nach Art. 13 BGFA ist verletzt, wenn **mindestens ein Aussenstehender**[68] vom Geheimnis Kenntnis erhält. Umstritten ist die Frage, ob die Weitergabe eines Geheimnisses an einen Dritten, der seinerseits einer Geheimhaltungspflicht untersteht, das Berufsgeheimnis verletzt.[69]

44 Besondere Tragweite erhält das Berufgeheimnis in Dreierkonstellationen, wenn Dritte, namentlich Behörden, versuchen, beim Anwalt Auskünfte zu erhalten, die Klienten betreffen. Klassischer Fall eines solchen Spannungsverhältnisses zwischen dem Berufsgeheimnis und einer allfälligen Auskunftspflicht ist das **Verhältnis zum Fiskus**. Es unterliegt keinem Zweifel, dass das Berufsgeheimnis der Pflicht zur Auskunftserteilung vorgeht, wenn ein Anwalt in einem Steuerverfahren die Interessen eines Klienten gegenüber den Steuerbehörden vertritt. Dabei spielt es keine Rolle, ob es um eine ordentliche Veranlagung oder um ein Nach- oder Strafsteuerverfahren geht.

45 Anders liegen die Verhältnisse, wenn sich das Verfahren gegen den Anwalt selbst richtet.[70]

---

[65] BGE 101 Ib 112.
[66] BGE 112 Ib 606.
[67] BGE 112 Ib 608.
[68] TRECHSEL, Art. 321 N 21.
[69] BGE 106 IV 132; BGE 119 II 226.
[70] TRECHSEL, Art. 321 N 34.

Bei **Verfahren gegen Dritte** entscheidet die **Stellung des Anwalts** zu den   46
Beteiligten über die Anwendung des Berufsgeheimnisses. Wenn etwa im
Zuge eines Verfahrens gegen Dritte die Interessen einer Person betroffen
sind, die er als Anwalt vertritt, kann er sich auf das Berufsgeheimnis berufen. Ist beispielsweise seine Sekretärin in ein Strafverfahren verwickelt
und sollen in seiner Kanzlei Akten beschlagnahmt werden, die auch Informationen über einen Klienten enthalten, kann er sich zugunsten seines Klienten auf das Berufsgeheimnis berufen.[71]

In Rechtshilfeverfahren oder bei Anfragen von Strafuntersuchungsbehör-   47
den wirft die Strafbarkeit der juristischen Person vor allem bei Banken
spezielle Probleme auf, wenn es um die **Verschiebung von Information
in eine vom Berufsgeheimnis geschützte Sphäre** geht. Wendet sich bei
Geldwäscherei ein Verdacht gegen einen Bankkunden und die Bank, können Angestellte der Bank in die Situation kommen, als Zeugen befragt zu
werden. Nach dem neuen Art. 102a Abs. 2 StGB[72] steht der Bank in solchen Fällen ein Aussageverweigerungsrecht zu. Es besteht daher auch keine Editionspflicht. Dies gilt auch für die Angestellten der Bank. In solchen
Fällen sind daher weder wahrheitswidrige Angaben noch Selbstbegünsti-
gung strafbar. Es fehlen diesbezüglich strafprozessuale Vorschriften. Damit besteht auch die Möglichkeit, Informationen zu löschen oder Unterlagen in Sphären zu «verschieben», die vom Berufsgeheimnis eines Anwalts
geschützt sind, ohne dass dagegen rechtliche Sanktionen möglich wären.
Bei der Überprüfung eines solchen Vorfalls müsste auch die Aufsichtsbehörde berücksichtigen, dass ein strafprozessual zulässiges Verteidigungs-
verhalten vorliegt.

Das Verhältnis zwischen dem **Berufsgeheimnis** nach Art. 321 StGB und   48
Bankgeheimnis nach Art. 47 BankG bestimmt sich nach der ratio legis
dieser Regelungen. Bei Art. 321 StGB steht die Beziehung zwischen Anwalt und Klient im Vordergrund. Das Bankgeheimis schützt demgegenüber Beziehungen, in der viele anonyme Hilfspersonen tätig sind, die mit

---

[71]   BGE 130 II 193.
[72]   Zurzeit (noch) mit praktisch identischem Inhalt als Art. 100[quinquies] StGB im Strafge-
       setzbuch enthalten. Art. 100[quater] und 100[quinquies] StGB werden nach Inkrafttreten der
       Revision des Allgemeinen Teils des StGB weit gehend mit gleichem Inhalt in Art. 102
       und 102a StGB umbenannt. Der Bundesrat hat das Inkrafttreten des revidierten AT
       StGB noch nicht beschlossen, obwohl die Referendumsfrist bei Redaktionsschluss
       des BGFA-Kommentars schon über ein Jahr abgelaufen war, u.a. weil die Ausfüh-
       rungsverordnungen heikel sind und noch bereinigt werden müssen.

dem Kunden nicht im persönlichen Kontakt stehen. Die dem Berufsgeheimnis des Art. 321 StGB eigene, höchstpersönliche Beziehung zwischen
Geheimnisherr und Geheimnisträger tritt beim Bankgeheimnis in den Hintergrund.[73] Die Konsequenz der unterschiedlichen ratio legis von Berufsgeheimnis und Bankgeheimnis ist, dass die Verletzung des Bankgeheimnisses durch einen von der Bank beauftragten Anwalt auch eine Verletzung
des Berufsgeheimnisses darstellen kann.[74]

49   Spezielle Fragen stellten sich bis anhin, wenn **Mitarbeiter einer Rechtsschutzversicherung** anwaltliche Mandate von Versicherten führten oder
wenn ein Anwalt, der als Gewerkschaftssekretär in einem Arbeitsverhältnis zur Gewerkschaft stand, für deren Mitglieder als Anwalt tätig wurde.[75]
Das Berufsgeheimnis nach Art. 321 StGB wurde in diesen Fällen nicht
zum Problem, weil sich in den entsprechenden Arbeitsverträgen stets Klauseln[76] fanden, wonach sich die Arbeitgeber verpflichteten, das Berufsgeheimnis ihrer Mitarbeiter zu respektieren. Unter dem Blickwinkel von
Art. 13 BGFA stellen sich keine solchen Fragen, da Anwälte, die bei Gewerkschaften oder Rechtsschutzversicherungen angestellt sind, nicht in ein
kantonales Anwaltsregister eingetragen werden können. Es **fehlt** ihnen
schon die **institutionelle Unabhängigkeit**.[77]

50   Im Verfahren der **Mehrwertsteuer** genügt der Anwalt seiner Auskunftspflicht, wenn er der Steuerverwaltung die Initialen des **Leistungsempfän-
gers im Ausland** offen legt. Der vollständige Name oder die Firma wie
auch die genaue Strassenbezeichnung dürfen demgegenüber abgedeckt
werden. Dieses Vorgehen lässt sich ohne weiteres mit dem Berufsgeheimnis des Art. 13 BGFA vereinbaren. Zu beachten ist, dass die inhaltliche
Manipulation der amtlichen Wohnsitzbestätigung dagegen ein Urkunden-
delikt darstellen würde.[78]

---

[73]   KLEINER/SCHWOB, Art. 47 N 1.
[74]   BGE 121 IV 45, in Pra 84 1995 Nr. 184, 586 f. Eine Verletzung des Berufsgeheimnis-
       ses stand in concreto mangels Geltendmachung und Antrag nicht zur Diskussion.
       Beurteilt wurde ein Fall, in dem ein Anwalt von einer Bank in zulässiger Weise mit
       der Führung eines Zivilprozesses gegen einen Bankkunden beauftragt wurde. Er un-
       terstand in Bezug auf Geheimnisse, die ihm in dieser Eigenschaft anvertraut worden
       waren, oder die er in dieser Eigenschaft wahrgenommen hatte, dem Bankgeheimnis.
[75]   BGE 123 I 193.
[76]   Diese lauteten etwa wie folgt: «Die XY-Rechtsschutzversicherung respektiert das
       Berufsgeheimnis des Anwalts, soweit ihn der Mandant nicht davon entbindet».
[77]   Vgl. Art. 8 Abs. 1 lit. d. BGFA
[78]   VPB 65.106.

Die Steuerverwaltung kann **Steuerbefreiungen** nicht generell verweigern,   51
nur weil sich der beteiligte Anwalt gegenüber Beweisanordnungen auf das
Berufsgeheimnis beruft. Nur bei begründetem **Verdacht auf einen Missbrauch** des Berufsgeheimnisses bzw. strafbares Handeln des Anwalts darf
die Steuerbefreiung ohne Offenlegung der fraglichen Daten verweigert
werden. Für solche Fälle bleibt ein Steuerjustizverfahren mit den entsprechenden gesetzlich vorgesehenen Beweisanordnungen vorbehalten.

B.   Inhalt des Berufsgeheimnisses
(«anvertraut/Anvertrautes»)

Während bei der Beurteilung der Frage, welche Mandate unter das Berufs-   52
geheimnis fallen, ein strenger Massstab gilt, ist über den Umfang der Geheimhaltung (welche Tatsachen und Informationen sind im konkreten Mandat geschützt) grosszügig zu entscheiden. Nach der Rechtsprechung des
Bundesgerichts erstreckt sich die «Geheimhaltungspflicht als Grundlage
des Vertrauensverhältnisses zwischen Klient und Anwalt [...] nicht nur auf
eigentliche Geheimnisse, sondern auf **alles, was der Anwalt aufgrund
seines Mandats wahrnimmt** und erfährt[79] und dazu gehört auch das **Verhalten des Klienten gegenüber dem Anwalt**».[80]

Die Geheimhaltungspflicht beschränkt sich nicht auf den sorgfältigen   53
Umgang mit **Akten**, sondern betrifft generell die Verschwiegenheit, gerade auch in Bezug auf **mündlich anvertraute Informationen**. «Der Klient
wird regelmässig davon ausgehen, der Anwalt könne sich an seinen Fall
und die mündlich oder schriftlich überlieferten Informationen erinnern».[81]

Um «seinen multipolaren Verpflichtungen gegenüber Verwaltungen, Ge-   54
richten und Kollegen gerecht zu werden»,[82] muss der Anwalt von seinem
Klienten offen über den **gesamten Sachverhalt und alle Belange**, die zur
Wahrung der Interessen des Mandanten erforderlich sind, informiert sein.
Das Berufsgeheimnis erstreckt sich auf alle Informationen, die der Anwalt
vom Klienten erhält und die zur Wahrung dessen Interessen notwendig
sind.[83]

---

[79]   Zum Beispiel die ökonomischen Verhältnisse des Klienten und seines Ehepartners.
[80]   BGE 97 I 838.
[81]   Beschluss der Anwaltskammer des Kantons Solothurn vom 25. März 2004 betreffend
        Disziplinarverfahren gegen A., N 3.
[82]   FURRER, N 22.
[83]   Beschluss der Anwaltskammer des Kantons Solothurn vom 25. März 2004 betreffend
        Disziplinarverfahren gegen A., N 2.

55 Wie auch der Wortlaut des Art. 321 StGB zeigt, erstreckt sich das Berufsgeheimnis des Anwalts nur auf Tatsachen, die der Klient seinem Anwalt **anvertraut**, um ihm die Ausübung des Mandats zu ermöglichen, oder die der Anwalt **in Ausübung seiner Funktion** wahrnimmt.[84] Die anvertrauten oder wahrgenommenen Tatsachen und Informationen müssen also einen **Bezug zum anwaltlichen Mandat** aufweisen.

56 Schriftstücke, die der Anwalt von seinem Klienten erhält und die ein **Geständnis** enthalten, sind durch das Berufsgeheimnis geschützt. Sie dürfen daher von der Staatsanwaltschaft nicht beschlagnahmt werden. Auch Papiere, bei denen es sich «ni du produit, ni de l'instrument d'une infraction, ni encore de révélations sur des infractions à commettre» handelt, unterstehen dem Schutz des Berufsgeheimnisses.[85] Kurzum: Alles, was sich an Dokumenten und Papieren **im Zusammenhang mit einem anwaltlichen Mandat** beim Anwalt befindet, ohne dass es sich dabei um producta sceleris oder um instrumenta sceleris handelt, ist durch das Berufsgeheimnis geschützt.

57 Soweit das **Berufsgeheimnis** auf die Beziehung zwischen Anwalt und Klienten zur Anwendung kommt, ist es nach dem Gesagten **umfassend**. Es erstreckt sich auf «tous les faits et documents confiés à l'avocat qui présentent un rapport certain avec l'exercice de la profession».[86] Vom Schutz des Berufsgeheimnisses ausgenommen sind demgegenüber die «faits confidentiels que l'avocat est appelé à connaître dans l'exercice d'une activité privée, politique sociale ou d'une autre activité qui sort du cadre de sa profession».[87]

58 Schon die **Tatsache des Bestehens eines Mandats** zwischen dem Anwalt und seinem Mandanten untersteht dem Berufsgeheimnis.[88] Der Anwalt darf daher mit der Tatsache, dass er einen bestimmten Mandanten vertritt, ohne dessen Einwilligung keine Werbung betreiben.[89] Er hat auch alles zu unterlassen, was zum Bekanntwerden dieser Beziehung führen könnte. Das berechtigt und verpflichtet ihn beispielsweise, Medienschaffende aufzufordern, im Zusammenhang mit der Berichterstattung über eines seiner Mandate oder über Mandanten auf die Nennung seines Namens zu verzichten.

---

[84] Urteil des Bundesgerichts vom 26. März 2002 (1A.182/2001).
[85] BGE 117 Ia 350.
[86] MESSAGE, Nr. 233.23, 5369.
[87] BBl 1996, 1088 (Botschaft des Bundesrats vom 17. Juni 1996 betreffend GwG).
[88] TRECHSEL, Art. 321 N 18.
[89] Vgl. vorne Art. 12 N 117.

Der **Mandant** selbst **kann auf die Geheimhaltung** seiner Verbindung zu einem bestimmten Anwalt ausdrücklich **verzichten**. Dieser Verzicht kann auch stillschweigend oder konkludent erfolgen. So kann der Klient einen Journalisten ausdrücklich ermächtigen, in der **Gerichtsberichterstattung** den Namen des Anwalts zu erwähnen. Ein solcher Verzicht kann sich auch aus dem Schweigen des Klienten ergeben, wenn Widerspruch zu erwarten gewesen wäre. Denkbar ist auch eine Einwilligung durch konkludentes Handeln, etwa durch gemeinsames Erscheinen mit dem Anwalt an einer Pressekonferenz.

Lädt ein Anwalt oder eine Anwaltskanzlei mehrere Mandanten zu einem **Klientenanlass** (Apéro, Präsentation oder Seminar) ein, so müssen sich die Eingeladenen darüber Rechenschaft geben, dass durch ihr Erscheinen die Verbindung zum Anwalt oder dessen Anwaltskanzlei bekannt wird. Es liegt ein Fall konkludenter Einwilligung in die Bekanntgabe des Mandatsverhältnisses vor.   59

Das Berufsgeheimnis schützt den Anwalt gemäss § 117[sexies] StPO-LU vor der **Verwendung von Abhörprotokollen** über Gespräche, in denen er in seiner Funktion als Anwalt beteiligt gewesen ist.[90]   60

Die auf dem Berufsgeheimnis beruhende Einschränkung der **Verwendung von Abhörprotokollen bei der Telefonabhörung** entfällt, wenn die zur Zeugnisverweigerung berechtigte Person selbst einer überwachungswürdigen Straftat verdächtigt wird. Protokolle über Gespräche einer rechtmässig überwachten Person dürfen daher zulasten des mitabgehörten Berufsgeheimnisträgers verwendet werden, sofern bei diesem die Voraussetzungen für eine Telefonabhörung ebenfalls erfüllt gewesen wären.[91] Wo der Berufsgeheimnisträger selbst Angeschuldigter ist, geht das Interesse an der Strafverfolgung der Wahrung des Berufsgeheimnisses vor.   61

Geheime schriftliche **Mitteilungen von Gefangenen**, die nicht an den Verteidiger, sondern an einen Dritten gerichtet und dem Verteidiger weder in noch zur Ausübung seines Amts übergeben worden sind, sind vom Berufsgeheimnis nicht gedeckt.[92] Der Anwalt ist kein Briefträger mit Diplomatenpass.   62

---

[90]   BGE 125 I 50.
[91]   BGE 125 I 50.
[92]   BGE 102 IV 210.

63 Die Beschlagnahme von Schriftstücken, die das **Geständnis eines Beschuldigten** enthalten und im Tresor des Anwalts aufbewahrt werden, ist unzulässig.[93]

64 Werden im Rahmen der internationalen Rechtshilfe in Strafsachen bei einem Anwalt in der Schweiz **Unterlagen über ein Konto beschlagnahmt,** das er für einen Klienten führt, kann sich grundsätzlich nur der Anwalt selbst gegen die Herausgabe der Unterlagen an den ausländischen Staat wehren.[94] Die Frage, ob der Anwalt, der Beschwerde erhebt, dadurch wegen der damit erfolgten Preisgabe des Namens seines Klienten das Berufsgeheimnis verletzt, etwa wenn er nicht rechtzeitig die Einwilligung seines Klienten erhältlich machen kann und Interessen wahrend handelt, muss aufgrund einer **Interessenabwägung** zwischen der abstrakten Wahrung des Berufsgeheimnisses und den wohlverstandenen, konkreten Interessen des Klienten an der Beschwerdeerhebung beantwortet werden.

C. Entbindung vom Berufsgeheimnis (insbesondere «Honorarinkasso») und Zeitdauer («zeitlich unbegrenzt»)

65 Da das Berufsgeheimnis Bestandteil der vertraglichen Beziehung zwischen Klient und Anwalt ist,[95] kann der **Klient den Anwalt** im Rahmen der Vertragsfreiheit auch **vom Berufsgeheimnis entbinden.**[96] Der Umstand, dass Art. 13 Abs. 2 BGFA den Klienten im Zusammenhang mit der Entbindung vom Berufsgeheimnis nicht ausdrücklich erwähnt, zeigt, dass diese Regelung auch die **Entbindung** durch die gemäss Art. 14 BGFA zuständige **Aufsichtsbehörde** erfasst. Sie entscheidet über die Entbindung vom Berufsgeheimnis aufgrund einer **Güterabwägung.**[97]

66 Die Frage nach der Entbindung vom Berufsgeheimnis stellt sich immer wieder, wenn wegen Zahlungsausständen ein **Honorarinkasso** notwendig wird. In solchen Fällen kann der Anwalt sein Honorar nur dann ohne weiteres in Betreibung setzen oder klageweise einfordern, wenn der Klient den Anwalt für diesen Fall im Mandatsvertrag oder sonst wie beweisbar **von der Schweigepflicht entbunden** hat. Nur dann darf er auch als Forde-

---

[93]   BGE 117 Ia 341.
[94]   BGE 130 II 193; Kommentierung von FELBER, NZZ vom 10. Februar 2004.
[95]   Vgl. vorne N 11.
[96]   Vgl. vorne Art. 12 N 110.
[97]   TRECHSEL, Art. 321 N 32.

rungsgrund «Honorarrechnung vom ...» angeben. Fehlt es an einer solchen Entbindung vom Berufsgeheimnis, muss der Anwalt entscheiden, ob er vorgängig einer prozessualen Geltendmachung seiner Honorarforderung ein von der kantonalen Anwaltsgesetzgebung vorgesehenes Vermittlungsverfahren durchführen will. Solche Vermittlungsverfahren sind für die Beteiligten freiwillig.

Oft betrachten es die mit einem Vermittlungsverfahren betrauten Instanzen der Anwaltsorganisationen als standeswidrig, wenn parallel zum **Vermittlungsverfahren eine Betreibung oder ein Gerichtsverfahren** eingeleitet werden.[98]   67

Scheitert das Vermittlungsverfahren oder wird es nicht durchgeführt, muss der Anwalt seinen Mandanten zur **Entbindung von der Schweigepflicht** auffordern. Das Begehren ist mit dem Hinweis zu verbinden, dass eine Verweigerung der Entbindung von der Schweigepflicht zu einem entsprechenden Gesuch bei der zuständigen Behörde führen würde. Erteilt der Klient die gewünschte Einwilligung nicht, muss der Anwalt der zuständigen Behörde ein Gesuch um Entbindung vom Berufsgeheimnis unterbreiten. Dieses Gesuch ist zu begründen. Die Begründung wird das Bestehen eines Auftragsverhältnisses, die Kostennote und den Hinweis enthalten müssen,[99] dass der Klient die Entbindung von der Schweigepflicht ablehnt.   68

Einen **Prozess über ein ausstehendes Honorar** darf der Anwalt nur einleiten, wenn ihn der Klient oder die zuständige Behörde **vom Berufsgeheimnis entbunden** hat. In solchen Fällen wird der Anwalt auch prüfen müssen, ob das betroffene Mandat der Aufsicht der am Geschäftssitz des Anwalts zuständigen kantonalen oder allenfalls der Aufsicht einer ausserkantonalen Behörde untersteht. Die entsprechenden Verfahrensvorschriften sind unbedingt zu beachten.   69

Die zuständige Behörde kann den Anwalt für die Geltendmachung einer Honorarforderung gegen den Klienten vom Berufsgeheimnis entbinden, wenn dieser Entbindung **keine überwiegenden Interessen** entgegenstehen.[100] Die Entbindung darf nur aufgrund einer **umfassenden Güterab-**   70

---

[98]   So etwa die Standeskommission des Solothurnischen Anwaltsverbands. Vgl. Checkliste Honorarinkasso des Solothurnischen Anwaltsverbands, Stand Mai 2003.
[99]   Ein strikter Nachweis über diese negative Tatsache ist nicht möglich. Einzureichen sind aber darstellbare Versuche des Anwalts, den Klienten zur Entbindung vom Berufsgeheimnis zu bewegen.
[100] Urteil des Bundesgerichts vom 8. Juli 2002 (2P. 90/2002).

wägung erteilt werden. Dies gilt sowohl für das Berufsgeheimnis nach Art. 321 Ziff. 2 StGB wie auch für die Entbindung vom Berufsgeheimnis des Art. 13 BGFA.

71   Es geht nicht an, in «guten Tagen» die grosse Bedeutung des Berufsgeheimnisses für den Rechtsstaat und den Vertrauensschutz herauszustreichen, um in «schlechten Tagen», wenn der Klient nicht zahlen will oder nicht zahlen kann, das Berufsgeheimnis ohne Zustimmung des Klienten oder Entbindung durch die zuständige Behörde in eigener Kompetenz zu lockern. Die Begründung, der Klient, der nicht bezahle, erfülle seinerseits den Vertrag nicht und dies berechtige den Anwalt ohne weiteres zur Missachtung des Berufsgeheimnisses, übersieht die **institutionellen Elemente des Berufsgeheimnisses**, bei dem es sich eben **nicht nur** um **eine Vertragspflicht** handelt. Dieser Konflikt tritt in aller Schärfe beim Honorarinkasso gegen einen Klienten zu Tage, der sich jeder Zusammenarbeit verweigert oder in Fällen, in denen der Anwalt auf «Schwarzgeld» des Klienten greifen möchte.

72   Es sind Konstellationen möglich, in denen sich die Frage nach dem **Berufsgeheimnis im Konkurs des Mandanten** stellt. Auch der Anwalt des Gemeinschuldners darf seine Honorarforderung beim Schuldenruf nur eingeben, wenn ihn der Klient oder die zuständige Behörde zuvor **vom Berufsgeheimnis entbunden** hat. Dieser Fall ist gleich zu behandeln wie die besprochenen Fälle des Honorarinkassos mittels Betreibung und/oder Gerichtsverfahren. Da der Anwalt seine Honorarforderung nach Art. 232 Abs. 2 Ziff. 2 SchKG innert eines Monats seit Bekanntmachung des Schuldenrufs einzugeben hat, muss er rasch handeln. Denkbar ist die Nachreichung der Entbindung ähnlich der Nachreichung einer Vollmacht bzw. der nachträglichen Genehmigung nach Art. 38 Abs. 1 OR. Kann die Entbindung nicht nachgereicht werden, bleibt die Einreichung der Forderung aber eine Verletzung des Berufsgeheimnisses. Dieses Vorgehen ist also riskant.

73   Auch beim **Tod des Mandanten** erschwert das **Berufsgeheimnis** das Honorarinkasso. Für die Einreichung der Honorarnote im Inventarisationsverfahren gilt das zur Einreichung der Honorarnote im Konkurs Ausgeführte.[101] Zusätzlich erschwert wird die Situation, weil das Recht zur Entbindung vom Berufsgeheimnis zufolge der Höchstpersönlichkeit des Verhältnisses zwischen Anwalt und Mandant nicht auf die Erben über-, sondern untergeht. Nach dem Tod des Klienten kann daher nur noch die Aufsichtsbehörde vom Berufsgeheimnis entbinden.

---

[101]   Vgl. N 72 oben.

Heikel ist die Frage, ob die **Schadensmeldung eines Anwalts** an seinen   74
Haftpflichtversicherer, die ohne ausdrückliche Zustimmung des Mandanten erfolgt, gegen das Berufsgeheimnis verstösst. In der Literatur wird dazu
die Ansicht vertreten, man befinde sich in einer nicht ausdiskutierten Grau-
zone, bei der es rechtlich um eine Güterabwägung zwischen den Interessen
des Anwalts an einer Abwehr der Schadenersatzansprüche einerseits und
den Geheimhaltungsinteressen des Mandanten andererseits gehe.[102] Nach
der hier vertretenen Auffassung gilt das jedoch zu den anderen Konstellationen Gesagte auch für die Schadensmeldung im Haftpflichtfall. Die Schadensmeldung darf grundsätzlich nur erfolgen, wenn die Einwilligung des
Klienten oder eine Entbindung der zuständigen Behörde vorliegt.

Nach verschiedenen Strafprozessordnungen hatte, wenn ein Verbrechen in   75
Frage stand, das Gericht in Würdigung aller Verhältnisse zu entscheiden,
ob der Anwalt in Abweichung zu Art. 321 StGB **Zeugnis abzulegen** hatte.
Nach der Rechtsprechung des Bundesgerichts hatte sie ihn zuvor freilich
anzuhören und ihm Gelegenheit zu geben, Gründe vorzubringen, die gegen die Aufhebung der Geheimhaltungspflicht sprachen.[103] Diese Regelung dürfte vor Art. 13 BGFA keinen Bestand mehr haben. Laut Art. 13
BGFA kann der Anwalt nun auch bei einer Entbindung vom Berufsgeheimnis in eigener Kompetenz entscheiden, ob er aussagen will oder nicht.

Dass die Entbindung vom Berufsgeheimnis den Anwalt nicht zur Preisga-   76
be von Anvertrautem verpflichtet, sondern er frei entscheiden kann und
muss, ob er Anvertrautes preisgeben will oder nicht, ist die Konsequenz
der rechtsstaatlichen Komponente[104] des Berufsgeheimnisses. Dürfen und
Müssen fallen auseinander; dem Anwalt wird gestattet, eigene, vor allem
aber andere Massstäbe anzulegen als jene des Klienten oder der Aufsichtsbehörde.[105]

Das **Berufsgeheimnis** gilt **zeitlich unbegrenzt**. Dies ist die Konsequenz   77
seines institutionellen Charakters und des Umstands, dass es dabei auch
um den Schutz der Persönlichkeit des Klienten geht. Trotz der Formulierung «zeitlich unbegrenzt» findet hier für das funktional aufgrund der be-

---

[102] HÜTTE, 107 (mit weiteren Hinweisen in Fn. 19–21), verweist zwar auf die geringe
       Häufigkeit der Problematik in der Praxis, hält aber klärende Worte des Anwaltsver-
       bands oder einer Aufsichtskommission zu diesem Punkt für wünschbar.
[103] BGE 91 I 203 f.
[104] Vgl. vorne N 4.
[105] Vgl. PFEIFER, Anwaltsrecht, 107.

ruflichen Tätigkeiten des Anwalts bestimmte Berufsgeheimnis allerdings eine Rückkoppelung an die Person des Anwalts statt.[106]

D. Versiegelung und Entsiegelung

78 Ein Rechtsanwalt, der sich auf das Berufsgeheimnis beruft, kann bei Beschlagnahmungen die nach kantonalem Recht vorzunehmende **Versiegelung** des Beschlagnahmten verlangen. Auch das an die Versiegelung anschliessende Verfahren, das mit der Entsiegelung oder Rückgabe des Beschlagnahmten endet, folgt kantonalem Recht.

79 Bei einer Anwaltskanzlei beschlagnahmte Akten und Computerdaten können versiegelt werden. Im **Entsiegelungsverfahren** kann sich der Anwalt auf sein Berufsgeheimnis stützen.[107]

E. Sanktionen bei Verletzung des Berufsgeheimnisses

80 Nach Art. 321 StGB kann die vorsätzliche Verletzung des Berufsgeheimnisses auf Antrag zur **Bestrafung** führen. Ist eine Anwaltskanzlei als Kapitalgesellschaft organisiert, ist allenfalls das neue Unternehmensstrafrecht[108] zu beachten.

81 Zivilrechtlich kann die schuldhafte Verletzung des Berufsgeheimnisses zu einer **Schadenersatz- und Genugtuungspflicht** führen.[109]

---

[106] Vgl. auch TRECHSEL, Art. 321 N 17, der beim Tod eines Geheimnisherrn, der Akten hinterlässt, ein sorgfältiges Siegelungsverfahren fordert (vgl. sogleich N 78 ff.).

[107] BGE 130 II 193. Das Rechtshilfegesuch stand im Zusammenhang mit einem Verfahren gegen eine Sekretärin der Anwaltskanzlei. Gegen die Sekretärin (und nicht gegen den Anwalt) wurde wegen Zugehörigkeit zu einer linksextremen terroristischen Vereinigung in Italien ermittelt. Das Bundesgericht vertrat die Auffassung, dies vermöge die Entsiegelung der in der Kanzlei behändigten Unterlagen und elektronischen Daten nicht zu rechtfertigen. Das Urteil erging mit vier gegen eine Stimme. Nur einer der Richter vertrat die Auffassung, das Bundesgericht solle die Unterlagen selber sichten und jene Informationen an die Bundesanwaltschaft herausgeben, die nicht unter das Berufsgeheimnis fallen.

[108] Art. 100quater, 102, 102a StGB; vgl. auch Fn. 77.

[109] Als Grundlagen kommen Art. 398 OR i.V.m. Art. 97 OR, Art. 41 OR i.V.m. Art. 28 OR sowie Art. 49 OR i.V.m. Art. 28 OR in Frage (SCHWARZ, Gedanken, 114).

Der **strafrechtliche** und der **privatrechtliche Schutzbereich** sind **nicht**   82
deckungsgleich. Die privatrechtliche Diskretions- und Geheimhaltungspflicht nach Art. 398 Abs. 2 OR und der Schutz der Persönlichkeit nach
Art. 28 ZGB sind weiter als der Anwendungsbereich des Art. 321 StGB.
Sie umfassen auch Tatsachen und Informationen, die ausserhalb des strafrechtlichen Kernbereichs liegen.[110]

Disziplinarische Sanktionen gegen einen Anwalt, der das Berufsgeheim-   83
nis nach Art. 13 BGFA verletzt, können auch bei fahrlässiger Begehung
ausgesprochen werden. Es bedarf auch keines Antrags des betroffenen
Klienten. Ein Verhalten, das keine Verletzung des Berufsgeheimnisses nach
Art. 321 StGB, sondern (nur) eine Verletzung der privatrechtlich begründeten Diskretions- und Geheimhaltungspflicht darstellt, ist gestützt auf
Art. 12 lit. a BGFA zu sanktionieren.[111]

Die Ahndung einer Verletzung des Berufsgeheimnisses nach Art. 13 BGFA   84
bedarf eines konkreten Ereignisses. Ein blosser **Verdacht** auf Verletzung
des Berufsgeheimnisses **genügt nicht**. Allerdings deutet das Bestehen einer
Interessenkollision oft gleichzeitig auf eine Verletzung des Berufsgeheimnisses hin. Lässt sich eine solche nicht konkret nachweisen, umfasst die
disziplinarische Ahndung des Verstosses gegen das Verbot von Interessenkollisionen nach Art. 12 lit. c BGFA auch die Gefährdung des Berufsgeheimnisses.[112]

V.   Einzelfragen

Bei der Diskussion über die Tragweite des Berufsgeheimnisses stellt sich   85
oft die Frage nach dem **konkreten Bezug** des Berufsgeheimnisses. Diese
Fragen unterliegen naturgemäss den sich wandelnden gesellschaftlichen
und rechtlichen Anschauungen. Dementsprechend ändern sich je nach Ak-
tualität und Häufigkeit der Bezüge auch die Schwerpunkte und die Brenn-
punkte (und auch Lücken) des Berufsgeheimnisses. Einigen besonders
aktuellen Fragen wird im Folgenden ergänzend nachgegangen.

---

[110]   SCHWARZ, Gedanken, 115.
[111]   Diesbezüglich hat das BGFA im Vergleich zur noch von SCHWARZ, Gedanken, 116,
        beschriebenen Situation Klarheit geschaffen.
[112]   Beschluss der Anwaltskammer des Kantons Solothurn vom 25. März 2004 betreffend
        Disziplinarverfahren gegen A., N 6 und 7.

A. EDV und Datenschutz

86   Mit der heutigen **Verbreitung von EDV und von elektronischen Infor-mationssystemen**[113] einerseits und zunehmender Normierungsdichte im Bereich des Datenschutzes andererseits treten Konflikte zwischen **Berufs-geheimnis und Datenschutz** auf.[114]

B. Anwaltskapitalgesellschaft

87   Das Berufsgeheimnis steht der **Organisationsform der Aktiengesellschaft oder GmbH** für Rechtsanwälte[115] nicht entgegen. Das Argument des Be-rufsgeheimnisses spielte in der bisherigen Diskussion um die **Anwalts-AG** keine Rolle.[116] Es ist auch nicht einzusehen, weshalb das Berufsgeheimnis in einer Anwaltskanzlei, die in der Rechtsform der Aktiengesellschaft ge-führt wird, weniger geschützt sein sollte als bei einer in Form der Kollek-tivgesellschaft geführten Anwaltskanzlei.[117]

C. Multidisciplinary Practice (MDP)

88   Das mit MDP (Multidisciplinary Practice) bezeichnete Phänomen[118] gibt dem Berufsgeheimnis keine neuen oder anderen Probleme auf als bisher.

---

[113]   Zu den sich aus dem Internet ergebenden Fragen vgl. BÉNÉDICT, 267 ff.

[114]   Eine umfassende Darstellung des Spannungsverhältnisses, insbesondere auch mit Berücksichtigung der Beziehung Anwalt/Klient (der Kommentar zum schweizerischen Datenschutzgesetz von MAURER/VOGT geht dieser Beziehung nicht näher nach), ist für die Schweiz noch ausstehend. Mit dem Beitrag von BÉNÉDICT, 264 ff., liegt eine gute Grundlage für die Auseinandersetzung mit dem Problem vor.

[115]   MERZ, 196, vertritt diese Auffassung.

[116]   Weder der prominenteste Befürworter, NOBEL, Rechtsformen, 339 ff., noch seine Ge-folgschaft, PFEIFER, Rechtsanwalt, 325 ff., noch seine Kritiker sehen im Berufsge-heimnis ein Problem für die Organisationsform, in der Anwälte arbeiten. Der Entwurf für das BGFA hatte für die Rechtsform der Anwaltskanzlei Organisationsfreiheit vor-gesehen. Auch FELLMANN, Rechtsformen, sieht bezüglich des Berufsgeheimnisses kein Problem für die Organisationsform der Anwaltskanzlei. Vgl. auch vorne Art. 12 N 62 und 63.

[117]   Die Revisionsstelle kann die gleichen Modalitäten der Anonymisierung befolgen wie die Eidg. Steuerverwaltung bei der Überprüfung der Mehrwertsteuer (VONZUN, 447 ff.).

[118]   Vgl. zur Multidisciplinary Practice auch vorne Art. 8 N 52 und Art. 12 N 19 und 64. Während bei den Fragen der Unabhängigkeit von Art. 8 und Art. 12 BGFA das Ge-sellschaftsverhältnis verschiedener Berufsträger eine Rolle spielt (und insofern die

Der Anwalt, der nicht nur «eigentliche», sondern auch «andere» Anwaltstätigkeiten ausübt, muss schon heute organisatorische Massnahmen treffen, um dafür zu sorgen, dass der «weitere» Tätigkeitsbereich den «engeren» hinsichtlich der Geheimhaltung nicht kontaminiert.

D.   Berufsgeheimnis des Syndikusanwalts

Im Lichte der Funktion **des Berufsgeheimnisses** entscheidet sich auch die   89
Frage, ob sich der **Unternehmensjurist**[119] auf den Schutz des Berufsgeheimnisses nach Art. 321 StGB berufen kann.[120] Dass er sich **nicht** auf das
Berufsgeheimnis nach Art. 13 BGFA berufen kann, versteht sich von selbst.
Da ihm für die Tätigkeit im Unternehmen von vornherein die **institutionelle Unabhängigkeit** nach Art. 8 Abs. 1 lit. d. BGFA **fehlt**, kann er sich
nicht in ein kantonales Anwaltsregister eintragen lassen und untersteht folglich auch nicht dem Anwaltsgesetz.

In den USA und in England spielt es für die Möglichkeit, den Schutz des   90
Berufsgeheimnisses zu beanspruchen, keine Rolle, ob die betroffenen **Anwälte** freiberuflich oder für Unternehmen in **einem Anstellungsverhältnis**
tätig sind. In der Schweiz ist das anders. Zwar wäre es nach dem Wortlaut
des Art. 321 StGB, der bloss von «Anwälten» spricht, denkbar, dass sich
auch Unternehmensjuristen, die über das Anwaltspatent verfügen, auf das
Berufsgeheimnis berufen könnten. Die herrschende Lehre[121] geht aber dahin, dass sich Art. 321 StGB nur auf die freierwerbenden Anwälte, allenfalls
noch auf anderweitig beschäftigte Inhaber eines Anwaltspatents, soweit sie
anwaltliche Dienstleistungen erbringen, aber nicht auf in Unternehmen angestellte Anwälte bezieht. Dies unterstreicht die Formulierung «infolge ihres Berufes anvertraut» bzw. «in dessen Ausübung wahrgenommen»[122] und

---

«Multidisciplinary Partnership» behandelt wird), geht es bei der Frage des Berufsgeheimnisses um die unterschiedlichen Tätigkeiten mehrerer Personen (weshalb von
«Multidisciplinary Practice» die Rede ist). ABA Model Rule 5.6: «The reference to a
partnership agreement is under inclusive because lawyers practice in professional
corporations and professional limited liability companies». Fundstelle vgl. Fn. 34.

[119] Es hat sich für ihn auch in der Schweiz daneben die Bezeichnung «In-house Counsel»
eingebürgert. In Deutschland wird der Begriff des Syndicusanwalts verwendet.

[120] Vgl. auch vorne Art. 2 N 4.

[121] WOLFFERS, 136; CORBOZ, 81; TRECHSEL, Art. 321 N 5: «Keine Rechtsanwälte sind die
‹Rechtskonsulenten›».

[122] STEFAN TRECHSEL, Art. 321 N 19.

---

kann auch aus der Funktion des freierwerbenden Anwalts im Rechtsstaat[123] geschlossen werden, die erst das Berufsgeheimnis begründet.

91   In **Deutschland** ist nicht eindeutig geklärt,[124] ob der in einem Unternehmen angestellte Anwalt (in Deutschland oft als **Syndikusanwalt** bezeichnet) sich auf das Berufsgeheimnis berufen kann. Die Ansicht, dass dem Syndikusanwalt, der in «gehobener Stellung»[125] in einem Unternehmen tätig ist, sofern er «Legal Advice»[126] und nicht bloss «Business Advice» erteilt, die Berufung auf das Berufsgeheimnis möglich sein sollte,[127] hat nach der hier vertretenen Auffassung einiges für sich. Allerdings liegt dazu kein Entscheid des Bundesgerichtshofs vor.[128]

92   Aufgrund der engen Verbindung zwischen den «Anwaltsprivilegien» (zu denen auch das Berufsgeheimnis zählt) und der Stellung von Rechtsanwälten im System der Rechtspflege wurde in der **Europäischen Union** Syndikusanwälten der durch das Berufsgeheimnis verliehene Schutz der «protection of the confidentiality of information» für gewisse Schriftstücke vorläufig gewährt.[129] Insbesondere als Anwälte zugelassene Syndikusanwälte sehen in dieser Entwicklung eine Tendenz zur Anerkennung des Berufsgeheimnisses des Syndikusanwalts. Tatsächlich akzentuiert in der EU die neue Kartellverfahrensordnung Nr. 1/2003[130] das Interesse von Unternehmen, dass sich ihre Syndikusanwälte für interne Abklärungen von wett-

---

[123] SCHLUEP, 58 ff.

[124] ROXIN, 1129; SCHRIEVER bei der Besprechung des Akzo-Nobel-Entscheids des Europäischen Gerichts erster Instanz (Az. T-125/03, T-253/03), 105: «Die rechtliche Stellung von Syndikusanwälten ist im deutschen Recht umstritten».

[125] Gemeint ist damit die Möglichkeit, einen Auftrag auch abzulehnen und die Möglichkeit, eigene Mandate annehmen zu dürfen (ROXIN, 1135).

[126] ROXIN, 1134.

[127] ROXIN, 1136.

[128] ROXIN, 1132.

[129] EuG verb. Rs. T-125/03 R und T-253/03 R, Akzo Nobel Chemicals Ltd. und Akcros Chemicals Ltd./Kommission Slg. 2003, N 125; Kommentierung durch SCHRIEVER, 105. Der Präsident berief sich auf eine bei den Mitgliedstaaten festzustellende Trendwende in der Behandlung des Berufsgeheimnisses von Syndikusanwälten. Der Entscheid ist vorläufig und über den definitiven Schutz der in Frage stehenden Papiere wird im Hauptverfahren zu entscheiden sein. Hinsichtlich der vom Präsidenten des Europäischen Gerichts in Erster Instanz festgestellten Tendenz, den Syndikusanwälten den Schutz des Berufsgeheimnisses zu gewähren, ist immerhin darauf hinzuweisen, dass der Europäische Rat am 21. November 2003 die Aufnahme eines noch im Europäischen Parlament diskutierten Anwaltsprivilegs für In-house Counsels in die Fusionskontrolle ablehnte (SCHRIEVER, 105); vgl. auch REDEKER, 889 f.

[130] In Kraft seit 1. Mai 2004.

---

bewerbsrelevanten Sachverhalten auf das Berufsgeheimnis berufen können.[131]

Für die **Schweiz** sind gestützt auf die Grundlagen des Berufsgeheimnisses   93
und seine Funktion im Rechtsstaat[132] folgende Überlegungen massgebend:
Erste Voraussetzung für die Unterstellung unter Art. 321 StGB wäre die
Unabhängigkeit des Unternehmensjuristen. Sie könnte allenfalls bejaht werden, wenn er von demjenigen Organ im Unternehmen **unabhängig** wäre,[133]
das ihm die fragliche Aufgabe zuweist. Wenn der im Unternehmen angestellte Anwalt durch die Preisgabe eines Geheimnisses seine **Berufspflichten als anwaltlicher Berater** oder Vertreter seines Unternehmens verletzen
würde, hätten er und das Unternehmen weiter auch ein **legitimes Interesse
am Schutz** des Berufsgeheimnisses. Dass der Unternehmensjurist schliesslich **vom Staat unabhängig** ist, lässt sich auch nach den vom Bundesgericht in BGE 130 II 87 ff. aufgestellten Kriterien nicht verneinen.[134] Es gibt
daher letztlich vor allem ein Argument, das **gegen die Anwendung des Berufgeheimnisses** nach Art. 321 StGB auf Unternehmensjuristen spricht: Unter
rechtsstaatlichen Aspekten haben sie eine andere Stellung als die freien Anwälte. Ebenso wenig, wie sich der freie Anwalt als Mitglied des Verwaltungsrats einer Aktiengesellschaft im Rahmen einer Vermögensverwaltung
oder bei der Erfüllung eines Inkassomandats auf das Berufsgeheimnis berufen kann,[135] steht dieses Recht dem Unternehmensjuristen für seine Tätigkeit im Unternehmen zu.

Die rechtsstaatliche Bedeutung freier Anwälte[136] liegt vorab in ihrer instru-   94
mentalen, verfahrensmässigen Bedeutung für das staatliche Rechtssystem.
Insbesondere sichern freie Anwälte dank der virtuellen Möglichkeit der
Beauftragung durch jedermann einen permanenten potentiellen **Zugang
zum Rechtssystem**. In Unternehmen angestellte Anwälte können demgegenüber zwangsläufig nur für ihr Unternehmen tätig werden.[137]

---

[131] Vgl. dazu ausführlich Seitz, 231 ff. Seitz legitimiert auch gleich das geforderte Be-
       rufsgeheimnis des Syndikusanwalts grundrechtlich mit Verweisungen auf die EMRK
       (Art. 6, 8, 10) und die Europäische Grundrechtscharta (Art. 8, 47).
[132] Vgl. vorne N 39.
[133] Und zwar sowohl weisungsunabhängig als auch finanziell unabhängig. Vgl. vorne
       Art. 12 N 71, 72 und 78.
[134] Vgl. auch Fn. 23.
[135] Vgl. vorne N 41.
[136] Vgl. auch die Definition bei de Capitani, 6.
[137] In der virtuell umfassenderen Unabhängigkeit freier Anwälte bzw. der bloss konzen-
       trierten Unabhängigkeit von in Unternehmen angestellten Anwälten liegt ein quanti-
       tativer und ein qualitativer Unterschied in der rechtsstaatlichen Bedeutung, der die

E.   Prozessfinanzierung

95   Bestandteil des Berufsgeheimnisses ist auch die **Existenz des Auftrags-verhältnisses** zwischen Anwalt und Klient.[138] Hier zeigen sich neuartige Probleme. Beim Klienten, der seinen Anwalt unabhängig vom Obsiegen oder Unterliegen im Prozess selbst bezahlt, besteht grundsätzlich nie die Gefahr, dass das Klienten-Anwalts-Verhältnis durch ein Verhalten des Anwalts anders als durch eine Verletzung der Schweigepflicht publik wird. Anders verhält es sich bei der Prozessfinanzierung im Rahmen einer Gewinnbeteiligung eines Dritten, aber auch bei der Finanzierung des Anwalts durch eine Rechtsschutzversicherung.

96   Bei der Finanzierung des Anwalts durch eine **Rechtsschutzversicherung** lässt sich das Berufsgeheimnis noch relativ gut wahren. Auskunft erhalten nur die mit der Abwicklung des konkreten Falls betrauten Sachbearbeiter (und allenfalls die Revisionsstelle). Nur sie werden zu Mitwissern. Der Verwaltungsrat und die Aktionäre der Rechtsschutzversicherung hingegen müssen die Namen der Versicherten nicht kennen. Sie haben sich auf die Oberleitung der Gesellschaft und Auswahl und Kontrolle der Geschäftsführung zu beschränken.

97   Bei der **Prozessfinanzierung durch Erfolgsbeteiligung**[139] einer finanzierenden Gesellschaft dürfte der Kreis der Drittwisser demgegenüber schon institutionell grösser werden. Hier genügt es nicht, dass sich der Verwaltungsrat in der Oberleitung der Gesellschaft und der Auswahl und Kontrolle des Managements auf die Vorgabe versicherungsmathematischer Kriterien beschränkt. Er wird nicht darum herum kommen, individuelle Kriterien für Prozessfinanzierungen aufzustellen und deren Einhaltung konsequent und auch im Einzelfall zu überprüfen. Dass dabei zumindest Teile des Verwaltungsrats Kenntnis von der Person des Prozessfinanzierten erhalten, ist unvermeidbar. Damit wird das Mandatsverhältnis, das geheim zu halten wäre,

---

Beschränkung des Berufsgeheimnisses auf freie Anwälte rechtfertigen kann. Auf der anderen Seite könnten die beiden ersten Tests rechtfertigen, in Unternehmen angestellte Anwälte für die ihnen in ihrer speziellen Anwaltsfunktion erteilten Aufgaben in den Kreis der vom Berufsgeheimnis geschützten Anwälte einzubeziehen. Mit einer solchen Lösung wäre der Unterschied zum angelsächsischen Konzept des Berufsgeheimnisses und auch zur Auffassung von ROXIN für deutsche Verhältnisse nicht mehr gross (ROXIN, 1134).

[138]   Vgl. vorne N 58.
[139]   Zur grundsätzlichen Problematik der Erfolgshonorare und einer quota litis vgl. vorne Art. 12 N 81 und 118–128. PFEIFER, Erfolgshonorar, 69 ff.

---

einem grösseren Kreis von Drittpersonen bekannt. Die Gefahr der Verletzung des Berufsgeheimnisses nimmt quantitativ zu. Im Vertrag zwischen dem Prozessfinanzierer und dem Klienten ist daher auf diese Einschränkung des Berufsgeheimnisses hinzuweisen.

Art. 14   Kantonale Aufsichtsbehörde über die Anwältinnen und Anwälte

Jeder Kanton bezeichnet eine Behörde, welche die Anwältinnen und Anwälte beaufsichtigt, die auf seinem Gebiet Parteien vor Gerichtsbehörden vertreten.

Art. 14   Autorité cantonale de surveillance

Chaque canton désigne une autorité chargée de la surveillance des avocats qui pratiquent la représentation en justice sur son territoire.

Art. 14   Autorità cantonale di sorveglianza

Ogni Cantone designa un'autorità incaricata della sorveglianza degli avvocati che esercitano la rappresentanza in giudizio nel suo territorio.

Inhaltsübersicht   Note
I.   Organisation und Verfahren   1
II.   Aufsichtsbereich   5
III. Aufsichtsmittel   9

I.   Organisation und Verfahren

1   Die Kantone sind frei, die Aufsichtstätigkeit einer beliebigen kantonalen Behörde zuzuweisen. Es kann sich um eine Exekutivbehörde, ein Gericht, eine besondere aus Vertretern der Gerichte und der Anwaltschaft zusammengesetzte Aufsichtskommission oder einen Anwaltsverband handeln. Die Kantone haben ausnahmslos eine **Aufsichtsbehörde** eingesetzt.[1] Eine zentrale Bundesaufsichtsbehörde ist nicht vorgesehen. Eine gewisse Zentralisierung der Aufsicht erfolgt auf dem Weg der Meldepflicht nach Art. 15 BGFA.

2   Das Verfahren vor der Aufsichtsbehörde wird durch den Kanton geregelt (Art. 34 Abs. 1 BGFA).

3   Die Entscheide der kantonalen Aufsichtsbehörde können mit **Verwaltungsgerichtsbeschwerde** an das Bundesgericht weitergezogen werden. Ist die Aufsichtsbehörde kein Gericht im Sinne der Rechtsprechung zu Art. 30 BV

---

[1]   Ein Verzeichnis der kantonalen Aufsichtsbehörden findet sich im Anhang VII zum Kommentar.

TOMAS POLEDNA

und zu Art. 6 EMRK, so muss der Kanton nach Art. 98a OG eine gerichtliche Instanz einsetzen, welche die Entscheidungen der Aufsichtsbehörde
innerkantonal überprüft.

Zur fehlenden Qualifikation der Aufsichtsbehörde als Gericht vgl. Art. 17   4
N 7 ff. hinten.

II. Aufsichtsbereich

Die **Aufsichtsbefugnis** bezieht sich nach dem klaren Wortlaut von Art. 14   5
BGFA nur auf Anwälte, die auf dem Gebiet des betreffenden Kantons Parteien vor Gerichtsbehörden vertreten; die Aufsichtsbefugnis reicht damit
weiter als der persönliche Anwendungsbereich nach Art. 2 Abs. 1 BGFA,
der eine Beschränkung auf die gerichtliche Vertretung *im Bereich des Anwaltsmonopols* vorsieht. Der Aufsicht unterliegen somit auch Anwälte, die
ausserhalb des kantonalen Monopols vor Gerichten tätig sind.

Ohne Belang ist der Wohnsitz des Anwalts und der vertretenen Partei. So-   6
bald ein Verfahren vor einer kantonalen Gerichtsbehörde hängig wird, greift
die **Aufsichtskompetenz** der kantonalen Behörde.

Von der **Aufsicht** erfasst werden alle Anwälte, die auf dem kantonalen Ge-   7
biet Parteien vor Gerichtsbehörden vertreten, unabhängig davon, ob die
Aufsicht konkret ein Gerichtsverfahren betrifft oder nicht. Die Aufsicht
bezieht sich somit nicht allein auf im kantonalen Anwaltsregister eingetragene Personen; sie erfasst auch ausserkantonal registrierte Personen, wie
Art. 16 BGFA zeigt. Angesprochen werden alle Gerichtsverfahren, die auf
kantonalem Gebiet stattfinden, und es müssten somit auch die Verfahren
vor Bundesinstanzen (sei es als Rechtsmittelinstanzen oder als direkt an-
gerufene Gerichte) Art. 14 BGFA unterstellt sein. Art. 15 Abs. 2 BGFA
zeigt jedoch, dass bei Verfahren vor eidgenössischen Gerichts- und Ver-
waltungsinstanzen der Registerkanton zuständig ist.

Die Aufsicht knüpft an die Vertretungstätigkeit vor den Gerichtsbehörden   8
an, erfasst jedoch darüber hinaus auch die übrigen Tätigkeiten eines Anwalts, somit auch jene ausserhalb des Anwaltsmonopols.[2]

---

[2] BOTSCHAFT, Nr. 233.3, 6059.

III. Aufsichtsmittel

9 Als einziges **Aufsichtsmittel** nennt das BGFA das Disziplinarverfahren und die entsprechenden Massnahmen. Damit soll eine bundesrechtliche Verein-heitlichung des Disziplinarwesens erreicht werden, doch sollen andere Auf-sichtsmittel nicht ausgeschlossen werden. Die Kantone verfügen ausserhalb des disziplinarischen Bereichs über einen eigenständigen Regelungsbereich. Sie können der Aufsichtsbehörde insbesondere präventiv wirkende Aufsichts-befugnisse zuweisen, so die Möglichkeit, mittels Richtlinien, allgemeinen Weisungen etc. auf die Tätigkeit der Anwälte einzuwirken, über die Able-gung des Anwaltsexamens zu entscheiden oder über die Entbindung vom Berufsgeheimnis zu befinden.

10 Die kantonalen Regelungen des Aufsichtswesens müssen die Schranken des BGFA beachten und dürfen auch nicht gegen Sinn und Geist der Bun-desregelung verstossen. So wäre es etwa unzulässig, in Abweichung vom BGFA andere **Disziplinarmassnahmen** vorzusehen oder auf gewisse zu verzichten.

Art. 15   Meldepflicht

[1] Die kantonalen Gerichts- und Verwaltungsbehörden melden der Aufsichtsbehörde ihres Kantons unverzüglich Vorfälle, welche die Berufsregeln verletzen könnten.

[2] Die eidgenössischen Gerichts- und Verwaltungsbehörden melden der Aufsichtsbehörde des Kantons, in dem eine Anwältin oder ein Anwalt eingetragen ist, unverzüglich Vorfälle, welche die Berufsregeln verletzen könnten.

Art. 15   Devoir de communication

[1] Les autorités judiciaires et administratives cantonales annoncent sans retard à l'autorité de surveillance de leur canton les faits susceptibles de constituer une violation des règles professionnelles.

[2] Les autorités judiciaires et administratives fédérales annoncent sans retard à l'autorité de surveillance du canton au registre duquel l'avocat est inscrit les faits susceptibles de constituer une violation des règles professionnelles.

Art. 15   Obbligo di comunicazione

[1] Le autorità giudiziarie e amministrative cantonali comunicano senza indugio all'autorità di sorveglianza del loro Cantone i fatti che potrebbero costituire una violazione delle regole professionali.

[2] Le autorità giudiziarie e amministrative federali comunicano senza indugio all'autorità di sorveglianza del Cantone nel cui registro è iscritto l'avvocato i fatti che potrebbero costituire una violazione delle regole professionali.

Inhaltsübersicht	Note
I. Anwendungsbereich	1
II. Zuständigkeiten	6

I.   Anwendungsbereich

Die **Meldepflicht** bezieht sich allein auf Vorfälle, die auf eine mögliche   1
Verletzung von Berufsregeln schliessen lassen. Art. 15 Abs. 1 BGFA erfasst allein die innerkantonalen Meldungen. Der interkantonale Meldeverkehr ist wie folgt geregelt: Verfügte Disziplinarmassnahmen sind nur zu melden, wenn es um ein Berufsausübungsverbot geht (Art. 18 Abs. 2 BGFA). Dagegen ist bereits die Eröffnung eines ausserkantonalen Disziplinarverfahrens der Aufsichtsbehörde des Registerkantons mitzuteilen (Art. 16 Abs. 1 BGFA).

2 Vorfälle, welche nach Einschätzung der **meldepflichtigen Behörde** nicht als (mögliche) Verletzung einer Berufsregel angesehen werden, sind nicht zu melden.

3 Die ausserkantonalen, die eidgenössischen sowie die Gerichts- und Verwaltungsbehörden der Mitgliedstaaten der EU und EFTA können **Einsicht in das kantonale Register nehmen**, sofern Anwälte vor ihnen auftreten (Art. 10 Abs. 1 lit. a und b BGFA). Den kantonalen Aufsichtsbehörden steht das Einsichtsrecht demgegenüber in Bezug auf sämliche Tätigkeiten eines Anwalts zu, also nicht bloss im Zusammenhang mit dem Auftreten vor Gerichtsbehörden (Art. 10 Abs. 1 lit. c BGFA).

4 Erfasst werden allein die möglichen Verletzungen von Berufsregeln gemäss Art. 12 BGFA. Verletzungen anderweitiger Regeln, Vorschriften und Pflichten sind nur dann meldepflichtig, wenn sie zugleich als mögliche Verletzung einer Berufsregel anzusehen sind.

5 Aus der Melde*pflicht* lässt sich – mangels gesetzlicher Grundlage – nicht ableiten, dass für anderweitige Vorgänge, die keine Verletzung der Berufsregeln bilden können, ein Melde*recht* der Behörde bestünde. Ein solches umfassendes Melderecht stünde im Widerspruch zur Datenschutzgesetzgebung.

II. Zuständigkeiten

6 Die Zuständigkeiten unterscheiden sich, je nachdem, von wem die Meldung ausgeht:

– Geht die Meldung von einer kantonalen Gerichts- oder Verwaltungsbehörde aus, so ist diese verpflichtet, den Vorfall der Aufsichtsbehörde *ihres Kantons* zu melden.

– Geht die Meldung von einer eidgenössischen Gerichts- oder Verwaltungsbehörde aus, so geht diese an die Aufsichtsbehörde des Kantons, in dessen Register der Anwalt *eingetragen* ist.

7 Die Regelung von Art. 14 BGFA ist widersprüchlich und lückenhaft. Nicht geregelt ist hier die Weitergabe der Meldung durch die ausserkantonale Aufsichtsbehörde an die Aufsichtsbehörde des Registerkantons im Fall des Verzichts auf die Einleitung eines Verfahrens. Verzichtet die ausserkantonale Aufsichtsbehörde auf die Einleitung eines Disziplinarverfahrens, so scheidet eine Weiterleitung der Meldung an die Aufsichtsbehörde des Re-

gisterkantons wegen fehlender gesetzlicher Grundlage aus (Art. 16 Abs. 1 BGFA e contrario), was im Widerspruch steht zur konkurrenzierenden Zuständigkeit der Aufsichtsbehörden (vgl. hinten Art. 16 N 2). Die Aufsichtsbehörde des Registerkantons kann somit für den Fall, dass sie zu einer anderen rechtlichen Einschätzung der Vorfälle als die ausserkantonale Aufsichtsbehörde gelangt, kein Disziplinarverfahren einleiten, sofern sie nicht auf anderem Weg über den Vorgang informiert wird.

Geht es jedoch um Vorfälle, die sich vor einer eidgenössischen Verwaltungs- oder Gerichtsbehörde zugetragen haben, so wird die Aufsichtsbehörde des Registerkantons in jedem Fall orientiert und kann zu einer eigenen Beurteilung bezüglich der disziplinarischen Relevanz der Vorgänge gelangen.   8

Meldungen Dritter (insbesondere des eigenen Klienten oder der Gegenpartei) sind nicht ausgeschlossen und müssen als aufsichtsrechtliche Anzeigen entgegengenommen und behandelt werden. Dritte sind berechtigt, die Anzeigen der Aufsichtsbehörde des Registerkantons oder des Verfahrenskantons zu melden.   9

Zur Meldung von und an Behörden der EU- und EFTA-Staaten siehe die Kommentierung zu Art. 26 und 29 BGFA.   10

Art. 16 Disziplinarverfahren in einem anderen Kanton

[1] Eröffnet eine Aufsichtsbehörde ein Disziplinarverfahren gegen Anwältinnen oder Anwälte, die nicht im Register dieses Kantons eingetragen sind, so informiert sie die Aufsichtsbehörde des Kantons, in dessen Register sie eingetragen sind.

[2] Beabsichtigt sie, eine Disziplinarmassnahme anzuordnen, so räumt sie der Aufsichtsbehörde des Kantons, in dessen Register die Anwältin oder der Anwalt eingetragen ist, die Möglichkeit ein, zum Ergebnis der Untersuchung Stellung zu nehmen.

[3] Das Ergebnis des Disziplinarverfahrens ist der Aufsichtsbehörde des Kantons mitzuteilen, in dessen Register die Anwältin oder der Anwalt eingetragen ist.

Art. 16 Procédure disciplinaire dans un autre canton

[1] L'autorité de surveillance qui ouvre une procédure disciplinaire contre un avocat non inscrit dans le registre du canton doit en informer l'autorité de surveillance du canton au registre duquel l'avocat est inscrit.

[2] Si elle envisage de prononcer une mesure disciplinaire, elle donne à l'autorité de surveillance du canton au registre duquel l'avocat est inscrit la possibilité de déposer ses observations sur le résultat de l'enquête.

[3] Le résultat de la procédure doit être communiqué à l'autorité de surveillance du canton au registre duquel l'avocat est inscrit.

Art. 16 Procedimento disciplinare in un altro Cantone

[1] L'autorità di sorveglianza che apre un procedimento disciplinare contro un avvocato non iscritto nel registro cantonale ne informa l'autorità di sorveglianza del Cantone nel cui registro è iscritto l'avvocato.

[2] Se intende infliggere una misura disciplinare, consente all'autorità di sorveglianza del Cantone nel cui registro è iscritto l'avvocato di presentare osservazioni sul risultato dell'inchiesta.

[3] L'esito del procedimento è notificato all'autorità di sorveglianza del Cantone nel cui registro è iscritto l'avvocato.

Inhaltsübersicht   Note

I.   Anwendungsbereich und Zuständigkeitsabgrenzungen   1
II.   Informationspflicht   5
III. Stellung der Aufsichtsbehörde des Registerkantons   7
IV.   Mitteilung   10

I. Anwendungsbereich und Zuständigkeitsabgrenzungen

Die Zuständigkeit der **Aufsichtsbehörden** bezieht sich auf sämtliche An-   1
wälte, die ihren Beruf auf dem Kantonsgebiet ausüben, unabhängig davon,
ob sie dort eine Geschäftsadresse haben und im Register eingetragen sind
oder nicht (Art. 14 BGFA).[1]

Auch wenn dies aus dem Wortlaut von Art. 16 BGFA nicht hervorgeht, so   2
ergibt sich aus Art. 14 BGFA zudem, dass dem BGFA eine teilweise ausschliessliche, im Übrigen eine **beschränkt-konkurrenzierende Aufteilung
der Kompetenzen** im Aufsichtsbereich zugrunde liegt. Die Aufsicht wird
primär von der Aufsichtsbehörde desjenigen Kantons geführt, in dem der
Anwalt vor den Gerichtsbehörden auftritt. Die Aufsichtsbehörde des Registerkantons ist allein zuständig, wenn Verfahren vor eidgenössischen Ge-
richts- und Verwaltungsbehörden betroffen sind (Art. 15 Abs. 2 BGFA).
Konkurrenzierende Zuständigkeiten bestehen zwischen dem Registerkanton und dem Kanton, in dem die disziplinarrechtlich relevante Tätigkeit
ausgeübt wurde, wobei im Bereich der Parteivertretung vor Gericht die
Zuständigkeit nach Art. 14 BGFA Vorrang hat.[2] Art. 16 Abs. 1 BGFA legt
sodann fest, dass bei disziplinarischen Verstössen ausserhalb des Registerkantons mit der Verfahrenseröffnung die Verfahrens- und Sanktionszustän-
digkeit allein bei der eröffnenden Aufsichtsbehörde liegt.[3] Die konkurrenzierende Zuständigkeit der Aufsichtsbehörde des Registerkantons kommt
somit erst dann zum Tragen, wenn die nach Art. 16 Abs. 1 BGFA zuständige Aufsichtsbehörde auf die Einleitung eines Verfahrens verzichtet.

Anderen kantonalen Aufsichtsbehörden kommen **keine Aufsichtskompe-
tenzen** zu, so weder der Aufsichtsbehörde des Anwalts der Gegenpartei
noch der Aufsichtsbehörde am Wohnsitz der Klientschaft.

Die **Verfahrensleitung**, insbesondere die Untersuchung, liegt bei der pri-   3
mär zuständigen Aufsichtsbehörde. Der Aufsichtsbehörde des Registerkantons steht das Recht zu, sich zum Ergebnis der Untersuchung zu äussern.
Die Aufsichtsbehörde des Registerkantons gilt nicht als Verfahrenspartei,
doch kommt ihr das Recht zu, eigene Anträge zu stellen. Dies schliesst
m.E. die Möglichkeit ein, Beweisanträge zu stellen, Beweismittel einzureichen und ergänzende Abklärungen zu fordern.

---

[1]   BOTSCHAFT, Nr. 233.5, 6059.
[2]   NATER, Unabhängigkeit, 68.
[3]   Vgl. hinten N 4.

4   Art. 16 BGFA lässt offen, ob das im von der Berufsausübung betroffenen
     Kanton durchgeführte Disziplinarverfahren abschliessend ist oder ob die
     Aufsichtsbehörde des Registerkantons nach dessen Abschluss ein weiteres
     Verfahren durchführen und eine zusätzliche Disziplinarmassnahme aus-
     sprechen kann. Diese vor Inkrafttreten des BGFA mögliche und schwieri-
     ge Frage der Verhältnismässigkeit aufwerfende[4] **Kumulation von Diszi-
     plinarmassnahmen** ist m.E. durch das BGFA ausgeschlossen.[5] Nach Art.
     14 BGFA obliegt die Aufsicht derjenigen Behörde, auf deren Kantonsge-
     biet der Anwalt vor Gericht Parteien vertritt. Die Aufsichtsbehörde des
     Registerkantons ist für die Verfahren vor eidgenössischen Gerichts- und
     Verwaltungsbehörden zuständig (Art. 15 Abs. 2 BGFA). Nach Art. 16 Abs. 1
     BGFA sind gewisse konkurrenzierende *Aufsichts*befugnisse denkbar (vor-
     ne N 2). Eine kumulierte *Sanktions*befugnis kennt das BGFA hingegen nicht;
     die Aufsichtsbehörde des Registerkantons wird nach Art. 16 Abs. 2 BGFA
     ins Verfahren einbezogen und kann dort Einfluss auf den Inhalt der Diszi-
     plinierung nehmen. Das hier gewährte Recht zur Stellungnahme würde in
     vielen Fällen an Sinn verlieren, wenn es der Aufsichtsbehörde des Regis-
     terkantons zustünde, ein ihr nicht genehmes Ergebnis des Disziplinarverfah-
     rens mittels eines eigenen Entscheids zu verschärfen. Wird kein Verfahren
     eröffnet, so kann sie dagegen bei anderer Einschätzung ein solches einlei-
     ten.

II.   Informationspflicht

5   Die Informationspflicht trifft die Aufsichtsbehörde, sofern der betroffene
     Anwalt nicht im Register ihres Kantons eingetragen ist. Sie informiert die
     Aufsichtsbehörde des Registerkantons.

6   Die Aufsichtsbehörde des Registerkantons ist zwingend zu informieren,
     sobald ein Disziplinarverfahren eröffnet wird. Da die blosse Eröffnung des
     Disziplinarverfahrens nicht als anfechtbare Verfügung gilt,[6] kann die Mit-
     teilung sofort mit der Eröffnung erfolgen.[7]

---

4   Vgl. etwa BGE 108 Ia 130.
5   Vgl. auch hinten Art. 17 N 1 ff. zur beschränkten Möglichkeit der Kumulation der
     Sanktionen.
6   Das Bundesgericht hat in seinem Urteil vom 18. Februar 2004 (2P.49/2004) festge-
     halten, dass sich weder eine Strafanzeige noch der Beschluss über die Eröffnung einer
     Straf- oder Disziplinaruntersuchung als Massnahme erweist, die zu einer anfechtba-
     ren Verfügung führt.
7   POLEDNA, Personalrecht, 917 ff.

III. Stellung der Aufsichtsbehörde des Registerkantons

Mit Abschluss der Untersuchung muss die zuständige Aufsichtsbehörde ent-   7
scheiden, ob sie die Anordnung einer Disziplinarmassnahme beabsichtigt
oder nicht. Beabsichtigt sie die Anordnung, so muss sie dies der Aufsichtsbehörde des Registerkantons mitteilen; die Mitteilung geht im Rahmen der
Gewährung des rechtlichen Gehörs auch an den betroffenen Anwalt. Wird
von der Anordnung Abstand genommen, so geht die Mitteilung zum einen
an den betroffenen Anwalt, zum anderen wird die Aufsichtsbehörde des Registerkantons nach Art. 16 Abs. 3 BGFA über das Ergebnis des Verfahrens
unterrichtet.

Die Aufsichtsbehörde des Registerkantons erhält die Möglichkeit, sich zum   8
Ergebnis der Untersuchung zu äussern. Dies bedingt, dass sie auch Akteneinsicht erhält und ihr auch die Stellungnahme(n) des betroffenen Anwalts
unterbreitet werden. Mit der Äusserungsmöglichkeit kann die Aufsichtsbehörde des Registerkantons zugunsten oder zuungunsten der betroffenen
Person Stellung beziehen. Äussert sie sich zuungunsten der betroffenen
Person, so ist dieser m.E. im Rahmen des rechtlichen Gehörs die Möglichkeit zur Stellungnahme zu geben.

Die Stellungnahme ist von der zuständigen Aufsichtsbehörde zu berück-   9
sichtigen, und es ist aufgrund der Begründungspflicht davon auszugehen,
dass sie sich in ihrem Entscheid mit der Stellungnahme gleich wie mit der
Stellungnahme des betroffenen Anwalts in gebotenem Masse auseinander
setzen muss. Weiter gehende Mitwirkungsrechte kommen der Aufsichtsbehörde des Registerkantons nicht zu.

IV. Mitteilung

Die Mitteilung bezieht sich sowohl auf die in Rechtskraft getretetene Ver-   10
hängung einer disziplinarischen Massnahme wie auf die (folgenlose) Einstellung des Verfahrens. Die verhängte Massnahme wird nach Art. 5 Abs. 2
lit. e BGFA ins kantonale Register eingetragen.

Art. 17 Disziplinarmassnahmen

[1] Bei Verletzung dieses Gesetzes kann die Aufsichtsbehörde folgende Disziplinarmassnahmen anordnen:
  a. eine Verwarnung;
  b. einen Verweis;
  c. eine Busse bis zu 20 000 Franken;
  d. ein befristetes Berufsausübungsverbot für längstens zwei Jahre;
  e. ein dauerndes Berufsausübungsverbot.

[2] Eine Busse kann zusätzlich zu einem Berufsausübungsverbot angeordnet werden.

[3] Nötigenfalls kann die Aufsichtsbehörde die Berufsausübung vorsorglich verbieten.

Art. 17 Mesures disciplinaires

[1] En cas de violation de la présente loi, l'autorité de surveillance peut prononcer les mesures disciplinaires suivantes:
  a. l'avertissement;
  b. le blâme;
  c. une amende de 20 000 francs au plus;
  d. l'interdiction temporaire de pratiquer pour une durée maximale de deux ans;
  e. l'interdiction définitive de pratiquer.

[2] L'amende peut être cumulée avec une interdiction de pratiquer.

[3] Si nécessaire, l'autorité de surveillance peut retirer provisoirement l'autorisation de pratiquer.

Art. 17 Misure disciplinari

[1] In caso di violazione della presente legge, l'autorità di sorveglianza può infliggere le misure disciplinari seguenti:
  a. l'avvertimento;
  b. l'ammonimento;
  c. la multa fino a 20 000 franchi;
  d. la sospensione dall'esercizio dell'avvocatura per due anni al massimo;
  e. il divieto definitivo di esercitare.

[2] La multa può essere cumulata con la sospensione dall'esercizio dell'avvocatura o con il divieto definitivo di esercitare.

[3] Ove necessario, l'autorità di sorveglianza può decidere la sospensione anche a titolo cautelare.

Inhaltsübersicht	Note
I. Vorbemerkungen	1
II. Disziplinarverfahren und Verfahrensgarantien	7
III. Disziplinarmassnahmen	14
A. Sinn und Zweck	14
B. Voraussetzungen	16

   C. Abgrenzungen 20
   D. Verhältnismässigkeit 23
   E. Verwarnung (Abs. 1 lit. a) 28
   F. Verweis (Abs. 1 lit. b) 31
   G. Busse bis 20 000 Franken (Abs. 1 lit. c) 33
   H. Befristetes Berufsausübungsverbot für längstens zwei Jahre
      (Abs. 1 lit. d) 36
   I. Dauerndes Berufsausübungsverbot (Abs. 1 lit. e) 38
IV. Ausnahme: Kumulation von Sanktionen (Abs. 2) 43
V. Vorsorgliche Massnahmen (Abs. 3) 44

I. Vorbemerkung

Art. 17 BGFA ergänzt die Harmonisierung der Zulassungs- und Berufsaus-   1
übungsregelungen mit einheitlichen Vorschriften zu den Disziplinarmassnahmen.[1] Art. 17 BGFA legt einen abschliessenden und die Kantone bin-
denden **Katalog an Disziplinarmassnahmen** fest.[2] Es können somit keine
anderen und keine milderen oder schärferen Massnahmen verhängt werden als in Art. 17 BGFA erwähnt. Die Kumulation von Sanktionen ist ausgeschlossen, abgesehen von der Verhängung einer Busse neben einem befristeten oder dauernden Berufsausübungsverbot (Art. 17 Abs. 2 BGFA).

Die Verhängung einer Disziplinarsanktion wird dem Ermessen der Behörde   2
überlassen, wie es die Ausgestaltung von Art. 17 Abs. 1 BGFA als «Kann-
Vorschrift» zeigt. Der Behörde steht somit das sogenannte **Entschliessungsermessen** zu. Dieses hat sie jedoch pflichtgemäss auszuüben. Sie ist
insbesondere an die Grundsätze einer rechtsgleichen Praxis, der Verhältnismässigkeit und der Wahrung öffentlicher Interessen gebunden und muss auch
den Sinn und Zweck der Disziplinarordnung im Auge behalten.[3] Der Ent-
schliessungsspielraum kann demnach nur bei geringfügigen Gesetzesverletzungen bestehen; in diesem Sinn greift beschränkt das Opportunitätsprin-
zip.[4]

---

[1]   BOTSCHAFT, Nr. 233.6, 6060.
[2]   BGE 129 II 297; Urteil des Bundesgerichts vom 4. Dezember 2002 (2A.418/2002).
[3]   HÄFELIN/MÜLLER, N 441. So ist die Disziplinarbehörde etwa verpflichtet, das Verfah-
    ren selbst nach einem Rückzug der Anzeige weiterzuführen, wenn sie Verstösse von
    einigem Gewicht feststellt, ZR 72 (1973) Nr. 113, 303; RB UR 1976 Nr. 17, 29.
[4]   ZGGVP 1997–98, 217. Danach muss die Aufsichtsbehörde nicht einschreiten, wenn
    die Pflichtverletzung geringfügig ist, weit zurück liegt oder eine Wiederholungsge-
    fahr nicht besteht.
    Zur vergleichbaren Lage im öffentlichen Personalrecht vgl. SCHROFF/GERBER, N 165.

3 Disziplinarisch erfasst wird die Verletzung des BGFA, also die Verletzung aller im BGFA festgehaltenen **Pflichten**, nicht allein der Berufspflichten. Angesprochen sind somit die Beziehungen zu Klienten, zu Berufskollegen, den Behörden (nicht nur den Aufsichtsbehörden) sowie allgemein das Auftreten in der Öffentlichkeit.[5] In Betracht fällt jedoch auch die Verletzung anderer gesetzlicher Normen, soweit diese zugleich als eine Verletzung einer BGFA-Regelung anzusehen ist, was insbesondere bei den Berufsregeln nach Art. 12 BGFA vorkommen kann.

4 Fällt das gerügte Verhalten in den Zeitraum vor Inkrafttreten des BGFA, so ist dieses nur nach Massgabe der **lex-mitior-Regel** anwendbar.[6]

5 Streitigkeiten über die Disziplinierung unterliegen der **Verwaltungsgerichtsbeschwerde an das Bundesgericht**.[7] Mit der Verwaltungsgerichtsbeschwerde können auch Nichteintretensentscheide der kantonalen Behörden weitergezogen werden, wenn in der Sache das BGFA zur Anwendung käme.[8] In diesem Fall wird die Handhabung des kantonalen Verfahrensrechts nur auf seine Bundesrechtskonformität untersucht, dies unter dem beschränkten Gesichtspunkt der Willkür.[9]

6 Die Disziplinarmassnahmen werden bei Verletzungen des BGFA verhängt. Es ist jedoch **nicht** erforderlich, dass die betroffene Person im **Zeitpunkt der Disziplinierung** noch dem BGFA untersteht. Wer beispielsweise auf eine Tätigkeit im Monopolbereich verzichtet und damit nicht mehr dem BGFA untersteht,[10] kann trotzdem wegen einer früher begangenen Verletzung des Anwaltsgesetzes disziplinarisch belangt werden. Dabei hat die Aufsichtsbehörde allerdings stets unter dem Blickwinkel des Verhältnismässigkeitsprinzips zu entscheiden, ob die Massnahme geeignet und erforderlich ist, um die mit der Disziplinaraufsicht verbundenen Ziele zu erreichen.[11] Die Disziplinarmassnahme wird in das Anwaltsregister eingetragen

---

[5] Vgl. Urteil des Bundesgerichts vom 31. Juli 2003 (2A.151/2003).

[6] ZR 101 (2002) Nr. 97, 310 f.

[7] BGE 129 II 299, hier finden sich auch Ausführungen zur Legitimation des Anzeigeerstatters.

[8] BGE 127 II 267; Urteil des Bundesgerichts vom 2. Mai 2003 (2P.103/2003).

[9] BGE 118 Ia 10; Urteil des Bundesgerichts vom 2. Mai 2003 (2P.103/2003).

[10] Art. 2 Abs. 1 BGFA; BOTSCHAFT, Nr. 231.2, 6043 f.

[11] A.M. BOTSCHAFT, Nr. 233.8, 6061. Der dort vertretenen Auffassung kann nicht gefolgt werden, denn es kann nicht der Sinn des Disziplinarrechts sein, dass jemand der drohenden Disziplinierung etwa durch eine Löschung im Register zu entgehen versucht, um sich nach Ablauf der relativen Verjährungsfrist unbeanstandet wieder eintragen zu lassen. Allerdings kann das kantonale Recht vorsehen, dass die Art. 12–20 BGFA als kantonales Recht für Anwälte zur Anwendung gelangen, die nicht im Register eingetragen sind. Vgl. dazu LGVE 2002 I Nr. 45, 96 f.

und bleibt dort bis zu ihrer Löschung; einzig das dauernde Berufsausübungsverbot wird nicht gelöscht.

II. Disziplinarverfahren und Verfahrensgarantien

Die Regelung des Verfahrens ist Angelegenheit der Kantone (Art. 34 Abs. 1   7
BGFA). Allein als letzte kantonale Instanz muss gemäss Art. 98a OG ein
Gericht auftreten.[12] Nach einer weit verbreiteten, durch die Praxis der Ge-
richtsinstanzen nicht getragenen Ansicht, sollen die Disziplinarverfahren
unter dem Schutz von Art. 6 EMRK stehen. Nach klarer und konstanter
Praxis des Bundesgerichts und des EGMR ist dies nur dann der Fall, wenn
es um die (allenfalls befristete) Einstellung in der Berufsausübung oder
um den Entzug der Berufsausübungsbewilligung geht;[13] derartige Streitigkeiten werden den **zivilrechtlichen Ansprüchen** im Sinne von Art. 6 Ziff. 1
EMRK zugerechnet. Dagegen ist die Ausfällung einer Disziplinarbusse
wegen Verletzung einer Berufspflicht weder zivil- noch strafrechtlicher
Natur,[14] selbst wenn sie die Höhe von CHF 5 000 erreicht.[15]

Eine **kantonale Aufsichtsbehörde** erfüllt die Anforderungen an ein **Ge-**   8
richt im Sinne von Art. 30 BV und Art. 98a OG bzw. Art. 6 Ziff. 1 EMRK
unter den Voraussetzungen, dass[16]

– sie in einem justizförmigen, fairen Verfahren begründete und bindende
  Entscheidungen über Streitfragen trifft;

– sie ohne zwingende Eingliederung in die ordentliche Gerichtsstruktur
  zumindest organisatorisch und personell, nach der Art ihrer Ernennung,
  der Amtsdauer, dem Schutz vor äusseren Beeinflussungen und nach
  ihrem Erscheinungsbild sowohl gegenüber anderen Behörden als auch
  gegenüber den Parteien unabhängig und unparteiisch ist;

– ihr Vertreter eines bestimmten Berufsstandes angehören dürfen, solange sie nicht weisungsgebundene Funktionäre sind.[17]

---

[12]   BGE 129 II 299; BOTSCHAFT, Nr. 233.7, 6060.
[13]   BGE 128 I 350; 126 I 230; 125 I 420; 123 I 88 f.
[14]   BGE 126 I 230; 125 I 420.
[15]   BGE 128 I 349. Anders verhält es sich beim disziplinarischen Freiheitsentzug, eine
       Massnahme, welche das BGFA zum Glück des einen, zum Leidwesen des anderen,
       nicht kennt.
[16]   Vgl. dazu und zum Folgenden BGE 126 I 231 ff.
[17]   Dazu auch BGE 123 I 91 ff.

9 Zudem wird gefordert, dass die entscheidende Instanz als **Mittler** zwischen Parteien auftritt. Diese Stellung fehlt etwa der Zürcher Aufsichtskommission, welche öffentliche Interessen an der ordnungsgemässen Ausübung des Anwaltsberufs zu wahren hat und bei der das Mitglied, das den Fall instruiert, eher die Funktion eines Untersuchungsrichters als die eines schlichtenden Richters hat.[18] Hinzu kommt, dass die Besetzung der Aufsichtskommission mit Rechtsanwälten unter dem Blickwinkel der potenziellen Konkurrenz zu der zu disziplinierenden Person den Anschein einer in der Organisation liegenden Voreingenommenheit begründet.[19]

10 **Parteien des Verfahrens** sind die Aufsichtsbehörde und der betroffene Anwalt. Beabsichtigt die Aufsichtsbehörde nach Abschluss des Untersuchungsverfahrens die Verhängung einer Diszplinarmassnahme, so muss sie die Aufsichtsbehörde des Registerkantons zur Stellungnahme auffordern (Art. 16 Abs. 2 BGFA).

11 **Dritte** sind gemäss BGFA nicht am Verfahren beteiligt, so insbesondere nicht die Anzeige erstattende Person[20] oder mögliche Geschädigte, eigene Klienten oder die Gegenpartei, und können demnach auch die Einstellung des Verfahrens oder eine bestimmte Disziplinierung nicht mit der Verwaltungsgerichtsbeschwerde (oder für altrechtliche Disziplinarverfahren mit der staatsrechtlichen Beschwerde) beim Bundesgericht anfechten.[21] Anders verhält es sich, wenn die Drittperson in ihren eigenen Rechten verletzt wird, so etwa bei der Kostenauflage oder Parteientschädigung an den ins Disziplinarverfahren einbezogenen Anwalt infolge verwerflicher oder leichtfertiger Einleitung des Disziplinarverfahrens[22] oder wenn es um die Erteilung einer aufsichtsrechtlichen Anweisung während eines hängigen Mandats geht.[23] Allerdings dürfen derartige Rügen nicht zu einer indirekten Überprüfung des Disziplinarverfahrens führen, ansonsten auf sie nicht einzutreten ist. Kommt Dritten nach kantonalem Recht Parteistellung zu, etwa als «Verzeiger»,[24] so können sie weiter, auch bei fehlender Legitimation in der

---

[18] BGE 126 I 232 f.; ferner 123 I 93 f.
[19] BGE 126 I 233 f.; 123 I 87; ZIMMERMANN, 355 f.
[20] BGE 129 II 300. Bestätigt im Urteil des Bundesgerichts vom 19. Februar 2004 (2.P.32/2004).
[21] Vgl. dazu das Urteil des Bundesgerichts vom 24. April 2003 (2.P.276/2002); BGE 109 Ia 90; 94 I 67 f.; ferner 119 Ib 244.
[22] BGE 129 II 300 ff.
[23] Zum Letzteren vgl. das Urteil des Bundesgerichts vom 24. April 2003 (2P.3/2003).
[24] Verneint in BGE 106 Ia 237 f.

Sache selbst, die Verletzung von Verfahrensvorschriften rügen, insbesondere eine formelle Rechtsverweigerung.[25]

Unbedenklich ist eine primär aufsichtsrechtlich ausgerichtete und/oder berufsständisch besetzte Aufsichtsinstanz, wenn gegen deren Entscheid der Weiterzug an ein Gericht im Sinne von Art. 30 Abs. 1 BV bzw. Art. 6 Ziff. 1 EMRK offen steht.[26] Ob allerdings ein solches **Gericht** noch als genügend innerlich und institutionell unabhängig anzusehen ist, wenn es über Entscheidungen zu urteilen hat, welche die bei der Aufsichtsbehörde tätigen Mitglieder desselben Gerichts mit zu verantworten haben, ist stark zu bezweifeln.[27] In solchen Fällen empfiehlt es sich, dass der kantonale Gesetzgeber entweder die Aufsichtsinstanz mit Richtern anderer Gerichte besetzt oder der traditionellen Einsitznahme von Richtern des obersten kantonalen Zivil- und Strafgerichts damit begegnet, dass er den Instanzenzug an eine spezialverwaltungsrechtliche Rekursinstanz oder an das kantonale Verwaltungsgericht[28] vorsieht.

Das Verfahren selbst wird durch das kantonale Recht geregelt. In diesem Rahmen sind die bundesrechtlichen Verfahrensgarantien zu beachten, insbesondere der Anspruch auf rechtliches Gehör,[29] auf Akteneinsicht und auf einen begründeten Entscheid.

III. Disziplinarmassnahmen

A. Sinn und Zweck

Die **Disziplinaraufsicht** und damit auch die disziplinarischen Massnahmen haben nach herrschender, jedoch umstrittener Praxis und Lehre einen administrativen und keinen pönalen Charakter.[30] Die Disziplinarmassnahmen dienen – ungeachtet ihrer Bezeichnung[31] – nicht dem Ausgleich indi-

---

[25] BGE 129 II 301.
[26] BGE 126 I 234; 123 I 90; 120 Ia 30.
[27] Vgl. dazu Kiener, 115 ff.
[28] So etwa § 38 E-AnwG-ZH.
[29] Vgl. BGE 108 Ia 11. Die Ausführungen in diesem Entscheid sind m.E. nicht verallgemeinerungsfähig, sondern können höchstens bei leichten Sanktionen Anwendung finden.
[30] BGE 128 I 348; 125 I 419; 108 Ia 230 ff.; Wolffers, 173 ff.; Sterchi, 93.
[31] So etwa als Ordnungsstrafe oder Disziplinarstrafe, vgl. dazu Henggeler, 52 f.

vidualrechtlicher Positionen,[32] sondern allgemein dem Schutz des rechtsuchenden Publikums und der Wahrung des Ansehens der Anwaltschaft.[33] Darin gelangt die teilweise enge Verschränkung der privatwirtschaftlich geprägten anwaltlichen Tätigkeit mit der staatlichen Aufgabe der Durchsetzung des Rechts[34] zum Ausdruck.

15   Die **Massnahmen** sollen

- *generalpräventiv* das Vertrauen des rechtsuchenden Publikums erhalten oder bei Bekanntwerden von Verfehlungen wiederherstellen;
- *spezialpräventiv* die fehlbare Person anhalten, sich künftig korrekt zu verhalten;[35]
- *purgativ* objektiv unhaltbare Personen von der Tätigkeit als Anwalt ausschliessen;
- die Zulassungsordnung (Prüfung der persönlichen Voraussetzungen nach Art. 8 BGFA) in adaptierter Weise für die Berufsausübung *ergänzen*.[36]

B.   Voraussetzungen

16   Die **Verhängung einer Disziplinarmassnahme** setzt nach dem Wortlaut von Art. 17 Abs. 1 BGFA die Verletzung des BGFA voraus. Dabei kann nicht jede Gesetzesverletzung eine Disziplinarmassnahme rechtfertigen, sondern nur die Verletzung solcher Regelungen, die dem Anwalt berufsrelevante Pflichten auferlegen (Berufspflichten).

17   Die Verletzung kantonaler Vorschriften oder privater Standesvorschriften erlassener Regeln genügt *für sich allein* noch nicht, um eine Disziplinierung zu rechtfertigen.

18   In Art. 17 Abs. 1 BGFA nicht erwähnt, doch aus dem Wesen der Disziplinarmassnahmen ableitbar ist die Voraussetzung der **schuldhaften Verletzung einer Berufspflicht**.[37] Die disziplinarische Verantwortlichkeit setzt entweder Vorsatz oder zumindest Fahrlässigkeit voraus; Absicht wird nicht

---

[32]   STERCHI, 93.
[33]   BGE 128 I 348.
[34]   Vgl. dazu PFEIFER, Rechtsanwalt, 264.
[35]   BGE 108 Ia 232; 106 Ia 124. Dies gilt allerdings nicht für das Berufsausübungsverbot, da der Anwalt den Beruf gerade nicht mehr ausüben darf.
[36]   Zur vergleichbaren Rechtslage im öffentlichen Personalrecht siehe POLEDNA, Entlassung, 61 ff.
[37]   Vgl. dazu HENGGELER, 50; WOLFFERS, 183.

verlangt.[38] Dabei wird an die Sorgfaltspflicht ein objektiver Massstab gelegt: Liess der Anwalt die durchschnittliche Sorgfalt vermissen, die in guten Treuen verlangt werden darf und muss, so rechtfertigt dies eine Disziplinierung. Die Beweislast obliegt der Disziplinarbehörde.[39]

Die Disziplinarsanktion ist schriftlich zu eröffnen, zu begründen und mit   19
einer Rechtsmittelbelehrung zu versehen. Mündlich ausgesprochene Sanktionen (insbesondere die Verwarnung oder der Verweis) sind nicht zulässig.

C.   Abgrenzungen

Art. 9 BGFA sieht vor, dass der Eintrag von Anwälten, die eine der Voraus-   20
setzungen für den Registereintrag nicht mehr erfüllen, im Register gelöscht wird. Die **Löschung** ist vom dauernden oder befristeten Berufsverbot nach Art. 17 Abs. 1 lit. d und e BGFA zu unterscheiden, setzt doch Letzteres eine verschuldete Verletzung des BGFA voraus. Die Löschung nach Art. 9 BGFA bezieht sich demgegenüber auf rein objektive, verschuldensunabhängige Gründe.[40]

Eine Überschneidung wird bei Art. 8 Abs. 1 lit. b BGFA (strafrechtliche   21
Verurteilung wegen Handlungen, die mit dem Anwaltsberuf nicht zu vereinbaren sind und deren Eintrag im Strafregister nicht gelöscht ist) und dem befristeten Berufsausübungsverbot auftreten. Eine derartige **Verurteilung** kann nämlich gleichzeitig eine Verletzung des BGFA, insbesondere eine Verletzung der Berufsregeln des Art. 12 BGFA darstellen. Im Ergebnis kann das Abstellen auf die Löschung zu einem länger dauernden Berufsausübungsverbot führen, als es nach Art. 17 Abs. 1 lit. d BGFA gestattet wäre. Die Praxis wird weisen müssen, ob die beiden Vorschriften zu harmonisieren sind oder ob Art. 8 Abs. 1 lit. b BGFA Vorrang zukommt.

Die Disziplinarmassnahmen nach BGFA sind von den **prozessdisziplina-**   22
rischen Massnahmen abzugrenzen. Letztere dienen der Einhaltung und Durchsetzung der Verfahrensordnung. Sie werden nach der massgeblichen Prozessordnung verhängt und sind nach deren Regelung anfechtbar.[41]

---

[38]   BGE 110 Ia 96, auch zum Folgenden.
[39]   BGE 110 Ia 95.
[40]   So braucht etwa der Verlust der Handlungsfähigkeit nicht verschuldet zu sein, um eine Löschung zu bewirken.
[41]   Vgl. etwa BGE 119 Ib 412; 111 Ia 273; ZR 86 (1987) Nr. 10, 23.

D.   Verhältnismässigkeit

23   Der Disziplinarbehörde kommt bei der Wahl und Bemessung der Sanktion ein gewisser Spielraum zu; dieser wird in erster Linie durch das Verhältnismässigkeitsgebot eingeschränkt.[42]

24   Allgemein wird aus dem **Verhältnismässigkeitsgebot** abgeleitet, dass die vom Gesetzgeber gewählte Massnahme zur Verwirklichung des im öffentlichen Interesse liegenden Ziels geeignet und notwendig ist. Ausserdem muss der angestrebte Zweck in einem vernünftigen Verhältnis zu den eingesetzten Mitteln bzw. den zu seiner Erreichung notwendigen Freiheitsbeschränkungen stehen.[43] Der Eingriff darf insbesondere in sachlicher, räumlicher, zeitlicher und personeller Hinsicht nicht einschneidender sein als erforderlich. Dabei muss in erster Linie die Relation zwischen der Massnahme und dem Zweck der Disziplinierung beachtet werden.

25   Auch wenn die staatlichen Disziplinarverfahren selbständig und unabhängig von anderen Verfahren durchgeführt werden, so rechtfertigt dies beim Entscheid über eine Massnahme **keine isolierte Betrachtungsweise**. Jeder Entscheid muss von der Überlegung getragen sein, dass die Massnahme letztlich notwendig wurde, um den disziplinarisch verfolgten Zweck zu erreichen.[44] Bereits verhängte strafrechtliche Sanktionen, prozessdisziplinarische Massnahmen,[45] unter Umständen gar vereinsrechtliche Sanktionen eines Anwaltsverbands wie auch weitere wesentlich scheinende Umstände (wie etwa glaubhaft gemachte Vorkehrungen des Anwalts zur Vermeidung von weiteren Verfehlungen) sind zu berücksichtigen.[46] Disziplinarmassnahmen dürfen auch symbolischen Charakter haben, so etwa in der Form einer sehr tief angesetzten Busse. Um die erforderliche Wirkung zu entfalten, müssen sie bei Bedarf jedoch so angesetzt werden, dass sie einschneidend wirken.[47]

26   Aus dem Grundsatz der Erforderlichkeit, der dem Verhältnismässigkeitsgebot innewohnt, ergibt sich weiter, dass sich die Disziplinierung zwin-

---

[42]   BGE 106 Ia 121.
[43]   BGE 128 I 15 und 95; Urteil des Bundesgerichts vom 9. Januar 2003 (2P.224/2002).
[44]   Vgl. dazu BGE 108 Ia 232.
[45]   Vgl. dazu etwa BGE 119 Ib 412.
[46]   Vgl. für die altrechtlich relevante Konstellation der Disziplinierung im Stammkanton nach bereits erfolgter Disziplinierung im Tatkanton, BGE 108 Ia 232. Die dort angestellten Überlegungen lassen sich auf andere Konstellationen übertragen.
[47]   BGE 129 I 353.

gend an den **Umständen des Einzelfalls** auszurichten hat. Gewisse Schematismen sind nur schon aus Gründen einer rechtsgleichen Praxis zwar unumgänglich, dürfen jedoch nicht zu einer starren Handhabung verleiten.

Die **Bemessung der Massnahme** richtet sich nach   27

- der Schwere des Verstosses gegen eine BGFA-Regelung (Berufspflichtverletzung), wobei auch die Zahl der Verstösse oder eine fortgesetzte Begehung zu berücksichtigen sind;[48]
- dem Mass des Verschuldens, das unter sinngemässer Anwendung strafrechtlicher Grundsätze festzulegen ist, sowie
- dem beruflichen (und damit auch disziplinarischen) Vorleben des Anwalts.

E.   Verwarnung (Abs. 1 lit. a)

Die **Verwarnung** ist die mildeste Disziplinarsanktion. Abs. 1 lit. a forma-   28
lisiert sie als disziplinarische Sanktion. Bislang wurden Verwarnungen in vielen Kantonen formlos gehandhabt und auch nicht als disziplinarische Sanktion verstanden. Solche Verwarnungen sind nach dem Anwaltsgesetz nunmehr ausgeschlossen. Obwohl mildeste Sanktion, darf die Verwarnung nur nach Durchführung eines Disziplinarverfahrens ausgesprochen werden; wird auf ein solches angesichts der geringen Tragweite des Verstosses verzichtet, so kann auch keine Verwarnung ausgesprochen werden.

Nach der hier vertretenen Auffassung ist eine – allenfalls formlos ausge-   29
sproche – **Ermahnung** als aufsichtsrechtlich-administrative Massnahme nach wie vor möglich, denn dieser kommt kein disziplinarischer Charakter zu. Die Ermahnung ist eine Aufforderung, einen bestimmten Zustand zu verbessern, ohne dass damit ein disziplinarischer Vorwurf der schuldhaften Verletzung von Berufspflichten verbunden wäre.

Die Verwarnung kommt nur in Frage bei erstmaligen und leichtesten nicht   30
mehr tolerierbaren Verfehlungen. Bei der Verwarnung steht der spezialpräventive Charakter besonders im Vordergrund.[49]

---

[48]   STERCHI, 117.
[49]   HENGGELER, 55.

F.   Verweis (Abs. 1 lit. b)

31   Sowohl das Gesetz wie auch die Botschaft lassen offen, wie sich der **Verweis** von der Verwarnung unterscheiden soll. Zahlreiche Kantone kannten den Verweis vor Inkrafttreten des BGFA als mildeste Sanktion; die Verwarnung war ihnen nicht bekannt.[50] Aus diesem Grund muss deren altrechtliche Praxis zum Verweis neu eher bei der Verwarnung als beim Verweis Anwendung finden;[51] an dessen Verhängung sind erhöhte Anforderungen zu stellen.

32   Der Verweis ist die zweitmildeste Massnahme. Sie wird in Frage kommen bei leichteren Pflichtverletzungen und Fällen, die sich an der Grenze zu mittelschweren Fällen befinden, und bei einer wiederholten leichten Verletzung (Rückfall) bzw. bei der gleichzeitig begangenen leichten Verletzung unterschiedlicher Pflichten.

G.   Busse bis 20 000 Franken (Abs. 1 lit. c)

33   Die **Busse** bildet das «Mittelfeld» der disziplinarischen Sanktionen, sowohl hinsichtlich ihres an das Strafrecht angelehnten Charakters wie auch bezüglich der Eingriffswirkung. Die Busse wird, je tiefer sie ausfällt, mehr durch den Vergeltungsgedanken geprägt denn durch eine präventive Ausrichtung.

34   Die Busse ist die einzige Massnahme, die nebst einer anderen Massnahme (befristetes oder dauerndes Berufsausübungsverbot) verhängt werden darf.

35   Der den Disziplinarbehörden zur Verfügung stehende Bussenrahmen ist sehr weit. Bussen im oberen Bereich dürfen deshalb nur in schwer wiegenden Fällen verhängt werden,[52] dies in aller Regel aber auch nur dann, wenn keine wiederholte (schwere) Pflichtverletzung vorliegt.[53]

---

[50]   HENGGELER, 54 f.
[51]   Vgl. etwa den Hinweis auf die Berner Praxis zum Verweis.
[52]   So STERCHI, 118, zum früheren Berner Bussenrahmen, der ein Maximum von CHF 10 000 kannte.
[53]   Immerhin ist denkbar, dass bei Wiederholung eine massiv erhöhte Busse ausgesprochen wird, was beim gesetzlich vorgesehenen Strafrahmen sinnvoll sein kann.

H. Befristetes Berufsausübungsverbot für längstens zwei Jahre (Abs. 1 lit. d)

Das **befristete Berufsausübungsverbot** ist die strengste spezialpräventiv 36
wirkende Sanktion; das dauernde Berufsausübungsverbot kann demgegenüber keinen positiven spezialpräventiven Zweck entfalten.

Das befristete Berufsausübungsverbot entfaltet seine Wirkungen – gleich 37
wie das dauernde Berufsausübungsverbot – nur im vom BGFA erfassten
Bereich, also nur im Rahmen des kantonal definierten Anwaltsmonopols.[54]
Soll die **gesamte Tätigkeit des Anwalts** verboten werden, muss das kantonale Disziplinarrecht dies zusätzlich vorsehen.

I. Dauerndes Berufsausübungsverbot (Abs. 1 lit. e)

Das **dauernde Berufsausübungsverbot** ist die strengste Disziplinarmass- 38
nahme. Es ist erst dann zulässig, wenn angenommen werden muss, dass
eine andere Massnahme, wie das befristete Berufsverbot oder eine andere
auf Besserung zielende Sanktion, ohne Wirkung bleiben würde.[55]

Das dauernde Berufsausübungsverbot setzt entweder wiederholte schwere 39
Gesetzesverletzungen voraus oder einen Verstoss, der eine weitere Berufsausübung unter dem Blickwinkel der öffentlichen Interessen geradezu ausschliesst.[56] Eine Häufung mehrerer mittelschwerer Verstösse kann ein dauerndes Berufsausübungsverbot rechtfertigen.[57] Eine solche Massnahme lässt
sich m.E. jedoch nur begründen, wenn die gesamten Umstände darauf
schliessen lassen, dass die betroffene Person nicht in der Lage ist, künftig
den beruflichen Pflichten nachzuleben.

Das dauernde Berufsausübungsverbot ist grundsätzlich erst nach **vorange-** 40
gangener disziplinarischer Warnung gestattet. Eine erstmalige Verfehlung würde ein dauerndes Berufsausübungsverbot nur rechtfertigen, wenn
das Verhalten des Anwalts eine Mentalität aufzeigte, die mit dem Anwaltsberuf schlechterdings nicht zu vereinbaren wäre und die Würdigung der

---

[54] BOTSCHAFT, Nr. 233.7, 6060.
[55] BGE 106 Ia 124; ZR 93 (1994) Nr. 39, 143 f.
[56] Anders STERCHI, 119.
[57] TESTA, 263 Fn. 1617; ZR 93 (1994) Nr. 39, 143 f.

konkreten Umstände zur Schlussfolgerung führen würde, dass mildere Massnahmen künftig kein korrektes Verhalten gewährleisten könnten.[58] Mit anderen Worten kann das dauernde Berufsausübungsverbot gegenüber einem Ersttäter ausgesprochen werden, wenn man zur Auffassung gelangt, dass bei ihm die milderen, spezialpräventiv wirkenden Sanktionen wirkungslos bleiben.

41 Zur Tragweite und Wirkung des dauernden Berufsausübungsverbots siehe vorne N 37.

42 Das dauernde Berufsausübungsverbot ist von der **Löschung** der Eintragung im Anwaltsregister zu unterscheiden (siehe dazu vorne N 20).

IV. Ausnahme: Kumulation von Sanktionen (Abs. 2)

43 Abs. 2 stellt klar, dass die **Kumulation von Sanktionen** nur in zwei Fällen erlaubt ist. Sowohl beim befristeten wie beim dauernden Berufsausübungsverbot kann die Busse zusätzlich ausgesprochen werden. Beim befristeten Berufsausübungsverbot dürfte die Verstärkung des spezialpräventiven Charakters der Sanktionen im Vordergrund stehen; beim dauernden Berufsausübungsverbot stellt sich die Frage, ob eine solche Kumulation noch durch den Zweck der Disziplinarsanktionen gedeckt ist.

V. Vorsorgliche Massnahmen (Abs. 3)

44 Das vorsorglich ausgesprochene Berufsverbot kann ebenfalls mit Verwaltungsgerichtsbeschwerde beim Bundesgericht angefochten werden, selbst wenn es nur vorübergehenden Charakter hat.[59]

45 Das befristete Berufsverbot darf nur dann vorsorglich ausgesprochen werden, wenn schwer wiegende Gründe vorliegen, insbesondere wenn es wahrscheinlich ist, dass das laufende Disziplinarverfahren zu einem dauernden Berufsausübungsverbot führen wird und sich die Massnahme unter dem

---

[58] BGE 106 Ia 122; 100 Ia 360. Zum Teil etwas zu offen formuliert in ZR 93 (1994) Nr. 39, 143 f.
[59] Urteil des Bundesgerichts vom 4. Dezember 2002 (2A.418/2002).

Blickwinkel des auf dem Spiel stehenden öffentlichen Interesses bereits während der Hängigkeit des Verfahrens rechtfertigt.[60] Das private Interesse des Anwalts an der Fortsetzung der Berufstätigkeit darf zudem nicht überwiegen.

Die vorsorgliche Massnahme soll so rasch wie möglich durch eine endgültige Sanktion abgelöst werden.[61]   46

Die Anordnung weiterer vorsorglicher Massnahmen obliegt m.E. dem kantonalen Recht. Art. 17 Abs. 3 BGFA bildet die formell-gesetzliche Grundlage für die besonders stark in die Rechtsstellung der betroffenen Person eingreifende vorsorgliche Einstellung in der Berufsausübung, will jedoch andere, vorab verfahrensrechtlich ausgerichtete und nur für die Dauer des Verfahrens wirkende Massnahmen nicht ausschliessen. Solche Massnahmen haben denn auch keinen disziplinarischen Charakter, sondern dienen der Wahrung von Verfahrensinteressen.   47

---

[60] Urteil des Bundesgerichts vom 4. Dezember 2002 (2A.418/2002). Im vorliegenden Fall waren neun Disziplinarverfahren hängig.
[61] Urteil des Bundesgerichts vom 4. Dezember 2002 (2A.418/2002).

Art. 18   Geltung des Berufsausübungsverbots

[1] Ein Berufsausübungsverbot gilt auf dem gesamten Gebiet der Schweiz.

[2] Es wird den Aufsichtsbehörden der übrigen Kantone mitgeteilt.

Art. 18   Interdiction de pratiquer

[1] L'interdiction de pratiquer a effet sur tout le territoire suisse.

[2] Elle est communiquée aux autorités de surveillance des autres cantons.

Art. 18   Validità della sospensione dall'esercizio dell'avvocatura e del divieto definitivo di esercitare

[1] La sospensione dall'esercizio dell'avvocatura e il divieto definitivo di esercitare sono validi in tutto il territorio della Confederazione.

[2] Sono comunicati alle autorità di sorveglianza degli altri Cantoni.

1   Sowohl das befristete wie auch das dauernde Berufsausübungsverbot **gelten auf dem Gebiet der ganzen Schweiz.** Damit wird die Harmonisierung des Disziplinarwesens auf die Wirkungen der beiden strengsten Sanktionen ausgedehnt.

2   Die Wirksamkeit der Verbote setzt voraus, dass diese den Aufsichtsbehörden der übrigen Kantone **mitgeteilt** werden.[1] Das Verbot gilt jedoch auch ohne Mitteilung (Abs. 1). Zur Meldung an die zuständige Stelle des Herkunftsstaates eines ausländischen Anwalts siehe die Kommentierung von Art. 26 BGFA.

---

[1]   BOTSCHAFT, Nr. 233.7, 6060.

TOMAS POLEDNA

Art. 19 Verjährung

[1] Die disziplinarische Verfolgung verjährt ein Jahr, nachdem die Aufsichtsbehörde vom beanstandeten Vorfall Kenntnis hatte.

[2] Die Frist wird durch jede Untersuchungshandlung der Aufsichtsbehörde unterbrochen.

[3] Die disziplinarische Verfolgung verjährt in jedem Fall zehn Jahre nach dem beanstandeten Vorfall.

[4] Stellt die Verletzung der Berufsregeln eine strafbare Handlung dar, gilt die vom Strafrecht vorgesehene längere Verjährungsfrist.

Art. 19 Prescription

[1] La poursuite disciplinaire se prescrit par un an à compter du jour où l'autorité de surveillance a eu connaissance des faits incriminés.

[2] Le délai est interrompu par tout acte d'instruction de l'autorité de surveillance.

[3] La poursuite disciplinaire se prescrit en tout cas par dix ans à compter de la commission des faits incriminés.

[4] Si la violation des règles professionnelles constitue un acte punissable pénalement, la prescription plus longue prévue par le droit pénal s'applique à la poursuite disciplinaire.

Art. 19 Prescrizione

[1] L'azione disciplinare si prescrive in un anno dal giorno in cui l'autorità di sorveglianza è venuta a conoscenza dei fatti contestati.

[2] La prescrizione è interrotta da qualsiasi atto istruttorio dell'autorità di sorveglianza.

[3] L'azione disciplinare decade definitivamente dieci anni dopo la commissione dei fatti contestati.

[4] Se la violazione delle regole professionali costituisce reato, il termine di prescrizione più lungo previsto dal diritto penale si applica anche all'azione disciplinare.

Inhaltsübersicht		Note
I.	Qualifikation der Verjährung	1
II.	Fristenlauf	4
III.	Unterbrechungshandlung	7
IV.	Vorbehalt längerer strafrechtlicher Fristen	9

I.   Qualifikation der Verjährung

Die **Harmonisierung des Disziplinarrechts** setzt sich bei der Vereinheitlichung der Verjährungsfristen fort. Die Regelung von Art. 19 BGFA ist   1 angelehnt an die Regelungen im öffentlichen Personalrecht.[1] Allerdings ist zu beachten, dass zwischen dem anwaltsrechtlichen und dem arbeitsrecht-lichen Aufsichtsrecht grosse Unterschiede bestehen.

2   Die verjährte Gesetzesverletzung darf zu **keiner Sanktion** führen.[2] Da das BGFA auch keine Berücksichtigung verjährter und deshalb nicht gemass-regelter Verletzungen vorsieht, bleibt das frühere Verhalten auch bei einer erneuten Verletzung des BGFA unbeachtlich.[3]

3   Die Verjährungsfrist kann **unterbrochen** werden, dies im Gegensatz zur Verwirkungsfrist (Abs. 2).

II.   Fristenlauf

4   Der Beginn und das Ende der Frist beurteilen sich, soweit das BGFA keine eigenen Regeln aufstellt, anhand vergleichbarer Regelungen oder – wenn auch solche fehlen – nach allgemeinen Rechtsprinzipien.[4] Allgemein stellt das Verwaltungsverfahren bei **Lücken** auf die Regelung von Art. 127 f. OR ab.[5] Da das Disziplinarverfahren dem Strafverfahren nachgebildet ist und auch materiell-rechtliche Ähnlichkeiten bestehen,[6] erscheint es sach-gerechter, auf die strafrechtlichen Regelungen zurückzugreifen.

5   Die **relative Frist** von einem Jahr beginnt mit der tatsächlichen Kenntnis-nahme durch die zuständige Aufsichtsbehörde. Kenntnisnahmen durch den Klienten, eine andere Behörde, den Gegenanwalt wie auch durch die unzu-ständige Aufsichtsbehörde lösen den Fristenlauf nicht aus.[7]

---

[1]   Vgl. BGE 105 Ib 69. Zu beachten ist jedoch, dass die neueren personalrechtlichen Erlasse zum Teil auf ein Disziplinarverfahren verzichten.

[2]   BGE 105 Ib 71.

[3]   Vgl. BGE 105 Ib 69, wo ausgeführt wird, dass eine solche Berücksichtigung im Rah-men des (alten) Beamtengesetzes des Bundes aufgrund der gesetzlichen Regelung möglich ist.

[4]   BGE 126 II 61.

[5]   HÄFELIN/MÜLLER, N 790.

[6]   Vgl. zur früheren Zürcher Praxis: ZR 88 (1989) Nr. 80, 253 f. In ABSH 1997, 137 hat das Obergericht Schaffhausen lückenfüllend an das Disziplinarrecht des Staatsperso-nals angeknüpft. Dieses wiederum lehnt sich an das Strafrecht an. Zur vergleichbaren Lage im öffentlichen Dienst siehe HINTERBERGER, 58 ff.

[7]   Anders als in BGE 105 Ib 71, wo die Kenntnisnahme durch den für das Disziplinar-verfahren nicht zuständigen Vorgesetzten eines Beamten bereits als Beginn des Fris-tenlaufs gewürdigt wurde, verlangt Art. 19 Abs. 1 BGFA klar die Kenntnisnahme

Die **absolute Frist** beträgt zehn Jahre und beginnt nach analoger Anwen-   6
dung von Art. 71 StGB mit dem Tag der Pflichtverletzung; bei Pflichtverletzungen zu verschiedenen Zeiten an dem Tag, an dem die letzte Pflichtverletzung ausgeführt wird oder bei andauernder Pflichtverletzung mit dem
Tag, an dem dieses Verhalten aufhört.

III. Unterbrechungshandlung

Die **Unterbrechung** wirkt sich – wie die systematische Stellung von Abs. 2   7
zeigt – nur auf die relative Verjährungsfrist von einem Jahr aus.

Abs. 2 ist Art. 72 Ziff. 2, erster Halbsatz StGB nachgebildet. Die Untersu-   8
chungshandlung muss auch hier von der zuständigen Aufsichtsbehörde
ausgehen; sie dient der Förderung des Disziplinarverfahrens und tritt nach
aussen in Erscheinung. Als solche Handlungen anzusehen sind insbesondere die formelle Eröffnung des Verfahrens, Aufforderungen zur Stellungnahme sowie Befragungen und weitere Beweiserhebungen. Keine Unterbrechung bewirken die Anzeigeerstattung, die Einleitung einer Betreibung
bzw. eines Zivilverfahrens oder strafrechtliche Untersuchungshandlungen.

IV. Vorbehalt längerer strafrechtlicher Fristen

Der **Vorbehalt längerer strafrechtlicher Verjährungsfristen** soll es der   9
Aufsichtsbehörde je nach Konstellation allenfalls erlauben, mit der Disziplinierung zuzuwarten, bis das Strafverfahren abgeschlossen ist.

Auf die längeren strafrechtlichen Verjährungsfristen kann nur abgestellt   10
werden, wenn eine **rechtskräftige Verurteilung** wegen des fraglichen De-
likts vorliegt. Die Disziplinarbehörde ist m.E. aufgrund der Unschuldsver-
mutung nicht befugt, das Verhalten des Anwalts strafrechtlich unter dem
Blickwinkel der Verjährungsfrist nach eigenem Ermessen zu qualifizieren.
Wird das Strafverfahren daher mangels Vorliegen einer strafbaren Handlung eingestellt oder der Anwalt freigesprochen und ist bis dahin die ein-
jährige Frist des Art. 19 Abs. 1 BGFA bereits abgelaufen, ist die Aufnahme
oder Weiterführung eines Disziplinarverfahrens nicht mehr möglich.

---

   durch die Aufsichtsbehörde. Der Anwalt ist – anders als der Beamte – in keine Hierar-
   chie eingebunden, welche ein Abweichen von der klaren gesetzlichen Regelung erlauben würde.

Art. 20 Löschung der Disziplinarmassnahmen

[1] Verwarnungen, Verweise und Bussen werden fünf Jahre nach ihrer Anordnung im Register gelöscht.

[2] Ein befristetes Berufsausübungsverbot wird zehn Jahre nach seiner Aufhebung im Register gelöscht.

Art. 20 Radiation des mesures disciplinaires

[1] L'avertissement, le blâme et l'amende sont radiés du registre cinq ans après leur prononcé.

[2] L'interdiction temporaire de pratiquer est radiée du registre dix ans après la fin de ses effets.

Art. 20 Cancellazione delle misure disciplinari

[1] L'avvertimento, l'ammonimento e la multa sono cancellati dal registro cinque anni dopo essere stati pronunciati.

[2] La sospensione dall'esercizio dell'avvocatura è cancellata dal registro dieci anni dopo la fine della sua validità.

1   Art. 20 BGFA bildet den Abschluss der disziplinarrechtlichen Regelung des BGFA. Wie die übrigen diszplinarischen Bestimmungen dient auch er der Harmonisierung. Die **unterschiedliche Dauer des Eintrags** der verschiedenen Disziplinarmassnahmen hängt mit dem unterschiedlichen Schweregrad der einzelnen Sanktionen zusammen.[1]

2   Das unbefristete Berufsverbot wird naturgemäss nicht gelöscht. Selbst wenn ein Anwalt – etwa infolge der **Aufgabe der Berufstätigkeit oder Wegzugs in einen anderen Kanton** – die Löschung seines Registereintrags verlangt, bleibt die nicht gelöschte Disziplinarmassnahme eingetragen (Art. 5 Abs. 2 lit. e BGFA).

---

[1]   Botschaft, Nr. 233.9, 6061.

Vorbemerkungen zu den Abschnitten 4, 5 und 6 BGFA

Die Abschnitte 4, 5 und 6 BGFA regeln die Berufsausübung von Anwälten   1
aus den Mitgliedstaaten der EU und der EFTA in der Schweiz. Die einzelnen Bestimmungen dieser Abschnitte gründen auf dem Abkommen über
den freien Personenverkehr zwischen der Europäischen Gemeinschaft und
ihren Mitgliedstaaten einerseits und der Schweiz andererseits (sog. **Personenfreizügigkeitsabkommen**), infolge dessen auch der Zugang zum Anwaltsberuf für Anwälte aus den Mitgliedstaaten der EU und der EFTA zu
regeln ist.[1] Insbesondere nimmt Anhang III des am 1. Juni 2002 in Kraft
getretenen Personenfreizügigkeitsabkommens Bezug auf die für die Rechts-
berufe einschlägigen EG-Richtlinien. Von Bedeutung für die ständige Berufsausübung durch Anwälte aus den Mitgliedstaaten der EU und der EFTA
sind die Richtlinien 77/249/EWG,[2] 89/48/EWG[3] und 98/5/EG,[4] die auf der
Grundlage der Art. 49, 57 und 66 EG-Vertrag erlassen worden sind. Die
Vertragsparteien sind übereingekommen, dass diese Richtlinien nicht bloss
zur Kenntnis zu nehmen, sondern in der zum Zeitpunkt der Unterzeich-
nung des Abkommens geltenden Fassung anzuwenden sind.[5]

Die **Richtlinie 77/249/EG** regelt die vorübergehende Ausübung der An-   2
waltstätigkeit in einem anderen Mitgliedstaat. Es handelt sich hierbei um
den Fall der befristeten Dienstleistung, den es von der dauerhaften Niederlassung abzugrenzen gilt. Die Richtlinie legt fest, dass jede im Herkunftsstaat unter einer Bezeichnung nach Artikel 1 zur Ausübung des Anwaltsbe-

---

[1]   Zu den Grundlagen des als Teil der Bilateralen Verträge CH-EG am 1. Juni 2002 in
      Kraft getretenen Personenfreizügigkeitsabkommens vgl. GROSSEN/DE PALÉZIEUX, 87 ff.
[2]   Richtlinie 77/249/EWG des Rates vom 22. März 1977 zur Erleichterung der tatsäch-
      lichen Ausübung des freien Dienstleistungsverkehrs der Rechtsanwälte, Abl L 78 vom
      26. März 1977, 17.
[3]   Richtlinie 89/48/EWG des Rates vom 21. Dezember 1988 über die allgemeine Rege-
      lung zur Anerkennung der Hochschuldiplome, die eine mindestens dreijährige Be-
      rufsausbildung abschliessen, Abl L 19 vom 24. Januar 1989, 16 (sog. Diplomaner-
      kennungsrichtlinie), zuletzt geändert durch Richtlinie 2001/19/EG des Europäischen
      Parlaments und des Rates vom 14. Mai 2001 zur Änderung der Richtlinien 89/48/
      EWG und 92/51/EWG des Rates über eine allgemeine Regelung zur Anerkennung
      beruflicher Befähigungsnachweise, Abl L 206 vom 31. Juli 2001, 1.
[4]   Richtlinie 98/5/EG des Europäischen Parlaments und des Rates vom 16. Februar 1998
      zur Erleichterung der ständigen Ausübung des Rechtsanwaltsberufs in einem anderen
      Mitgliedstaat als dem, in dem die Qualifikation erworben wurde, Abl L 77 vom
      14. März 1998, 36 (sog. Niederlassungsrichtlinie).
[5]   Siehe Anhang III Personenfreizügigkeitsabkommen.

rufs befähigte Person zur Erbringung von Dienstleistungen in einem anderen Mitgliedstaat ermächtigt ist. Die Berufsausübung wird an keine weiteren Voraussetzungen geknüpft; insbesondere enthält die Richtlinie keine Massgaben für die Anerkennung von Berufsdiplomen. Anwälte können allenfalls dazu verpflichtet werden, ihre Eigenschaft als Rechtsanwalt nachzuweisen. Ausserdem kann der Aufnahmestaat verlangen, dass auswärtige Anwälte bei der Vertretung und Verteidigung von Parteien im Einvernehmen mit einem Anwalt, der beim angerufenen Gericht zugelassen ist, handeln. Im Weiteren hat die Berufsausübung unter der Berufsbezeichnung des Herkunftsstaats zu erfolgen.

3   Die **Richtlinie 89/48/EWG** sieht ein System zur Anerkennung von Hochschuldiplomen vor, dessen Anwendungsbereich nicht auf juristische Fachabschlüsse beschränkt ist. Inhaber eines nach mindestens drei Jahren erteilten Diploms dürfen gemäss der Richtlinie ihren Beruf grundsätzlich in jedem Mitgliedstaat ausüben, soweit diese Ausbildung den Erfordernissen für die Zulassung zum jeweiligen Beruf im Herkunftsstaat gerecht wird. Der Richtlinie liegt damit das Prinzip der Gleichwertigkeit der Diplome zugrunde. Sie schreibt den Grundsatz der gegenseitigen Anerkennung vor, der allerdings gewisse Einschränkungen erfährt: Sofern die Ausbildung oder der Beruf in dem Staat, der das Diplom ausgestellt hat, von den Anforderungen im Aufnahmestaat wesentlich abweicht, kann die Zulassung im Aufnahmestaat von weiteren Voraussetzungen abhängig gemacht werden. Namentlich bei den Rechtsberufen kann vom Antragsteller verlangt werden, sich einer Eignungsprüfung zu unterziehen oder einen Anpassungslehrgang zu absolvieren. Die Mitgliedstaaten der EU haben sich überwiegend dafür entschieden, eine Eignungsprüfung im Landesrecht des Aufnahmestaats vorzuschreiben.[6]

4   Die **Richtlinie 98/5/EG** ermöglicht Anwälten aus den Mitgliedstaaten der EU, unter der Berufsbezeichnung ihres Herkunftsstaats in jedem anderen Mitgliedstaat die gleiche berufliche Tätigkeit auszuüben, wie Anwälte, die unter der Berufsbezeichnung des Aufnahmestaats praktizieren. Die Berufsausübung in einem anderen Mitgliedstaat setzt voraus, dass sich die zuwandernden Anwälte bei der zuständigen Stelle des Aufnahmestaats registrieren lassen. Bei der Berufsausübung haben die zuwandernden Anwälte neben den Berufs- und Standesregeln des Herkunftsstaats auch die Berufs- und Standesregeln des Aufnahmestaats zu beachten. Nach drei Jahren Be-

---

[6]   Vgl. etwa § 16 des Gesetzes über die Tätigkeit europäischer Rechtsanwälte in Deutschland (EuRAG) vom 9. März 2000 (BGBl I 82).

rufsausübung kann entsprechend den Massgaben der Richtlinie 89/48/EWG die Eingliederung in den Berufsstand des Aufnahmestaats beantragt werden, wenn die zugewanderten Rechtsanwälte nachweisen können, dass sie während mindestens drei Jahren effektiv und regelmässig im Recht des Aufnahmestaats tätig gewesen sind. Schliesslich regelt die Richtlinie die Modalitäten der gemeinsamen Ausübung des Anwaltsberufs in einer Gruppe.

Die **Umsetzung der EG-Richtlinien** im BGFA lässt im Hinblick auf die   5
Rechtsetzungstechnik eine vergleichsweise knappere Abfassung der Regelungen über die Freizügigkeit der Anwälte aus den EU- und EFTA-Staaten erkennen. Insbesondere verzichtet das BGFA auf vorangestellte Begriffsdefinitionen, wie sie die Richtlinien enthalten; im Weiteren sind verschiedene Bestimmungen zwar inhaltlich übernommen, aber gekürzt worden. Inhaltlich entsprechen die Abschnitte 4, 5 und 6 BGFA weitestgehend den EG-Vorgaben. Das BGFA weist jedoch einen engeren sachlichen Geltungsbereich auf als die betreffenden EG-Richtlinien; Letztere regeln sowohl die rechtsberatende wie auch die forensische Anwaltstätigkeit.[7] Das BGFA ist demgegenüber auf den Monopolbereich für Rechtsanwälte gemäss schweizerischer Rechtstradition ausgerichtet. Da die Rechtsberatung in der Schweiz nicht monopolisiert ist, finden die Bestimmungen über die anwaltliche Freizügigkeit der Abschnitte 4, 5 und 6 BGFA lediglich auf die forensische Tätigkeit von Anwälten aus Mitgliedstaaten der EU und der EFTA in der Schweiz Anwendung. Entsprechend den EG-Vorgaben unterscheidet das BGFA zwischen der vorübergehenden Dienstleistungserbringung (Abschnitt 4 BGFA) sowie zwei Formen der Niederlassung, und zwar derjenigen unter der ursprünglichen Berufsbezeichnung (Abschnitt 5 BGFA) einerseits und der Vollintegration (Abschnitt 6 BGFA) andererseits.

Im Hinblick darauf, dass die Abschnitte 4, 5 und 6 BGFA den Anschluss an   6
den Binnenmarkt der EU verfolgen, sollte sich die **Auslegung** dieser Bestimmungen an den korrespondierenden Entwicklungen in der EU orientieren und insbesondere die einschlägige Rechtsprechung des EuGH berücksichtigen.

---

[7]   Siehe Art. 5 Abs. 1 Niederlassungsrichtlinie.

4. Abschnitt: Ausübung des Anwaltsberufs im freien Dienstleistungsverkehr durch Anwältinnen und Anwälte aus Mitgliedstaaten der EU oder der EFTA

Art. 21 Grundsätze

[1] Angehörige von Mitgliedstaaten der EU oder der EFTA, die berechtigt sind, den Anwaltsberuf in ihrem Herkunftsstaat unter einer der im Anhang aufgeführten Berufsbezeichnungen auszuüben, können im freien Dienstleistungsverkehr in der Schweiz Parteien vor Gerichtsbehörden vertreten.

[2] Die dienstleistungserbringenden Anwältinnen und Anwälte werden nicht in die kantonalen Anwaltsregister eingetragen.

Art. 21 Principes

[1] L'avocat ressortissant d'un Etat membre de l'UE ou de l'AELE habilité à exercer dans son Etat de provenance sous l'une des dénominations figurant en annexe peut pratiquer la représentation en justice en Suisse sous la forme de prestation de services.

[2] L'avocat prestataire de services n'est pas inscrit au registre cantonal des avocats.

Art. 21 Principi

[1] Il cittadino di uno Stato membro dell'UE o dell'AELS abilitato a esercitare l'avvocatura nello Stato di provenienza con uno dei titoli professionali elencati nell'allegato può esercitare la rappresentanza in giudizio in Svizzera a titolo di prestazione di servizi.

[2] L'avvocato prestatore di servizi non è iscritto nel registro cantonale degli avvocati.

Inhaltsübersicht	Note
I. Einleitung	1
II. Der freie Dienstleistungsverkehr	3
A. Begriff	3
B. Die Parteivertretung vor Gericht	9
III. Der Geltungsbereich (Abs. 1)	14
A. Der persönliche Geltungsbereich	15
1. Grundsatz	15
2. Die Anwendung des Grundsatzes	18
B. Der räumliche Geltungsbereich	21
1. Grundsatz	21
2. Einige Sonderfälle	23
3. Die EU-Erweiterung	26
IV. Einzelfragen	28
A. Der Grundsatz der Nichteintragung im kantonalen Register (Abs. 2)	28
B. Die Bestimmungen der WTO	29

I.   Einleitung*

Der **freie Dienstleistungsverkehr,** welcher als zentraler Grundsatz der Wirt-   1
schaftsfreiheit eines Anwalts gilt, wurde in der Schweiz durch Art. 4 BGFA
eingeführt. In der EU wurde der Begriff der Freizügigkeit durch den EuGH
entwickelt, worauf die Kommission eine entsprechende Richtlinie erlassen hat. Aber auch ausserhalb von Europa ist der Begriff des freien Dienstleistungsverkehrs nicht unbekannt, wie beispielsweise die Diskussionen
im Rahmen der International Bar Association zeigen.[1]

Die Annahme des bilateralen Abkommens zwischen der Schweiz und der   2
EU über den **freien Personenverkehr** und das Inkrafttreten des BGBM
stellen die Grundlagen für den 4.–6. Abschnitt des BGFA dar.[2]

Nachfolgend wird zunächst der Begriff des freien Dienstleistungsverkehrs
umschrieben (II) und anschliessend der persönliche und örtliche Anwendungsbereich dargelegt (III). Abschliessend werden die Nichteintragung
in das Anwaltsregister sowie das Verfahren der WTO kurz behandelt (IV).

II.   Der freie Dienstleistungsverkehr

A.   Begriff

Der Begriff des freien Dienstleistungsverkehrs im Sinne des BGFA stammt   3
aus dem europäischen Recht. Gemäss Art. 50 EG-Vertrag sind «Dienstleistungen im Sinne dieses Vertrags Leistungen, die in der Regel gegen Entgelt erbracht werden, soweit sie nicht den Vorschriften über den freien
Waren- und Kapitalverkehr und über die Freizügigkeit der Personen unterliegen. Als Dienstleistungen gelten insbesondere: [...] freiberufliche Tätigkeiten.»

---

*   Für die Übersetzung des Textes von Art. 21–26 danke ich meinem Partner RA Markus
     Jungo. Ebenso danke ich RA Dr. Bernard Dubey, der mich bei der Kommentierung
     von Art. 21 BGFA unterstützte.
[1]   Vgl. «Recommendations and opinions on temporary cross-border commercial prac-
     tice» of the Section on Business Law Task Force, San Francisco 2003; SILVER, 1039;
     DAVIS, 1339; POSITAN.
[2]   Siehe dazu vorne die Vorbemerkungen zu den Abschnitten 4, 5 und 6 BGFA.

4   Der Dienstleistungsverkehr setzt eine berufliche **Niederlassung** in einem
     EU- oder EFTA-Staat voraus (siehe N 21 ff. hinten).

5   Die Ausübung des Dienstleistungsverkehrs zeichnet sich dadurch aus, dass
     sie **punktuell** und **vorübergehend** erfolgt, dies im Gegensatz zur ständi-
     gen Ausübung einer Berufstätigkeit, welche der freien Niederlassung unter-
     stellt ist.[3] Sie setzt weiter eine **Grenzüberschreitung** voraus, entweder
     durch den Dienstleistungserbringer oder den Dienstleistungsempfänger oder
     aber durch die Dienstleistung selbst, welche von einem Land ins andere
     übermittelt wird.[4]

6   Für Anwälte in der EU wird der freie Dienstleistungsverkehr durch die Richt-
     linie 77/249/EWG geregelt.[5] Gestützt auf diese Richtlinie ist ein europäischer
     Anwalt zur Berufsausübung in einem Aufnahmestaat berechtigt, sofern er
     seine Berufsbezeichnung in einer der Amtssprachen seines Herkunftsstaa-
     tes sowie die Berufsorganisation, dessen Zuständigkeit er unterliegt, angibt
     (Art. 3; vgl. auch Art. 24 BGFA). Die Mitgliedstaaten können aber die
     Abfassung förmlicher Urkunden, mit denen das Recht auf Verwaltung des
     Vermögens verstorbener Personen verliehen oder mit denen ein Recht an
     Grundstücken geschaffen oder übertragen wird, vom Anwendungsbereich
     ausschliessen (Art. 1 Abs. 2). Aufgrund der kantonalen Gesetzgebung sind
     in der Schweiz gewisse Tätigkeiten, insbesondere das Notariatswesen,
     einer öffentlichen Urkundsperson vorbehalten. Diese Einschränkung spielt
     vorliegend keine Rolle, weil sich die Freiheit gemäss Art. 21 BGFA ledig-
     lich auf die **Parteivertretung** vor den Gerichtsbehörden (siehe N 9 ff. hin-
     ten) erstreckt. Gewisse Staaten verlangen, dass der Anwalt, der die Partei-
     vertretung vor einem ausländischen Gericht ausübt, im Einvernehmen mit
     einem Anwalt des Aufnahmestaates handeln muss (Art. 5; vgl. Art. 23
     BGFA).

7   Gemäss der Rechtsprechung der Europäischen Union gilt der freie Dienst-
     leistungsverkehr **subsidiär** zur Niederlassungsfreiheit. Er wird als Recht
     bezeichnet, von einer angesiedelten Niederlassung aus überall in der EU
     Dienstleistungen anbieten zu dürfen, vorausgesetzt, dass diese bloss vor-
     übergehender Natur sind.[6] Der vorübergehende Charakter der Dienstleis-

---

[3]   BOTSCHAFT, Nr. 234.21, 6062 f.
[4]   HUGLO, N 16 ff.; FLECHEUX, N 103 f.
[5]   Richtlinie-Nr. 77/249/EWG des Rates vom 22. März 1977 (Abl L 78 vom 26. März
      1977, 17); DREYER/DUBEY, avocats, 215 f.
[6]   EuGH, 30. November 1995, Gebhard, Rs. C-55/94, Slg. 1995, I-4165.

tung ist nicht bloss aufgrund der Dauer der Dienstleistung, sondern auch
gestützt auf die Häufigkeit, die Regelmässigkeit und die Kontinuität zu
beurteilen. Trotz des Erfordernisses des vorübergehenden Charakters ist es
einem Anwalt nicht untersagt, im Aufnahmestaat eine gewisse Infrastruktur (einschliesslich ein Büro oder eine Kanzlei) zu unterhalten, soweit die
Infrastruktur für die ordnungsgemässe Erfüllung der Dienstleistung erforderlich ist.[7] Gemäss Art. 5 Abs. 1 Personenfreizügigkeitsabkommen darf
ein ausländischer Anwalt während höchstens 90 Tagen pro Jahr in der
Schweiz Dienstleistungen erbringen.[8]

Die Rechtsprechung des EuGH stellt indes klar, dass ein Aufnahmestaat   8
befugt ist, einem europäischen Anwalt das Recht auf freien Dienstleistungsverkehr **zu verweigern**, falls diesem bereits der Zugang zur dauernden
Berufsausübung infolge fehlender Ehrenhaftigkeit, Würde oder Lauterkeit
verweigert wurde (Grundsatz der doppelten Berufsethik).[9] Hingegen kann
sich ein Staatsangehöriger der EU gegenüber seinem Heimatstaat auf das
Recht auf freien Dienstleistungsverkehr berufen, sofern er gestützt auf das
Niederlassungsrecht in einem anderen Mitgliedstaat niedergelassen ist
(selbstverständlich unter Vorbehalt des Grundsatzes der doppelten Berufsethik).[10]

B.   Die Parteivertretung vor Gericht

Gemäss Art. 2 Abs. 1 BGFA ist der Anwendungsbereich des Gesetzes auf   9
die Vertretung von Parteien vor **Gerichtsbehörden** beschränkt. Demgegenüber ist der Anwendungsbereich der Richtlinie 77/249/EWG weiter gefasst,
zumal die Richtlinie gemäss Art. 1 für alle «in Form der Dienstleistung
ausgeübten Tätigkeiten der Rechtsanwälte» gilt. Art. 4 Abs. 1 der Richt-

---

[7]   Idem, Ziff. 27.
[8]   Botschaft, Nr. 234.21, 6062 f.; Botschaft zur Genehmigung der sektoriellen Abkom-
       men zwischen der Schweiz und der EG: BBl 1999, Nr. 273.13 lit. D, 188; NATER,
       Übersicht, 17; vgl. hinten Art. 27 N 2 f.
[9]   EuGH, 19. Januar 1988, Gullung, Rs. 292/86, Slg. 1988, 111, Ziff. 22 f.; mit Hinweis
       auf Art. 4 Abs. 2 Richtilinie 77/249/EWG, wonach ein Anwalt bei der Ausübung die-
       ser Tätigkeit die Standesregeln des Aufnahmestaates sowie die ihm im Herkunftsstaat
       obliegenden Verpflichtungen einhalten muss; NATER/WIPF, 258 f., 260.
[10]   EuGH, 19. Januar 1988, Gullung, Rs. 292/86, Slg. 1988, 111; EuGH, 10. Juli 1991,
       Kommission gegen Frankreich, Rs. C-294/89, Slg. 1991, I-3591; vgl. Art. 2 Abs. 3
       BGFA; siehe auch hinten Art. 25 N 1 ff.

linie stellt indes klar, dass für die nicht forensische Tätigkeit die im Herkunftsstaat geltenden Bestimmungen und Standesregeln anwendbar sind.[11]

10 In der Schweiz ist die **Rechtsberatung** auf Bundesebene gesetzlich nicht
geregelt; einige Kantone haben dazu gesetzliche Bestimmungen erlassen.
Daraus folgt, dass der freie Dienstleistungsverkehr im Bereich der Rechtsberatung im Verhältnis zwischen der Schweiz und der EU sich nach dem
Personenfreizügigkeitsabkommen richtet.

11 Weder das BGFA noch die Botschaft definieren den Begriff der Parteivertretung und auch Art. 4 Abs. 1 Richtlinie 77/249/EWG spricht lediglich
von der «Vertretung oder der Verteidigung eines Mandanten im Bereich
der Rechtspflege oder vor Behörden» sowie der damit «zusammenhängenden Tätigkeiten des Rechtsanwalts», ohne indes eine eigentliche Definition zu liefern. Der Begriff der **«Parteivertretung vor Gerichtsbehörden»** im Sinne von Art. 21 BGFA umfasst namentlich den Beistand, die
Verteidigung und die Vertretung (im engen Sinn) eines Mandanten vor
einer Gerichts-, Verwaltungs- oder Disziplinarbehörde.[12]

12 Im Bereich des **Schiedswesens** gilt der Grundsatz des freien Dienstleistungsverkehrs de facto bereits seit langer Zeit, selbst wenn das Schiedsgericht
seinen Sitz in der Schweiz hat und in der Sache Schweizer Recht zur Anwendung kommt.[13] Der Grundsatz des freien Dienstleistungsverkehrs gilt
teilweise auch für nicht-europäische Anwälte, beispielsweise für Verfahren im Rahmen der WTO in Genf.

13 Ein ausländischer Anwalt, der das Recht auf freien Dienstleistungsverkehr
beanspruchen will, muss in einem EU- oder EFTA-Mitgliedstaat über eine
Niederlassung, d.h. eine Kanzlei, verfügen. Damit ist er bereits in einem
Berufsregister eingetragen. Dies ist deshalb von Bedeutung, weil die Dienstleistung im Verhältnis zur Niederlassung als subsidiär gilt.[14] Dieselbe Regel ist im interkantonalen Verhältnis anwendbar (Art. 6 Abs. 1 BGFA).[15]

---

[11] MONEGER/DEMEESTER, 101 ff.
[12] Vgl. vorne Art. 4 N 4 f.
[13] DREYER, 441 Fn. 128.
[14] EuGH, 30. November 1995, Gebhard, Rs. C-55/94, Slg. 1995, I-4165. Der EuGH
      weist mehrmals darauf hin, dass eine Verpflichtung, im Aufnahmestaat über eine dau-
      ernde Einrichtung zu verfügen, mit dem Grundsatz des freien Dienstleistungsverkehrs
      unvereinbar ist, zumal dem Aufnahmestaat weniger einschränkende Massnahmen zur
      Durchsetzung der Berufsregeln zur Verfügung stehen: EuGH, 10. Februar 1982, Trans-
      poroute, Rs. 76/81, Slg. 1982, I-417; EuGH, 4. Dezember 1986, Kommission gegen
      Frankreich, Rs. 220/83, Slg. 1986, I-3663; EuGH, 28. Januar 1992, Bachmann, Rs.
      C-204/90, Slg. 1992, I-249; DREYER/DUBEY, réglementation, 94 f.
[15] Vgl. vorne Art. 6 N 3 ff.

Anzufügen ist, dass sich auch gewisse kantonale Anwendungsgesetze mit
dem aussereuropäischen Anwalt befassen.

III. Der Geltungsbereich (Abs. 1)

Das Recht auf freien Dienstleistungsverkehr, das den Anwalt berechtigt, in   14
der Schweiz Parteien vor Gericht zu vertreten, steht den «Angehörige[n]
von Mitgliedstaaten der EU oder der EFTA zu, die berechtigt sind, den
Anwaltsberuf in ihrem Herkunftsstaat unter einer der im Anhang aufgeführten Berufsbezeichnungen auszuüben [...]» (Art. 2 Abs. 2 und Art. 21
Abs. 1 BGFA). Diese Definition grenzt den **Geltungsbereich** in verschiedener Hinsicht ein; in persönlicher Hinsicht (wer gilt im Herkunftsstaat als
Anwalt?), in räumlicher Hinsicht (wer gilt als Angehöriger eines Mitgliedstaates der EU oder EFTA?) und in sachlicher Hinsicht (was ist unter der
Parteivertretung vor Gericht zu verstehen?). Der sachliche Geltungsbereich
wurde bereits unter dem Titel des freien Dienstleistungsverkehrs (vgl. vorne N 3 ff.) behandelt. Nachfolgend werden der persönliche und räumliche
Geltungsbereich erläutert.

A.   Der persönliche Geltungsbereich

1.   Grundsatz

Das Recht auf freien Dienstleistungsverkehr steht in erster Linie den EU   15
und EFTA-Anwälten zu, die in ihrem Herkunftsstaat zur Ausübung des
Anwaltsberufs berechtigt sind. Voraussetzung ist indes, dass sie den Anwaltsberuf unter einer **Berufsbezeichnung,** die im Anhang zum BGFA aufgeführt ist, ausüben.[16] Die Liste im Anhang entspricht der Liste der Richtlinie 77/249/EWG[17] (Art. 1 Abs. 2) und 98/5/EG[18] (Art. 1 Abs. 2), welche
mit dem Personenfreizügigkeitsabkommen übernommen wurde. Diese bei-

---

[16]   Zu dieser Liste siehe hinten Art. 24 N 2.
[17]   Richtlinie 77/249/EWG vom 22. März 1977 zur Erleichterung der tatsächlichen Aus-
       übung des freien Dienstleistungsverkehrs der Rechtsanwälte, in: Abl L 78 vom 26. März
       1977, 17.
[18]   Die Richtlinie 98/5/EG vom 16. Februar 1998 erleichtert die ständige Niederlassung
       der Anwälte in einem anderen Mitgliedstaat als in demjenigen, in dem die Berufsaus-
       übungsbewilligung erworben wurde, in: Abl L 77 vom 14. März 1998, 36.

den Richtlinien stellen Rechtsakte dar, auf die Bezug genommen wird (Art. 4 Abs. 4 und Art. 16 Personenfreizügigkeitsabkommen) und die in Abschnitt A lit. B des Anhangs III zum Personenfreizügigkeitsabkommen aufgeführt sind. Die Mitgliedstaaten haben sich verpflichtet, die dort aufgeführten Qualifikationen gegenseitig anzuerkennen (Einleitung zum Anhang III Personenfreizügigkeitsabkommen). Durch diesen Anhang wird die Liste gemäss Art. 1 Abs. 2 der beiden Richtlinien durch die Berufsbezeichnungen ergänzt, die in der Schweiz gelten, mit der Folge, dass die Inhaber dieser Berufsbezeichnungen zur Berufsausübung in den EU-Staaten berechtigt sind.[19]

16 Die Liste der Berufsbezeichnungen gemäss Anhang zum BGFA wurde gemäss Ziff. 1 des Bundesgesetzes vom 22. März 2002[20] ergänzt, nachdem die Schweiz das Abkommen vom 21. Juni 2001 zur Änderung des EFTA-Übereinkommens unterzeichnet hatte, das die Gleichbehandlung der Angehörigen der EFTA-Staaten Island, Norwegen und Liechtenstein mit denjenigen der EU-Staaten zum Ziel hat.

17 In zweiter Linie gilt die Freizügigkeit für **schweizerische Staatsangehörige**, «die berechtigt sind, den Anwaltsberuf unter einer der im Anhang aufgeführten Berufsbezeichnung der EU oder der EFTA auszuüben» (Art. 2 Abs. 3 BGFA). Diese Bestimmung wurde erst bei der Beratung im Parlament eingeführt und fehlte im Entwurf des Bundesrats.[21] Inhaltlich entspricht sie der Rechtsprechung des EuGH, wonach der Anspruch auf freien Dienstleistungsverkehr von einem Angehörigen eines EU-Staates gegenüber seinem Heimatstaat geltend gemacht werden kann, falls er sich aufgrund der Personenfreizügigkeit in einem anderen Mitgliedstaat niedergelassen hat.[22]

2. Die Anwendung des Grundsatzes

18 Die Anwendung des Grundsatzes wird hier aus Sicht des ausländischen Berechtigten, der den freien Dienstleistungsverkehr in Anspruch nehmen will (siehe vorne N 15), dargestellt. Nicht behandelt werden vorliegend die

---

[19] Die in den drei Sprachen anerkannten Berufsbezeichnungen sind: «Avocat, Advokat, Rechtsanwalt, Anwalt, Fürsprecher, Fürsprech, Avvocato».
[20] BBl 2002, 2477; AS 2002, 2134.
[21] AmtlBull SR 1999, 1163; NATER, Unabhängigkeit, 68.
[22] EuGH, 19. Januar 1988, Gullung, Rs. 292/86, Slg. 1988, 111; EuGH, 10. Juli 1991, Kommission gegen Frankreich, Rs. C-249/89, Slg. 1991, I-3591.

Rechte, die ein Schweizer Anwalt in den Mitgliedstaaten der EU geniesst. In Anwendung des Personenfreizügigkeitsabkommens unterstehen diese Rechte dem «*acquis communautaire*». Daraus folgt, dass ein Schweizer Anwalt vor den Gerichten in Lyon oder München über die gleichen Rechte verfügt, wie sie ein spanischer oder italienischer Anwalt vor diesen Gerichten beanspruchen kann. Die Rechtsprechung der EU setzt sich ausschliesslich mit den Einschränkungen auseinander, die gewisse Länder im Bereich des freien Dienstleistungsverkehrs einführen wollen (siehe hinten Art. 23 N 1 ff.).

Das Erfordernis, wonach die Berufsbezeichnungen im Anhang zum BGFA   19
aufgeführt sein müssen, hat insbesondere zur Folge, dass:

– die in Frankreich zugelassenen «**avoués près les cours d'appel**», «**avocats au Conseil d'Etat**» oder «**avocats à la Cour de cassation**» keine Anwälte im Sinne des Gesetzes sind und sich nicht auf den freien Dienstleistungsverkehr berufen können. Diese Berufsbezeichnungen waren von der Gesetzesrevision von 1990 über den Rechtsanwaltsberuf nicht betroffen. Demgegenüber können die «avoués» und «conseils juridiques» den freien Dienstleistungsverkehr beanspruchen, nachdem sie seit Annahme des französischen Gesetzes Nr. 90–1259 vom 31. Dezember 1990 den Titel des Rechtsanwalts tragen dürfen.

– der «**Fiskusanwalt**», dessen Stellung in Deutschland noch umstritten ist[23] und der in der Liste der Berufsbezeichnungen im Anhang nicht aufgeführt wird, in der Schweiz wohl als Organ, nicht aber als Anwalt auftreten kann.[24]

– ein im Register **von Mailand** eingetragener **Anwalt** die Parteivertretung vor einem Gericht in Lugano übernehmen darf (und nicht einmal im Einvernehmen mit einem Tessiner Anwalt handeln muss; siehe hinten Art. 23 N 1 ff.).

– der «**solicitor**» und der «**barrister**» in Grossbritannien, welche im Anhang und in der europäischen Richtlinie aufgeführt sind, den freien Dienstleistungsverkehr in Anspruch nehmen können.

Der Grund für die Inanspruchnahme der Dienstleistungen eines Anwalts   20
als Parteivertreter liegt regelmässig in seiner besonderen Fachkompetenz

---

[23] REDEKER, 889 ff.
[24] Zur Situation des «In-house Counsel» im Allgemeinen und in den Staaten der EU: ECLA, The Situation of In-House Counsel in Member States: Comparative Table, ‹http://www.ecla.org/pages/comparative_table_01.html› (besucht am 11. August 2004).

und seinen Kenntnissen des Verfahrensrechts. Der Anwalt ist seinem Mandanten daher für sämtlichen Schaden **haftbar**, den er durch unsorgfältiges
Verhalten verursacht. Nach Art. 100 Abs. 2 OR kann der Richter vertragliche Haftungsbeschränkungen als nichtig betrachten, da der Anwalt ein
obrigkeitlich konzessioniertes Gewerbe ausübt. Haftungsbeschränkungen
für grobe Fahrlässigkeit sind von vornherein nichtig (Art. 100 Abs. 1 OR).[25]

B.   Der räumliche Geltungsbereich

1.   Grundsatz

21   Gemäss Art. 24 Personenfreizügigkeitsabkommen gilt die Freizügigkeit
«für das Hoheitsgebiet der Schweiz einerseits und die Gebiete, in denen
der Vertrag zur Gründung der Europäischen Gemeinschaft Anwendung findet, und nach Massgabe jenes Vertrags andererseits». Der räumliche Geltungsbereich des Personenfreizügigkeitsabkommens und der Art. 21 ff.
BGFA wird somit durch das Recht der EU definiert. In der Praxis ist die
Abgrenzung des **räumlichen Geltungsbereichs**, sowohl was die Mitgliedstaaten der EU und EFTA als auch was die in der Schweiz zugelassenen
Anwälte betrifft, komplex.

Der Grundsatz ist in Art. 299 EG-Vertrag enthalten und besagt Folgendes:

- der EG-Vertrag, der die Bestimmungen über den freien Berufsverkehr
  enthält, gilt für das **ganze Gebiet** der Mitgliedstaaten, auch wenn sich
  Teile davon ausserhalb des europäischen Kontinents befinden;
- damit ist in der Praxis auf das interne Recht der Mitgliedstaaten abzustellen, insbesondere auf das Verfassungsrecht der entsprechenden Mitgliedstaaten;

---

[25]   Das Erfordernis, dass die Anwälte über besondere Kenntnisse im Verfahrensrecht verfügen sollten, führte dazu, dass verschiedene Gesetzgeber die Verpflichtung einführten, im Einvernehmen mit einem eingetragenen Anwalt zu handeln (vgl. Art. 23 BGFA).
Aufgrund der Notwendigkeit (im Interesse des Klienten), auch das örtliche Recht zu
kennen, empfiehlt die Business Section Law der IBA, einen «local counsel» zu konsultieren. Im gleichen Sinne DAVIS, 1364, der auf die grundlegenden Rechtspflichten
eines Anwalts gegenüber seinem Klienten hinweist, welche neben der Sachkompetenz
auch die Verpflichtung beinhalten, gegebenenfalls mit einem örtlichen Anwalt zusammen zu arbeiten: «This would ensure that the foreign counsel has a knowledgeable and
competent attorney to assist the lawyer with regard to local rules. Because local rules
as complex as confidentiality or disclosure requirements vary substantially among jurisdictions, a local attorney could ensure a foreign attorney's compliance».

– Abweichungen von dieser Regel sind grundsätzlich möglich, doch müssen die Mitgliedstaaten, die gewisse Gebiete vom Gemeinschaftsrecht ausnehmen wollen, dies entweder im EG-Vertrag oder in der Beitrittserklärung ausdrücklich vorsehen.[26]

In den Genuss der Freizügigkeit der Art. 21 ff. BGFA kommen auch An-   22
wälte, die in den Ländern der EFTA, d.h. Island, Norwegen und Liechtenstein, zugelassen sind.[27]

2.   Einige Sonderfälle[28]

Die Anwälte, die aus Gebieten kommen, in denen der EG-Vertrag und das   23
Sekundärrecht gestützt auf die Bestimmungen des nationalen Verfassungsrechts (Art. 299 EG-Vertrag) vollumfänglich anwendbar sind (nach Ablauf der zweijährigen Frist gemäss dem vormaligen Art. 227 Abs. 2), gelten als **Angehörige der EU**, welche die Rechte gemäss Art. 21 ff. BGFA in Anspruch nehmen können. Hierbei handelt es sich insbesondere um Anwälte aus:

– den französischen Departementen in Übersee, d.h. Guayana, Guadeloupe, Martinique und Réunion;[29]

– den Azoren, Madeira und den Kanarischen Inseln.

Dasselbe gilt für die Anwälte aus Ceuta und Melilla[30] sowie ans Gibraltar.[31]

---

[26]   ZILLER, N 47.
[27]   Vgl. Art. 58 EFTA-Vertrag, der vorsieht, dass das Abkommen auf das Gebiet der Mitgliedstaaten anwendbar ist unter Vorbehalt der Bestimmungen des Anhangs U, der Norwegen bei Ratifikation des Abkommens ermächtigt, das Gebiet um Svalbard vom freien Warenverkehr auszunehmen.
[28]   ZILLER, N 38–86; RIGAUX.
[29]   EuGH, 10. Oktober 1978, Hansen, Rs. 148/77, Slg. 1978, 1787; CUSTOS.
[30]   Diese spanischen Gebiete sind in der Neufassung von Art. 299 EG-Vertrag nicht aufgeführt. Entsprechend richtet sich die Freizügigkeit nach Art. 25 der Beitrittsverträge von Spanien und Portugal, der eine Anwendbarkeit des Gemeinschaftsrechts unter Vorbehalt der Paragraphen 2 und 6 vorsieht. Der freie Personen- und Dienstleistungsverkehr ist in diesen zwei Paragraphen nicht erwähnt: ZILLER, N 76 und 79.
[31]   Gibraltar gilt als europäisches Hoheitsgebiet mit der Folge, dass Gemeinschaftsrecht zur Anwendung kommt, wobei sich ein anderer Mitgliedstaat um die auswärtigen Beziehungen kümmert (Art. 299 Abs. 4 EG-Vertrag). In Art. 28 der Beitrittserklärung sind Einzelheiten näher geregelt (Abl L 73 vom 27. März 1972, 14), insbesondere kann die Anwendbarkeit des Gemeinschaftsrechts in bestimmten Bereichen ausgeschlossen werden, wie beispielsweise GAP, die indirekte Besteuerung oder das Zollwesen (EuGH, 23. September 2003, Kommission und Spanien gegen Grossbritannien, Rs. C-30/01, Slg. 2003; Revue Europe, November 2003 N 337, wonach der freie Personen- und Dienstleistungsverkehr nicht eingeschränkt werden darf).

24 Die Anwälte, die aufgrund der Assoziierungsbeschlüsse[32] aus einem der sogenannten «assoziierten Hoheitsgebiete» kommen, erlangen **keine Freizügigkeit** im Sinne der Art. 21 ff. BGFA, da die assoziierten Hoheitsgebiete, im Wesentlichen die überseeischen Länder und Hoheitsgebiete (Art. 299 Abs. 3 EG-Vertrag), unter Vorbehalt[33] gewisser Ausnahmen kein europäisches Hoheitsgebiet sind. Hierbei handelt es sich um:

- die überseeischen Hoheitsgebiete Frankreichs, d.h. Neu-Kaledonien samt Departemente, Wallis und Futuna, Französisch-Polynesien, die französischen atlantischen und australischen Inseln, Mayotte, St. Pierre und Miquelon;

- Grönland (seit 1985), Aruba, die niederländischen Antillen, Antigua, Kayman Inseln, Falkland Inseln, Südgeorgien, die Sandwich Inseln, Montserrat, Pictairn, St. Helena samt Verwaltungseinheiten, die britischen Gebiete der Antarktis und die Britischen Gebiete im indischen Ozean, die Inseln von Turks und Caicos, die britischen Jungferninseln und Bermudas (Beilage II EG-Vertrag[34]).

25 Die Anwälte aus folgenden Gebieten können ebenfalls **keine Freizügigkeit** gemäss Art. 21 ff. BGFA beanspruchen:

- Färöer (Art. 299 Abs. 6 lit. a EG-Vertrag);[35]

- die Kanalinseln und die Insel Man (Art. 299 Abs. 6 lit. b EG-Vertrag[36]), obwohl sich ein Mitgliedstaat um die auswärtigen Beziehungen kümmert (Art. 299 Abs. 4 EG-Vertrag);

- das Fürstentum Monaco, Andorra und St. Martin sowie der Vatikanstaat, die allesamt nicht Mitglieder der EU sind. Entsprechend finden

---

[32] Beschluss 2001/822/CE vom 27. November 2001, in: Abl L 314 vom 30. November 2001, 1 (Revue Europe, Januar 2002, N 1). Diese Staaten unterstehen einem besonderen Assoziierungssystem (namentlich für Staaten aus Afrika, der Karibik und aus dem pazifischen Raum; Abkommen von Lomé). Teilweise erstrecken sich die Assoziierungen auch auf die Dienstleistungsfreizügigkeit und nicht nur auf den freien Personenverkehr gemäss Art. 183 Ziff. 5 EG-Vertrag.

[33] EuGH, 12. Februar 1992, Leplat, Rs. C-260/90, Slg. 1992, I-643; EuGH, 28. Januar 1999, A. J. van der Kooy, Rs. C-181/97, Slg. 1999, I-483 (Revue Europe, März 1999, N 93).

[34] Die Liste war ursprünglich länger, da sie früher auch die Kolonien der Mitgliedstaaten (insbesondere von Frankreich, den Niederlanden, Belgien und Grossbritannien) umfasste, die in der Folge in die Unabhängigkeit entlassen wurden.

[35] Revue Europe, April 1997, N 96.

[36] EuGH, 16. Juli 1998, Ruiz Alberto Pereira Roque, Rs. C-171/96, Slg. 1998, I-4607 (Revue Europe, Oktober 1998, N 305); GAVALDA/PARLEANI, N 230.

dort die Rechte und Freiheiten der EU unter Vorbehalt der Bestimmungen der bilateralen Verträge[37] keine Anwendung.[38]

3. Die EU-Erweiterung

Seit 1. Mai 2004 zählt die EU zehn **zusätzliche Mitgliedstaaten,** die beim   26
Abschluss der bilateralen Verträge von 1999 noch nicht Vertragsparteien
waren. Sechs der sieben Abkommen werden unter Vorbehalt kleiner Anpassungen automatisch auf die neuen Mitgliedstaaten zur Anwendung kommen,
zumal sie der Kompetenz der Gemeinschaft unterstehen. Da das Personenfreizügigkeitsabkommen aus Sicht der Gemeinschaft ein gemischtes Abkommen ist, d.h. ein völkerrechtlicher Vertrag zwischen der Schweiz und der EU
sowie sämtlichen Mitgliedstaaten, muss es neu ausgehandelt werden. Nach
Erteilung eines Verhandlungsmandats sind die EU-Kommission und der
Bundesrat zur Zeit daran, den Geltungsbereich auf die zehn neuen Mitgliedstaaten zu erweitern. Das Abkommen muss vom eidgenössischen Parlament
ratifiziert werden und untersteht dem fakultativen Referendum. Im Fall
einer Ablehnung droht die Kündigung des Personenfreizügigkeitsabkommens
durch die EU, die nach Art. 25 Abs. 4 Personenfreizügigkeitsabkommen
unweigerlich die Auflösung der sechs anderen bilateralen Abkommen nach
sich ziehen würde.

Die neuen bilateralen Verträge – wie auch die ersten – werden im Jahr   27
2009 vom Parlament neu überprüft.

---

[37] Demgegenüber gehört Monaco zur Zollunion der EU, und es gilt dort der freie Warenverkehr. EuGH, 13. Januar 2000, Estée Lauder, Rs. C-220/98, Slg. 2000, I-117
(Revue Europe, März 2000, N 62).

[38] Trotz eines gegenteiligen Entscheids des französischen Conseil d'Etat vom 24. Februar 1993, der die Ansicht vertritt, dass die Bestimmungen über den freien Personenverkehr auch in Monaco anwendbar sind (Revue Europe, Juli 1993, N 285; ZILLER,
N 53).

IV. Einzelfragen

A. Der Grundsatz der Nichteintragung im kantonalen Register (Abs. 2)

28   Gemäss Art. 21 Abs. 2 BGFA werden die Anwälte aus einem Mitgliedstaat der EU oder der EFTA, die ihre Dienstleistungen in der Schweiz anbieten, nicht in das kantonale Anwaltsregister **eingetragen**.[39]

B. Die Bestimmungen der WTO

29   Aufgrund der Bestimmungen des GATS steht den Schweizer Anwälten im Bereich der Rechtsberatung der freie Dienstleistungsverkehr bereits offen. Zur Vertretung von Parteien vor Gericht sind sie allerdings nicht zugelassen.[40] Die **freie Rechtsberatung** gemäss den Bestimmungen des GATS ist jedoch auf das Heimatrecht des Dienstleistungserbringers beschränkt unter Einschluss des internationalen Rechts, das für die Schweiz auch das Gemeinschaftsrecht und das Europarecht umfasst.[41]

30   Inskünftig wird man sich aufgrund der Meistbegünstigungsklausel die Frage stellen müssen, ob die Rechte des freien Dienstleistungsverkehrs zwischen der EU und der EFTA nicht auch für die Anwälte der Mitgliedsstaaten der WTO gelten:[42]

–   Im Bereich der **Rechtsberatung** wird dies der Fall sein, weil diese Tätigkeit in den Anwendungsbereich von Art. II GATS fällt, welcher uneingeschränkt angewandt wird;

–   Auf die **Rechtsvertretung** ist Art. VII GATS hingegen anwendbar: Dadurch kommt die Meistbegünstigungsklausel erst dann zum Tragen, wenn die Gleichwertigkeit der Qualifikationen anerkannt ist. Diese Anerkennung wird durch ein Abkommen zwischen der Schweiz und dem betreffenden Staat zu regeln sein.

---

[39]   BOTSCHAFT, Nr. 234.21, 6062 f.
[40]   KELLERHALS/BÜHLMANN, 35 ff., 38.
[41]   Siehe die Liste der spezifischen Verpflichtungen der Schweiz, Beilage IB, SR 0.632.20; DREYER, 440 ff.
[42]   DREYER, 442 ff.; KELLERHALS/BÜHLMANN, 44 ff; siehe hinten Art. 35 N 3.

Art. 22 Nachweis der Anwaltsqualifikation

Die eidgenössischen und kantonalen Gerichtsbehörden, vor denen die dienstleistungserbringenden Anwältinnen und Anwälte auftreten, sowie die Aufsichtsbehörden über die Anwältinnen und Anwälte können verlangen, dass diese ihre Anwaltsqualifikation nachweisen.

Art. 22 Devoir de légitimation

Les autorités judiciaires fédérales et cantonales devant lesquelles l'avocat prestataire de services exerce son activité ainsi que les autorités de surveillance des avocats peuvent lui demander d'établir sa qualité d'avocat.

Art. 22 Prova della qualità di avvocato

Le autorità giudiziarie federali e cantonali e le autorità di sorveglianza degli avvocati possono chiedere al prestatore di servizi di documentare la sua qualità di avvocato.

Nach dieser Bestimmung kann der Anwalt verpflichtet werden, seine **Anwaltsqualifikation nachzuweisen**.[1] Der Nachweis ist somit weder systematisch noch zwingend. Da mit den Gerichtsbehörden in der Regel schriftlich verkehrt wird, sind in der Korrespondenz sowohl die ursprüngliche Berufsbezeichnung als auch die Berufsorganisation, deren Zuständigkeit der Anwalt unterliegt, oder das Gericht, bei dem er zugelassen ist (Art. 24 BGFA), anzugeben. Falls diese Angaben nicht den Tatsachen entsprechen, kann sich der Anwalt strafrechtlichen Sanktionen aussetzen, da durch ein solches Verhalten der Tatbestand der Urkundenfälschung (Art. 251 StGB) erfüllt wird.

Falls der Nachweis der Anwaltsqualifikation verlangt wird, stellt sich die Frage, wie diesem Erfordernis nachzukommen ist. Gemäss Botschaft bestehen zwei Möglichkeiten:[2]

– Die Einreichung des Anwaltspatents: Darunter ist lediglich die **Ausübungsberechtigung** und nicht etwa das Anwaltspatent zu verstehen. Die Ausübungsberechtigung kann überholt sein, insbesondere im Fall eines Patententzugs oder eines befristeten Berufsausübungsverbots.

– Die **Bescheinigung** über die Zulassung im Herkunftsland: Diese Bescheinigung erfüllt ihren Zweck nur, falls sie jüngeren Datums, d.h. nicht älter als sechs Monate, ist.

1

2

---

[1] Im europäischen Verhältnis besteht diese Möglichkeit nach Art. 7 Richtlinie 77/249/ EWG (Abl L 78 vom 26. März 1977, 17).

[2] BOTSCHAFT, Nr. 234.22, 6063.

3 Das Gesetz sieht vor, dass auch die **Aufsichtsbehörde** den Nachweis der Anwaltsqualifikation verlangen kann. Dies ist sinnvoll und zweckmässig. Wenn die Aufsichtsbehörde den Nachweis einer Anwaltsqualifikation verlangt, dürfte es in der Regel aber zu spät sein, sich um die Zulassung zu kümmern.

Art. 23 Verpflichtung zur Handlung im Einvernehmen mit einer eingetragenen Anwältin oder einem eingetragenen Anwalt

Besteht für ein Verfahren Anwaltszwang, so sind die dienstleistungserbringenden Anwältinnen und Anwälte verpflichtet, im Einvernehmen mit einer Anwältin oder einem Anwalt zu handeln, die oder der in einem kantonalen Anwaltsregister eingetragen ist.

Art. 23 Obligation d'agir de concert avec un avocat inscrit au registre

Pour les procédures où l'assistance d'un avocat est obligatoire, l'avocat prestataire de services agit de concert avec un avocat inscrit à un registre cantonal des avocats.

Art. 23 Obbligo di agire di concerto con un avvocato iscritto nel registro

Nell'esercizio delle attività per le quali è obbligatorio il ministero di un avvocato, l'avvocato prestatore di servizi agisce di concerto con un avvocato iscritto nel registro cantonale degli avvocati.

Inhaltsübersicht	Note
I. Ratio legis	1
II. Die Voraussetzungen	4
III. Bedeutung des einvernehmlichen Handelns	7
IV. Bedeutung für die Zukunft?	12

I. Ratio legis

Diese Bestimmung, welche vorsieht, dass der dienstleistungserbringende Anwalt unter bestimmten Umständen verpflichtet ist, im Einvernehmen mit einem Anwalt zu handeln, der in einem kantonalen Register eingetragen ist, hat zweifellos ihre Berechtigung: [1]

– Offenbar bestand die Absicht, das Gesetz eurokompatibel auszugestalten, zumal die Richtlinie 77/249/EWG[1] eine analoge Bestimmung enthält. Doch hat sich der Bundesrat die Frage nach der praktischen Relevanz für die Schweiz offenbar nicht gestellt. [2]

– Weiter besteht die Hoffnung, dass diese Bestimmung die Tätigkeit der Gerichtsbehörden erleichtern und keine unnötigen Formalitäten verur- [3]

---

[1] Abl L 78 vom 26. März 1977, 17.

sachen wird.[2] Diese Hoffnung wird aber mit Art. 23 BGFA nicht erfüllt (siehe hinten N 7 ff.).

II. Die Voraussetzungen

4   Art. 23 BGFA hält fest, dass die Verpflichtung zum einvernehmlichen Handeln nur für Verfahren gilt, für welche ein **Anwaltszwang** besteht. Diese vom schweizerischen Gesetzgeber übernommene Voraussetzung hat ihren Ursprung nicht etwa in der europäischen Richtlinie, sondern stammt aus einer zu engen Interpretation der Rechtsprechung des EuGH[3] (siehe hinten N 12 ff.).

5   In der Schweiz ist der Anwaltszwang praktisch unbekannt;[4] er gilt nicht einmal für die Beschwerdeverfahren vor dem Bundesgericht.[5] Die Einführung von Art. 23 BGFA, der im Fall des Anwaltszwangs die Verpflichtung zum einvernehmlichen Handeln mit einem eingetragenen Anwalt vorschreibt, steht daher im Widerspruch zu Art. 25 BGFA, wonach ausländische Anwälte von der Übernahme der amtlichen Pflichtverteidigung ausgenommen sind.[6]

6   Die Einführung von Art. 23 BGFA ist daher aus schweizerischer Sicht nur schwer verständlich. Diese Bestimmung ist bis heute bedeutungslos.[7]

---

[2] VOUILLOZ, 433 ff. und 439f.; WEBER-STECHER, Hindernisse, 567.

[3] EuGH, 25. Februar 1988, Kommission gegen Bundesrepublik Deutschland, Rs. 427/85, Slg. 1988, 1123; BOTSCHAFT, Nr. 234.23, 6063 f.

[4] Im Strafverfahren schreiben die kantonalen Prozessordnungen die Anwesenheit eines Anwalts im Falle der sog. «notwendigen Verteidigung» vor, falls dem Angeschuldigten eine unbedingte Freiheitsstrafe droht; vgl. Art. 35 StPO-FR; Art. 50 StPO-BE; § 11 StPO-ZH oder Art. 29 StPO-GE. Im Zivilverfahren besteht gemäss gewissen Prozessordnungen ein Anwaltszwang, namentlich falls eine Partei ausser Stande ist, das Verfahren alleine zu führen: Art. 34 ZPO-VS; Art. 52 ZPO-NE.

[5] Im Bundesstrafverfahren ist die amtliche Verteidigung in Art. 136 BStP geregelt, doch sind die Fälle, welche der direkten Strafgerichtsbarkeit des Bundesgerichts unterliegen, in der Praxis selten. In der Bundeszivilrechtspflege ist eine Vertretung durch einen Anwalt nur dann vorgeschriebenen, falls eine Partei nicht in der Lage ist, das Verfahren selber zu führen (Art. 29 Abs. 5 OG).

[6] NATER/WIPF, 259 Fn. 42.

[7] NATER/WIPF, 259.

III. Bedeutung des einvernehmlichen Handelns

Gemäss der Verpflichtung zum einvernehmlichen Handeln muss der An-   7
walt, der eine Parteivertretung vor einer fremden Gerichtsbehörde übernehmen will, im Einvernehmen mit einem Anwalt handeln, der in einem
kantonalen Anwaltsregister eingetragen ist.

Ausgangspunkt der Verpflichtung zum einvernehmlichen Handeln ist die   8
Richtlinie 77/249/EWG über den freien Dienstleistungsverkehr der Anwälte. Art. 5 dieser Richtlinie bestimmt, dass ein Mitgliedstaat im Bereich
der Rechtsvertretung vor Gericht vorschreiben kann, dass der ausländische
Anwalt, der den freien Dienstleistungsverkehr beansprucht, im Einvernehmen mit einem Anwalt handeln muss, der bei dem angerufenen Gericht
zugelassen ist.

Der Begriff des **einvernehmlichen Handelns** wird in der Richtlinie nicht   9
näher umschrieben; er ergibt sich aber aus der Rechtsprechung des EuGH.
Demnach dürfen die Bestimmungen über die Verpflichtung zum einvernehmlichen Handeln die ausländischen Anwälte nicht wegen ihrer Natio-
nalität oder ihrer Niederlassung in einem anderen Mitgliedstaat der EU
diskriminieren und die Bestimmungen, die den freien Dienstleistungsverkehr einschränken, müssen im öffentlichen Interesse sein.

In Anwendung dieser Grundsätze hat der EuGH entschieden, dass: 10

– eine Verpflichtung zum einvernehmlichen Handeln gegen den Grundsatz des freien Dienstleistungsverkehrs verstösst, falls eine Partei in der
  Lage ist, ihre Rechte selbst wahrzunehmen oder die Interessenwahrung
  einem Nichtanwalt übertragen will.[8]

– im Falle des Anwaltszwangs[9] die Verpflichtung zum einvernehmlichen
  Handeln nicht über die Bezeichnung eines Zustellungsdomizils hinausgehen darf.

---

[8]   EuGH, 25. Februar 1988, Kommission gegen Bundesrepublik Deutschland, Rs. 427/
      85, Slg. 1988, 1123, Ziff. 8.
[9]   EuGH, 10. Juli 1991, Kommission gegen Frankreich, Rs. C-294/89, Slg. 1991, I-3591;
      gemäss dem französischen System darf ein Anwalt eine obligatorische Parteivertre-
      tung nur am Ort seiner Berufsniederlassung ausüben. Demnach muss ein in Paris
      niedergelassener Anwalt, falls er die Parteivertretung vor dem Tribunal de Grande
      Instance in Lyon ausüben will, sich an einen Kollegen («postulant») wenden, der im
      Anwaltsregister von Lyon eingetragen ist.

11 Unangetastet bleibt dagegen das Anwaltsmonopol, das von der Verpflichtung zum einvernehmlichen Handeln zu unterscheiden ist: Das Anwaltsmonopol schreibt lediglich vor, dass die berufliche Rechtsvertretung vor Gericht den im Anwaltsregister eingetragenen Anwälten vorbehalten bleibt. Demgegenüber ist eine anwaltliche Vertretung vor Gericht nicht vorgeschrieben. Für den reibungslosen Verfahrensablauf wäre deshalb die Verpflichtung zur Bezeichnung eines Zustellungsdomizils denkbar. Eine solche Verpflichtung wäre weder diskriminierend, zumal sie auch im internationalen Verhältnis gilt, noch unverhältnismässig.

IV. Bedeutung für die Zukunft?

12 Ist aufgrund der Einführung einer Bestimmung über die Verpflichtung zum einvernehmlichen Handeln, für die aus schweizerischer Sicht keine Notwendigkeit besteht,[10] zu schliessen, dass in gewissen Teilbereichen eine Form des Anwaltzwangs einzuführen ist? Dies wäre im Interesse einer reibungslosen Gerichtstätigkeit keineswegs abwegig. Unsere Gerichte würden es spätestens nach der Erweiterung der EU auf 25 Mitgliedstaaten sicher schätzen, wenn sie ihre Korrespondenz und Gerichtsunterlagen nicht in ganz Europa versenden müssten, falls ein Anwalt aus einem Mitgliedstaat der EU die Parteivertretung eines Klienten in der Schweiz übernimmt. Mit der aktuellen Fassung des Art. 23 BGFA lässt sich dieses Ziel aber nicht verwirklichen.

13 Der Gesetzgeber hätte durchaus die Möglichkeit gehabt, diese Bestimmung anders zu gestalten, zumal die europäische Rechtsprechung den nationalen Gesetzgebern nicht verbietet, den Rahmen des gemeinsamen Handelns zwischen den beteiligten Anwälten festzulegen. Der schweizerische Gesetzgeber hätte es daher in der Hand gehabt, Art. 23 BGFA nicht nur auf die wenigen Fälle des Anwaltszwangs auszurichten, sondern generell eine Verpflichtung zur Bezeichnung eines Zustellungsdomizils bei einem in der Schweiz eingetragenen Anwalt einzuführen.

---

[10] Botschaft, Nr. 234.23, 6063 f.

Art. 24 Berufsbezeichnung

Die dienstleistungserbringenden Anwältinnen und Anwälte verwenden ihre ursprüngliche Berufsbezeichnung in der Amtssprache ihres Herkunftsstaats unter Angabe der Berufsorganisation, deren Zuständigkeit sie unterliegen, oder des Gerichts, bei dem sie nach den Vorschriften dieses Staats zugelassen sind.

Art. 24 Titre professionnel

L'avocat prestataire de services fait usage de son titre professionnel d'origine exprimé dans la ou l'une des langues officielles de l'Etat de provenance, accompagné du nom de l'organisme professionnel dont il relève ou de celui de la juridiction auprès de laquelle il est habilité à exercer en application de la législation de cet Etat.

Art. 24 Denominazione professionale

L'avvocato prestatore di servizi fa uso del suo titolo professionale di origine espresso nella lingua o in una delle lingue ufficiali dello Stato di provenienza, con indicazione dell'organizzazione professionale cui appartiene o della giurisdizione presso la quale è abilitato a esercitare in applicazione della legislazione di tale Stato.

Inhaltsübersicht	Note
I. Einführung	1
II. Die erforderlichen Angaben	2

I. Einführung

Diese Bestimmung richtet sich an den dienstleistungserbringenden Anwalt[1] und bezweckt die Schaffung von **Transparenz**.[2] Das Publikum und die Behörde, die mit dem Anwalt zu verkehren hat, müssen wissen, dass es sich nicht um einen in der Schweiz zugelassenen Anwalt handelt, der in einem kantonalen Register eingetragen ist.[3]

1

---

[1]   Für die Definition des Begriffs siehe vorne Art. 21 N 1 ff.
[2]   Art. 3 Richtlinie 77/249/EWG (Abl L 78 vom 26. März 1977, 17).
[3]   BOTSCHAFT, Nr. 234.24, 6064.

II. Die erforderlichen Angaben

2 Um Verwechslungen zu vermeiden, verlangt der Gesetzgeber vom dienstleistungserbringenden Anwalt, dass dieser seine **ursprüngliche Berufsbezeichnung** in der Amtssprache seines Herkunftslands führt. Gemäss Anhang zum BGFA ist die ursprüngliche Berufsbezeichnung wie folgt anzugeben:[4]

Belgien:	Avocat/Advocaat/Rechtsanwalt
Dänemark:	Advokat
Deutschland:	Rechtsanwalt
Griechenland:	Δικηγοροξ
Spanien:	Abogado/Advocat/Avogado/Abokatu
Frankreich:	Avocat
Irland:	Barrister, Solicitor
Island:	Lögmaur
Italien:	Avvocato
Liechtenstein:	Rechtsanwalt
Luxemburg:	Avocat
Niederlande:	Advocaat
Norwegen:	Advokat
Österreich:	Rechtsanwalt
Portugal:	Advogado
Finnland:	Asianajaja/Advokat
Schweden:	Advokat
Vereinigtes Königreich:	Advocate/Barrister/Solicitor

---

[4] Diese Liste wird ergänzt werden müssen, wenn die Bilateralen II in Kraft treten.

DOMINIQUE DREYER

Für die Anwälte aus Deutschland, Frankreich oder Italien stimmt die ur-   3
sprüngliche Berufsbezeichnung in der Regel mit derjenigen ihrer Kollegen
in der deutschen, französischen oder italienischen Schweiz überein. In diesen Fällen wird eine Verwechslung durch das zweite Erfordernis gebannt,
wonach der Anwalt neben der Angabe der Berufsbezeichnung auch die
Berufsorganisation aufführen muss, deren Zuständigkeit er unterliegt, oder
das Gericht, bei dem er zugelassen ist.[5]

Auch die Anwälte aus den übrigen EU-Staaten müssen beide Angaben,   4
welche auf die ausländische Herkunft hinweisen, führen.

Die Führung dieser Angaben ist nicht nur wünschenswert, sondern auch   5
hilfreich, insbesondere für die **Aufsichtsbehörde**, die gegebenenfalls die
gegen einen ausländischen Anwalt ausgesprochene Disziplinarmassnahme
ins Ausland melden muss (siehe Art. 26 BGFA).

---

[5]   Art. 24 BGFA.

Art. 25   Berufsregeln

Für die dienstleistungserbringenden Anwältinnen und Anwälte gelten die Berufsregeln nach Artikel 12 mit Ausnahme der Bestimmungen betreffend die amtliche Pflichtverteidigung und die unentgeltliche˜ Rechtsvertretung (Bst. g) sowie den Registereintrag (Bst. j).

Art. 25   Règles professionnelles

L'avocat prestataire de services est soumis aux règles professionnelles prévues à l'art. 12, à l'exception de celles relatives aux défenses d'office et aux mandats d'assistance judiciaire (let. g) ainsi qu'au registre (let. j).

Art. 25   Regole professionali

L'avvocato prestatore di servizi è soggetto alle regole professionali di cui all'articolo 12, eccettuata quella concernente le difese d'ufficio e i mandati di gratuito patrocinio (lett. g) e quella relativa al registro (lett. j).

Inhaltsübersicht	Note
I. Einführung	1
II. Grundsatz und Ausnahmen	2
A. Der Grundsatz	2
B. Die Ausnahmen	4
1. Amtliche Pflichtverteidigung	5
2. Unentgeltliche Rechtspflege	7
3. Die Berufsregeln über den Registereintrag	8

I.   Einführung

1   Art. 25 BGFA **erweitert** den Anwendungsbereich der Berufsregeln für die ausländischen Anwälte, die in der Schweiz tätig sind, und **schränkt** ihn gleichzeitig ein.

II.   Grundsatz und Ausnahmen

A.   Der Grundsatz

2   Art. 25 BGFA übernimmt den bereits vor dem Inkrafttreten des BGFA geltenden Grundsatz, wonach der Anwalt, der ausserhalb seines Zulassungskreises tätig ist, **gleichzeitig** den eigenen Berufsregeln, d.h. den Berufsre-

geln, die an seinem Herkunftsort gelten, und den Vorschriften am Ort, wo er die Dienstleistung erbringt, unterworfen ist.[1]

Dies bedeutet, dass ein ausländischer Anwalt den Berufsregeln seines Herkunftsstaates unterliegt und im Rahmen seiner Tätigkeit in der Schweiz auch die hiesigen **Berufsregeln** gemäss Art. 12 BGFA zu beachten hat.

Soweit die Berufsregeln an beiden Orten inhaltlich übereinstimmen,[2] hat der Grundsatz des Art. 25 BGFA keine eigenständige Bedeutung. Dagegen können die ausländischen Regeln in vielen Teilbereichen (z.B. Unhabhängigkeit, Werbung oder «pactum de quota litis») anders ausgestaltet sein als in der Schweiz. In diesem Fall hat Art. 25 BGFA eine **kumulative** Anwendung der schweizerischen und ausländischen Berufsregeln zur Folge. Dies bedeutet: 3

– Der ausländische Anwalt, der in der Schweiz seine Dienstleistungen anbietet, muss die Berufsregeln von Art. 12 BGFA auch dann beachten, wenn diese strenger sind als diejenigen seines Herkunftsstaates;

– Der ausländische Anwalt kann sich nicht auf die günstigeren Berufsregeln seines Herkunftsstaates berufen.

B.   Die Ausnahmen

Art. 25 BGFA **schränkt** die kumulative Anwendung der Berufsregeln in dreierlei Hinsicht ein, nämlich in Bezug auf die amtliche Pflichtverteidigung, die unentgeltliche Rechtspflege und den Eintrag im Anwaltsregister.   4

1.   Amtliche Pflichtverteidigung

Der ausländische Anwalt, der in der Schweiz nicht niedergelassen ist, ist **nicht verpflichtet**, amtliche Pflichtverteidigungen zu übernehmen.   5

Diese Regel folgt derjenigen, welche schon in interkantonalen Beziehungen Anwendung findet (Art. 12 lit. g BGFA): Die Pflicht zur Übernahme der amtlichen Verteidigungen ist auf den Kanton beschränkt, in dessen Register der entsprechende Anwalt eingetragen ist.   6

---

[1]   Im europäischen Recht ist die Regel in Art. 4 Richtlinie 77/249/EWG (Abl L 78 vom 26. März 1977, 17) enthalten. Siehe für das schweizerische Recht, die SAV-Richtlinien in Anhang II.

[2]   So folgt beispielsweise die Verpflichtung, den Beruf sorgfältig und gewissenhaft auszuüben, bereits aus dem Auftragsrecht und ist allgemein anerkannt.

2.   Unentgeltliche Rechtspflege

7   Während die Zuweisung eines amtlichen Pflichtverteidigers durch die
zuständige Behörde **von Amtes wegen** gestützt auf die entsprechende kantonale Gesetzgebung erfolgt, wonach ein Angeschuldigter bei Vorliegen
gewisser Umstände durch einen Anwalt vertreten sein muss, wird die unentgeltliche Rechtspflege **von der betroffenen Partei** beantragt.[3] Die wichtigste Voraussetzung für die Gewährung der unentgeltlichen Rechtspflege
ist, neben der Bedürftigkeit der betroffenen Partei, dass das Gerichtsverfahren **nicht aussichtslos** erscheint. Bei Vorliegen dieser Voraussetzungen
ist nicht ersichtlich, weshalb ein ausländischer Anwalt, der ein Gesuch um
unentgeltliche Rechtspflege eingereicht hat, von der Rechtsvertretung ausgeschlossen sein soll.

3.   Die Berufsregeln über den Registereintrag

8   Der dienstleistungserbringende Anwalt ist grundsätzlich **nicht verpflichtet**, die Aufsichtsbehörde am Ort des Aufnahmestaates über allfällige Re-
gisteränderungen zu informieren, weil er im kantonalen Register gar nicht
eingetragen ist.[4]

9   Anders verhält es sich bei Informationen, welche die Weiterführung des
Mandats betreffen, zumal aus diesem Grund Prozesshandlungen für ungültig erklärt werden können. Dies kann unter Umständen eine **Haftung**
des Anwalts (oder gar des Aufnahmestaates!) gegenüber der vertretenen
Partei zur Folge haben. In einem solchen Fall ist der dienstleistungserbringende Anwalt nicht nur gegenüber seiner Mandantschaft, sondern auch gegenüber der Aufsichtsbehörde des Aufnahmestaates verpflichtet, die erforderlichen Angaben zu machen. Diese Mitteilungspflicht ergibt sich aus
Art. 22 BGFA.

---

[3]   In Strafsachen kann zwar auch die betroffene Partei die Zuweisung eines bestimmten
Anwalts als amtlichen Pflichtverteidiger verlangen; falls aber die Voraussetzungen
einer notwendigen Verteidigung gegeben sind, muss die zuständige Behörde auch
ohne Vorlage eines Gesuchs handeln.

[4]   Siehe Art. 21 Abs. 2 BGFA.

Art. 26 Information über Disziplinarmassnahmen

Die Aufsichtsbehörde informiert die zuständige Stelle des Herkunftsstaats über Disziplinarmassnahmen, die sie gegenüber dienstleistungserbringenden Anwältinnen und Anwälten anordnet.

Art. 26 Communication des mesures disciplinaires

L'autorité de surveillance informe l'autorité compétente de l'Etat de provenance des mesures disciplinaires qu'elle a prises à l'encontre de l'avocat prestataire de services.

Art. 26 Comunicazione delle misure disciplinari

L'autorità di sorveglianza informa l'autorità competente dello Stato di provenienza delle misure disciplinari inflitte all'avvocato prestatore di servizi.

Hierbei handelt es sich um diejenigen **Disziplinarmassnahmen**, die von der Aufsichtsbehörde des Aufnahmestaates, d.h. der Schweiz, verfügt werden.[1] Die vorliegende Zuständigkeitsvorschrift für die Aufsichtsbehörde im Aufnahmestaat wurde aus Art. 7 Richtlinie 77/249/EWG[2] entnommen.   1

Der dienstleistungserbringende Anwalt untersteht auch den Berufsregeln des **Aufnahmestaates**, die für die Schweiz in Art. 12 BGFA aufgeführt sind.[3]   2

Die Aufsichtsbehörde des Aufnahmestaates ist für die **Beurteilung**, ob ein ausländischer Anwalt die Berufsregeln gemäss Art. 12 BGFA beachtet hat, und im Falle einer Verletzung für den Erlass einer Disziplinarmassnahme zuständig.   3

Im Rahmen eines Disziplinarverfahrens gegen einen Anwalt eines anderen Kantons ist die Aufsichtsbehörde des Kantons, in welchem der betroffene Anwalt im Register eingetragen ist, ermächtigt, vor Aussprechung der   4

---

[1]   Falls eine ausländische Aufsichtsbehörde gegen einen Anwalt, der in einem schweizerischen Anwaltsregister eingetragen ist, eine Disziplinarmassnahme erlässt, kann die Massnahme (falls das ausländische Recht eine analoge Bestimmung zu Art. 26 BGFA kennt) direkt der schweizerischen Aufsichtsbehörde mitgeteilt werden, welche die Massnahme in das jeweilige kantonale Anwaltsregister eintragen muss, allerdings wohl mit dem Hinweis, dass es sich um eine ausländische Massnahme handelt. In diesem Fall wird sich die Frage stellen, nach welchem Recht die Löschung erfolgen kann (siehe vorne Art. 5 N 16). Wahrscheinlich wird die kantonale Behörde die Antwort in ihrem Heimatrecht suchen.
[2]   Abl L 78 vom 26. März 1977, 17.
[3]   Vgl. Art. 25 BGFA.

Massnahme eine **Stellungnahme** abzugeben (Art. 16 BGFA). Eine analoge Bestimmung fehlt im internationalen Verhältnis; vielmehr sind dort die ausgesprochenen Disziplinarmassnahmen nach Erlass direkt der Aufsichtsbehörde im Herkunftsstaat mitzuteilen.

5   Die Behörde, die eine Disziplinarmassnahme erlassen hat, muss die Aufsichtsbehörde im **Herkunftsstaat** über die verfügte Massnahme informieren. Es obliegt somit der Behörde, welche die Massnahme verfügt hat, die zuständige Aufsichtsbehörde im Ausland ausfindig zu machen. In diesem Zusammenhang sind die gemäss Art. 24 BGFA vorgeschriebenen Angaben nützlich, zumal der dienstleistungserbringende Anwalt die Berufsorganisation, deren Zuständigkeit er unterliegt, oder das Gericht, bei dem er nach den Vorschriften seines Herkunftsstaates zugelassen ist, angeben muss. Die Einhaltung dieser Vorschrift wird die Aufgabe der schweizerischen Aufsichtsbehörde also erleichtern.

6   Der Erlass eines befristeten oder dauernden **Berufsausübungsverbots** gegen einen ausländischen Anwalt ist nicht nur der Aufsichtsbehörde des Herkunftsstaates, sondern auch den Aufsichtsbehörden der übrigen Kantone zu melden (Art. 18 Abs. 2 BGFA).[4]

---

[4]   Vgl. BOTSCHAFT, Nr. 234.26, 6065.

DOMINIQUE DREYER

5. Abschnitt: Ständige Ausübung des Anwaltsberufs durch Anwältinnen und Anwälte aus Mitgliedstaaten der EU oder der EFTA unter ihrer ursprünglichen Berufsbezeichnung

Art. 27   Grundsätze

[1] Angehörige von Mitgliedstaaten der EU oder der EFTA, die berechtigt sind, den Anwaltsberuf in ihrem Herkunftsstaat unter einer der im Anhang aufgeführten Berufsbezeichnungen auszuüben, können in der Schweiz ständig Parteien vor Gerichtsbehörden vertreten, wenn sie bei einer kantonalen Aufsichtsbehörde über die Anwältinnen und Anwälte eingetragen sind.

[2] Die Artikel 23–25 gelten für diese Anwältinnen und Anwälte ebenfalls.

Art. 27   Principes

[1] L'avocat ressortissant d'un Etat membre de l'UE ou de l'AELE habilité à exercer dans son Etat de provenance sous un titre figurant en annexe peut pratiquer la représentation en justice en Suisse à titre permanent, sous son titre professionnel d'origine, après s'être inscrit au tableau.

[2] Les art. 23 à 25 sont applicables.

Art. 27   Principi

[1] Il cittadino di uno Stato membro dell'UE o dell'AELS abilitato a esercitare l'avvocatura nello Stato di provenienza con uno dei titoli elencati nell'allegato può esercitare permanentemente la rappresentanza in giudizio in Svizzera con il proprio titolo professionale di origine se è iscritto presso un'autorità cantonale di sorveglianza degli avvocati.

[2] Gli articoli 23–25 si applicano anche agli avvocati di cui al capoverso 1.

Inhaltsübersicht	Note
I. Vorbemerkungen	1
II. Ständige Berufsausübung	2
III. Ursprüngliche Berufsbezeichnung	4
IV. Anwaltszwang	6
V. Berufsregeln und Disziplinaraufsicht	8
VI. Rechtsberatung	9

I.   Vorbemerkungen

Art. 27 BGFA räumt Anwälten aus den Mitgliedstaaten der EU und der EFTA das Recht ein, unter ihrer ursprünglichen Berufsbezeichnung die-   1 selbe berufliche Tätigkeit in der Schweiz auszuüben, wie die in einem kantonalen Anwaltsregister eingetragenen Anwälte. Die Vorschrift regelt die **ständige Berufsausübung** in der Schweiz. Es handelt sich um eine Ausprägung der Niederlassungsfreiheit, welche von der im 6. Abschnitt BGFA geregelten Vollintegration abzugrenzen ist. Die Berufsausübung unter der ursprünglichen Bezeichnung, d.h. unter dem im Herkunftsstaat anerkannten Titel, ist an keine qualifizierten Voraussetzungen gebunden; insbesondere ist das Ablegen einer Eignungsprüfung nicht erforderlich. Notwendig ist lediglich die Eintragung in ein eigens hierfür vorgesehenes öffentliches Register bei einer kantonalen Aufsichtsbehörde.[1]

II. Ständige Berufsausübung

2   Der Begriff der ständigen Berufsausübung dient der Abgrenzung einer vorübergehenden Dienstleistung von der Niederlassung eines Anwalts.[2] Eine nähere Begriffsdefinition sieht das BGFA nicht vor. Diesbezüglich hat der EuGH im Fall Gebhard präzisiert, dass der **vorübergehende Charakter einer Dienstleistung** unter Berücksichtigung ihrer Dauer, ihrer Häufigkeit, ihrer regelmässigen Wiederkehr und ihrer Kontinuität zu beurteilen sei. Der vorübergehende Charakter schliesse nicht die Möglichkeit aus, sich im Aufnahmestaat mit der beruflichen Infrastruktur einschliesslich eines Büros, einer Praxis oder einer Kanzlei auszustatten.[3] Im Fall des in Mailand in einer eigenen Anwaltskanzlei praktizierenden deutschen Anwalts Gebhard befand der EuGH, dass ein Angehöriger eines Mitgliedstaates, der in stabiler und kontinuierlicher Weise eine Berufstätigkeit in einem anderen Mitgliedstaat ausübe, unter die Vorschriften des Niederlassungsrechts und nicht des Dienstleistungsrechts falle. Kennzeichnendes Merkmal der Niederlassung ist hiernach die Integration in die Wirtschaft des

---

[1]   Im Hinblick auf die praktischen Auswirkungen dieser Regelung ist darauf hinzuweisen, dass bis Ende des Jahres 2003 etwa im Kanton Zürich keine deutliche Zunahme der Tätigkeit von Anwälten aus den Mitgliedstaaten der EU und der EFTA zu verzeichnen war. So haben sich im Zeitraum vom Inkrafttreten des BGFA am 1. Juni 2000 bis zum 1. Oktober 2003 im Kanton Zürich 47 Anwältinnen und Anwälte aus EU- und EFTA-Staaten in die öffentliche Liste der Anwältinnen und Anwälte eintragen lassen, die unter ihrer ursprünglichen Berufsbezeichnung in der Schweiz tätig werden möchten.
[2]   Zur Abgrenzung vgl. ROLF WEBER, 574.
[3]   EuGH, 30. November 1995, Gebhard, Rs. C-55/94, Slg. 1995, I-4165.

Aufnahmestaats; der Dienstleistungsverkehr ist hingegen durch eine diskontinuierliche Berufsausübung gekennzeichnet.[4]

Die Rechtsprechung im Fall Gebhard ist im Hinblick auf eine Zuwanderung in die Schweiz insoweit von eingeschränkter Bedeutung, als Art. 5 Personenfreizügigkeitsabkommen im Hinblick auf die **Dauer der Dienstleistung** eine Begrenzung von max. 90 Tagen pro Jahr in der gesamten Schweiz vorsieht. Erfolgt die grenzüberschreitende Ausübung des Anwaltsberufs in der Schweiz an mehr als 90 Tagen pro Jahr, ist diese Tätigkeit demzufolge in den Bereich der Niederlassung, mithin der ständigen Berufsausübung, einzuordnen.[5] Nur sofern Unklarheiten bei der zeitlichen Bemessung der in der Schweiz ausgeübten Anwaltstätigkeit auftreten, sind die Auslegungskriterien des EuGH im Fall Gebhard zu beachten.

3

III. Ursprüngliche Berufsbezeichnung

Das Erfordernis der **Beibehaltung der ursprünglichen Berufsbezeichnung** bezweckt den Schutz des Rechtsverkehrs im Hinblick auf die Qualifikation zugewanderter Anwälte.[6] Rechtsuchende in der Schweiz sollen erkennen können, dass entsprechende Anwälte ihre berufliche Qualifikation nicht in der Schweiz erworben und auch keine Prüfung über qualifizierte Kenntnisse im schweizerischen Recht abgelegt haben. Die Beibehaltung der ausländischen Berufsbezeichnung dient als Entscheidungshilfe, ob der betreffende Anwalt mit nachgewiesenen Kenntnissen einer ausländischen Rechtsordnung allenfalls auch mit Rechtsfragen zum schweizerischen Recht beauftragt werden soll.

4

Um den Zweck der Vorschrift zu erreichen, ist **sprachlich bedingten Verwechslungsgefahren** vorzubeugen. Ausländische Berufsbezeichnungen sind daher in der Sprache des Herkunftsstaates zu verwenden.[7] Probleme können sich namentlich im Hinblick auf die in den französischsprachigen

5

---

[4]   Vgl. im Einzelnen ROLF WEBER, 571 ff.
[5]   Vgl. WEBER-STECHER, Freizügigkeit, 55, 59.
[6]   Art. 1 Abs. 2 lit. d Richtlinie 98/5/EG definiert den Begriff der «ursprünglichen Berufsbezeichnung» als die Berufsbezeichnung des Mitgliedstaates, in dem der Anwalt vor Ausübung der Anwaltstätigkeit im Aufnahmestaat das Recht erworben hat, diese Bezeichnung zu führen.
[7]   EWIG, 250, schlägt vor, allenfalls noch einen erklärenden Zusatz anzufügen, wie etwa «Dikogoros – griechischer Rechtsanwalt».

Kantonen der Schweiz ebenso wie in Belgien, Frankreich und Luxemburg geführte Bezeichnung «Avocat» ergeben. Zur Klarstellung wird die zuständige kantonale Behörde verlangen müssen, dass die unter ihrer ursprünglichen Berufsbezeichnung tätigen Anwälte zusätzlich das ausländische Zulassungsgericht oder die Berufsorganisation, der sie im Herkunftsstaat angehören, benennen.[8]

IV. Anwaltszwang

6 In der Schweiz besteht in der Regel keine Pflicht, bei der Prozessführung einen Rechtsanwalt beizuziehen; Rechtssachen können persönlich von den Prozessparteien vorgebracht werden. Anwaltszwang, d.h. eine **obligatorische Verteidigung**, ist lediglich in einigen Fällen im Strafprozess vorgeschrieben.[9] Sofern für ein Verfahren Anwaltszwang vorgesehen ist, sind nach Art. 23 BGFA die in der Schweiz niedergelassenen wie auch die dienstleistungserbringenden Anwälte aus den Mitgliedstaaten der EU oder der EFTA verpflichtet, im Einvernehmen mit einem in das kantonale Anwaltsregister eingetragenen Anwalt zu handeln.[10]

7 Das System, einen **«Einvernehmensanwalt»** hinzuzuziehen, wurde durch die Richtlinie 77/249/EWG zur Erleichterung des Dienstleistungsverkehrs für Rechtsanwälte begründet[11] und durch eine Entscheidung des EuGH im Februar 1988 konkretisiert.[12] Hiernach fungiert der Einvernehmensanwalt nicht als Prozessbevollmächtigter und übernimmt auch keine Verantwortung inhaltlicher Art. Demzufolge muss auch nicht notwendigerweise ein Vertragsverhältnis zwischen ihm und dem Mandanten begründet werden. Der Einvernehmensanwalt hat lediglich den Geschäftsverkehr mit dem

[8] Vgl. Art. 27 Abs. 2 BGFA, der ausdrücklich auf Art. 24 verweist.
[9] Dies gilt insbesondere für schwere Strafsachen, die sich durch die Höhe der zu erwartenden Strafe auszeichnen; zur Herstellung eines Gleichgewichts gegenüber der Staatsanwaltschaft, wird es in diesen Fällen als sachgerecht erachtet, dem Beschuldigten einen Verteidiger zur Seite zu stellen; vgl. im Einzelnen HAUSER/SCHWERI, § 40 N 11.
[10] Art. 27 Abs. 2 BGFA nimmt insoweit ausdrücklich Bezug auf Art. 23 BGFA.
[11] Vgl. Art. 5 HS 2 Richtlinie 77/249/EWG des Rates vom 22. März 1977 zur Erleichterung der tatsächlichen Ausübung des freien Dienstleistungsverkehrs der Rechtsanwälte, Abl L 78 vom 26. März 1977, 17.
[12] EuGH, 25. Februar 1988, Kommission gegen Bundesrepublik Deutschland, Rs. 427/85, Slg. 1988, 1123.

Gericht zu sichern und den ausländischen Kollegen bezüglich Fragen über
das Rechtssystem des Aufnahmestaates zu unterstützen; zwischen den Anwälten erfolgt in der Regel eine Zustellungsbevollmächtigung.[13]

V. Berufsregeln und Disziplinaraufsicht

Anwälte aus den Mitgliedstaaten der EU oder der EFTA, die unter der Berufsbezeichnung ihres Herkunftslands in der Schweiz tätig werden, unterstehen ebenso wie die in die kantonalen Register eingetragenen Anwälte
den Berufsregeln des Art. 12 BGFA.[14] Von der diesbezüglichen Verweisung sind die Bestimmungen über die amtliche Pflichtverteidigung und die
unentgeltliche Rechtsvertretung (Art. 12 lit. g BGFA) ausdrücklich ausgenommen, weshalb entsprechende Verpflichtungen für diese Gruppe von
Anwälten entfallen.[15] Auch findet die Bestimmung über die Registereintragung (Art. 12 lit. j BGFA) keine Anwendung, da im Hinblick auf die in
Art. 28 BGFA vorgesehene Eintragung in eine öffentliche Liste eine Sonderregelung vorliegt.[16] Neben den Berufsregeln der Schweiz unterliegen
die Anwälte aus den Mitgliedstaaten der EU und der EFTA, die unter der
Berufsbezeichnung ihres Herkunftslands in der Schweiz tätig werden, auch
den **Berufsregeln und der Disziplinaraufsicht ihres Herkunftslands**.[17]

8

VI. Rechtsberatung

Während die Richtlinie 98/5/EG betreffend die grenzüberschreitende Anwaltstätigkeit sowohl die Rechtsberatung als auch die gerichtliche Tätigkeit erfasst, regelt das BGFA nur die Vertretung von Parteien vor Gerichtsbehörden. Hintergrund ist der Umstand, dass die blosse Rechtsberatung in
der Schweiz auf bundesgesetzlicher Ebene nicht reglementiert ist. Sofern
Anwälte aus den EU- und EFTA-Mitgliedstaaten ausschliesslich rechtsbe-

9

---

[13]   Vgl. hierzu Ewig, 251; ferner vorne Art. 23 N 5 ff.
[14]   Art. 27 Abs. 2 BGFA verweist ausdrücklich auf Art. 25 BGFA, der wiederum auf
       Art. 12 BGFA verweist.
[15]   Art. 27 Abs. 2 und Art. 25 BGFA.
[16]   Art. 27 Abs. 2 und Art. 25 BGFA.
[17]   Art. 29 BGFA.

ratend tätig werden, unterstehen sie demnach nicht den Massgaben des
BGFA und sind somit nicht verpflichtet, sich in eine öffentliche Liste eintragen zu lassen. Anzumerken ist allerdings, dass die rechtsberatende Tätigkeit auf kantonaler Ebene **teilweise reglementiert** ist. So hat etwa der
Kanton Basel-Stadt in § 18 AnwG-BS festgelegt, dass die Berufsregeln für
Anwälte – mit Ausnahme der Regelung zur Unabhängigkeit (Art. 12 lit. b
BGFA) – unabhängig von der Eintragung im Anwaltsregister gelten;[18] Anwälte unterstehen somit der Aufsicht und der Disziplinargewalt unabhängig von einer Registereintragung. Für zugewanderte Anwälte aus den Mitgliedstaaten der EU und der EFTA, die ausschliesslich rechtsberatend tätig
sind, ist keine Sonderregelung vorgesehen, weshalb sie gleichermassen der
Disziplinaraufsicht unterliegen.

10   Hieraus folgt, dass zugewanderte Anwälte aus den Mitgliedstaaten der EU
und der EFTA, die lediglich rechtsberatend tätig sind, nur in einzelnen Kantonen einer **Disziplinaraufsicht** unterstehen. Diese Divergenz erscheint
im Hinblick auf die staatsvertraglichen Verpflichtungen der Schweiz aus
dem GATS problematisch (Grundsatz der Inländergleichbehandlung) und
lässt daher eine bundesweite Vereinheitlichung der Reglementierung auch
der Rechtsberatung als wünschenswert erscheinen.[19]

---

[18]   So auch Art. 14 E-AnwG-ZH.
[19]   Hierzu im Einzelnen vorne Art. 3 N 8; vgl. auch NATER, Umsetzung, 557 ff.; DERSELBE,
       Harmonisierung, 362 ff.; zu den Auswirkungen des GATS auf die Zulassung auslän-
       discher Anwälte vgl. auch KELLERHALS/BÜHLMANN, 27 ff.

Art. 28   Eintragung bei der Aufsichtsbehörde

[1] Die Aufsichtsbehörde führt eine öffentliche Liste der Angehörigen von Mitgliedstaaten der EU oder der EFTA, die in der Schweiz unter ihrer ursprünglichen Berufsbezeichnung ständig Parteien vor Gerichtsbehörden vertreten dürfen.

[2] Die Anwältinnen und Anwälte tragen sich bei der Aufsichtsbehörde des Kantons ein, in dem sie eine Geschäftsadresse haben. Sie weisen ihre Anwaltsqualifikation mit einer Bescheinigung über ihre Eintragung bei der zuständigen Stelle des Herkunftsstaats nach; diese Bescheinigung darf nicht älter als drei Monate sein.

[3] Die Aufsichtsbehörde informiert die zuständige Stelle des Herkunftsstaats über die Eintragung in die Liste.

Art. 28   Inscription au tableau

[1] L'autorité de surveillance tient un tableau public des avocats des Etats membres de l'UE ou de l'AELE autorisés à pratiquer la représentation en justice en Suisse de manière permanente sous leur titre d'origine.

[2] L'avocat s'inscrit auprès de l'autorité de surveillance du canton sur le territoire duquel il a une adresse professionnelle. Il établit sa qualité d'avocat en produisant une attestation de son inscription auprès de l'autorité compétente de son Etat de provenance; cette attestation ne doit pas dater de plus de trois mois.

[3] Après avoir inscrit l'avocat au tableau, l'autorité de surveillance en informe l'autorité compétente de l'Etat de provenance.

Art. 28   Iscrizione presso l'autorità di sorveglianza

[1] L'autorità di sorveglianza tiene un albo pubblico degli avvocati degli Stati membri dell'UE o dell'AELS autorizzati a esercitare permanentemente la rappresentanza in giudizio in Svizzera con il loro titolo professionale di origine.

[2] L'avvocato si iscrive presso l'autorità di sorveglianza del Cantone in cui dispone di un indirizzo professionale. Documenta la sua qualità di avvocato presentando un documento attestante che è iscritto presso l'autorità competente dello Stato di provenienza; tale attestato non deve essere stato rilasciato prima dei tre mesi precedenti la sua presentazione.

[3] Dopo aver iscritto l'avvocato all'albo, l'autorità di sorveglianza ne informa l'autorità competente dello Stato di provenienza.

Inhaltsübersicht   Note

I.   Öffentliche Liste   1
II.   Aufsichtsbehörde   2
III.   Bescheinigung des Herkunftsstaates   3
IV.   Orientierung des Herkunftsstaates   4

I.   Öffentliche Liste

1   Anwälte aus den Mitgliedstaaten der EU und der EFTA, die unter ihrer ursprünglichen Berufsbezeichnung ständig in der Schweiz tätig werden möchten, d.h. während mehr als 90 Tagen pro Jahr, müssen sich zuvor in eine öffentliche Liste eintragen.[1] Es handelt sich dabei um ein **gesondertes Verzeichnis**, welches die Namen und Adressen der Anwälte enthält, die unter der Berufsbezeichnung ihres Herkunftsstaates in der Schweiz ständig praktizieren. Jeder Kanton verfügt über eine derartige Liste, die von der kantonalen Aufsichtsbehörde geführt wird. Diese Liste ist nicht zu verwechseln mit dem kantonalen Anwaltsregister. Anwälte aus den EU- und EFTA-Staaten, die unter der Berufsbezeichnung des Herkunftsstaates praktizieren, können nicht in das kantonale Anwaltsregister eingetragen werden; eine Eintragung ist ausschliesslich unter den Voraussetzungen der Art. 30–33 BGFA möglich.

II.   Aufsichtsbehörde

2   Das Eintragungsgesuch ist an die Aufsichtsbehörde desjenigen Kantons zu richten, in dem der Anwalt die Geschäftsadresse hat. Nach formaler Prüfung des Gesuchs erfolgt die Eintragung in die öffentliche Liste des betreffenden Kantons. Sofern der Anwalt mehrere Geschäftsadressen in verschiedenen Kantonen hat, bestimmt sich die Eintragung nach dem **Ort des Hauptgeschäftssitzes**. Die Kosten für die Eintragung sind bundesgesetzlich nicht reglementiert und werden kantonal festgesetzt. Bei deren Bemessung sollte beachtet werden, dass die Eintragungskosten in angemessenem Verhältnis zum Verwaltungsaufwand stehen; eine verdeckte Diskriminierung zugewanderter Anwälte ist zu vermeiden.

III.   Bescheinigung des Herkunftsstaates

3   Die Eintragung in die kantonal geführte öffentliche Liste erfolgt aufgrund einer Bescheinigung, aus der hervorgeht, dass der Anwalt in einem der

---

[1]   Zum Begriff der ständigen Berufsausübung vgl. vorne Art. 27 N 2 f.

Mitgliedstaaten der EU oder der EFTA die Berufsqualifikation erworben hat und bei der zuständigen Stelle des jeweiligen Herkunftsstaates eingetragen ist. Anders als im Falle der freien Dienstleistungserbringung (4. Abschnitt BGFA) ist der **Nachweis der Anwaltsqualifikation** obligatorisch für die ständige grenzüberschreitende Ausübung des Anwaltsberufs in der Schweiz. Diese Bescheinigung der Behörde des Herkunftsstaates darf nicht älter als drei Monate sein.

Neben der Vorlage einer Bescheinigung über den Erwerb der Berufsqualifikation ist die Eintragung in die öffentliche Liste an keine weiteren Voraussetzungen gebunden.

IV. Orientierung des Herkunftsstaates

Gemäss Art. 28 Abs. 3 BGFA informiert die kantonale Aufsichtsbehörde   4
die zuständige Stelle des Herkunftsstaates über die Eintragung von Anwälten in die öffentliche Liste. Es handelt sich bei dieser Informationspflicht nicht um eine **Wirksamkeitsvoraussetzung** im Hinblick auf die Eintragung in eine kantonale öffentliche Liste; insbesondere ist eine Zustimmung des Herkunftsstaates nicht erforderlich.

Art. 29   Zusammenarbeit mit der zuständigen Stelle des Herkunftsstaats

[1] Bevor die Aufsichtsbehörde ein Disziplinarverfahren gegen Angehörige von Mitgliedstaaten der EU oder der EFTA einleitet, die in der Schweiz ständig Parteien vor Gerichtsbehörden vertreten, informiert sie die zuständige Stelle des Herkunftsstaats.

[2] Die Aufsichtsbehörde arbeitet mit der zuständigen Stelle des Herkunftsstaats während des Disziplinarverfahrens zusammen und gibt ihr insbesondere die Möglichkeit zur Stellungnahme.

Art. 29   Coopération avec l'autorité compétente de l'Etat de provenance

[1] Avant d'ouvrir une procédure disciplinaire contre un avocat ressortissant d'un Etat membre de l'UE ou de l'AELE exerçant de manière permanente en Suisse sous son titre d'origine, l'autorité de surveillance informe l'autorité compétente de l'Etat de provenance.

[2] L'autorité de surveillance coopère avec l'autorité compétente de l'Etat de provenance pendant la procédure disciplinaire en lui donnant notamment la possibilité de déposer des observations.

Art. 29   Cooperazione con l'autorità competente dello Stato di provenienza

[1] Prima di aprire un procedimento disciplinare contro un avvocato cittadino di uno Stato membro dell'UE o dell'AELS che esercita permanentemente la rappresentanza in giudizio in Svizzera con il proprio titolo professionale di origine, l'autorità di sorveglianza informa l'autorità competente dello Stato di provenienza.

[2] Durante il procedimento disciplinare, l'autorità di sorveglianza coopera con l'autorità competente dello Stato di provenienza, offrendole segnatamente la possibilità di presentare osservazioni.

Inhaltsübersicht	Note
I. Vorbemerkungen	1
II. Orientierung des Herkunftsstaates (Abs. 1)	3
III. Zusammenarbeit mit dem Herkunftsstaat (Abs. 2)	5
A. Begriff der Zusammenarbeit	5
B. Wirkung von Stellungnahmen des Herkunftsstaates	6
IV. Wirkung von Disziplinarmassnahmen	8

I. Vorbemerkungen

Art. 29 BGFA verpflichtet die kantonalen Aufsichtsbehörden zur **Zusam-**   1
menarbeit mit den zuständigen Stellen des Herkunftsstaates von Anwälten, gegen die Disziplinarverfahren durchgeführt werden sollen. Der
Grund hierfür ist darin zu sehen, dass die unter ihrer ursprünglichen Berufsbezeichnung in der Schweiz praktizierenden Anwälte weiterhin auch bei
der zuständigen Stelle des Herkunftsstaates eingetragen sind. Diese doppelte Eintragung führt dazu, dass die betreffenden Anwälte der Disziplinaraufsicht sowohl ihres Herkunftsstaates als auch desjenigen Kantons unterstehen, in welchem sie ihren Geschäftssitz haben. Mit der Zusammenarbeit
soll vermieden werden, dass gegebenenfalls die Berufsregeln eines Staates
umgangen werden.[1]

Die im 3. Abschnitt des BGFA befindlichen Berufsregeln und Bestimmun-   2
gen über die **Disziplinaraufsicht** gelten gleichermassen auch für Anwälte
aus den Mitgliedstaaten der EU und der EFTA, die unter ihrer ursprünglichen Berufsbezeichnung in der Schweiz praktizieren. Hiervon ausgenommen sind lediglich die Bestimmungen über die amtliche Pflichtverteidigung und die unentgeltliche Rechtsvertretung (Art. 12 lit. g BGFA) sowie
den über den Registereintrag (Art. 12 lit. j BGFA). Einzelheiten zum Ablauf
von Disziplinarverfahren finden sind in der Kommentierung der Art. 12–
20 BGFA.

II. Orientierung des Herkunftsstaates (Abs. 1)

Beabsichtigt die kantonal zuständige Aufsichtsbehörde, gegen einen An-   3
walt aus einem Mitgliedstaat der EU oder der EFTA ein Disziplinarverfahren einzuleiten, hat sie *zuvor* die zuständige Stelle des Herkunftsstaates in
Kenntnis zu setzen. Der Wortlaut der Vorschrift lässt keine Auslegung dahin gehend zu, dass die Mitteilung auch noch nach Einleitung eines Disziplinarverfahrens erfolgen kann. Die zuständige Stelle des Herkunftsstaates
hat damit die Möglichkeit, allenfalls noch vor der Einleitung des Verfahrens eine Stellungnahme abzugeben. Die Botschaft betont jedoch, dass die
Orientierung des Herkunftsstaates «nur **formellen Charakter**» hat und «die

---

[1]   Vgl. Art. 13 S. 1 Richtlinie 98/5/EG.

Eröffnung des Disziplinarverfahrens in der Schweiz hierdurch nicht verzögert» wird.[2] Ziel der Orientierung ist es demzufolge ausschliesslich, den Herkunftsstaat in Kenntnis zu setzen. Ein Anhörungsverfahren, im Rahmen dessen eine Stellungnahme des Herkunftsstaates vor Einleitung des Disziplinarverfahrens zwingend einzuholen wäre, soll demgegenüber nicht erfolgen.

4 Zur **Form**, in der die zuständige Stelle des Herkunftsstaates in Kenntnis zu setzen ist, macht das BGFA keine Angaben. Den Aufsichtsbehörden steht es daher frei, in welcher Art und Weise sie auf die anstehende Einleitung eines Disziplinarverfahrens hinweisen. Nicht zuletzt im Hinblick auf sprachliche Probleme, die bei der Informationsübermittlung auftreten können, sollte die Orientierung regelmässig in Schriftform erfolgen. Zu orientieren ist diejenige Stelle des Herkunftsstaates, die mit der Zulassung des Anwalts im Herkunftsstaat befasst ist.

III. Zusammenarbeit mit dem Herkunftsstaat (Abs. 2)

A. Begriff der Zusammenarbeit

5 Wenn die kantonale Aufsichtsbehörde gegen einen Anwalt aus einem Mitgliedstaat der EU oder der EFTA ein Disziplinarverfahren einleitet, hat sie mit der zuständigen Stelle des Herkunftsstaates zusammenzuarbeiten und ihr insbesondere das Recht zur Stellungnahme einzuräumen. Seitens der kantonalen Aufsichtsbehörde bedeutet die Pflicht zur Zusammenarbeit, dass sie die zuständige Stelle des Herkunftsstaates über die Tatsachen zu informieren hat, auf welche der Verstoss gegen eine Berufsregel des Art. 12 BGFA gestützt wird. Des Weiteren sind auch die Kriterien bei der Ausübung des Ermessens im Hinblick auf etwaige Disziplinarmassnahmen offen zu legen. Nur durch **umfassende Offenlegung der Entscheidungskriterien** kann gewährleistet werden, dass die zuständige Behörde des Herkunftsstaates qualifiziert zum Anlass des Disziplinarverfahrens und der Wahl etwaiger Disziplinarmassnahmen Stellung beziehen kann. Entsprechend Art. 13 Richtlinie 98/5/EG ist die Vertraulichkeit der ausgetauschten Informationen sicherzustellen.

---

[2]   BOTSCHAFT, Nr. 234.33, 6013.

B.   Wirkung von Stellungnahmen des Herkunftsstaates

Im Hinblick auf die Art und Weise der Zusammenarbeit zwischen der Auf-   6
sichtsbehörde in der Schweiz und der zuständigen Stelle des Herkunftsstaates erwähnt Art. 29 Abs. 2 BGFA als Beispiel, der zuständigen Stelle
des Herkunftstaates sei das Recht zur Stellungnahme einzuräumen. Zur
Bedeutung und **Berücksichtigung von Stellungnahmen** und anderen Formen der Beteiligung äussert sich die Bestimmung hingegen nicht. Die Botschaft weist allerdings bezüglich der Einbeziehung von Aufsichtsbehörden
des Herkunftsstaates darauf hin, dass die Zusammenarbeit nicht den Grundsatz beeinträchtigen darf, wonach die Entscheidungsbefugnis in der alleinigen Kompetenz der Schweizer Behörden liegt.[3] Die Zusammenarbeit soll
sich demzufolge darauf beschränken, dass die zuständige Stelle des Herkunftsstaates in den Prozess der Entscheidungsfindung beratend einbezogen wird, jedoch nicht über allenfalls zu treffende Disziplinarmassnahmen
mitentscheidet. Einfluss nehmen kann die Aufsichtsbehörde des Herkunftslands nur insoweit, als sich die zuständige Aufsichtsbehörde der Schweiz
mit Stellungnahmen auseinander setzen muss und eine abweichende Auffassung und Entscheidung zu begründen hat.

Die **Wirkung der Rücknahme einer Genehmigung zur Berufsausübung**   7
im Herkunftsstaat wird in Art. 29 BGFA nicht explizit geregelt. Diesbezüglich sieht Art. 7 Abs. 5 Richtlinie 98/5/EG vor, dass die zeitweilige oder
endgültige Rücknahme der Genehmigung im Herkunftsstaat automatisch
das einstweilige oder endgültige Verbot nach sich zieht, die Anwaltstätigkeit im Aufnahmestaat unter seiner ursprünglichen Berufsbezeichnung auszuüben. Die Rücknahme der Genehmigung im Herkunftsstaat ist jedoch
ausdrücklich keine «Vorbedingung» für die Entscheidung der zuständigen
Stelle des Aufnahmestaates. Der Aufsichtsbehörde verbleibt die volle Ent-
scheidungsgewalt im Rahmen des Disziplinarverfahrens; de facto kann die
Behörde des Herkunftsstaates allerdings mit der Rücknahme der Genehmigung die Berufsausübung unter der ursprünglichen Berufsbezeichnung
im Aufnahmestaat unterbinden.

---

[3]   BOTSCHAFT, Nr. 234.33, 6013.

IV. Wirkung von Disziplinarmassnahmen

8   Disziplinarmassnahmen, die von einer kantonalen Aufsichtsbehörde der
Schweiz gegen Anwälte aus den Mitgliedstaaten der EU oder der EFTA
angeordnet werden, entfalten ihre Wirkung ausschliesslich in der Schweiz.
Der zuständigen Aufsichtsbehörde des Herkunftsstaates bleibt es vorbehalten, eigene Schlüsse aus einer in der Schweiz verhängten Disziplinarmassnahme zu ziehen. Innerhalb der Schweiz beschränkt sich die Wirkung einer
Disziplinarmassnahme nicht auf den Kanton, in dem sie ergangen ist. So
gilt etwa ein Berufsausübungsverbot, welches gegenüber einem Anwalt aus
einem EU- oder EFTA-Mitgliedstaat angeordnet wurde, auf dem **gesamten
Staatsgebiet der Schweiz.**[4]

9   **Rechtsmittel** gegen Disziplinarmassnahmen sind im BGFA nicht geregelt.
Art. 34 BGFA sieht allgemein vor, dass Verfahrensfragen im Zusammenhang mit der Ausübung der Freizügigkeit auf kantonaler Ebene zu regeln
sind. Dabei ist es aus rechtsstaatlicher Sicht angebracht, Rechtsmittel gegen kantonale Entscheide vorzusehen.

---

[4]   Vgl. Art. 16 BGFA.

ANDREAS KELLERHALS/TOBIAS BAUMGARTNER

6. Abschnitt: Eintragung von Anwältinnen und Anwälten aus Mitgliedstaaten der EU oder der EFTA in ein kantonales Anwaltsregister

Art. 30   Grundsätze

[1] Angehörige von Mitgliedstaaten der EU oder der EFTA können sich, ohne dass sie die Voraussetzungen nach Artikel 7 Buchstabe b erfüllen, in ein kantonales Anwaltsregister eintragen lassen, wenn sie:
  a. eine Eignungsprüfung bestanden haben (Art. 31); oder
  b. während mindestens drei Jahren in der Liste der unter ihrer ursprünglichen Berufsbezeichnung tätigen Anwältinnen und Anwälte eingetragen waren und nachweisen, dass sie:
     1. während dieser Zeit effektiv und regelmässig im schweizerischen Recht tätig waren, oder
     2. im schweizerischen Recht während eines kürzeren Zeitraums tätig waren und sich in einem Gespräch über ihre beruflichen Fähigkeiten ausgewiesen haben (Art. 32).

[2] Sie haben damit die gleichen Rechte und Pflichten wie die Anwältinnen und Anwälte, die über ein kantonales Anwaltspatent verfügen und in einem kantonalen Anwaltsregister eingetragen sind.

Art. 30   Principes

[1] L'avocat ressortissant d'un Etat membre de l'UE ou de l'AELE peut être inscrit à un registre cantonal des avocats sans remplir les conditions prévues à l'art. 7, let. b:
  a. s'il a réussi une épreuve d'aptitude (art. 31), ou
  b. s'il a été inscrit pendant trois ans au moins au tableau des avocats pratiquant sous leur titre professionnel d'origine et:
     1. qu'il justifie pendant cette période d'une activité effective et régulière en droit suisse, ou
     2. qu'il justifie d'une activité effective et régulière d'une durée moindre en droit suisse et qu'il a passé avec succès un entretien de vérification de ses compétences professionnelles (art. 32).

[2] Il jouit alors des mêmes droits et obligations qu'un avocat titulaire d'un brevet cantonal inscrit au registre.

Art. 30   Principi

[1] L'avvocato cittadino di uno Stato membro dell'UE o dell'AELS può essere iscritto in un registro cantonale degli avvocati senza dover adempiere le condizioni di cui all'articolo 7 lettera b se:
  a. ha superato una prova attitudinale (art. 31), o
  b. è stato iscritto per almeno tre anni all'albo degli avvocati che esercitano con il loro titolo professionale di origine e dimostra che:
     1. durante questo periodo ha esercitato un'attività effettiva e regolare riguardante il diritto svizzero, o

2. pur avendo esercitato l'attività di cui al numero 1 per un periodo inferiore, ha sostenuto con successo un colloquio di verifica delle competenze professionali (art. 32).

² L'avvocato che adempie le condizioni di cui al capoverso 1 ha i medesimi diritti e obblighi degli avvocati titolari di una patente cantonale iscritti nel registro.

Inhaltsübersicht **Note**

I. Bedeutung der Registereintragung 1
II. Voraussetzungen der Registereintragung 3
   A. Eignungsprüfung (Abs. 1 lit. a) 4
   B. Berufspraxis im schweizerischen Recht (Abs. 1 lit. b) 5
      1. Effektive und regelmässige Tätigkeit im schweizerischen Recht (Ziff. 1) 6
      2. Prüfungsgespräch (Ziff. 2) 12
III. Wirkung der Registereintragung (Abs. 2) 13

I. Bedeutung der Registereintragung

1 Art. 30 BGFA regelt die Modalitäten der Eintragung zugewanderter Anwälte aus den Mitgliedstaaten der EU und der EFTA in ein kantonales Anwaltsregister. Die Registereintragung bedeutet die **vollständige Integration in den Berufsstand** der schweizerischen Anwälte. Anwälte aus dem EU- und EFTA-Raum werden mit der Eintragung in das Anwaltsregister den Anwälten, die ihre Qualifikation in der Schweiz erworben haben und in einem kantonalen Anwaltsregister eingetragen sind, gleichgestellt und unterstehen sodann gleichermassen sämtlichen Berufsregeln, die im BGFA vorgesehen sind.[1]

2 Auch in formaler Hinsicht bestehen infolge der Registereintragung insofern keine Unterschiede, als zugewanderte Anwälte nicht mehr verpflichtet sind, unter ihrer ursprünglichen **Berufsbezeichnung** zu praktizieren. Vielmehr können sie die Berufsbezeichnung des Kantons verwenden, in dessen Register sie eingetragen sind. Die ursprüngliche Berufsbezeichnung kann allerdings weiterhin zusätzlich geführt werden.[2] Praktische Auswirkungen hat die Möglichkeit einer Registereintragung von Anwälten aus den EU- und EFTA-Staaten in der Schweiz bislang kaum gezeigt.[3]

---

[1] Vgl. Art. 12 BGFA.
[2] Art. 33 BGFA.
[3] Bis zum 1. Februar 2004 wurde etwa im Kanton Zürich eine Eignungsprüfung mit zwei Kandidaten nach Art. 31 BGFA abgenommen.

ANDREAS KELLERHALS/TOBIAS BAUMGARTNER

II.   Voraussetzungen der Registereintragung

Es bestehen **zwei Möglichkeiten** für Anwälte aus den Mitgliedstaaten der   3
EU und der EFTA, eine Eintragung in ein kantonales Anwaltsregister zu
erlangen. Zum einen können sie dieses Ziel über das erfolgreiche Absolvieren einer Eignungsprüfung erreichen (Art. 30 Abs. 1 lit. a BGFA). Daneben kann eine Eintragung auch *alternativ* über den Nachweis erwirkt
werden, dass der Anwalt während mindestens drei Jahren in der Schweiz
praktiziert hat und in der Liste der unter ihrer ursprünglichen Berufsbezeichnung tätigen Anwälten eingetragen war. Sofern das schweizerische
Recht nicht wesentlicher Gegenstand der Tätigkeit während dieses Zeitraums war (Art. 30 Abs. 1 lit. b Ziff. 1 BGFA), ist ein Gespräch über die
beruflichen Fähigkeiten des Antragstellenden zu führen (Art. 30 Abs. 1
lit. b Ziff. 2 BGFA).[4]

A.   Eignungsprüfung (Abs. 1 lit. a)

Anwälte aus den Mitgliedstaaten der EU und der EFTA können sich in ein   4
kantonales Anwaltsregister eintragen lassen, wenn sie die dafür vorgesehene kantonale Eignungsprüfung erfolgreich bestanden haben. Mit der Eignungsprüfung soll festgestellt werden, ob die zugewanderten Anwälte, die
bereits eine Berufsausbildung in einem Mitgliedstaat der EU oder der EFTA
erhalten haben, fähig sind, sich dem neuen Berufsfeld in der Schweiz anzupassen.[5] Die Zulassung zur Eignungsprüfung ist von **ausbildungsbezogenen
Voraussetzungen** abhängig, die im Einzelnen in Art. 31 BGFA geregelt
sind. Nicht vorausgesetzt wird, dass der Antragstellende vor der Eignungsprüfung bereits als Anwalt in der Schweiz praktiziert hat. Daneben ist die
Zulassung zur Eignungsprüfung von den gleichen personenbezogenen Voraussetzungen abhängig, die auch für Anwälte mit Ausbildung in der
Schweiz gelten (insb. Strafregisterauszug). Ist die Eignungsprüfung erfolgreich bestanden, erfolgt die Registereintragung und die Ausübung der an-

---

[4]   Im Rahmen der Registereintragung ist auch der Abschluss einer Berufshaftpflichtver-
      sicherung nachzuweisen. Zur Frage der Anerkennung ausländischer Berufshaftpflicht-
      versicherungen vgl. EuGH, 7.11.2000, Luxemburg gegen Europäisches Parlament und
      Rat, Rs. C-168/98, Slg. 2000, I-9131: Hiernach kann bei nur partieller Gleichwertig-
      keit der Abschluss einer Zusatzversicherung oder einer ergänzenden Garantie ver-
      langt werden.
[5]   Vgl. Erwägungsgründe Richtlinie 89/48/EWG.

waltlichen Tätigkeit unter den gleichen Bedingungen, die für Anwälte gelten, die das Anwaltspatent in der Schweiz erworben haben und in einem kantonalen Anwaltsregister eingetragen sind.

B.   Berufspraxis im schweizerischen Recht (Abs. 1 lit. b)

5   Die Eintragung in ein kantonales Anwaltsregister kann auch ohne vorherige Eignungsprüfung erwirkt werden, wenn zugewanderte Anwälte über einen Zeitraum von **mindestens drei Jahren** unter der Berufsbezeichnung ihres Heimatstaates im schweizerischen Recht tätig waren und in einer diesbezüglichen öffentlichen Liste verzeichnet waren. Sofern sie in diesem Zeitraum im Wesentlichen im schweizerischen Recht tätig waren, kann die Eintragung in ein kantonales Anwaltsregister ohne weitere Bedingungen erfolgen. Dem Gesetzeswortlaut nach ist entscheidend, dass die Tätigkeit im schweizerischen Recht effektiv und regelmässig gewesen ist.

1.   Effektive und regelmässige Tätigkeit im schweizerischen Recht (Ziff. 1)

6   Das Kriterium der **Effektivität** bezieht sich auf den Gegenstand der anwaltlichen Berufsausübung und statuiert Anforderungen inhaltlicher Natur. Als effektiv im Sinne dieser Vorschrift ist die Tätigkeit zugezogener Anwälte dann einzustufen, wenn sie ihrem Gegenstand nach für die anwaltliche Berufsausübung in der Schweiz von Relevanz ist. Dies setzt voraus, dass die zentrale Problematik der bearbeiteten Mandate Fragen des schweizerischen Rechts betroffen hat. Hierbei ist von Bedeutung, dass die bisherige Berufspraxis Erfahrungen einschliesst, die der möglichen Breite der anwaltlichen Tätigkeit entsprechen. Die beschränkte Auseinandersetzung mit einzelnen Randgebieten, etwa dem technisch geprägten Patentrecht, kann sich im Einzelfall als unzureichend darstellen.[6]

7   Im Hinblick auf die gegenwärtig kantonale Reglementierung des Prozessrechts ist auch ein Mindestmass an **Erfahrung in der Vertretung von Parteien vor den Gerichtsbehörden** desjenigen Kantons vorauszusetzen, in dem die Registereintragung erfolgen soll. Die Bewerber sollten zumindest mit den Grundprinzipien des kantonalen Prozessrechts vertraut sein.

---

[6]   SOBOTTA/KLEINSCHNITTGER, 648.

ANDREAS KELLERHALS/TOBIAS BAUMGARTNER

Die Ausführungen in der Botschaft, wonach unter dem Kriterium der Effek-   8
tivität die **selbständige und eigenverantwortliche Ausübung der Berufstätigkeit** zu verstehen ist, wird dahingehend aufzufassen sein, dass im
Rahmen der anwaltlichen Praxis eine intensive Auseinandersetzung mit
dem schweizerischen Recht stattgefunden haben muss. Überwiegend eigene Mandatverantwortlichkeit wird man insbesondere im Hinblick auf die
Organisationsstrukturen von Grosskanzleien nicht voraussetzen können.[7]

Das formale Kriterium der **Regelmässigkeit** stellt Anforderungen im Hin-   9
blick auf die Kontinuität der Berufspraxis im schweizerischen Recht. Diesbezüglich weist die Botschaft entsprechend dem Wortlaut des Art. 10 Richtlinie 98/5/EG darauf hin, dass die anwaltliche Tätigkeit im schweizerischen
Recht einzig durch Ereignisse des täglichen Lebens unterbrochen gewesen
sein darf.[8] Nach einzelnen Literaturstimmen muss es international ausgerichteten Anwälten möglich sein, vorübergehend auch im Ausland tätig zu
werden.[9] Das in der Richtlinie 98/5/EG gleichermassen verwendete Kriterium der Regelmässigkeit wird für sprachlich misslungen gehalten, und es
wird eingewendet, dass die anwaltliche Berufspraxis naturgemäss zu Auf-
enthaltsunterbrechungen zwinge, sofern in verschiedenen Staaten Kanzleien
unterhalten werden. Eine anwaltliche Tätigkeit im Aufnahmestaat ohne *längere* Unterbrechungen sei als regelmässig im Sinne der Vorschrift zu werten.[10]

Im Hinblick auf den eng gefassten und sprachlich eindeutigen Wortlaut der   10
Bestimmung sind bei der Beurteilung der Regelmässigkeit strenge Massstäbe anzulegen. Ein ausnahmsloses Tätigwerden in der Schweiz darf im
Interesse der beabsichtigten Förderung der Freizügigkeit und des Anschlus-
ses an den Binnenmarkt der EU allerdings nicht verlangt werden. Längere
Unterbrechungen der forensischen Tätigkeit in der Schweiz sind allerdings kritisch zu prüfen. Im Interesse des Schutzes des Rechtsverkehrs ist
die Annahme einer regelmässigen Berufsausübung gegebenenfalls zu verneinen.

Gemäss Art. 10 Abs. 1 lit. a Richtlinie 98/5/EG ist der **Nachweis** über die   11
Regelmässigkeit und Effektivität der Tätigkeit durch den Anwalt zu führen. Während das BGFA über die Art und Weise des Nachweises keine

---

[7]   BOTSCHAFT, Nr. 234.41, 6013.
[8]   BOTSCHAFT, Nr. 234.41, 6013.
[9]   WEBER-STECHER, Freizügigkeit, 66.
[10] EWIG, 252.

---

weiteren Angaben enthält, sieht die korrespondierende EG-Bestimmung vor, dass alle relevanten Informationen und Dokumente vorzulegen sind und insbesondere auch Angaben über die Zahl und die Art der bearbeiteten Rechtssachen zu erfolgen haben.

2. Prüfungsgespräch (Ziff. 2)

12 Sofern die Tätigkeit im schweizerischen Recht während des Zeitraums von drei Jahren nicht den Kriterien der Effektivität und Regelmässigkeit im Sinne des Art. 30 Abs. 1 lit. b Ziff. 1 BGFA entspricht, kann die Eintragung in ein kantonales Anwaltsregister dennoch ohne Eignungsprüfung erwirkt werden. Die Eintragung erfordert dann allerdings ein vorgängiges Prüfungsgespräch, in dessen Verlauf die beruflichen Fähigkeiten bezüglich der Berufsausübung in der Schweiz erfolgreich unter Beweis zu stellen sind. Den Nachweis über genügende Kenntnisse des schweizerischen Rechts hat der Bewerber zu erbringen. Sinnvoll erscheint hier die **Dokumentation von Mandaten**, die der Bewerber bearbeitet oder an denen er mitgewirkt hat.[11] Die Beurteilung des Gesprächs erfolgt durch die kantonale Anwaltsprüfungskommission. Nähere Einzelheiten über Ort und Gegenstand des Prüfungsgesprächs regelt Art. 32 BGFA.

III. Wirkung der Registereintragung (Abs. 2)

13 Erfolgt auf der Grundlage des Art. 30 Abs. 1 BGFA die Eintragung in ein kantonales Anwaltsregister, haben Anwälte aus den Mitgliedstaaten der EU und der EFTA die gleichen Rechte und Pflichten wie die Anwälte, die aufgrund eines schweizerischen Anwaltspatents in ein kantonales Anwaltsregister eingetragen sind. Zu den Rechten zählt insbesondere die Möglichkeit, unter den gleichen Bedingungen wie Anwälte mit schweizerischem Anwaltspatent Parteien vor Gericht zu vertreten. Auch im Hinblick auf die Berufsbezeichnung steht es zugewanderten Anwälten frei, im Rechtsverkehr wie eingetragene Kollegen mit schweizerischem Anwaltspatent aufzutreten. Einzelheiten betreffend die Berufsbezeichnung werden in Art. 33 BGFA geregelt.

---

[11] Diesbezüglich weist WEBER-STECHER, Freizügigkeit, 66, darauf hin, dass noch Regelungen zur Vermeidung von Verletzungen des Berufsgeheimnisses gefunden werden müssen.

Zu den **Pflichten**, die infolge der Registereintragung auch für zugewan-   14
derte Anwälte gelten, zählt insbesondere die Befolgung der Berufsregeln
(Art. 12 BGFA) und die Wahrung des Berufsgeheimnisses (Art. 13 BGFA).
Verstösse gegen diese Pflichten werden gleichermassen durch Einleitung
von Disziplinarverfahren verfolgt (Art. 16 ff. BGFA). Anders als im Falle
von Anwälten, die unter ihrer ursprünglichen Berufsbezeichnung in der
Schweiz tätig werden, sieht das BGFA für zugewanderte Anwälte, die in
ein kantonales Anwaltsregister eingetragen sind, keine Befreiung von der
amtlichen Pflichtverteidigung und der unentgeltlichen Rechtsvertretung
vor.[12]

---

[12]   Eine den Art. 27 Abs. 2 und Art. 25 BGFA entsprechende Ausnahme sieht Abschnitt 6
       BGFA nicht vor.

Art. 31 Eignungsprüfung

[1] Zur Eignungsprüfung zugelassen werden Angehörige von Mitgliedstaaten der EU oder der EFTA, wenn sie:
  a. ein mindestens dreijähriges Studium an einer Hochschule absolviert und gegebenenfalls die über das Studium hinaus erforderliche berufliche Ausbildung abgeschlossen haben; und
  b. über ein Diplom verfügen, das sie zur Ausübung des Anwaltsberufs in einem Mitgliedstaat der EU oder der EFTA berechtigt.

[2] Die Anwältinnen und Anwälte müssen die Eignungsprüfung vor der Anwaltsprüfungskommission des Kantons ablegen, in dessen Register sie sich eintragen lassen wollen.

[3] Die Eignungsprüfung erstreckt sich über Sachgebiete, die Gegenstand der kantonalen Anwaltsprüfung sind und die sich wesentlich von denjenigen unterscheiden, die im Rahmen der Ausbildung in ihrem Herkunftsstaat bereits geprüft worden sind. Ihr Inhalt bestimmt sich auch nach der Berufserfahrung der Anwältinnen und Anwälte.

[4] Die Eignungsprüfung kann zweimal wiederholt werden.

Art. 31 Epreuve d'aptitude

[1] Peuvent se présenter à l'épreuve d'aptitude les avocats ressortissants des Etats membres de l'UE ou de l'AELE qui:
  a. ont suivi avec succès un cycle d'études d'une durée minimale de trois ans dans une université et, le cas échéant, la formation complémentaire requise en plus de ce cycle d'études, et
  b. possèdent un diplôme permettant l'exercice de la profession d'avocat dans un Etat membre de l'UE ou de l'AELE.

[2] La commission des examens d'avocat du canton au registre duquel l'avocat souhaite être inscrit lui fait passer une épreuve d'aptitude.

[3] L'épreuve porte sur les matières qui figurent au programme de l'examen cantonal d'accès à la profession d'avocat, et qui sont substantiellement différentes de celles comprises dans le cadre de la formation suivie par le candidat dans son Etat de provenance. Le contenu de l'épreuve est fixé compte tenu également de l'expérience professionnelle du candidat.

[4] L'épreuve d'aptitude peut être repassée deux fois.

Art. 31 Prova attitudinale

[1] Alla prova attitudinale sono ammessi gli avvocati cittadini degli Stati membri dell'UE o dell'AELS che:
  a. hanno seguito con successo un ciclo di studi di una durata minima di tre anni in un'università e, se del caso, la formazione professionale richiesta oltre al ciclo di studi universitari, e
  b. sono in possesso di un diploma che consente loro l'esercizio dell'avvocatura in uno Stato membro dell'UE o dell'AELS.

² Gli avvocati di cui al capoverso 1 devono sostenere la prova attitudinale dinanzi alla commissione degli esami d'avvocatura del Cantone nel cui registro intendono essere iscritti.

³ La prova attitudinale verte su materie previste nel programma dell'esame cantonale di avvocatura che sono sostanzialmente diverse da quelle comprese nella formazione ricevuta dal candidato. Il contenuto della prova è stabilito tenendo conto anche dell'esperienza professionale del candidato.

⁴ La prova attitudinale può essere ripetuta due volte.

Inhaltsübersicht   Note
I.   Zulassung zur Eignungsprüfung (Abs. 1)   1
      A. Dreijähriges Hochschulstudium und berufliche Ausbildung
         (Abs. 1 lit. a)   2
      B. Diplom (Abs. 1 lit. b)   3
II.   Organisation der Eignungsprüfung (Abs. 2)   4
III. Gegenstand der Eignungsprüfung (Abs. 3)   5
IV.   Formalia der Eignungsprüfung   9
V.   Wiederholung der Prüfung und Rechtsmittel (Abs. 4)   10

I.   Zulassung zur Eignungsprüfung (Abs. 1)

Die Zulassung von Anwälten aus den Mitgliedstaaten der EU und der EFTA   1
zur Eignungsprüfung ist an **mehrere Voraussetzungen** gebunden, die **kumulativ** erfüllt sein müssen. Zugelassen werden nur Personen, die ein mindestens dreijähriges Studium an einer Hochschule absolviert und die gegebenenfalls darüber hinaus erforderliche Ausbildung abgeschlossen haben. Sie müssen zudem zur Ausübung der anwaltlichen Tätigkeit in einem Mitgliedstaat der EU oder der EFTA berechtigt sein und über ein entsprechendes Diplom verfügen.

A.   Dreijähriges Hochschulstudium und berufliche Ausbildung (Abs. 1 lit. a)

Soweit für die Zulassung zur Eignungsprüfung neben einem mindestens   2
dreijährigen Studium zusätzlich eine weitere **berufliche Ausbildung** vorgeschrieben wird, sind hierunter jegliche weiteren Ausbildungsphasen zu verstehen, die in den einzelnen Mitgliedstaaten der EU und der EFTA zwingend für die Ausübung der anwaltlichen Tätigkeit vorgeschrieben sind. So erfordert beispielsweise die Zulassung eines deutschen Rechtsanwalts zur

Eignungsprüfung, dass er über ein juristisches Hochschulstudium hinaus bereits die in Deutschland zur Ausübung des Anwaltsberufs vorgeschriebene Referendarsausbildung erfolgreich mit dem zweiten Staatsexamen abgeschlossen hat.

B.   Diplom (Abs. 1 lit. b)

3   Der in der Vorschrift gebrauchte **Begriff des Diploms** als Zulassungsvoraussetzung ist nicht streng wörtlich zu verstehen und entsprechend den nationalen Gegebenheiten in den Mitgliedstaaten der EU und der EFTA auszulegen. Eine über den Wortlaut hinausgehende Auslegung des Diplombegriffs folgt aus der entsprechenden Definition der EG-Diplomanerkennungsrichtlinie, die dem BGFA zugrunde liegt: Ausser Diplomen im engeren Sinn sind unter den Begriff des Diploms definitionsgemäss auch Prüfungszeugnisse und Befähigungsnachweise zu fassen, die von einer zuständigen Stelle in einem Mitgliedstaat ausgestellt wurden, wenn sie ein dreijähriges Hochschulstudium oder eine in der Gemeinschaft erworbene und von einer zuständigen Stelle in diesem Mitgliedstaat anerkannte Ausbildung abschliessen, die dort in Bezug auf den Zugang zu einem reglementierten Beruf oder dessen Ausübung dieselben Rechte verleiht.[1] Die Auslegung des Diplombegriffs im BGFA hat sich an diesen Vorgaben zu orientieren, weshalb beispielsweise auch das zweite juristische Staatsexamen, das die Ausbildung der Rechtsreferendare in Deutschland abschliesst, als entsprechender Abschluss im Sinne des Art. 31 Abs.1 lit. b BGFA anzuerkennen ist.

II.   Organisation der Eignungsprüfung (Abs. 2)

4   Die Organisation der anwaltlichen Eignungsprüfung obliegt den Kantonen. Die Prüfung wird von den kantonalen Anwaltsprüfungskommissionen abgenommen, die auch die Kandidaten für das kantonale Anwaltspatent prüfen. Die **örtliche Zuständigkeit** der kantonalen Prüfungskommissionen für einzelne Eignungsprüfungen hängt davon ab, in welchem kantonalen Anwaltsregister sich der Anwalt nach erfolgreicher Prüfung eintragen lassen will. So ist die Prüfung vor der Prüfungskommission desjenigen Kantons

---

[1]   Vgl. Art. 1 lit. a Richtlinie 89/48/EWG.

abzulegen, in dessen Register die Eintragung erfolgen soll. Es muss sich jeweils um den Kanton handeln, in dem der Anwalt seine Geschäftsadresse hat; bei mehreren Geschäftsadressen in verschiedenen Kantonen ist der Kanton des Hauptgeschäftssitzes zu wählen. Die Berufsausübung in einem anderen Kanton wird hierdurch nicht eingeschränkt.

III. Gegenstand der Eignungsprüfung (Abs. 3)

Im Hinblick auf den Gegenstand der Eignungsprüfung werden auf bundes-   5
gesetzlicher Ebene **keine Einzelfragen reglementiert**, sondern lediglich ein Rahmen für die Wahl des Prüfungsstoffs vorgegeben. Gemäss diesen Vorgaben hat die Auswahl der Sachgebiete dem Prüfungsstoff der kantonalen Anwaltsprüfung zu entsprechen. Sämtliche Sachgebiete der kantonalen Anwaltsprüfung sind demnach grundsätzlich auch prüfungsrelevant für die Eignungsprüfung zugewanderter Anwälte.

Bei der konkreten Wahl des Prüfungsstoffs sollen insbesondere diejenigen   6
Sachgebiete der kantonalen Anwaltsprüfung berücksichtigt werden, «die sich wesentlich von den im Rahmen der Ausbildung im Herkunftsstaat geprüften Sachgebiete unterscheiden». Die kantonal zuständige Prüfungskommission hat folglich zunächst im Rahmen eines **Vergleichs** festzustellen, inwieweit die durch das **ausländische Diplom** bescheinigten Kenntnisse und Fähigkeiten die nach schweizerischen Vorschriften aufgestellten Voraussetzungen erfüllen, insbesondere im Hinblick auf die prüfungsrelevanten Sachgebiete.[2] Sofern sich Abweichungen zeigen, haben die Behörden anlässlich der Eignungsprüfung festzustellen, ob der Erwerb der fehlenden Kenntnisse nachgewiesen werden kann. Sachgebiete, die im Herkunftsstaat nicht von der Ausbildung umfasst sind, müssen daher verstärkt im Rahmen der Eignungsprüfung Beachtung finden. Zu denken ist hier namentlich an das Prozessrecht des Kantons, in dem die Registereintragung angestrebt wird.

---

[2]   Art. 1 lit. g Richtlinie 89/48/EWG legt fest, dass die zuständigen Stellen der EU-Mitgliedstaaten ein Verzeichnis der Sachgebiete zu erstellen haben, die aufgrund eines Vergleichs zwischen der in ihrem Staat verlangten Ausbildung und der bisherigen Ausbildung des Antragstellers von dem Diplom nicht abgedeckt werden. Die Eignungsprüfung hat sich auf Sachgebiete dieses Verzeichnisses zu erstrecken.

7   Unter den Sachgebieten, die nicht von der Ausbildung im Herkunftsstaat abgedeckt sind, sollten vorrangig diejenigen für die Eignungsprüfung herangezogen werden, deren Kenntnisse eine wesentliche Voraussetzung für die Ausübung des Anwaltsberufs in der Schweiz bilden.[3] **Praktische Bedürfnisse** haben bei der Eignungsprüfung entsprechend im Vordergrund zu stehen.

8   Schliesslich bestimmt sich die Festlegung des Inhalts der Eignungsprüfung gemäss Art. 31 Abs. 3 BGFA auch nach der **Berufserfahrung** des Kandidaten. In welcher Art und Weise die Berufserfahrung zu berücksichtigen ist, wird nicht näher ausgeführt. Die Bestimmungen der diesbezüglichen EG-Richtlinie über die Diplomanerkennung sehen vor, dass zu überprüfen ist, ob die vom Antragsteller während seiner Ausbildung oder Berufsausübung erworbenen Kenntnisse die prüfungsrelevanten Sachgebiete im Aufnahmestaat abdecken.[4] Diesbezüglich hat der EuGH in der Entscheidung *Morgenbesser* darauf hingewiesen, dass das im Herkunftsstaat erworbene Diplom im Rahmen einer Gesamtbeurteilung der akademischen Ausbildung und der Berufsausübung zu berücksichtigen ist. Sofern erworbene Fähigkeiten und Kenntnisse unberücksichtigt blieben, sei die Ausübung des Niederlassungsrechts und der Freizügigkeit beeinträchtigt.[5] Entsprechend sind auch die zuständigen Behörden in der Schweiz im Interesse der Realisierung der Niederlassungsfreiheit gehalten, bei jeder Antragstellung zu beurteilen, ob die erworbenen Kenntnisse und Fähigkeiten im Hinblick auf die Ausübung des Anwaltsberufs in der Schweiz für den Nachweis des Erwerbs der im Herkunftsstaat nicht geprüften Kenntnisse ausreichen.[6] Der Inhalt der Eignungsprüfung kann somit *nicht in standardisierter Form* im Voraus festgelegt werden, sondern ist vielmehr unter Beachtung des Willkürverbots von Fall zu Fall anzupassen.[7] Als qualitative Richtgrösse können dabei die An-

---

[3]   BOTSCHAFT, Nr. 234.42, 6013.

[4]   Vgl. Art. 1 Nr. 3 Richtlinie 2001/19/EG, Art. 4 Abs. 1 lit. b Richtlinie 89/48/EWG

[5]   EuGH, 13. November 2003, Morgenbesser, Rs. C-313/01; zum Grundsatz der Gleichwertigkeit der Diplome vgl. auch EuGH, 7. Mai 1991, Vlassopoulou, Rs. C-340/89, Slg. 1991, I-2357.

[6]   Vgl. dazu NATER/WIPF, 262.

[7]   In Deutschland regelt § 5 der Verordnung über die Eignungsprüfung zur Rechtsanwaltschaft (BGBl 1990 I 2881; BGBl 2003 I 2076), dass auf Antrag schriftliche Prüfungsleistungen zu erlassen sind, wenn der Antragsteller nachweist, dass er in seiner bisherigen Ausbildung oder durch anschliessende Berufsausübung die für die Berufsausübung in Deutschland erforderlichen materiellrechtlichen und verfahrensrechtlichen Kenntnisse im deutschen Recht erworben hat. Eine sinngemässe Regelung sieht Österreich in § 29 des Bundesgesetzes über den freien Dienstleistungsverkehr und die Niederlassung von europäischen Rechtsanwälten in Österreich (EuRAG) (BGBl I Nr. 27/2000) vor.

---

forderungen, die an die kantonalen Anwaltsprüfungen gestellt werden, dienen.

IV.   Formalia der Eignungsprüfung

Zu den Formalien der Eignungsprüfung sieht das BGFA **keine Detailrege-**   9
lungen vor. Insbesondere ist nicht geregelt, ob die Prüfung schriftliche
und mündliche Teile umfassen muss und in welcher Sprache die Prüfung
abzulegen ist. Entsprechende Regelungen sind den Kantonen vorbehalten.[8]
Zur Orientierung sei vergleichsweise auf die Formalia der Eignungsprüfung in den Nachbarländern Deutschland und Österreich hingewiesen: Beide
Länder sehen grundsätzlich zwei schriftliche Prüfungen vor, von denen
sich jeweils eine auf ein Pflichtfach und die andere auf ein Wahlfach bezieht. Daneben umfassen die Eignungsprüfungen beider Länder auch einen
mündlichen Prüfungsteil. In Deutschland ist neben einem Prüfungsgespräch
auch ein Kurzvortrag vorgesehen.[9]

V.   Wiederholung der Prüfung und Rechtsmittel (Abs. 4)

Sofern die Eignungsprüfung nicht erfolgreich bestanden wird, haben die   10
Kandidaten **zwei Wiederholungsversuche.** Spezielle Rechtsmittel gegen
die behördliche Entscheidung über die Eignungsprüfung sind im BGFA
nicht vorgesehen. Art. 34 BGFA regelt nur allgemein, dass Verfahrensfragen betreffend die Freizügigkeit der Anwälte auf kantonaler Ebene geregelt werden.

---

[8]   Im Kanton Zürich etwa sollen die Modalitäten der Eignungsprüfung gemäss dem am
      17. November 2003 angenommenen kantonalen Anwaltsgesetz in einer vom Oberge-
      richt zu erlassenden Verordnung zur Abnahme der Eignungsprüfung geregelt werden.
      Andere Kantone hingegen regeln einzelne Prüfungsmodalitäten unmittelbar im An-
      waltsgesetz, so etwa Obwalden (Art. 7 AnwG-OW) und Nidwalden (Art. 10 E-AnwG-
      NW).
[9]   Vgl. § 21 des Gesetzes über die Tätigkeit europäischer Rechtsanwälte in Deutschland
      (EuRAG); §§ 31 und 32 des Bundesgesetzes über den freien Dienstleistungsverkehr
      und die Niederlassung von europäischen Rechtsanwälten in Österreich (EuRAG).

11   Art. 8 Abs. 2 Richtlinie 89/48/EWG sieht vor, dass gegen Entscheide der
      Behörde des Aufnahmestaates über Anträge auf Ausübung eines reglemen-
      tierten Berufs ein gerichtlicher **Rechtsbehelf** eingelegt werden kann. Die
      kantonal zuständigen Behörden sollten sich hieran orientieren und einen
      gerichtlichen Rechtsbehelf für den Fall der Ablehnung eines Antrags auf
      Eintragung in ein kantonales Anwaltsregister infolge negativen Ausgangs
      der Eignungsprüfung sicherstellen.

12   Da die Prüfungen kantonal durchgeführt werden, stellt sich die Frage, ob
      zugewanderten Anwälten nach erfolgloser Teilnahme an einer Eignungs-
      prüfung allenfalls die Möglichkeit verbleibt, sich für eine **weitere Eig-
      nungsprüfung in einem anderen Kanton** zu melden. Diesbezüglich sind
      die gleichen Regeln anzuwenden, die im Falle des Misserfolgs bei einer
      Prüfung für Kandidaten mit schweizerischer Ausbildung gelten.[10]

---

[10]   Einige Kantone sehen Einschränkungen vor, z.B. Art. 6 AnwG-OW, der vorschreibt,
       dass nur Kandidaten zur Prüfung zugelassen werden, die nicht mehr als dreimal in
       Obwalden oder einem anderen Kanton wegen mangelnder Kenntnisse zurückgewie-
       sen worden sind. Vgl. dazu vorne Art. 7 N 17 ff.

Art. 32   Gespräch zur Prüfung der beruflichen Fähigkeiten

[1] Das Gespräch zur Prüfung der beruflichen Fähigkeiten wird von der Anwaltsprüfungskommission des Kantons geführt, in dessen Register die Anwältin oder der Anwalt sich eintragen lassen will.

[2] Sie stützt sich namentlich auf die von der Anwältin oder dem Anwalt vorgelegten Informationen und Unterlagen über die in der Schweiz ausgeübten Tätigkeiten.

[3] Sie berücksichtigt die Kenntnisse und die Berufserfahrung der Anwältin oder des Anwalts im schweizerischen Recht, ferner die Teilnahme an Kursen und Seminaren über das schweizerische Recht.

Art. 32   Entretien de vérification des compétences professionnelles

[1] La commission des examens d'avocat du canton au registre duquel l'avocat souhaite être inscrit est compétente pour évaluer les compétences professionnelles de l'avocat lors d'un entretien.

[2] Elle se base notamment sur les informations et les documents produits par l'avocat et relatifs à son activité en Suisse.

[3] Elle prend en compte les connaissances et l'expérience professionnelle de l'avocat en droit suisse, ainsi que sa participation à des cours ou des séminaires portant sur le droit suisse.

Art. 3   Colloquio di verifica delle competenze professionali

[1] Il colloquio di verifica delle competenze professionali è condotto dalla commissione degli esami d'avvocatura del Cantone nel cui registro l'avvocato intende essere iscritto.

[2] La commissione si fonda segnatamente sulle informazioni e sui documenti forniti dall'avvocato in merito alla sua attività in Svizzera.

[3] Prende in considerazione le conoscenze e l'esperienza professionale dell'avvocato in materia di diritto svizzero nonché la sua partecipazione a corsi o seminari che vertono su tale diritto.

Inhaltsübersicht	Note
I. Organisation des Prüfungsgesprächs (Abs. 1)	1
II. Inhalt des Prüfungsgesprächs (Abs. 2)	2
III. Berufserfahrung und Fortbildung (Abs. 3)	4

I.   Organisation des Prüfungsgesprächs (Abs. 1)

Die Organisation des Prüfungsgesprächs obliegt den Kantonen. Bundesgesetzlich ist nur vorgegeben, dass die Prüfung von den kantonalen Anwaltsprüfungskommissionen geführt wird. Die **örtliche Zuständigkeit** der kan-   1

tonalen Prüfungskommissionen für einzelne Prüfungsgespräche hängt davon ab, in welchem kantonalen Anwaltsregister sich der Anwalt nach erfolgreicher Prüfung eintragen lassen will. So ist das Prüfungsgespräch vor
der Kommission desjenigen Kantons zu führen, in dessen Register die Eintragung erfolgen soll. Es muss sich hierbei jeweils um den Kanton handeln,
in dem der Anwalt seine Geschäftsadresse hat; bei mehreren Geschäftsadressen in verschiedenen Kantonen ist der Kanton des Hauptgeschäftssitzes zu wählen.

II.   Inhalt des Prüfungsgesprächs (Abs. 2)

2   Im Hinblick auf den Inhalt des Prüfungsgesprächs sieht Abs. 2 nur einige
Rahmenbedingungen vor, weshalb den zuständigen Prüfungsbehörden ein
erheblicher Ermessensspielraum bei der Wahl des Prüfungsstoffs zukommt.
Die Wahl des Prüfungsstoffs hat sich vornehmlich am Ziel des Gesprächs
zu orientieren, nämlich der Überprüfung, ob der Anwalt über hinreichende
berufliche Fähigkeiten verfügt, um als kantonal registrierter Anwalt zu praktizieren. Die Prüfung erfolgt vor dem Hintergrund, dass der Bewerber bereits seit mindestens drei Jahren eine anwaltliche Tätigkeit in der Schweiz
ausübte und auf ein gewisses Mass an praktischer Erfahrung zurückgreifen
kann. Diese Berufspraxis in der Schweiz hat gemäss der Vorschrift die
Grundlage des Prüfungsgesprächs zu bilden. Diesbezügliche Informationen und Unterlagen sind von den Prüfungskandidaten vorzulegen; es
wird sich in der Regel um bearbeitete Mandate handeln.

3   Abweichend von den Anforderungen, die an die Eignungsprüfung gestellt
werden, sehen die Bestimmungen über das Prüfungsgespräch nicht ausdrücklich vor, dass sämtliche **Sachgebiete** abzudecken sind, die auch von
der kantonalen Anwaltsprüfung erfasst sind. Hier stellt sich die Frage, ob
es zulässig wäre, wenn ein Prüfungsgespräch ausschliesslich mit Bezug
auf ein spezielles Sachgebiet geführt würde, in dem die Bewerberin oder
der Bewerber nachweislich Berufspraxis hat. Die Berufspraxis hat zwar
gemäss der Vorschrift die Grundlage des Prüfungsgesprächs zu bilden. Diese
Vorgabe kann jedoch nicht dahin gehend ausgelegt werden, dass die Wahl
des Prüfungsstoffs *allein* auf die Berufspraxis der Prüfungskandidaten ausgerichtet ist. Selbst wenn der Bewerber beabsichtigt, nur in einzelnen Gebieten des schweizerischen Rechts zu praktizieren, setzt die Möglichkeit,
entsprechend einem Anwalt mit schweizerischem Anwaltspatent zu praktizieren, fachgebietsübergreifende Grundkenntnisse voraus, die im Rahmen

eines Gesprächs zu prüfen sind. Zu bedenken ist, dass eine umfassende anwaltliche Zulassung erteilt wird, die sich nicht auf einzelne Gebiete beschränkt. Insgesamt wären Vorgaben zum Inhalt des Prüfungsgesprächs auf Bundesebene erwägenswert, um Ungleichbehandlungen in Anbetracht des weiten Ermessensspielraums vorzubeugen. Als Richtgrösse sollten die Qualitätsanforderungen dienen, die an die kantonalen Anwaltsprüfungen gestellt werden.

III. Berufserfahrung und Fortbildung (Abs. 3)

Im Rahmen des Prüfungsgesprächs ist einerseits die Berufserfahrung des   4
Anwalts im schweizerischen Recht zu berücksichtigen. Von Bedeutung ist insbesondere die praktische Erfahrung in der Vertretung von Parteien vor den Gerichtsbehörden in der Schweiz. Andererseits ist auch die Teilnahme an **Fortbildungen** im schweizerischen Recht zu berücksichtigen. Soweit die Vorschrift beispielhaft Kurse und Seminare erwähnt, ist von einer interaktiven Form der Weiterbildung auszugehen. Das regelmässige Aufsuchen etwa von Vorträgen mit Bezug zum schweizerischen Recht dürfte hingegen nicht erheblich ins Gewicht fallen.

Art. 33   Berufsbezeichnung

Die Anwältinnen und Anwälte können neben der Berufsbezeichnung des Kantons, in dessen Register sie eingetragen sind, auch ihre ursprüngliche Berufsbezeichnung verwenden.

Art. 33   Titre professionnel

L'avocat peut utiliser, outre le titre professionnel du canton au registre duquel il est inscrit, son titre professionnel d'origine.

Art. 33   Denominazione professionale

L'avvocato può far uso, a fianco della denominazione professionale del Cantone nel cui registro è iscritto, della propria denominazione professionale di origine.

Zugewanderte Anwälte aus den Mitgliedstaaten der EU und EFTA sind ebenso wie die schweizerischen Anwälte berechtigt, die Berufsbezeichnung desjenigen Kantons zu führen, in dessen Anwaltsregister sie eingetragen sind. Erfolgt die **Eintragung in einem mehrsprachigen Kanton**, ist bei der Wahl der Berufsbezeichnung die Praxis zu wählen, die auch für Anwälte aus der Schweiz gilt, die ihren Geschäftssitz in einen anderen Kanton verlegen.[1] Neben der Berufsbezeichnung des Kantons, in dessen Anwaltsregister die Eintragung erfolgt, kann zusätzlich auch weiterhin die ursprüngliche Berufsbezeichnung des Herkunftsstaates geführt werden, und zwar in der Amtssprache oder einer der Amtssprachen des Herkunftsstaates.[2]

---

[1]   Vgl. hierzu Art. 11 BGFA.
[2]   Vgl. Art. 10 Richtlinie 98/5/EG.

7. Abschnitt: Verfahren

Art. 34

[1] **Die Kantone regeln das Verfahren.**
[2] **Sie sehen für die Prüfung der Voraussetzungen für die Eintragung ins kantonale Anwaltsregister ein einfaches und rasches Verfahren vor.**

Art. 34

[1] **Les cantons règlent la procédure.**
[2] **Ils prévoient une procédure simple et rapide pour l'examen des conditions d'inscription dans le registre cantonal.**

Art. 34

[1] **I Cantoni disciplinano la procedura.**
[2] **Prevedono una procedura semplice e rapida per l'esame delle condizioni d'iscrizione nel registro cantonale degli avvocati.**

Inhaltsübersicht	Note
I. Gegenstand	1
II. Verfahren	2

I.   Gegenstand

Art. 34 BGFA regelt die **Zuständigkeit** für das Verfahren zur Eintragung von Anwälten in das kantonale Anwaltsregister.   1

II.   Verfahren

Für die Regelung des Verfahrens zur Eintragung ins Anwaltsregister sind   2
die **Kantone zuständig.**[1] Der Bundesgesetzgeber nimmt auf das Verfahren keinen Einfluss. Jeder Kanton ist somit frei, das Eintragungsverfahren nach seinen eigenen Bedürfnissen zu regeln.

Die einzige Rahmenbedingung, die das Bundesrecht an die Prüfung der   3
Voraussetzungen für die Eintragung ins kantonale Anwaltsregister stellt, ist das Erfordernis eines **«einfachen und raschen Verfahrens»**. Diese Be-

---

[1]   Innerhalb des Kantons ist die Aufsichtsbehörde zuständig: Art. 5 BGFA.

stimmung bezieht sich auf das erstinstanzliche Verfahren; ein allfälliges Rechtsmittelverfahren richtet sich nach den darauf anwendbaren Regeln. Mit einem «einfachen und raschen» Verfahren ist nicht ein summarisches Verfahren gemeint. Die Praxis hat gezeigt, dass das Eintragungsverfahren aufgrund standardisierter Formulare erfolgt und dass die Eintragung im Normalfall innert kurzer Zeit vorgenommen wird.

4 Die Kantone sind berechtigt, für die Eintragung ins Anwaltsregister eine **Gebühr** zu verlangen. Die Bestimmungen des Bundesgesetzes über den Binnenmarkt[2] finden weder auf die erstmalige Eintragung ins Anwaltsregister noch auf die Wiedereintragung nach vorgenommener Löschung noch auf die Eintragung in ein anderes kantonales Register bei einer Sitzverlegung Anwendung.

---

[2] SR 943.02; vgl. dazu POLEDNA, Anwaltsmonopol, 103 ff.

ERNST STAEHELIN/CHRISTIAN OETIKER

8. Abschnitt: Schlussbestimmungen

Art. 35   Änderung bisherigen Rechts

Das Bundesrechtspflegegesetz vom 16. Dezember 1943 wird wie folgt geändert:

Ingress

...

Art. 29 Abs. 2

In Zivil- und Strafsachen können als Parteivertreter vor Bundesgericht nur auftreten:
   a. Anwältinnen und Anwälte, die nach dem Anwaltsgesetz vom 23. Juni 2000 oder nach einem Staatsvertrag berechtigt sind, Parteien vor schweizerischen Gerichtsbehörden zu vertreten;
   b. Rechtslehrerinnen und Rechtslehrer an schweizerischen Hochschulen.

Art. 29 Abs. 3
Aufgehoben

Art. 35   Modification du droit en vigueur

La loi fédérale du 16 décembre 1943 d'organisation judiciaire est modifiée comme suit:

Préambule

...

Art. 29, al. 2
Peuvent seuls agir comme mandataires dans les affaires civiles et pénales:
   a. les avocats qui, en vertu de la loi du 23 juin 2000 sur les avocats ou d'un traité international, sont autorisés à pratiquer la représentation en justice en Suisse;
   b. les professeurs de droit des universités suisses.

Art. 29, al. 3
Abrogé

Art. 35   Diritto vigente: abrogazione e modifica

La legge federale del 16 dicembre 1943 sull'organizzazione giudiziaria è modificata come segue:

Ingresso

...

Art. 29 cpv. 2
Sono ammessi come difensori nelle cause civili e penali:
a. gli avvocati cui la legge federale del 23 giugno 2000 sulla libera circolazione degli avvocati o un trattato internazionale consente di esercitare la rappresentanza in giudizio in Svizzera;
b. i professori di diritto delle università svizzere.

Art. 29 cpv. 3
³ Abrogato

1   Nach Art. 29 Abs. 2 OG in der Fassung, die vor dem 1. Juni 2002 galt, war
     es nur Anwälten mit einem kantonalen Anwaltspatent erlaubt, als **Partei-
     vertreter vor Bundesgericht** aufzutreten. Ohne Anpassung dieser Bestim-
     mung an das neue Recht wäre es daher Anwälten aus der EU und aus EFTA-
     Staaten nach Inkrafttreten des Anwaltsgesetzes zwar möglich gewesen, vor
     kantonalen Gerichtsbehörden[1] aufzutreten. Der Zugang zum Bundesgericht
     wäre ihnen aber verwehrt geblieben. Dieses Ergebnis hätte sich mit dem
     Personenfreizügigkeitsabkommen nicht vereinbaren lassen. Eine Änderung
     war deshalb auch für den Bereich des Schweizerischen Bundesgerichts
     notwendig.

2   Der revidierte Art. 29 Abs. 2 lit. a OG sieht vor, dass **alle Anwälte, die
     nach dem Anwaltsgesetz oder einem Staatsvertrag berechtigt sind, Par-
     teien vor Schweizerischen Gerichtsbehörden zu vertreten, in Zivil- und
     Strafsachen auch vor Bundesgericht auftreten dürfen.** Von dieser Be-
     stimmung erfasst werden alle Anwälte, die in einem kantonalen Anwalts-
     register eingetragen sind (unabhängig davon, ob der Eintrag gestützt auf
     Art. 6 oder Art. 30 BGFA erfolgt ist), sowie Anwälte aus Mitgliedstaaten
     der EU oder der EFTA, die im Rahmen des freien Dienstleistungsverkehrs
     (im Einzelfall) oder (ständig) unter ihrer ursprünglichen Berufsbezeich-
     nung in der Schweiz praktizieren.[2] Das gleiche Recht würde auch Anwäl-
     ten aus anderen Staaten zustehen, wenn die Schweiz mit diesen Ländern
     einen Staatsvertrag über die Zulassung zur Parteivertretung abschliessen
     würde. Derzeit existieren jedoch neben den Abkommen mit den EU- und
     EFTA-Staaten keine weiteren Staatsverträge.[3]

3   Mit der Einführung des Anwaltsgesetzes ist die bisherige Regelung in Art.
     29 Abs. 3 OG gestrichen worden, wonach ausländische Anwälte **unter Vor-
     behalt des Gegenrechts** ausnahmsweise zum Auftritt vor Bundesgericht

---

[1]   Vgl. dazu Art. 21–33 BGFA.
[2]   Die Eintragung in die Liste gemäss Art. 28 BGFA ist nicht erforderlich. Vgl. dazu
      Entscheid des Schweizerischen Bundesgerichts vom 4. März 2003 (4C.371/2002).
[3]   Nicht vor Bundesgericht auftreten können diejenigen Anwälte, die gestützt auf Art. 3
      Abs. 2 BGFA nur vor den Gerichten ihres Stammkantons auftreten können, ohne in
      einem Anwaltsregister eingetragen zu sein. Die entsprechende Ermächtigung an die
      Kantone bezieht sich nur auf das Auftreten «vor den eigenen Gerichtsbehörden». Vgl.
      dazu Art. 6 Fn. 5.

zugelassen werden konnten. Für Anwälte aus den Mitgliedstaaten der EU und der EFTA ist eine solche Regelung nicht mehr notwendig, da staatsvertragliche Vereinbarungen bestehen. Der Vorbehalt des Gegenrechts wäre nach **GATS**[4] auch gar nicht mehr zulässig. Würde die Schweiz Anwälten aus Staaten, die nicht zur EU oder EFTA gehören oder mit denen keine Staatsverträge bestehen, ausnahmsweise doch das Recht zum Auftreten vor Bundesgericht gewähren, könnten die Mitgliedstaaten der WTO nachweisen, dass die von ihnen erteilten Qualifikationen gleichwertig sind und damit ebenfalls von der Schweiz anerkannt werden müssten (sogenannte bedingte Meistbegünstigungspflicht nach Art. VII GATS). Die Folge wäre eine Pflicht zur Zulassung sämtlicher Anwälte aus WTO-Staaten, die über gleichwertige Qualifikationen verfügen. Um dies zu vermeiden wurde Art. 29 Abs. 3 OG gestrichen. Die Schweiz muss nunmehr nur noch Hand zum Abschluss vergleichbarer Staatsverträge bieten.[5]

Die Ausnahmebestimmung zugunsten der **Rechtslehrerinnen und Rechts-**   4
lehrer an schweizerischen Hochschulen ist in Art. 29 Abs. 2 lit. b OG beibehalten worden.[6]

Weggefallen ist der **Vorbehalt** zugunsten von Anwälten aus Kantonen, in   5
denen der **Anwaltsberuf ohne behördliche Bewilligung** ausgeübt werden durfte. Anwälte, die nicht in einem kantonalen Anwaltsregister eingetragen sind, können somit nicht mehr vor Bundesgericht auftreten.

Ob das neue **Bundesgerichtsgesetz**[7] das Recht zur Parteivertretung in sämt-   6
lichen Verfahren vor Bundesgericht auf Anwälte beschränkt, die in einem Anwaltsregister eingetragen oder gestützt auf einen Staatsvertrag zur Vertretung von Parteien zugelassen sind, bleibt abzuwarten. Nach den derzeitigen Bestimmungen des OG ist dies nur in Zivil- und Strafsachen der Fall. Beibehalten werden soll die bereits jetzt bestehende Möglichkeit, dass Rechtslehrerinnen und Rechtslehrer an Schweizerischen Hochschulen ebenfalls Parteien vor Bundesgericht vertreten dürfen.

---

[4]   GATS, 313 ff.
[5]   Vgl. dazu NATER/KELLERHALS, 85 ff.; KELLERHALS/BÜHLMANN, 27 ff.
[6]   Vgl. dazu Entscheid des Schweizerischen Bundesgerichts vom 9. Januar 2001 (6S.681/2000).
[7]   Entwurf zu einem Bundesgesetz über das Bundesgericht (Bundesgerichtsgesetz), Botschaft, BBl 2001, 4202.

Art. 36 Übergangsrecht

Personen, die auf Grund bisherigen kantonalen Rechts über ein Anwaltspatent verfügen, sind ins kantonale Anwaltsregister einzutragen, sofern sie in den anderen Kantonen nach Artikel 196 Ziffer 5 der Bundesverfassung eine Berufsausübungsbewilligung erhalten hätten.

Art. 36 Droit transitoire

Les titulaires de brevets d'avocat délivrés conformément à l'ancien droit cantonal sont inscrits à un registre cantonal s'ils pouvaient obtenir une autorisation de pratiquer dans les autres cantons en vertu de l'art. 196, ch. 5, de la Constitution.

Art. 36 Diritto transitorio

I titolari di patenti di avvocato rilasciate conformemente al diritto cantonale previgente sono iscritti in un registro cantonale se avrebbero potuto ottenere un'autorizzazione di esercitare negli altri Cantoni in virtù dell'articolo 196 numero 5 della Costituzione federale.

1 Art. 36 BGFA regelt die Eintragungsmöglichkeit für Anwälte, die über ein Anwaltspatent verfügen, das vor dem 1. Juni 2002 gestützt auf bisheriges kantonales Recht erteilt wurde. Diese Bestimmung soll verhindern, dass Anwälten die Eintragung in ein kantonales Register nur deshalb verweigert wird, weil sie beim Erwerb des Anwaltspatents nicht über alle fachlichen Voraussetzungen verfügten, die Art. 7 BGFA nun verlangt (z.B. Praktikum von weniger als einem Jahr oder Patenterteilung ohne Abschluss des Studiums mit Lizentiat, wie dies bis vor wenigen Jahren beim Berner Fürsprecherpatent der Fall war).[1]

2 Art. 196 Ziff. 5 BV, auf welchen sich Art. 36 BGFA für die Erteilung der Berufsausübungsbewilligung in anderen Kantonen bezieht, verpflichtet die Kantone lediglich zur gegenseitigen **Anerkennung von Ausbildungsabschlüssen** (d.h. in diesem Fall der Anwaltsprüfung) und bezieht sich damit nur auf die fachlichen Voraussetzungen im Sinne von Art. 7 BGFA, nicht aber auf die persönlichen Voraussetzungen gemäss Art. 8 BGFA. Bereits vor Inkrafttreten des BGFA hatte das Bundesgericht die Praxis der überwiegenden Mehrheit der Kantone gedeckt, nicht bei Anwälten angestellte Anwälte von der Parteivertretung vor ihren Gerichtsbehörden auszuschliessen. Es war den Kantonen somit schon nach altem Recht gestattet, bei der Bewilligung zur Ausübung des Anwaltsberufs im Rahmen von Art. 5 Über-

---

[1] Vgl. dazu auch BOTSCHAFT, Nr. 235.2, 6013.

gangsbestimmungen aBV zusätzlich persönliche Voraussetzungen (guter
Leumund, Handlungsfähigkeit, Unabhängigkeit etc.) zu schaffen. Es kann
davon ausgegangen werden, dass das BGFA nicht die Mehrheit der Kantone
ne verpflichten wollte, unter den Regeln des BGFA angestellte Anwälte
anderer Kantone vor ihren Gerichtsbehörden zuzulassen, wenn sie dies
vorher nicht tun mussten und nach Inkrafttreten des BGFA dies für neu
patentierte Anwälte auch nicht tun müssen.[2]

Damit die Anwälte von der Übergangsbestimmung des Art. 36 BGFA profitieren können, müssen sie über ein **Anwaltspatent verfügen, das aufgrund des kantonalen Rechts erteilt wurde, das vor dem Inkrafttreten des BGFA galt.**[3] Erteilt ein Kanton aufgrund neuer, an das Anwaltsgesetz angepasster kantonaler Bestimmungen Anwaltspatente, die nicht den Vorschriften des Art. 7 BGFA entsprechen, findet Art. 36 BGFA keine Anwendung.

3

Art. 36 BGFA gilt **nur für die Erfüllung der fachlichen Voraussetzungen** im Sinne von Art. 7 BGFA: Wer über ein Anwaltspatent verfügt, das aufgrund des kantonalen Rechts, das vor Inkrafttreten des BGFA galt, erteilt wurde und welches gestützt auf Art. 196 Ziff. 5 BV von den übrigen Kantonen als Ausbildungsabschluss anerkannt werden musste, dem kann die Eintragung in ein kantonales Anwaltsregister nicht wegen Fehlens der Voraussetzungen nach Art. 7 BGFA verweigert werden. Die persönlichen Voraussetzungen im Sinne von Art. 8 BGFA müssen aber auch in diesen Fällen im Zeitpunkt der Eintragung in das Anwaltsregister erfüllt sein. Ein Verzicht auf die Erfüllung der persönlichen Voraussetzungen hätte zur Folge, dass Anwälte in das Anwaltsregister eingetragen werden müssten, die beispielsweise die Vorschriften des Anwaltsgesetzes über die Unabhängigkeit nicht einhalten. Dies kann nicht die Absicht des Gesetzgebers gewesen sein.[4]

4

---

[2]   BGE 125 II 59, 119 Ia 376; vgl. dazu auch das Urteil des Bundesgerichts vom 7. April 2004 (2A.285/2003).
[3]   Für Anwaltspatente, die nach dem 31. Mai 2002, aber aufgrund eines Prüfungsverfahrens erteilt wurden, das vorher begonnen hat, vgl. vorne Art. 6 N 8.
[4]   BGE 130 II 108 ff. Im Ergebnis gleichlautend die Urteile des Bundesgerichts vom 29. Januar 2004 (2A.127/2003) und vom 7. April 2004 (2A.260/2003, 2A.276/2003 und 2A.285/2003).

Art. 37 Referendum und Inkrafttreten

¹ Dieses Gesetz untersteht dem fakultativen Referendum.

² Der Bundesrat bestimmt das Inkrafttreten. Artikel 2 Absätze 2 und 3 und Artikel 10 Absatz 1 Buchstabe b sowie die Abschnitte 4, 5 und 6 treten nur im Falle des Inkrafttretens des Abkommens vom 21. Juni 1999 zwischen der Schweizerischen Eidgenossenschaft einerseits und der Europäischen Gemeinschaft sowie ihren Mitgliedstaaten andererseits über die Freizügigkeit in Kraft.

³ Für die Angehörigen von Mitgliedstaaten der EFTA treten die Artikel 2 Absätze 2 und 3 und Artikel 10 Absatz 1 Buchstabe b sowie die Abschnitte 4, 5 und 6 nur im Falle des Inkrafttretens des Bundesgesetzes vom 14. Dezember 2001 bezüglich der Bestimmungen über die Personenfreizügigkeit im Abkommen vom 21. Juni 2001 zur Änderung des Übereinkommens vom 4. Januar 1960 zur Errichtung der Europäischen Freihandelsassoziation (EFTA) in Kraft.

Art. 37 Référendum et entrée en vigueur

¹ La présente loi est sujette au référendum.

² Le Conseil fédéral fixe la date de l'entrée en vigueur. Les art. 2, al. 2 et 3, 10, al. 1, let. b, ainsi que les sections 4 à 6 n'entrent en vigueur que si l'Accord du 21 juin 1999 entre, d'une part, la Confédération suisse et, d'autre part, la Communauté européenne et ses Etats membres sur la libre circulation des personnes entre lui-même en vigueur.

³ Pour les ressortissants des Etats membres de l'AELE, les art. 2, al. 2 et 3, 10, al. 1, let. b, ainsi que les sections 4 à 6 n'entrent en vigueur que si la loi fédérale du 14 décembre 2001 relative aux dispositions concernant la libre circulation des personnes de l'Accord du 21 juin 2001 amendant la Convention du 4 janvier 1960 instituant l'Association européenne de libre-échange (AELE) entre elle-même en vigueur.

Art. 37 Referendum ed entrata in vigore

¹ La presente legge sottostà al referendum facoltativo.

² Il Consiglio federale ne determina l'entrata in vigore. Gli articoli 2 capoversi 2 e 3 e 10 capoverso 1 lettera b e le sezioni 4, 5 e 6 entrano in vigore soltanto in caso di entrata in vigore dell'Accordo del 21 giugno 1999 tra la Confederazione Svizzera, da una parte, e la Comunità europea e i suoi Stati membri, dall'altra, sulla libera circolazione delle persone.

³ Per i cittadini di Stati membri dell'AELS, l'articolo 2 capoversi 2 e 3 e l'articolo 10 capoverso 1 lettera b così come le sezioni 4, 5 e 6 entrano in vigore unicamente in caso di entrata in vigore della legge federale del 14 dicembre 2001 relativa alle disposizioni concernenti la libera circolazione delle persone dell'Accordo del 21 giugno 2001 di emendamento della Convenzione del 4 gennaio 1960 istitutiva dell'Associazione europea di libero scambio (AELS).

Das **Referendum** gegen das Anwaltsgesetz ist **nicht ergriffen** worden.   1

Das Abkommen vom 21. Juni 1999 zwischen der Schweizerischen Eidge-   2
nossenschaft einerseits und der **Europäischen Gemeinschaft** sowie ihren
Mitgliedstaaten andererseits über die Freizügigkeit ist per 1. Juni 2002 in
Kraft getreten. Damit sind die Bestimmungen von Art. 2 Abs. 2 und Abs. 3,
Art. 10 Abs. 1 lit. b BGFA sowie die Abschnitte 4, 5 und 6 BGFA auf den
Zeitpunkt des Inkrafttretens des Anwaltsgesetzes und des Abkommens vom
21. Juni 1999, d.h. **auf den 1. Juni 2002, in Kraft** getreten.[1]

Für **Angehörige von Mitgliedstaaten der EFTA** gilt Folgendes: Die Art. 2   3
Abs. 2 und 3, Art. 10 Abs. 1 lit. b BGFA sowie die Abschnitte 4, 5 und 6
BGFA sind **per 1. August 2002** in Kraft getreten, da auf diesen Zeitpunkt
auch das Bundesgesetz vom 14. Dezember 2001 bezüglich der Bestimmungen über die Personenfreizügigkeit im Abkommen vom 21. Juni 2001
zur Änderung des Übereinkommens vom 4. Januar 1960 zur Errichtung
der europäischen Freihandelsassoziation (EFTA) in Kraft getreten ist.[2]

Damit sind die Bestimmungen des Anwaltsgesetzes für Angehörige der   4
EU seit dem 1. Juni 2002 in Kraft. Für Angehörige der **EFTA** gilt das
Gesetz ab dem 1. August 2002.

---

[1]   AS 2002, 1527 f. mit (für das BGFA nicht relevanter) Berichtigung in AS 2003, 3541.
[2]   AS 2002, 2134 f.

Anhang I

Bundesgesetz über die Freizügigkeit der Anwältinnen und Anwälte (Anwaltsgesetz, BGFA)

vom 23. Juni 2000 (Stand am 30. Juli 2002)

Die Bundesversammlung der Schweizerischen Eidgenossenschaft,
gestützt auf Artikel 95 der Bundesverfassung[1],

in Ausführung des Abkommens vom 21. Juni 1999[2] zwischen der Schweizerischen Eidgenossenschaft einerseits und der Europäischen Gemeinschaft sowie ihren Mitgliedstaaten andererseits über die Freizügigkeit,

nach Einsicht in die Botschaft des Bundesrates vom 28. April 1999[3],

beschliesst:

1. Abschnitt: Allgemeines

Art. 1 Gegenstand

Dieses Gesetz gewährleistet die Freizügigkeit der Anwältinnen und Anwälte und legt die Grundsätze für die Ausübung des Anwaltsberufs in der Schweiz fest.

Art. 2 Persönlicher Geltungsbereich

[1] Dieses Gesetz gilt für Personen, die über ein Anwaltspatent verfügen und in der Schweiz im Rahmen des Anwaltsmonopols Parteien vor Gerichtsbehörden vertreten.

[2] Es bestimmt die Modalitäten für die Vertretung von Parteien vor Gerichtsbehörden durch Anwältinnen und Anwälte, die Staatsangehörige von Mitgliedstaaten der Europäischen Union (EU) oder der Europäischen Freihandelsassoziation (EFTA) sind.[4]

AS **2002** 863
[1] SR **101**
[2] SR **0.142.112.681**
[3] BBl **1999** 6013
[4] Fassung gemäss Ziff. I des BG vom 22. März 2002, in Kraft seit 1. Aug. 2002 (AS **2002** 2134 2135; BBl **2002** 2637).

[3] Diese Modalitäten gelten auch für Schweizerinnen und Schweizer, die berechtigt sind, den Anwaltsberuf unter einer der im Anhang aufgeführten Berufsbezeichnungen in einem Mitgliedstaat der EU oder der EFTA[5] auszuüben.

Art. 3 Verhältnis zum kantonalen Recht

[1] Das Recht der Kantone, im Rahmen dieses Gesetzes die Anforderungen für den Erwerb des Anwaltspatentes festzulegen, bleibt gewahrt.

[2] Das Gleiche gilt für das Recht der Kantone, Inhaberinnen und Inhaber ihres kantonalen Anwaltspatentes vor den eigenen Gerichtsbehörden Parteien vertreten zu lassen.

2. Abschnitt: Interkantonale Freizügigkeit und kantonales Anwaltsregister

Art. 4 Grundsatz der interkantonalen Freizügigkeit

Anwältinnen und Anwälte, die in einem kantonalen Anwaltsregister eingetragen sind, können in der Schweiz ohne weitere Bewilligung Parteien vor Gerichtsbehörden vertreten.

Art. 5 Kantonales Anwaltsregister

[1] Jeder Kanton führt ein Register der Anwältinnen und Anwälte, die über eine Geschäftsadresse auf dem Kantonsgebiet verfügen und die Voraussetzungen nach den Artikeln 7 und 8 erfüllen.

[2] Das Register enthält folgende persönliche Daten:
   a. den Namen, den Vornamen, das Geburtsdatum und den Heimatort oder die Staatsangehörigkeit;
   b. eine Kopie des Anwaltspatents;
   c. die Bescheinigungen, welche belegen, dass die Voraussetzungen nach Artikel 8 erfüllt sind;
   d. die Geschäftsadressen sowie gegebenenfalls den Namen des Anwaltsbüros;
   e. die nicht gelöschten Disziplinarmassnahmen.

[3] Es wird von der kantonalen Aufsichtsbehörde über die Anwältinnen und Anwälte geführt.

---

[5]   Ausdruck beigefügt durch Ziff. I des BG vom 22. März 2002, in Kraft seit 1. Aug. 2002 (AS **2002** 2134 2135; BBl **2002** 2637). Diese Änd. ist im ganzen Erlass berücksichtigt.

Art. 6   Eintragung ins Register

[1] Anwältinnen und Anwälte, die über ein kantonales Anwaltspatent verfügen und Parteien vor Gerichtsbehörden vertreten wollen, lassen sich ins Register des Kantons eintragen, in dem sie ihre Geschäftsadresse haben.

[2] Die Aufsichtsbehörde trägt sie ein, wenn sie festgestellt hat, dass die Voraussetzungen nach den Artikeln 7 und 8 erfüllt sind.

[3] Sie veröffentlicht die Eintragung in einem amtlichen kantonalen Publikationsorgan.

[4] Gegen Eintragungen ins kantonale Register steht das Beschwerderecht auch dem Anwaltsverband des betroffenen Kantons zu.

Art. 7   Fachliche Voraussetzungen

[1] Für den Registereintrag müssen die Anwältinnen und Anwälte über ein Anwaltspatent verfügen, das auf Grund folgender Voraussetzungen erteilt wurde:
   a. ein juristisches Studium, das mit einem Lizentiat einer schweizerischen Hochschule oder einem gleichwertigen Hochschuldiplom eines Staates abgeschlossen wurde, der mit der Schweiz die gegenseitige Anerkennung vereinbart hat;
   b. ein mindestens einjähriges Praktikum in der Schweiz, das mit einem Examen über die theoretischen und praktischen juristischen Kenntnisse abgeschlossen wurde.

[2] Kantone, in denen Italienisch Amtssprache ist, können ein dem Lizentiat gleichwertiges ausländisches Diplom anerkennen, das in italienischer Sprache erlangt worden ist.

Art. 8   Persönliche Voraussetzungen

[1] Für den Registereintrag müssen die Anwältinnen und Anwälte folgende persönliche Voraussetzungen erfüllen:
   a. sie müssen handlungsfähig sein;
   b. es darf keine strafrechtliche Verurteilung vorliegen wegen Handlungen, die mit dem Anwaltsberuf nicht zu vereinbaren sind und deren Eintrag im Strafregister nicht gelöscht ist;
   c. es dürfen gegen sie keine Verlustscheine bestehen;
   d. sie müssen in der Lage sein, den Anwaltsberuf unabhängig auszuüben; sie können Angestellte nur von Personen sein, die ihrerseits in einem kantonalen Register eingetragen sind.

[2] Anwältinnen und Anwälte, die bei anerkannten gemeinnützigen Organisationen angestellt sind, können sich ins Register eintragen lassen, sofern die Voraussetzungen nach Absatz 1 Buchstaben a–c erfüllt sind und sich die Tätigkeit der Parteivertretung strikte auf Mandate im Rahmen des von der betroffenen Organisation verfolgten Zwecks beschränkt.

Art. 9   Löschung des Registereintrags

Anwältinnen und Anwälte, die eine der Voraussetzungen für den Registereintrag nicht mehr erfüllen, werden im Register gelöscht.

Art. 10   Einsicht in das Register

[1] Einsicht in das Register erhalten:
  a. die eidgenössischen und kantonalen Gerichts- und Verwaltungsbehörden, vor denen die Anwältinnen und Anwälte auftreten;
  b. die Gerichts- und Verwaltungsbehörden der Mitgliedstaaten der EU oder der EFTA, vor denen die im Register eingetragenen Anwältinnen und Anwälte auftreten;
  c. die kantonalen Aufsichtsbehörden über die Anwältinnen und Anwälte;
  d. die Anwältinnen und Anwälte in Bezug auf ihren Eintrag.

[2] Jede Person hat ein Recht auf Auskunft, ob eine Anwältin oder ein Anwalt im Register eingetragen ist und ob gegen sie oder ihn ein Berufsausübungsverbot verhängt ist.

Art. 11   Berufsbezeichnung

[1] Anwältinnen und Anwälte verwenden diejenige Berufsbezeichnung, die ihnen mit ihrem Anwaltspatent erteilt worden ist, oder eine gleichwertige Berufsbezeichnung des Kantons, in dessen Register sie eingetragen sind.

[2] Im Geschäftsverkehr geben sie ihren Eintrag in einem kantonalen Register an.

3. Abschnitt: Berufsregeln und Disziplinaraufsicht

Art. 12   Berufsregeln

Für Anwältinnen und Anwälte gelten folgende Berufsregeln:
  a. Sie üben ihren Beruf sorgfältig und gewissenhaft aus.
  b. Sie üben ihren Beruf unabhängig, in eigenem Namen und auf eigene Verantwortung aus.
  c. Sie meiden jeden Konflikt zwischen den Interessen ihrer Klientschaft und den Personen, mit denen sie geschäftlich oder privat in Beziehung stehen.
  d. Sie können Werbung machen, solange diese objektiv bleibt und solange sie dem Informationsbedürfnis der Öffentlichkeit entspricht.
  e. Sie dürfen vor Beendigung eines Rechtsstreits mit der Klientin oder dem Klienten keine Vereinbarung über die Beteiligung am Prozessgewinn als Ersatz für das Honorar abschliessen; sie dürfen sich auch nicht dazu verpflichten, im Falle eines ungünstigen Abschlusses des Verfahrens auf das Honorar zu verzichten.
  f. Sie haben eine Berufshaftpflichtversicherung nach Massgabe der Art und des Umfangs der Risiken, die mit ihrer Tätigkeit verbunden sind, abzuschliessen.

g. Sie sind verpflichtet, in dem Kanton, in dessen Register sie eingetragen sind, amtliche Pflichtverteidigungen und im Rahmen der unentgeltlichen Rechtspflege Rechtsvertretungen zu übernehmen.

h. Sie bewahren die ihnen anvertrauten Vermögenswerte getrennt von ihrem eigenen Vermögen auf.

i. Sie klären ihre Klientschaft bei Übernahme des Mandates über die Grundsätze ihrer Rechnungsstellung auf und informieren sie periodisch oder auf Verlangen über die Höhe des geschuldeten Honorars.

j. Sie teilen der Aufsichtsbehörde jede Änderung der sie betreffenden Daten im Register mit.

Art. 13 Berufsgeheimnis

[1] Anwältinnen und Anwälte unterstehen zeitlich unbegrenzt und gegenüber jedermann dem Berufsgeheimnis über alles, was ihnen infolge ihres Berufes von ihrer Klientschaft anvertraut worden ist. Die Entbindung verpflichtet sie nicht zur Preisgabe von Anvertrautem.

[2] Sie sorgen für die Wahrung des Berufsgeheimnisses durch ihre Hilfspersonen.

Art. 14 Kantonale Aufsichtsbehörde über die Anwältinnen und Anwälte

Jeder Kanton bezeichnet eine Behörde, welche die Anwältinnen und Anwälte beaufsichtigt, die auf seinem Gebiet Parteien vor Gerichtsbehörden vertreten.

Art. 15 Meldepflicht

[1] Die kantonalen Gerichts- und Verwaltungsbehörden melden der Aufsichtsbehörde ihres Kantons unverzüglich Vorfälle, welche die Berufsregeln verletzen könnten.

[2] Die eidgenössischen Gerichts- und Verwaltungsbehörden melden der Aufsichtsbehörde des Kantons, in dem eine Anwältin oder ein Anwalt eingetragen ist, unverzüglich Vorfälle, welche die Berufsregeln verletzen könnten.

Art. 16 Disziplinarverfahren in einem anderen Kanton

[1] Eröffnet eine Aufsichtsbehörde ein Disziplinarverfahren gegen Anwältinnen oder Anwälte, die nicht im Register dieses Kantons eingetragen sind, so informiert sie die Aufsichtsbehörde des Kantons, in dessen Register sie eingetragen sind.

[2] Beabsichtigt sie, eine Disziplinarmassnahme anzuordnen, so räumt sie der Aufsichtsbehörde des Kantons, in dessen Register die Anwältin oder der Anwalt eingetragen ist, die Möglichkeit ein, zum Ergebnis der Untersuchung Stellung zu nehmen.

[3] Das Ergebnis des Disziplinarverfahrens ist der Aufsichtsbehörde des Kantons mitzuteilen, in dessen Register die Anwältin oder der Anwalt eingetragen ist.

Art. 17   Disziplinarmassnahmen

[1] Bei Verletzung dieses Gesetzes kann die Aufsichtsbehörde folgende Disziplinarmassnahmen anordnen:
a. eine Verwarnung;
b. einen Verweis;
c. eine Busse bis zu 20 000 Franken;
d. ein befristetes Berufsausübungsverbot für längstens zwei Jahre;
e. ein dauerndes Berufsausübungsverbot.

[2] Eine Busse kann zusätzlich zu einem Berufsausübungsverbot angeordnet werden.

[3] Nötigenfalls kann die Aufsichtsbehörde die Berufsausübung vorsorglich verbieten.

Art. 18   Geltung des Berufsausübungsverbots

[1] Ein Berufsausübungsverbot gilt auf dem gesamten Gebiet der Schweiz.

[2] Es wird den Aufsichtsbehörden der übrigen Kantone mitgeteilt.

Art. 19   Verjährung

[1] Die disziplinarische Verfolgung verjährt ein Jahr, nachdem die Aufsichtsbehörde vom beanstandeten Vorfall Kenntnis hatte.

[2] Die Frist wird durch jede Untersuchungshandlung der Aufsichtsbehörde unterbrochen.

[3] Die disziplinarische Verfolgung verjährt in jedem Fall zehn Jahre nach dem beanstandeten Vorfall.

[4] Stellt die Verletzung der Berufsregeln eine strafbare Handlung dar, gilt die vom Strafrecht vorgesehene längere Verjährungsfrist.

Art. 20   Löschung der Disziplinarmassnahmen

[1] Verwarnungen, Verweise und Bussen werden fünf Jahre nach ihrer Anordnung im Register gelöscht.

[2] Ein befristetes Berufsausübungsverbot wird zehn Jahre nach seiner Aufhebung im Register gelöscht.

4. Abschnitt: Ausübung des Anwaltsberufs im freien Dienstleistungs-verkehr durch Anwältinnen und Anwälte aus Mitglied-staaten der EU oder der EFTA

Art. 21   Grundsätze

[1] Angehörige von Mitgliedstaaten der EU oder der EFTA, die berechtigt sind, den Anwaltsberuf in ihrem Herkunftsstaat unter einer der im Anhang aufgeführten Berufsbezeichnungen auszuüben, können im freien Dienstleistungsverkehr in der Schweiz Parteien vor Gerichtsbehörden vertreten.

[2] Die dienstleistungserbringenden Anwältinnen und Anwälte werden nicht in die kantonalen Anwaltsregister eingetragen.

Art. 22   Nachweis der Anwaltsqualifikation

Die eidgenössischen und kantonalen Gerichtsbehörden, vor denen die dienstleis-tungserbringenden Anwältinnen und Anwälte auftreten, sowie die Aufsichtsbehör-den über die Anwältinnen und Anwälte können verlangen, dass diese ihre Anwalts-qualifikation nachweisen.

Art. 23   Verpflichtung zur Handlung im Einvernehmen mit einer eingetragenen Anwältin oder einem eingetragenen Anwalt

Besteht für ein Verfahren Anwaltszwang, so sind die dienstleistungserbringenden Anwältinnen und Anwälte verpflichtet, im Einvernehmen mit einer Anwältin oder einem Anwalt zu handeln, die oder der in einem kantonalen Anwaltsregister ein-getragen ist.

Art. 24   Berufsbezeichnung

Die dienstleistungserbringenden Anwältinnen und Anwälte verwenden ihre ur-sprüngliche Berufsbezeichnung in der Amtssprache ihres Herkunftsstaats unter Angabe der Berufsorganisation, deren Zuständigkeit sie unterliegen, oder des Gerichts, bei dem sie nach den Vorschriften dieses Staats zugelassen sind.

Art. 25   Berufsregeln

Für die dienstleistungserbringenden Anwältinnen und Anwälte gelten die Berufs-regeln nach Artikel 12 mit Ausnahme der Bestimmungen betreffend die amtliche Pflichtverteidigung und die unentgeltliche Rechtsvertretung (Bst. g) sowie den Registereintrag (Bst. j).

Art. 26 Information über Disziplinarmassnahmen

Die Aufsichtsbehörde informiert die zuständige Stelle des Herkunftsstaats über Disziplinarmassnahmen, die sie gegenüber dienstleistungserbringenden Anwältinnen und Anwälten anordnet.

5. Abschnitt: Ständige Ausübung des Anwaltsberufs durch Anwältinnen und Anwälte aus Mitgliedstaaten der EU oder der EFTA unter ihrer ursprünglichen Berufsbezeichnung

Art. 27 Grundsätze

[1] Angehörige von Mitgliedstaaten der EU oder der EFTA, die berechtigt sind, den Anwaltsberuf in ihrem Herkunftsstaat unter einer der im Anhang aufgeführten Berufsbezeichnungen auszuüben, können in der Schweiz ständig Parteien vor Gerichtsbehörden vertreten, wenn sie bei einer kantonalen Aufsichtsbehörde über die Anwältinnen und Anwälte eingetragen sind.

[2] Die Artikel 23–25 gelten für diese Anwältinnen und Anwälte ebenfalls.

Art. 28 Eintragung bei der Aufsichtsbehörde

[1] Die Aufsichtsbehörde führt eine öffentliche Liste der Angehörigen von Mitgliedstaaten der EU oder der EFTA, die in der Schweiz unter ihrer ursprünglichen Berufsbezeichnung ständig Parteien vor Gerichtsbehörden vertreten dürfen.

[2] Die Anwältinnen und Anwälte tragen sich bei der Aufsichtsbehörde des Kantons ein, in dem sie eine Geschäftsadresse haben. Sie weisen ihre Anwaltsqualifikation mit einer Bescheinigung über ihre Eintragung bei der zuständigen Stelle des Herkunftsstaats nach; diese Bescheinigung darf nicht älter als drei Monate sein.

[3] Die Aufsichtsbehörde informiert die zuständige Stelle des Herkunftsstaats über die Eintragung in die Liste.

Art. 29 Zusammenarbeit mit der zuständigen Stelle des Herkunftsstaats

[1] Bevor die Aufsichtsbehörde ein Disziplinarverfahren gegen Angehörige von Mitgliedstaaten der EU oder der EFTA einleitet, die in der Schweiz ständig Parteien vor Gerichtsbehörden vertreten, informiert sie die zuständige Stelle des Herkunftsstaats.

[2] Die Aufsichtsbehörde arbeitet mit der zuständigen Stelle des Herkunftsstaats während des Disziplinarverfahrens zusammen und gibt ihr insbesondere die Möglichkeit zur Stellungnahme.

6. Abschnitt: Eintragung von Anwältinnen und Anwälten aus Mitgliedstaaten der EU oder der EFTA in ein kantonales Anwaltsregister

Art. 30 Grundsätze

[1] Angehörige von Mitgliedstaaten der EU oder der EFTA können sich, ohne dass sie die Voraussetzungen nach Artikel 7 Buchstabe b erfüllen, in ein kantonales Anwaltsregister eintragen lassen, wenn sie:

   a. eine Eignungsprüfung bestanden haben (Art. 31); oder

   b. während mindestens drei Jahren in der Liste der unter ihrer ursprünglichen Berufsbezeichnung tätigen Anwältinnen und Anwälte eingetragen waren und nachweisen, dass sie:

      1. während dieser Zeit effektiv und regelmässig im schweizerischen Recht tätig waren, oder

      2. im schweizerischen Recht während eines kürzeren Zeitraums tätig waren und sich in einem Gespräch über ihre beruflichen Fähigkeiten ausgewiesen haben (Art. 32).

[2] Sie haben damit die gleichen Rechte und Pflichten wie die Anwältinnen und Anwälte, die über ein kantonales Anwaltspatent verfügen und in einem kantonalen Anwaltsregister eingetragen sind.

Art. 31 Eignungsprüfung

[1] Zur Eignungsprüfung zugelassen werden Angehörige von Mitgliedstaaten der EU oder der EFTA, wenn sie:

   a. ein mindestens dreijähriges Studium an einer Hochschule absolviert und gegebenenfalls die über das Studium hinaus erforderliche berufliche Ausbildung abgeschlossen haben; und

   b. über ein Diplom verfügen, das sie zur Ausübung des Anwaltsberufs in einem Mitgliedstaat der EU oder der EFTA berechtigt.

[2] Die Anwältinnen und Anwälte müssen die Eignungsprüfung vor der Anwaltsprüfungskommission des Kantons ablegen, in dessen Register sie sich eintragen lassen wollen.

[3] Die Eignungsprüfung erstreckt sich über Sachgebiete, die Gegenstand der kantonalen Anwaltsprüfung sind und die sich wesentlich von denjenigen unterscheiden, die im Rahmen der Ausbildung in ihrem Herkunftsstaat bereits geprüft worden sind. Ihr Inhalt bestimmt sich auch nach der Berufserfahrung der Anwältinnen und Anwälte.

[4] Die Eignungsprüfung kann zweimal wiederholt werden.

Art. 32   Gespräch zur Prüfung der beruflichen Fähigkeiten

[1] Das Gespräch zur Prüfung der beruflichen Fähigkeiten wird von der Anwaltsprüfungskommission des Kantons geführt, in dessen Register die Anwältin oder der Anwalt sich eintragen lassen will.

[2] Sie stützt sich namentlich auf die von der Anwältin oder dem Anwalt vorgelegten Informationen und Unterlagen über die in der Schweiz ausgeübten Tätigkeiten.

[3] Sie berücksichtigt die Kenntnisse und die Berufserfahrung der Anwältin oder des Anwalts im schweizerischen Recht, ferner die Teilnahme an Kursen und Seminaren über das schweizerische Recht.

Art. 33   Berufsbezeichnung

Die Anwältinnen und Anwälte können neben der Berufsbezeichnung des Kantons, in dessen Register sie eingetragen sind, auch ihre ursprüngliche Berufsbezeichnung verwenden.

7. Abschnitt: Verfahren

Art. 34

[1] Die Kantone regeln das Verfahren.

[2] Sie sehen für die Prüfung der Voraussetzungen für die Eintragung ins kantonale Anwaltsregister ein einfaches und rasches Verfahren vor.

8. Abschnitt: Schlussbestimmungen

Art. 35   Änderung bisherigen Rechts

Das Bundesrechtspflegegesetz vom 16. Dezember 1943[6] wird wie folgt geändert:

Ingress

...

Art. 29 Abs. 2

...

Art. 29 Abs. 3

Aufgehoben

---

[6]   SR **173.110**. Die hiernach aufgeführten Änd. sind eingefügt im genannten BG.

Art. 36   Übergangsrecht

Personen, die auf Grund bisherigen kantonalen Rechts über ein Anwaltspatent verfügen, sind ins kantonale Anwaltsregister einzutragen, sofern sie in den anderen Kantonen nach Artikel 196 Ziffer 5 der Bundesverfassung eine Berufsausübungsbewilligung erhalten hätten.

Art. 37   Referendum und Inkrafttreten

[1] Dieses Gesetz untersteht dem fakultativen Referendum.

[2] Der Bundesrat bestimmt das Inkrafttreten. Artikel 2 Absätze 2 und 3 und Artikel 10 Absatz 1 Buchstabe b sowie die Abschnitte 4, 5 und 6 treten nur im Falle des Inkrafttretens des Abkommens vom 21. Juni 1999[7] zwischen der Schweizerischen Eidgenossenschaft einerseits und der Europäischen Gemeinschaft sowie ihren Mitgliedstaaten andererseits über die Freizügigkeit in Kraft.

[3] Für die Angehörigen von Mitgliedstaaten der EFTA treten die Artikel 2 Absätze 2 und 3 und Artikel 10 Absatz 1 Buchstabe b sowie die Abschnitte 4, 5 und 6 nur im Falle des Inkrafttretens des Bundesgesetzes vom 14. Dezember 2001[8] bezüglich der Bestimmungen über die Personenfreizügigkeit im Abkommen vom 21. Juni 2001 zur Änderung des Übereinkommens vom 4. Januar 1960 zur Errichtung der Europäischen Freihandelsassoziation (EFTA) in Kraft.[9]

Datum des Inkrafttretens: 1. Juni 2002[10]

---

[7]   SR **0.142.112.681**
[8]   AS **2002** 685. Dieses BG ist am 1. Juni 2002 in Kraft getreten.
[9]   Eingefügt durch Ziff. I des BG vom 22. März 2002, in Kraft seit 1. Aug. 2002 (AS **2002** 2134 2135; BBl **2002** 2637).
[10] BRB vom 24. April 2002 (AS **2002** 872)

Anhang II

Richtlinien des SAV für die Berufs- und Standesregeln

Der Vorstand des Schweizerischen Anwaltsverbandes,

gestützt auf Art. 1 und 21 der Statuten,

nach Konsultation der Präsidentenkonferenz vom 9. April 2002,

unter Hinweis auf Art. 12 f. des BGFA;

im Bewusstsein, dass das BGFA die Grundsätze für die Ausübung des Anwaltsberufs in der Schweiz regelt

im Bestreben zur einheitlichen Auslegung der Berufsregeln beizutragen

erlässt folgende Richtlinien

I. Allgemeines Verhalten der Rechtsanwälte

Art. 1 Sorgfältige und gewissenhafte Berufsausübung

Rechtsanwältinnen und Rechtsanwälte üben ihren Beruf im Einklang mit der Rechtsordnung sorgfältig und gewissenhaft aus.

Sie unterlassen alles, was ihre Vertrauenswürdigkeit in Frage stellt.

Art. 2 Mandatsführung

Rechtsanwältinnen und Rechtsanwälte üben ihren Beruf unabhängig aus und schaffen gegenüber der Klientschaft klare Verhältnisse.

Sie behandeln das Mandat beförderlich und unterrichten ihre Mandanten über den Fortgang der übertragenen Angelegenheiten.

Sie sind für das von ihnen bearbeitete Mandat persönlich verantwortlich, unabhängig davon, ob das Mandat ihnen selber oder einer Kanzleigemeinschaft erteilt worden ist.

Art. 3 Mandatsniederlegung

Rechtsanwältinnen und Rechtsanwälte legen das Mandat nicht zur Unzeit nieder.

Art. 4 Tod des Rechtsanwalts

Rechtsanwältinnen und Rechtsanwälte sorgen dafür, dass im Falle ihres Todes die Interessen der Klientinnen und Klienten sowie das Berufsgeheimnis gewahrt bleiben.

Art. 5   Freie Anwaltswahl

Rechtsanwältinnen und Rechtsanwälte treffen keine Vereinbarung, die den Grundsatz der freien Anwaltswahl verletzt.

Art. 6   Verhalten im Prozess

Rechtsanwältinnen und Rechtsanwälte informieren das Gericht nur mit ausdrücklicher Zustimmung der Gegenpartei über deren Vorschläge zur Beilegung der Streitsache.

Art. 7   Kontakt mit Zeugen

Rechtsanwältinnen und Rechtsanwälte unterlassen jede Beeinflussung von Zeugen und Sachverständigen.

Vorbehalten bleiben besondere Regeln betreffend Schiedsverfahren sowie Verfahren vor supranationalen Gerichten.

Art. 8   Auftreten gegenüber Behörden

Rechtsanwältinnen und Rechtsanwälte treten den Behörden gegenüber mit dem gebotenen Anstand auf und erwarten die gleiche Haltung ihnen gegenüber.

Sie ergreifen alle rechtmässigen Massnahmen, die zur Wahrung der Interessen ihrer Mandanten erforderlich sind.

Art. 9   Gütliche Erledigung von Streitigkeiten

Rechtsanwältinnen und Rechtsanwälte fördern die gütliche Erledigung von Streitigkeiten, sofern dies im Interesse der Mandanten liegt.

Sie nehmen, wenn sie eine Partei vertreten oder beraten, Rücksicht auf eine laufende oder eine von den Parteien gewünschte Mediation.

Art. 10   Unabhängigkeit

Rechtsanwältinnen und Rechtsanwälte üben ihren Beruf unabhängig, in eigenem Namen und auf eigene Verantwortung aus.

Die Unabhängigkeit bedingt insbesondere, dass keine Bindungen bestehen, welche Rechtsanwältinnen und Rechtsanwälte bei der Berufsausübung irgendwelchem Einfluss von Dritten, die nicht in einem kantonalen Anwaltsregister eingetragen sind, aussetzen.

Rechtsanwältinnen und Rechtsanwälte üben keine Tätigkeiten aus, die mit ihrer Unabhängigkeit nicht vereinbar sind.

Vermeidung von Interessenkonflikten

Art. 11   Grundsatz

Rechtsanwältinnen und Rechtsanwälte vermeiden jeden Konflikt zwischen den Interessen ihrer Mandanten, den eigenen und den Interessen von anderen Personen, mit denen sie geschäftlich oder privat in Beziehung stehen.

Art. 12   Mehrere Mandanten

Rechtsanwältinnen und Rechtsanwälte beraten, vertreten oder verteidigen nicht mehr als einen Mandanten in der gleichen Sache, wenn ein Interessenkonflikt zwischen den Mandanten besteht oder droht.

Sie legen das Mandat gegenüber allen betroffenen Mandanten nieder, wenn es zu einem Interessenkonflikt kommt, wenn die Gefahr der Verletzung des Berufsgeheimnisses besteht oder die Unabhängigkeit beeinträchtigt zu werden droht.

Art. 13   Frühere Mandanten

Rechtsanwältinnen und Rechtsanwälte nehmen ein neues Mandat dann nicht an, wenn die Gefahr der Verletzung des Berufsgeheimnisses bezüglich der von früheren Mandanten anvertrauten Information besteht oder die Kenntnis der Angelegenheit früherer Mandanten diesen zu einem Nachteil gereichen würde.

Art. 14   Kanzleigemeinschaften

Arbeiten Rechtsanwältinnen und Rechtsanwälte in einer Kanzleigemeinschaft zusammen, so sind die Bestimmungen über die Vermeidung von Interessenkonflikten auf die Kanzleigemeinschaft und alle ihre Mitglieder anwendbar.

Bei Eintritt neuer Mitarbeiterinnen und Mitarbeiter sowie beim Zusammenschluss mehrerer Anwältinnen und Anwälte treffen die Beteiligten bezüglich der bisher von ihnen betreuten Mandate die erforderlichen Vorkehren zur Wahrung des Anwaltsgeheimnisses und zur Vermeidung von Interessenkonflikten.

Art. 15   Berufsgeheimnis

Rechtsanwältinnen und Rechtsanwälte unterstehen zeitlich unbegrenzt und gegenüber jedermann dem Berufsgeheimnis über alles, was ihnen infolge ihres Berufs von Mandanten anvertraut worden ist.

Sie können sich im Interesse ihrer Mandanten auch dann auf das Berufsgeheimnis berufen, wenn sie von ihnen davon entbunden wurden.

Sie sorgen für die Wahrung des Berufsgeheimnisses durch ihre Mitarbeiterinnen und Mitarbeiter, Angestellten und sonstigen Hilfspersonen.

Art. 16   Werbung

Rechtsanwältinnen und Rechtsanwälte dürfen für sich werben.

Diese Werbung soll der Wahrheit entsprechen, das Berufsgeheimnis wahren und einen sachlichen Bezug zur beruflichen Tätigkeit aufweisen.

Art. 17   Pflichtmandate

Rechtsanwältinnen und Rechtsanwälte sorgen dafür, dass bedürftigen Rechtsuchenden unentgeltlich Rechtsbeistand gewährt wird. Sie informieren ihre Mandanten über einen allfälligen Anspruch auf unentgeltliche Verbeiständung.

Sie behandeln Pflichtmandate mit derselben Sorgfalt wie die übrigen Mandate.

Vorbehältlich einer anders lautenden gesetzlichen Regelung fordern Rechtsanwältinnen und Rechtsanwälte von ihren Klientinnen und Klienten kein zusätzliches Honorar zur amtlich festgesetzten Vergütung.

Honorar

Art. 18   Grundsatz

Die Höhe des Honorars muss angemessen sein.

Die Angemessenheit des Honorars beurteilt sich nach den konkreten Umständen, der Schwierigkeit und Bedeutung der Angelegenheit, der Interessenlage des Mandanten, der eigenen Berufserfahrung, der geltenden Verkehrsübung und dem Verfahrensausgang.

Rechtsanwältinnen und Rechtsanwälte klären ihre Mandanten bei Übernahme des Mandates über die Grundsätze der Honorierung auf.

Art. 19   Honorarvereinbarung

Rechtsanwältinnen und Rechtsanwälte dürfen Pauschalhonorare vereinbaren. Sie sollen ihrer voraussichtlichen Leistung entsprechen.

Sie dürfen vor Beendigung eines Rechtsstreits mit ihren Klientinnen und Klienten weder eine Vereinbarung über die Beteiligung am Prozessgewinn als Ersatz für das Honorar abschliessen (pactum de quota litis) noch sich dazu verpflichten, im Falle eines ungünstigen Ausgangs des Verfahrens auf das Honorar zu verzichten.

Zulässig ist jedoch die Vereinbarung einer Erfolgsprämie, welche zusätzlich zum Honorar geschuldet ist (pactum de palmario).

Art. 20   Kostenvorschuss

Verlangen Rechtsanwältinnen und Rechtsanwälte einen Vorschuss auf ihr Honorar oder ihre Auslagen, so soll dieser in angemessenem Verhältnis zur voraussichtlichen Höhe des Honorars bzw. der Auslagen stehen.

Wird der Vorschuss nicht bezahlt, so können Rechtsanwältinnen und Rechtsanwälte das Mandat niederlegen oder ablehnen unter Vorbehalt der Vorschrift von Artikel 3.

Art. 21   Rechenschaftsablage

Rechtsanwältinnen und Rechtsanwälte informieren periodisch über die Höhe des Honorars und der Auslagen.

Auf Verlangen der Mandanten ist die Rechnung zu detaillieren.

Art. 22   Vergütung für die Vermittlung von Mandaten

Rechtsanwältinnen und Rechtsanwälte leisten Dritten für die Vermittlung von Mandaten keine Vergütung und nehmen für eigene Vermittlungstätigkeit keine Vergütung entgegen.

Art. 23   Anvertraute Vermögenswerte

Rechtsanwältinnen und Rechtsanwälte bewahren die ihnen anvertrauten Vermögenswerte getrennt vom eigenen Vermögen auf.

Sie verwalten die anvertrauten Vermögenswerte sorgfältig und sind jederzeit in der Lage, sie herauszugeben. Gelder von Mandanten sind ohne Verzug weiterzuleiten. Das Recht der Anwältinnen und Anwälte, sich für ihre Forderung bezahlt zu machen, bleibt vorbehalten.

Rechtsanwältinnen und Rechtsanwälte führen über die Mandantengelder vollständig und genau Buch.

II.   Verhalten gegenüber Kollegen

Art. 24   Fairness und Kollegialität

Rechtsanwältinnen und Rechtsanwälte greifen Kolleginnen und Kollegen bei ihrer Berufsausübung nicht persönlich an.

Die Kollegialität darf die Interessen der Mandanten nicht beeinträchtigen.

Art. 25   Kopien von Eingaben

Rechtsanwältinnen und Rechtsanwälte stellen der Rechtsvertretung der Gegenpartei unaufgefordert Kopien ihrer Eingaben zu.

Diese Regel gilt nicht, wenn dadurch der Zweck der Eingabe vereitelt oder gefährdet wird.

Art. 26 Vertrauliche Kommunikation unter Kollegen

Rechtsanwältinnen und Rechtsanwälte, die Kolleginnen oder Kollegen eine Mitteilung senden, die vertraulich sein soll, müssen diesen Willen in der Mitteilung klar zum Ausdruck bringen.

Als vertraulich bezeichnete Dokumente und Gesprächsinhalte dürfen keinen Eingang in gerichtliche Verfahren finden.

Art. 27 Anwaltswechsel

Rechtsanwältinnen und Rechtsanwälte informieren ihre Kolleginnen und Kollegen, wenn sie ein Mandat in einer Sache annehmen, in der diese tätig waren, sofern die Mandanten zustimmen.

Art. 28 Kontaktaufnahme mit der Gegenpartei

Rechtsanwältinnen und Rechtsanwälte verkehren mit der anwaltlich vertretenen Gegenpartei nur mit Einwilligung der Kollegin bzw. des Kollegen oder in begründeten Ausnahmefällen direkt.

Sie informieren darüber umgehend die Gegenanwältin bzw. den Gegenanwalt.

Art. 29 Streit unter Kollegen

Sind Rechtsanwältinnen und Rechtsanwälte der Auffassung, Kolleginnen und Kollegen würden gegen Gesetze oder Standesregeln verstossen, weisen sie diese darauf hin.

Kommt es zwischen Rechtsanwältinnen und Rechtsanwälten zum Streit, so haben sie sich zunächst um eine gütliche Einigung zu bemühen.

Lässt sich keine gütliche Einigung erzielen, wenden sie sich vor Einleitung gerichtlicher oder behördlicher Schritte an den kantonalen oder ausländischen Anwaltsverband der Beanstandeten.

Art. 30 Mandate gegen Kollegen

Rechtsanwältinnen und Rechtsanwälte versuchen, vor der Einleitung rechtlicher Schritte gegen Kolleginnen und Kollegen im Zusammenhang mit deren beruflicher Tätigkeit die Sache gütlich beizulegen.

Beabsichtigen sie die Einleitung von rechtlichen Schritten, so informieren sie den kantonalen oder ausländischen Anwaltsverband der Kollegin oder des Kollegen.

Vorbehalten sind Fälle, in welchen eine gütliche Einigung bzw. eine Vermittlung von der Sache her oder aus zeitlichen Gründen nicht in Frage kommt.

Beschluss des Vorstandes SAV vom 1. Oktober 2002

Anhang III

Berufsregeln der Rechtsanwälte der EU und des EWR

am 28. November 1998 in Lyon angenommen von den Delegationen der 18 Mitgliedstaaten der EU und des EWR, die die Anwaltschaft der Europäischen Gemeinschaft vertreten.

Inhalt

1. Vorspruch
   1.1 Der Rechtsanwalt in der Gesellschaft
   1.2 Gegenstand des Standesrechtes
   1.3 Ziel und Zweck der Europäischen Berufsregeln
   1.4 Persönlicher Anwendungsbereich
   1.5 Sachlicher Anwendungsbereich
   1.6 Definition
2. Allgemeine Grundsätze
   2.1 Unabhängigkeit
   2.2 Vertrauen und Würde
   2.3 Berufsgeheimnis
   2.4 Achtung des Standesrechtes anderer Anwaltschaften
   2.5 Unvereinbare Tätigkeiten
   2.6 Persönliche Werbung
   2.7 Interesse der Mandanten
   2.8 Begrenzung der Haftung des Rechtsanwaltes gegenüber seinem Mandanten
3. Das Verhalten gegenüber den Mandanten
   3.1 Beginn und Ende des Mandats
   3.2 Interessenkonflikt
   3.3 Quota-litis-Vereinbarung
   3.4 Honorarabrechnung
   3.5 Vorschuss auf Honorar und Kosten
   3.6 Honorarteilung mit anderen Personen als Anwälten
   3.7 Kosteneffektive Lösung von Streitfällen und Prozess- und Beratungskostenhilfe
   3.8 Mandantengelder
   3.9 Berufshaftpflichtversicherung
4. Das Verhalten gegenüber den Gerichten
   4.1 Auf die Prozesstätigkeit anwendbares Standesrecht
   4.2 Wahrung der Chancengleichheit im Prozess
   4.3 Achtung des Gerichtes
   4.4 Mitteilung falscher oder irreführender Tatsachen

4.5 Anwendung auf Schiedsrichter und Personen mit ähnlichen Aufgaben
5. Das Verhalten gegenüber den Kollegen
   5.1 Kollegialität
   5.2 Zusammenarbeit von Anwälten aus verschiedenen Mitgliedstaaten
   5.3 Korrespondenz unter Rechtsanwälten
   5.4 Vermittlungshonorar
   5.5 Umgehung des Gegenanwalts
   5.6 Anwaltswechsel
   5.7 Haftung für Honorarforderung unter Kollegen
   5.8 Ausbildung junger Anwälte
   5.9 Streitschlichtung zwischen Kollegen aus verschiedenen
      Mitgliedstaaten

1. Vorspruch

1.1 Der Rechtsanwalt in der Gesellschaft

In einer auf die Achtung des Rechtes gegründeten Gesellschaft hat der Rechtsanwalt eine besonders wichtige Funktion. Seine Aufgabe beschränkt sich nicht auf die gewissenhafte Ausführung eines Auftrages im Rahmen des Gesetzes. Der Rechtsanwalt ist in einem Rechtsstaat sowohl für die Justiz als auch für den Rechtsuchenden, dessen Rechte und Freiheiten er zu wahren hat, unentbehrlich; der Rechtsanwalt ist nicht nur der Vertreter, sondern auch der Berater seines Mandanten.

Bei der Ausführung seines Auftrages unterliegt der Rechtsanwalt zahlreichen gesetzlichen und standesrechtlichen Pflichten, die zum Teil zueinander in Widerspruch zu stehen scheinen. Es handelt sich dabei um Pflichten gegenüber
– dem Mandanten,
– Gerichten und Behörden, denen gegenüber der Rechtsanwalt seinem Mandanten beisteht und ihn vertritt,
– seinem Berufsstand im allgemeinen und jedem Kollegen im besonderen,
– der Gesellschaft, für die ein freier, unabhängiger und durch sich selbst auferlegte Regeln integrer Berufsstand ein wesentliches Mittel zur Verteidigung der Rechte des einzelnen gegenüber dem Staat und gegenüber Interessengruppe ist.

1.2. Gegenstand des Standesrechtes

1.2.1 Die freiwillige Unterwerfung unter die Berufsregeln dient dem Zweck, die ordnungsgemässe Wahrnehmung seiner für die Gemeinschaft unerlässlichen Aufgaben durch den Rechtsanwalt sicherzustellen. Beachtet der Rechtsanwalt die Berufsregeln nicht, so führt dies schliesslich zu einer Disziplinarmassnahme.

1.2.2 Jede Anwaltschaft hat eigene auf ihrer besonderen Tradition beruhende Regeln. Diese entsprechen der Organisation des Berufsstandes und dem anwaltlichen Tätigkeitsbereich, dem Verfahren vor den Gerichten und Behörden sowie den Gesetzen des betreffenden Mitgliedsstaates. Es ist weder möglich noch wünschenswert, sie aus diesem Zusammenhang herauszureissen oder Regeln zu verallgemeinern, die dafür nicht geeignet sind. Die einzelnen Berufsregeln jeder Anwaltschaft beruhen jedoch auf den gleichen Grundwerten und sind ganz überwiegend Ausdruck einer gemeinsamen Grundüberzeugung.

1.3 Ziel und Zweck der Europäischen Berufsregeln

1.3.1   Durch die Entwicklung der Europäischen Union und des Europäischen Wirtschaftsraumes und die im Rahmen des Europäischen Wirtschaftsraumes immer stärker werdende grenzüberschreitende Tätigkeit des Rechtsanwaltes ist es im Interesse der Rechtsuchenden notwendig geworden, für diese grenzüberschreitende Tätigkeit einheitliche, auf jeden Rechtsanwalt des Europäischen Wirtschaftsraumes anwendbare Regeln festzulegen, unabhängig davon, welcher Anwaltschaft der Rechtsanwalt angehört. Die Aufstellung solcher Berufsregeln hat insbesondere zum Ziel, die sich aus der konkurrierenden Anwendung mehrerer Standesrechte – die in Artikel 4 der Richtlinie Nr. 77/249 vom 22. März 1977 vorgesehen ist – ergebenden Schwierigkeiten zu verringern.

1.3.2   Die im CCBE zusammengeschlossenen, den anwaltlichen Berufsstand repräsentierenden Organisationen sprechen den Wunsch aus, dass die nachstehenden Berufsregeln:
– bereits jetzt als Ausdruck der gemeinsamen Überzeugung aller Anwaltschaften der Europäischen Gemeinschaft und des Europäischen Wirtschaftsraumes anerkannt werden;
– in kürzester Zeit durch nationales und/oder EWR – Recht für die grenzüberschreitende Tätigkeit des Rechtsanwaltes in der Europäischen Union und dem Europäischen Wirtschaftsraum verbindlich erklärt werden;
– bei jeder Reform des nationalen Standesrechtes im Hinblick auf dessen allmähliche Harmonisierung berücksichtigt werden.

Sie verbinden damit weiter den Wunsch, dass die nationalen Berufsregeln soweit wie möglich in einer Weise ausgelegt und angewendet werden, die mit den Europäischen Berufsregeln in Einklang steht.

Wenn die Europäischen Berufsregeln hinsichtlich der grenzüberschreitenden anwaltlichen Tätigkeit verbindlich geworden sind, untersteht der Rechtsanwalt weiter den Berufsregeln der Anwaltschaft, der er angehört, soweit diese zu den Europäischen Berufsregeln nicht in Widerspruch stehen.

1.4 Persönlicher Anwendungsbereich

Die nachstehenden Berufsregeln sind auf alle Rechtsanwälte der Europäischen Union und des Europäischen Wirtschaftsraumes im Sinne der Richtlinie Nr. 77/ 249 vom 22. März 1977 anwendbar.

1.5 Sachlicher Anwendungsbereich

Unbeschadet des Zieles einer allmählichen Vereinheitlichung des innerstaatlich geltenden Standesrechtes sind die nachstehenden Berufsregeln auf die grenzüberschreitende Tätigkeit des Rechtsanwaltes innerhalb der Europäischen Union und des Europäischen Wirtschaftsraumes anwendbar. Als grenzüberschreitende Tätigkeit gilt:

a) jede Tätigkeit gegenüber Rechtsanwälten anderer Mitgliedstaaten anlässlich anwaltlicher Berufsausübung;

b) die berufliche Tätigkeit eines Rechtsanwaltes in einem anderen Mitgliedstaat, gleichgültig ob er dort anwesend ist oder nicht.

1.6 Definition

Für die nachstehenden Berufsregeln haben folgende Ausdrücke folgende Bedeutung:

– «Herkunftsstaat» bezeichnet den Mitgliedstaat, zu dessen Anwaltschaft der Rechtsanwalt gehört.

– «Aufnahmestaat» bezeichnet den Mitgliedstaat, in dem der Rechtsanwalt eine grenzüberschreitende Tätigkeit verrichtet.

– «Zuständige Stelle» bezeichnet die berufsspezifischen Organisationen oder Behörden der Mitgliedstaaten, die für die Erlassung von Berufsregeln und Disziplinaraufsicht zuständig sind.

2. Allgemeine Grundsätze

2.1 Unabhängigkeit

2.1.1 Die Vielfältigkeit der dem Rechtsanwalt obliegenden Pflichten setzt seine Unabhängigkeit von sachfremden Einflüssen voraus; dies gilt insbesondere für die eigenen Interessen des Rechtsanwaltes und die Einflussnahme Dritter. Diese Unabhängigkeit ist für das Vertrauen in die Justiz ebenso wichtig wie die Unparteilichkeit des Richters. Der Rechtsanwalt hat daher Beeinträchtigungen seiner Unabhängigkeit zu vermeiden und darf nicht aus Gefälligkeit gegenüber seinem Mandanten, dem Richter oder einem Dritten das Standesrecht ausser acht lassen.

2.1.2 Die Wahrung der Unabhängigkeit ist für die aussergerichtliche Tätigkeit ebenso wichtig wie für die Tätigkeit vor Gericht, denn der anwaltliche Rat verliert für den Mandanten an Wert, wenn er aus Gefälligkeit, aus persönlichem Interesse oder unter dem Druck dritter Personen erteilt wird.

2.2 Vertrauen und Würde

Das Vertrauensverhältnis setzt voraus, dass keine Zweifel über die Ehrenhaftigkeit, die Unbescholtenheit und die Rechtschaffenheit des Rechtsanwaltes bestehen. Diese traditionellen Werte des Anwaltsstandes sind für den Rechtsanwalt gleichzeitig Standespflichten.

2.3 Berufsgeheimnis

2.3.1   Es gehört zum Wesen der Berufstätigkeit des Rechtsanwaltes, dass sein Mandant ihm Geheimnisse anvertraut und er sonstige vertrauliche Mitteilungen erhält. Ist die Vertraulichkeit nicht gewährleistet, kann kein Vertrauen entstehen. Aus diesem Grund ist das Berufsgeheimnis gleichzeitig ein Grundrecht und eine Grundpflicht des Rechtsanwaltes von besonderer Bedeutung.

Die Pflicht des Rechtsanwaltes zur Wahrung des Berufsgeheimnisses dient dem Interesse der Rechtspflege ebenso wie dem Interesse des Mandanten. Daher verdient sie besonderen Schutz durch den Staat.

2.3.2   Der Rechtsanwalt hat die Vertraulichkeit aller Informationen zu wahren, die ihm im Rahmen seiner beruflichen Tätigkeit bekannt werden.

2.3.3   Die Pflicht zur Wahrung des Berufsgeheimnisses ist zeitlich unbegrenzt.

2.3.4   Der Rechtsanwalt achtet auf die Wahrung der Vertraulichkeit durch seine Mitarbeiter und alle Personen, die bei seiner beruflichen Tätigkeit mitwirken.

2.4 Achtung des Standesrechtes anderer Anwaltschaften

Der Rechtsanwalt kann aufgrund des Rechtes der Europäischen Union und des Rechtes des Europäischen Wirtschaftsraumes verpflichtet sein, das Standesrecht eines Aufnahmestaates zu beachten. Der Rechtsanwalt hat die Pflicht, sich über die bei Ausübung einer bestimmten Tätigkeit anwendbaren standesrechtlichen Regeln zu informieren.

Die Mitgliedsorganisationen des CCBE sind verpflichtet, ihre Berufsregeln im Sekretariat des CCBE zu hinterlegen, so dass jeder Rechtsanwalt die Möglichkeit hat, eine Kopie der geltenden Berufsregeln bei dem Sekretariat anzufordern.

2.5 Unvereinbare Tätigkeiten

2.5.1   Der Beruf des Rechtsanwaltes ist mit bestimmten Berufen und Tätigkeiten unvereinbar, damit die Unabhängigkeit des Rechtsanwaltes und seine Pflicht zur Mitwirkung bei der Rechtspflege nicht beeinträchtigt werden.

2.5.2   Bei der Vertretung oder Verteidigung eines Mandanten vor den Gerichten oder Behörden eines Aufnahmestaates beachtet der Rechtsanwalt die für Rechtsanwälte dieses Staates geltenden Regeln über die Unvereinbarkeit des Berufes des Rechtsanwaltes mit anderen Berufen oder Tätigkeiten.

2.5.3   Beabsichtigt der in einem Aufnahmestaat niedergelassene Rechtsanwalt, dort unmittelbar eine kaufmännische oder sonstige vom Beruf des Rechtsanwaltes verschiedene Tätigkeit auszuüben, so ist er dabei auch verpflichtet, die für die

Rechtsanwälte dieses Staates geltenden Regeln über die Unvereinbarkeit des Berufes des Rechtsanwaltes mit anderen Berufen oder Tätigkeiten zu beachten.

2.6 Persönliche Werbung

2.6.1 Der Rechtsanwalt darf nicht persönlich werben oder für sich werben lassen, wo dies unzulässig ist. In anderen Fällen darf der Rechtsanwalt nur insoweit persönlich werben oder für sich werben lassen, wie dies durch die Regeln der Standesorganisation, der er angehört, gestattet wird.

2.6.2 Persönliche Werbung, insbesondere Werbung in den Medien, gilt als an einem Ort vorgenommen, wo sie zulässig ist, wenn der Rechtsanwalt nachweist, dass sie mit dem Ziel erfolgte, Mandanten oder potentielle Mandanten an diesem Ort zu erreichen und die Kenntnisnahme an einem anderen Ort unbeabsichtigt erfolgt.

2.7 Interesse der Mandanten

Vorbehaltlich der gesetzlichen und standesrechtlichen Vorschriften ist der Rechtsanwalt verpflichtet, seinen Mandanten in solcher Weise zu vertreten und/oder zu verteidigen, dass das Mandanteninteresse dem Interesse des Rechtsanwaltes, eines Kollegen oder der Kollegenschaft insgesamt vorgeht.

2.8 Begrenzung der Haftung des Rechtsanwaltes gegenüber seinem Mandanten

In dem von dem Recht des Herkunftsstaates und des Aufnahmestaates zulässigen Umfang und in Übereinstimmung mit den standesrechtlichen Bestimmungen, denen er unterliegt, kann der Rechtsanwalt seine Haftung gegenüber seinem Mandanten begrenzen.

3. Das Verhalten gegenüber den Mandanten

3.1 Beginn und Ende des Mandats

3.1.1 Der Rechtsanwalt darf nur im Auftrag seines Mandanten tätig werden, es sei denn, er wird von einem anderen den Mandanten vertretenden Rechtsanwalt beauftragt oder der Fall wird ihm durch eine sachlich zuständige Stelle übertragen. Der Rechtsanwalt sollte sich bemühen, die Identität, Zuständigkeit und Befugnis der ihn beauftragenden Person oder Stelle festzustellen, wenn die spezifischen Umstände zeigen, dass Identität, Zuständigkeit und Befugnis unklar sind.

3.1.2 Der Rechtsanwalt berät und vertritt seinen Mandanten unverzüglich, gewissenhaft und sorgfältig. Er ist für die Ausführung des ihm erteilten Mandats persönlich verantwortlich. Er unterrichtet seinen Mandanten vom Fortgang der ihm übertragenen Angelegenheit.

3.1.3   Der Rechtsanwalt hat ein Mandat abzulehnen, wenn er weiss oder wissen muss, dass es ihm an den erforderlichen Kenntnissen fehlt, es sei denn, er arbeitet mit einem Rechtsanwalt zusammen, der diese Kenntnisse besitzt.

Der Rechtsanwalt darf ein Mandat nur annehmen, wenn er die Sache im Hinblick auf seine sonstigen Verpflichtungen unverzüglich bearbeiten kann.

3.1.4   Der Rechtsanwalt darf sein Recht zur Mandatsniederlegung nur derart ausüben, dass der Mandant in der Lage ist, ohne Schaden den Beistand eines anderen Kollegen in Anspruch zu nehmen.

3.2 Interessenkonflikt

3.2.1   Der Rechtsanwalt darf mehr als einen Mandanten in der gleichen Sache nicht beraten, vertreten oder verteidigen, wenn ein Interessenkonflikt zwischen den Mandanten oder die ernsthafte Gefahr eines solchen Konflikts besteht.

3.2.2   Der Rechtsanwalt muss das Mandat gegenüber allen betroffenen Mandanten niederlegen, wenn es zu einem Interessenkonflikt kommt, wenn die Gefahr der Verletzung der Berufsverschwiegenheit besteht oder die Unabhängigkeit des Rechtsanwaltes beeinträchtigt zu werden droht.

3.2.3   Der Rechtsanwalt darf ein neues Mandat dann nicht übernehmen, wenn die Gefahr der Verletzung der Verschwiegenheitspflicht bezüglich der von einem früheren Mandanten anvertrauten Information besteht oder die Kenntnis der Angelegenheit eines früheren Mandanten dem neuen Mandanten zu einem ungerechtfertigten Vorteil gereichen würde.

3.2.4   Üben Rechtsanwälte ihren Beruf gemeinsam aus, so sind die Bestimmungen der Artikel 3.2.1 bis 3.2.3 auf die Sozietät und alle ihre Mitglieder anzuwenden.

3.3 Quota-litis-Vereinbarung

3.3.1   Der Rechtsanwalt darf hinsichtlich seines Honorars keine quota-litis-Vereinbarung abschliessen.

3.3.2   Quota-litis-Vereinbarung im Sinne dieser Bestimmung ist ein vor Abschluss der Rechtssache geschlossener Vertrag des Anwaltes mit dem Mandanten, in dem der Mandant sich verpflichtet, dem Anwalt einen Teil des Ergebnisses der Angelegenheit zu zahlen, unabhängig davon, ob es sich um einen Geldbetrag oder einen sonstigen Vorteil handelt.

3.3.3   Eine quota-litis-Vereinbarung liegt dann nicht vor, wenn die Vereinbarung die Berechnung des Honorars aufgrund des Streitwertes vorsieht und einem amtlichen oder von der für den Rechtsanwalt zuständigen Stelle genehmigten Tarif entspricht.

3.4 Honorarabrechnung

3.4.1   Der Rechtsanwalt hat seinem Mandanten die Grundlagen seiner gesamten Honorarforderungen offenzulegen; der Betrag des Honorars muss angemessen sein.

3.4.2   Vorbehaltlich einer abweichenden, gesetzlich zulässigen Vereinbarung des Rechtsanwaltes mit seinem Mandanten ist das Honorar entsprechend den Regeln der Standesorganisation zu berechnen, der der Rechtsanwalt angehört. Gehört der Rechtsanwalt mehreren Standesorganisationen an, so sind die Regeln der Standesorganisation massgebend, mit der das Mandatsverhältnis die engste Verbindung hat.

3.5 Vorschuss auf Honorar und Kosten

Verlangt der Rechtsanwalt einen Vorschuss auf seine Kosten und/oder sein Honorar, darf dieser nicht über einen unter Berücksichtigung der voraussichtlichen Höhe des Honorars und der Kosten angemessenen Betrag hinausgehen. Wird der Vorschuss nicht gezahlt, kann der Rechtsanwalt das Mandat niederlegen oder ablehnen, unbeschadet der Vorschrift des Artikels 3.1.4.

3.6 Honorarteilung mit anderen Personen als Anwälten

3.6.1   Vorbehaltlich der nachstehenden Regel ist es dem Rechtsanwalt verboten, sein Honorar mit einer Person zu teilen, die nicht selbst Rechtsanwalt ist, es sei denn, die gemeinschaftliche Berufsausübung ist mit der anderen Person nach dem Recht des Mitgliedsstaates, dem der Rechtsanwalt angehört, gestattet.

3.6.2   Artikel 3.6.1 gilt nicht für Zahlungen oder Leistungen eines Anwaltes an die Erben eines verstorbenen Kollegen oder an einen früheren Rechtsanwalt als Vergütung für die Übernahme der Praxis.

3.7 Kosteneffektive Lösung von Streitfällen und Prozess- und Beratungskostenhilfe

3.7.1   Der Rechtsanwalt sollte immer danach trachten, den Streitfall des Mandanten so kostengünstig wie möglich zu lösen und sollte den Mandanten zum geeigneten Zeitpunkt dahingehend beraten, ob es wünschenswert ist, eine Streitbeilegung zu versuchen oder auf ein alternatives Streitbeilegungsverfahren zu verweisen.

3.7.2   Hat der Mandant Anspruch auf Prozess- oder Beratungskostenhilfe, so hat der Rechtsanwalt ihn darauf hinzuweisen.

3.8 Mandantengelder

3.8.1   Werden dem Rechtsanwalt zu irgendeinem Zeitpunkt Gelder anvertraut, die für seinen Mandanten oder Dritte bestimmt sind (nachstehend «Mandantengelder»), so hat er folgende Vorschriften zu beachten:

3.8.1.1 Mandantengelder sollen immer auf ein Konto bei einem Kreditinstitut, das öffentlicher Aufsicht unterliegt, eingezahlt werden. Alle von einem Rechtsanwalt empfangenen Mandantengelder sind auf ein solches Konto einzuzahlen, es sei denn, der Mandant hat ausdrücklich oder stillschweigend eine andere Verwendung genehmigt.

3.8.1.2 Für jedes auf den Namen des Rechtsanwaltes lautende Konto, auf das Mandantengelder eingezahlt wurden, ist durch Kontobezeichnung ersichtlich zu machen, dass es sich bei den eingezahlten Beträgen um Mandantengelder handelt.

3.8.1.3 Die Konten des Rechtsanwaltes, auf die Mandantengelder eingezahlt wurden, müssen immer ein Guthaben ausweisen, das mindestens der Summe der dem Rechtsanwalt anvertrauten Mandantengeldern entspricht.

3.8.1.4 Mandantengelder sind an den Mandanten umgehend oder gemäss den Bedingungen auszuzahlen, die mit dem Mandanten vereinbart wurden.

3.8.1.5 Vorbehaltlich entgegenstehender gesetzlicher Vorschriften oder gerichtlicher Anordnung und vorbehaltlich der ausdrücklichen oder stillschweigenden Einwilligung des Mandanten, für den die Zahlung vorgenommen wird, ist die Auszahlung von Mandantengeldern an eine dritte Person unzulässig; dies gilt auch für:
a) Zahlungen an einen Mandanten oder für einen Mandanten mit Geldern eines anderen Mandanten;
b) den Ausgleich der Honorarforderungen des Rechtsanwaltes.

3.8.1.6 Der Rechtsanwalt hat über alle die Mandantengelder betreffenden Vorgänge vollständig und genau Buch zu führen, wobei Mandantengelder von sonstigen Guthaben zu trennen sind; der Rechtsanwalt übergibt dem Mandanten auf Ersuchen die Kontoauszüge.

3.8.1.7 Die zuständigen Stellen der Mitgliedstaaten sind berechtigt, die auf Mandantengelder bezüglichen Unterlagen unter Wahrung der Berufsverschwiegenheit einzusehen und zu überprüfen, um die Einhaltung der von ihnen aufgestellten Regeln zu überwachen und Verstösse zu ahnden.

3.8.2 Vorbehaltlich der nachstehenden Bestimmung und des Artikels 3.8.1 hat der Rechtsanwalt, dem Mandantengelder im Rahmen einer Tätigkeit in einem anderen Mitgliedstaat anvertraut werden, die auf Mandantengelder anwendbaren Regeln der Standesorganisation zu beachten, der er angehört.

3.8.3 Übt der Rechtsanwalt seine Tätigkeit in einem Aufnahmestaat aus, so kann er mit Genehmigung der zuständigen Stellen des Herkunfts- und des Aufnahmestaates ausschliesslich die Regeln des Aufnahmestaates beachten, ohne an die Einhaltung der Regeln des Herkunftsstaates gebunden zu sein. In diesem Fall hat er das Erforderliche zu veranlassen, um seine Mandanten davon zu informieren, dass auf ihn die Regeln des Aufnahmestaates Anwendung finden.

3.9 Berufshaftpflichtversicherung

3.9.1   Der Rechtsanwalt muss gegen Berufshaftpflicht ständig in einer Weise versichert sein, die nach Art und Umfang den durch rechtsanwaltliche Tätigkeit entstehenden Risiken angemessen ist.

3.9.2   Übt der Rechtsanwalt seine Tätigkeit in einem Aufnahmestaat aus, gilt folgende Regelung:

3.9.2.1   Vorbehaltlich nachstehender Bestimmungen hat der seine Tätigkeit in einem anderen Mitgliedstaat ausübende Rechtsanwalt die Vorschriften zu befolgen, die bezüglich der Versicherungspflicht in seinem Herkunftsstaat gelten.

3.9.2.2   Ist der Rechtsanwalt in seinem Herkunftsstaat verpflichtet, eine Berufshaftpflichtversicherung abzuschliessen und übt er eine Tätigkeit in einem anderen Mitgliedstaat aus, so hat er sich um die Ausdehnung des Versicherungsschutzes auf seine Tätigkeit im Aufnahmestaat auf der Basis des Versicherungsschutzes in seinem Herkunftsstaat zu bemühen.

3.9.2.3   Ist der Rechtsanwalt nach den Vorschriften des Herkunftsstaates nicht zum Abschluss einer Berufshaftpflichtversicherung verpflichtet oder ist die in Artikel 3.9.2.2 vorgesehene Ausdehnung des Versicherungsschutzes unmöglich, so ist der Rechtsanwalt dennoch verpflichtet, sich für die in einem Aufnahmestaat zugunsten von Mandanten des Aufnahmestaates erbrachte Tätigkeit zumindest im gleichen Umfang wie die Rechtsanwälte des Aufnahmestaates zu versichern, es sei denn, die Erlangung eines solchen Versicherungsschutzes erweist sich als unmöglich.

3.9.2.4   Ist es dem Rechtsanwalt nicht möglich, einen den vorstehenden Bestimmungen entsprechenden Versicherungsschutz zu erhalten, hat er alle zumutbaren Schritte zu unternehmen, um die Mandanten zu unterrichten, die wegen des fehlenden Versicherungsschutzes Schaden erleiden könnten.

3.9.2.5   Übt der Rechtsanwalt seine Tätigkeit in einem Aufnahmestaat aus, so kann er mit Genehmigung der zuständigen Stellen des Herkunfts- und des Aufnahmestaates ausschliesslich die für die Berufshaftpflichtversicherung in dem Aufnahmestaat geltenden Vorschriften beachten. In diesem Fall hat der Rechtsanwalt alle zumutbaren Schritte zu unternehmen, um seine Mandanten davon zu informieren, dass sein Versicherungsschutz den in dem Aufnahmestaat geltenden Regeln entspricht.

4.   Das Verhalten gegenüber den Gerichten

4.1   Auf die Prozesstätigkeit anwendbares Standesrecht

Der vor einem Gericht eines Mitgliedstaates auftretende oder an einem vor einem solchen Gericht anhängigen Verfahren beteiligte Rechtsanwalt hat die vor diesem Gericht geltenden Berufsregeln zu beachten.

4.2 Wahrung der Chancengleichheit im Prozess

Der Rechtsanwalt hat jederzeit auf eine faire Verfahrensführung zu achten. Er darf unter anderem mit einem Richter in einer Rechtssache keine Verbindung aufnehmen, ausser er informiert zuvor den Gegenanwalt, und er darf einem Richter keine Unterlagen, Notizen oder andere Schriftstücke übergeben, ausser diese würden rechtzeitig dem Gegenanwalt übermittelt, es sei denn, das Verfahrensrecht gestattet dies. Soweit es gesetzlich nicht verboten ist, darf der Rechtsanwalt ohne ausdrückliche Zustimmung des Rechtsanwalts der anderen Partei Vorschläge der anderen Partei oder ihres Rechtsanwalts zur Beilegung der Rechtssache nicht an das Gericht weitergeben oder übergeben.

4.3 Achtung des Gerichtes

Im Rahmen der dem Richteramt gebührenden Achtung und Höflichkeit hat der Rechtsanwalt die Interessen seines Mandanten gewissenhaft und furchtlos, ungeachtet eigener Interessen und/oder ihm oder anderen Personen entstehenden Folgen zu vertreten.

4.4 Mitteilung falscher oder irreführender Tatsachen

Der Rechtsanwalt darf dem Gericht niemals vorsätzlich unwahre oder irreführende Angaben machen.

4.5 Anwendung auf Schiedsrichter und Personen mit ähnlichen Aufgaben

Die Vorschriften über das Verhältnis des Rechtsanwaltes zum Richter gelten auch für sein Verhältnis zu Schiedsrichtern oder sonstigen Personen, die dauernd oder gelegentlich richterliche oder quasirichterliche Funktionen ausüben.

5.   Das Verhalten gegenüber den Kollegen

5 .1 Kollegialität

5.1.1   Im Interesse des Mandanten, zur Vermeidung unnötiger Streitigkeiten und das Ansehen des Berufsstandes schädigenden Verhaltens, setzt Kollegialität ein Vertrauensverhältnis und Bereitschaft zur Zusammenarbeit zwischen Rechtsanwälten voraus. Kollegialität darf jedoch unter keinen Umständen dazu führen, die Interessen der Anwälte denen des Mandanten entgegenzustellen.

5.1.2   Jeder Rechtsanwalt hat Rechtsanwälte eines anderen Mitgliedstaates als Kollegen anzuerkennen und ihnen gegenüber fair und höflich aufzutreten.

5.2 Zusammenarbeit von Anwälten aus verschiedenen Mitgliedsstaaten

5.2.1   Der Rechtsanwalt, an den sich ein Kollege aus einem anderen Mitgliedsstaat wendet, ist verpflichtet, in einer Sache nicht tätig zu werden, wenn er nicht hinreichend qualifiziert ist; er hat in diesem Fall seinem Kollegen dabei behilflich zu sein, einen Rechtsanwalt zu finden, der in der Lage ist, die erwartete Leistung zu erbringen.

5.2.2 Arbeiten Rechtsanwälte aus verschiedenen Mitgliedstaaten zusammen, haben beide die sich möglicherweise aus den verschiedenen Rechtssystemen, Standesorganisationen, Zuständigkeiten und Berufspflichten ergebenden Umstände zu berücksichtigen.

5.3 Korrespondenz unter Rechtsanwälten

5.3.1 Der Rechtsanwalt, der an einen Kollegen aus einem anderen Mitgliedstaat eine Mitteilung sendet, die vertraulich oder «ohne Präjudiz» sein soll, muss diesen seinen Willen bei Absendung der Mitteilung klar zum Ausdruck bringen.

5.3.2 Ist der Empfänger der Mitteilung nicht in der Lage, diese als vertraulich oder «ohne Präjudiz» im vorstehenden Sinne zu behandeln, so hat er diese an den Absender zurückzusenden, ohne ihren Inhalt bekanntzumachen.

5.4 Vermittlungshonorar

5.4.1 Es ist dem Rechtsanwalt untersagt, von einem anderen Rechtsanwalt oder einem sonstigen Dritten für die Namhaftmachung oder Empfehlung des Rechtsanwaltes an einen Mandanten ein Honorar, eine Provision oder jede andere Gegenleistung zu verlangen oder anzunehmen.

5.4.2 Der Rechtsanwalt darf niemandem für die Vermittlung eines Mandanten ein Honorar, eine Provision oder eine sonstige Gegenleistung gewähren.

5.5 Umgehung des Gegenanwalts

Es ist dem Rechtsanwalt untersagt, sich bezüglich einer bestimmten Sache mit einer Person in Verbindung zu setzen, von der er weiss, dass sie einen Rechtsanwalt mit ihrer Vertretung beauftragt oder seinen Beistand in Anspruch genommen hat, es sei denn, dieser Rechtsanwalt hat zugestimmt und er hält ihn unterrichtet.

5.6 Anwaltswechsel

5.6.1 Ein Rechtsanwalt darf die Nachfolge eines Kollegen in der Vertretung der Interessen eines Mandanten in einer bestimmten Angelegenheit nur antreten, wenn er den Kollegen davon unterrichtet und sich vergewissert hat, dass Massnahmen zum Ausgleich des Honorars und der Auslagen dieses Kollegen getroffen wurden, sofern sich aus Artikel 5.6.2 nichts anderes ergibt. Diese Standespflicht führt jedoch nicht zur persönlichen Haftung des Rechtsanwaltes für Honorar und Kosten seines Vorgängers.

5.6.2 Sind eilige Massnahmen im Interesse des Mandanten zu treffen, bevor die in Artikel 5.6.1 aufgestellten Bedingungen erfüllt werden können, so kann der

Rechtsanwalt diese Massnahmen treffen, wenn er seinen Vorgänger davon sofort unterrichtet.

5.7 Haftung für Honorarforderung unter Kollegen

Im beruflichen Verkehr zwischen Rechtsanwälten verschiedener Mitgliedstaaten ist der Rechtsanwalt, der sich nicht darauf beschränkt, seinem Mandanten einen ausländischen Kollegen zu benennen oder das Mandat zu vermitteln, sondern eine Angelegenheit einem ausländischen Kollegen überträgt oder diesen um Rat bittet, persönlich dann zur Zahlung des Honorars, der Kosten und der Auslagen des ausländischen Kollegen verpflichtet, wenn Zahlung von dem Mandanten nicht erlangt werden kann. Die betreffenden Rechtsanwälte können jedoch zu Beginn ihrer Zusammenarbeit anderweitige Vereinbarungen treffen. Der beauftragende Rechtsanwalt kann ferner zu jeder Zeit seine persönliche Verpflichtung auf das Honorar und die Kosten und Auslangen beschränken, die bis zu dem Zeitpunkt angefallen sind, in welchem er seinem ausländischen Kollegen mitteilt, dass er nicht mehr haften werde.

5.8 Ausbildung junger Anwälte

Im wohlverstandenen Interesse der Mandanten sowie zu Verstärkung des Vertrauens und der Zusammenarbeit zwischen den Rechtsanwälten der Mitgliedstaaten ist es erforderlich, eine bessere Kenntnis der materiellen Gesetze und der Verfahrensgesetze der einzelnen Mitgliedstaaten zu fördern. Zu diesem Zweck soll der Rechtsanwalt – eingedenk des beruflichen Bedürfnisses zur guten Ausbildung des Nachwuchses – die Notwendigkeit der Ausbildung junger Kollegen aus anderen Mitgliedstaaten gebührend berücksichtigen.

5.9 Streitschlichtung zwischen Kollegen aus verschiedenen Mitgliedstaaten

5.9.1   Ist ein Rechtsanwalt der Auffassung, dass ein Kollege aus einem anderen Mitgliedstaat gegen das Standesrecht verstossen hat, hat er diesen darauf hinzuweisen.

5.9.2   Kommt es zwischen Rechtsanwälten aus verschiedenen Mitgliedstaaten zum Streit in Fragen der Berufsausübung, haben sie sich zunächst um eine gütliche Regelung zu bemühen.

5.9.3   Der Rechtsanwalt, der beabsichtigt, gegen einen Kollegen aus einem anderen Mitgliedstaat wegen Angelegenheiten, auf die Artikel 5.9.1 oder 5.9.2 Bezug nahmen, ein Verfahren einzuleiten, hat davon zuvor seine und seines Kollegen Standesorganisation zu benachrichtigen, damit diese sich um eine gütliche Regelung bemühen können.

Grundsatzerklärung des CCBE betreffend Berufsgeheimnis und Geldwäschereigesetzgebung

Der CCBE ist um eine einheitliche Haltung seiner Mitgliedsorganisationen bemüht. Daher wird den nationalen anwaltlichen Berufsorganisationen empfohlen, folgende Verpflichtungen in das Berufsrecht aufzunehmen, sofern sie nicht bereits darin enthalten sind:

1. Der Rechtsanwalt hat bei der Übernahme eines Mandats die genaue Identität des Mandanten oder des Vertreters des Mandanten, für den er tätig wird, zu überprüfen.

2. Werden einem Rechtsanwalt Gelder anvertraut, soll der Empfang bzw. die Verwendung von Geldern, die nicht eindeutig einem namentlich bekannten Mandanten zugeordnet werden können, verboten werden.

3. Rechtsanwälte, die an einem Rechtsgeschäft mitwirken, sollen zur Niederlegung eines Mandats verpflichtet werden, sobald sie den starken Verdacht haben, dass der geplante Vorgang zur Geldwäsche führen könnte und der Mandant dieses Geschäft trotzdem tätigen möchte.

Der CCBE sieht vor, die genannten Regeln in die eigenen Standesregeln zum grenzüberschreitenden Rechtsverkehr aufzunehmen.

Anhang IV

Richtlinie des Rates

vom 22. März 1977

zur Erleichterung der tatsächlichen Ausübung des freien Dienstleistungsverkehrs der Rechtsanwälte

(77/249/EWG)

Der Rat der europäischen Gemeinschaften –

gestützt auf den Vertrag zur Gründung der Europäischen Wirtschaftsgemeinschaft, insbesondere auf die Artikel 57 und 66,

auf Vorschlag der Kommission,

nach Stellungnahme des Europäischen Parlaments[1],

nach Stellungnahme des Wirtschafts- und Sozialausschusses[2],

in Erwägung nachstehender Gründe:

Nach dem Vertrag ist jegliche Beschränkung des freien Dienstleistungsverkehrs, die sich auf die Staatsangehörigkeit oder auf das Erfordernis eines Wohnsitzes gründet, seit Ablauf der Übergangszeit untersagt. Diese Richtlinie betrifft nur die Massnahmen zur Erleichterung der tatsächlichen Ausübung der Rechtsanwalttätigkeiten im freien Dienstleistungsverkehr. Eingehendere Massnahmen werden erforderlich sein, um die tatsächliche Ausübung der Niederlassungsfreiheit zu erleichtern.

Die tatsächliche Ausübung der Rechtsanwaltstätigkeiten im freien Dienstleistungsverkehr setzt voraus, dass der Aufnahmestaat die Personen, die diesen Beruf in den einzelnen Mitgliedstaaten ausüben, als Rechtsanwälte anerkennt.

Da die vorliegende Richtlinie nur den Dienstleistungsverkehr betrifft und Vorschriften über die gegenseitige Anerkennung der Diplome noch nicht erlassen worden sind, hat der von der Richtlinie Begünstigte die Berufsbezeichnung des Mitgliedstaats zu verwenden, in dem er niedergelassen ist und der im folgenden als «Herkunftsstaat» bezeichnet wird –

hat folgende Richtlinie erlassen:

---

[1]   ABl. Nr. C 103 vom 5.10.1972, S. 19 und ABl. Nr. C 53 vom 8.3.1976, S. 33.
[2]   ABl. Nr. C 36 vom 28.3.1970, S. 37 und ABl. Nr. C 50 vom 4.3.1976, S. 17.

Artikel 1

[1] Diese Richtlinie gilt innerhalb der darin festgelegten Grenzen und unter den darin vorgesehenen Bedingungen für die in Form der Dienstleistung ausgeübten Tätigkeiten der Rechtsanwälte.

Unbeschadet der Bestimmungen dieser Richtlinie können die Mitgliedstaaten die Abfassung förmlicher Urkunden, mit denen das Recht auf Verwaltung des Vermögens verstorbener Personen verliehen oder mit denen ein Recht an Grundstücken geschaffen oder übertragen wird, bestimmten Gruppen von Rechtsanwälten vorbehalten.

[2] Unter «Rechtsanwalt» ist jede Person zu verstehen, die ihre beruflichen Tätigkeiten unter einer der folgenden Bezeichnungen auszuüben berechtigt ist:

Belgien:	Avocat/Advocaat
Dänemark:	Advokat
Deutschland:	Rechtsanwalt
Frankreich:	Avocat
Irland:	Barrister, Solicitor
Italien:	Avvocato
Luxemburg:	Avocat-avoué
Niederlande:	Advocaat
Vereinigtes Königreich:	Advocate/Barrister/Solicitor
Griechenland:	Δικηγορoξ
Spanien:	Abogado
Portugal:	Advogado
Österreich:	Rechtsanwalt
Finnland:	Asianajaja/Advokat
Schweden:	Advokat
Tschechische Republik:	Advokát
Estland:	Vandeadvokaat
Zypern:	Δικηγορoξ
Lettland:	Zvērināts advokāts
Litauen:	Advokatas
Ungarn:	Ügyvéd
Malta:	Avukat/Prokuratur Legali
Polen:	Adwokat/Radca prawny
Slowenien:	Odvetnik/Odvetnica
Slowakei:	Advokát/Komerčny právnik.

Artikel 2

Jeder Mitgliedstaat erkennt für die Ausübung der in Artikel 1 Absatz 1 genannten Tätigkeiten alle unter Artikel 1 Absatz 2 fallenden Personen als Rechtsanwalt an.

Artikel 3

Jede unter Artikel 1 fallende Person verwendet die in der Sprache oder in einer der Sprachen des Herkunftsstaats gültige Berufsbezeichnung unter Angabe der Berufsorganisation, deren Zuständigkeit sie unterliegt, oder des Gerichtes, bei dem sie nach Vorschriften dieses Staates zugelassen ist.

Artikel 4

[1] Die mit der Vertretung oder der Verteidigung eines Mandanten im Bereich der Rechtspflege oder vor Behörden zusammenhängenden Tätigkeiten des Rechtsanwalts werden im jeweiligen Aufnahmestaat unter den für die in diesem Staat niedergelassenen Rechtsanwälte vorgesehenen Bedingungen ausgeübt, wobei jedoch das Erfordernis eines Wohnsitzes sowie das der Zugehörigkeit zu einer Berufsorganisation in diesem Staat ausgeschlossen sind.

[2] Bei der Ausübung dieser Tätigkeit hält der Rechtsanwalt die Standesregeln des Aufnahmestaats neben den ihm im Herkunftsstaat obliegenden Verpflichtungen ein.

[3] Bei der Ausübung dieser Tätigkeiten im Vereinigten Königreich sind unter den «Standesregeln des Aufnahmestaats» die Standesregeln der «solicitors» zu verstehen, wenn die gesamten Tätigkeiten nicht den «barristers» oder den «advocates» vorbehalten sind. Andernfalls finden die Standesregeln der letztgenannten Berufsstände Anwendung. «Barristers» aus Irland unterliegen jedoch immer den Standesregeln der «barristers» oder «advocates» im Vereinigten Königreich. Bei der Ausübung dieser Tätigkeiten in Irland sind unter den «Standesregeln des Aufnahmestaats», soweit sie die mündliche Vertretung eines Falles vor Gericht regeln, die Standesregeln der «barristers» zu verstehen. In allen anderen Fällen finden die Standesregeln der «sollicitors» Anwendung. «Barristers» und «advocates» aus dem Vereinigten Königreich unterliegen jedoch immer den Standesregeln der «barristers» in Irland.

[4] Für die Ausübung anderer als der in Absatz 1 genannten Tätigkeiten bleibt der Rechtsanwalt den im Herkunftsstaat geltenden Bedingungen und Standesregeln unterworfen; daneben hält er die im Aufnahmestaat geltenden Regeln über die Ausübung des Berufes, gleich welchen Ursprungs, insbesondere in bezug auf die Unvereinbarkeit zwischen den Tätigkeiten des Rechtsanwalts und anderen Tätigkeiten in diesem Staat, das Berufsgeheimnis, die Beziehungen zu Kollegen, das Verbot des Beistands für Parteien mit gegensätzlichen Interessen durch denselben Rechtsanwalt und die Werbung ein. Diese Regeln sind nur anwendbar, wenn sie von einem Rechtsanwalt beachtet werden können, der nicht in dem Aufnahmestaat niedergelassen ist, und nur insoweit, als ihre Einhaltung in diesem Staat objektiv gerechtfertigt ist, um eine ordnungsgemässe Ausübung der Tätigkeiten des Rechtsanwalts sowie die Beachtung der Würde des Berufes und der Unvereinbarkeiten zu gewährleisten.

Artikel 5

Für die Ausübung der Tätigkeiten, die mit der Vertretung und der Verteidigung von Mandanten im Bereich der Rechtspflege verbunden sind, kann ein Mitgliedstaat den unter Artikel 1 fallenden Rechtsanwälten als Bedingung auferlegen,
- dass sie nach den örtlichen Regeln oder Gepflogenheiten beim Präsidenten des Gerichtes und gegebenenfalls beim zuständigen Vorsitzenden der Anwaltskammer des Aufnahmestaats eingeführt sind;
- dass sie im Einvernehmen entweder mit einem bei dem angerufenen Gericht zugelassenen Rechtsanwalt, der gegebenenfalls diesem Gericht gegenüber die Verantwortung trägt, oder mit einem bei diesem Gericht tätigen «avoué» oder «procuratore» handeln.

Artikel 6

Jeder Mitgliedstaat kann die im Gehaltsverhältnis stehenden Rechtsanwälte, die durch einen Arbeitsvertrag an ein staatliches oder privates Unternehmen gebunden sind, von der Ausübung der Tätigkeiten der Vertretung und Verteidigung im Bereich der Rechtspflege für dieses Unternehmen insoweit ausschliessen als die in diesem Staat ansässigen Rechtsanwälte diese Tätigkeiten nicht ausüben dürfen.

Artikel 7

[1] Die zuständige Stelle des Aufnahmestaats kann von dem Dienstleistungserbringer verlangen, dass er seine Eigenschaft als Rechtsanwalt nachweist.

[2] Bei Verletzung der im Aufnahmestaat geltenden Verpflichtungen im Sinne des Artikels 4 entscheidet die zuständige Stelle des Aufnahmestaats nach den eigenen Rechts- und Verfahrensregeln über die rechtlichen Folgen dieses Verhaltens; sie kann zu diesem Zweck Auskünfte beruflicher Art über den Dienstleistungserbringer einholen. Sie unterrichtet die zuständige Stelle des Herkunftsstaats von jeder Entscheidung, die sie getroffen hat. Diese Unterrichtung berührt nicht die Pflicht zur Geheimhaltung der Auskünfte.

Artikel 8

[1] Die Mitgliedstaaten treffen die erforderlichen Massnahmen, um dieser Richtlinie binnen zwei Jahren nach ihrer Bekanntgabe nachzukommen, und setzen die Kommission unverzüglich davon in Kenntnis.

[2] Die Mitgliedstaaten teilen der Kommission den Wortlaut der wichtigsten innerstaatlichen Rechtsvorschriften mit, die sie auf dem unter diese Richtlinie fallenden Gebiet erlassen.

Artikel 9

Diese Richtlinie ist an die Mitgliedstaaten gerichtet.

Anhang V

Richtlinie des Rates

vom 21. Dezember 1988

über eine allgemeine Regelung zur Anerkennung der Hochschuldiplome, die eine mindestens dreijährige Berufsausbildung abschliessen

(89/48/EWG)

Der Rat der europäischen Gemeinschaften –

gestützt auf den Vertrag zur Gründung der Europäischen Wirtschaftsgemeinschaft, insbesondere auf Artikel 49, Artikel 57 Absatz 1 und Artikel 66,

auf Vorschlag der Kommission[1],

in Zusammenarbeit mit dem Europäischen Parlament[2],

nach Stellungnahme des Wirtschafts- und Sozialausschusses[3],

in Erwägung nachstehender Gründe:

Nach Artikel 3 Buchstabe c) des Vertrages stellt die Beseitigung der Hindernisse für den freien Personen- und Dienstleistungsverkehr zwischen den Mitgliedstaaten eines der Ziele der Gemeinschaft dar. Dies bedeutet für die Angehörigen der Mitgliedstaaten insbesondere die Möglichkeit, als Selbständige oder abhängig Beschäftigte einen Beruf in einem anderen Mitgliedstaat als dem auszuüben, in dem sie ihre beruflichen Qualifikationen erworben haben.

Die bisher vom Rat erlassenen Vorschriften, nach denen die Mitgliedstaaten untereinander die in ihren Hoheitsgebieten ausgestellten Hochschuldiplome zu beruflichen Zwecken anerkennen, betreffen wenige Berufe. Niveau und Dauer der Ausbildung, die Voraussetzung für den Zugang zu diesen Berufen war, waren auf ähnliche Weise in allen Mitgliedstaaten reglementiert oder Gegenstand einer Mindestharmonisierung, die zur Einführung dieser sektoralen Regelungen der gegenseitigen Anerkennung der Diplome notwendig war.

Um rasch den Erwartungen derjenigen europäischen Bürger zu entsprechen, die Hochschuldiplome besitzen, welche eine Berufsausbildung abschliessen und in einem anderen Mitgliedstaat als dem, in dem sie ihren Beruf ausüben wollen, ausgestellt wurden, ist auch eine andere Methode zur Anerkennung dieser Diplome einzuführen, die den Bürgern die Ausübung aller beruflichen Tätigkeiten, die in einem Aufnahmestaat von einer weiterführenden Bildung im Anschluss an den

[1]   ABl. Nr. C 217 vom 28.8.1985, S. 3, und ABl. Nr. C 143 vom 10.6.1986, S. 7.
[2]   ABl. Nr. C 345 vom 31.12.1985, S. 80, und ABl. Nr. C 309 vom 5.12.1988.
[3]   ABl. Nr. C 75 vom 3.4.1986, S. 5.

Sekundarabschnitt abhängig sind, erleichtert, sofern sie solche Diplome besitzen, die sie auf diese Tätigkeiten vorbereiten, die einen wenigstens dreijährigen Studiengang bescheinigen und die in einem anderen Mitgliedstaat ausgestellt wurden.

Dieses Ergebnis kann durch die Einführung einer allgemeinen Regelung zur Anerkennung der Hochschuldiplome erreicht werden, die eine mindestens dreijährige Berufsausbildung abschliessen.

Bei denjenigen Berufen, für deren Ausübung die Gemeinschaft kein Mindestniveau der notwendigen Qualifikation festgelegt hat, behalten die Mitgliedstaaten die Möglichkeit, dieses Niveau mit dem Ziel zu bestimmen, die Qualität der in ihrem Hoheitsgebiet erbrachten Leistungen zu sichern. Sie können jedoch nicht, ohne sich über ihre Verpflichtungen nach Artikel 5 des Vertrages hinwegzusetzen, einem Angehörigen eines Mitgliedstaats vorschreiben, dass er Qualifikationen erwirbt, die sie in der Regel im Wege der schlichten Bezugnahme auf die im Rahmen ihres innerstaatlichen Bildungssystems ausgestellten Diplome bestimmen, wenn der Betreffende diese Qualifikationen bereits ganz oder teilweise in einem anderen Mitgliedstaat erworben hat. Deshalb hat jeder Aufnahmestaat, in dem ein Beruf reglementiert ist, die in einem anderen Mitgliedstaat erworbenen Qualifikationen zu berücksichtigen und zu beurteilen, ob sie den von ihm geforderten Qualifikationen entsprechen.

Eine Zusammenarbeit zwischen den Mitgliedstaaten ist geeignet, ihnen die Einhaltung dieser Verpflichtungen zu erleichtern. Deshalb sind die Einzelheiten dieser Zusammenarbeit zu regeln.

Es ist angezeigt, insbesondere den Begriff «reglementierte berufliche Tätigkeit» zu definieren, um unterschiedliche soziologische Verhältnisse in den einzelnen Mitgliedstaaten zu berücksichtigen. Als reglementierte berufliche Tätigkeit ist nicht nur eine berufliche Tätigkeit zu betrachten, deren Aufnahme in einem Mitgliedstaat an den Besitz eines Diploms gebunden ist, sondern auch eine berufliche Tätigkeit, deren Aufnahme frei ist, wenn sie in Verbindung mit der Führung eines Titels ausgeübt wird, der denjenigen vorbehalten ist, die bestimmte Qualifikationsvoraussetzungen erfüllen. Berufsverbände oder -organisationen, die ihren Mitgliedstaaten derartige Titel ausstellen und von den Behörden anerkannt werden, können sich nicht auf ihre private Natur berufen, um sich der Anwendung der mit dieser Richtlinie vorgesehenen Regelung zu entziehen.

Auch muss festgelegt werden, welche Merkmale für die Berufserfahrung oder den Anpassungslehrgang gelten sollen, die der Aufnahmestaat neben dem Hochschuldiplom von dem Betreffenden fordern kann, wenn dessen Qualifikationen nicht den von seinen innerstaatlichen Bestimmungen vorgeschriebenen entsprechen.

Anstelle eines Anpassungslehrgangs kann auch eine Eignungsprüfung vorgesehen werden. Beide bewirken, dass die derzeitige Lage bei der gegenseitigen Anerkennung der Diplome durch die Mitgliedstaaten verbessert und somit der freie Personenverkehr innerhalb der Gemeinschaft erleichtert wird. Mit ihnen soll festgestellt werden, ob der Zuwanderer, der bereits in einem anderen Mitgliedstaat eine Berufsausbildung erhalten hat, fähig ist, sich seinem neuen beruflichen Umfeld anzupassen. Eine Eignungsprüfung hat aus der Sicht des Zuwanderers den Vorteil, dass sie die Dauer der Anpassungszeit verkürzt. Die Wahl zwischen Anpassungslehrgang und Eignungsprüfung muss grundsätzlich dem Zuwanderer überlassen bleiben. Einige Berufe sind jedoch so beschaffen, dass den Mitgliedstaaten gestattet werden muss, unter bestimmten Bedingungen entweder den Lehrgang oder die Prüfung vorzuschreiben. Vor allem die Unterschiede zwischen den Rechtssystemen der Mitgliedstaaten, selbst wenn sie von Mitgliedstaat zu Mitgliedstaat von unterschiedlicher Bedeutung sind, rechtfertigen Sonderregelungen, weil die durch Diplom, Prüfungszeugnisse oder sonstige Befähigungsnachweise bescheinigte Ausbildung auf einem Rechtsgebiet des Herkunftslandes im allgemeinen nicht die juristischen Kenntnisse abdeckt, die im Aufnahmeland auf dem entsprechenden Rechtsgebiet verlangt werden.

Die allgemeine Regelung zur Anerkennung der Hochschuldiplome zielt weder auf eine Änderung der die Berufsausübung einschliesslich der Berufsethik betreffenden Bestimmungen ab, die für alle Personen gelten, die einen Beruf im Hoheitsgebiet eines Mitgliedstaats ausüben, noch auf einen Ausschluss der Zuwanderer von der Anwendung dieser Bestimmungen. Die Regelung sieht lediglich geeignete Massnahmen vor, mit denen sichergestellt werden kann, dass der Zuwanderer den die Berufsausübung betreffenden Bestimmungen des Aufnahmestaats nachkommt.

Nach Artikel 49, Artikel 57 Absatz 1 und Artikel 66 des Vertrages ist die Gemeinschaft für den Erlass der Rechtsvorschriften zuständig, die für die Einführung und das Funktionieren einer solchen Regelung notwendig sind.

Die allgemeine Regelung zur Anerkennung der Hochschuldiplome präjudiziert in keiner Weise die Anwendung von Artikel 48 Absatz 4 und Artikel 55 des Vertrages.

Eine derartige Regelung stärkt das Recht des europäischen Bürgers, seine beruflichen Kenntnisse in jedem Mitgliedstaat zu nutzen, und sie vervollständigt und stärkt gleichzeitig seinen Anspruch darauf, diese Kenntnisse zu erwerben, wo immer er es wünscht.

Diese Regelung muss nach einer gewissen Zeit der Anwendung auf ihre Effizienz hin bewertet werden, um insbesondere festzustellen, inwieweit sie verbessert oder ihr Anwendungsbereich erweitert werden kann –

hat folgende Richtlinie erlassen:

Artikel 1

Im Sinne dieser Richtlinie gelten
a) als Diplome alle Diplome, Prüfungszeugnisse oder sonstige Befähigungsnachweise bzw. diese Diplome, Prüfungszeugnisse oder sonstigen Befähigungsnachweise insgesamt,

- die in einem Mitgliedstaat von einer nach seinen Rechts- und Verwaltungsvorschriften bestimmten zuständigen Stelle ausgestellt werden,
- aus denen hervorgeht, dass der Diplominhaber ein mindestens dreijähriges Studium oder ein dieser Dauer entsprechendes Teilzeitstudium an einer Universität oder einer Hochschule oder einer anderen Ausbildungseinrichtung mit gleichwertigem Niveau absolviert und gegebenenfalls die über das Studium hinaus erforderliche berufliche Ausbildung abgeschlossen hat, und
- aus denen hervorgeht, dass der Zeugnisinhaber über die beruflichen Voraussetzungen verfügt, die für den Zugang zu einem reglementierten Beruf oder dessen Ausübung in diesem Mitgliedstaat erforderlich sind,

wenn die durch das Diplom, das Prüfungszeugnis oder einen sonstigen Befähigungsnachweis bescheinigte Ausbildung überwiegend in der Gemeinschaft erworben wurde oder wenn dessen Inhaber eine dreijährige Berufserfahrung hat, die von dem Mitgliedstaat bescheinigt wird, der ein Diplom, ein Prüfungszeugnis oder einen sonstigen Befähigungsnachweis eines Drittlands anerkannt hat.

Einem Diplom im Sinne von Unterabsatz 1 sind alle Diplome, Prüfungszeugnisse oder sonstigen Befähigungsnachweise bzw. diese Diplome, Prüfungszeugnisse oder sonstigen Befähigungsnachweise insgesamt gleichgestellt, die von einer zuständigen Stelle in einem Mitgliedstaat ausgestellt wurden, wenn sie eine in der Gemeinschaft erworbene und von einer zuständigen Stelle in diesem Mitgliedstaat als gleichwertig anerkannte Ausbildung abschliessen und in diesem Mitgliedstaat in bezug auf den Zugang zu einem reglementierten Beruf oder dessen Ausübung dieselben Rechte verleihen;

b) als Aufnahmestaat der Mitgliedstaat, in dem ein Angehöriger eines Mitgliedstaats die Ausübung eines Berufes beantragt, der dort reglementiert ist, in dem er jedoch nicht das Diplom, auf das er sich beruft, erworben oder erstmals den betreffenden Beruf ausgeübt hat;

c) als reglementierter Beruf die reglementierte berufliche Tätigkeit oder die reglementierten beruflichen Tätigkeiten insgesamt, die in einem Mitgliedstaat den betreffenden Beruf ausmachen;

d) als reglementierte berufliche Tätigkeit eine berufliche Tätigkeit, deren Aufnahme oder Ausübung oder eine ihrer Arten der Ausübung in einem Mitgliedstaat direkt oder indirekt durch Rechts- oder Verwaltungsvorschriften an den Besitz eines Diploms gebunden ist. Als Art der Ausübung einer reglementierten beruflichen Tätigkeit gilt insbesondere

- die Ausübung einer beruflichen Tätigkeit in Verbindung mit der Führung eines Titels, der nur von Personen geführt werden darf, die ein Diplom besitzen, das in einschlägigen Rechts- und Verwaltungsvorschriften festgelegt ist;
- die Ausübung einer beruflichen Tätigkeit im Gesundheitswesen, wenn die Vergütung dieser Tätigkeit und/oder eine diesbezügliche Erstattung durch

das einzelstaatliche System der sozialen Sicherheit an den Besitz eines Diploms gebunden ist.

Eine berufliche Tätigkeit, auf die Unterabsatz 1 nicht zutrifft, wird einer reglementierten beruflichen Tätigkeit gleichgestellt, wenn sie von Mitgliedern eines Verbandes oder einer Organisation ausgeübt wird, dessen bzw. deren Ziel insbesondere die Förderung und Wahrung eines hohen Niveaus in dem betreffenden Beruf ist und der bzw. die zur Verwirklichung dieses Ziels von einem Mitgliedstaat in besonderer Form anerkannt wird und

– seinen bzw. ihren Mitgliedern ein Diplom ausstellt,

– sicherstellt, dass seine bzw. ihre Mitglieder die von ihm bzw. ihr festgelegten Regeln für das berufliche Verhalten beachten und

– ihnen das Recht verleiht, einen Titel zu führen bzw. bestimmte Kennbuchstaben zu verwenden oder einen diesem Diplom entsprechenden Status in Anspruch zu nehmen.

Ein nicht erschöpfendes Verzeichnis von Verbänden oder Organisationen, die zum Zeitpunkt der Genehmigung dieser Richtlinie die Bindungen des Unterabsatzes 2 erfüllen, ist im Anhang enthalten. Wenn ein Mitgliedstaat einen Verband oder eine Organisation nach den Bestimmungen des Unterabsatzes 2 anerkennt, setzt er die Kommission davon in Kenntnis. Die Kommission veröffentlicht diese Information im Amtsblatt der Europäischen Gemeinschaften;

d a) als reglementierte Ausbildung jede Ausbildung,

– die unmittelbar auf die Ausübung eines bestimmten Berufs gerichtet ist und

– die aus einem mindestens dreijährigen Studium oder einem dieser Dauer entsprechenden Teilzeitstudium an einer Universität oder Hochschule oder einer anderen Ausbildungseinrichtung mit gleichwertigem Niveau und gegebenenfalls einer bzw. einem über das Studium hinaus erforderlichen Berufsausbildung, Berufspraktikums oder der Berufspraxis besteht; die Struktur und das Niveau der Berufsausbildung, des Berufspraktikums oder der Berufspraxis sind in den Rechts- und Verwaltungsvorschriften dieses Mitgliedstaats festgelegt oder werden von der zu diesem Zweck bestimmten Stelle kontrolliert bzw. genehmigt;

e) als Berufserfahrung die tatsächliche und rechtmässige Ausübung des betreffenden Berufs in einem Mitgliedstaat;

f) als Anpassungslehrgang die Ausübung eines reglementierten Berufs, die in dem Aufnahmestaat unter der Verantwortung eines qualifizierten Berufsangehörigen erfolgt und gegebenenfalls mit einer Zusatzausbildung einhergeht. Der Lehrgang ist Gegenstand einer Bewertung. Die Einzelheiten des Anpassungslehrgangs und seiner Bewertung sowie die Rechtslage des zugewanderten Lehrgangsteilnehmers werden von der zuständigen Stelle des Aufnahmestaats festgelegt;

g) als Eignungsprüfung eine ausschliesslich die beruflichen Kenntnisse des Antragstellers betreffende und von den zuständigen Stellen des Aufnahmestaats durchgeführte Prüfung, mit der die Fähigkeit des Antragstellers, in diesem Mitgliedstaat einen reglementierten Beruf auszuüben, beurteilt werden soll.

Für die Zwecke dieser Prüfung erstellen die zuständigen Stellen ein Verzeichnis der Sachgebiete, die aufgrund eines Vergleichs zwischen der in ihrem Staat verlangten Ausbildung und der bisherigen Ausbildung des Antragstellers von dem Diplom oder dem bzw. den Prüfungszeugnissen, die der Antragsteller vorlegt, nicht abgedeckt werden.

Die Eignungsprüfung muss dem Umstand Rechnung tragen, dass der Antragsteller in seinem Heimat- oder Herkunftsmitgliedstaat über eine berufliche Qualifikation verfügt. Sie erstreckt sich auf Sachgebiete, die aus den in dem Verzeichnis enthaltenen Sachgebieten auszuwählen sind und deren Kenntnis eine wesentliche Voraussetzung für eine Ausübung des Berufs im Aufnahmestaat ist. Diese Prüfung kann sich auch auf die Kenntnis der sich auf die betreffenden Tätigkeiten im Aufnahmestaat beziehenden berufsständischen Regeln erstrecken. Die Modalitäten der Eignungsprüfung werden von den zuständigen Stellen des Aufnahmestaats unter Wahrung der Bestimmungen des Gemeinschaftsrechts festgelegt.

Im Aufnahmestaat wird die Rechtslage des Antragstellers, der sich dort auf die Eignungsprüfung vorbereiten will, von den zuständigen Stellen dieses Staats festgelegt.

Artikel 2

Diese Richtlinie gilt für alle Angehörigen eines Mitgliedstaats, die als Selbständige oder abhängig Beschäftigte einen reglementierten Beruf in einem anderen Mitgliedstaat ausüben wollen.

Diese Richtlinie gilt nicht für die Berufe, die Gegenstand einer Einzelrichtlinie sind, mit der in den Mitgliedstaaten eine gegenseitige Anerkennung der Diplome eingeführt wird.

Artikel 3

Wenn der Zugang zu einem reglementierten Beruf oder dessen Ausübung im Aufnahmestaat von dem Besitz eines Diploms abhängig gemacht wird, kann die zuständige Stelle einem Angehörigen eines Mitgliedstaats den Zugang zu diesem Beruf oder dessen Ausübung unter denselben Voraussetzungen wie bei Inländern nicht wegen mangelnder Qualifikation verweigern,

a) wenn der Antragsteller das Diplom besitzt, das in einem anderen Mitgliedstaat erforderlich ist, um Zugang zu diesem Beruf in seinem Hoheitsgebiet zu erhalten oder ihn dort auszuüben, und wenn dieses Diplom in einem Mitgliedstaat erworben wurde, oder

b) wenn der Antragsteller diesen Beruf vollzeitlich zwei Jahre lang in den vorhergehenden zehn Jahren in einem anderen Mitgliedstaat ausgeübt hat, der diesen Beruf nicht gemäss Artikel 1 Buchstabe c) und Buchstabe d) Absatz 1

reglementiert, sofern der Betreffende dabei im Besitz von einem oder mehreren Ausbildungsnachweisen war,
- die in einem Mitgliedstaat von einer nach dessen Rechts- und Verwaltungsvorschriften bestimmten zuständigen Stelle ausgestellt worden waren;
- aus denen hervorgeht, dass der Inhaber ein mindestens dreijähriges Studium oder ein dieser Dauer entsprechendes Teilzeitstudium an einer Universität oder einer Hochschule oder einer anderen Ausbildungseinrichtung mit gleichwertigem Niveau in einem Mitgliedstaat absolviert und gegebenenfalls die über das Studium hinaus erforderliche berufliche Ausbildung abgeschlossen hatte und
- die er zur Vorbereitung auf die Ausübung dieses Berufs erworben hatte.

Die zweijährige Berufserfahrung nach Unterabsatz 1 darf jedoch nicht verlangt werden, wenn der oder die unter diesem Buchstaben genannte(n) Ausbildungsnachweis(e) des Antragstellers den Abschluss einer reglementierten Ausbildung bestätigen.

Dem Ausbildungsnachweis nach Unterabsatz 1 sind ein jedes Prüfungszeugnis bzw. Prüfungszeugnisse insgesamt gleichgestellt, die von einer zuständigen Stelle in einem Mitgliedstaat ausgestellt werden, wenn sie eine in der Gemeinschaft erworbene Ausbildung bestätigen und von diesem Mitgliedstaat als gleichwertig anerkannt werden, sofern diese Anerkennung den übrigen Mitgliedstaaten und der Kommission mitgeteilt worden ist.

Artikel 4

[1] Artikel 3 hindert den Aufnahmestaat nicht daran, vom Antragsteller ebenfalls zu verlangen,
a) dass er Berufserfahrung nachweist, wenn die Ausbildungsdauer, die er gemäss Artikel 3 Buchstaben a) und b) nachweist, um mindestens ein Jahr unter der in dem Aufnahmestaat geforderten Ausbildungsdauer liegt. In diesem Fall darf die Dauer der verlangten Berufserfahrung
- das Doppelte der fehlenden Ausbildungszeit nicht überschreiten, wenn sich diese auf ein Studium und/oder auf ein unter der Aufsicht eines Ausbilders absolviertes und mit einer Prüfung abgeschlossenes Berufspraktikum bezieht;
- die fehlende Ausbildungszeit nicht überschreiten, wenn sich diese auf eine mit Unterstützung eines qualifizierten Berufsangehörigen erworbene Berufspraxis bezieht.

Bei Diplomen im Sinne von Artikel 1 Buchstabe a) letzter Absatz bestimmt sich die Dauer der als gleichwertig anerkannten Ausbildung nach der in Artikel 1 Buchstabe a) Unterabsatz 1 definierten Ausbildung.

Bei Anwendung des vorliegenden Buchstabens ist die Berufserfahrung gemäss Artikel 3 Buchstabe b) anzurechnen.

Die Dauer der verlangten Berufserfahrung darf auf keinen Fall vier Jahre überschreiten;

b) dass er einen höchstens dreijährigen Anpassungslehrgang absolviert oder eine Eignungsprüfung ablegt.

    – wenn seine bisherige Ausbildung gemäss Artikel 3 Buchstaben a) und b) sich auf Fächer bezieht, die sich wesentlich von denen unterscheiden, die von dem Diplom abgedeckt werden, das in dem Aufnahmestaat vorgeschrieben ist, oder

    – wenn in dem in Artikel 3 Buchstabe a) vorgesehenen Fall der reglementierte Beruf in dem Aufnahmestaat eine oder mehrere reglementierte berufliche Tätigkeiten umfasst, die in dem Heimat- oder Herkunftsmitgliedstaat des Antragstellers nicht Bestandteil des betreffenden reglementierten Berufs sind, und wenn dieser Unterschied in einer besonderen Ausbildung besteht, die in dem Aufnahmestaat gefordert wird und sich auf Fächer bezieht, die sich wesentlich von denen unterscheiden, die von dem Diplom abgedeckt werden, das der Antragsteller vorweist, oder

    – wenn in dem in Artikel 3 Buchstabe b) vorgesehenen Fall der reglementierte Beruf in dem Aufnahmestaat eine oder mehrere reglementierte berufliche Tätigkeiten umfasst, die nicht Bestandteil des vom Antragsteller in seinem Heimat- oder Herkunftsmitgliedstaat ausgeübten Berufs sind, und wenn dieser Unterschied in einer besonderen Ausbildung besteht, die in dem Aufnahmestaat gefordert wird und sich auf Fächer bezieht, die sich wesentlich von denen unterscheiden, die von dem oder den Befähigungsnachweisen abgedeckt werden, die der Antragsteller vorweist.

Beabsichtigt der Aufnahmemitgliedstaat vom Antragsteller zu verlangen, dass er einen Anpassungslehrgang absolviert oder eine Eignungsprüfung abgelegt, so muss er zuvor überprüfen, ob die vom Antragsteller während seiner Berufserfahrung erworbenen Kenntnisse die wesentlichen Unterschiede, auf die in Unterabsatz 1 Bezug genommen wird, ganz oder teilweise abdecken.

Wenn der Aufnahmestaat von dieser Möglichkeit Gebrauch macht, muss er dem Antragsteller die Wahl zwischen dem Anpassungslehrgang und der Eignungsprüfung lassen. Abweichend von diesem Grundsatz kann der Aufnahmestaat einen Anpassungslehrgang oder eine Eignungsprüfung vorschreiben, wenn es sich um Berufe handelt, deren Ausübung eine genaue Kenntnis des nationalen Rechts erfordert und bei denen die Beratung und/oder der Beistand in Fragen des innerstaatlichen Rechts ein wesentlicher und ständiger Bestandteil der beruflichen Tätigkeit ist. Wenn der Aufnahmestaat bei anderen Berufen von der Wahlmöglichkeit des Antragstellers abweichen möchte, ist das Verfahren des Artikels 10 anzuwenden.

[2] Jedoch kann der Aufnahmestaat von den Möglichkeiten im Sinne von Absatz 1 Buchstaben a) und b) nicht gleichzeitig Gebrauch machen.

Artikel 5

Unbeschadet der Artikel 3 und 4 kann jeder Aufnahmestaat dem Antragsteller zur Verbesserung seiner Anpassungsmöglichkeiten an das berufliche Umfeld in diesem Staat im Sinne der Gleichwertigkeit gestatten, dort mit Unterstützung eines qualifizierten Berufsangehörigen den aus einer Berufspraxis bestehenden Teil der Berufsausbildung abzuleisten, den er im Heimat- oder Herkunftsmitgliedstaat nicht abgeleistet hat.

Artikel 6

[1] Die zuständige Behörde eines Aufnahmestaats, die für den Zugang zu einem reglementierten Beruf einen Nachweis der Ehrenhaftigkeit, ein Führungszeugnis oder eine Bescheinigung darüber, dass der Betreffende nicht in Konkurs geraten ist, fordert oder die Ausübung dieses Berufs bei schwerwiegendem standeswidrigen Verhalten oder bei einer strafbaren Handlung untersagt, erkennt bei Angehörigen der andern Mitgliedstaaten, die diesen Beruf im Hoheitsgebiet des Aufnahmestaats ausüben wollen, die von den zuständigen Behörden des Heimat- oder Herkunftsmitgliedstaats ausgestellten Bescheinigungen, aus denen hervorgeht, dass diesen Anforderungen Genüge geleistet wird, als ausreichenden Nachweis an.

Werden von den zuständigen Stellen des Heimat- oder Herkunftsmitgliedstaats die in Unterabsatz 1 genannten Dokumente nicht ausgestellt, so werden sie durch eine eidesstattliche Erklärung – oder in den Staaten, in denen es keine eidesstattliche Erklärung gibt, durch eine feierliche Erklärung – ersetzt, die der Betreffende vor einer zuständigen Justiz- oder Verwaltungsbehörde oder gegebenenfalls vor einem Notar oder einer entsprechend bevollmächtigten Berufsorganisation des Heimat- oder Herkunftsmitgliedstaats abgegeben hat, die eine diese eidesstattliche oder feierliche Erklärung bestätigende Bescheinigung ausstellen.

[2] Fordert die zuständige Behörde des Aufnahmestaats von den Angehörigen ihres Staats für den Zugang zu einem reglementierten Beruf oder dessen Ausübung eine Bescheinigung über die körperliche oder geistige Gesundheit, so erkennt sie die Vorlage der Bescheinigung, die im Heimat- oder Herkunftsmitgliedstaat gefordert wird, hierfür als ausreichenden Nachweis an.

Wird im Heimat- oder Herkunftsmitgliedstaat für die Aufnahme oder die Ausübung des betreffenden Berufs ein derartiges Zeugnis nicht verlangt, so erkennt der Aufnahmestaat bei Staatsangehörigen des Heimat- oder Herkunftsmitgliedstaats eine von den zuständigen Behörden dieses Staats ausgestellte Bescheinigung an, die den Bescheinigungen des Aufnahmestaats entspricht.

[3] Die zuständige Behörde des Aufnahmestaats kann verlangen, dass die Nachweise und Bescheinigungen nach den Absätzen 1 und 2 bei ihrer Vorlage nicht älter als drei Monate sind.

[4] Fordert die zuständige Behörde des Aufnahmestaats von den Angehörigen ihres Staats für den Zugang zu einem reglementierten Beruf oder dessen Ausübung einen Eid oder eine feierliche Erklärung, so sorgt sie für den Fall, dass die Formel dieses Eides oder dieser Erklärung von den Angehörigen der anderen Mitgliedstaaten nicht verwendet werden kann, dafür, dass den Betreffenden eine geeignete und gleichwertige Formel zur Verfügung steht.

[5] Wird im Aufnahmemitgliedstaat für die Aufnahme oder die Ausübung eines reglementierten Berufs ein Nachweis über die finanzielle Leistungsfähigkeit verlangt, so erkennt dieser Staat entsprechende Bescheinigungen von Banken des Heimat- oder Herkunftsmitgliedstaats als gleichwertig mit den in seinem Hoheitsgebiet ausgestellten Bescheinigungen an.

[6] Verlangt die zuständige Stelle eines Aufnahmemitgliedstaats von den Staatsangehörigen dieses Staates für die Aufnahme oder die Ausübung eines reglementierten Berufs den Nachweis, dass sie einer Berufshaftpflichtversicherung angeschlossen sind, so erkennt dieser Staat die von den Versicherungsunternehmen der anderen Mitgliedstaaten ausgestellten Bescheinigungen als gleichwertig mit den in seinem Hoheitsgebiet ausgestellten Bescheinigungen an. Aus den Bescheinigungen muss hervorgehen, dass die Versicherung in Bezug auf Deckungsbedingungen und -umfang den im Aufnahmemitgliedstaat geltenden Rechts- und Verwaltungsvorschriften genügt. Die Bescheinigungen dürfen bei ihrer Vorlage nicht älter als drei Monate sein.

Artikel 7

[1] Die zuständige Behörde des Aufnahmestaats erkennt den Angehörigen der Mitgliedstaaten, die die Voraussetzungen für den Zugang zu einem reglementierten Beruf und dessen Ausübung im Hoheitsgebiet des Aufnahmestaats erfüllen, das Recht zu, die diesem Beruf entsprechende Berufsbezeichnung des Aufnahmestaats zu führen.

[2] Die zuständige Behörde des Aufnahmestaats erkennt den Angehörigen der Mitgliedstaaten, die die Voraussetzungen für den Zugang zu einem reglementierten Beruf und dessen Ausübung im Hoheitsgebeit des Aufnahmestaats erfüllen, das Recht zu, ihre im Heimat- oder Herkunftsmitgliedstaat bestehende rechtmässige Ausbildungsbezeichnung und gegebenenfalls ihre Abkürzung in der Sprache dieses Staats zu führen. Der Aufnahmestaat kann vorschreiben, dass neben dieser Bezeichnung Name und Ort der Lehranstalt oder des Prüfungsausschusses, die bzw. der diese Ausbildungsbezeichnung verliehen hat, aufgeführt werden.

[3] Wird ein Beruf in dem Aufnahmestaat durch einen Verband oder eine Organisation gemäss Artikel 1 Buchstabe d) reglementiert, so sind Staatsangehörige der Mitgliedstaaten zur Führung der Berufsbezeichnung oder der Kennbuchstaben, die von dem betreffenden Verband oder der betreffenden Organisation verliehen werden, nur berechtigt, wenn sie ihre Mitgliedschaft bei diesem Verband oder dieser Organisation nachweisen können.

Sofern der Verband oder die Organisation die Aufnahme von Qualifikationsanforderungen abhängig macht, kann er bzw. sie dies gegenüber Angehörigen anderer Mitgliedstaaten, welche über ein Diplom im Sinne von Artikel 1 Buchstabe a) oder eine Berufsbefähigung im Sinne von Artikel 3 Buchstabe b) verfügen, nur unter den in dieser Richtlinie, insbesondere in den Artikeln 3 und 4, niedergelegten Bedingungen tun.

Artikel 8

[1] Der Aufnahmestaat erkennt als Nachweis dafür, dass die in den Artikeln 3 und 4 genannten Voraussetzungen erfüllt sind, die von den zuständigen Behörden der Mitgliedstaaten ausgestellten Bescheinigungen an, die der Antragsteller mit seinem Antrag auf Ausübung des betreffenden Berufs vorzulegen hat.

[2] Das Verfahren zur Prüfung eines Antrags auf Ausübung eines reglementierten Berufs muss so rasch wie möglich durchgeführt und mit einer mit Gründen versehenen Entscheidung der zuständigen Behörde des Aufnahmestaats spätestens vier Monate nach Vorlage der vollständigen Unterlagen des Betreffenden abgeschlossen werden. Gegen diese Entscheidung oder gegen die Unterlassung einer Entscheidung kann ein gerichtlicher Rechtsbehelf nach innerstaatlichem Recht eingelegt werden.

Artikel 9

[1] Die Mitgliedstaaten bezeichnen innerhalb der in Artikel 12 vorgesehenen Frist die zuständigen Behörden, die ermächtigt sind, die Anträge entgegenzunehmen und die in dieser Richtlinie genannten Entscheidungen zu treffen.

Sie setzen die übrigen Mitgliedstaaten und die Kommission davon in Kenntnis.

[2] Jeder Mitgliedstaat benennt einen Koordinator für die Tätigkeiten der Behörden nach Absatz 1 und setzt die übrigen Mitgliedstaaten und die Kommission davon in Kenntnis. Seine Aufgabe besteht darin, die einheitliche Anwendung dieser Richtlinie auf alle in Frage kommenden Berufe zu fördern. Bei der Kommission wird eine Koordinierungsgruppe eingerichtet, die aus den von den einzelnen Mitgliedstaaten benannten Koordinatoren oder deren Stellvertretern besteht und in der ein Vertreter der Kommission den Vorsitz führt.

Aufgabe dieser Gruppe ist es,
– die Durchführung dieser Richtlinie zu erleichtern, insbesondere durch die Annahme und Veröffentlichung von Stellungnahmen zu den Fragen, die ihr von der Kommission vorgelegt werden;
– alle zweckdienlichen Informationen über ihre Anwendung in den Mitgliedstaaten zu sammeln.

Sie kann von der Kommission zu geplanten Änderungen der derzeitigen Regelung konsultiert werden.

[3] Die Mitgliedstaaten ergreifen Massnahmen, um im Rahmen dieser Richtlinie die erforderlichen Auskünfte über die Anerkennung der Diplome zur Verfügung zu stellen. Sie können dabei von der Informationsstelle für die akademische Anerkennung der Diplome und Studienzeiten, die von den Mitgliedstaaten im Rahmen der Entschliessung des Rates und der im Rat vereinigten Minister für das Bildungswesen vom 9. Februar 1976 (1) errichtet wurde, oder in geeigneten Fällen von den betreffenden Berufsverbänden oder -organisationen unterstützt werden.

Die Kommission ergreift die erforderlichen Initiativen, um zu gewährleisten, dass die Erteilung der erforderlichen Auskünfte ausgebaut und koordiniert wird.

Artikel 10

[1] Wenn ein Mitgliedstaat in Anwendung von Artikel 4 Absatz 1 Buchstabe b) Unterabsatz 2 Satz 3 dem Antragsteller für einen Beruf im Sinne dieser Richtlinie nicht die Wahl zwischen einem Anpassungslehrgang und einer Eignungsprüfung lassen möchte, übermittelt er der Kommission unverzüglich den Entwurf der betreffenden Vorschrift. Er teilt der Kommission gleichzeitig die Gründe mit, die eine solche Regelung erforderlich machen.

Die Kommission unterrichtet die anderen Mitgliedstaaten unverzüglich von dem Entwurf; sie kann auch die Koordinierungsgruppe nach Artikel 9 Absatz 2 zu diesem Entwurf konsultieren.

[2] Unbeschadet der Tatsache, dass die Kommission und die übrigen Mitgliedstaaten Bemerkungen zu dem Entwurf vorbringen können, darf der Mitgliedstaat die Bestimmung nur erlassen, wenn die Kommission sich innerhalb einer Frist von drei Monaten nicht im Wege einer Entscheidung dagegen ausgesprochen hat.

[3] Die Mitgliedstaaten teilen einem Mitgliedstaat oder der Kommission auf Verlangen unverzueglich den endgültigen Wortlaut einer Bestimmung mit, die sich aus der Anwendung dieses Artikels ergibt.

Artikel 11

Nach Ablauf der Frist nach Artikel 12 übermitteln die Mitgliedstaaten der Kommission alle zwei Jahre einen Bericht über die Anwendung der Regelung. Neben allgemeinen Bemerkungen enthält dieser Bericht eine statistische Aufstellung der getroffenen Entscheidungen sowie eine Beschreibung der Hauptprobleme, die sich aus der Anwendung dieser Richtlinie ergeben.

Artikel 12

Die Mitgliedstaaten treffen die erforderlichen Massnahmen, um dieser Richtlinie binnen zwei Jahren nach ihrer Bekanntgabe (1) nachzukommen. Sie setzen die Kommission unverzüglich davon in Kenntnis.

Die Mitgliedstaaten teilen der Kommission den Wortlaut der wichtigsten innerstaatlichen Rechtsvorschriften mit, die sie auf dem unter diese Richtlinie fallenden Gebiet erlassen.

Artikel 13

Spätestens fünf Jahre nach dem in Artikel 12 genannten Zeitpunkt berichtet die Kommission dem Europäischen Parlament und dem Rat über den Stand der Anwendung der allgemeinen Regelung zur Anerkennung der Hochschuldiplome, die eine mindestens dreijährige Berufsausbildung abschliessen.

Bei dieser Gelegenheit unterbreitet sie nach Vornahme aller notwendigen Anhörungen ihre Schlussfolgerungen hinsichtlich etwaiger Änderungen der bestehenden Regelung. Gegebenenfalls legt sie gleichzeitg Vorschläge zur Verbesserung der bestehenden Regelungen mit dem Ziel vor, die Freizügigkeit, das Niederlassungsrecht und den freien Dienstleistungsverkehr für die unter diese Richtlinie fallenden Personen zu erleichtern.

Artikel 14

Diese Richtlinie ist an die Mitgliedstaaten gerichtet.

Anhang

Verzeichnis der Berufsverbände oder -organisationen, die die Bedingungen des Artikels 1 Buchstabe d) Absatz 2 erfüllen

Irland[1]

1. The Institute of Chartered Accountants in Ireland[2]
2. The Institute of Certified Public Accountants in Ireland[2]
3. The Association of Certified Accountants[2]
4. Institution of Engineers of Ireland
5. Irish Planning Institute

Vereinigtes Königreich

1. Institute of Chartered Accountants in England and Wales
2. Institute of Chartered Accountants of Scotland
3. Institute of Chartered Accountants in Ireland
4. Chartered Association of Certified Accountants
5. Chartered Institute of Loss Adjusters
6. Chartered Institute of Management Accountants
7. Institute of Chartered Secretaries and Administrators
8. Chartered Insurance Institute
9. Institute of Actuaries
10. Faculty of Actuaries
11. Chartered Institute of Bankers
12. Institute of Bankers in Scotland
13. Royal Institution of Chartered Surveyors
14. Royal Town Planning Institute

---

[1] Irische Staatsangehörige sind ebenfalls Mitglieder folgender Berufsverbände oder -organisationen des Vereinigten Königreichs:
Institute of Chartered Accountants in England and Wales
Institute of Chartered Accountants of Scotland
Institute of Actuaries
Faculty of Actuaries
The Chartered Institute of Management Accountants
Institute of Chartered Secretaries and Administrators
Royal Town Planning Institute
Royal Institution of Chartered Surveyors
Chartered Institute of Building.
[2] Nur zu Zwecken der Rechnungsprüfung.

15. Chartered Society of Physiotherapy
16. Royal Society of Chemistry
17. British Psychological Society
18. Library Association
19. Institute of Chartered Foresters
20. Chartered Institute of Building
21. Engineering Council
22. Institute of Energy
23. Institution of Structural Engineers
24. Institution of Civil Engineers
25. Institution of Mining Engineers
26. Institution of Mining and Metallurgy
27. Institution of Electrical Engineers
28. Institution of Gas Engineers
29. Institution of Mechanical Engineers
30. Institution of Chemical Engineers
31. Institution of Production Engineers
32. Institution of Marine Engineers
33. Royal Institution of Naval Architects
34. Royal Aeronautical Society
35. Institute of Metals
36. Chartered Institution of Building Services Engineers
37. Institute of Measurement and Control
38. British Computer Society

Anhang VI

Richtlinie 98/5/EG des europäischen Parlaments und des Rates

vom 16. Februar 1998

zur Erleichterung der ständigen Ausübung des Rechtsanwaltsberufs in einem anderen Mitgliedstaat als dem, in dem die Qualifikation erworben wurde

Das europäische Parlament und der Rat der europäischen Union –

gestützt auf den Vertrag zur Gründung der Europäischen Gemeinschaft, insbesondere auf Artikel 49 und Artikel 57 Absatz 1 und Absatz 2 Sätze 1 und 3,

auf Vorschlag der Kommission[1],

nach Stellungnahme des Wirtschafts- und Sozialausschusses[2],

gemäss dem Verfahren des Artikels 189b des Vertrags[3],

in Erwägung nachstehender Gründe:

(1) Nach Artikel 7a des Vertrags umfasst der Binnenmarkt einen Raum ohne Binnengrenzen. Nach Artikel 3 Buchstabe c) des Vertrags ist die Beseitigung der Hindernisse für den freien Personen- und Dienstleistungsverkehr zwischen den Mitgliedstaaten eines der Ziele der Gemeinschaft. Für die Angehörigen der Mitgliedstaaten bedeutet die Beseitigung dieser Hindernisse insbesondere, dass sie als Selbständige oder als abhängig Beschäftigte die Möglichkeit haben, einen Beruf in einem anderen Mitgliedstaat als dem auszuüben, in dem sie ihre berufliche Qualifikation erworben haben.

(2) Ein in einem Mitgliedstaat voll qualifizierter Rechtsanwalt kann aufgrund der Richtlinie 89/48/EWG des Rates vom 21. Dezember 1988 über eine allgemeine Regelung zur Anerkennung der Hochschuldiplome, die eine mindestens dreijährige Berufsausbildung abschliessen[4], bereits die Anerkennung seines Diploms beantragen, um sich in einem anderen Mitgliedstaat zwecks Ausübung des Rechtsanwaltsberufs unter der Berufsbezeichnung dieses Mitgliedstaats niederzulassen. Zweck der genannten Richtlinie ist die Integra-

---

[1]   ABl. C 128 vom 24. 5. 1995, S. 6, und ABl. C 355 vom 25. 11. 1996, S. 19.
[2]   ABl. C 256 vom 2. 10. 1995, S. 14.
[3]   Stellungnahme des Europäischen Parlaments vom 19. Juni 1996 (ABl. C 198 vom 8. 7. 1996, S. 85), gemeinsamer Standpunkt des Rates vom 24. Juli 1997 (ABl. C 297 vom 29. 9. 1997, S. 6) und Beschluss des Europäischen Parlaments vom 19. November 1997. Beschluss des Rates vom 15. Dezember 1997.
[4]   ABl. L 19 vom 24. 1. 1989, S. 16.

tion des Rechtsanwalts in den Berufsstand des Aufnahmestaats. Sie zielt weder darauf ab, dass die dort geltenden Berufs- und Standesregeln geändert werden, noch dass der betreffende Anwalt ihrer Anwendung entzogen wird.

(3) Während sich einige Rechtsanwälte insbesondere durch erfolgreiche Ablegung der in der Richtlinie 89/48/EWG vorgesehenen Eignungsprüfung rasch in den Berufsstand des Aufnahmestaats integrieren können, sollten andere vollständig qualifizierte Rechtsanwälte diese Integration nach einem bestimmten Zeitraum der Berufsausübung im Aufnahmestaat unter ihrer ursprünglichen Berufsbezeichnung erreichen oder aber ihre Tätigkeit unter der ursprünglichen Berufsbezeichnung fortsetzen können.

(4) Dieser Zeitraum soll dem Rechtsanwalt die Eingliederung in den Berufsstand im Aufnahmestaat ermöglichen, wenn nachgeprüft wurde, dass er Berufserfahrung in diesem Mitgliedstaat erworben hat.

(5) Ein Tätigwerden auf Gemeinschaftsebene ist nicht nur gerechtfertigt, weil damit den Rechtsanwälten neben der allgemeinen Anerkennungsregelung eine leichtere Möglichkeit der Eingliederung in den Berufsstand des Aufnahmestaats geboten wird, sondern auch weil dadurch, dass ihnen ermöglicht wird, ihren Beruf ständig unter ihrer ursprünglichen Berufsbezeichnung in einem Aufnahmestaat auszuüben, gleichzeitig den Erfordernissen der Rechtsuchenden entsprochen wird, die aufgrund des zunehmenden Geschäftsverkehrs insbesondere im Zuge der Verwirklichung des Binnenmarktes einer Beratung bei grenzübergreifenden Transaktionen bedürfen, bei denen das internationale Recht, das Gemeinschaftsrecht und nationale Rechtsordnungen häufig miteinander verschränkt sind.

(6) Ein Tätigwerden auf Gemeinschaftsebene ist auch deswegen gerechtfertigt, weil bisher erst einige Mitgliedstaaten gestatten, dass Rechtsanwälte aus anderen Mitgliedstaaten unter ihrer ursprünglichen Berufsbezeichnung eine Anwaltstätigkeit in anderer Form denn als Dienstleistung in ihrem Gebiet ausüben. In den Mitgliedstaaten, in denen diese Möglichkeit gegeben ist, gelten sehr unterschiedliche Modalitäten, beispielsweise was das Tätigkeitsfeld und die Pflicht zur Eintragung bei den zuständigen Stellen betrifft. Solche unterschiedlichen Situationen führen zu Ungleichheiten und Wettbewerbsverzerrungen im Verhältnis zwischen den Rechtsanwälten der Mitgliedstaaten und bilden ein Hindernis für die Freizügigkeit. Nur durch eine Richtlinie zur Regelung der Bedingungen, unter denen Rechtsanwälte, die unter ihrer ursprünglichen Berufsbezeichnung tätig sind, ihren Beruf in anderer Form denn als Dienstleistung ausüben dürfen, können diese Probleme gelöst und in allen Mitgliedstaaten den Rechtsanwälten und Rechtsuchenden die gleichen Möglichkeiten geboten werden.

(7) Diese Richtlinie sieht entsprechend ihrer Zielsetzung davon ab, rein innerstaatliche Situationen zu regeln, und berührt die nationalen Berufsregeln nur insoweit, als dies notwendig ist, damit sie ihren Zweck tatsächlich erreichen

kann. Insbesondere berührt diese Richtlinie nicht die nationalen Regelungen für den Zugang zum Rechtsanwaltsberuf und für die Ausübung dieses Berufs unter der Berufsbezeichnung des Aufnahmestaats.

(8) Für die unter diese Richtlinie fallenden Rechtsanwälte ist eine Pflicht zur Eintragung bei der zuständigen Stelle des Aufnahmestaats vorzusehen, damit sich diese Stelle vergewissern kann, dass die Rechtsanwälte die Berufs- und Standesregeln des Aufnahmestaats beachten. Die Wirkung dieser Eintragung bezüglich der Gerichtsbezirke und der Stufen und Arten der Gerichtsbarkeit, für die die Rechtsanwälte zugelassen sind, richtet sich nach dem für die Rechtsanwälte des Aufnahmestaats geltenden Recht.

(9) Die Rechtsanwälte, die nicht in den Berufsstand des Aufnahmestaats integriert sind, sind gehalten, ihre Anwaltstätigkeit in diesem Mitgliedstaat unter ihrer ursprünglichen Berufsbezeichnung auszuüben, damit die Information der Verbraucher gesichert ist und eine Unterscheidung von den Rechtsanwälten des Aufnahmestaats, die unter der Berufsbezeichnung dieses Mitgliedstaats tätig sind, ermöglicht wird.

(10) Den unter diese Richtlinie fallenden Rechtsanwälten ist zu gestatten, Rechtsberatung insbesondere im Recht des Herkunftsstaats, im Gemeinschaftsrecht, im internationalen Recht und im Recht des Aufnahmestaats zu erteilen. Diese Möglichkeit war für die Dienstleistung bereits mit der Richtlinie 77/249/ EWG des Rates vom 22. März 1977 zur Erleichterung der tatsächlichen Ausübung des freien Dienstleistungsverkehrs der Rechtsanwälte[5] eröffnet worden. Wie in der Richtlinie 77/249/EWG ist indessen die Möglichkeit vorzusehen, bestimmte grundstücks- und erbschaftsrechtliche Handlungen aus dem Tätigkeitsbereich der Rechtsanwälte, die im Vereinigten Königreich und in Irland unter ihrer ursprünglichen Berufsbezeichnung tätig sind, auszuschliessen. Die vorliegende Richtlinie berührt nicht die Vorschriften, mit denen in jedem Mitgliedstaat bestimmte Tätigkeiten anderen Berufen als dem des Rechtsanwalts vorbehalten sind. Auch ist aus der Richtlinie 77/ 249/EWG die Bestimmung zu übernehmen, wonach der Aufnahmestaat verlangen kann, dass der unter seiner ursprünglichen Berufsbezeichnung tätige Rechtsanwalt für die Vertretung und Verteidigung von Mandanten vor Gericht im Einvernehmen mit einem einheimischen Rechtsanwalt handelt. Die Verpflichtung zum einvernehmlichen Handeln gilt entsprechend der diesbezüglichen Auslegung durch den Gerichtshof der Europäischen Gemeinschaften, insbesondere in dessen Urteil vom 25. Februar 1988 in der Rechtssache 427/85 (Kommission gegen Deutschland)[6].

(11) Um das ordnungsgemässe Funktionieren der Rechtspflege sicherzustellen, muss den Mitgliedstaaten die Möglichkeit belassen werden, den Zugang zu den höchsten Gerichten im Rahmen besonderer Vorschriften spezialisierten

---

[5] ABl. L 78 vom 26. 3. 1977, S. 17. Richtlinie zuletzt geändert durch die Beitrittsakte von 1994.
[6] EuGH, Slg. 1988, S. 1123.

Rechtsanwälten vorzubehalten, ohne dadurch die Integration der Rechtsanwälte der Mitgliedstaaten zu behindern, die die geforderten Voraussetzungen hierfür erfüllen.

(12) Der im Aufnahmestaat unter seiner ursprünglichen Berufsbezeichnung eingetragene Rechtsanwalt muss bei der zuständigen Stelle des Herkunftsstaats eingetragen bleiben, um seinen Status als Rechtsanwalt zu behalten und diese Richtlinie in Anspruch nehmen zu können. Aus diesem Grund ist eine enge Zusammenarbeit zwischen den zuständigen Stellen, insbesondere bei etwaigen Disziplinarverfahren, unerlässlich.

(13) Die unter diese Richtlinie fallenden Rechtsanwälte können unabhängig davon, ob sie im Herkunftsstaat als abhängig Beschäftigte oder als Selbständige tätig sind, im Aufnahmestaat als abhängig Beschäftigte praktizieren, sofern der betreffende Aufnahmestaat den eigenen Rechtsanwälten diese Möglichkeit bietet.

(14) Wenn diese Richtlinie es den Rechtsanwälten gestattet, in einem anderen Mitgliedstaat unter der ursprünglichen Berufsbezeichnung tätig zu sein, soll ihnen dadurch auch erleichtert werden, die Berufsbezeichnung des Aufnahmestaats zu erlangen. Aufgrund der Artikel 48 und 52 des Vertrags in der Auslegung durch den Gerichtshof ist der Aufnahmestaat stets verpflichtet, in seinem Gebiet erworbene Berufserfahrung zu berücksichtigen. Nach dreijähriger effektiver und regelmässiger Tätigkeit im Aufnahmestaat im Recht dieses Mitgliedstaats, einschliesslich des Gemeinschaftsrechts, darf angenommen werden, dass der betreffende Rechtsanwalt die erforderliche Eignung erworben hat, um sich voll in den Berufsstand des Aufnahmestaats zu integrieren. Am Ende dieses Zeitraums muss der Rechtsanwalt, sofern er – vorbehaltlich einer Überprüfung – den Nachweis der beruflichen Befähigung im Aufnahmestaat erbringen kann, die Befugnis zur Führung der Berufsbezeichnung dieses Mitgliedstaats erhalten können. War der betreffende Rechtsanwalt während der mindestens dreijährigen effektiven und regelmässigen Tätigkeit nur während eines kürzeren Zeitraums im Recht des Aufnahmestaats tätig, so hat die Stelle alle seine sonstigen Kenntnisse in diesem Recht zu berücksichtigen; sie kann diese in einem Gespräch überprüfen. Wird der Nachweis der Erfüllung dieser Voraussetzungen nicht erbracht, so muss die Entscheidung der zuständigen Stelle des Aufnahmestaats, die Zuerkennung der Berufsbezeichnung dieses Mitgliedstaats nach den mit diesen Voraussetzungen verbundenen erleichterten Modalitäten zu verweigern, begründet werden; gegen diese Entscheidung kann ein gerichtliches Rechtsmittel nach dem innerstaatlichen Recht eingelegt werden.

(15) Die Wirtschafts- und Berufsentwicklung in der Gemeinschaft zeigt, dass die Möglichkeit der gemeinsamen Ausübung des Rechtsanwaltsberufs – auch in Form eines Zusammenschlusses – eine Realität wird. Es muss vermieden werden, dass die Ausübung des Rechtsanwaltberufs in einer Gruppe im Herkunftsstaat als Vorwand benutzt wird, um die Niederlassung der zu dieser

Gruppe gehörenden Rechtsanwälte im Aufnahmestaat zu verhindern oder zu erschweren. Die Mitgliedstaaten müssen indessen geeignete Massnahmen treffen können, um das legitime Ziel der Wahrung der Unabhängigkeit des Berufsstands zu erreichen. In allen Mitgliedstaaten, die die gemeinsame Berufsausübung erlauben, sind bestimmte Garantien vorzusehen –

Haben folgende Richtlinie erlassen:

Artikel 1   Gegenstand, Anwendungsbereich und Begriffsbestimmungen

¹ Diese Richtlinie soll die ständige Ausübung des Rechtsanwaltsberufs als Selbständiger oder abhängig Beschäftigter in einem anderen Mitgliedstaat als dem, in dem die Berufsqualifikation erworben wurde, erleichtern.

² Für die Zwecke dieser Richtlinie bezeichnet
  a) «Rechtsanwalt» jede Person, die Angehörige eines Mitgliedstaats ist und ihre beruflichen Tätigkeiten unter einer der folgenden Berufsbezeichnungen auszuüben berechtigt ist:

Belgien:	Avocat/Advocaat/Rechtsanwalt
Tschechische Republik:	Advokát
Dänemark:	Advokat
Deutschland:	Rechtsanwalt
Estland:	Vandeadvokaat
Griechenland:	Δικηγόροξ
Spanien:	Abogado/Advocat/Avogado/Abokatu
Frankreich:	Avocat
Irland:	Barrister, Solicitor
Italien:	Avvocato
Zypern:	Δικηγόροξ
Lettland:	Zvērināts advokāts
Litauen:	Advokatas
Luxemburg:	Avocat
Ungarn:	Ügyvéd
Malta:	Avukat/Prokuratur Legali
Niederlande:	Advocaat
Österreich:	Rechtsanwalt
Polen:	Adwokat/Radca prawny
Portugal:	Advogado
Slowenien:	Odvetnik/Odvetnica
Slowakei:	Advokát/Komerčny právnik
Finnland:	Asianajaja/Advokat
Schweden:	Advokat
Vereinigtes Königreich:	Advocate/Barrister/Solicitor

  b) «Herkunftsstaat» den Mitgliedstaat, in dem der Rechtsanwalt vor Ausübung der Anwaltstätigkeit in einem anderen Mitgliedstaat das Recht erworben hat, eine der unter Buchstabe a) genannten Berufsbezeichnungen zu führen;

c) «Aufnahmestaat» den Mitgliedstaat, in dem der Rechtsanwalt seinen Beruf gemäss den Bestimmungen dieser Richtlinie ausübt;

d) «ursprüngliche Berufsbezeichnung» die Berufsbezeichnung des Mitgliedstaats, in dem der Rechtsanwalt vor Ausübung der Anwaltstätigkeit im Aufnahmestaat das Recht erworben hat, diese Bezeichnung zu führen;

e) «Gruppe» jeden nach dem Recht eines Mitgliedstaats errichteten Zusammenschluss mit oder ohne Rechtspersönlichkeit, in dem Rechtsanwälte ihre Berufstätigkeit gemeinsam und unter einem gemeinsamen Namen ausüben;

f) «jeweilige Berufsbezeichnung» oder «jeweiliger Beruf» jede Berufsbezeichnung oder jeden Beruf, die in den Aufgabenbereich der zuständigen Stelle fallen, bei der sich der Rechtsanwalt gemäss Artikel 3 hat eintragen lassen, und «zuständige Stelle» diese Stelle.

[3] Diese Richtlinie gilt sowohl für selbständige als auch für abhängig beschäftigte Rechtsanwälte, die im Herkunftsstaat und vorbehaltlich des Artikels 8 im Aufnahmestaat eine Rechtsanwaltstätigkeit ausüben.

[4] Die Ausübung des Rechtsanwaltsberufs im Sinne dieser Richtlinie berührt nicht die Erbringung von Dienstleistungen, die unter die Richtlinie 77/249/EWG fallen.

Artikel 2 Recht auf Berufsausübung unter der ursprünglichen Berufsbezeichnung

Jeder Rechtsanwalt hat das Recht, die in Artikel 5 genannten Anwaltstätigkeiten auf Dauer in jedem anderen Mitgliedstaat unter seiner ursprünglichen Berufsbezeichnung auszuüben.

Die Eingliederung in den Berufsstand des Aufnahmestaats wird in Artikel 10 geregelt.

Artikel 3 Eintragung bei der zuständigen Stelle

[1] Jeder Rechtsanwalt, der seinen Beruf in einem anderen Mitgliedstaat ausüben möchte als dem, in dem er seine Berufsqualifikation erworben hat, hat sich bei der zuständigen Stelle dieses Mitgliedstaats eintragen zu lassen.

[2] Die zuständige Stelle des Aufnahmestaats nimmt die Eintragung des Rechtsanwalts anhand einer Bescheinigung über dessen Eintragung bei der zuständigen Stelle des Herkunftsstaats vor. Sie kann verlangen, dass diese von der zuständigen Stelle des Herkunftsstaats erteilte Bescheinigung im Zeitpunkt ihrer Vorlage nicht älter als drei Monate ist. Sie setzt die zuständige Stelle des Herkunftsstaats von der Eintragung in Kenntnis.

[3] Für die Anwendung von Absatz 1:

– im Vereinigten Königreich und in Irland trägt sich der Rechtsanwalt, der unter einer anderen Berufsbezeichnung als denjenigen des Vereinigten Königreichs oder Irlands tätig ist, entweder bei der für den Beruf des «barrister»

oder «advocate» zuständigen Stelle oder bei der für den Beruf des «solicitor»
zuständigen Stelle ein;

- im Vereinigten Königreich ist die für einen irischen «barrister» zuständige
  Stelle die Stelle für den Beruf des «barrister» oder «advocate» und die für
  einen irischen «solicitor» zuständige Stelle die Stelle für den Beruf des «solicitor»;
- in Irland ist die für einen «barrister» oder einen «advocate» aus dem Vereinigten Königreich zuständige Stelle die Stelle für den Beruf des «barrister» und
  die für einen «solicitor» aus dem Vereinigten Königreich zuständige Stelle
  die Stelle für den Beruf des «solicitor».

[4] Veröffentlicht die zuständige Stelle des Aufnahmestaats die Namen der bei ihr
eingetragenen Rechtsanwälte, so veröffentlicht sie auch die Namen der gemäss
dieser Richtlinie eingetragenen Rechtsanwälte.

Artikel 4 Ausübung der Anwaltstätigkeit unter der ursprünglichen
Berufsbezeichnung

[1] Der im Aufnahmestaat unter seiner ursprünglichen Berufsbezeichnung tätige
Rechtsanwalt hat diese Berufsbezeichnung in der Amtssprache oder in einer der
Amtssprachen des Herkunftsstaats zu führen; die Bezeichnung muss verständlich
und so formuliert sein, dass keine Verwechslung mit der Berufsbezeichnung des
Aufnahmestaats möglich ist.

[2] Für die Anwendung von Absatz 1 kann der Aufnahmestaat verlangen, dass der
unter seiner ursprünglichen Berufsbezeichnung tätige Rechtsanwalt zusätzlich die
Berufsorganisation, der er im Herkunftsstaat angehört, oder das Gericht angibt,
bei dem er nach den Vorschriften des Herkunftsstaats zugelassen ist. Der Aufnahmestaat kann auch verlangen, dass der unter seiner ursprünglichen Berufsbezeichnung tätige Rechtsanwalt die Eintragung bei der zuständigen Stelle dieses Mitgliedstaats angibt.

Artikel 5 Tätigkeitsfeld

[1] Vorbehaltlich der Absätze 2 und 3 übt der unter seiner ursprünglichen Berufsbezeichnung tätige Rechtsanwalt die gleichen beruflichen Tätigkeiten wie der unter
der jeweiligen Berufsbezeichnung des Aufnahmestaats niedergelassene Rechtsanwalt aus und kann insbesondere Rechtsberatung im Recht seines Herkunftsstaats,
im Gemeinschaftsrecht, im internationalen Recht und im Recht des Aufnahmestaats erteilen. Er hat in jedem Fall die vor den nationalen Gerichten geltenden
Verfahrensvorschriften einzuhalten.

[2] Mitgliedstaaten, die in ihrem Gebiet einer bestimmten Gruppe von Rechtsanwälten die Abfassung von Urkunden gestatten, mit denen das Recht auf Verwaltung des Vermögens verstorbener Personen verliehen oder Rechte an Grundstücken begründet oder übertragen werden und die in anderen Mitgliedstaaten
anderen Berufen als dem des Rechtsanwalts vorbehalten sind, können den unter

seiner ursprünglichen Berufsbezeichnung tätigen Rechtsanwalt aus einem dieser anderen Mitgliedstaaten von diesen Tätigkeiten ausschliessen.

[3] Für die Ausübung der Tätigkeiten, die mit der Vertretung und der Verteidigung von Mandanten vor Gerichten verbunden sind, kann der Aufnahmestaat, soweit er diese Tätigkeiten den unter der Berufsbezeichnung des Aufnahmestaats tätigen Rechtsanwälten vorbehält, den unter ihrer ursprünglichen Berufsbezeichnung tätigen Rechtsanwälten als Bedingung auferlegen, dass sie im Einvernehmen mit einem bei dem angerufenen Gericht zugelassenen Rechtsanwalt, der gegebenenfalls diesem Gericht gegenüber die Verantwortung trägt, oder mit einem bei diesem Gericht tätigen «avoué» handeln.

Um das ordnungsgemässe Funktionieren der Rechtspflege sicherzustellen, können die Mitgliedstaaten jedoch besondere Regeln für den Zugang zu den höchsten Gerichten vorsehen und zum Beispiel nur spezialisierte Rechtsanwälte zulassen.

Artikel 6   Berufs- und Standesregeln

[1] Der unter seiner ursprünglichen Berufsbezeichnung tätige Rechtsanwalt unterliegt neben den im Herkunftsstaat geltenden Berufs- und Standesregeln hinsichtlich aller Tätigkeiten, die er im Aufnahmestaat ausübt, den gleichen Berufs- und Standesregeln wie die Rechtsanwälte, die unter der jeweiligen Berufsbezeichnung des Aufnahmestaats praktizieren.

[2] Für die unter ihrer usprünglichen Berufsbezeichnung tätigen Rechtsanwälte ist eine angemessene Vertretung in den Berufsorganisationen des Aufnahmestaats sicherzustellen. Diese Vertretung umfasst mindestens das aktive Wahlrecht bei der Wahl der Organe dieser Berufsorganisationen.

[3] Der Aufnahmestaat kann dem unter seiner ursprünglichen Berufsbezeichnung tätigen Rechtsanwalt zur Auflage machen, nach den Regeln, die er für die in seinem Gebiet ausgeübten Berufstätigkeiten festlegt, entweder eine Berufshaftpflichtversicherung abzuschliessen oder einer Berufsgarantiekasse beizutreten. Der unter seiner ursprünglichen Berufsbezeichnung tätige Rechtsanwalt ist von dieser Verpflichtung jedoch befreit, wenn er eine nach den Regeln des Herkunftsstaats geschlossene Versicherung oder Garantie nachweist, die hinsichtlich der Modalitäten und des Deckungsumfangs gleichwertig ist. Bei nur partieller Gleichwertigkeit kann die zuständige Stelle des Aufnahmestaats den Abschluss einer Zusatzversicherung oder einer ergänzenden Garantie zur Abdeckung der Teile verlangen, die nicht durch die nach den Regeln des Herkunftsstaats geschlossene Versicherung oder Garantie abgedeckt sind.

Artikel 7   Disziplinarverfahren

[1] Verletzt der unter seiner ursprünglichen Berufsbezeichnung tätige Rechtsanwalt die im Aufnahmestaat geltenden Verpflichtungen, so sind die in diesem Mitgliedstaat geltenden Bestimmungen über Verfahren, Ahndung und Rechtsmittel anwendbar.

² Vor Einleitung eines Disziplinarverfahrens gegen den unter seiner ursprünglichen Berufsbezeichnung tätigen Rechtsanwalt setzt die zuständige Stelle des Aufnahmestaats unverzüglich die zuständige Stelle des Herkunftsstaats unter Angabe aller zweckdienlichen Einzelheiten davon in Kenntnis.

Unterabsatz 1 gilt entsprechend, wenn die zuständige Stelle des Herkunftsstaats ein Disziplinarverfahren einleitet; diese setzt die zuständige Stelle des oder der Aufnahmestaaten davon in Kenntnis.

³ Unbeschadet ihrer Entscheidungsbefugnis arbeitet die zuständige Stelle des Aufnahmestaats während der gesamten Dauer des Disziplinarverfahrens mit der zuständigen Stelle des Herkunftsstaats zusammen. Insbesondere trifft der Aufnahmestaat die notwendigen Vorkehrungen, damit sich die zuständige Stelle des Herkunftsstaats vor den Rechtsmittelinstanzen Gehör verschaffen kann.

⁴ Die zuständige Stelle des Herkunftsstaats entscheidet nach den eigenen Rechts- und Verfahrensregeln über die Folgen der von der zuständigen Stelle des Aufnahmestaats gegen den unter seiner ursprünglichen Berufsbezeichnung tätigen Rechtsanwalt getroffenen Entscheidung.

⁵ Die zeitweilige oder endgültige Rücknahme der Genehmigung zur Berufsausübung seitens der zuständigen Stelle des Herkunftsstaats zieht für den betreffenden Rechtsanwalt automatisch das einstweilige oder endgültige Verbot nach sich, seine Anwaltstätigkeit im Aufnahmestaat unter seiner ursprünglichen Berufsbezeichnung auszuüben; sie ist jedoch keine Vorbedingung für die Entscheidung der zuständigen Stelle des Aufnahmestaats.

Artikel 8   Berufsausübung im abhängigen Beschäftigungsverhältnis

Der im Aufnahmestaat unter seiner ursprünglichen Berufsbezeichnung eingetragene Rechtsanwalt kann als abhängig Beschäftigter eines anderen Rechtsanwalts, eines Zusammenschlusses von Anwälten oder einer Anwaltssozietät oder eines öffentlichen oder privaten Unternehmens tätig sein, wenn der Aufnahmestaat dies für die unter der Berufsbezeichnung dieses Mitgliedstaats eingetragenen Rechtsanwälte gestattet.

Artikel 9   Begründung und Rechtsmittel

Entscheidungen über die Verweigerung der Eintragung nach Artikel 3 oder über die Rücknahme dieser Eintragung sowie Entscheidungen zur Verhängung von Disziplinarstrafen müssen begründet werden.

Gegen diese Entscheidungen kann ein gerichtliches Rechtsmittel nach dem innerstaatlichen Recht eingelegt werden.

Artikel 10   Gleichstellung mit den Rechtsanwälten des Aufnahmestaats

¹ Der Rechtsanwalt, der unter seiner ursprünglichen Berufsbezeichnung tätig ist und eine mindestens dreijährige effektive und regelmässige Tätigkeit im Aufnah-

mestaat im Recht dieses Mitgliedstaats, einschliesslich des Gemeinschaftsrechts, nachweist, wird für den Zugang zum Rechtsanwaltsberuf im Aufnahmestaat von den in Artikel 4 Absatz 1 Buchstabe b) der Richtlinie 89/48/EWG vorgesehenen Voraussetzungen freigestellt. Unter «effektiver und regelmässiger Tätigkeit» ist die tatsächliche Ausübung des Berufs ohne Unterbrechung zu verstehen; Unterbrechungen aufgrund von Ereignissen des täglichen Lebens bleiben ausser Betracht.

Den Nachweis einer mindestens dreijährigen effektiven und regelmässigen Tätigkeit im Recht des Aufnahmestaats hat der betreffende Rechtsanwalt bei der zuständigen Stelle dieses Mitgliedstaats zu erbringen. Hierzu

a) legt er der zuständigen Stelle des Aufnahmemitgliedstaats alle zweckdienlichen Informationen und Dokumente, insbesondere über die Zahl und die Art der von ihm bearbeiteten Rechtssachen, vor;

b) kann die zuständige Stelle des Aufnahmestaats überprüfen, ob die Tätigkeit effektiv und regelmässig ausgeübt wurde, und den Rechtsanwalt erforderlichenfalls auffordern, in mündlicher oder schriftlicher Form zusätzliche klärende oder präzisierende Angaben zu den unter Buchstabe a) genannten Informationen und Dokumenten zu machen.

Die Entscheidung der zuständigen Stelle des Aufnahmestaats, die Freistellung nicht zu gewähren, wenn der Nachweis nicht erbracht wurde, dass die in Unterabsatz 1 genannten Anforderungen erfüllt sind, muss begründet werden; gegen diese Entscheidung kann ein gerichtliches Rechtsmittel nach dem innerstaatlichen Recht eingelegt werden.

[2] Der in einem Aufnahmestaat unter seiner ursprünglichen Berufsbezeichnung tätige Rechtsanwalt kann jederzeit die Anerkennung seines Diploms nach der Richtlinie 89/48/EWG beantragen, um zum Rechtsanwaltsberuf im Aufnahmestaat zugelassen zu werden und ihn unter der entsprechenden Berufsbezeichnung dieses Mitgliedstaats auszuüben.

[3] Der unter seiner ursprünglichen Berufsbezeichnung tätige Rechtsanwalt, der den Nachweis einer mindestens dreijährigen effektiven und regelmässigen Tätigkeit im Aufnahmestaat erbringt, im Recht des Aufnahmestaats jedoch nur während eines kürzeren Zeitraums tätig war, kann bei der zuständigen Stelle dieses Mitgliedstaats die Zulassung zum Rechtsanwaltsberuf im Aufnahmestaat und das Recht erlangen, diesen unter der entsprechenden Berufsbezeichnung dieses Mitgliedstaats auszuüben, ohne dass die Voraussetzungen der Richtlinie 89/48/EWG Artikel 4 Absatz 1 Buchstabe b) auf ihn Anwendung finden. Dafür gilt folgendes:

a) Die zuständige Stelle des Aufnahmestaats berücksichtigt die effektive und regelmässige Tätigkeit während des genannten Zeitraums sowie sämtliche Kenntnisse und Berufserfahrungen im Recht des Aufnahmestaats, ferner die Teilnahme an Kursen und Seminaren über das Recht des Aufnahmestaats einschliesslich des Berufs- und Standesrechts.

b) Der Rechtsanwalt legt der zuständigen Stelle des Aufnahmestaats alle zweckdienlichen Informationen und Unterlagen, insbesondere über die von ihm bearbeiteten Rechtssachen vor. Ob er seine Tätigkeit im Aufnahmestaat effektiv und regelmässig ausgeübt hat und ob er imstande ist, diese Tätigkeit weiterhin auszuüben, wird in einem Gespräch mit der zuständigen Stelle des Aufnahmestaats überprüft.

Die Entscheidung der zuständigen Stelle des Aufnahmestaats, die Genehmigung nicht zu erteilen, wenn der Nachweis nicht erbracht wurde, dass die in Unterabsatz 1 genannten Anforderungen erfüllt sind, muss begründet werden; gegen diese Entscheidung kann ein gerichtliches Rechtsmittel nach dem innerstaatlichen Recht eingelegt werden.

[4] Die zuständige Stelle des Aufnahmestaats kann durch begründete Entscheidung, gegen die ein gerichtliches Rechtsmittel nach dem innerstaatlichen Recht eingelegt werden kann, einem Rechtsanwalt die Inanspruchnahme der Bestimmungen dieses Artikels verweigern, wenn sie den Eindruck hat, dass sonst insbesondere aufgrund von Disziplinarverfahren, Beschwerden oder Zwischenfällen die öffentliche Ordnung beeinträchtigt würde.

[5] Die mit der Prüfung des Antrags befassten Vertreter der zuständigen Stelle gewährleisten die Vertraulichkeit der erlangten Informationen.

[6] Der Rechtsanwalt, der im Aufnahmestaat gemäss den Absätzen 1, 2 und 3 zum Rechtsanwaltsberuf zugelassen wird, ist berechtigt, neben der Berufsbezeichnung, die dem Rechtsanwaltsberuf im Aufnahmestaat entspricht, auch die ursprüngliche Berufsbezeichnung in der Amtssprache oder einer der Amtssprachen des Herkunftsstaats zu führen.

Artikel 11   Gemeinsame Ausübung des Rechtsanwaltberufs

Sofern die gemeinsame Berufsausübung für Rechtsanwälte, die unter der jeweiligen Berufsbezeichnung tätig sind, im Aufnahmestaat gestattet ist, gelten die folgenden Bestimmungen für Rechtsanwälte, die unter dieser Berufsbezeichnung tätig bleiben wollen oder sich bei der zuständigen Stelle eintragen lassen:
1. Ein oder mehrere in einem Aufnahmestaat unter ihrer ursprünglichen Berufsbezeichnung tätige Rechtsanwälte, die Mitglied ein und derselben Gruppe im Herkunftsstaat sind, können ihre beruflichen Tätigkeiten im Rahmen einer Zweigstelle oder Niederlassung ihrer Gruppe im Aufnahmestaat ausüben. Sind die für diese Gruppe im Herkunftsstaat geltenden grundlegenden Regeln jedoch mit den grundlegenden Regeln nach den Rechts- und Verwaltungsvorschriften des Aufnahmestaats unvereinbar, so finden letztere Vorschriften Anwendung, soweit ihre Beachtung im allgemeinen Interesse zum Schutz der Mandanten und Dritter gerechtfertigt ist.
2. Jeder Mitgliedstaat bietet zwei oder mehr Rechtsanwälten, die ein und derselben Gruppe angehören oder aus ein und demselben Herkunftsstaat kommen und unter ihrer ursprünglichen Berufsbezeichnung in seinem Gebiet tätig sind, die Möglichkeit des Zugangs zu einer Form der gemeinsamen Berufsausübung. Stellt der Aufnahmestaat seinen Rechtsanwälten verschiedene Formen der ge-

meinsamen Berufsausübung zur Verfügung, so müssen diese auch den in Satz 1 genannten Rechtsanwälten zugänglich sein. Die Modalitäten, nach denen diese Rechtsanwälte ihre Tätigkeiten im Aufnahmestaat gemeinsam ausüben, richten sich nach den Rechts- und Verwaltungsvorschriften dieses Mitgliedstaats.

3. Der Aufnahmestaat trifft die erforderlichen Massnahmen, um auch eine gemeinsame Berufsausübung

   a) mehrerer unter ihrer ursprünglichen Berufsbezeichnung tätigen Rechtsanwälte aus verschiedenen Mitgliedstaaten,

   b) eines oder mehrerer Rechtsanwälte im Sinne von Buchstabe a) und eines oder mehrerer Rechtsanwälte des Aufnahmestaats

   zu gestatten.

   Die Modalitäten, nach denen diese Rechtsanwälte ihre Tätigkeiten im Aufnahmestaat gemeinsam ausüben, richten sich nach den Rechts- und Verwaltungsvorschriften dieses Mitgliedstaats.

4. Der Rechtsanwalt, der unter seiner ursprünglichen Berufsbezeichnung tätig sein möchte, setzt die zuständige Stelle des Aufnahmestaats davon in Kenntnis, dass er Mitglied einer Gruppe in seinem Herkunftsstaat ist, und erteilt alle zweckdienlichen Auskünfte über diese Gruppe.

5. Abweichend von den Nummern 1 bis 4 kann der Aufnahmestaat in jenem Ausmass, in dem er Rechtsanwälten, die unter ihrer jeweiligen Berufsbezeichnung tätig sind, die Ausübung des Rechtsanwaltsberufs in einer Gruppe untersagt, der standesfremde Personen angehören, einem unter seiner ursprünglichen Berufsbezeichnung eingetragenen Rechtsanwalt das Recht verweigern, sich im Aufnahmestaat als Mitglied seiner Gruppe zu betätigen. Eine Gruppe gilt als Gruppe, der standesfremde Personen angehören, wenn Personen, die nicht die Qualifikation eines Rechtsanwalts gemäss Artikel 1 Absatz 2 besitzen,

   – ganz oder teilweise das Kapital dieser Gruppe halten oder
   – die Bezeichnung, unter der die Gruppe tätig ist, benutzen oder
   – de facto oder de jure die Entscheidungsbefugnis darin ausüben.

   Sind die für eine solche Gruppe von Rechtsanwälten im Herkunftsstaat geltenden grundlegenden Regeln entweder mit denen des Aufnahmestaats oder mit Unterabsatz 1 unvereinbar, so kann der Aufnahmestaat ohne die Einschränkungen nach Nummer 1 die Eröffnung einer Zweigstelle oder Niederlassung auf seinem Hoheitsgebiet ablehnen.

Artikel 12   Bezeichnung der Gruppe

Unabhängig von den Einzelheiten der Ausübung ihrer Tätigkeit können die im Aufnahmestaat unter ihrer ursprünglichen Berufsbezeichnung tätigen Rechtsanwälte die Bezeichnung der Gruppe angeben, der sie im Herkunftsstaat angehören.

Der Aufnahmestaat kann verlangen, dass neben der Bezeichnung der Gruppe nach Unterabsatz 1 auch deren Rechtsform im Herkunftsstaat und/oder die Namen der im Aufnahmestaat tätigen Mitglieder der Gruppe angegeben werden.

Artikel 13   Zusammenarbeit zwischen den zuständigen Stellen
des Aufnahme- und des Herkunftsstaats und Vertraulichkeit

Die zuständige Stelle des Aufnahmestaats und die zuständige Stelle des Herkunftsstaats arbeiten eng zusammen und leisten einander Amtshilfe, um die Anwendung dieser Richtlinie zu erleichtern und zu vermeiden, dass die Bestimmungen dieser Richtlinie gegebenenfalls zwecks Umgehung der im Aufnahmestaat geltenden Regeln missbräuchlich angewendet werden.

Sie gewährleisten die Vertraulichkeit der Informationen, die sie austauschen.

Artikel 14   Benennung der zuständigen Stellen

Die Mitgliedstaaten benennen spätestens am 14. März 2000 die zuständigen Stellen, die befugt sind, die in dieser Richtlinie genannten Anträge entgegenzunehmen und die in dieser Richtlinie vorgesehenen Entscheidungen zu treffen. Sie setzen die übrigen Mitgliedstaaten und die Kommission davon in Kenntnis.
Artikel 15 Bericht der Kommission

Spätestens zehn Jahre nach Inkrafttreten dieser Richtlinie erstattet die Kommission dem Europäischen Parlament und dem Rat über den Stand der Anwendung dieser Richtlinie Bericht.

Nach Durchführung der erforderlichen Anhörungen legt sie bei dieser Gelegenheit ihre Schlussfolgerungen sowie Vorschläge für etwaige Änderungen an dem geltenden System vor.

Artikel 16   Umsetzung

[1] Die Mitgliedstaaten erlassen die erforderlichen Rechts- und Verwaltungsvorschriften, um dieser Richtlinie spätestens am 14. März 2000 nachzukommen. Sie setzen die Kommission unverzüglich davon in Kenntnis.

Wenn die Mitgliedstaaten derartige Vorschriften erlassen, nehmen sie in den Vorschriften selbst oder durch einen Hinweis bei der amtlichen Veröffentlichung auf diese Richtlinie Bezug. Die Mitgliedstaaten regeln die Einzelheiten dieser Bezugnahme.

[2] Die Mitgliedstaaten teilen der Kommission den Wortlaut der wichtigsten innerstaatlichen Rechtsvorschriften mit, die sie auf dem unter diese Richtlinie fallenden Gebiet erlassen.

Artikel 17

Diese Richtlinie tritt am Tag ihrer Veröffentlichung im *Amtsblatt der Europäischen Gemeinschaften* in Kraft.

Artikel 18   Adressaten

Diese Richtlinie ist an die Mitgliedstaaten gerichtet.

Anhang VII

Liste der kantonalen Aufsichtsbehörden

AG   Anwaltskommission, Obere Vorstadt 40, 5000 Aargau,
Tel. 062 835 38 57, Fax. 062 835 39 49

AI   Anwaltskammer, Unteres Ziel 20, 9050 Appenzell,
Tel. 071 788 95 51, Fax. 071 788 95 54

AR   Obergerichtspräsidium des Kantons Appenzell A. Rh., Fünfeck-Haus,
Postfach, 9043 Trogen

BE   Anwaltskammer des Kantons Bern, Postfach 7475, 3001 Bern,
Tel. 031 634 71 66, Fax. 031 634 71 13

BL   Anwaltskommission, Kantonsgericht Abt. KG ZS, Postfach,
4410 Liestal,
Tel. 061 925 57 96/ 061 925 57 64, Fax. 061 925 69 64

BS   Aufsichtsbehörde über die Anwältinnen und Anwälte, c/o Appella-
tionsgericht des Kantons Basel-Stadt, Bäumleingasse 1, 4051 Basel,
Tel. 061 267 81 81, www.appellationsgericht@bs.ch

FR   Département de la justice (la tenue du registre et du tableau),
Rue de la Poste 1, 1700 Fribourg,
Tel. 026 305 14 11, Fax. 026 305 14 14;

         Tribunal cantonal (pouvoir disciplinaire; levée du secret
professionel), Pl. de l'Hôtel-de-Ville 2a, Case postale 56, 1702,
Tel. 026 305 39 10, Fax. 026 305 39 19

GE   Commission du barreau, Rue des Chaudronniers 7,
Case postale 3688, 12 Genève 3,
Tel. 022 327 24 27, Fax. 022 327 32 45

GL   Anwaltskommission, Postfach 335, 8750 Glarus,
Tel. 055 645 25 25, Fax. 055 645 25 00

GR   Aufsichtskommission über die Rechtsanwältinnen und Rechtsanwälte, Poststrasse 14, 7000 Chur,
Tel. 081 257 39 64

JU   Chambre des avocats, Avenue de la Gare 49, 2800 Delémont,
Tel. 032 422 12 47, Fax. 032 422 05 27

LU   Aufsichtsbehörde über die Anwältinnen und Anwälte, Hirschen-
graben 16, 6002 Luzern,
Tel. 041 228 62 65, Fax. 041 228 62 64

NE	Autorité de surveillance des avocates et des avocats, service de la justice, Le Château, 2001 Neuchâtel, Tel. 032 889 41 70, Fax. 032 889 60 64
NW	Anwaltskommission des Kantons Nidwalden, c/o Obergericht Nidwalden, Rathausplatz 1, 6371 Stans, Tel. 041 618 79 70, Fax. 041 618 79 63
OW	Anwaltskommission des Kantons Obwalden, Poststrasse 6, 6060 Sarnen, Tel. 041 666 62 35, Fax. 041 660 82 86
SG	Anwaltskammer des Kantons St. Gallen, Klosterhof 1, 9001 St. Gallen, Tel. 071 229 32 41, Fax. 071 229 37 87
SH	Aufsichtsbehörde über das Anwaltswesen, Frauengasse 17, Postfach 568, 8201 Schaffhausen, Tel. 052 632 74 22, Fax. 052 632 78 36
SO	Anwaltskammer, c/o Amt für Justiz, Amthaus 2, 45 Solothurn, Tel. 032 627 27 19, Fax. 032 627 22 17
SZ	Anwaltskommission, Kollegiumsstrasse 28, Postfach 2265, 6431 Schwyz, Tel. 041 819 26 55
TG	Anwaltskommission, Obergerichtskanzlei, 8500 Frauenfeld, Tel. 052 724 18 18, Fax. 052 724 18 24
TI	Camera per l'avvocatura e il notariato del Tribunale di Appello, Palazzo di giustizia, 6900 Lugano, Tel. 091 815 54 24, Fax. 091 815 58 74
UR	Aufsichtskommission über die richterlichen Behörden und die Rechtsanwälte, Rathausplatz 2, 6460 Altdorf, Tel. 041 875 22 67
VD	Chambre des avocats, Palais de justice de l'Hermitage, Route du Signal 8, 1014 Lausanne, Tel. 021 316 15 11
VS	Autorité cantonale de surveillance des avocats, Tribunal cantonal, Palais de Justice, Avenue Mathieu-Schiner 1, 1950 Sion, Tel. 027 606 53 00, Fax. 027 606 53 01
ZG	Aufsichtskommission über die Rechtsanwälte, c/o Obergerichts-kanzlei Zug, Gerichtsgebäude an der Aa, Aabachstrasse 3, Postfach 760, 6301 Zug, Tel. 041 728 52 50
ZH	Aufsichtskommission über die Rechtsanwälte des Kantons Zürich, Hirschengraben 15, Postfach, 8023 Zürich, Tel. 01 257 91 91, Fax. 01 261 12 92

Sachregister

Die Nachweise erfolgen nach Artikeln und Randnoten.

A

Abhörprotokoll 13 N 60 f.
Adressatenkreis
– Berufsgeheimnis 13 N 15
Akten 12 N 74
– Herausgabe 12 N 33 ff.
– sorgsamer Umgang 12 N 46 f.
Aktiengesellschaft 12 N 63; 13 N 87
Amtliche Pflichtverteidigung 2 N
    16 f.; 12 N 142 ff.; 25 N 5 f.; 27
    N 8; 29 N 2; 30 N 14
Amtliche Strafverteidigung 12 N 144
Angemessenheit
– der Rechnung 12 N 172
– einer vereinbarten Vergütung 12
    N 168
Angestellter Anwalt s. Anstellungs-
    verhältnis
Anhörung des Anwalts 13 N 75
Anspruchserhebungsprinzip 12 N 133
Anstellungsverhältnis 2 N 5; 12 N 19;
    12 N 69 ff.; 13 N 90
– in Anwaltsgesellschaft 8 N 37 f.
– Hilfspersonen 13 N 20 ff.
– In-House-Counsel s.a. Syndikus
    13 N 23
– Teilzeitangestellte 12 N 70; 13
    N 19
– in Unternehmung 13 N 19
– Vollzeitangestellte 13 N 19
Anvertraute Vermögenswerte 12
    N 150 ff.
Anvertrautsein 13 N 31 ff.
Anwaltliche Dienstleistungen
– des angestellten Anwalts 12 N 73
Anwaltliche Tätigkeit 12 N 6; 12
    N 137; 13 N 15

Anwaltsgeheimnis s. Berufsgeheimnis
Anwaltsgemeinschaft 12 N 19
Anwaltsgesellschaft
– internationale 8 N 55
Anwaltskanzlei
– Räumlichkeiten 12 N 17 ff.
Anwaltskapitalgesellschaft 13 N 87
Anwaltsmonopol 1 N 10 f.; 2 N 1, 8,
    11 f.; 3 N 6 f.; 4 N 3 f., 15; 5 N 7; 6
    N 22; 8 N 46; 12 N 6; 14 N 5, 8; 23
    N 11
Anwaltspatent 5 N 10; 6 N 7 ff.
– Erwerb 3 N 3
– Übergangsrecht 36 N 3
Anwaltsprüfung 7 N 17 ff.; s.a.
    Eignungsprüfung
Anwaltsqualifikation 22 N 1 ff.
– Nachweis 28 N 3
Anwaltsregister 2 N 3 f.; 5 N 1 ff.
– Anwälte aus EU- und EFTA-
    Mitgliedstaaten 2 N 18; 7 N 7 f.;
    21 N 28; 27 N 1; 27 N 8; 30
    N 1 ff.; 30 N 13 f.
– Beschwerderecht 6 N 33 ff.
– Einsichtsrecht 10 N 1 ff.; 15 N 3
– Eintrag 6 N 1 ff.
– einzutragende Anwälte 5 N 4 ff.
– fachliche Voraussetzungen der
    Eintragung 7 N 1 ff.
– Führung 5 N 17
– Gegenstand 5 N 2 f.; 6 N 3 f.
– Geschäftsverkehr 4 N 13
– Hinweis auf Registereintrag 11
    N 5 ff.
– Inhalt 5 N 9 ff.
– Löschung der Eintragung 9 N 1 ff.
– Mitteilungspflicht bei Änderungen
    12 N 174 ff.

– persönliche Voraussetzungen für die Eintragung 8 N 2 ff.
– Publikation 6 N 29 ff.
– Verfahren auf Eintragung 6 N 22 ff.; 34 N 2 ff.
– Verfahren bei Löschung 9 N 11 ff.
– Veröffentlichung 6 N 29 ff.
– Voraussetzung für Freizügigkeit 4 N 1 f., 4; 5 N 7
– Voraussetzungen für die Eintragung 5 N 11 ff.; 6 N 7 ff.; 30 N 3 ff.
– Wiedereintragung 9 N 17 ff.
– Wirkungen der Eintragung 5 N 18 ff.; 30 N 1 f., 4, 13 f.
– Wirkungen der Löschung 9 N 15 f.
Anwaltsregisterkanton 11 N 12
Anwaltstätigkeit 14 N 8; s.a. beratende Anwaltstätigkeit; forensische Anwaltstätigkeit; hauptberufliche Anwaltstätigkeit
– eigentliche 13 N 28, 33 ff.
– als Nebenerwerb 12 N 68 f.
– neben Vollzeitstelle 8 N 46 ff.;
Anwaltswahl; s. freie Anwaltswahl
Anwaltszwang 23 N 4 ff., 12; 27 N 6 f.
Arbeitsvertrag 12 N 72 f.
Aufklärung
– über die Grundsätze der Rechnungsstellung und das geschuldete Honorar 12 N 157 ff.
Aufklärungs- und Benachrichtigungspflicht 12 N 29 f.
Aufklärungspflicht 12 N 148
Aufnahmestaat 26 N 2
Aufsichtsbefugnis 14 N 5
Aufsichtsbehörde 17 N 8
– Aufsichtsbereich 14 N 5 f.
– Aufsichtsmittel 14 N 9
– Einsichtsrecht 10 N 1, 7 ff.
– Entbindung vom Berufsgeheimnis 13 N 70, 72 f., 75
– Führung der öffentlichen Liste 2 N 17
– Führung des Anwaltsregisters 5 N 3, 17
– Informationspflicht 16 N 5; 26 N 5; 28 N 4
– Mitteilung 18 N 2
– Organisation und Verfahren 14 N 1 ff.
– Orientierung des Herkunftsstaates 29 N 3 f.
– Publikation der Registereintragung 6 N 29
– Überprüfungsbefugnis 6 N 19; 22 N 3
– Überprüfungspflicht 9 N 4; 12 N 2, 169
– Verfahren bei Löschung des Registereintrags 9 N 11
– Verfahren bei Registereintragung 6 N 22 ff.; 8 N 61
– Zusammenarbeit mit Herkunftsstaat 29 N 5 ff.
– Zuständigkeit 16 N 1 f.
Aufsichtskompetenz 14 N 6
Aufsichtsmittel 14 N 9 f.
Ausbildung 1 N 9; 31 N 2
Ausbildungsabschlüsse
– Anerkennung 36 N 2
Auskunftspflicht 12 N 73
Auslandaufenthalt
– vorübergehender 12 N 175
Ausländische Anwälte 6 N 26
Ausländischer Universitätsabschluss 7 N 7 ff.
Ausserberufliches Verhalten 12 N 52 f.
Aussonderungsanspruch 12 N 151
Ausübungsberechtigung 22 N 2
Avocats à la Cour de cassation 21 N 19
Avocats au Conseil d'Etat 21 N 19
Avoués près les cours d'appel 21 N 19

B

Bankgeheimnis 13 N 48 f.
Barrister 21 N 19
Bedürftige Partei 12 N 145
Beförderliche Auftragsausführung 12
 N 28
Beratende Anwaltstätigkeit 2 N 6, 9; 3
 N 8; 4 N 5; 13 N 16 Vorbem. zu
 Abschn. 4, 5, 6 N 5; s.a. Berateran-
 wälte und Rechtsberatung
Berateranwälte 3 N 2, 8 f.; s.a.
 beratende Anwaltstätigkeit und
 Rechtsberatung
Berufsausübung1 N 12 s.a. ständige
 Berufsausübung
Berufsausübungsverbot 26 N 6; 8
 N 3; 9 N 6 ff.; 12 N 141
– befristetes 17 N 36 f.
– dauerndes 17 N 38 ff.
– räumliche Geltung 18 N 1 f.
Berufsbezeichnung 11 N 1 ff.;
 24 N 1 ff.; 30 N 2, 5, 13 f.; 33
– Hinweis auf Registereintrag 11
 N 5 ff.
– ursprüngliche 24 N 2; 27 N 4
– Verwechslungsgefahr 27 N 5
– Wahlrecht 11 N 2 ff.
Berufserfahrung 31 N 8
Berufserfahrung und Fortbildung 32
 N 4
Berufsgeheimnis 2 N 4; 12 N 108 ff.;
 13 N 1 ff.
– Anwaltskapitalgesellschaft 13 N 87
– EDV und Datenschutz 13 N 86
– Entbindung 13 N 65 ff.
– Fiskus 13 N 44, 51f.
– bei Führung einer Anwaltskanzlei
 in der privaten Wohnung 12 N 18
– Geltungsbereich 13 N 12 ff.; 13
 N 43 ff.
– Haftpflichtversicherung, Meldung
 an 13 N 74
– Inhalt 13 N 52 ff.

– bei Konkurs des Mandanten 13
 N 72
– Mehrwertsteuer 13 N 50
– Multidisciplinary Partnership 13
 N 88
– Prozessfinanzierung 13 N 95 ff.
– Rechtfertigung 13 N 37
– Rechtsgrundlagen 13 N 3 ff.
– Rechtschutzversicherung 13 N 96
– Sanktionen bei Verletzung 13
 N 80 ff.
– Strafrechtliche Ahndung 13 N 7, 10
– Strafuntersuchung 13 N 46
– des Syndikus-Anwalts 13 N 17,
 89 ff.
– bei Tod des Mandanten 13 N 73
– Umfang und Grenzen 13 N 24 ff.,
 29 f.
– Versiegelung und Entsiegelung 13
 N 78 f.
– Verzicht der Geheimhaltung durch
 Mandant 13 N 58
– zeitliche Dauer 13 N 77
– Zweck 13 N 27
Berufshaftpflichtversicherung 6
 N 17 ff.; 12 N 129 ff., 141
– Anspruchserhebungsprinzip 12
 N 133
– anwaltliche Tätigkeit 12 N 137
– Befreiungsanspruch 12 N 132
– Grobfahrlässigkeit 12 N 132
– Mindestdeckung 12 N 135
– Nachversicherung 12 N 133
– Versicherungsumfang 12 N 136
Berufsorganisation 24 N 3
Berufspflichten; s.a. Berufsregeln
 sowie Pflichten
– schuldhafte Verletzung 17 N 18
– Wegbedingung 12 N 27
Berufspflichten (allgemeine) 12
 N 17 ff.
– keine Beeinflussung von Zeugen
 12 N 22 f.
– freie Anwaltswahl 12 N 20 f.

– Führung einer Kanzlei 12 N 17 ff.
– Vertraulichkeit von Vergleichsver-
handlungen 12 N 24
Berufsregeln 1 N 12; 5 N 18; 13
N 14 ff.; 26 N 2 f.; 27 N 8 f.; 29
N 1 f.; 30 N 1, 14
– Adressatenkreis 2 N 10; 11 N 7; 12
N 6
– allgemeine Definition 12 N 2
– amtliche Pflichtverteidigung und
unentgeltliche Rechtsvertretung 12
N 142 ff.
– Anwälte aus EU- oder EFTA-
Mitgliedstaaten 2 N 16 ff.; 25
N 1 ff.
– Aufbewahrung anvertrauter
Vermögenswerte 12 N 150 ff.
– Aufklärung über die Grundsätze
der Rechnungsstellung und des
Honorars 12 N 157 ff.
– Berateranwälte 3 N 8 f.; 27 N 9
– Berufsgeheimnis 13 N 1 ff.
– Folgen bei Verletzung der Berufs-
pflichten 17 N 3
– Harmonisierung 12 N 1
– des Herkunftslandes 27 N 8
– Mitteilungspflicht 12 N 174 ff.
– Pflicht zum Abschluss einer
Berufshaftpflichtversicherung 12
N 129 ff.
– sorgfältige und gewissenhafte
Berufsausübung 12 N 8 ff.
– Unabhängigkeit 12 N 54 ff.
– Verbot des Erfolgshonorars und
Beteiligung am Prozessgewinn 12
N 118 ff.
– Verbot von Interessenkollisionen
12 N 83 ff.
– Werbung 12 N 113 ff.
– Wirkungen der Löschung im
Register 9 N 15
Berufstätigkeit
– Aufgabe oder Wegzug 20 N 2

Bescheinigung der Berufsqualifika-
tion
– des Herkunftslands 28 N 3
Beschlagnahme von Schriftstücken 13
N 63
Beschwerderecht
– Eintragung im Anwaltsregister 6
N 33 ff.
Beteiligung am Prozessgewinn 12
N 118 ff.
Betreibungsregister 5 N 11
Bundesgericht 35 N 1 f.
Bundesgerichtsgesetz 35 N 6
Busse 17 N 33 ff.

C

Chinese Walls 12 N 89

D

Dachorganisation 8 N 50
Darlehen 12 N 94 f.
Datenbankrecherchen 12 N 164, 173
Datenschutz 13 N 86
Delikte 8 N 17 ff., 20 ff.
Dienstleistung
– Dauer 27 N 2 f.
Dienstleistungsverkehr; s. freier
Dienstleistungsverkehr
Diplom 31 N 3
– ausländisches Diplom 31 N 6
Disziplinaraufsicht 1 N 12; 2 N 10; 9
N 15; 17 N 14
– Anwälte aus EU- oder EFTA-
Mitgliedstaaten 27 N 8 f.; 29 N 1 f.
– Aufsichtsbereiche 14 N 5 ff.
– Aufsichtsmittel 14 N 9 f.
– Organisation 14 N 1 ff.
Disziplinarmassnahmen 14 N 10
– Abgrenzung 17 N 20 ff.
– im Anwaltsregister eingetragene 10
N 1

– im Anwaltsregister nicht gelöschte 5 N 16
– Berufsausübungsverbot 17 N 36 ff.
– Berufsgeheimnisverletzung 13 N 83
– Busse 17 N 33 ff.
– Disziplinaraufsicht 17 N 14
– Disziplinarverfahren 17 N 7 ff.
– Ermahnung 17 N 29
– Information 26 N 1 ff.
– Katalog 17 N 1
– Kumulation 16 N 4; 17 N 43
– Löschung 20 N 1 f.
– Rechtsmittel 29 N 9
– Verhältnismässigkeit 17 N 23 ff.
– Verhängung 17 N 16
– Verjährung 19 N 1 ff.
– Verwarnung 17 N 28, 30
– Verweis 17 N 31 f.
– Voraussetzungen 12 N 26; 17 N 16 ff.
– vorsorgliche Massnahmen 17 N 44 ff.
– Wirkung gegen Anwälte aus EU- und EFTA-Mitgliedstaaten 29 N 8 ff.
– Zusammenarbeit mit Herkunfts- staat 29 N 5 f.
Disziplinarrecht
– Unabhängigkeit vom Strafrecht 13 N 13
Disziplinarverfahren 17 N 7 ff.
– Zeitpunkt der Disziplinierung 17 N 6
  Doppelvertretung 12 N 96 ff.
– Definition 12 N 86
– im Prozess 12 N 101 ff.
– bei der Rechtsberatung 12 N 99 f.
Drohung 12 N 49

E

EDV 13 N 86
EG-Richtlinie 29 N 5, 7; 30 N 9 ff.

– Hochschul-Anerkennungsrichtlinie 7 N 7
– Umsetzung Vorbem. zu Abschn. 4, 5, 6 N 5
EG-Richtlinie 77/249/EG Vorbem. zu Abschn. 4, 5, 6 N 2
EG-Richtlinie 89/48/EWG Vorbem. zu Abschn. 4, 5, 6 N 3
EG-Richtlinie 98/5/EG Vorbem. zu Abschn. 4, 5, 6 N 4
EG-Richtlinien 2 N 13
Eignungsprüfung; s.a. Anwaltsprü- fung
– Formales 31 N 9
– Gegenstand 31 N 5 ff.
– Organisation 31 N 4
– Wiederholung und Rechtsmittel der Prüfung 31 N 10 f.
– Zulassung 31 N 1 ff.
Einsichtsrecht 10 N 1 ff.; 12 N 73; 15 N 3
– der Allgemeinheit 10 N 11 f.
– der Anwälte 10 N 10
– Voraussetzungen und Umfang 10 N 3 ff.
Einvernehmensanwalt 27 N 7
Einvernehmliches Handeln 23 N 7 ff.
Einzelauskunft 12 N 30
Entbindung vom Berufsgeheimnis 13 N 65 ff.
Entschädigung; s. staatliche Entschä- digung
Entschliessungsermessen 17 N 2
Entsiegelung des Beschlagnahmten 13 N 79
Erfolgshonorar 12 N 81, 118 ff.
Erfolgsprämie Art. 12 N 122
Ermahnung 17 N 29
Erpressung 12 N 49
Erreichbarkeit 12 N 17
Erwerb streitiger Forderungen 12 N 128
EU- und EFTA-Mitgliedstaaten

– Berateranwälte 3 N 9; 21 N 10; 27 N 9 f.
– Berufsausübung in der Schweiz 2 N 13 f.
– Berufsbezeichnung 24 N 1 ff.; 33
– Berufsregeln 25 N 1 ff.
– Beschwerderecht bei Eintragung ins kantonale Anwaltsregister 6 N 39
– Eignungsprüfung 31 N 1 ff.
– Eintragung ins kantonale Register 30 N 1 ff.
– Freier Dienstleistungsverkehr 21 N 3 ff.
– Geltungsbereich des BGFA 2 N 15 ff.
– Information über Disziplinarmassnahmen 26 N 1 ff.
– Parteivertretung vor Bundesgericht 35 N 2
– Pflicht zu einvernehmlichem Handeln 23 N 7 ff.
– Prüfungsgespräch 32 N 1 ff.
– Registereinsichtsrecht 10 N 4 f.
– schweizer Anwälte mit Zulassung in einem EU- oder EFTA-Mitgliedstaat 2 N 19
– ständige Berufsausübung in der Schweiz Vorbem. zu Abschn. 4, 5, 6 N 1 ff.; 27 N 1 ff.; 28 N 1 ff.; 29 N 1 ff.
EU-Erweiterung 21 N 26 f.
EU Richtlinien 1 N 4; 2 N 2
Expertenkosten 12 N 173

F

Fachliche Voraussetzungen 7 N 4 ff.
Fähigkeitsausweis 1 N 8
Fehlverhalten 12 N 15
Finanzielle Bindung 12 N 94
Finanzielle Unabhängigkeit 12 N 76
Fiskus 13 N 44
Fiskusanwalt 21 N 19

Forderungsabtretung 12 N 93
Forensische Anwaltstätigkeit 1 N 10; 2 N 2 f.; 2 N 7 f., 17; Vorbem. zu Abschn. 4, 5, 6 N 5
Fotokopien 12 N 164, 173
Freie Anwaltswahl 12 N 20 f.
Freier Dienstleistungsverkehr 21 N 1 ff.; s.a. Freizügigkeit
– Begriff 21 N 3 ff.
– Geltungsbereich 21 N 14 ff.
Freier Personenverkehr 21 N 2
Freizügigkeit 1 N 1, 8 f.; 3 N 3 f.; 4 N 1 ff.; 31 N 10; s.a. freier Dienstleistungsverkehr
– Adressatenkreis 2 N 10, Fn 20
– Anwälte aus EU- oder EFTA-Mitgliedstaaten 21 N 1 ff., 21 ff.; 27 N 3; Vorbem. zu Abschn. 4, 5, 6 N 1, 5
– Grundsatz 1 N 10 f.; 4 N 1 ff., 14
– interkantonale 12 N 1
– internationale 12 N 1
– räumlicher Geltungsbereich 21 N 21 ff.
– Voraussetzungen 4 N 12; 5 N 7; 6 N 3; 7 N 1 f.; 8 N 2; 9 N 1
Freizügigkeitsabkommen Vorbem. zu Abschn. 4, 5, 6 N 1

G

GATS 1 N 11; 3 N 9; 21 N 29 f.; 35 N 3
Gebühren 34 N 4
Gefangene
– Mitteilungen 13 N 62
Gegenpartei 12 N 49 ff.
– direkte Kontaktnahme 12 N 51
– ehemalige 12 N 112
Gemeinnützige Organisation 6 N 14 f.; 8 N 56 ff.
Gemeinsame Vertretung 12 N 105 ff.
Genehmigungsrücknahme 29 N 7
Gericht 17 N 8

Gerichtsbehörde 21 N 9
– Begriff 4 N 7 ff.
Gerichtsberichterstattung 13 N 58
Gerichtskostenvorschuss 12 N 173
Geschäftsadresse 5 N 4, 14; 6 N 3,
    11 ff.; 9 N 7; 12 N 17 f., 74, 174;
    28 N 2; 31 N 4; 32 N 1
Geschäftsverkehr
– Begriff 11 N 8 ff.
Gesellschaftliche Bindungen 12 N 82
Gesellschaftliche Unabhängigkeit 12
    N 82
Geständnis 13 N 56
Gewerkschaft 13 N 49
Gewohnheitsrecht 12 N 5
GmbH 12 N 63; 13 N 87
Grenzüberschreitung 21 N 5
Grobfahrlässigkeit 12 N 132
Gruppenweise Vertretung 12 N 106;
    s.a. Gemeinsame Vertretung

H

Handakten 12 N 35
Handlungsfähigkeit 5 N 12; 8 N 4 f.
Hauptberufliche Anwaltstätigkeit 12
    N 70
Hauptgeschäftssitz 28 N 2
Herausgabe von Akten 12 N 33 ff.
Herkunftsstaat Vorbem. zu Abschn. 4,
    5, 6 N 4; 21 N 6, 14 f.; 27 N 1; 28
    N 1
– Berufsbezeichnung 27 N 5
– Berufsqualifikation Vorbem. zu
    Abschn. 4, 5, 6 N 2 f.; 7 N 7; 28
    N 3
– Berufsregeln 21 N 9; 25 N 2 ff.; 27
    N 8
– Eignungsprüfung 31 N 6
– Genehmigungsrücknahme 29 N 7
– Informationspflicht 26 N 4 f.
– Orientierung 28 N 4; 29 N 3
– Stellungnahme 29 N 6
– Zusammenarbeit 29 N 1, 5 ff.

Hilfspersonen 13 N 20 ff.
Honorar
– Angemessenheit 12 N 168
– Angemessenheit der Rechnung 12
    N 172
– Aufklärung über Grundsätze 12
    N 157 ff.
– Datenbankrecherchen 12 N 164,
    173
– Expertenkosten 12 N 173
– Gerichtskostenvorschuss 12 N 173
– Honorarvereinbarung 12 N 158 ff.
– Internetrecherchen 12 N 164
– kantonale Gebührenordnung 12
    N 159
– Kleinspesenpauschale 12 N 165
– Kostenvorschuss 12 N 167
– Pauschalhonorar 12 N 165, 172
– nach Prozenten des Interessenwer-
    tes 12 N 166
– Rechenschaftspflicht 12 N 172
– Rechnungsstellung 12 N 172
– Reisezeit 12 N 164
– Sekretariatsarbeiten 12 N 164
– Streitwerthonorar 12 N 172
– Stundenansatz 12 N 163 f.
– Übervorteilung 12 N 162
– Verbandstarif 12 N 159
Honorarinkasso 13 N 66 ff.
Honorarüberforderung 12 N 169
Honorarvereinbarung 12 N 27, 126,
    158 ff.

I

Ideologische Unabhängigkeit 12 N 82
Informationspflicht 16 N 5 f.; 25
    N 8 f.; 26 N 5; 28 N 4; s.a. Melde-
    pflicht und Mitteilungspflicht
In-House Counsel 13 N 23
Inkassomandat 13 N 33
Institutionelle Unabhängigkeit 8
    N 31 ff.

Integration in Berufsstand 30 N 1
Interessenkollision 12 N 83 ff.
- Allgemeines 12 N 83 ff.
- Doppelvertretung 12 N 96 ff.
- in Kanzlei und Anwaltsgemein-
  schaften 12 N 88 ff.
- Parteiwechsel 12 N 108 ff.
- persönlicher Interessenkonflikt 12
  N 92 ff.
Internet 12 N 116
Internetrecherchen 12 N 164

J

Juristische Personen 5 N 8; 8 Fn 47

K

Kantonale Gebührenordnung 12
  N 159
Kanzlei
- Führung 12 N 17 ff.
- Mindestanforderungen 12 N 18
Kanzleigemeinschaft 12 N 19
Kanzleiwechsel 12 N 90 f.
Kleinspesenpauschale 12 N 165
Klientenanlass 13 N 59
Klientengeld 12 N 151
Klientenkonto 13 N 64
Konkurs des Mandanten
- Berufsgeheimnis 13 N 72
Konkurseröffnung 8 N 28
Konkursverfahren 8 N 29
Kostenvorschuss 12 N 167
Kritik
- an der Justiz 12 N 39
- an der Rechtspflege 12 N 40

L

Leistungsverweigerungsrecht 12
  N 156
Leumund 8 N 6

Lizentiat 7 N 4 ff.
Löschung
- der Disziplinarmassnahmen 20
  N 1 f.
Löschung des Registereintrags 9
  N 1 ff.; 17 N 20, 42
- Gegenstand 9 N 2 ff.
- Verfahren 9 N 11 ff.
- Wirkungen 9 N 15 f.

M

Mandatsniederlegung 12 N 32
Massnahmen; s.a. Disziplinarmass-
  nahmen
- prozessdisziplinarisch 17 N 22
Mehrwertsteuer 13 N 50
Meldepflicht 6 N 21; 8 N 16; 9 N 3 f.;
  15 N 1 f., 5; s.a. Informations-
  pflicht und Mitteilungspflicht
Mitteilung von Gefangenen 13 N 62
Mitteilungspflicht 12 N 174 ff.; 18
  N 2; s.a. Informationspflicht und
  Meldepflicht
Multidisciplinary Partnership (MDP)
  8 N 52 ff., 62; 12 N 19, 64; 13
  N 88
Mutwilliger Prozess 12 N 43

N

Nachlassverfahren 8 N 29
Nebenerwerb 8 N 35; 12 N 68 ff.
Niederlassung 21 N 4
Nötigung 12 N 49

O

Obligatorische Verteidigung 27 N 6
Öffentliche Erklärungen
- ausserhalb des Gerichtsverfahrens
  12 N 42
- Presseerklärung 12 N 41

Öffentliche Liste
- Eintragung 28 N 1 ff.
Öffentlich-rechtliche Körperschaft 8
    N 41
Offizialmandat
- Übernahme 12 N 18
Organisationsform 5 N 8; 8 N 37; 13
    N 87; s.a. Rechtsform
Organisationsfreiheit 12 N 60 ff.
Orientierung
- des Herkunftslandes 26 N 4 f.; 28
    N 4; 29 N 3 f.

P

Pactum de quota litis 12 N 118
Pactum de redimenda lite 12 N 128
Parteivertretung 4 N 3 ff.; 21 N 6,
    9 ff.; s.a. Rechtsvertretung
- vor Bundesgericht 35 N 1 f.
Parteiwechsel 12 N 108 ff.
- unzulässiger 12 N 86
Pauschalhonorar 12 N 124, 165, 172
Personenfreizügigkeitsabkommen 1
    N 2
Personengesellschaften 5 N 8
Personenverkehr; s. freier Personen-
    verkehr
Persönlicher Interessenkonflikt
- Definition 12 N 86
Pfandausfallschein 8 N 26
Pflichten; s.a. Berufspflichten
- gegenüber Klienten 12 N 25 ff.
- gegenüber Kollegen, der Gegenpar-
    tei und Dritten 12 N 48 ff.
- gegenüber Staat und Behörden 12
    N 36 ff.
Pflichtverteidigung; s. amtliche
    Pflichtverteidigung
Porti 12 N 164, 173
Praktikum 7 N 15 f.
Presseerklärung 12 N 41
Privatleben 12 N 52 f.
Provision 12 N 20, 81

Prozessfinanzierung 13 N 95 ff.
- durch Erfolgsbeteiligung 13 N 97
- Rechtsschutzversicherung 13 N 96
Prüfungsgespräch 32 N 1 ff.
- Berufserfahrung und Fortbildung
    32 N 4
- Inhalt 32 N 2 f.
- Organisation 32 N 1
Publikation
- Anwaltsregistereintrag 6 N 29 ff.

R

Räumlichkeiten
- Anwaltskanzlei 12 N 17 ff.
Rechenschaftsablegung 12 N 30, 154
Rechenschaftspflicht 12 N 172
Rechnungslegung 12 N 30, 152
Rechnungsstellung 12 N 157 ff., 172;
    s.a. Honorar
Rechtsabteilung 8 N 51
Rechtsberatung 1 N 11; 12 N 99; 21
    N 10, 29; 27 N 9 f.
Rechtsberatung; s.a. beratende
    Anwaltstätigkeit und Berateranwäl-
    te
Rechtsform 12 N 62 f.; s.a. Organisa-
    tionsform
Rechtsmittel
- Anwaltsprüfung 7 N 20
- Anwaltsregistereintragung 6
    N 36 ff.
- Disziplinarmassnahmen 29 N 9
- Eignungsprüfung 31 N 11
- Entscheide der Aufsichtsbehörde
    14 N 3
- Löschung des Anwaltsregisterein-
    trags 9 N 12
Rechtsschutzorganisation 12 N 21
Rechtsschutzversicherung
- Unabhängigkeit 13 N 49
Rechtsvertretung; s.a. Parteivertretung
- Begriff 21 N 11

Regelmässigkeit
- Tätigkeit im schweizerischen Recht
  30 N 9
Registereintrag s. Anwaltsregister
Reisespesen 12 N 164, 173
Retentionsrecht 12 N 34, 156
Richtlinien des Schweizerischen
  Anwaltsverbandes 12 N 5
Rückbehaltungsrecht; s. Retentions-
  recht

S

Sachverständige 12 N 22
Sanktionen; s.a. Disziplinarmassnah-
  men
- bei Verletzung des Berufsgeheim-
  nisses 13 N 80 ff.
Schadenersatz und Genugtuung 13
  N 81
Scheidungskonvention 12 N 102
Scheidungsprozess 12 N 102
Schiedswesen 21 N 12
Schwarzgeld 13 N 71 f.
Schweigepflicht s. Berufsgeheimnis
  13 N 1 ff.
Schweizerische Staatsangehörigkeit
- Freizügigkeit 21 N 17
Sekretariatsarbeiten 12 N 164
Selbständiger Anwalt 8 N 34; 12 N 70
Seminarveranstaltung Art. 12 N 115
Sitzverlegung 6 N 40 f.
Solicitor 21 N 19
Sorgfältige und gewissenhafte
  Berufsausübung
- allgemeine Berufspflichten 12
  N 17 ff.; 13 N 19
- ausserberufliches Verhalten 12
  N 52 f.
- Generalklausel 12 N 8 ff.
- Pflichten gegenüber den Klientin-
  nen und Klienten 12 N 25 ff.
- Pflichten gegenüber Kolleginnen
  und Kollegen, der Gegenpartei und

Dritten 12 N 48 ff.
- Pflichten gegenüber Staat und
  Behörden 12 N 36 ff.
Sponsoring Art. 12 N 115
Staatliche Entschädigung
- unentgeltliche Rechtsvertretung 12
  N 149
Standesregeln Vorbem. zu Abschn. 4,
  5, 6 N 4
- Bedeutung 12 N 4 f.
Ständige Berufsausübung
- Berufsregeln und Disziplinarauf-
  sicht 27 N 8 f.
- EG-Richtlinie Vorbem. zu Abschn.
  4, 5, 6 N 1 ff.
- Eintrag in öffentliche Liste 28
  N 1 ff.
- Einvernehmensanwalt 27 N 7
- Grundsätze 27 N 1
- Orientierung des Herkunftsstaates
  28 N 4; 29 N 3 ff.
- Zusammenarbeit mit Herkunfts-
  staat 29 N 1 ff.
Stellungnahme
- Disziplinarmassnahmen 26 N 4
Steuerverfahren 13 N 44
Strafrechtliche Verurteilung 8 N 6 ff.;
  12 N 53, 82; s.a. Verurteilung
Strafregister 5 N 11; 8 N 7 ff., 18, 20;
  12 N 53, 82; 30 N 4
Strafverteidigung; s. amtliche Straf-
  verteidigung
Streitwerthonorar 12 N 172
Stundenansatz 12 N 163 f.
Syndikus-Anwalt; s. Unternehmensju-
  rist

T

Tätigkeit im schweizerischen Recht
- Regelmässigkeit 30 N 9
Teilzeitangestellte 13 N 19; s.a.
  Teilzeitstelle

Teilzeitstelle 2 N 5; 8 N 39 ff.; 12
  N 70 ff.
Telefonspesen 12 N 164, 173
Titelanmassung 11 N 6
Tod des Mandanten
– Berufsgeheimnis 13 N 73
Treuepflicht 12 N 84
– berufsrechtliche 12 N 25
– mandatsrechtliche 12 N 26

U

Übergangsrecht 36 N 1 ff.
Überprüfungsbefugnis
– Aufsichtsbehörde 22 N 3
Übervorteilung 12 N 162
Unabhängigkeit 5 N 12 f.; 8 N 31 ff.;
  13 N 39
– Anstellungsverhältnis 8 N 37 f., 44
– Anwaltszusammenschluss 8 N 49 f.
– im Zuge der Berufsausübung 12
  N 60
– von Dritten 8 N 32 f.
– gemeinnützige Organisation 8
  N 56 ff.
– gesellschaftliche und ideologische
  Unabhängigkeit 12 N 82
– Grundlagen 12 N 54 ff
– Freizeittätigkeit 8 N 46 ff.; s.
  Freizeitanwalt
– institutionelle 8 N 31 ff.; 12 N 60
– vom Klienten 12 N 75 ff.
– Multidisciplinary Partnership 8
  N 52 ff., 62
– öffentlich-rechtliche Körperschaft
  8 N 41
– Organisationsfreiheit des Anwalts
  12 N 60 ff.
– Rechtsschutzversicherung 13 N 49
– vom Staat 12 N 66 f.
– Teilzeitstelle 8 N 39 ff.
– unselbständige Erwerbstätigkeit
  und Ausübung des Anwaltsberufes

als Nebenerwerb 8 N 42 f.; 12
  N 68 ff.
– Überprüfungspflicht der Aufsichts-
  behörde 8 N 61 ff.
– Vollzeitstelle 8 N 45 ff.
– wirtschaftliche Unabhängigkeit 12
  N 79 ff.
– zwischen Straf- und Disziplinar-
  recht 13 N 13
Unentgeltliche Rechtspflege 12
  N 142 ff.; 25 N 7
Unentgeltliche Rechtsvertretung 2
  N 16 f.; 27 N 8; 29 N 2; 30 N 14
Unselbständige Erwerbstätigkeit 12
  N 68 ff.
Unterbrechung
– Fristenlauf 19 N 7 f.
Unterbrechung
– Berufspraxis in der Schweiz 30
  N 10
Unternehmensjurist 2 N 4; 8 N 47; 13
  N 17, 23
– Berufsgeheimnis 13 N 17 ff., 89 ff.,
  93
– in Deutschland 13 N 91
– in der EU 13 N 92
– in USA 13 N 90
– Unabhängigkeit 13 N 89
Unternehmensstrafrecht 13 N 80

V

Verbandstarif 12 N 159
Verbrechen und Vergehen gg. Rechts-
  pflege 8 N 21
Verfahrensleitung 16 N 3
Vergleichsverhandlungen 12 N 24
Vergütung
– Vermittlung von Mandaten 12 N 20
Verhältnismässigkeitsgebot 17
  N 23 ff.
Verjährung 19 N 1 ff.
– Fristenlauf 19 N 4 ff.
– Unterbrechungshandlung 19 N 7 f.

– Vorbehalt strafrechtlicher Fristen
   19 N 9 f.
Verjährungsfrist
– relative 19 N 5
– absolute 19 N 6
Verlegung der Anwaltstätigkeit 12
   N 175
Verlustschein 8 N 23 ff.; 12 N 53, 82
Vermittlungsprovision 12 N 20, 81
Vermittlungsverfahren 13 N 66 ff.
Vermögensverwaltung 13 N 33, 41
Vermögenswerte; s. anvertraute
   Vermögenswerte
Verrechnungsrecht 12 N 156
Versicherungsproblematik
– Berufsgeheimnis 13 N 76
Versicherungsschutz
– Erlöschen 12 N 177
Versicherungsumfang 12 N 136
Versiegelung des Beschlagnahmten 13
   N 78
Verteidigung
– obligatorische 27 N 6
Verurteilung 8 N 10 ff.; 17 N 21; 19
   N 9; s.a. strafrechtliche Verurtei-
   lung
Verwaltungsgerichtsbeschwerde 14
   N 3; 17 N 5
Verwaltungsrat 13 N 33 f., 37
Verwarnung 17 N 28, 30

Verwechslungsgefahr
– Berufsbezeichnung 27 N 5
Verweis 17 N 31 f.
Vollzeitangestellte 13 N 19
Vollzeitstelle 2 N 5; 8 N 45 ff.; s.a.
   Vollzeitangestellte
Vorsorgliche Massnahmen
– Disziplinarmassnahmen 17 N 44 ff.

W

Waffengleichheit 12 N 143
Werbung 12 N 113 ff.
Wertsachen 12 N 150
Widerstreitende Interessen 12 N 96
Wiedereintragung 9 N 17 ff.
Wirtschaftliche Unabhängigkeit 12
   N 79 ff.
WTO 21 N 12, 30

Z

Zahlungsfähigkeit des Anwalts 8 N 23
Zeugen 12 N 22 f.
Zivilrechtliche Pflichten
– Verletzung 12 N 15
Zulassungsbescheinigung 22 N 2
Zusammenschluss von Anwaltskanz-
   leien 8 N 49 f.